L'ENSEIGNEMENT DE RĀMANA MAHARSHI

« Spiritualités vivantes »

L'ENSEIGNEMENT DE RĀMANA MAHARSHI

Nouvelle édition intégrale

Traduction et présentation
de Eleonore Braitenberg

Albin Michel

Albin Michel
■ *Spiritualités* ■

Collection « Spiritualités vivantes »
dirigée par Jean Mouttapa et Marc de Smedt

PRÉSENTATION

Rāmana Maharshi est un des plus grands sages et maîtres spirituels de l'Inde moderne. Il est venu pour transmettre l'ancienne Sagesse de l'Advaita-Vedānta sous une forme nouvelle, simple et claire, basée sur sa propre expérience, et a rendu accessible à l'homme d'aujourd'hui le *jñāna-marga*, la voie de la Connaissance.

A l'âge de 16 ans, il fit l'expérience profonde du Soi sans jamais avoir reçu l'enseignement d'un gourou. Il devint instantanément un sage qui, à partir de cet instant, demeura toujours conscient de son identité avec l'absolu. Les chercheurs de Vérité, ainsi que les innombrables visiteurs qui venaient le voir à la sainte montagne Arunāchala voyaient en lui un sage d'une pureté sans égale et qui incarnait la vérité éternelle des *Upanishad*. Nombreux sont les témoignages de ceux qui se sentaient transformés en sa présence et ont eu un avant-goût de la félicité devant laquelle les plaisirs du monde s'effacent d'un seul coup.

Rāmana Maharshi et la montagne Arunāchala sont indissociables. Située en Inde du Sud, Arunāchala est reconnue comme un des hauts lieux les plus sacrés de l'Inde. C'est là que Shrī Rāmana a vécu à partir de sa dix-septième année jusqu'à la fin de sa vie terrestre.

D'après les anciennes Ecritures, depuis le tout début de la Création, les chercheurs de Vérité ont été attirés par les qualités mystiques de cette montagne et sa splendeur spirituelle ; vénérée comme Shiva même, le simple fait de penser à elle procure *moksha,* la délivrance. Shrī Rāmana voyait en Arunāchala le centre spirituel du monde. Il l'adorait comme une manifestation de l'Etre suprême et lui a dédié plusieurs hymnes d'une ferveur exceptionnelle.

A environ 50 km au sud de Madurai, dans le sud de l'Inde, se trouve une petite ville nommée Tiruchuli, connue surtout des pèlerins pour son temple de Shiva. C'est là que vivaient Sundaram Iyer, un avocat, et sa femme, Alagammal. Le 30 décembre 1879 à 1 heure du matin, leur naquit un deuxième fils qui fut nommé Venkataraman, et qui sera plus tard connu sous le nom de Rāmana Maharshi. C'était un jour favorable, le jour où les adorateurs de Shiva célébraient l'*Ārdrā-darshana*, la fête qui commémore l'apparition de Shiva en tant que Natarāja, le danseur cosmique. Ce jour-là, son image est sortie du temple et portée en procession dans les rues de la petite ville. Au moment précis où la divinité retournait dans le temple, Venkataraman naquit.

Parmi les personnes présentes cette nuit-là, il y avait une sage-femme aveugle. Au moment de la naissance, elle fut bénie par la vision d'une lumière et s'exclama : « L'enfant qui est né dans votre maison est sûrement un être divin ! »

L'enfance de Venkataraman ne laissait en rien entrevoir un avenir exceptionnel, ni sur le plan mondain ni sur le plan religieux. C'était un garçon intelligent, mais qui montrait peu d'intérêt pour les études. De constitution robuste et saine, il était plutôt épris de sport et des jeux de plein air. Rien ne le distinguait de ses camarades hormis deux particularités : une mémoire exceptionnelle et un sommeil si profond que rien ne pouvait le réveiller. Ses camarades profitaient souvent de cette situation ; ils s'amusaient à le sortir de son lit, à le frapper à cœur joie, à le transporter d'un endroit à un autre et à le remettre dans son lit sans que le jeune Venkataraman se réveille. Il ne s'apercevait de rien jusqu'à ce que ses camarades, à son réveil, lui fassent part de ce qui s'était passé.

En 1892, à l'âge de 12 ans, Venkataraman perdit son père. La mère et ses quatre enfants furent obligés de se séparer. Venkataraman et son frère aîné furent accueillis par un oncle à Madurai. Celui-ci l'envoya d'abord à l'école secondaire écossaise, puis à l'école supérieure de la mission américaine.

En 1895, lorsque Venkataraman eut 15 ans, l'appel d'Arunāchala se fit entendre pour la première fois. Bien que né dans une famille de brahmanes traditionnelle et pieuse, le jeune écolier n'avait pas reçu d'instruction religieuse. Pour lui, Arunāchala n'était que la vague représentation d'un endroit mythologique ou d'une région céleste. Jusqu'au jour où un ami de la famille vint en visite. Venkataraman lui demanda d'où il venait et l'ami répondit : « D'Arunāchala. » L'effet fut magique. Le nom « Arunāchala » se mit à vibrer en lui et il devint pour la première fois conscient qu'Arunāchala était un endroit réel, un endroit où l'on pouvait se rendre. Et son cœur fut empli de joie.

Peu après, un autre incident attira le garçon vers les valeurs spirituelles profondes. Ce fut en lisant pour la première fois un livre religieux, le *Periapuranam*, un recueil de récits sur la vie des soixante-trois saints shivaïtes. A nouveau une grande joie submergea le jeune Venkataraman. Inspiré par l'exemple de ferveur dévotionnelle de ces saints, il sentit s'éveiller dans son âme le désir de suivre l'esprit de renonciation et de dévotion qui constitue l'essence d'une vie sainte.

Mais cette expérience ne sembla pas laisser une impression durable et il continua à mener la vie de tout étudiant à cette époque.

C'est en juillet 1896 que sa grande transformation eut lieu. Venkataraman était dans sa dix-septième année. Plus tard, Shrī Rāmana décrivit lui-même ce qui se passa à cet instant :

« J'étais assis seul dans une pièce du premier étage, dans la maison de mon oncle. Comme d'habitude, ma santé était parfaite, mais soudainement une peur violente de la mort me saisit sur laquelle on ne pouvait se tromper. J'eus la sensation que j'allais mourir. Il ne se passait rien dans mon corps qui pouvait expliquer cette sensation et je ne pouvais me l'expliquer moi-même. Je n'ai pas cherché à savoir si la peur était bien fondée. J'ai senti "je vais mourir" et aussitôt je me suis demandé ce qu'il fallait faire. Faire appel à des docteurs, la famille ou des amis ne m'importait pas. J'ai senti que je devais résoudre le problème moi-même, sur-le-champ.

« Le choc causé par la peur me rendit aussitôt introspectif. Je me suis demandé : "Maintenant que la mort est là, qu'est-ce que cela signifie ? Qu'est-ce qui meurt ? C'est ce corps qui meurt." Aussitôt j'ai mimé la scène de la mort. J'étendis mes membres en les tenant raides comme si la rigidité cadavérique s'était installée. J'imitai la condition d'un cadavre pour donner un semblant de réalité à mon investigation. Je retins ma respiration et serrai les lèvres pour qu'aucun son ne pût s'en échapper, pour que le mot 'je' ou tout autre mot ne pût être prononcé. "Eh bien ! me disais-je, ce corps est mort. Tout rigide, il sera transporté au champ crématoire où il sera brûlé et réduit en cendres. Mais, avec cette mort du corps, suis-je mort moi-même ? Ce corps est-il le 'je' ? Il est silencieux et inerte, mais je sens la pleine force de ma personnalité et

même le son 'je' en moi..., séparé du corps. Ainsi 'je' suis
un esprit, quelque chose qui transcende le corps. Le corps
physique meurt, mais l'esprit qui le transcende ne peut
être touché par la mort. Je suis donc l'esprit immortel."

« Tout cela n'était pas un simple processus intellectuel.
Tout jaillissait devant moi comme la vérité vivante que
je percevais directement, presque sans raisonnement. Le
'Je' était quelque chose de très réel, la seule chose réelle
en cet état ; et toute l'activité consciente en relation
avec le corps était centrée sur lui. Depuis cet instant,
le 'Je' ou mon 'Soi', par une fascination puissante, fut
le foyer de toute mon attention. La peur de la mort
s'est évanouie instantanément et pour toujours. L'absorption dans le Soi s'est poursuivie dès lors jusqu'à ce
jour. D'autres pensées s'élèvent et disparaissent comme
diverses notes de musique, mais le 'Je' demeure toujours
comme la *shruti*, la note sous-jacente qui accompagne les
autres notes et se confond avec elles. Que le corps fût
occupé à parler, lire ou quoi que ce soit d'autre, j'étais
toujours centré sur le 'Je'. Avant cette crise je n'avais
pas de perception claire du 'Je' et je n'étais pas attiré
consciemment vers lui. Je ne ressentais pour lui aucun
intérêt directement perceptible ; encore moins la tendance
à demeurer en lui d'une manière permanente [1]. »

Cette expérience changea totalement la vie et les
habitudes du jeune Venkataraman. Il délaissa ses relations et ne poursuivit ses études que machinalement ;
son attention était tout ailleurs. Il préférait rester seul,
absorbé dans la concentration du Soi, ou se rendre au
temple où il restait des heures devant Mīnākshī [2] ou
Shiva en profonde adoration. Sa famille avait observé

---

1. Trad. Narasimha Swami, B.V., *Self-Realization*, 1931, p. 16-
18.

2. La Mère universelle, épouse du dieu Shiva, adorée sous ce
nom à Madurai.

son changement et le réprimanda plusieurs fois pour son indifférence aux études.

Six semaines s'écoulèrent ainsi, lorsqu'un jour, alors que Venkataraman était en train de faire ses devoirs, la futilité du travail scolaire le frappa soudainement. Il repoussa ses papiers et s'abandonna à la méditation. Son frère le voyant ainsi lui dit : « A quoi bon retenir tout ceci pour quelqu'un qui se comporte comme toi ? » Venkataraman reconnut la justesse de cette remarque et décida d'abandonner sur-le-champ son foyer familial à Madurai pour rejoindre son Père Arunāchala.

Pensant que le voyage ne coûterait pas plus de trois roupies, il rendit deux des cinq roupies que sa tante lui avait confiées pour payer les frais de scolarité de son frère, écrivit une lettre, la plaça en évidence et partit pour la gare. C'était le 29 août.

Voici le contenu de cette lettre :

> « Je suis parti d'ici à la recherche de mon Père et en obéissant à son ordre. C'est une entreprise vertueuse que celui-là [1] entreprend. Il est donc inutile de s'en attrister et de dépenser de l'argent pour rechercher celui-là.
>
> Les frais de scolarité n'ont pas été payés. Ci-joint deux roupies [2]. »

La lettre n'était signée que d'un simple trait.

Après un voyage plein d'imprévus, laissant deviner l'intention d'une force le conduisant vers son but, il arriva enfin le matin du 1er septembre au pied de son Père Arunāchala. D'un pas rapide et le cœur battant,

---

1. Le fait que Venkataraman utilise ici la troisième personne indique l'état d'esprit dans lequel il partait. La lettre commence avec le 'je' personnel, passe au « celui-là » impersonnel (le corps) et est laissée enfin sans signature, la personne pour la signer n'existant plus (*Sri Maharshi, A Short Life Sketch*, 2001, p. 4). L'identification du Soi avec le corps a été rompue.

2. Trad. Narasimha Swami, B. V., *op. cit.*, p. 24.

il se dirigea vers le grand temple. Toutes les portes étaient ouvertes, même celles du sanctuaire d'Arunachāleshvara [1] et, chose étrange, il n'y avait personne, pas même un prêtre, de sorte que Venkataraman put y entrer seul... et demeurer longtemps en extase devant son Père. Puis il sortit du temple, se fit raser la tête, jeta les quelques pièces de monnaie qui lui restaient dans l'eau du bassin [2] et, pour finir, se défit du cordon sacré de brahmane.

Le reste de ce que nous considérons comme sa vie, Rāmana la mena exclusivement à Tiruvannāmalai. Il passa les premiers mois dans les enceintes du grand temple, se soustraya à l'attention des curieux et des importuns en se réfugiant dans un sanctuaire souterrain, le Pathala Lingam, et fut vite pris en charge par des *sādhu* qui veillaient sur lui et lui apportaient de la nourriture. Les yeux fermés, il resta jour après jour, nuit après nuit absorbé dans la Réalité, complètement immobile.

Après six mois ainsi passés en différents lieux du grand temple, on lui suggéra de s'installer dans un petit temple tranquille, dans les environs de Tiruvannāmalai, appelé Gurumurtam. Le Swāmi accepta et s'y rendit. Il commença à être connu sous le nom de Brahmana Swāmi et à avoir des fidèles. De plus en plus de pèlerins et de curieux venaient le voir tandis qu'il restait toujours en silence et immobile, absorbé dans l'Infini [3].

---

1. Manifestation de Shiva sous forme d'un *lingam*, qui se trouve dans le sanctuaire principal, le saint des saints du temple.

2. Depuis, le Maharshi n'a plus jamais touché d'argent.

3. Plus tard, il raconta souvent à ses fidèles que toutes ces années de silence et d'ascèse apparente ne correspondaient pas à un effort de discipline et n'ont changé en quoi que ce soit son état d'illumination du premier moment. Il n'éprouvait tout simplement pas le besoin de parler ou de bouger.

Quelque temps après son arrivée à Gurumurtam, un *sādhu* nommé Palaniswāmi se joignit à lui et s'occupa de lui avec une fervente dévotion. Le suivant comme son ombre, Palaniswāmi devint son serviteur et disciple pour les dix-sept années à venir.

En mai 1898, après avoir séjourné environ un an à Gurumurtam, le Brahmana Swāmi s'installa dans un bosquet de manguiers avoisinant. C'est là qu'il commença à acquérir la vaste érudition dont il fit preuve plus tard. Palaniswāmi avait pour habitude d'apporter des livres sur le Vedānta (la *Kaivalya-navanīta*, le *Vedānta-chūdāmani*, le *Yoga-vāsishtha*, etc.), mais comme il éprouvait des difficultés à les lire, le Swāmi vint à son aide, les lut et exposa à son disciple émerveillé l'essence de leur enseignement. Le sage, par la clarté de son intelligence, ses facultés exceptionnelles de mémorisation et son expérience illuminatrice, non seulement reconnaissait d'un seul regard leur sens, mais retenait facilement tout leur contenu. Plus tard, il lut d'autres livres pour d'autres fidèles et, sans rechercher l'érudition, devint érudit, de sorte qu'il pouvait répondre à toutes les questions traitant de sujets philosophiques et métaphysiques, et cela en plusieurs langues.

Entre-temps, Alagammal, la mère de Rāmana, le cœur brisé par le départ de son fils, supplia sa famille d'entreprendre des recherches. Après de nombreuses enquêtes, Venkataraman put être repéré. Un jour, son oncle vint le trouver et tenta de son mieux de le ramener auprès de sa famille, mais sans succès. Le jeune sage ne montra aucun intérêt pour le visiteur qui fut bien ému de le voir dans cet état : pas lavé, échevelé, les ongles très longs. Le Swāmi resta assis sans bouger et sans dire un mot. L'oncle, désappointé, retourna à Madurai et rapporta la nouvelle à Alagammal.

Six mois plus tard, le Brahmana Swāmi avait aban-

donné le bosquet de manguiers et s'était installé à
Pavalakunru, un petit temple sur un éperon de la colline
d'Arunāchala, lorsque sa mère, accompagnée de son
fils aîné, vint peu après le trouver pour l'implorer de
rentrer à la maison. Jour après jour, les yeux en larmes,
elle alla le voir et le supplia de revenir avec elle. Mais
pour le jeune sage, il n'y avait plus de retour possible.
Il resta immobile devant sa mère, sans répondre à ses
supplications. Un jour, Alagammal éclata en sanglots.
Le jeune Swāmi se leva aussitôt et lui tourna le dos.
Désespérée de son indifférence, elle demanda à un fidèle
d'intervenir auprès de son fils. Celui-ci, pris de pitié,
tendit au Swāmi un morceau de papier et un crayon et
le pria d'écrire à sa mère au moins quelques mots. Le
Swāmi accepta et écrivit ce qui suit :

> « Celui qui ordonne toutes choses contrôle le destin
> des êtres en accord avec leur *prārabdhakarma* [1]. Tout ce
> qui est destiné à ne pas se produire ne se produira pas, quel
> que soit votre effort. Tout ce qui est destiné à se produire
> se produira, quel que soit votre effort pour l'empêcher.
> C'est une chose certaine. La meilleure conduite à suivre
> est donc de rester tranquille [2]. »

Sa mère, désespérée, retourna à Madurai.

Peu après le départ de sa mère et de son frère, le jeune
Rāmana quitta Pavalakunru et monta sur la colline.
Maintenant, le Swāmi ne se déplaçait plus sans être suivi
par un groupe de fidèles.

Les années suivantes, jusqu'en 1922, il déménagea
d'une grotte à l'autre. « Il y a beaucoup de logis dans la
maison de mon Père », disait-il. La grotte qu'il choisit en

---

1. Destinée causée par des actions dans des vies passées.
2. Trad. Narasimha Swami, B. V., *op. cit.*, p. 62. Ces paroles
peuvent être considérées comme le premier *upadesha* (enseignement) donné par le Maharshi.

premier et où il séjourna le plus longtemps était nommée
Virupaksha, d'après le nom d'un saint qui y vivait jadis
et qui y est enterré.

Pendant les premières années, Brahmana Swāmi
continua à garder le silence ; il passait son temps en
méditation, mais sa puissance rayonnante attirait déjà
des foules. La plupart étaient des gens simples, des
enfants et même des animaux. Les enfants s'asseyaient
près de lui et le regardaient en silence, goûtant simplement la paix de sa présence. Et parfois, quand ils
jouaient autour de lui, le Swāmi se joignait à eux dans
leurs jeux.

Parmi ces gens simples, il y avait des curieux, mais
beaucoup venaient pour être réconfortés ou spirituellement guidés. Echammal était de ceux-là. Son chagrin
après la perte de son mari, de son fils et de sa fille
la conduisit chez le sage et, grâce à sa compassion,
sa douleur fut instantanément guérie. Désormais, elle
gravissait tous les jours la pente de la montagne jusqu'à
la grotte pour apporter les repas au Swāmi et à tous ceux
qui vivaient avec lui.

Après quelque temps, des savants et des chercheurs
spirituels commencèrent, eux aussi, à être intéressés
par le Swāmi. Ils apportaient des livres pour qu'il
leur explique certains points, ou venaient pour clarifier
leurs doutes et poser des questions au sujet de leurs
expériences spirituelles. Les solutions que le Swāmi
leur proposait étaient simples et basées sur sa propre
expérience. Comme il observait toujours le silence, il ne
répondait que par écrit. Ainsi le traité *Vichāra-Sangraha*
provient des réponses que le Swāmi avait un jour écrites
sur des petits bouts de papier et qu'un fidèle avait
précieusement conservées.

Parmi ces chercheurs il y avait Shivaprakasam Pillai.
En 1902, il posa, à plusieurs reprises, quatorze questions

auxquelles le Swāmi répondit en écrivant dans le sable et sur une ardoise. Dès la première rencontre Shiva-prakasam Pillai posa la question fondamentale : « Qui suis-je ? » Ces quatorze questions et réponses furent publiées vingt ans plus tard dans une brochure sous le titre *Nan-yar ?* (Qui suis-je ?) et représentent l'essence de l'enseignement du Maharshi. Celui-ci n'avait alors que 23 ans, mais le fond de son enseignement sur la Réalisation du Soi ne changera pas.

En 1903 vint à Tiruvannāmalai, pour la première fois, un grand érudit nommé Ganapati Shāstri ou Ganapati Muni. Il portait le titre de Kāvyakantha (celui qui a la poésie dans la gorge) et ses disciples l'appelaient Nāyana (père). Il visita le Brahmana Swāmi deux fois à la grotte Virupaksha. Il revint en 1907, assailli de doutes sur ses propres pratiques spirituelles. Il gravit la montagne, vit le Swāmi assis seul sur la véranda, tomba à terre, s'agrippa à ses pieds et lui dit : « Tout ce qu'on doit lire, je l'ai lu. J'ai même compris entièrement les *Vedānta-shāstra*. Je me suis livré à cœur joie au *japa*[1], mais jusqu'à présent je n'ai pas compris ce qu'est le *tapas*[2]. C'est pourquoi je cherche refuge à vos pieds. Je vous supplie de m'instruire sur la nature du *tapas*. »

Le Swāmi le regarda pendant quinze minutes, puis, rompant pour la première fois un silence de onze ans, il répondit :

« Lorsqu'on observe d'où s'élève la pensée 'je', le mental est absorbé dans cela. Voilà le *tapas*.

« Si, en répétant un mantra, on porte son attention à la source d'où provient le son de ce mantra, le mental est absorbé dans cela. Voilà le *tapas*[3]. »

---

1. Pratique consistant à répéter un mantra ou un nom de Dieu.
2. Ascèse, discipline spirituelle.
3. Trad. Narasimha Swāmi, B. V., *op. cit.*, p. 87-88.

Cette instruction emplit le cœur du savant d'une joie extatique. Jamais dans un livre il n'avait trouvé un tel enseignement. Enfin toutes ses années d'ascèse portaient leur fruit.

Apprenant que le nom du Swāmi était Venkata-raman, le Muni abrégea celui-ci en « Rāmana » et proclama que désormais le Brahmana Swāmi devait être connu dans le monde entier sous le nom de « Bhagavān Shrī Rāmana Maharshi ». Bhagavān signifiant « divin », Maharshi « grand sage ».

En 1917, Ganapati Muni et ses disciples posèrent un certain nombre de questions au Maharshi. Puis, le Muni versifia les questions et les réponses en sanskrit et les réunit dans un ouvrage intitulé : *Shrī Rāmana-Gītā*.

Ce fut certainement le contact avec Ganapati Muni qui fit si rapidement progresser les connaissances du Maharshi en sanskrit.

Bien que Shrī Rāmana ait fait comprendre à sa mère lors de sa première visite que tout lien familial était désormais coupé, elle continua néanmoins à lui rendre visite. En 1914, lors d'une de ses visites, elle tomba sérieusement malade. Rāmana s'occupa d'elle avec grand soin et, quand son état devint critique, il composa un poème implorant son Père Arunāchala de la guérir. C'est la seule prière connue qu'il ait jamais faite pour influencer le cours des événements.

La prière fut exaucée et elle retourna chez elle.

En 1916, après la mort de son fils aîné et de son beau-frère, Alagammal quitta définitivement Madurai pour passer les dernières années de sa vie auprès de son fils ascète. Elle devint bientôt sa disciple fervente et Shrī Bhagavān l'accepta comme membre de l'ashram.

Le nombre de visiteurs et de fidèles étant devenu trop important pour les ressources en eau à la grotte de Virupaksha, Shrī Bhagavān s'installa, peu de temps après l'arrivée définitive de sa mère, à Skandashram, un ermitage un peu plus haut sur la colline, près d'une source.

Ce fut le commencement d'une nouvelle vie d'ashram. Le lieu, entouré de manguiers et de cocotiers, était une oasis de fraîcheur. Les journées étaient ponctuées de chants, méditations, lectures en présence du Maître. Après sa promenade du matin, Shrī Bhagavān restait assis en silence, entouré de ses disciples. De temps à autre il répondait à leurs questions, clarifiait leurs doutes. L'atmosphère était calme et paisible. Les uns lisaient, les autres méditaient, tous enveloppés par la force émanant du Maître [1].

Sa mère cuisinait pour les membres de l'ashram et les visiteurs, dont le nombre ne cessait d'augmenter. La vie sur la montagne n'était pas facile pour elle. Outre le manque de confort, elle recevait de son fils un entraînement spirituel sévère qui devait la préparer aux derniers instants de sa vie.

En 1920, elle commença de s'affaiblir et sa santé déclina. Shrī Bhagavān ne cessa de lui prodiguer des soins pendant sa maladie et passa souvent la nuit entière auprès d'elle. Puis la fin approcha. Le 19 mai 1922, son état devint critique. Après sa promenade matinale, Shrī Bhagavān alla dans sa chambre, s'assit à ses côtés et plaça la main droite sur sa poitrine, la main gauche sur sa tête. Il resta ainsi toute la journée pendant que les disciples récitaient les Véda et chantaient l'*Akshara-mana-mālai*, un des hymnes à Arunāchala composés

---

1. Bien que le Maharshi n'ait considéré personne comme étant son disciple ni ne s'est soi-même considéré comme un maître (voir entretien n° 281 de ce livre) – car il ne voyait rien et personne en dehors du Soi –, il concédait néanmoins que, du point de vue du disciple, ces notions avaient une réalité et que la grâce du *guru* était indispensable pour être éveillé à la Réalité, quel que soit ce *guru*.

par le Maharshi pendant ses années à la grotte de Virupaksha. Vers 8 heures du soir, au milieu de ces chants sacrés, Alagammal quitta son corps. C'est par le toucher divin de Shrī Bhagavān qu'elle s'absorba dans la Réalité suprême [1].

Son corps fut enterré au pied de la colline. Shrī Rāmana continuait à vivre à Skandashram avec quelques fidèles, mais descendait tous les jours visiter sa tombe. Après six mois, il s'installa définitivement au pied de la montagne près du *samādhi* [2] de sa mère.

Ce fut le début de l'ashram de Shrī Rāmana (Shrī Rāmanāshramam). A cette époque, les disciples avaient le privilège de vivre auprès du Maître et de partager toutes les activités quotidiennes avec lui. Dans ce cercle intime autour de Bhagavān – ils n'étaient que quatre ou six à résider à l'ashram –, ils pouvaient pleinement profiter de sa présence et de son enseignement. Ils accompagnaient régulièrement Bhagavān quand celui-ci faisait le tour de la montagne, se levaient à 3 heures du matin pour participer avec lui aux tâches de la cuisine ou restaient simplement, parfois des nuits entières, assis en sa présence.

A mesure que le nombre de fidèles augmentait, l'ashram grandissait. Les donations permettaient de construire des bâtiments, cuisine, salle à manger, des pavillons pour recevoir les fidèles et les visiteurs occasionnels, une école pour les études des Véda et un temple au-dessus de la tombe de la mère, temple qui fut consacré en 1949.

La renommée de Shrī Rāmana grandissait de plus en plus et cela bien au-delà des frontières. Des milliers

---

1. Les détails du départ de la mère sont décrits dans l'entretien n° 247 de ce livre.

2. Tombe.

de visiteurs désiraient recevoir son *darshan* ; les uns venaient un court moment, d'autres pour un séjour prolongé. Les uns plaçaient leurs souffrances à ses pieds, d'autres cherchaient à clarifier leurs doutes, et d'autres enfin à être guidés dans leur quête spirituelle. Mais, au fond, tous cherchaient la même chose : la paix de l'esprit. « La grâce est toujours là, disait le Maharshi, le récipient avec lequel vous venez se remplit suivant sa capacité. » Nombreux étaient ceux qui partaient soulagés de leur fardeau, le cœur empli de grâce.

Les visiteurs étaient variés, du simple paysan jusqu'au maharajah, de l'illettré jusqu'à l'intellectuel, des hindous orthodoxes, des Occidentaux, tous se prosternaient devant le Sage, qui, assis sur son sofa, jour et nuit dans la même pièce et disponible à toute heure, recevait tout le monde avec le même respect, la même attention.

Cette attention, il la portait aussi aux animaux et aux plantes, au point de provoquer la jalousie chez ses fidèles. Comparable à saint François d'Assise, Shrī Bhagavān avait le don de communiquer avec eux ; singes, oiseaux, vaches, paons et chiens... tous cherchaient sa compagnie et avaient le privilège de s'approcher de lui, d'être caressés ou nourris par lui.

Sa simplicité et son sens de l'égalité étaient légendaires. Bien que vénéré comme un dieu incarné, il refusait tout traitement privilégié et cela systématiquement, que le motif fût caché ou ouvertement déclaré. Tous les dons devaient être partagés, sinon il ne les acceptait pas.

Il incarnait la perfection et portait à l'excellence tout ce qu'il faisait. L'observer dans la cuisine couper des légumes et préparer les repas était un enseignement en soi. Ceux qui vivaient en sa présence et partageaient son quotidien apprenaient par son exemple que porter la perfection dans chaque activité était une nécessité pour tout progrès spirituel.

En 1947, sa santé commença à décliner. Il ne pouvait plus recevoir les visiteurs à toute heure du jour, et les portes de la pièce où il donnait le *darshan* étaient désormais fermées la nuit. En 1949, un petit nodule apparut sur son bras gauche qui se développa rapidement en une tumeur maligne. Il fut opéré à quatre reprises entre février et décembre, mais la tumeur revint chaque fois. L'entourage de Shrī Bhagavān se doutait que sa fin n'allait pas tarder. Les médecins étaient impressionnés par son indifférence surhumaine vis-à-vis du corps et de la douleur. Les douleurs devaient être atroces, mais l'expression de son visage ne restait pas moins tranquille, son sourire pas moins bienveillant. Quand les fidèles, déconcertés, le prièrent de se guérir par sa propre volonté, il répondit : « Tout s'arrangera en temps voulu » et ajouta : « Qui est là pour le vouloir ? »

A une autre occasion, Bhagavān consola un disciple anxieux : « Ils prennent ce corps pour Bhagavān et lui attribuent la souffrance. Ils prétendent que Bhagavān les quitte, mais où peut-il aller, et comment ? »

Les derniers jours, des centaines de fidèles défilèrent devant la petite chambre qui avait été construite pour lui. Shrī Bhagavān, étendu sur son lit sur la véranda, donna le *darshan* matin et soir jusqu'à sa fin et ne permit pas qu'on l'arrêtât. Le vendredi soir du 14 avril 1950, la foule venue de loin et de près fut encore plus grande, et cette fois-ci, elle ne se dispersa pas après le *darshan,* se doutant que son état était critique. Quand la fin approcha toute l'assemblée se mit à chanter l'*Akshara-mana-mālai* avec le refrain « Arunāchala Shiva, Arunāchala Shiva »... Les yeux de Bhagavān s'ouvrirent un peu ; sur ses lèvres apparut un léger sourire ; le long d'une joue coulèrent quelques larmes de félicité ; et à 8 h 47, une expiration... et aucune inspiration. Pas de lutte, pas de spasme, aucun signe qu'il mourait. A ce moment même, une comète d'une lumière éclatante traversa lentement le ciel, se dirigea vers Arunāchala et disparut derrière le sommet.

La forme visible de Bhagavān s'était absorbée dans la Réalité suprême d'Arunāchala.

La comète a été vue dans toute l'Inde du Sud. Des fidèles à Madras se doutèrent alors de ce qui s'était passé et se précipitèrent à Tiruvannāmalai ; Henri Cartier-Bresson, qui avait pris les fameuses photos des derniers jours du Maharshi, accourut pour vérifier si l'heure de la comète coïncidait bien avec le *mahānirvāna* de Shrī Rāmana.

« Ils disent que je vais mourir. Mais je ne pars pas.
Où pourrais-je aller ? Je suis là. »

Rāmana Maharshi enseignait et transformait les êtres surtout par la force de sa présence silencieuse. Pour ceux qui ne pouvaient entendre ce saint silence et capter la grâce qui émanait de lui, le Maharshi quittait ses conversations avec l'Infini et répondait avec soin aux questions qui lui étaient posées.

Mais tout le monde n'a pas eu la chance d'être assis à ses pieds et de recevoir l'enseignement direct par son silence ou par ses paroles. La parole écrite est donc indispensable pour que son message atteigne le plus grand nombre, au long des siècles, et accompagne les chercheurs comme un guide constant.

Les entretiens avec ses fidèles ou les visiteurs occasionnels ont dû être très nombreux et nombreux sont certainement ceux qui sont restés sans témoignage écrit.

Par bonheur, et surtout par sa grâce, une partie des paroles de Rāmana ont été préservées. Lui-même n'écrivait que très peu et presque tout ce qu'il a écrit le fut à la demande de ses disciples : des poèmes exposant son enseignement advaïtique, des hymnes dédiés à Arunāchala, quelques poésies, adaptations et traductions [1].

Entre les années 1935 et 1939, un certain fidèle, Munagala S. Venkataramiah (Swāmi Rāmananda Saraswati), a pris la peine de noter les échanges verbaux auxquels il avait assisté. Bhagavān Rāmana était alors au zénith de sa mission visible. Le livre de Paul Brunton, *L'Inde secrète*, l'avait fait connaître dans le monde entier et de nombreux Occidentaux venaient grâce à ce témoignage. La foule de visiteurs indiens, venant de tous les coins du pays, s'accrut également, et tout ce monde était reçu par le Maharshi dans le petit hall ouvert jour et nuit.

Les notes de Munagala S. Venkataramiah furent publiées sous le titre *Talks with Shrī Rāmana Maharshi*. Le Major Chadwick, un Anglais arrivé à Tiruvannāmalai en 1935 et disciple fervent du Maharshi, était souvent présent dans le hall pendant ces quatre années et eut lui-même des entrevues intéressantes avec lui. Il écrivit, pour la première édition (1955) de la version originale anglaise, une introduction dont voici quelques extraits témoignant de l'ambiance dans laquelle s'étaient déroulées ces entrevues :

> « Bien que Shrī Venkataramiah fût tout à fait qualifié pour faire ce travail, suivre Shrī Bhagavān lorsqu'il se mettait à parler n'était pas chose facile. Il maîtrisait si bien son sujet qu'il n'hésitait jamais sur un terme, quelle que

---

1. Voir *Rāmana Maharshi, Œuvres réunies*, Editions Traditionnelles, 1988.

soit la langue dans laquelle il s'exprimait ; ainsi, au fait que ceux qui écoutaient ne pouvaient prendre que peu de notes, trop occupés qu'ils étaient à ne pas manquer un seul mot, s'ajoutait encore la difficulté de comprendre ce que disait le Maître.

« On peut donc facilement s'imaginer combien il était difficile de prendre ces notes ; seul celui qui a été assis pendant des années aux pieds du Maître et qui a parfaitement assimilé sa philosophie et la manière dont il l'exposait était compétent pour mener à bien cette tâche. Par bonheur, Shrī Venkataramiah se trouva être la personne idéale pour cela.

« Le langage utilisé ici n'est pas toujours élégant, mais vu les circonstances on ne pouvait s'attendre à mieux. Bien entendu, on aurait pu le corriger, mais on a préféré le laisser tel quel pour ne pas perdre une certaine spontanéité qui lui est propre. Les entretiens se sont déroulés dans les différentes langues parlées en Inde du Sud, mais la plupart ont été notés en anglais, le reste en tamoul ou telugu, et ensuite traduits pour cet ouvrage. Les notes, une fois complétées, ont été souvent montrées à ceux qui avaient posé les questions pour qu'ils les vérifient, mais l'ensemble porte le sceau de l'approbation de Shrī Bhagavān lui-même, car les notes lui ont toujours été soumises pour qu'il les approuve ou les corrige si nécessaire. Ainsi, nous pouvons être sûrs de disposer de l'enseignement exact du Maître, et en les lisant, nous sommes de nouveau assis à ses pieds dans le hall, buvant chaque mot qui tombe de ses lèvres ; émerveillés par son sourire, les mouvements de ses mains délicates et par ses mimiques ; car il fut un véritable artiste, souvent interprétant par des gestes l'histoire qu'il était en train de raconter afin de mieux faire comprendre son sens. »

Puis le Major Chadwick conclut :

« Certains peuvent être enclins à critiquer ce livre en disant qu'il est monotone, mais cette soi-disant monotonie est délibérée et il y a toujours un nouveau point qui ressort, même si l'entretien peut sembler semblable aux autres. Shrī Bhagavān insista sur la seule vérité essentielle pour la Libération : il n'existe qu'un seul Soi et rien d'autre que le Soi. Le connaître, c'est connaître tout le reste. Cela ne peut être répété trop souvent.

« "Vous êtes le Soi, nous dit-il, rien que le Soi ; tout le reste n'est qu'imagination, alors soyez le Soi ici et maintenant. Il n'est pas nécessaire de se retirer dans une forêt ou de s'enfermer dans une chambre ; poursuivez vos activités essentielles, mais libérez-vous de l'association avec leur auteur. Le Soi est le témoin, vous êtes Cela."

« La lecture de ce livre conduit automatiquement vers l'intérieur, vers la source. Elle est une *sādhanā* suffisante en soi. Ne vous faites pas d'illusions, vous êtes déjà Cela, il n'y a rien de plus à obtenir, il n'y a que la fausse association à éliminer, la limitation à reconnaître comme illusoire.

La méthode du Maharshi pour atteindre *Cela* est bien connue : c'est l'*ātma-vichara*. Toujours et à tout moment, cherchez la source de l'ego, l'acteur apparent, et lorsque ce but sera atteint, nous dit-il, l'ego s'évanouira de lui-même, et rien ne subsistera à part le Soi qui est toute Félicité. »

L'enseignement de Rāmana Maharshi est basé sur sa propre expérience et vise à conduire le questionneur à sa nature véritable. Tous ne pouvant saisir la signification la plus élevée de ses instructions, le Maharshi, avec un rare sens pédagogique, adaptait ses réponses au niveau de compréhension de ceux qui venaient chercher son conseil. Ainsi était-il souvent obligé de quitter son point de vue absolu pour répondre d'un point de vue relatif

---

1. « Investigation du soi » ; traduit en anglais par « self-enquiry » ou « self-investigation ». Le Maharshi explique cette méthode d'introspection analytique, entre autres, dans les entretiens nos 34, 78, 146, 174 et 298 de ce livre.

correspondant au niveau de la question posée. Cela explique les apparentes contradictions de ses réponses qu'on croit constater ici et là dans cet ouvrage, mais qui, en définitive, ne proviennent que de points de vue différents. Bien entendu, c'est l'aspect absolu — *seul le Soi existe* — qui correspond à l'expérience du Maharshi et c'est vers lui qu'il essayait de guider, d'une manière directe ou indirecte, visible ou invisible, tout être venant le voir.

A PROPOS DE LA TRADUCTION

A la recherche d'un sens profond de la vie depuis longtemps, j'ai été amenée en novembre 1986 à faire la connaissance d'Alfred Dupuis. Lors d'une de nos rencontres, toujours riches, il me raconta que, lorsqu'il était en Inde, il avait eu le *darshan* de Rāmana Maharshi de son vivant. Comme je n'avais à ce moment-là qu'une vague notion de qui était ce sage, Alfred Dupuis me tendit un livre et une photo du Maharshi qui m'impressionna fortement. Le livre avait pour titre *L'Enseignement de Ramana Maharshi* et c'est lui qui l'avait traduit de l'anglais à la suite de sa rencontre avec le sage [1]. Je lisais cet ouvrage comme un de ces livres que l'on n'arrive plus à poser une fois qu'on les a commencés. Ou était-ce lui qui ne voulait plus me lâcher ? Je ne pense pas avoir compris beaucoup de cet enseignement précieux, de ces mots qui sont de l'or pur, mais je sentais intuitivement que là se trouvait la Vérité (avec un grand V) ; que là le mystère spirituel dont j'ai

---

1. Première traduction française des *Talks with Sri Ramana Maharshi*, par Alfred Dupuis, Antoinette Perelli et Jean Herbert, Paris, Albin Michel, 1972.

toujours entendu parler était révélé clairement et rendu accessible à tous ceux qui pouvaient l'entendre.

Lorsque je voulus rendre l'ouvrage à Alfred Dupuis, il insista pour que je le garde. Après un certain temps, il me dit : « J'ai un projet à vous proposer... » Malheureusement il nous quitta peu après et je ne saurai jamais quel était ce projet.

Cet ouvrage fut ma première rencontre avec le Maharshi ; c'est la lecture de ce livre qui me poussa à aller en Inde peu après la mort d'Alfred Dupuis en 1988. Depuis, mes voyages à l'ashram de Shrī Rāmana Maharshi se sont succédé, j'ai visité presque tous les lieux liés au Maharshi, et encore à ce jour, Arunāchala, la Sainte Montagne, ne cesse de m'appeler pour de longs séjours.

Ainsi, douze ans après avoir « rencontré » ce livre, un membre de la direction de l'ashram, selon le souhait de son président, Shrī V.S. Rāmanan, me demanda un remaniement de cette traduction et la traduction des passages manquants afin de la mettre en accord parfait avec l'édition originale anglaise. Etait-ce le projet qu'Alfred Dupuis avait à l'esprit ?

Comme le Major Chadwick le décrit dans son introduction à la version anglaise, prendre des notes des entretiens avec le Maharshi n'était pas chose facile. Le souci de les restituer en un langage soigné était donc secondaire, si bien que les phrases paraissent parfois hachées, courtes et succinctes. Cependant, nous pouvons fort bien comprendre que les paroles du Maharshi venaient « d'ailleurs », que les phrases tombaient de ses lèvres spontanément et qu'il ne s'agissait pas là de discours ou d'exposés. J'ai eu la confirmation d'un de ses proches disciples que le style dans lequel le Maharshi s'exprimait en tamoul était précisément aussi bref et concis.

Le traducteur pourrait alors être tenté d'enjoliver les phrases pour rendre la lecture plus plaisante. Il pourrait également être tenté de rajouter des détails, des explications ou interprétations afin de rendre au lecteur la tâche plus facile pour la compréhension des passages peu clairs à la première lecture, et enfin, de sacrifier des mots en sanskrit ou des passages traitant de la culture traditionnelle hindoue dont le sens risque d'échapper au lecteur occidental.

Mais aujourd'hui, avec la croissance de l'intérêt pour l'enseignement du Maharshi, l'augmentation du nombre de personnes qui viennent séjourner à l'ashram de Tiruvannāmalai (Inde du Sud) et les exigences accrues des lecteurs et des chercheurs spirituels pour ce qui est de la précision des traductions, les responsables de l'ashram sont amenés à veiller à ce que celles-ci soient faites le plus fidèlement possible.

Exprimer la Vérité par la parole est un exploit fantastique que le Maharshi, par sa grâce, a bien voulu réaliser pour nous. Par conséquent, chacune de ses paroles, portant le sceau de son approbation après avoir été traduite et notée, ne doit-elle pas être considérée comme sacrée et pesée minutieusement avant d'être restituée dans une autre langue ? Certes, le message du Maître passera de toutes les façons, car il répète si inlassablement la question centrale de son enseignement que celui-ci ne peut que pénétrer en nous. Mais pour que le sens profond d'un mot ou d'une phrase ne soit pas perdu et que sa sagesse soit rendue au plus proche de ce que le Maharshi a voulu transmettre, un certain esthétisme littéraire doit être sacrifié et, lorsque des phrases ou des aspects ne paraissent pas clairs, le soin doit être laissé au lecteur lui-même de découvrir leur sens par une étude plus approfondie.

Dans cette optique j'ai essayé de mon mieux et

dans les limites de ma compréhension de faire une nouvelle version française, en bénéficiant, bien entendu, du travail remarquable d'Alfred Dupuis et de ses vastes connaissances littéraires et philosophiques.

Pour une meilleure compréhension de certains mots ou passages, des notes de bas de page ont été ajoutées ; elles sont souvent le résultat d'une recherche auprès de savants indiens. Les termes sanskrits ont été laissés à leur place avec la traduction entre parenthèses, comme ils se présentent dans l'original anglais. Bien que cela puisse rendre la lecture plus difficile, c'est là une invitation à une étude plus poussée. Les traductions ou explications de ces termes sont aussi incluses dans l'index sanskrit. L'index général français a été conçu pour aider le lecteur à retrouver certains passages dans l'ouvrage. Ont été gardés rigoureusement la datation et les numéros des entretiens de la version originale anglaise, ce qui permettra de se reporter facilement à cette dernière.

Pendant ce travail j'ai partagé joies et peines avec un certain nombre d'amis à qui je voudrais exprimer mes plus vifs remerciements :

En Inde du Sud, à Shrī T.V. Chandramouli et à Shrī J. Jayaraman du Shrī Rāmanāshramam, Tiruvannāmalai, toujours disponibles pour répondre aux questions culturelles, philosophiques et spirituelles et concernant la vie du Maharshi.

En France, à Myriam Elia, grande amie de l'Inde, qui, en relisant avec beaucoup de soin le manuscrit, m'a amenée à aller bien au-delà d'un simple remaniement d'une traduction comme l'ashram me l'avait demandé à l'origine ; c'est encore elle qui m'a accordé un appui moral et pratique, indispensable dans la première phase, la plus importante, de ce travail.

A Christian Bouy, indianiste, à qui je dois les identifications des citations et qui m'a consacré un temps considérable pour la révision de l'index sanskrit et la clarification de nombre de points délicats.

Au professeur Pierre Arhan et à Jacqueline Vallon, qui, chacun de leur côté, m'ont fait bénéficier de leurs précieuses observations.

A Dominique Dryjski et Noël Bompois dont l'aide m'a été très utile.

Enfin à la personne qui m'a le plus soutenue en Inde et en France dès avant la première page jusqu'après la dernière, qui a mis à ma disposition son expérience de plus de vingt ans passés en Inde, ses matériaux bibliographiques et ses relations culturelles : Shrī Nārāyana (Serge Demetrian).

Après un travail de plusieurs années, j'exprime à tous ma gratitude, que Bhagavān Rāmana Maharshi les garde dans son cœur.

Tiruvannāmalai, mars 2005
E. B.

ABRÉVIATIONS

BĀU	*Brihadāranyaka-upanishad*
BhG	*Bhagavad-gītā*
ChU	*Chāndogya-up.*
KN	*Kaivalya-navanīta*
KaU	*Katha-up.*
KeU	*Kena-up.*
MāU	*Māndūkya-up.*
MBh	*Mahābhārata*
MNU	*Mahānārāyana-up.*
MuU	*Mundaka-up.*
skr.	*sanskrit*
SvU	*Shvetāshvatara-up.*
TaiU	*Taittirīya-up.*
TBiU	*Tejobindu-up.*
TR	*Tripurā-rahasya*
TSBrU	*Trishikhībrāhmana-up.*
Up.	*Upanishad*
VCM	*Viveka-chūdāmani*
YKuU	*Yogakundaly-up.*
Ys	*Yoga-sūtra*
YSiU	*Yogasikha-up.*

Première partie

(mai 1935 - juillet 1936)

15 MAI 1935

1. Un moine errant (*samnyāsin*) cherchait à clarifier son doute : « Comment peut-on réaliser que le monde est Dieu ? »

Maharshi : Si votre vision devient celle de la sagesse, vous découvrirez que le monde est Dieu. Sans connaître l'Esprit suprême (le *brahman*), comment trouveriez-vous Son immanence ?

2. Quelqu'un s'enquit de la nature des perceptions.

M. : Les perceptions participent de l'état dans lequel on se trouve, quel que soit cet état. L'explication en est que dans l'état de veille (*jāgrat*), le corps grossier perçoit les noms et les formes eux aussi grossiers ; dans le *svapna* (état de rêve), le corps mental perçoit les créations mentales sous leurs multiples noms et formes ; dans la *sushupti* (état de sommeil profond), il n'y a plus d'identification avec le corps et donc pas de perceptions ; de même, dans l'état transcendantal, l'identité avec le *brahman* met l'homme en harmonie avec toutes choses, et il n'y a rien qui soit séparé du Soi.

3. Une autre question portait sur la nature du bonheur.

M. : Si un homme pense que son bonheur dépend de causes extérieures et de ce qu'il possède, il est raisonnable de conclure que son bonheur augmentera lorsqu'il possédera davantage et diminuera proportionnellement à la diminution de ces possessions. Par conséquent, s'il ne possède rien, son bonheur devra être réduit à zéro. Or, quelle est l'expérience réelle de l'homme ? Correspond-elle à cette optique ?

Dans le sommeil profond, l'homme ne possède rien, pas même son propre corps. Et au lieu d'être malheureux il est parfaitement heureux. Chacun désire dormir profondément. La conclusion en est que le bonheur est inhérent à l'homme et n'est pas dû à des causes extérieures. Pour ouvrir les réserves du bonheur parfait, il faut réaliser le Soi.

4. Un jeune homme instruit demanda au Maharshi : « Pourquoi dites-vous que le Cœur est à droite alors que les biologistes le trouvent à gauche ? Quelle est l'autorité qui l'affirme ? »

M. : C'est vrai, l'organe physique est à gauche ; cela est indéniable. Mais le Cœur dont je parle n'est pas physique et il est à droite. C'est mon expérience et je n'ai besoin d'aucune autorité pour me le confirmer. Cependant vous pouvez en trouver la confirmation dans un livre de médecine ayurvédique en malayalam et dans la *Sītā-upanishad*.

Et le Maharshi rapporta le verset (*shloka*) du livre ayurvédique et cita le mantra de l'*Upanishad*.

5. Un ingénieur du nom de Maurice Frydman remarqua au sujet de la grâce : « Une poupée de sel plongée dans l'eau n'est pas protégée par un manteau imperméable. »

Cette belle analogie fut applaudie et le Maharshi ajouta : « Le manteau imperméable, c'est le corps. »

6. Un moine (*samnyāsin*) demanda : «Comment empêcher les distractions du mental ? »

M. : Vous ne voyez les objets que lorsque vous oubliez votre propre Soi. Maintenez-vous dans le Soi et vous ne verrez pas le monde objectif.

7. A la question de savoir si des pouvoirs occultes (*siddhi*) pouvaient être acquis en même temps que l'omnipotence (*īshvaratva*), comme cela est mentionné dans le dernier verset du *Dakshināmūrti-ashtakam*, le Maharshi répondit : «Laissez d'abord l'omnipotence s'accomplir, et alors la question pourra être soulevée. »

8. *Q. :* Peut-on tirer quelque profit en répétant des syllabes sacrées (mantra) que l'on a recueillies incidemment ?

M. : Non. Il faut être apte et avoir reçu l'initiation à ces mantras.

Le Maharshi illustra cela par l'histoire suivante : Un roi rendit visite à son Premier ministre dans sa résidence. Il fut informé que le ministre était en train de réciter des paroles sacrées (*japa*). Le roi attendit qu'il eût terminé et, l'abordant, lui demanda quel était le *japa* qu'il récitait. Le ministre lui répondit que c'était le plus sacré de tous, la *gāyatrī* [1]. Lorsque le roi exprima son désir d'y être initié par le ministre, celui-ci avoua qu'il n'en était pas capable. Le roi réussit alors à l'apprendre avec quelqu'un d'autre et quand il revit le ministre, il lui récita la *gāyatrī* en lui demandant son avis. Le ministre l'assura que le mantra était correct, mais qu'il n'était pas convenable pour lui de le réciter.

---

1. Le vers le plus sacré du *Rig-Veda* et mantra qui invoque le soleil comme étant celui qui donne la vie et l'inspiration à tous les êtres.

Lorsque le roi demanda avec insistance une explication, le ministre appela un page et lui ordonna d'arrêter le roi. L'ordre ne fut pas suivi. Bien que le ministre répétât l'ordre plusieurs fois, il ne fut toujours pas suivi. Le roi, fou de rage, commanda à son tour au même page d'arrêter le ministre. Et son ordre fut exécuté à l'instant même. Le ministre se mit à rire en déclarant que c'était l'explication exigée par le roi. « Comment ? » demanda le roi. Le ministre répondit : « L'ordre était le même, l'exécutant aussi, mais l'autorité était tout autre. Mon ordre ne donna aucun résultat, tandis que le vôtre fut exécuté immédiatement. Avec les mantras, il en est de même. »

9. Quelqu'un s'enquit : « Pourquoi les Ecritures disent-elles que le Sage est comme un enfant ? »

M. : Dans un sens, le Sage (*jñānin*) et l'enfant se ressemblent. Les incidents n'intéressent l'enfant que tant qu'ils durent. Quand ils ont pris fin, l'enfant n'y pense plus. On voit donc qu'ils ne laissent sur l'enfant aucune impression et ne l'affectent pas mentalement. Il en va de même chez le Sage.

10. Un visiteur demanda comment on pouvait se réaliser suivant les instructions données par le Maharshi dans le poème *Truth Revealed*[1], strophe 8 du supplément[2]. La difficulté était la maîtrise du mental.

M. : On y parvient en contrôlant la respiration. Vous pouvez pratiquer cela par vous-même, sans autre aide,

---

1. « La Vérité révélée ». Voir index II, *Sad-vidyā*.

2. « A l'intérieur de la caverne du Cœur brille, immédiat, le *brahman* seul en tant que 'Je'-'Je', l'*ātman*. Pénètre dans le Cœur par la recherche du Soi, par l'immersion profonde ou le contrôle du souffle et demeure ainsi établi dans l'*ātman*. » (*The Collected Works of Rāmana Maharshi*, 1996, p. 131.)

et le mental est maîtrisé. Autrement, il est maîtrisé spontanément en présence d'un Pouvoir supérieur. Telle est la grandeur de la fréquentation des sages (*sat-sanga*).

11. *Q. :* Le destin (karma) peut-il prendre fin ?
M. : Les karmas portent en eux-mêmes les semences de leur propre destruction.

12. Un visiteur demanda au Maharshi : « Dites-moi quelque chose. »
M. : Que voulez-vous savoir ?
Q. : Je ne sais rien, et je voudrais que vous me disiez quelque chose.
M. : Vous savez que vous ne savez rien. Découvrez ce qu'est cette connaissance. Cela est la Libération (*mukti*).

6 JANVIER 1935

13. Mrs. M.A. Piggot, une Anglaise, qui avait lu le livre *L'Inde secrète* de Paul Brunton, vint rendre visite au Maharshi. Quelqu'un servit d'interprète. La salle était bondée de visiteurs, dont quelques femmes avec leurs enfants. L'endroit résonnait de bruits, mais finalement le silence s'imposa. Le Maharshi semblait contempler l'espace infini, quand soudain on entendit une voix douce : « Singe ! » On pouvait observer sur le seuil de la porte un bébé (la mère avait eu un moment d'inattention) près d'un grand singe, qui, debout sur ses pattes postérieures, caressait l'enfant de ses deux mains sans lui faire le moindre mal ; tous deux étaient en paix dans la présence du Maharshi. Quand la voix du Maharshi se fit entendre, le singe prit habilement la fuite et disparut. Mrs. Piggot fut très impressionnée par cet incident.

7 JANVIER 1935

13a. *Mrs. Piggot :* Pour parvenir à la Réalisation, un maître est-il nécessaire ?

M. : La Réalisation est le résultat de la grâce du Maître, bien plus que des enseignements, des conférences, des méditations, etc. Ce ne sont là que des aides secondaires, tandis que la grâce du Maître en est la cause primordiale et essentielle.

Q. : Quels sont les obstacles à la réalisation du Soi ?

M. : Les habitudes du mental (*vāsanā*).

Q. : Comment les surmonter ?

M. : En réalisant le Soi.

Q. : C'est un cercle vicieux.

M. : C'est l'ego qui soulève ces difficultés, qui crée des obstacles et qui, ensuite, souffre de la perplexité que font naître d'apparents paradoxes. Cherchez qui pose les questions et vous trouverez le Soi.

Q. : Qu'est-ce qui peut aider à la Réalisation ?

M. : Les enseignements des Ecritures et des âmes réalisées.

Q. : Ces enseignements peuvent-ils être donnés sous forme de discussions, conférences et méditations ?

M. : Oui, mais celles-ci ne sont que des aides secondaires, l'essentiel est la grâce du Maître.

Q. : Combien de temps faut-il pour parvenir à la Réalisation ?

M. : Pourquoi désirez-vous le savoir ?

Q. : Pour me donner de l'espoir.

M. : Même ce désir-là est un obstacle. Le Soi est toujours présent, rien n'existe en dehors de lui. Soyez le Soi, et désirs et doutes disparaîtront. Ce Soi est le témoin dans les états de sommeil profond, de rêve et de veille. Ces trois états appartiennent à l'ego. Le Soi transcende même l'ego. N'existiez-vous pas durant le sommeil profond ? Saviez-vous alors que vous dormiez et que vous étiez inconscient du monde ? Ce n'est qu'en état de veille que vous décrivez cette expérience de sommeil comme étant inconscience ; pourtant votre conscience quand vous dormez est la même que lorsque vous êtes éveillée. Si vous savez ce qu'est cette conscience de veille, vous connaîtrez la conscience qui se tient comme témoin dans les trois états. Cette conscience peut être trouvée en cherchant la conscience telle qu'elle était durant le sommeil profond.

Q. : Dans ce cas, je m'endors.

M. : Aucun inconvénient !

Q. : C'est un vide.

M. : Pour qui est le vide ? Cherchez. Vous ne pouvez vous nier vous-même à aucun moment. Le Soi est toujours présent et subsiste dans les trois états.

Q. : Devrais-je alors rester comme en état de sommeil profond et en même temps être vigilante ?

M. : Oui. Le fait d'être vigilant est l'état de veille. Ce ne sera donc pas un état de sommeil, mais celui d'un sommeil éveillé. Si vous suivez vos pensées, vous serez entraînée par elles et vous vous trouverez dans un labyrinthe sans fin.

Q. : Alors je dois remonter à la source de mes pensées.

M. : Tout à fait ; c'est ainsi que les pensées disparaîtront et que seul le Soi demeurera. En fait, pour le Soi il n'y a ni intérieur ni extérieur. De plus, ce sont des projections de l'ego. Le Soi est pur et absolu.

Q. : Je ne le comprends qu'intellectuellement. L'intellect ne peut-il pas aider à la Réalisation ?

M. : Oui, jusqu'à un certain point. Mais rendez-vous compte tout de même que le Soi transcende l'intellect, qui doit lui-même disparaître pour que le Soi soit atteint.

Q. : Ma Réalisation aidera-t-elle les autres ?

M. : Oui, certainement. C'est la meilleure aide possible. Mais il n'y a pas d'« autres » qui doivent être aidés. Car un être réalisé voit le Soi, tout comme un orfèvre qui évalue la quantité d'or contenue dans divers bijoux. C'est seulement lorsque vous vous identifiez avec le corps qu'il y a des formes. Mais quand vous transcendez votre corps, les autres corps disparaissent en même temps que votre conscience du corps.

Q. : En est-il de même pour les arbres, les plantes, etc. ?

M. : Ont-ils quelque existence en dehors du Soi ? Trouvez cela. Vous pensez que vous les voyez. Cette pensée est projetée hors de votre Soi. Cherchez d'où elle s'élève. Les pensées cesseront de s'élever et seul le Soi demeurera.

Q. : Théoriquement, je comprends. Mais les arbres et les plantes sont encore là.

M. : Oui. C'est comme une séance de cinéma. La lumière est projetée sur l'écran et les ombres qui y passent donnent l'impression aux spectateurs d'une représentation de film. Et ce serait pareil si dans ce même film on montrait aussi des spectateurs. Celui qui voit et ce qui est vu ne seront alors rien d'autre que l'écran. Appliquez cela à vous-même. Vous êtes l'écran, le Soi a créé l'ego et l'ego a ses formations de pensées qui se manifestent comme le monde, les arbres, les plantes, etc., dont vous parliez. En réalité tout cela n'est pas autre chose que le Soi. Si vous voyez le Soi, vous trouverez le Soi en tout, partout et toujours. Rien d'autre que le Soi n'existe.

Q. : Oui, je comprends, mais encore seulement en théorie. Et pourtant vos réponses sont si simples, belles et convaincantes.

M. : Même la pensée « Je ne réalise pas » est une entrave. En fait, seul le Soi existe.

8 JANVIER 1935

14. Le Maharshi lisait la version de Sarma en sanskrit d'*Arunāchala-akshara-manamālai* (le premier des cinq hymnes à Arunāchala) lorsqu'un homme âgé entra dans le hall et s'assit. Il demanda d'une voix douce : « On dit que la Réalisation est au-delà de toute expression et qu'elle ne peut pas être décrite. Comment puis-je le comprendre ? »

M. : Ce point est évoqué dans l'*Arunāchala-ashtakam*, vers 3 [1], où il est admis que, malgré l'impossibilité d'exprimer la Réalisation, son existence est cependant indiquée.

Peu après, des signes très clairs d'émotion se manifestèrent chez cet homme. Sa respiration devint profonde et difficile ; il se prosterna humblement en s'étendant à terre et ne se redressa qu'une ou deux minutes plus tard. Puis, après un court moment de silence, il quitta les lieux. Il semblait évident que cet homme avait eu une illumination. Il avait cherché la confirmation auprès du Maharshi, qui la lui avait donnée par sa réponse. Humblement et le cœur touché, il avait reconnu dans cette confirmation l'intercession divine qui lui avait été accordée.

15. Une personne posa une question à propos du passage upanishadique : « L'Esprit suprême est plus

---

1. « Quand je m'approche, Te regardant comme une forme, Tu es un mont sur terre. Désirer voir Ta forme en tant que sans-forme, c'est ressembler à celui qui parcourt la terre ici et là pour voir l'éther. Demeurer sans aucune pensée sur Ta nature fait fondre mon identité, telle une poupée de sucre dans l'océan ; et lorsque je prends conscience de qui je suis, que donc reste-t-il de cette identité mienne (si ce n'est Toi), ô Toi qui Te tiens en tant que sublime mont Aruna » (*The Collected Works of Rāmana Maharshi*, 1996, p. 108).

subtil que le plus subtil et plus grand que le plus grand. »
[SvU III.20]

M. : Même la structure de l'atome a été découverte
par le mental. Donc le mental est plus subtil que
l'atome. Et ce qui est derrière le mental, c'est-à-dire
l'âme individuelle, est plus subtil que le mental. Le
saint tamoul Mānikkavāchakar a dit que si chacun des
grains de poussière qui dansent dans un rayon de soleil
représentait un Univers, la lumière du soleil tout entière
représenterait l'Etre suprême.

19 JANVIER 1935

16. Mr. Douglas Ainslie (Grant Duff), aristocrate
anglais de 70 ans, neveu d'un ancien gouverneur de
Madras, auteur et poète, attaché jadis à la légation
britannique à Athènes, Paris et La Haye, fut invité à
Madras par le gouvernement. Profitant de cette opportunité, il vint rendre visite au Maharshi muni d'une lettre
d'introduction de Paul Brunton. Le deuxième jour de sa
visite, il resta presque une heure dans le hall. Durant
ces deux jours, pratiquement aucun mot ne fut échangé,
seulement un regard rencontrant un regard...

Les habitudes de Mr. Duff étaient assez frugales ; il
ne consommait rien jusqu'au déjeuner de 13 heures et
ne prenait que des biscuits et du café dans la soirée. Il
marchait quelques kilomètres par jour, l'estomac vide.
Il était resté célibataire. Ses gestes étaient élégants ; il
parlait peu ; sa voix profonde et douce et ses paroles
semblaient sortir droit du cœur. Parmi ses amis, on
pouvait compter Sir John Woodroffe, Sir Sarvepalli
Radhakrishnan et le professeur Thomas, un professeur
de sanskrit à l'Université d'Oxford.

Il exprima le désir d'écouter les Véda.

Le lundi 21 janvier, une lettre arriva de Riga avec des questions du même genre que celles qui avaient été posées par Mr. Duff. Elles concernaient l'existence des âmes qui ont quitté ce monde et la meilleure façon de les aider. On lui lut à haute voix la réponse envoyée à Riga. Des passages du poème *Ulladu-Nārpadu*, composé par le Maharshi, et des Véda furent récités en sa présence. Il apprécia beaucoup ces récitations.

Il revint l'après-midi suivant et, à la surprise générale, il raconta au Maharshi l'expérience qu'il avait faite la nuit précédente. Il avait vu quelque chose en lui, dans le Cœur, au centre de la poitrine, ressemblant à une lumière électrique. Et il ajouta avoir vu le soleil briller en lui. Le Maharshi sourit, puis demanda qu'on lise à l'intention de Mr. Duff une traduction d'*Ātma-vidyā*[1] (*La Connaissance du Soi*) où se trouve l'énigmatique déclaration disant que la Réalisation consiste à atteindre l'*ātman* (le Soi), lequel est l'espace infini de la conscience, le *chidvyoman*, à la différence de l'expansion du mental, le *chittavyoman*. Cette explication convint à Mr. Duff.

En parlant de lui plus tard, le Maharshi remarqua : « Quand on pense que cet homme, âgé de 70 ans, a fait le choix de ne pas rester paisiblement dans sa demeure en vivant de ses rentes ! Combien intense a dû être sa ferveur pour qu'il quitte sa patrie, entreprenne un voyage de six mille miles en faisant face aux épreuves de ce long voyage en train dans un pays étranger dont il ne parle même pas la langue. Au lieu de subir les vicissitudes d'une vie solitaire, la rigueur d'un climat torride dans un environnement peu favorable et inhabituel, il aurait pu rester confortablement chez lui. C'est son désir

---

1. Poème de cinq strophes écrit par le Maharshi à la demande de son disciple Muruganar. Voir entretien n° 379.

ardent de trouver la paix intérieure qui l'a fait venir ici. » Des personnes présentes ajoutèrent que l'intensité de son aspiration se mesurait aux expériences mystiques qu'il avait eues pendant les quatre jours de sa visite.

En ce qui concerne la question sur les âmes qui ont quitté le monde : tant qu'un homme s'identifie avec son corps, la pensée matérialisée sous forme physique lui apparaît comme réelle. Parce qu'il s'imagine que son corps vient d'un autre être, l'existence de celui-ci lui paraît aussi réelle que celle de son propre corps. Ayant déjà existé ici-bas, il survivra certainement à la mort puisque son descendant est toujours dans le monde et considère qu'il est né d'un autre, c'est-à-dire de lui. En de telles circonstances l'autre monde est réel ; et les âmes qui ont quitté ce monde bénéficient des prières qui sont offertes à leur intention. Si l'on considère les choses d'un autre point de vue, l'unique Réalité est le Soi d'où l'ego surgit ; et l'ego contient les semences des prédispositions acquises au cours des vies précédentes. Le Soi illumine l'ego, les prédispositions et aussi les sens grossiers ; il s'ensuit que les prédispositions apparaissent aux sens sous la forme de l'Univers et elles deviennent perceptibles à l'ego, qui est une réflexion du Soi. L'ego s'identifie avec le corps et perd de vue le Soi. Le résultat de cette inadvertance est l'obscure ignorance et la souffrance de la vie présente. La naissance consiste dans le fait que l'ego oublie son origine, le Soi. On peut alors dire que la naissance de l'individu a tué la mère. Le désir de retrouver sa mère est en fait le désir de retrouver le Soi, c'est-à-dire de se réaliser soi-même, ce qui équivaut à la mort de l'ego ; cela signifie l'abandon à la mère, afin qu'elle vive éternellement.

Le Maharshi lut ensuite à haute voix un passage de la version tamoule du *Yoga-vāsishtha,* l'histoire de Deerga Tapasi et de ses deux fils Punya et Papa : Après la mort des parents, le cadet pleurait cette perte et l'aîné le consola ainsi : « Pourquoi pleures-tu la mort de nos parents ? Je vais te dire où ils se trouvent ; ils sont en nous, ils sont nous-mêmes. Le courant de la vie est passé par d'innombrables incarnations, naissances et morts, plaisirs et souffrances, etc., tout comme le cours d'une rivière passe sur rochers, fossés, sables, reliefs et creux ; mais le cours reste inchangé. De plus, plaisirs et souffrances, naissances et morts sont comme des vagues à la surface de l'eau illusoire dans le mirage de l'ego. Le Soi est l'unique réalité d'où l'ego apparaît et court à travers des pensées qui se manifestent comme l'Univers dans lequel des mères et des pères, des amis et des parents apparaissent et disparaissent. Ils ne sont rien d'autre que des manifestations du Soi, si bien que les parents ne se trouvent pas à l'extérieur du Soi. Il n'y a donc aucune raison de pleurer. Apprends cela, réalise cela et sois heureux. »

24 JANVIER 1935

17. Mr. W.Y. Evans-Wentz, scientifique anglais de l'Université d'Oxford, arriva à l'ashram avec une lettre d'introduction de la part de Paul Brunton. Connaissant la langue tibétaine, il avait contribué à la traduction du *Livre des Morts*, à la biographie d'un des plus grands yogis tibétains, Milarepa, et à un livre sur les doctrines secrètes du Tibet. Il avait déjà visité l'Inde plusieurs fois et était bien accoutumé à la façon de vivre indienne, mais, fatigué du voyage, il eut besoin de repos.

L'après-midi, il posa quelques questions relatives au yoga. Il voulait savoir s'il était admissible de tuer des tigres, des daims, etc., et d'utiliser leurs peaux pour des positions de yoga (*āsana*).

M. : Le mental est le tigre ou le daim.

Q. : Si tout est illusion, rien n'empêche alors de supprimer des vies ?

M. : Pour qui est cette illusion ? Trouvez-le. En fait, chacun de nous est un « assassin du Soi » (*ātmahan*) à chaque moment de sa vie.

Q. : Quelle est la meilleure posture (*āsana*) ?

M. : N'importe quel *āsana*, peut-être le *sukha-āsana* (la posture aisée de demi-lotus du Bouddha). Mais de toute façon, cela n'a pas d'importance pour le *jñāna*, la voie de la Connaissance.

Q. : La posture indique-t-elle le tempérament ?

M. : Oui.

Q. : Quels sont les propriétés et les effets des peaux de tigre, de mouton, de daim, etc. ?

M. : Des personnes ont découvert leurs propriétés et les ont décrites dans des livres de yoga. Ces peaux d'animaux sont conductrices ou non de magnétisme, etc. Mais cela est sans intérêt pour la voie de la Connaissance (*jñāna-mārga*). En réalité, la posture signifie prendre une assise ferme dans le Soi. Elle est intérieure. Tout le reste concerne les postures extérieures.

Q. : Y a-t-il un temps pour méditer ?

M. : Qu'est-ce que le temps ?

Q. : Dites-le-moi.

M. : Le temps n'est qu'une idée. Il n'y a en fait que la Réalité. Quoi que vous pensiez qu'elle soit, elle apparaît comme telle. Si vous l'appelez « temps », c'est le temps. Si vous l'appelez « existence », c'est l'existence, et ainsi de suite. Après l'avoir appelé « temps », vous divisez ce temps en jours, nuits, années, mois, heures, minutes, etc. Le temps n'a aucune importance pour la voie de la Connaissance. Mais pour les débutants, certaines de ces règles et de ces disciplines sont bonnes.

Q. : Qu'est-ce que le *jñāna-mārga* (la voie de la Connaissance) ?

M. : La concentration mentale est, en un certain sens, commune aux deux voies, celle de la Connaissance et celle du yoga. Le yoga vise à l'union de l'individuel et de l'Universel, la Réalité. Cette Réalité ne peut être nouvelle. Elle doit déjà exister, et elle existe en ce moment même.

La voie de la Connaissance essaye de trouver comment le *viyoga* (la séparation) a pu survenir. Cette séparation n'est que celle d'avec la Réalité.

Q. : Qu'est-ce que l'illusion ?

M. : Pour qui est l'illusion ? Trouvez-le. Alors l'illusion s'évanouira.

La plupart des gens veulent savoir ce qu'est l'illusion, et ne cherchent pas *qui* est dans l'illusion. C'est absurde. L'illusion est extérieure et inconnue, alors que le chercheur est à l'intérieur et connu. Recherchez plutôt ce qui est proche de vous, intime, au lieu de rechercher ce qui est lointain et inconnu.

Q. : Le Maharshi recommande-t-il des postures physiques particulières pour les Européens ?

M. : Elles peuvent être recommandées. Toutefois, il convient de comprendre clairement que la méditation n'est pas défendue en l'absence d'*āsana*, d'horaires convenus ou d'autres conditions accessoires.

Q. : Le Maharshi préconise-t-il une méthode particulière pour les Européens ?

M. : Tout dépend du conditionnement mental de l'individu. Il n'y a pas vraiment de règle absolue et rigoureuse.

Mr. Evans-Wentz posa encore quelques questions, la plupart concernant les méthodes préliminaires du yoga. Le Maharshi répondit qu'elles étaient une aide pour le yoga et que le yoga lui-même n'était qu'un moyen pour la réalisation du Soi, le but suprême.

Q. : Le travail est-il un obstacle à la réalisation du Soi ?

M. : Non. Pour un être réalisé, seul le Soi est la Réalité et les actions ne sont que des phénomènes qui n'affectent pas le Soi. Même quand il exerce une activité, l'être réalisé n'éprouve pas le sentiment d'en être l'auteur. Ses actions ne sont qu'involontaires et il en reste le témoin sans éprouver aucun attachement. Son activité n'a aucun but. Même celui qui est engagé sur la voie de la Sagesse (*jñāna*) peut suivre la voie tout en travaillant. Pour le débutant, cela peut être difficile, tout au moins dans les premiers stades, mais avec un peu d'exercice il réussira vite et le travail n'apparaîtra plus comme un obstacle à la méditation.

Q. : En quoi consiste cette pratique ?

M. : En la recherche constante du 'Je', la source de l'ego. Cherchez « Qui suis-je ? ». Le 'Je', à l'état pur, est la Réalité, l'absolu Être-Conscience-Félicité. Lorsqu'on oublie *Cela*, toutes les misères surgissent ; lorsqu'on fixe son attention sur *Cela*, les misères passent.

Q. : Est-ce que le *brahmacharya* (le célibat) est nécessaire pour la réalisation du Soi ?

M. : *Brahmacharya* veut dire « vivre en *brahman* ». Cela n'a aucun rapport avec le célibat tel qu'on le comprend ordinairement. Un vrai *brahmachārī* est celui qui vit en *brahman* et découvre en *brahman* la Félicité. Le *brahman* est identique au Soi. Pourquoi alors partir à la recherche d'autres sources de bonheur ? En réalité, le fait de sortir du Soi est la cause de toutes les souffrances.

Q. : Le célibat est-il une condition *sine qua non* pour le yoga ?

M. : Oui. Le célibat est certainement une aide parmi tant d'autres pour la Réalisation.

Q. : Le célibat n'est donc pas indispensable ? Un homme marié peut-il réaliser le Soi ?

M. : Certainement, c'est une question d'aptitude mentale. Marié ou célibataire, l'homme peut réaliser le Soi, puisque celui-ci est ici et maintenant.

S'il n'en était pas ainsi et que le Soi était réalisable au prix de certains efforts et à un autre moment, ou si c'était un état nouveau et quelque chose qu'il faille acquérir, il ne vaudrait pas la peine d'être recherché. Car ce qui n'est pas naturel ne peut être permanent non plus. C'est pourquoi je dis : le Soi est ici et maintenant, et il est unique.

Q. : Dieu étant immanent en tout, on ne doit pas ôter la vie à qui que ce soit. La société a-t-elle raison lorsqu'elle punit de mort un assassin ? L'Etat en a-t-il le droit ? Les pays chrétiens commencent à croire que c'est une erreur.

M. : Qu'est-ce qui a poussé l'assassin à commettre le crime ? Le même pouvoir lui infligera également la punition. Que ce soit la société ou l'Etat, tous deux ne sont que des instruments entre les mains de ce pouvoir. Encore ne parlez-vous que de la suppression d'une seule vie. Que dire alors des millions de vies qui disparaissent durant les guerres ?

Q. : C'est exact. La perte de toute vie est un mal. Mais alors, la guerre est-elle justifiable ?

M. : Pour un homme réalisé, celui qui demeure toujours dans le Soi, la perte d'une seule vie, de plusieurs vies ou de toutes les vies dans ce monde ou dans les trois mondes ne présente aucune différence. Même s'il est amené à les détruire toutes, aucun péché ne pourra atteindre cette âme pure.

Le Maharshi cita alors la *Bhagavad-gītā*, chapitre 18, vers 17 : « Celui qui est délivré de la notion de l'ego, dont l'intellect n'est pas conditionné, celui-là, même s'il détruit tous les mondes, ne tue pas, pas plus qu'il n'est enchaîné par les conséquences de ses actions. »

Q. : Nos actions n'exercent-elles pas une influence sur nos vies futures ?

M. : Etes-vous né actuellement ? Pourquoi pensez-vous à d'autres naissances ? Le fait est qu'il n'y a ni naissance ni mort. Laissez donc celui qui croit être né penser à la mort et à ses palliatifs.

Q. : Combien de temps le Maharshi a-t-il mis pour réaliser le Soi ?

M. : Vous posez cette question parce que vous percevez un nom et une forme. Ces perceptions proviennent de l'identification de l'ego avec le corps physique. Lorsque l'ego s'identifie avec le corps subtil, comme dans le rêve, les perceptions sont également subtiles. Mais dans le sommeil profond, il n'y a aucune perception. Peut-on dire pour autant que l'ego ne s'y trouve pas ? Pour avoir conservé le souvenir d'avoir dormi, il faut bien que l'ego ait existé. Qui est-ce qui a dormi ? Vous ne vous êtes pas dit durant votre sommeil que vous dormiez. Vous le dites maintenant, une fois réveillé. L'ego est donc le même durant l'état de veille, de rêve et de sommeil profond. Trouvez la Réalité sous-jacente à ces trois états. C'est là la véritable Réalité. Dans cet état, il n'y a plus que ETRE, il n'y a plus « toi », ni « moi », ni « lui » ; plus de présent, ni de passé ni de futur. Cet état est au-delà du temps et de l'espace, au-delà de toute expression.

Il est toujours là.

De même que le bananier est un arbre dont les racines produisent de nouvelles pousses avant qu'il ne donne ses fruits et meure, et que ces mêmes pousses, une fois transplantées, recommencent le même cycle, ainsi le maître originel et primordial de toute antiquité (Dakshināmūrti [1]), celui qui a dissipé les doutes de ses disciples-*rishi* par son Silence, a laissé après lui des « pousses » qui continuent à se multiplier. Le *guru* est une « pousse » de ce Dakshināmūrti. La question ne se pose plus lorsque le Soi est réalisé.

Q. : Le Maharshi entre-t-il en *nirvikalpa-samādhi ?*

M. : Si les yeux sont fermés, c'est *nirvikalpa ;* si les yeux sont ouverts, c'est *savikalpa* (état de différenciation, mais de repos absolu). Cet état, éternellement présent, est l'état naturel, *sahaja.*

26 JANVIER 1935

18. Mr. Evans-Wentz demanda : « Il y a des yogis qui possèdent des pouvoirs occultes. Qu'en pense le Maharshi ? »

M. : Les pouvoirs sont connus soit par ouï-dire, soit par démonstration. C'est la preuve qu'ils n'existent que dans le domaine du mental.

Q. : Mr. Brunton mentionne l'existence d'un yogi à Madras capable d'entrer en communion avec son maître qui se trouve dans les Himalayas.

M. : Ce n'est pas plus extraordinaire que la télépathie, bien connue de tous. La télépathie ne peut exister sans quelqu'un qui entend, et la clairvoyance sans quelqu'un qui voit. Quelle différence y a-t-il entre entendre de loin ou de près ? L'auditeur seul a de l'importance. Sans auditeur, il ne peut y avoir d'audition ; sans voyant, il ne peut y avoir de vision.

---

1. Une des manifestations de Shiva qui, assis sous un arbre, enseigne par le silence les quatre fils du dieu Brahmā.

Q. : Vous me demandez alors de prendre en considération le sujet et non pas l'objet.

M. : Le sujet et l'objet n'apparaissent que lorsque le mental est mis en mouvement. Le mental les inclut tous deux ainsi que les pouvoirs occultes.

Q. : Les manifestations de lumière (*jyotis*) sont-elles visibles sur la colline d'Arunāchala ?

M. : Oui.

Q. : Les endroits sacrés tels le mont Kailāsa, Bénarès, etc., produisent-ils des effets psychiques sur ceux qui s'y rendent ?

M. : Oui.

Q. : Y a-t-il un intérêt spirituel à mourir à Bénarès ?

M. : Oui, le sens devient clair si l'on comprend ce que sont le Bénarès réel et la mort réelle.

Q. : Vous voulez dire qu'ils sont tous deux dans le Soi ?

M. : Oui.

Q. : Il y a six centres répartis dans le corps, et des centres correspondants dans le monde.

M. : Oui. Ce qui est dans le monde est dans le corps ; et ce qui est dans le corps est également dans le monde.

Q. : Est-ce que le caractère sacré de Bénarès est une question de foi, ou bien est-ce aussi une réalité extérieure ?

M. : Les deux.

Q. : Certains sont attirés par un lieu de pèlerinage, d'autres par un autre. Est-ce que cela dépend de leur tempérament ?

M. : Oui. Remarquez comme vous tous, qui êtes nés en des lieux différents et qui vivez même à l'étranger, êtes réunis ici aujourd'hui. Quelle est donc la force qui vous a attirés jusqu'ici ? Si cela est compris, l'autre force est également comprise.

29 JANVIER 1935

19. *Mr. Grant Duff :* Où peut-on situer le siège de la mémoire et de l'oubli ?

M. : Dans le mental (*chitta*).

30 JANVIER 1935

20. *Mr. Evans-Wentz :* La solitude est-elle nécessaire pour un *jnānī* ?

M. : La solitude se situe dans le mental. Un homme peut fort bien se trouver au milieu de la foule et conserver sa sérénité. En ce cas, il se trouve en état de solitude. Un autre homme peut rester seul, au fond d'une forêt et pourtant être incapable de contrôler son mental ; il ne se trouve pas en état de solitude. La solitude est une fonction mentale. Un homme attaché à ses désirs ne trouvera jamais la solitude, où qu'il aille ; un homme sans attachement est toujours dans la solitude.

Q. : Ainsi, l'homme peut vaquer à ses travaux, être libre de tout désir et se maintenir dans un état de solitude ? Est-ce ainsi ?

M. : Oui. Le travail accompli avec attachement est une entrave, alors que le travail exécuté avec détachement n'affecte pas son auteur. Ce dernier, même lorsqu'il exerce une activité, demeure en état de solitude.

Q. : On dit qu'il y a au Tibet de nombreux saints vivant dans un état de solitude, et qui cependant rendent de grands services au monde. Comment est-ce possible ?

M. : C'est possible. La réalisation du Soi est l'aide la plus grande que l'on puisse apporter à l'humanité. C'est pourquoi on dit que les saints sont des bienfaiteurs bien qu'ils restent isolés dans les forêts. Mais il ne faut pas oublier que la solitude n'existe pas uniquement dans les forêts. On peut tout aussi bien la trouver dans les villes, au beau milieu des occupations du monde.

Q. : Il n'est donc pas nécessaire que les saints se mêlent aux hommes pour leur être utiles ?

M. : Seul le Soi est la Réalité. Le monde et tout le reste ne sont pas la Réalité. Un être réalisé ne considère pas que le monde est différent de lui-même.

Q. : Ainsi, la Réalisation d'un saint contribue à l'élévation de l'humanité, sans que celle-ci en soit consciente, n'est-ce pas ?

M. : Oui. L'aide est imperceptible, mais elle n'en existe pas moins. Un saint aide toute l'humanité, à l'insu de celle-ci.

Q. : Ne vaudrait-il pas mieux qu'il se mêle aux autres ?

M. : Il n'y a pas d'autres avec lesquels il puisse entrer en contact. Le Soi est la seule et unique réalité.

Q. : S'il existait une centaine d'hommes ayant réalisé le Soi, est-ce que le monde n'en retirerait pas de plus grands bénéfices ?

M. : Quand vous dites « Soi », vous vous référez à l'Illimité, mais lorsque vous y ajoutez le mot « homme », vous en limitez le sens. Il n'y a qu'un Soi, unique et infini.

Q. : Oui, oui, je comprends ! Shrī Krishna a dit dans la *Bhagavad-gītā* que l'on doit travailler sans attachement et qu'une telle activité est préférable à l'oisiveté. Peut-on appeler cela du *karma-yoga* ?

M. : Ce qu'Il dit est adapté au tempérament de ceux qui l'écoutent.

Q. : En Europe, les gens ne comprennent pas qu'un homme qui vit dans la solitude puisse être utile à son prochain. Ils s'imaginent que seuls les hommes engagés dans le monde peuvent l'être. Quand donc cette confusion cessera-t-elle ? Est-ce que l'état d'esprit européen va continuer à patauger dans les marécages ou va-t-il enfin réaliser la vérité ?

M. : Ne vous préoccupez pas de l'Europe ou de l'Amérique. Où sont ces deux pays si ce n'est dans votre mental ? Réalisez votre Soi et alors tout est réalisé.

Lorsque vous rêvez et voyez plusieurs personnages, en vous réveillant et en vous rappelant votre rêve, vous assurez-vous que les personnages de votre rêve sont eux aussi réveillés ?

Q. : Que pense le Maharshi de la théorie de l'illusion universelle (*māyā*) ?

M. : Qu'est-ce que la *māyā ?* Rien d'autre que la Réalité.

Q. : La *māyā* n'est-elle pas l'illusion ?

M. : Le terme de *māyā* est utilisé pour désigner les manifestations de la Réalité. Par conséquent, la *māyā* n'est rien d'autre que la Réalité.

Q. : Certaines personnes affirment que Shrī Shankarāchārya n'était qu'un intellectuel et nullement réalisé. Est-ce exact ?

M. : Pourquoi vous préoccupez-vous du Shankarāchārya ? Réalisez votre propre Soi. Les autres peuvent très bien prendre soin d'eux-mêmes.

Q. : Jésus-Christ guérissait les malades. S'agit-il là seulement d'un pouvoir occulte (*siddhi*) ?

M. : Jésus était-il, à ce moment-là, conscient qu'il guérissait les hommes de leurs maladies ? Il ne pouvait pas être conscient de ses pouvoirs. Il y a une histoire à ce sujet : une fois Jésus guérit un homme aveugle. Quelque temps après cet homme devint méchant. Le rencontrant quelques années plus tard, Jésus remarqua sa méchanceté et l'interrogea sur la raison de son comportement. L'homme répondit que lorsqu'il était aveugle il ne pouvait pas commettre de péché. C'est seulement après sa guérison qu'il était devenu méchant et il rendait Jésus responsable de sa méchanceté.

Q. : Jésus n'était-il pas un Etre parfait possédant des pouvoirs occultes (*siddhi*) ?

M. : Il ne pouvait pas être conscient de ses pouvoirs.

Q. : Mais n'est-ce pas une bonne chose que de les acquérir, comme la télépathie, etc. ?

M. : La télépathie et la radio permettent de voir et d'entendre à distance. Elles se ramènent toutes deux au phénomène de l'audition et de la vision. Que l'on écoute de près ou de loin ne change rien au fait d'entendre. Le facteur fondamental, c'est l'auditeur, le sujet. En l'absence d'auditeur ou de voyant, il ne peut pas y avoir d'audition ou de vision. Ces deux facultés sont des fonctions du mental. De même les pouvoirs occultes (*siddhi*) ne sont que dans le mental. Ils ne sont pas naturels au Soi. Ce qui n'est pas naturel, mais acquis, ne peut pas être permanent et ne vaut pas la peine que l'on s'efforce de l'obtenir.

Les *siddhi* sont des pouvoirs à longue portée. Un homme ordinaire a des pouvoirs limités et se sent misérable. Il cherche à augmenter ses pouvoirs afin d'être heureux. Y parviendra-t-il vraiment ? Si l'on considère que les gens sont malheureux avec des facultés de perception limitées, alors on peut en conclure que leurs malheurs s'accroîtront proportionnellement à l'augmentation de celles-ci. Les pouvoirs occultes n'apporteront jamais de bonheur à qui que ce soit. Bien au contraire, ils le rendront d'autant plus malheureux !

Par ailleurs, à quoi servent ces pouvoirs ? Le soi-disant occultiste (*siddha*) désire exposer ses pouvoirs afin d'être apprécié par les autres. Il recherche la reconnaissance et s'il n'en reçoit pas, il est malheureux. Il faut absolument que les autres l'apprécient. Il peut même rencontrer quelqu'un dont les pouvoirs sont supérieurs aux siens. Il en éprouvera de la jalousie et sera encore plus malheureux. Un grand occultiste peut toujours rencontrer un occultiste encore plus grand que lui, et ainsi de suite jusqu'à ce que survienne quelqu'un qui volatilisera tout en un clin d'œil. Un tel personnage est le plus haut adepte (*siddha*) et Il est Dieu ou le Soi.

Quel est le réel pouvoir ? Est-ce l'accroissement des richesses ou bien le fait d'amener la paix ? Ce qui conduit à la paix est la plus grande perfection (*siddhi*).

Q. : Mais la plupart des gens en Europe et en Amérique n'apprécieront pas une telle attitude et préféreront des démonstrations de pouvoirs et des enseignements par des conférences, etc.

M. : Les conférences peuvent plaire aux gens pendant quelques heures sans pour autant les améliorer. Le silence, en revanche, est permanent et rend service à l'humanité entière.

Q. : Mais le silence n'est pas compris.

M. : Cela ne fait rien. Le silence veut dire éloquence. Les conférences ne sont pas aussi éloquentes que le silence. Le silence est éloquence incessante. Le Maître primordial, Dakshināmūrti, est l'idéal. Il enseignait ses disciples-*rishi* par le Silence.

Q. : Mais, jadis, les disciples venaient vers Lui. C'était donc une situation parfaite. Aujourd'hui, c'est différent. On doit aller à leur recherche pour les aider.

M. : C'est une preuve d'ignorance. Le pouvoir qui vous a créé a aussi créé le monde. Si ce pouvoir peut prendre soin de vous, il peut tout aussi bien prendre soin du monde.

Q. : Qu'est-ce que Bhagavān[1] pense de « l'âme perdue » dont parle le Christ ?

---

1. « Fortuné, glorieux, vénérable, divin ». Le Maharshi est appelé ainsi par ses disciples et ses fidèles.

M. : Réfléchissez à ce qui doit être perdu. Y a-t-il quelque chose à perdre ? Ce qui importe vraiment, c'est seulement ce qui est naturel. Car c'est éternel et ne peut faire l'objet d'une expérience. Ce qui est né doit mourir. Ce qui est acquis doit être perdu. Etes-vous né ? Vous existez depuis toujours. Le Soi ne peut jamais être perdu.

Q. : Le Bouddha considère la voie octuple comme étant la meilleure ; ainsi personne ne peut être perdu.

M. : Oui. Les hindous appellent cette voie le *rāja-yoga*.

Q. : Le yoga est-il recommandé pour un aspirant à la spiritualité ?

M. : Le yoga favorise le contrôle du mental.

Q. : Mais le yoga ne provoque-t-il pas l'apparition de pouvoirs occultes (*siddhi*) qui sont, paraît-il, dangereux ?

M. : Dans votre question vous parlez d'« aspirant à la spiritualité » et non pas d'un chercheur de pouvoirs occultes (*siddhi*).

31 JANVIER 1935

21. Mr. Ellappa Chettiar, un hindou influent et membre du conseil législatif à la présidence de Madras, demanda : « Pourquoi dit-on que la connaissance acquise par l'audition n'est pas stable alors que la connaissance issue de la contemplation l'est ? »

M. : Par ailleurs, on dit que la connaissance par ouï-dire (*paroksha*) n'est pas stable, mais que celle née de sa propre Réalisation (*aparoksha*) est stable.

On dit aussi que l'audition aide à la compréhension intellectuelle de la Vérité, que la méditation sur elle clarifie cette compréhension, et que finalement la contemplation mène à la réalisation de la Vérité. L'on dit encore que toute cette connaissance n'est pas stable et qu'elle le devient seulement lorsqu'elle est aussi claire et palpable qu'une groseille dans le creux de sa main [TR,IX.3].

D'autres affirment que la simple audition est suffisante. Car celui qui a atteint — peut-être dans des précédentes incarnations — un haut degré de maturité spirituelle obtient la Réalisation et demeure définitivement dans la paix dès la première fois qu'il entend énoncer la Vérité, tandis que celui qui est moins évolué doit passer par les divers stades décrits précédemment avant de tomber en *samādhi* [expérience directe du Soi].

22. Mrs Piggot, de retour de Madras pour une deuxième visite, demanda : « Quel est le régime alimentaire prescrit pour un *sādhak* (celui qui est engagé dans une pratique spirituelle) ? »

M. : De la nourriture sattvique, en quantité limitée.

Q. : Qu'est-ce que la nourriture sattvique ?

M. : Du pain, des fruits, des légumes, du lait, etc.

Q. : Dans le nord de l'Inde on mange du poisson. Est-ce permis ?

Le Maharshi ne répondit pas.

Q. : Nous autres Européens avons l'habitude d'un régime alimentaire qui nous est propre. Un changement de régime affecte notre santé, et notre mental s'affaiblit. N'est-t-il pas nécessaire de conserver une bonne santé physique ?

M. : Tout à fait nécessaire. Plus le corps est faible, plus le mental devient fort.

Q. : En l'absence de notre régime habituel, notre santé se détériore et notre mental perd de sa force.

M. : Que voulez-vous dire par force du mental ?

Q. : Le pouvoir d'éliminer les attachements terrestres.

M. : La qualité de la nourriture influence le mental. Celui-ci se nourrit de la nourriture consommée.

Q. : Vraiment ? Comment les Européens peuvent-ils s'adapter à une nourriture uniquement sattvique ?

M. (se tournant vers Mr. Evans-Wentz) : Vous avez mangé notre nourriture. Vous en sentez-vous gêné pour autant ?

Mr. Evans-Wentz : Non. Mais c'est parce que j'en ai l'habitude.

Q. : Qu'en est-il pour ceux qui n'en ont pas l'habitude ?

M. : L'habitude n'est rien d'autre que l'adaptation à son environnement. C'est l'habitude mentale qui importe. Le fait est que le mental a été éduqué à croire qu'une certaine nourriture est savoureuse et agréable. Les substances nutritives proviennent aussi bien de l'alimentation végétarienne que non végétarienne. Mais le mental ne désire que la nourriture dont il a pris l'habitude et qu'il considère comme savoureuse.

Q. : Les restrictions alimentaires s'appliquent-elles également à l'homme réalisé ?

M. : Non. L'homme réalisé est stable et n'est pas influencé par la nourriture.

Q. : Une alimentation qui comporte de la viande ne constitue-t-elle pas un crime contre la vie ?

M. : L'*ahimsā* (la non-violence) est l'une des premières règles de discipline des *yogis*.

Q. : Mais les plantes aussi sont vivantes.

M. : Et les pierres sur lesquelles vous êtes assise également !

Q. : Devons-nous essayer de nous habituer graduellement à la nourriture végétarienne ?

M. : Oui. C'est la bonne voie.

2 FÉVRIER 1935

23. *Mr. Evans-Wentz :* Peut-on avoir plusieurs maîtres spirituels ?

M. : Qui est le Maître ? C'est le Soi après tout. Selon le degré d'évolution de la personne, le Soi se manifeste sous forme de maître extérieur. Le fameux saint Avadhūta [1] des temps anciens aurait eu plus de vingt-quatre maîtres. Le maître, c'est celui dont on apprend quelque chose. Le *guru* peut même être de nature inanimée, comme dans le cas d'Avadhūta. Dieu, le *guru* et le Soi sont identiques.

Un homme ayant des inclinations spirituelles pense que Dieu est omniprésent et prend Dieu pour son *guru*. Plus tard, Dieu le met en contact avec un *guru* et l'homme le considère comme le Tout-en-tout. Plus tard, par la grâce de son maître, il est amené à ressentir que son propre Soi est la Réalité, et rien d'autre. C'est alors qu'il découvre que le Soi est le Maître véritable.

Q. : Est-ce que Shrī Bhagavān initie ses disciples ?

Le Maharshi garda le silence. Alors un des fidèles prit l'initiative de répondre à cette question : « Le Maharshi ne voit personne hors de son Soi. Pour lui, il n'y a donc pas de disciples. Sa grâce est omniprésente, et il la communique en silence à quiconque la mérite. »

Q. : Les connaissances livresques sont-elles favorables à la Réalisation du Soi ?

M. : Seulement pour disposer le mental aux choses spirituelles.

---

1. « Ascète ». Autre nom donné au saint Dattatreya qui répondit à un roi quand celui-ci voulait connaître le secret de son bonheur : « J'avais vingt-quatre *guru* : ce corps, la terre, les oiseaux, quelques instruments, des personnes..., tous m'ont enseigné » (voir *Spiritual Stories as Told by Rāmana Maharshi*, p. 8).

Q. : Jusqu'à quel point l'intellect peut-il aider ?

M. : L'intellect est une aide jusqu'au point où on le fait immerger dans l'ego, et l'ego dans le Soi.

4 FÉVRIER 1935

24. *Mrs. Piggot :* Pourquoi prenez-vous du lait et pas des œufs ?

M. : Les vaches que nous avons ici produisent bien plus de lait que ne peuvent consommer leurs veaux et elles éprouvent un contentement à être soulagées du surplus.

Q. : Mais la poule ne peut pas retenir les œufs.

M. : Dans chaque œuf il y a un potentiel de vie.

Q. : Mes pensées s'arrêtent soudainement, et le 'Je'-'Je' surgit aussitôt et persiste. Ce n'est qu'une sensation, non une idée. Est-ce valable ?

M. : C'est certainement valable. Les pensées doivent s'arrêter, le raisonnement doit disparaître pour que le 'Je'-'Je' puisse s'élever et être ressenti. La sensation est le facteur principal, et non pas le raisonnement.

Q. : De plus, je ne le ressens pas dans la tête mais dans la poitrine, du côté droit.

M. : C'est ainsi que cela doit être. Parce que le Cœur se trouve là.

Q. : Mais quand j'ouvre les yeux, cette sensation disparaît. Que dois-je faire ?

M. : Elle doit être tenue fermement.

Q. : Si on vaque à ses occupations tout en gardant le souvenir de cette sensation, est-ce que les actions seront toujours justes ?

M. : En principe, oui. Mais une telle personne n'est pas concernée par le bien ou le mal de ses actions. Ses actions sont celles de Dieu et sont donc justes.

Q. : Pourquoi alors recommander des restrictions alimentaires à de telles personnes ?

M. : Votre expérience actuelle est due à l'influence de l'atmosphère dans laquelle vous vous trouvez. Pouvez-vous avoir cette expérience en dehors de cette atmosphère ? L'expérience est intermittente. Jusqu'à ce qu'elle devienne permanente, la pratique est nécessaire. Les restrictions alimentaires favorisent la répétition de cette expérience. Dès que l'on s'est établi dans la Vérité, les restrictions s'évanouissent d'elles-mêmes. De plus, la nourriture influence le mental et doit donc rester pure.

Plus tard, Mrs. Piggot dit à un disciple : « Je sens les vibrations du Maharshi bien plus intensément et j'arrive à saisir le centre 'Je' plus facilement qu'avant. »

25. A un autre moment, B.V. Narasimha Swāmi, auteur du livre *Self-Realization*, demanda : « Qui suis-je ? Comment le découvrir ? »

M. : Posez la question à vous-même. Le corps (*annamaya-kosha*) et ses fonctions ne sont pas le 'Je'.

En poussant plus loin l'analyse, on découvre que le mental (*manomaya-kosha*) et ses fonctions ne sont pas non plus le 'Je'.

La prochaine étape conduit à la question : « D'où ces pensées s'élèvent-elles ? » Les pensées sont spontanées, superficielles ou analytiques. Elles opèrent dans l'intellect. Qui donc prend conscience d'elles ? C'est l'individu. L'existence des pensées, leurs claires perceptions et leurs opérations lui deviennent évidentes. L'analyse mène à la conclusion que l'individualité de la personne fonctionne en tant que connaisseur de l'existence des pensées et de leur succession. Cette individualité, c'est l'ego ou ce que les gens appellent 'je'. Le *vijñānamaya-*

kosha (l'intellect) n'est pas le vrai 'Je', il n'est que son enveloppe.

Si l'on pousse plus loin l'analyse on se demande : « Qui est ce 'je' ? D'où vient-il ? » Le 'Je' n'était pas conscient durant le sommeil profond. Mais dès que le 'je' apparaît, le sommeil profond se transforme en rêve ou en état de veille. Pour le moment, ne nous occupons pas du rêve. Qui suis-je actuellement, dans cet état de veille ? Si je tire mon origine de l'état de sommeil, le 'je' était alors recouvert par l'ignorance. Et un tel 'je' ignorant ne peut pas être ce que les Ecritures prétendent qu'il est, et ce que les sages affirment. 'Je' suis au-delà même du sommeil. 'Je' dois exister maintenant et ici et être le même que celui que j'étais durant le sommeil et au cours des rêves, sans avoir été affecté par les qualités de ces états. 'Je' dois donc être le substrat non qualifié, sous-jacent à ces trois états (au-delà de l'*ānandamaya-kosha*).

En bref, le 'Je' se situe au-delà de ces cinq enveloppes (*kosha*). Ce qui reste lorsque l'on a abandonné tout ce qui est « non-Soi » est le Soi, *sat-chit-ānanda* (Etre-Conscience-Félicité).

Q. : Comment peut-on connaître ou réaliser ce Soi ?

M. : Dépassez le plan présent de la relativité. Un être séparé (le Soi) paraît connaître quelque chose (le non-Soi) qui est distinct de lui-même. Autrement dit, le sujet est conscient de l'objet. Le sujet percevant est dénommé *drik,* l'objet perçu *drishya.*

Entre ces deux éléments doit exister un lien fondamental qui se manifeste comme « ego ». Cet ego est de la nature de *chit* (conscience). L'*achit* (l'objet non conscient) n'est que la négation de *chit.* Par conséquent, l'essence fondamentale est apparentée au sujet et non à l'objet. En recherchant le *drik*, jusqu'à ce que tout *drishya* disparaisse, le *drik* deviendra de plus en plus subtil jusqu'à ce que seul le *drik* absolu subsiste. Ce processus est appelé *drishya-vilaya* (la disparition du monde objectif).

Q. : Pourquoi les objets (*drishya*) doivent-ils être éliminés ? La Vérité ne peut-elle être réalisée en laissant les objets tels qu'ils sont ?

M. : Non. L'élimination de *drishya* signifie l'élimination des identités séparées du sujet et de l'objet. L'objet est irréel. Tout *drishya,* y compris l'ego, constitue l'objet. Lorsqu'on élimine l'irréel, la Réalité subsiste. Quand une corde est prise par erreur pour un serpent, il suffit de détruire la fausse perception du serpent pour que se révèle la vérité. Sans l'élimination des fausses perceptions, la vérité n'apparaît pas.

Q. : Mais quand et comment la disparition du monde objectif (*drishya-vilaya*) peut-elle être effectuée ?

M. : Elle est accomplie lorsque le sujet relatif, c'est-à-dire le mental, est éliminé. Le mental est le créateur du sujet et de l'objet et la cause de la conception dualiste. C'est donc lui qui provoque la fausse notion d'un soi limité et de toute la souffrance qui en découle.

Q. : Qu'est-ce que le mental ?

M. : Le mental est l'une des formes sous lesquelles la vie se manifeste. Un morceau de bois ou une machine compliquée ne sont pas appelés mental. La force vitale se manifeste comme activité de vie et également comme phénomène conscient, nommé mental.

Q. : Quelle est la relation entre le mental et l'objet ? Est-ce que le mental entre en contact avec quelque chose distinct de lui-même, c'est-à-dire le monde ?

M. : Le monde est appréhendé par les sens dans les états de veille et de rêve ; il est l'objet de perceptions et de pensées, les deux étant des activités mentales. Si l'activité mentale du rêve et de l'état de veille n'existait pas, il n'y aurait pas de perception du monde ni la conclusion qu'il existe. Dans le sommeil profond, cette activité est absente ; donc les objets et le monde n'existent pas pour nous dans cet état. En conséquence, la « réalité du monde » ne peut être créée que par l'ego, par son émergence du sommeil ; et cette réalité est engloutie ou disparaît lorsque l'âme reprend sa propre nature dans le sommeil profond. L'apparition et la disparition du monde sont comparables à l'araignée qui tisse sa toile et puis la résorbe. Dans cet exemple, l'araignée est sous-jacente aux trois états, ceux de veille, de rêve et de sommeil profond. Une telle araignée en l'homme est appelée *ātman* (le Soi), tandis que la même en rapport avec le monde (considéré comme issu du Soleil) est appelée *brahman* (l'Esprit suprême). « Celui qui est dans l'homme est le même que Celui qui est dans le Soleil (*Sa yash cāyam purushe / yash cāsār āditye / sa ekah* [1]) ».

Tant que le Soi ou l'Esprit suprême est non manifesté et sans activité, il n'y a pas de couples d'opposés, comme par exemple sujet et objet ou *drik* et *drishya*. Si l'on pousse la recherche jusqu'à la cause ultime de la manifestation du mental, l'on s'apercevra que le mental n'est pas autre chose que la manifestation de la Réalité qui est aussi appelée *ātman* ou *brahman*.

Le mental est nommé *sūkshma-sharīra* ou « corps des pensées », et le *jīva*, c'est l'âme individuelle. Le *jīva* est l'essence qui permet la croissance de l'individualité. On l'appelle encore personnalité. La pensée, ou le mental, est considérée comme une phase ou une des formes dans lesquelles le *jīva* se manifeste, la phase antérieure de cette manifestation étant la vie végétative. Le mental se manifeste toujours en rapport avec — ou

---

1. Litt. « C'est le même [être] qui, ici-bas, est dans l'homme et qui, là-haut, est dans le soleil » (TaiU II.8 et III.10,4).

agissant sur — quelque chose qui est non mental ou matière ; il ne se manifeste jamais seul. Par conséquent, mental et matière coexistent.

26. *Q. :* Comment peut-on découvrir la nature du mental, c'est-à-dire sa cause fondamentale, ou le noumène dont il est une manifestation ?

M. : Si nous classons les pensées par ordre de valeur, la pensée la plus importante de toutes, c'est la pensée 'je'. Cette pensée ou idée de personnalité est aussi la racine ou le tronc de toutes les autres pensées, car toute idée ou pensée n'existe que par rapport à celui qui la pense et ne peut pas exister indépendamment de l'ego. Par conséquent, l'ego manifeste une activité de pensée. La deuxième et la troisième personne n'apparaissent que pour la première personne. Elles n'existent qu'après qu'est apparue la première personne. Si bien que les trois personnes semblent apparaître et disparaître ensemble.

Remontons donc jusqu'à la cause fondamentale du 'je', ou personnalité. L'idée de 'je' se manifeste dans un ego incarné et doit donc être en rapport avec un corps ou organisme. Cette idée du 'je' est-elle située dans un endroit spécial du corps avec lequel elle entretiendrait des rapports particuliers, comme la parole et l'émotivité qui ont leur centre dans le cerveau ? Pareillement, le 'je' a-t-il son centre dans le cerveau, le sang ou les viscères ? On considère que la vie de la pensée se déroule dans le cerveau et la moelle épinière, lesquels sont à leur tour alimentés par le sang qui leur apporte nourriture et oxygène sous forme d'un savant mélange se transformant en tissus nerveux. C'est pourquoi l'on dit que la vie végétative — comprenant la circulation, la respiration, l'alimentation, etc. —, appelée aussi force vitale, est la partie centrale ou l'essence de l'organisme.

Ainsi, le mental peut être considéré comme la manifestation de la force vitale et celle-ci comme étant située dans le Cœur.

Q. : Maintenant, en ce qui concerne l'art d'éliminer le mental et de développer à sa place l'intuition : y a-t-il deux stades distincts avec un possible terrain neutre qui ne soit ni le mental ni l'intuition ? Ou bien l'absence d'activité mentale implique-t-elle nécessairement la réalisation du Soi ?

M. : Pour l'*abhyāsī* (le pratiquant), il y a deux stades différents. Mais il existe aussi un terrain neutre : le sommeil profond, le coma, l'évanouissement, la folie, etc., dans lequel, soit les opérations mentales n'existent pas, soit la conscience de soi est abolie.

Q. : Prenons d'abord la première éventualité ; comment parvient-on à éliminer le mental ou à transcender la conscience de la relativité ?

M. : De par sa nature, le mental est agité. Commencez par le libérer de son agitation ; donnez-lui la paix ; tâchez qu'il soit libre de toute distraction ; exercez-le à se tourner vers l'intérieur ; faites qu'il en prenne l'habitude. On y parvient en ignorant le monde extérieur et en supprimant les obstacles à la paix du mental.

Q. : Comment peut-on se débarrasser de l'agitation mentale ?

M. : Les contacts extérieurs, c'est-à-dire avec des objets autres que soi-même, rendent le mental agité. La perte d'intérêt (*vairāgya*) pour le non-Soi est la première étape. Puis, suivent des habitudes d'introspection et de concentration caractérisées par la maîtrise des sens extérieurs, des facultés intérieures, etc. (*shama*, *dama*, etc. [1]) aboutissant au *samādhi* (mental non distrait).

—————————

1. Voir index I, *Shatka-sampatti*.

27. *Q. :* Comment faut-il faire ?

M. : L'examen de la nature éphémère des phénomènes extérieurs conduit au *vairāgya* (l'absence de
passion). Aussi l'investigation (*vichāra*) est-elle le premier pas et le plus important à faire. Lorsque le *vichāra*
se déroule automatiquement, il en résulte un mépris
pour la richesse, la renommée, le confort, les plaisirs,
etc. La pensée 'je' devient plus claire à l'examen. La
source du 'je' est le Cœur, le but final. Toutefois,
si l'aspirant, par tempérament, n'est pas fait pour le
vichāra-mārga (pour l'introspection analytique), il doit
développer la *bhakti* (la dévotion) vers un idéal, que ce
soit Dieu, le *guru*, l'humanité en général, la morale, ou
même l'idée de beauté. Quand l'un de ces penchants
prend possession de l'individu, d'autres attachements
faiblissent et l'indifférence pour les choses du monde
(*vairāgya*) se développe. En même temps l'attachement
à l'idéal grandit et s'empare finalement de la personne
tout entière. De cette façon, parallèlement et impercep-
tiblement, l'*ekāgrāta* (la concentration sur un seul but)
s'accroît, accompagnée ou non de visions et d'aides
directes.

A défaut d'investigation et de dévotion, on peut
recourir à la méthode naturelle et apaisante du
prānāyāma (le contrôle de la respiration), appelée *yoga-
mārga.* Lorsque la vie est en danger, tout l'intérêt se
concentre sur un seul point, celui de la sauver. De
même, si le souffle est retenu, le mental ne peut plus
se permettre de bondir vers ses jouets favoris, les
objets extérieurs. Par conséquent, le mental se calme
tant que le souffle est retenu. Toute l'attention étant
tournée vers le souffle et son contrôle, les autres intérêts s'évanouissent. Les passions sont accompagnées de
respiration irrégulière, alors que le calme et le bonheur
s'accompagnent d'une respiration lente et régulière.

Le paroxysme de la joie est en fait aussi pénible à supporter que celui de la douleur — et tous deux sont accompagnés de respirations irrégulières. La paix réelle est le bonheur. Les plaisirs ne font pas le bonheur. Le mental s'améliore par la pratique et devient de plus en plus fin, comme la lame du rasoir qui s'aiguise à force d'être affilée. Le mental devient ainsi mieux à même d'aborder les problèmes extérieurs et intérieurs. Si un aspirant n'est pas apte, par tempérament, à suivre les deux premières méthodes, ni, du fait de circonstances particulières (notamment l'âge), la troisième, il doit alors avoir recours au *karma-mārga* (accomplir de bonnes actions, par exemple le service social). Ses instincts les plus nobles s'exprimeront davantage et il en tirera un plaisir impersonnel. Son petit moi s'affirmera avec moins de force et il aura ainsi la possibilité de donner libre cours aux bons côtés de sa nature.

Par la suite, il sera capable de s'engager dans l'une des trois premières voies. Il se peut toutefois que, grâce au seul *karma-yoga*, son intuition se développe directement.

Q. : Est-ce qu'une ligne de pensées ou une série de questions peuvent provoquer un état d'auto-hypnose ? Est-ce qu'il ne faut pas concentrer le mental sur un seul point en analysant l'inanalysable, élémentaire, vaguement perceptible et insaisissable 'Je' ?

M. : Oui. C'est comme regarder fixement dans le vide ou dans une lumière ou un cristal éblouissants.

Q. : Peut-on fixer le mental à ce point, et comment ?

M. : Si le mental est distrait, posez-vous immédiatement la question : «En qui s'élèvent ces pensées distrayantes ?» Cela vous ramène tout de suite vers le point du 'Je'.

Q. : Durant combien de temps le mental peut-il rester ou être maintenu dans le Cœur ?

M. : La durée augmente par la pratique.

Q. : Qu'arrive-t-il après ?

M. : Le mental retourne à l'état présent normal. L'Unité dans le Cœur est remplacée par la variété des perceptions phénoménales. On appelle cela un mental extraverti. Le mental tourné vers le Cœur est appelé mental en repos.

Q. : Tout ce processus est-il purement intellectuel ou s'agit-il essentiellement d'une sensation ?

M. : D'une sensation.

Q. : Comment les pensées peuvent-elles cesser lorsque le mental est plongé dans le Cœur ?

M. : Par la force de volonté, jointe à une foi inébranlable en la vérité de l'enseignement du Maître.

Q. : Quels sont les avantages de cette méthode ?

M. : (a) Victoire de la volonté → développement de la concentration.

(b) Conquête des passions → développement du non-attachement.

(c) Pratique croissante des vertus → considération égale pour tous (*samatva*).

Q. : Pourquoi doit-on recourir à cette auto-hypnose en pensant à l'impensable point ? Pourquoi ne pas employer d'autres méthodes, comme fixer une lumière, contrôler la respiration, écouter de la musique, être à l'écoute des sons intérieurs, répéter une syllabe sacrée (*pranava*) ou d'autres *mantras* ?

M. : Fixer une lumière assoupit le mental et paralyse la volonté temporairement, mais ne garantit pas un avantage durable. De même, le contrôle de la respiration n'engourdit la volonté que le temps de sa durée. L'écoute des sons produit des résultats similaires — sauf si le *mantra* est sacré et suscite l'aide d'un pouvoir plus élevé afin de purifier et élever les pensées.

28. *Q. :* Quelle est la corrélation entre le contrôle de la pensée et le contrôle de la respiration ?

M. : La pensée (intellectuelle), d'une part, et la respiration, la circulation, les activités (végétatives), d'autre part, sont deux aspects différents d'une même fonction : la vie individuelle. Ils dépendent chacun de la vie (ou métaphoriquement, ils y résident ou en font partie intégrante). L'idée de personnalité et les autres idées y prennent leur source tout comme l'activité vitale. Si la respiration ou toute autre activité vitale est réprimée énergiquement, la pensée l'est aussi. Inversement, si la pensée est énergiquement ralentie et concentrée sur un seul point, l'activité vitale de la respiration se ralentit, devient égale et se limite au niveau minimum nécessaire au maintien de la vie. Dans les deux cas, la distraction mentale est supprimée temporairement.

Cette interaction se remarque également en d'autres circonstances. Prenez la volonté de vivre. C'est le pouvoir de la pensée. Elle maintient et conserve la vie et même retarde la mort lorsque toute autre vitalité est presque épuisée. En l'absence d'un tel pouvoir de volonté, la mort arrive plus vite. C'est pourquoi on dit que la pensée transmet la vie dans la chair et ensuite d'un corps de chair à un autre.

Q. : Existe-t-il des moyens 1) pour favoriser la concentration, 2) pour rejeter les distractions ?

M. : Du point de vue physique, il faut éviter que les organes digestifs et autres ne soient irrités. C'est pourquoi il est recommandé d'exercer sur la nourriture un contrôle qualitatif et quantitatif en évitant les produits irritants, tels que les piments, l'excès de sel, les oignons, le vin, l'opium, etc. Il faut également éviter la constipation, la torpeur et l'excitation, ainsi que toutes les nourritures capables de les provoquer. Sur le plan mental, ne s'intéresser qu'à une seule chose et y fixer son attention. Que cet intérêt soit si absorbant qu'il exclut toute autre chose. Cela mène au détachement (*vairāgya*) et à la concentration. On peut choisir Dieu ou un mantra. Le mental acquiert alors la force de capter ce qui est subtil et de s'y absorber.

Q. : Les distractions proviennent de tendances héréditaires. Peuvent-elles aussi être rejetées ?

M. : Oui. Beaucoup l'ont fait. Croyez-le. Ils y sont parvenus parce qu'ils croyaient qu'ils le pouvaient. Les *vāsanā* (les prédispositions) peuvent être annihilées. On y parvient par la concentration sur ce qui est dépourvu de *vāsanā* mais qui est toutefois leur centre.

Q. : Combien de temps doit-on poursuivre cette discipline ?

M. : Jusqu'à ce que le succès soit atteint et que l'état de libération yoguique devienne permanent. Le succès engendre le succès. Si l'on conquiert une première distraction, la suivante est conquise aussi, et ainsi de suite jusqu'à ce que toutes soient finalement vaincues. La méthode est comparable à la prise d'une citadelle ennemie par la mise à mort successive de tous ses défenseurs, un par un, au moment où chacun d'eux s'apprête à en sortir.

Q : Quel est le but de cette méthode ?

M. : La réalisation de la Réalité

Q. : Quelle est la nature de la Réalité ?

M. : a) L'existence sans commencement ni fin, l'existence éternelle.

b) L'existence partout, sans limites, infinie.

c) L'existence sous-jacente à toutes les formes, tous les changements, toutes les forces, toute la matière et tout l'esprit.

Le multiple (les phénomènes) change et disparaît, alors que l'Un (le noumène) perdure éternellement.

d) L'Un qui remplace les triades, à savoir le connaisseur, la connaissance et le connu. Les triades ne sont que des apparences dans le temps et l'espace, tandis que la Réalité s'étend au-delà et derrière elles. Elles sont comme un mirage qui cache la Réalité. Elles proviennent de l'illusion.

Q. : Si le 'je' est aussi une illusion, qui donc alors rejette cette illusion ?

M. : Le 'Je' rejette l'illusion du 'je' et cependant demeure en tant que 'Je'. Tel est le paradoxe de la réalisation du Soi. Ceux qui sont déjà réalisés n'y voient aucune contradiction. Prenez la *bhakti :* Je m'approche d'Īshvara et je prie afin d'être absorbé en Lui. Je m'abandonne dans la foi et le recueillement. Que reste-t-il après ? A la place du 'je' initial, ce qui subsiste après l'abandon total de soi-même est Dieu, dans lequel le 'je' s'est dissous. C'est la plus haute forme de dévotion (*para-bhakti* ou *prapatti*), l'abandon total ou le niveau suprême de *vairāgya*.

Vous renoncez à telle ou telle chose qui fait partie de « vos » possessions. Si, au lieu de cela, vous renoncez au 'je' et au « mien », tout est abandonné d'un seul coup. Le germe de la possessivité a disparu. Le mal est alors écrasé avant même d'avoir pu éclore. Pour parvenir à ce résultat, le non-attachement (*vairāgya*) doit être très fort. La volonté de parvenir doit être comparable à celle d'un homme que l'on maintient sous l'eau et qui s'efforce de revenir à la surface pour survivre.

Q. : Cette difficulté ne peut-elle pas être réduite grâce à l'aide d'un maître ou d'une *ishta-devatā* (divinité choisie pour l'adoration) ? Est-ce qu'ils ne peuvent pas nous donner la faculté de voir notre Soi tel qu'il est, de nous transmuer en eux-mêmes afin de nous conduire à la réalisation du Soi ?

M. : L'*ishta-devatā* et le *guru* sont des aides — des

aides très puissantes sur cette voie. Mais pour qu'une aide soit efficace, cela requiert aussi votre effort. Votre effort est une condition *sine qua non*. C'est à vous de voir le soleil. Des lunettes ou le soleil peuvent-ils voir pour vous ? C'est à vous, à vous-même, de voir votre vraie nature. Et il n'est guère besoin d'aide pour le faire !

Q. : Quel est le rapport entre mon libre arbitre et le pouvoir suprême du Tout-Puissant ?

a) L'omniscience de Dieu est-elle compatible avec le libre arbitre de l'ego ?

b) L'omnipotence de Dieu est-elle compatible avec le libre arbitre de l'ego ?

c) Les lois de la nature sont-elles compatibles avec le libre arbitre de Dieu ?

M. : Oui. Le libre arbitre (de l'ego) est l'état présent tel qu'il apparaît aux facultés limitées de jugement et de volonté. Ce même ego voit que ses activités passées se sont déroulées dans le cadre d'une «loi» ou de règles et que son propre libre arbitre n'était qu'un simple maillon dans le jeu de cette loi. L'omnipotence et l'omniscience de Dieu sont dès lors considérées par l'ego comme la force qui agit sous l'apparence de son propre libre arbitre. L'ego parvient donc à la conclusion qu'il doit fonctionner selon les apparences. Quant aux lois naturelles, ce sont des manifestations de la volonté de Dieu, établies par Lui.

Q. : L'étude des sciences, de la psychologie, de la physiologie, de la philosophie, etc., est-elle utile pour :

1. cet art de libération par le yoga ;

2. la saisie intuitive de l'unité du Réel ?

M. : Très peu. Quelques connaissances sont nécessaires pour le yoga et peuvent être trouvées dans les livres. Mais l'application pratique est ce qui importe le plus, et l'exemple vivant, le contact et les instructions personnels constituent les aides les plus importantes.

Pour répondre à votre seconde question, une personne peut très bien parvenir laborieusement à se convaincre de la vérité qu'elle doit saisir intuitivement, c'est-à-dire la fonction de celle-ci et sa nature, mais la véritable intuition est proche de la sensation et exige la pratique et le contact personnel. Le simple savoir livresque n'est donc pas d'une grande utilité. Après la Réalisation, les apports intellectuels ne sont que des fardeaux inutiles et sont jetés par-dessus bord. Il est à la fois naturel et nécessaire de jeter l'ego par-dessus bord.

Q. : En quoi le rêve diffère-t-il de l'état de veille ?

M. : Dans le rêve on prend différents corps et lorsque l'on rêve de sensations physiques elles se reproduisent dans ce corps-ci.

Q. : Qu'est-ce que le bonheur ? Réside-t-il dans l'*ātman*, dans l'objet ou bien dans le contact entre le sujet et l'objet ? Nous ne trouvons pas de bonheur dans notre vie quotidienne. Alors, quand l'éprouve-t-on vraiment ?

M. : Quand un contact agréable a lieu ou son souvenir et quand il y a absence de contact ou de souvenir désagréable, nous disons qu'il y a là du bonheur. Un tel bonheur est relatif et il vaut mieux l'appeler plaisir.

Mais les hommes veulent un bonheur absolu et permanent. Celui-ci ne réside pas dans les objets mais dans l'Absolu. C'est la paix, libre de souffrance et de plaisir — c'est un état neutre.

Q. : Dans quel sens le bonheur est-il notre nature réelle ?

M. : La félicité parfaite, c'est le *brahman*. La paix parfaite, c'est la paix du Soi. Cet état seul existe et il est consciemment ressenti. On arrive à la même conclusion par le raisonnement métaphysique et par les convictions acquises en suivant le *bhakti-mārga* (la voie de la dévotion).

Nous prions Dieu de nous donner la félicité et nous la recevons par Sa grâce. Le dispensateur de la félicité doit être la Félicité elle-même et aussi l'Infini. Īshvara est donc le Dieu personnel d'un pouvoir et d'une félicité infinis. Le *brahman* est Félicité, impersonnelle et absolue. Dans leur nature spirituelle, les ego limités, prenant leur source dans le *brahman* et ensuite en Īshvara, ne sont que félicité. Biologiquement, un organisme ne fonctionne que parce que toutes ses fonctions s'accompagnent de bonheur. Le sentiment du plaisir favorise notre développement : nourriture, exercice, repos et tendances grégaires. La psychologie (et la métaphysique) du plaisir, c'est peut-être que notre nature est fondamentalement une, entière et emplie de félicité. Prenez cela pour une hypothèse probable. La Création est le fait d'une seule divinité qui se divise en Dieu et Nature (*māyā* ou *prakriti*). Cette *māyā* est constituée de deux éléments : le *para*, qui est l'Essence-support, et l'*apara*, qui comprend les cinq éléments, le mental, l'intellect et l'ego (l'octuple manifestation).

La perfection de l'ego est tout à coup brisée, suscitant un besoin qui donne naissance au désir d'obtenir quelque chose ou de faire quelque chose. Quand ce besoin est satisfait par l'accomplissement de ce désir, l'ego est heureux et la perfection originelle est rétablie. C'est pourquoi on peut dire que le bonheur est notre condition naturelle ou notre nature. Le plaisir et la douleur sont relatifs ; ils tiennent de notre état limité et se développent en fonction des satisfactions des désirs. Si ce développement relatif est stoppé et que l'âme s'immerge dans le *brahman* — dont la nature est la paix parfaite — cette âme cesse d'éprouver un plaisir relatif temporaire et jouit d'une paix parfaite : la Félicité. Ainsi on peut dire que la réalisation du Soi est Félicité ; c'est le Soi réalisé en tant que l'œil spirituel sans limites (*jñāna-*

drishti) et non pas la clairvoyance ; c'est l'abandon de soi à son plus haut niveau. Tandis que le *samsāra* (le cycle du monde) est souffrance.

Q. : Pourquoi le *samsāra* — la création et la manifestation sur le plan du « fini » — est-il plein de souffrance et de mal ?

M. : C'est la volonté de Dieu.

Q. : Pourquoi Dieu veut-il qu'il en soit ainsi ?

M. : C'est impénétrable. Aucun mobile ne peut être attribué à ce Pouvoir — ni désir ni finalité ne peuvent être conférés à ce seul Infini, cet Etre omniscient et omnipotent. Dieu n'est pas affecté par les activités qui se déroulent en Sa présence ; tout comme le Soleil face aux activités du monde. Il n'y a aucun sens à vouloir attribuer à l'Unique une responsabilité ou une motivation, avant qu'Il ne devienne le multiple. Mais la volonté de Dieu, régissant le cours prescrit des choses, fournit une bonne solution au problème du libre arbitre (*vexata quaestio*). Si notre mental est agité par le sentiment d'imperfection et d'insatisfaction de ce qui nous arrive ou de ce que nous avons commis ou omis, alors il est sage d'abandonner le sens de la responsabilité et du libre arbitre et de nous considérer comme l'instrument prédestiné de l'Omniscient et Omnipotent afin d'agir et de souffrir selon Son bon plaisir. C'est Lui qui se charge de tous les fardeaux et qui nous donne la paix.

29. La soirée était calme et le ciel nuageux. Des petites pluies occasionnelles rafraîchissaient l'atmosphère. Les fenêtres du hall de l'ashram étaient fermées ; le Maharshi était assis comme d'habitude sur son sofa, avec, face à lui, les fidèles. Quelques visiteurs de Cuddalore arrivèrent ; parmi eux, un juge accompagné de deux femmes d'un certain âge. Le juge entama une discussion sur le caractère éphémère des choses du monde en posant la question suivante : « La discrimination entre la Réalité et l'irréalité (*sat asat vichāranā*) a-t-elle le pouvoir en elle-même de nous conduire à la réalisation de l'unique impérissable ? »

M. : Comme cela a été exposé et réalisé par tous les vrais chercheurs, seul le fait d'être établi dans l'Esprit suprême (*brahma-nishthā*) peut nous Le faire connaître et réaliser. Celui-ci étant de nous et en nous, toute discrimination (*vivechana*) ne peut nous faire faire qu'un seul pas en avant, en faisant de nous des renonçants, en nous poussant à rejeter les apparences (*ābhāsa*) comme étant éphémères et en nous incitant à nous accrocher fermement et exclusivement à la vérité et à la présence éternelles.

Q. : L'*īshvara-prasāda,* la grâce divine, est-elle nécessaire pour atteindre le *sāmrājya* (l'empire universel), ou bien de grands et sincères efforts suffisent-ils au *jīva* pour atteindre *Cela* d'où il n'y a plus de retour à la vie ou à la mort ?

Le Maharshi, avec un sourire ineffable qui illumina son saint visage et se répandit alentour jusqu'à éclairer son entourage, répondit avec certitude et avec le ton de la Vérité : « La grâce divine est essentielle à la Réalisation. Elle conduit à la réalisation de Dieu. Mais une telle grâce n'est accordée qu'au dévot sincère *(bhakta)* ou au yogi qui a travaillé avec acharnement et sans répit sur la voie de la liberté. »

Q. : Les livres sur le yoga mentionnent six centres. Mais l'on dit aussi que le *jīva* réside dans le Cœur. Que faut-il en penser ?

M. : C'est exact. On dit que le *jīva* se tient dans le Cœur au cours du sommeil profond et dans le cerveau durant l'état de veille. Par « Cœur », il ne faut pas comprendre le muscle avec quatre cavités qui propulse le sang dans l'organisme. Il y a, en effet, certains textes qui soutiennent cette idée. D'autres pensent que par « Cœur » il faut entendre un groupe de ganglions ou de centres nerveux qui sont localisés dans cette région. Que ce soit l'un ou l'autre n'a pour nous aucune importance. Nous ne nous intéressons à rien d'autre qu'à nous-mêmes. Et cela se trouve assurément en nous. On ne peut ni en douter ni en discuter.

Dans les Véda et les Ecritures, la notion du Cœur est utilisée pour désigner l'endroit d'où la pensée 'je' s'élève. S'élève-t-elle seulement de cette masse de chair ? Elle jaillit en nous, quelque part au milieu de notre être. Mais le vrai 'Je' n'est pas localisable, car tout est le Soi. Rien d'autre n'existe. Par conséquent, on peut très bien affirmer que le Cœur est l'ensemble de notre corps individuel et de l'Univers entier, le tout étant conçu comme 'Je'. Mais pour aider le pratiquant (*abhyāsī*), nous devons lui indiquer un endroit précis dans l'Univers ou dans son corps. Aussi dit-on que le Cœur est le siège du Soi. Mais en vérité nous sommes partout, nous sommes tout ce qui est et il n'y a rien d'autre.

Q. : On dit que la grâce divine est nécessaire pour atteindre avec succès un mental sans pensées (*samādhi*). Est-ce vrai ?

M. : Nous sommes Dieu (Īshvara). Et *īshvara-drishti* (se voir en tant que Dieu) est en soi grâce divine. Aussi nous avons besoin de la grâce divine pour obtenir la grâce de Dieu.

Le Maharshi sourit et tous les fidèles se mirent à rire.

Q. : Mais n'y a-t-il pas une différence entre la faveur divine (*īshvara-anugraha*) et la grâce divine (*īshvara-prasāda*) ?

M. : Le fait de penser à Dieu est une faveur divine !

Par nature, Dieu est grâce (*prasāda* ou *arul*). Et c'est par la grâce de Dieu que vous pensez à Dieu.

Q. : La grâce du Maître n'est-elle pas le résultat de la grâce de Dieu ?

M. : Pourquoi établir une distinction entre les deux ? Le Maître est identique à Dieu. Il n'est pas différent de Lui.

Q. : Quand on s'efforce de mener une vie juste et de concentrer sa pensée sur le Soi, il y a souvent chute ou échec. Que doit-on faire ?

M. : Tout rentrera finalement dans l'ordre. L'impulsion constante de votre détermination vous remettra debout sur vos pieds après chacun de vos échecs ou de vos chutes. Progressivement, les obstacles seront tous surmontés et le courant [1] deviendra continu. Chaque chose sera remise à sa juste place. Ce qu'il faut, c'est une détermination ferme.

30. Mr. Natesa Iyer, brahmane orthodoxe et avocat dans une ville du sud de l'Inde, demanda : « Les dieux Īshvara ou Vishnou et leurs demeures sacrées, le mont Kailāsa et Vaikuntha, sont-ils réels ? »

M. : Aussi réels que vous êtes dans ce corps.

Q. : Possèdent-ils un *vyavahāra-satya,* c'est-à-dire une existence phénoménale comme mon corps ? Ou bien sont-ils une fiction comme les cornes du lièvre ?

M. : Ils existent vraiment.

Q. : S'il en est ainsi, ils doivent se trouver quelque part. Où donc ?

M. : Des gens qui les ont vus disent qu'ils existent quelque part. Nous devons donc les croire.

Q. : Où existent-ils ?

_____

1. Pour la signification de ce terme, voir entretiens n°s 303, 310 et 136.

M. : En vous.

Q. : Mais alors, ce sont simplement des idées que je peux créer et contrôler ?

M. : Il en va ainsi de toute chose.

Q. : Mais je peux créer de pures fictions, par exemple des cornes de lièvre ou bien des choses qui ne sont que partiellement vraies, comme des mirages, etc. Par contre, il existe des faits indépendants de mon imagination. Les dieux Īshvara et Vishnou entrent-ils dans cette dernière catégorie ?

M. : Oui.

Q. : Sont-Ils sujets au *pralaya* (la dissolution cosmique) ?

M. : Pourquoi le seraient-ils ? L'homme qui devient conscient du Soi transcende la dissolution cosmique (*pralaya*) et atteint la Libération (*mukti*). Pourquoi pas Dieu (Īshvara) qui est infiniment plus sage et plus capable ?

Q. : Les dieux (*deva*) et les démons (*pishācha*) existent-ils de la même manière ?

M. : Oui.

Q. : Comment devons-nous concevoir la Conscience suprême (*chaitanya-brahman*) ?

M. : Comme ce qui est.

Q. : Doit-on la concevoir comme étant la lumière en soi ?

M. : Elle transcende la lumière et l'obscurité. Un individu (*jīva*) voit les deux. Le Soi éclaire l'individu pour lui permettre de voir la lumière et l'obscurité.

Q. : Doit-elle être réalisée sous forme de « Je ne suis pas le corps, ni l'auteur des actions, ni celui qui en jouit, etc. » ?

M. : Pourquoi toutes ces pensées ? Pensons-nous à chaque instant que nous sommes des hommes, etc. ? Et en n'y pensant plus, cessons-nous de l'être ?

Q. : Devrait-on alors réaliser la Conscience suprême comme il est dit dans les textes sacrés : « Il n'y a pas de différences ici (*neha nānāsti kimchana*) [BĀU IV.4,19] » ?

M. : Pourquoi penser même à cela ?

Q. : Si nous pensons « Je suis la Réalité », est-ce suffisant ?

M. : Toute pensée est incompatible avec la Réalisation. L'attitude correcte consiste à exclure toute pensée de nous-mêmes et toute autre pensée. La pensée est une chose et la Réalisation en est une tout autre.

Q. : N'est-il pas nécessaire, ou à tout le moins avantageux, de rendre son corps invisible, pour progresser spirituellement ?

M. : Pourquoi pensez-vous à cela ? Etes-vous le corps ?

Q. : Non. Mais une spiritualité avancée doit opérer un changement dans le corps. N'est-ce pas ?

M. : Quel changement désirez-vous obtenir dans le corps, et pourquoi ?

Q. : L'invisibilité n'est-elle pas l'évidence d'un degré élevé de sagesse (*jñāna*) ?

M. : Dans ce cas, tous ceux qui ont parlé, écrit et vécu en la présence d'autrui doivent être considérés comme des ignorants (*ajñānin*) !

Q. : Mais les sages Vasishtha et Vālmīki possédaient de tels pouvoirs.

M. : Cela devait être leur destin (*prārabdha*) de développer de tels pouvoirs (*siddhi*) parallèlement à leur sagesse (*jñāna*). Pourquoi rechercher ce qui n'est pas essentiel et qui peut faire obstacle à la sagesse ? Le Sage (*jñānin*) est-il gêné du fait de son corps visible ?

Q. : Non.

M. : Un hypnotiseur peut se rendre tout à coup invisible. Est-il pour autant un Sage ?

Q.: Non.

M.: La visibilité ou l'invisibilité n'existent que pour celui qui voit. Qui est celui qui voit ? Trouvez cela en premier. Les autres choses sont sans importance.

Q.: Les Véda contiennent des récits contradictoires en matière de cosmogonie. Dans un passage, l'éther serait la première phase de la Création. Dans un autre, l'énergie vitale (*prāna*) ; dans un autre encore, ce serait l'eau primordiale, et ainsi de suite. Comment peut-on concilier tous ces exposés ? Ces contradictions ne portent-elles pas atteinte à la crédibilité des Véda ?

M.: Différents visionnaires ont vu différents aspects des vérités, à des moments différents, et chacun d'eux soulignait une perspective particulière. Pourquoi vous inquiétez-vous de leurs affirmations contradictoires ? Le but essentiel des Véda est de nous apprendre la nature de l'*ātman* impérissable et de nous montrer que nous sommes *Cela*.

Q.: Cet aspect des Véda me satisfait.

M.: Alors considérez le reste comme étant l'*artha-vāda* (arguments complémentaires) ou comme des exposés destinés aux ignorants qui cherchent la genèse des choses et des faits.

Q.: Je suis un pécheur, je n'accomplis pas les sacrifices religieux (*homa*), etc. Vais-je pour cette raison subir des renaissances douloureuses ? Je vous en supplie, sauvez-moi !

M.: Pourquoi dites-vous que vous êtes un pécheur ? Votre confiance en Dieu suffit à vous dispenser de toute nouvelle naissance. Déchargez tout fardeau sur Lui.

Dans le *Tiruvachakam* [1], il est dit : « Bien que je sois pire qu'un chien, Vous avez généreusement entrepris de

---

1. Hymnes à Shiva composés par le saint poète Māni-kkavāchakar. L'histoire raconte que c'est Shiva Lui-même qui, incarné en brahmane, les écrivait sur des feuilles de palmier pendant

me protéger. C'est Vous qui me maintenez dans cette illusion de la naissance et de la mort. Et qui suis-je pour choisir et pour juger ? Suis-je le Seigneur ici-bas ? Oh Maheshvara ! C'est à Vous qu'il appartient de me faire passer au travers des corps (par des naissances et des morts) ou de me garder toujours à Vos pieds. »

Ayez donc la foi et vous serez sauvé.

Q. : Monsieur, j'ai la foi mais je rencontre quand même encore des difficultés. Après avoir pratiqué la concentration, je ressens de la faiblesse et des étourdissements.

M. : Le contrôle de la respiration (*prānāyāma*) convenablement exécuté devrait augmenter votre force.

Q. : J'ai des activités professionnelles, mais je veux aussi être en *dhyāna* perpétuel. Est-ce contradictoire ?

M. : Les deux ne se contredisent pas. Plus vous les pratiquerez, plus vous développerez vos capacités et deviendrez capable d'accomplir les deux. Vous commencerez à considérer votre travail comme un rêve. La *Bhagavad-gītā* dit à ce propos : « Quand c'est la nuit pour tous les êtres, l'homme maître de soi est éveillé ; et quand tous les êtres sont éveillés, c'est la nuit pour le Sage qui voit. » (II,69)

31. Un visiteur demanda : « Que faire pour obtenir la Libération (*moksha*) ? »

M. : Apprenez d'abord ce qu'est la Libération.

Q. : Dois-je pratiquer la dévotion (*upāsanā*) pour l'obtenir ?

M. : La dévotion a pour but de favoriser le contrôle mental (*chitta-nirodha*) et la concentration.

---

que Mānikkavāchakar chantait en extase (voir *Spiritual Stories as Told by Rāmana Maharshi*, p. 116).

Q. : Devrais-je adorer une image ? N'y a-t-il aucun mal à cela ?

M.: Aussi longtemps que vous vous identifiez à votre corps, il n'y a là aucun mal.

Q. : Comment échapper au cycle des naissances et des morts ?

M.: Apprenez ce que cela signifie.

Q. : Ne devrais-je pas quitter ma femme et ma famille ?

M. : En quoi vous gênent-elles ? Découvrez d'abord qui vous êtes.

Q. : Mais ne doit-on pas renoncer à sa femme, à sa fortune et à sa maison ?

M. : Apprenez d'abord ce qu'est le *samsāra*. Tout ceci n'est-il pas le cycle (*samsāra*) ? N'y a-t-il pas eu des hommes qui vivaient dans le *samsāra* et qui ont obtenu la Réalisation ?

Q. : Quelles sont les différents degrés de pratique (*sādhanā*) pour obtenir la Réalisation ?

M.: Cela dépend des aptitudes et du tempérament du chercheur.

Q.: Je pratique le culte d'idoles.

M. : Continuez, cela mène à la concentration du mental. Devenez concentré. Alors tout ira bien. Les gens pensent que la Liberté (*moksha*) se trouve quelque part au-delà et que l'on doit aller la chercher. C'est faux. La Liberté consiste simplement à connaître le Soi en soi-même. Concentrez-vous et vous y parviendrez. Votre mental est le cycle des naissances et des morts (*samsāra*).

Q.: Mon mental est très instable. Que dois-je faire ?

M. : Fixez votre attention sur une seule chose, n'importe laquelle, et efforcez-vous de l'y maintenir. Tout ira bien.

Q.: Je trouve difficile de me concentrer.

M. : Continuez à pratiquer. Votre concentration deviendra aussi facile que respirer. Ce sera le couronnement de vos efforts.

Q. : L'abstinence et une nourriture pure ne sont-elles pas des aides utiles ?

M. : Oui. Tout cela est bien.

Puis le Maharshi se concentra et resta en silence, le regard contemplatif — présentant ainsi un bel exemple à son interlocuteur.

Q. : Ne devrais-je pas faire du yoga ?

M. : Qu'est-ce que le yoga si ce n'est un moyen de parvenir à la concentration ?

Q. : N'est-ce pas souhaitable de recourir à certains moyens pour aider la concentration ?

M. : Le contrôle respiratoire et d'autres méthodes sont de tels moyens.

Q. : Est-il possible d'avoir la vision de Dieu ?

M. : Mais oui. Vous voyez bien ceci et cela. Pourquoi donc ne pas voir Dieu ? Seulement, vous devez savoir ce qu'est Dieu. Tout le monde voit Dieu, tout le temps. Mais personne ne le sait. Trouvez ce qu'est Dieu. Les gens voient et cependant ils ne voient pas car ils ne connaissent pas Dieu.

Q. : Dois-je continuer à répéter des syllabes sacrées (*mantra-japa*), par exemple les noms de Krishna ou de Rāma, lorsque je vénère des images ?

M. : Le *japa* mental est très bon. Il favorise la méditation. Le mental s'identifie au nom qui est répété et vous comprendrez alors ce qu'est réellement l'adoration (*pūjā*) — l'individualité qui se perd dans l'objet de son adoration.

Q. : L'âme universelle (*paramātman*) est-elle toujours différente de nous ?

M. : C'est une croyance très répandue mais erronée.

Pensez à Elle comme n'étant pas différente de vous et réalisez ainsi l'identité du Soi avec Dieu.

Q. : La doctrine de l'Advaita (non-dualisme) n'a-t-elle pas pour but de nous faire devenir un avec Dieu ?

M. : Pourquoi « devenir » ? Le penseur a toujours été le Réel. Il finira bien un jour par le réaliser. Parfois nous oublions notre identité — comme en sommeil profond et en rêve. Mais Dieu est conscience perpétuelle.

Q. : En plus de l'adoration des images, n'est-il pas nécessaire d'être guidé par un Maître ?

M. : Comment avez-vous pu commencer sans être guidé ?

Q. : En lisant les Ecritures sacrés (*purāna*).

M. : Fort bien. Quelqu'un vous parle de Dieu ou de Bhagavān. Dans ce dernier cas, c'est Dieu même qui est votre Maître. Quelle importance y a-t-il de savoir qui est le Maître ? En définitive nous ne faisons qu'un avec le Maître ou Bhagavān. Le Maître, c'est Dieu. C'est ce qu'on découvre à la fin. Il n'y a aucune différence entre le *guru* humain et le *guru* divin.

Q. : Si nous avons accompli des actes vertueux (*punya*), j'espère que nous n'en perdrons pas le bénéfice.

M. : C'est ainsi que vous récolterez les fruits de votre destinée (*prārabdha*).

Q. : Un Maître ne nous sera-t-il pas d'une grande aide en nous indiquant la voie ?

M. : Oui. Si vous continuez à travailler avec la lumière dont vous disposez, vous rencontrerez votre Maître, car lui-même vous cherchera.

Q. : Existe-t-il une différence entre la *prapatti* (l'abandon de soi) et la voie du yoga suivie par les grands sages ?

M. : Le *jñāna-mārga* et le *bhakti-mārga* (la *prapatti*) sont une seule et même chose. L'abandon de soi aboutit à la Réalisation tout aussi bien que l'investigation. L'abandon total implique que vous n'ayez plus l'idée d'un 'je'. Toutes vos prédispositions (*samskāra*) sont alors balayées et vous êtes libre. A la fin de l'une ou l'autre voie, vous ne devriez plus vous sentir comme une entité séparée.

Q. : Est-ce que nous n'allons pas au Ciel (*svarga*) comme résultat de nos actions ?

M. : C'est aussi vrai que notre existence présente. Mais si nous recherchons qui nous sommes et découvrons le Soi, à quoi sert de penser au Ciel, etc. ?

Q. : Ne devrais-je pas essayer d'échapper à la renaissance ?

M. : Oui. Mais découvrez d'abord qui est né et qui subit à présent les ennuis de l'existence. Quand vous dormez, est-ce que vous pensez à vos futures naissances ou à votre vie présente ? Tâchez donc de voir d'où vient ce problème ; c'est là que se trouve aussi la solution. Vous découvrirez qu'il n'y a pas de naissance et pas d'ennui ni de tristesse à présent. Tout est *Cela* ; tout est Félicité ; en fait, nous sommes libérés de toute renaissance. Pourquoi alors se soucier de la souffrance des renaissances ?

32. *Un visiteur :* Les saints Shrī Chaitanya et Shrī Rāmakrishna versaient des larmes devant Dieu et ils obtinrent le succès. N'est-ce pas le chemin à suivre ?

M. : Oui. C'était une force puissante (*shakti*) qui les entraînait à passer par toutes ces expériences. Ayez confiance en cette grande puissance et en sa capacité de vous conduire au but. On considère souvent que les larmes sont un signe de faiblesse. Ces grands personnages n'étaient certainement pas faibles. Toutes ces manifestations n'étaient chez eux que les signes passagers du grand courant qui les emportait. Nous devons considérer le résultat final.

Q.: Pouvons-nous faire disparaître ce corps physique dans le néant ?

M. : Pourquoi une telle question ? Ne pouvez-vous pas plutôt chercher à savoir si vous êtes le corps ?

Q. : Pouvons-nous disparaître de la vue des autres (*antardhāna*) comme les yogis Vasishtha ou Vishvā-mitra ?

M. : Ce ne sont là que des phénomènes d'ordre physique. Est-ce là l'objet essentiel qui nous intéresse ? N'êtes-vous pas le Soi ? Pourquoi vous soucier du reste ? Prenez l'essentiel et rejetez les autres théories savantes comme étant inutiles. Ceux qui pensent que la disparition physique est importante pour la liberté se trompent. Rien de tel n'est nécessaire. Vous n'êtes pas le corps ; alors qu'est-ce que cela peut faire qu'il disparaisse d'une façon ou d'une autre ? Il n'y a pas grand mérite à de tels phénomènes.

En quoi consiste la supériorité ou l'infériorité ? Seul compte l'accomplissement du Réel. La perte du 'je' est importante, et non la perte du corps. Le véritable esclavage, c'est l'identification du Soi avec le corps. Abandonnez cette fausse notion et percevez intuitivement le Réel. C'est la seule chose qui importe. Si vous faites fondre un bijou avant de vous être assuré qu'il était en or, qu'importe la façon dont il est fondu, en totalité ou en partie, ou quelle était sa forme. Tout ce qui vous intéresse est de savoir s'il est en or.

L'homme mort ne voit pas son corps. C'est le survivant qui pense à la manière dont celui-ci s'est séparé du corps. Pour les êtres réalisés, la mort, avec ou sans le corps, n'existe pas. L'être réalisé est conscient dans les deux cas et ne voit aucune différence. Pour lui, aucun de ces deux états n'est supérieur à l'autre. Aussi, pour les non-réalisés, le sort du corps d'un être libéré ne doit pas être un sujet de préoccupation. Occupez-vous de ce qui vous regarde. Réalisez le Soi ; après la Réalisation, vous aurez tout le temps de vous demander quelle forme de mort est préférable pour vous. C'est la fausse identification du Soi avec le corps qui suscite l'idée de préférence, etc. Etes-vous le corps ? En aviez-vous conscience la nuit dernière, lorsque vous dormiez profondément ? Non ! Alors qu'est-ce qui existe donc maintenant qui vous trouble ainsi ? C'est le 'je'. Débarrassez-vous-en et soyez heureux.

33. *Un visiteur :* « L'Esprit suprême (le *brahman*) est réel. Le monde (*jagat*) est illusion. » C'est le leitmotiv de Shrī Shankara. Cependant, d'autres disent : « Le monde est réalité. » Laquelle de ces deux affirmations est vraie ?

M. : Les deux affirmations sont vraies. Elles se réfèrent à des stades de développement différents et sont faites de points de vue différents. Le chercheur (ou l'*abhyāsī*), au début, part avec la définition que ce qui est réel existe toujours ; puis il élimine le monde, le considérant comme irréel parce qu'il change. Pour lui, le monde ne peut pas être réel : « Ni ceci ni cela. » Il atteint finalement le Soi et y découvre l'unité comme la note dominante. Ce qu'il a rejeté au début comme irréel lui apparaît maintenant comme faisant partie de l'unité. Etant absorbé dans la Réalité, le monde est également réel. Dans la réalisation du Soi, il n'y a que *être* et rien d'autre que *être*.

Mais le mot réalité est aussi employé dans un sens différent ; certains penseurs l'appliquent même vaguement aux objets. Ils avancent que la Réalité reflétée (*adhyāsita*) admet des degrés qu'ils appellent :

1. *vyāvahārika-satya* (réalité de la vie quotidienne) — je vois cette chaise, elle est donc réelle.

2. *prātibhāsika-satya* (réalité illusoire) — L'illusion d'un serpent dans une corde enroulée. L'apparence du serpent est réelle pour l'homme qui y croit. Il s'agit d'un phénomène limité dans le temps et qui apparaît dans certaines circonstances.

3. *paramārthika-satya* (réalité absolue) — La Réalité est ce qui reste immuablement toujours le même.

Si le mot réalité est utilisé dans le sens le plus large, on peut dire que le monde comprend la vie quotidienne et divers degrés de l'illusoire (*vyāvahārika-* et *pratibhāsika-satya*). Certains, cependant, nient même la réalité de la vie quotidienne — *vyāvahārika-satya* — et la considèrent uniquement comme une projection mentale ; selon eux, elle n'est que *prātibhāsika-satya,* c'est-à-dire une illusion.

Yogi Ramiah relate ses expériences

34. « Etre assis dans la présence du Maharshi apporte la paix de l'esprit. J'avais l'habitude de rester en *samādhi* pendant trois ou quatre heures d'affilée. Alors je sentais que mon mental prenait une forme et sortait de l'intérieur de moi-même. Par la pratique et la méditation constante, il pénétrait le Cœur et s'immergeait en lui. Le résultat était la paix. De cela je conclus que le Cœur est le lieu de repos de l'esprit. Quand le mental est absorbé dans le Cœur, le Soi est réalisé. Cela peut être ressenti même au stade de la concentration (*dhāranā*).

Je posai au Maharshi une question au sujet de la contemplation. Voici comment il m'instruisit. »

M. : Lorsqu'un homme meurt, on prépare le bûcher funéraire et on y dépose son corps. Puis on allume le feu. La peau est brûlée, puis la chair, les os, jusqu'à ce que le corps entier soit réduit en cendres. Que reste-t-il après ? Le mental. La question se pose : « Combien y a-t-il de personnes dans ce corps, une ou deux ? » S'il y en a deux, pourquoi dit-on 'je' et non pas « nous » ? Il n'y en a donc qu'une seule. D'où naît-elle ? Quelle est son essence (*svarūpa*) ? Lorsqu'on poursuit cette enquête le mental disparaît lui aussi. Ce qui reste alors est perçu comme étant 'Je'. Puis, s'élève la question : « Qui suis-je ? » Le Soi seul. C'est cela la contemplation. C'est ainsi que j'ai procédé. En suivant cette méthode, l'attachement au corps (*deha-vāsanā*) est détruit. L'ego s'évanouit. Seul brille le Soi.

Une autre méthode pour obtenir la dissolution du mental (*manolaya*) consiste à se tenir en la compagnie des grands — ceux qui ont atteint le yoga (*yogārūdha*). Ils ont une parfaite expérience du *samādhi.* La réalisation du Soi a été pour eux chose aisée, naturelle, et ils y demeurent perpétuellement. Ceux qui vivent en étroit contact avec eux et en affinité s'imprègnent peu à peu de leur habitude du *samādhi.*

35. Un visiteur cultivé interrogea Bhagavān sur le *dvaita* et l'*advaita*.

M. : L'identification avec le corps est le *dvaita.* La non-identification est l'*advaita.*

36. Une dame distinguée, d'allure aristocratique et originaire du nord de l'Inde, arriva vers midi, accompagnée par sa secrétaire privée. Après avoir attendu quelques minutes dans le hall, elle interpella le Maharshi à son retour du déjeuner : « Maharaji, pouvons-nous voir les morts ? »

M. : Oui.

Q. : Les yogis peuvent-ils nous les montrer ?

M. : Oui. Peut-être. Mais ne me demandez pas de vous les montrer, car je ne le peux pas.

Q. : Les voyez-vous ?

M. : Oui, en rêve.

Q. : Pouvons-nous atteindre le but par le yoga ?

M. : Oui.

Q. : Avez-vous écrit sur le yoga ? Y a-t-il des livres de vous sur ce sujet ?

M. : Oui

Après le départ de cette personne, le Maître observa : « Avons-nous connu nos proches avant leur naissance pour que nous devions les connaître après leur mort ? »

37. Q : Qu'est-ce que le karma ?

M. : Ce qui a déjà commencé à porter fruit est dénommé *prārabdha-karma*. Ce qui est en réserve et portera des fruits ultérieurement est appelé *sanchita-karma*. Celui-ci est aussi varié que les graines que les villageois échangent contre des légumes. Ces graines comprennent du riz, de l'orge, de l'avoine, etc., certaines flottent sur l'eau, d'autres s'y enfoncent. Certaines peuvent être bonnes, d'autres mauvaises, d'autres neutres. Quand les graines les plus puissantes de ce karma varié et accumulé commencent à fructifier à la naissance suivante, on l'appelle *prārabdha* de cette naissance.

38. La première fois que l'un des assistants vint chez Bhagavān, il demanda : « Quel est le chemin qui mène à la Libération ? » Le Maharshi répondit : « Le chemin sur lequel on est déjà engagé conduit à la Libération. »

22 mars 1935

39. Lors d'une conversation avec un visiteur, R. Seshagiri Rao, le Maharshi remarqua que seul un sage qui a réalisé le Soi (*ātma-jnānī*) peut être un bon *karma-yogī* : « Voyons ce qui se passe lorsque a disparu le sentiment d'être l'auteur de ses actions. Shrī Shankara, qui recommandait l'inaction, n'a-t-il pas écrit des commentaires et pris part à des débats ? Ne vous préoccupez pas de savoir s'il faut agir ou ne pas agir. Connaissez-vous vous-même. Ensuite, voyons à qui appartient l'action. A qui est-elle ? Laissez l'action s'accomplir d'elle-même. Tant qu'il y a l'auteur, celui-ci doit récolter les fruits de ses actions. S'il ne pense pas être l'auteur, il n'y a pas d'action pour lui. Il est un ascète qui a renoncé à la vie du monde (*samnyāsin*). »

Q. : Comment l'ego a-t-il pris naissance ?

M. : Il n'est pas nécessaire de le savoir. Connaissez le présent. Si vous ne le connaissez pas, à quoi bon vous soucier du passé ou de l'avenir ?

En réponse à une autre question, le Maharshi dit : « Le monde est-il à l'intérieur ou bien à l'extérieur de vous-même ? Existe-t-il indépendamment de vous ? Vient-il vous dire : "j'existe" ? »

40. Le visiteur brahmane reprit : « Comment savons-nous si une action est nôtre ou non ? »

M. : Si les fruits des actions n'affectent pas la personne, celle-ci est libérée de l'action.

Q. : Le savoir intellectuel est-il suffisant ?

M. : Comment pratiquer un enseignement sans l'avoir compris intellectuellement ? Comprenez-le d'abord intellectuellement mais ne vous en tenez pas là. Mettez-le en pratique.

Puis le Maharshi fit certaines remarques : « Lorsque vous adhérez à un seul système philosophique (*siddhānta*), vous êtes obligé de condamner les autres. C'est le cas des chefs de monastères (*matādhipati*). »

« On ne peut pas s'attendre à ce que tout le monde se livre au même genre d'activité. Chacun agit selon son tempérament et ses vies antérieures. »

« Les voies de la sagesse, de la dévotion et de l'action (*jñāna*, *bhakti*, *karma*) sont imbriquées les unes dans les autres. »

« La méditation sur une forme est déterminée par la structure mentale de l'individu. Elle a pour but de délivrer l'esprit des autres formes et de le fixer sur une seule. Elle conduit au but. Il est impossible de fixer le mental dans le Cœur dès le départ. C'est pourquoi de telles aides sont nécessaires. »

« Krishna dit qu'il n'y a pas de naissance *(janma)* pour vous, pour moi, etc. et, plus loin, il dit être né avant Aditya [1], etc. Arjuna [2] le conteste [BhG II.12, IV.1 et 4]. Il est donc certain que chacun de nous pense à Dieu selon son propre degré de maturité spirituelle. »

« Vous prétendez être le corps de l'état de veille et pas celui du sommeil. S'il y a plusieurs corps enveloppant l'individu, pourquoi Dieu n'aurait-Il pas d'infinis pouvoirs ? »

« Quelle que soit la méthode que l'on suit, les sages l'encouragent, car elle conduit au but comme n'importe quelle autre méthode. »

41. *Q. :* Existe-t-il des paradis (*svarga*) et des enfers (*naraka*) ?

M. : Il faudrait qu'il y ait *quelqu'un* pour y aller. Ils

---

1. Nom du Soleil.
2. Personnage dans la *Bhagavad-gītā* (voir index II).

sont comme des rêves. Nous constatons que le temps et l'espace existent aussi dans nos rêves. Alors, qu'est-ce qui est vrai, le rêve ou l'état de veille ?

Q. : Aussi ne devons-nous pas nous libérer du désir (*kāma*), de la colère (*krodha*), etc. ?

M. : Abandonnez les pensées. Vous n'avez pas besoin d'abandonner quoi que ce soit d'autre. Pour voir quelque chose, il faut que *vous* soyez là. Ce « *vous* » c'est le Soi. Le Soi est éternellement conscient.

Q. : Les pèlerinages, etc., sont-ils une bonne chose ?

M. : Oui.

Q. : Quel effort faut-il faire pour atteindre le Soi ?

M. : Il faut détruire le 'je'. Le Soi n'a pas à être atteint. Y a-t-il un seul instant où le Soi n'existe pas ? Il n'est pas nouveau. Soyez ce que vous êtes. Ce qui est nouveau ne peut pas être permanent. Ce qui est réel doit exister toujours.

Q. : En quoi consistent le sacrifice sur la voie de la sagesse (*jñāna-yajña*) ou d'autres sacrifices ?

M. : D'autres disciplines existent pour cela. Le but de toute pratique est d'atteindre la sagesse (*jñāna*).

Q. : Y a t-il différentes sortes de *jīvan-mukta* (libérés vivants) ?

M. : Qu'est-ce que cela peut faire s'ils sont différents extérieurement ? Dans leur sagesse (*jñāna*), il n'y a aucune différence.

Q. : Quand on est fidèle à un maître, peut-on en respecter d'autres ?

M. : Le *guru* est unique. Il n'est pas physique. Aussi longtemps qu'il y a faiblesse, le support d'une force est nécessaire.

Q. : Mais J. Krishnamurti dit « aucun *guru* n'est nécessaire ».

M. : Comment le sait-il ? On peut le dire quand on est déjà réalisé, mais pas avant.

Q. : Vous êtes parvenu à cet état après de grands efforts. Que devons-nous faire, nous, pauvres âmes ?

M. : Nous sommes dans notre Soi. Nous ne sommes pas dans le monde.

Q. : Le ciel et l'enfer, que sont-ils ?

M. : Vous portez le ciel et l'enfer avec vous. Ce sont vos passions, la colère, etc., qui créent ces régions. Ils sont comme des rêves.

Q. : La *Bhagavad-gītā* déclare que si un homme fixe fermement son attention entre les sourcils et retient simultanément son souffle, il atteint l'Etat suprême. Comment doit-on s'y prendre ?

M. : Vous êtes toujours dans le Soi et il n'y a pas à l'atteindre. L'espace entre les sourcils n'est qu'un point sur lequel on peut fixer l'attention (le siège de méditation — *upāsanā-sthāna*).

Q. : Vous avez dit que le Cœur est le siège de la méditation.

M. : Oui, le Cœur est aussi cela.

Q. : Qu'est-ce que le Cœur ?

M. : C'est le centre du Soi. Le Soi est le centre des centres. Le Cœur est le centre psychique et non le centre physique.

Q. : Le terme *jñāna* signifie sagesse réalisée. Mais il est aussi utilisé pour désigner la méthode. Pourquoi ?

M. *: « Jñāna »* inclut aussi la méthode parce qu'elle aboutit finalement à la Réalisation.

Q. : Est-ce qu'un homme peut donner un enseignement spirituel bien que sa connaissance soit imparfaite ?

M. : Si tel est son *prārabdha* [1].

Dans le VIIe chapitre, Arjuna demande si le *karma* [2] est une méthode (*sādhanā*). Krishna répond que oui

---

1. Destin, résultat des actions des vies passées.
2. Ici : action.

si l'on agit sans avoir le sentiment d'être l'auteur de l'action.

Voilà que certains *karma* sont approuvés par les Ecritures qui généralement nient le *karma*. Le *karma* qu'elles désapprouvent est celui qui est accompli avec le sentiment d'être l'auteur de l'action. Ne rejetez pas le *karma*. Du reste, vous n'y parviendrez pas. Rejetez plutôt le sentiment d'être l'auteur de vos actions. Le *karma* se poursuivra automatiquement. Ou bien c'est le *karma* qui vous abandonnera. Si votre *prārabdha* exige que vous soyez engagé dans un *karma*, vous le serez certainement, que vous le vouliez ou non ; si le *karma* n'est pas votre destin, il ne s'accomplira pas, même si vous vous y efforcez. Le roi Janaka, le sage Shuka, etc., étaient eux aussi engagés dans l'action, mais sans *ahamkāra*. Le *karma* peut être accompli pour la gloire, ou par désintéressement et pour le bien public. Mais, même dans ce cas, les gens recherchent l'approbation. C'est en réalité de l'égoïsme.

Q. : Quelle est la seule et unique chose qui, une fois connue, résout tous les doutes ?

M. : Connaissez celui qui doute. Si vous fixez votre attention sur lui, les doutes ne s'élèveront pas. *Ici, celui qui doute est transcendant.* Lorsqu'il cesse d'exister, il ne s'élève plus de doutes. D'où s'élèveraient-ils ? Tous les gens sont en réalité des *jñānī*, des *jīvan-mukta*, mais ils ne sont pas conscients de ce fait. Les doutes doivent être déracinés. Cela veut dire que celui qui doute doit être déraciné. *Ici, celui qui doute est le mental.*

Q. : Quelle méthode faut-il suivre ?

M. : « Qui suis-je ? », c'est la méthode d'investigation.

Q. : Puis-je recourir au *japa* ?

M. : Pourquoi penser « Je suis ceci » ? Pratiquez

l'investigation et vos pensées s'arrêteront. Ce qui est, c'est-à-dire le Soi, se révélera alors inévitablement.

Q. : Est-il nécessaire de pratiquer le hatha-yoga ?

M. : C'est une aide parmi d'autres — mais elle n'est pas toujours nécessaire. Cela dépend de la personne. L'investigation (*vichāra*) surpasse le *prānāyāma*. Dans le *Yoga-vāsishtha*, Chudālā conseille à Sikhidhvaja l'investigation (*vichāra*) pour tuer l'ego.

La Réalité peut être atteinte en s'appuyant soit sur le *prāna,* soit sur l'intellect. Le premier correspond au hatha-yoga ; le dernier au *vichāra.*

Q. : Après sa Réalisation, le *jñānī* conserve-t-il une individualité ?

M. : Comment pourrait-il la conserver ?

Même dans la vie ordinaire les anciens conseillent de faire de l'*āchamana* et du *prānāyāma* avant d'entreprendre toute activité, mondaine ou extra-mondaine. C'est alors la concentration mentale qui accomplit le travail.

Q. : Je médite sur *neti neti* (ni ceci ni cela).

M. : Non. Ce n'est pas de la méditation. Trouvez la source. Vous devez atteindre la source sans faillir. Le faux 'je' disparaîtra et le vrai 'Je' sera réalisé. Le premier ne peut exister sans le second.

24 MARS 1935

42. Duncan Greenless demanda dans une lettre :

« De temps en temps on éprouve de saisissants éclairs de conscience dont le centre est en dehors du soi ordinaire et qui semble tout inclure. Sans encombrer notre esprit de concepts philosophiques, comment le Maharshi pourrait-il nous conseiller afin d'obtenir, retenir et développer ces éclairs de conscience ? Est-ce que l'*abhyāsa* (la pratique assidue) pour de telles expériences exige que l'on se retire du monde ? »

Shrī Bhagavān répondit : « En dehors ? » Pour qui est le dedans ou le dehors ? Ils ne peuvent exister que s'il y a sujet et objet. Pour qui existent-ils ? Finalement les deux se résolvent dans le seul sujet. Cherchez qui est dans le sujet. Cette investigation vous conduit à la pure Conscience au-delà du sujet.

Le soi ordinaire, c'est le mental. Ce mental est soumis à des limitations. Mais la pure Conscience est au-delà de toutes limitations et on l'atteint par l'investigation que je viens d'indiquer.

Obtenir — Le Soi est toujours là. On doit chercher à détruire les obstacles qui s'opposent à la révélation du Soi.

Retenir — Après avoir réalisé le Soi, on comprendra qu'il est *ici et maintenant*. Il n'est jamais perdu.

Développer — Il n'y a pas de développement du Soi, car Il existe toujours sans contraction ni expansion.

Se retirer — Demeurer dans le Soi est solitude. Car il n'y a rien qui soit étranger au Soi. Pour se retirer, il faut quitter un lieu pour aller dans un autre. Ni l'un ni l'autre ne sont en dehors du Soi. Toute chose étant le Soi, se retirer est impossible et n'a aucun sens.

L'*abhyāsa,* c'est la recherche du Soi.

28 MARS 1935

43. Mr. S. Ranganathan, I.C.S[1], Collector[2] de Velore, Mr. S.V. Ramamurthi, I.C.S. et Mr. Ragha-

---

1. Indian Civil Service.

2. Désigne le chef de l'administration d'un département dans l'Inde contemporaine, ce qui correspond à la fonction de préfet.

viah, le Diwan [1] de l'Etat de Pudukottah, vinrent à l'ashram.

Mr. Ranganathan : « Je vous prie de m'instruire sur la façon de contrôler le mental. »

M. : Il y a deux méthodes. La première consiste à rechercher ce qu'est le mental ; alors il disparaît. La seconde est de fixer l'attention sur quelque chose ; alors le mental reste tranquille.

La personne répéta la question pour obtenir plus d'éclaircissement. Elle reçut la même réponse avec davantage de détails, mais ne sembla toujours pas satisfaite.

Mr. Raghaviah : Nous, hommes de ce monde, nous subissons toutes sortes de souffrances et nous ignorons comment les surmonter. Nous prions Dieu, et nous ne sommes toujours pas satisfaits. Que pouvons-nous faire ?

M. : Ayez confiance en Dieu.

Q. : Nous nous soumettons à Sa volonté et cependant aucune assistance ne nous est donnée.

M. : Si vous vous êtes vraiment soumis, vous devez pouvoir vous conformer à la volonté de Dieu et ne pas vous plaindre de ce qui vous déplaît. Les choses prennent parfois un tour différent de ce qu'il semble. Le désespoir conduit souvent les hommes à la foi en Dieu.

Q. : Mais nous sommes dans le monde. Nous avons famille, femme, enfants et amis. Nous ne pouvons pas ignorer leur existence et nous résigner à la volonté divine sans retenir quelque parcelle de notre personnalité.

M. : Cela prouve que vous ne vous êtes pas complè-

---

1. Désigne la fonction de Premier ministre dans les anciennes principautés indiennes avant l'Indépendance.

tement abandonné à la volonté divine comme vous le prétendez. Vous ne devez avoir confiance qu'en Dieu.

Mr. Ramamurti : Swamiji, j'ai lu le livre de Brunton *L'Inde secrète*. J'ai été très impressionné par le dernier chapitre où il dit qu'il est possible d'être conscient sans penser. Je sais que l'on peut penser tout en oubliant l'existence de son corps physique. Mais peut-on penser sans le mental ? Est-il possible d'atteindre un état de conscience qui est au-delà des pensées ?

M. : Oui. Il n'y a qu'une seule conscience qui subsiste dans les trois états de veille, de rêve et de sommeil profond. Dans le sommeil profond, il n'y a pas de 'je'. La pensée 'je' s'élève au moment de l'éveil, et alors le monde apparaît. Où était ce 'je' pendant le sommeil ? Existait-il ou n'existait-il pas ? Il devait bien exister, mais pas de la façon dont vous le ressentez maintenant. Le 'je' de l'état de veille n'est que la *pensée* 'je', alors que celui du sommeil profond est le vrai 'Je' qui ne cesse pas d'exister. C'est la Conscience. Si vous la connaissez, vous verrez qu'elle est au-delà de toute pensée.

Q. : Pouvons-nous penser sans le mental ?

M. : Les pensées sont semblables à toutes les autres activités et ne troublent en rien la Conscience suprême.

Q. : Peut-on lire la pensée d'autrui ?

Le Maître, comme à son habitude, lui recommanda de chercher d'abord son propre Soi avant de se préoccuper des autres. « Où donc se trouve autrui si ce n'est dans votre propre Soi ? » demanda le Maître.

Mr. Raghaviah : Comment parviendrons-nous à relier l'expérience supérieure avec l'expérience inférieure (c'est-à-dire l'expérience spirituelle et celle du monde) ?

M. : Il n'y a qu'une seule expérience. Que sont donc

les expériences du monde sinon celles édifiées sur le faux 'je' ?

Demandez à l'homme le plus fortuné du monde, s'il connaît son Soi. Il vous dira « non ». Que peut-on connaître si l'on ne connaît pas le Soi ? Le savoir humain est bâti sur une fondation si fragile.

Mr. Ramamurti : Comment peut-on distinguer le 'Je' réel du faux 'je' ?

M. : Y a-t-il quelqu'un qui ne soit pas conscient de lui-même ? Chacun connaît le Soi, et pourtant ne le connaît pas. Etrange paradoxe.

Plus tard, le Maître ajouta : « En cherchant si le mental existe ou non, on s'aperçoit qu'il n'existe pas. C'est là le contrôle du mental. Autrement, si on admet l'existence du mental et qu'on cherche à le contrôler, cela équivaut à obliger le mental à se contrôler lui-même, à l'instar d'un voleur se transformant en policier pour procéder à sa propre arrestation. De cette manière, le mental continue à subsister, mais échappe à lui-même. »

3 AVRIL 1935

44. Mr. Ekanatha Rao, un ingénieur, demanda à Shrī Bhagavān si pour le *vichāra* (l'investigation) la solitude était nécessaire.

M. : La solitude est partout. L'individu est toujours seul. Ce qu'il doit faire, c'est la découvrir en lui-même et non pas la chercher en dehors de lui.

Q. : La vie quotidienne distrait l'esprit.

M. : Ne vous laissez pas distraire. Cherchez plutôt pour qui il y a distraction. Avec un peu de pratique, vous n'en serez plus affligé.

Q. : Même ce simple effort m'est impossible.

M. : Faites-le et vous verrez que ce n'est pas si difficile.

Q. : Mais dans la recherche intérieure la réponse ne vient pas.

M. : Le chercheur est la réponse et nulle autre réponse ne peut venir. Ce qui naît ne peut être vrai. Seul est vrai ce qui est depuis toujours.

6 AVRIL 1935

45. *Q. :* Le chemin de la Réalisation est difficile. En comparaison, les choses du monde sont faciles à comprendre.

M. : Oui. Le mental cherche toujours un savoir extérieur, laissant de côté sa propre connaissance intérieure.

Q. : Rester un jour auprès de Shrī Bhagavān est une bonne chose ; rester deux jours est mieux, trois jours encore mieux... Si nous restons continuellement ici, comment parviendrons-nous à remplir nos devoirs dans le monde ?

M. : Il faut comprendre que rester ici ou ailleurs est la même chose et a le même effet.

12 AVRIL 1935

46. Après avoir écouté la récitation de l'*Upadesha-sāram* en malayalam, Mr. Ramachandra Iyer de Nager-coil s'enquit avec une simplicité qui lui est propre de la concentration et du contrôle du mental.

M. : Le mental n'est que l'identification du Soi avec le corps. C'est la création d'un faux ego, qui, à son tour, crée de faux phénomènes et semble se mouvoir en eux. Tout cela est faux. Le Soi est la seule Réalité. Si cette fausse identification disparaît, la permanence de la Réalité se révèle. Cela ne veut pas dire que la Réalité n'est pas ici et maintenant. Elle est toujours là et éternellement la même. Elle est aussi dans l'expérience de chacun de nous. Chacun sait qu'il est. « Qui est-il ? » Et subjectivement : « Qui suis-je ? » Le faux ego est associé aux objets ; il est même son propre objet. L'objectivation est l'erreur. Seul le sujet est la Réalité. Ne vous confondez pas avec l'objet, c'est-à-dire avec le corps. Cela donne naissance au faux ego, puis au monde et à vos activités dans ce monde, d'où résulte la souffrance. Ne pensez pas que vous êtes ceci, cela, ou quelque chose ; non plus que vous êtes comme ceci ou comme cela, ou un tel ou une telle. Débarrassez-vous seulement de cette erreur. La Réalité se révélera d'elle-même. Les Ecritures disent que le Soi est *nitya-siddha,* toujours présent, et cependant elles parlent de la dissipation d'*ajñāna*. Si le Soi est toujours (*nitya*) et présent (*siddha*), comment peut-il y avoir l'*ajñāna* ? Pour qui est l'*ajñāna* ? Ces affirmations sont contradictoires, mais elles servent à guider le chercheur sérieux sur la bonne voie. Ce chercheur ne comprend pas facilement l'unique vérité si on la lui expose en termes simples, comme dans : ... *naham neme janādhipāh*... [BhG II.12] (... ni toi, ni moi, ni ces rois [1]...). Shrī Krishna déclara la Vérité, mais Arjuna ne put la saisir. Plus tard, Krishna dit clairement que les gens Le confondaient avec le corps, alors qu'en réalité, Il n'était pas né et Il ne mourrait pas. Néanmoins, Arjuna eut besoin de toute la *Gītā* pour que la Vérité lui soit rendue claire.

---

1. « En vérité, jamais ne fut le temps où je n'étais point, ni toi, ni ces chefs de peuples ; et, plus tard, ne viendra pas celui où nous ne serons pas » (*La Bhagavad-gītā*, trad. Esnoul-Lacombe).

Comprenez donc, le Soi est seulement *être* et non pas être ceci ou cela. C'est simplement *être*. Soyez... et c'est la fin de l'ignorance. Cherchez à *qui* est l'ignorance. L'ego surgit lorsque vous sortez du sommeil. Dans le sommeil, vous ne dites pas que vous êtes en train de dormir, que vous allez vous réveiller, ou que vous dormiez depuis longtemps. Et cependant vous êtes bien là. Ce n'est qu'au réveil que vous dites que vous avez dormi. Votre état de veille englobe aussi le sommeil. Réalisez votre pur Etre. Ne vous confondez pas avec le corps. Le corps est le résultat des pensées. Les pensées continueront à se dérouler, mais vous n'en serez pas affecté. Vous n'étiez pas concerné par le corps quand vous dormiez ; vous pouvez toujours demeurer ainsi.

Mr. Ekanatha Rao : Comment cette recherche peut-elle se concilier avec la nécessité de gagner sa vie quand on est dans le monde ?

M. : Les actions en elles-mêmes n'entraînent aucune servitude. La servitude résulte seulement de la fausse conception : « Je suis celui qui agit. » Abandonnez ce genre d'idées et laissez le corps et les sens jouer leur rôle sans interférence de votre part.

20 AVRIL 1935

47. Un visiteur du Kerala exprima sa préoccupation pour les misères du monde ; il considérait la recherche du Soi comme une démarche égoïste en regard d'un tel environnement de souffrance et voyait la seule solution dans une activité désintéressée.

M. : La mer n'est pas consciente de ses vagues. De même, le Soi n'est pas conscient de son ego.

48. Un visiteur demanda à Shrī Bhagavān : « Vous êtes Bhagavān. Par conséquent, vous savez quand j'obtiendrai le *jñāna*. Dites-moi quand deviendrai-je un *jñānī ?* »

Shrī Bhagavān répondit : « Si je suis Bhagavān, il n'y a pour moi personne d'autre que le Soi — par conséquent ni un *jñānī* ni un *ajñānī*. Si je ne le suis pas, je suis comme vous et je n'en sais pas plus que vous. Dans un cas comme dans l'autre, je ne peux pas vous répondre. »

24 AVRIL 1935

49. Quelques visiteurs posèrent au Maître des questions qui finalement se résumaient ainsi : Le 'Je' ne leur était pas perceptible, quelque considérables que soient leurs efforts.

La réponse du Maître fut dans la ligne habituelle : « Qui est-ce qui prétend que le 'Je' n'est pas perceptible ? Y a-t-il un 'je' ignorant et un 'Je' insaisissable ? Y a-t-il deux 'je' dans la même personne ? Posez-vous ces questions. Le mental dit que le 'Je' est imperceptible. D'où vient ce mental ? Connaissez le mental. Vous découvrirez qu'il n'est qu'un mythe. Le roi Janaka [1] disait : "J'ai découvert le voleur qui m'a ruiné si longtemps. Je vais en finir promptement avec lui et après je serai heureux." Cela est vrai pour tout le monde. »

Q. : Comment connaître le 'Je' ?

M. : Le 'Je'-'Je' est toujours là. Il n'y a pas à le connaître. Il n'est pas une connaissance nouvellement acquise. Or, ce qui est nouveau et qui n'est pas ici et maintenant ne peut être qu'évanescent. Le 'Je' est toujours là. Il y a obstruction à sa connaissance et

---

1. Il était aussi un grand Sage.

cela s'appelle ignorance. Eliminez cette ignorance et la connaissance resplendira. En fait, cette ignorance et même la connaissance ne concernent pas l'*ātman*. Ce ne sont que des excroissances qu'il faut couper. C'est pourquoi il est dit que l'*ātman* est au-delà de la connaissance et de l'ignorance. Il demeure tel qu'il est naturellement. C'est tout.

Q. : Nous ne constatons pas de progrès perceptible en dépit de nos efforts.

M. : On ne peut parler de progrès que lorsqu'il s'agit d'obtenir des choses nouvelles. Mais ici, il s'agit de supprimer l'ignorance et non d'acquérir la connaissance. Quel genre de progrès peut-on attendre dans la recherche du Soi ?

Q. : Comment se défaire de l'ignorance ?

M. : Vous dormez dans votre lit à Tiruvannāmalai et vous rêvez que vous vous trouvez dans une autre ville. Pour vous, la scène est réelle. Votre corps reste cependant ici étendu sur votre lit. Une ville peut-elle rentrer dans votre chambre ou bien pouvez-vous quitter celle-ci en laissant votre corps derrière vous ? Les deux éventualités sont impossibles. Par conséquent, le fait que vous restez ici et que vous voyez en même temps une autre ville sont tous deux irréels. C'est à votre mental qu'ils apparaissent réels. Le 'je' du rêve s'évanouit peu après, pour laisser place à un autre 'je' qui décrit ce même rêve. Ce dernier 'je' n'existait pas dans le rêve. Les deux 'je' sont donc irréels. C'est le substrat du mental qui poursuit toujours son activité, faisant surgir quantité de scènes. Un 'je' différent s'élève avec chaque pensée et disparaît en même temps qu'elle. D'innombrables 'je' naissent et meurent ainsi à chaque instant. Le mental qui subsiste est le véritable problème. C'est lui le voleur dont parlait Janaka. Démasquez-le et vous serez heureux.

50. Shrī Bhagavān lut le passage du *Brabudha-bhārata* où Kabīr disait que tout le monde sait que la goutte se perd dans l'océan, mais que rares sont ceux qui savent que l'océan se perd dans la goutte. « C'est la *parabhakti* », dit Bhagavān.

5 JUIN 1935

51. Un jeune brahmane de 25 ans, arrivé à l'ashram, eut une crise de nerfs à la vue du Maharshi et se mit à crier : « *Shivo 'ham, aham brahma asmi* [Je suis Shiva, je suis le *brahman*], « Vous êtes Dieu », « vous êtes le *para-brahman* ». « Vous êtes mon père », « Père, sauvez-moi », etc. Ses cris hystériques s'atténuèrent et il se mit à se battre violemment la poitrine des deux mains, en répétant : *« Shivo 'ham, shivo 'ham »,* Puis il se mit à hurler : « Je détruirai le matérialismc » en grinçant des dents, comme s'il voulait réduire celui-ci en bouillie dans sa bouche. Il demanda ensuite — « Ou bien vous me donnez du pouvoir, ou — ou — ou — je ferai... » Et il fit un geste comme s'il allait s'étrangler lui-même.

Quand on voulut doucement le faire sortir, il tomba à genoux devant Shrī Bhagavān en disant : « J'irai prendre refuge aux pieds de mon Père. » « Père ! Vous êtes Pārthasarathi, je suis Arjuna. Tous deux nous abolirons le matérialisme », etc. On l'emmena finalement hors de la présence du Maharshi. Il se lava, prit une légère collation et s'assit tranquillement dans le hall pendant quelques heures. Il ne prit pas part au déjeuner. Dans l'après-midi, il eut une autre crise et se mit à hurler : « Je couperai la tête de Krishna s'il se présentait devant moi maintenant. Il m'a conseillé d'abandonner mon travail, mais il ne protège pas ma mère. Ou bien qu'il coupe plutôt ma tête », etc.

Après quelques heures de silence, Shrī Bhagavān demanda à K.L. Sarma de lire à haute voix un passage [1] du commentaire que celui-ci a écrit sur l'*Anubandha* (Supplément aux *Quarante Strophes sur la Réalité*). Le point essentiel en est que des personnes, incapables de s'aider elles-mêmes, demandent des pouvoirs divins qu'elles utiliseraient à des fins caritatives. C'est comme dans l'histoire de l'homme paralysé qui se vanta en prétendant pouvoir vaincre l'ennemi, si seulement on l'aidait à se mettre debout sur ses jambes. Bien que l'intention fût bonne, elle était cependant démesurée.

Ce récit sembla avoir calmé le jeune brahmane, il se prosterna devant Shrī Bhagavān et lui dit : « Père, Père, je m'étais trompé. Pardonnez-moi. Enseignez-moi, je suivrai dorénavant vos paroles. » Le soir même, il se prosterna de nouveau en disant : « Je m'abandonne. »

9 JUIN 1935

52. Un visiteur de Cocanada demanda : « Mon mental reste clair pendant deux ou trois jours et s'obscurcit les deux ou trois jours suivants. Et cela en alternance. A quoi est-ce dû ? »

M. : C'est un phénomène tout à fait naturel. Il s'agit du jeu de la clarté (*sattva*), de l'activité (*rajas*) et de l'obscurité (*tamas*) en alternance. Ne regrettez pas le *tamas* ; mais lorsque le *sattva* entre dans le jeu, accrochez-vous-y et tirez-en le meilleur parti.

Q. : Qu'est-ce que le Cœur ?

M. : C'est le siège, si l'on peut dire, du Soi.

---

1. Voir strophe n° 15 du Supplément aux *Quarante strophes sur la Réalité* (*Ulladu-nārpadu-anubandha*).

Q. : Est-ce le cœur physique ?

M. : Non. C'est le lieu d'où s'élève le 'Je'-'Je'.

Q. : Qu'advient-il du *jīva* après la mort ?

M. : La question n'est pas appropriée pour un *jīva* vivant. Mais un *jīva* désincarné peut me poser cette question s'il le désire. En attendant, laissez le *jīva* incarné résoudre son problème actuel et trouver qui il est. Ce sera la fin de tels doutes.

Q. : Qu'est-ce que *dhyāna* ?

M. : Le terme *dhyāna,* dans son sens habituel, signifie méditation sur un objet quelconque, alors que le terme *nididhyāsana* est utilisé pour désigner la recherche du Soi. Les triades [1] persistent jusqu'à la réalisation du Soi. Pour le débutant *dhyāna* et *nididhyā-sana* sont semblables, parce que tous deux impliquent la triade et sont synonymes de *bhakti.*

Q. : Comment doit-on pratiquer le *dhyāna* ?

M. : Le *dhyāna* sert à concentrer le mental. L'idée prédominante écarte toutes les autres. Le *dhyāna* varie selon les individus. Ce peut être une concentration sur un aspect de Dieu, sur un mantra ou sur le Soi, etc.

15 JUIN 1935

53. Mr. Knowles, un jeune homme, vint pour le *darshan*. Il avait lu deux livres de Paul Brunton. Il demanda : « Les bouddhistes disent que le 'Je' est irréel alors que Brunton, dans son livre *Le Sentier secret* écrit qu'il faut dépasser la pensée du 'je' pour atteindre l'état du 'Je'. Qu'est-ce qui est vrai ? »

---

1. *Tripūti* : Le sujet, l'objet et la relation entre les deux, le connaisseur, le connu et la connaissance, etc.

M. : Les gens supposent qu'il existe deux 'je' ; l'un inférieur et irréel dont tout le monde est conscient, l'autre supérieur et réel, qu'il s'agit de réaliser.

Vous n'êtes pas conscient de vous-même quand vous dormez, mais vous l'êtes à l'état de veille. Quand vous êtes réveillé, vous dites que vous avez dormi. Vous ne le saviez pas en état de sommeil profond. L'idée de la diversité a donc pris naissance en même temps que la conscience du corps ; cette prise de conscience du corps s'est produite à un certain moment ; elle a un commencement et une fin. Ce qui a une origine doit être quelque chose. En quoi consiste ce quelque chose ? C'est la conscience du 'je'. Qui suis-je ? D'où est-ce que je viens ? En trouvant la source, vous réalisez l'état de Conscience absolue.

Q. : Qui est ce 'je' ? Il semble être seulement un continuum d'impressions sensorielles. La conception des bouddhistes semble être identique à cette idée.

M. : Le monde n'est pas extérieur. Les impressions ne peuvent pas avoir une origine externe, parce que le monde ne peut être connu que par la conscience. Le monde ne dit pas qu'il existe. Ce n'est que votre impression, même si elle n'est pas cohérente ni continue. Dans le sommeil profond, le monde n'est pas connu ; il n'existe donc pas pour l'homme qui dort. Par conséquent, le monde est la suite de l'ego. Trouvez l'ego. La découverte de sa source est le but final.

Q. : Je crois qu'il ne faut pas faire souffrir d'autres êtres vivants. Devons-nous endurer la piqûre des moustiques et nous y soumettre ?

M. : Vous n'aimez pas souffrir vous-même. Comment pouvez-vous donc infliger des souffrances à d'autres vies ? Contentez-vous de chasser les moustiques puisque leurs piqûres vous font mal.

Q. : Est-il juste de supprimer d'autres vies, comme celles des moustiques, des insectes, etc. ?

M. : Chacun est un suicidé. L'état éternel, naturel, plein de félicité, a été étouffé par cette vie d'ignorance. Sous cet aspect, la vie actuelle est le résultat du meurtre de l'Etre pur et éternel. N'est-ce pas une forme de suicide ? Par conséquent, chacun est un suicidé. Pourquoi alors vous préoccuper des meurtres ?

Au cours d'une autre conversation, le visiteur confia : « Le monde m'envoie des impressions et je m'éveille ! »

M. : Le monde peut-il exister sans quelqu'un qui le perçoive ? Qui est apparu en premier ? La conscience d'être ou la conscience du monde ? La conscience d'être est toujours là. Elle est éternelle et pure. La conscience du monde apparaît et disparaît. Elle est transitoire.

Q. : Le monde n'existe-t-il pas pour les autres même lorsque je dors ?

M. : Un tel monde se moque aussi de vous de vouloir le connaître sans vous connaître vous-même. Le monde est le produit de votre mental. Connaissez d'abord votre mental et ensuite voyez le monde. Vous réaliserez qu'il n'est pas différent du Soi.

Q. : Le Maharshi n'est-il pas conscient de lui-même et de son entourage aussi clairement que je le suis ?

M. : Pour qui y a-t-il doute ? Les doutes ne sont pas pour les êtres réalisés. Ils n'existent que pour les ignorants.

16 JUIN 1935

54. Un pandit de l'Andhra Pradesh, homme d'un certain âge, avait quelques doutes concernant un exposé de Kāvyakantha [1] sur l'Advaita. Il avait découvert dans certains textes que le *brahman* était libre de *sajātīya-*, de *vijātīya* et de *svagata-bheda*. De telles conditions sont remplies dans le *vivarta-vāda* mais non dans le *parināma-vāda*. Dans ce dernier, le *svagata-bheda* [2] doit nécessairement exister.

M. : Dakshināmūrti n'a jamais rien enseigné de tel. Il n'a jamais dit que le *brahman* était relié ou non à une *shakti*. Tout ce qu'il a manifesté n'était que Silence ; et tous les doutes de ses disciples (*shishya*) furent dissipés. Cela signifie qu'il n'y a rien à apprendre, rien à discuter et rien à conclure. Chacun connaît : « Je suis. » Le 'Je' est confondu avec le corps, parce que le 'Je' s'élève de l'absolu et donne naissance à la *buddhi* (l'intellect). Dans la *buddhi*, le 'Je' prend la taille et la forme du corps. *Na medhayā* veut dire que le *brahman* ne peut pas être appréhendé par la *buddhi*. *Brahman* → *aham* ("Je – Je") → *buddhi* (intellect).

Comment cette *buddhi* pourrait-elle enjamber l'*aham* pour découvrir le *brahman* ? C'est une impossibilité. Dépassez seulement la fausse idée que le 'Je' est le corps. Trouvez à qui se présentent les pensées. Si la conscience du 'je' disparaît, la découverte est achevée. Ce qui subsiste, c'est le pur Soi. Comparez le sommeil profond et l'état de veille. Ce n'est que dans ce dernier que se trouvent la multiplicité et le corps. Dans le sommeil profond, le Soi demeure sans qu'il y ait perception du corps ou du monde. Là, règne le bonheur.

Le *shruti-vakya* « *aham brahmāsmi* » [Je suis le *brahman*] se rapporte à l'état du sommeil profond et non au mode de fonctionnement du mental. On ne peut devenir le *brahman* par le seul fait de répéter ce

---

1. Nāyana Kāvyakatha Ganapati Muni.
2. Voir index I pour tous ces termes.

mantra. Cela signifie que le *brahman* n'est pas ailleurs. Il est votre Soi. Découvrez ce Soi ; le *brahman* est alors trouvé. N'essayez pas d'atteindre le *brahman* comme s'il se trouvait dans quelque contrée lointaine.

Le pandit : Les pensées sont si tenaces qu'il est impossible d'atteindre l'*Aham*.

M. : La *brahma-ākāra-vritti* [la pensée sous la forme du *brahman*] aide le mental à se détourner de toute autre pensée. Il faut donc avoir recours à ce genre de pratique ou bien rechercher la compagnie des *sādhu* (des sages). Le *sādhu* a déjà dépassé le mental et il demeure dans la paix. Sa proximité contribue à créer chez autrui ce même état. Autrement, rechercher sa compagnie n'aurait pas de sens.

Deho 'ham (je suis le corps) est une limitation, la racine de toutes les actions et de tous les désirs égoïstes et mesquins.

Brahmāham (je suis le *brahman*) est le passage au-delà du limité. C'est sympathie, amour et charité, etc., toutes des vertus d'essence divine.

Q. : Quel est la place d'un *grihastha* (chef de famille) dans le dessein de *moksha* (la libération) ?

M. : Pourquoi pensez-vous que vous êtes un *grihastha* ? Si vous pensez que vous êtes un *samnyāsī*, la pensée « Je suis un *samnyasī* » aussi vous poursuivra. Que vous continuiez votre rôle de chef de famille ou que vous y renonciez en vous retirant dans la forêt, votre mental continuera à vous harceler. C'est l'ego qui est la source des pensées. Il crée votre corps et le monde et vous fait croire que vous êtes un *grihastha*.

Si vous renoncez au monde, vous ne ferez que substituer la pensée « Je suis un *samnyāsī* » à la pensée « Je suis un *grihastha* » et l'environnement de la forêt à celui de la maison familiale. Mais les obstacles mentaux seront toujours là. Ils augmentent même dans un nouveau milieu. Un tel changement ne sert à rien. L'obstacle, c'est le mental. Il doit être dépassé, que l'on reste chez soi ou que l'on se retire dans une forêt. Si vous pouvez le faire dans une forêt, pourquoi ne pas le faire chez vous ? Alors pourquoi changer d'environnement ? Vos efforts peuvent s'accomplir dès maintenant quel que soit le milieu où vous êtes.

L'environnement ne vous abandonne jamais comme vous le désirez. Regardez-moi : j'ai quitté ma maison de famille. Regardez-vous : vous avez quitté votre cadre familial pour venir ici. Qu'est-ce que vous trouvez ici ? Est-ce différent de ce que vous avez laissé derrière vous ? Même celui qui est immergé pendant des années dans le *nirvikalpa-samādhi,* lorsqu'il émerge de cet état, se retrouve dans le milieu qui lui est départi. C'est la raison pour laquelle l'Acharya [1], dans son ouvrage remarquable, le *Viveka-chūdāmani*, donne la priorité au *sahaja-samādhi* plutôt qu'au *nirvikalpa-samādhi*. On devrait être naturellement en état de *samādhi*, en son état originel, au sein de n'importe quel environnement.

Plus tard, Shrī Bhagavān expliqua : Le contrôle de la respiration peut être interne ou externe. *L'antah-prānāyāma* (le contrôle interne de la respiration) est le suivant :

nāham chintā (l'idée « je ne suis pas le corps ») est le *rechaka* (l'expiration) ;

ko 'ham (qui suis-je ?) est le *pūraka* (l'inspiration) ;

so 'ham (je suis Lui) est le *kumbhaka* (la rétention).

En se livrant à cet exercice, la respiration est contrôlée automatiquement.

---

1. « Maître, savant » ; ici, le Maharshi fait référence au saint et philosophe Shankara (voir index II).

Le *bahih-prānāyāma* (le contrôle extérieur) est recommandé à celui qui n'a pas assez de force pour maîtriser son mental. C'est le moyen le plus sûr, excepté la compagnie d'un *sādhu*. Le contrôle extérieur doit être adopté par un homme avisé qui ne peut bénéficier de la compagnie d'un *sādhu*. Si on est en compagnie d'un *sādhu,* celui-ci procure la force nécessaire, bien qu'elle soit invisible aux autres. Il n'est pas nécessaire que le *prānāyāma* soit pratiqué exactement tel qu'il est décrit dans le hatha-yoga. Si l'on est engagé dans la voie du *japa,* du *dhyāna* ou de la *bhakti,* etc., un peu de contrôle respiratoire suffit pour maîtriser le mental. Le mental est le cavalier et la respiration le cheval. Le *prānāyāma* est le dressage du cheval. Par ce dressage, le cavalier est à son tour dressé.

On peut recourir au *prānāyāma* à petite dose. Simplement observer la respiration en est une méthode. Le mental, en s'abstrayant d'autres activités, se concentre sur l'observation de la respiration. Cela contrôle la respiration et le mental est à son tour maîtrisé.

Si les méthodes de *rechaka* (expiration) et *pūraka* (inspiration) s'avèrent trop difficiles, il n'est pas indispensable d'y recourir ; il suffit de retenir le souffle un court instant en pratiquant le *japa,* le *dhyāna*, etc. Là aussi, de bons résultats surviendront.

18 JUIN 1935

55. *Q. :* La non-dualité (*advaita*) peut-elle être réalisée par le *japa* de noms sacrés tels que Rāma, Krishna, etc. ?

M. : Oui.

Q. : N'est-ce pas une méthode inférieure ?

M. : Vous a-t-on dit de pratiquer le *japa* ou vous a-t-on demandé de discuter de sa place dans la hiérarchie des méthodes ?

Silence.

56. Un jeune homme de 20 ans attendait assis en silence depuis plus d'une heure. Il s'apprêtait à partir quand il demanda : « Comment réaliser le Soi ? »

M. : Le Soi de qui ? Trouvez-le.

Q. : Qui suis-je ?

M. : Trouvez-le vous-même.

Q. : Je ne sais pas.

M. : Réfléchissez. Qui est-ce qui dit « Je ne sais pas » ? Qu'est-ce qui n'est pas su ? Dans cette affirmation, qui est le 'je' ?

Q. : Quelqu'un en moi.

M. : Qui est ce quelqu'un ? Et en qui ?

Q. : Peut-être un certain pouvoir.

M. : Trouvez-le.

Q. : Comment réaliser le *brahman* ?

M. : Alors que vous ne connaissez pas le Soi, pourquoi cherchez-vous à connaître le *brahman* ?

Q. : Les *shāstra* disent que le *brahman* est en tout, y compris en moi.

M. : Trouvez le 'Je' en « moi ». Ensuite il sera temps de penser au *brahman*.

Q. : Pourquoi suis-je né ?

M. : Qui est né ? La réponse est la même pour toutes vos questions.

Q. : Qui suis-je alors ?

M. : (avec un sourire) Etes-vous venu ici pour me faire passer un examen et m'interroger ? C'est à vous de dire qui vous êtes.

Q. : Lorsque je dors, l'âme sort du corps et demeure quelque part. Quand elle rentre, je me réveille. Est-ce ainsi que les choses se passent ?

M. : Qu'est-ce qui quitte le corps ?

Q. : C'est peut-être une force.

M. : Trouvez cette force.

Q. : Le corps est composé de cinq éléments. Quels sont-ils ?

M. : Sans connaître le Soi, comment pouvez-vous envisager de connaître les éléments ?

Le jeune homme resta un moment assis et puis partit après en avoir demandé la permission. Le Maître remarqua par la suite : « C'est bien, ça marchera. »

23 JUIN 1935

57. Shrī Bhagavān dit que *sushumnā* [1] est le nom le plus souvent cité dans les Ecritures. On y trouve aussi d'autres noms comme *para*, *ātmā*, *amrita*. Il est dit aussi que la *sushumnā* devient *līna* (immergée dans le *para*). On peut donc dire que *para* appartient à la terminologie du *jñāna*, et *sushumnā* à celle du yoga.

24 JUIN 1935

RÉPONSE À UN DOUTE À PROPOS
DE LA SHRĪ RĀMANA-GĪTĀ

57a. Dans la *Rāmana-gītā* (chapitre XIV verset 10), il est écrit : « En progressant davantage, l'invisibilité

_____

1. Nom d'un canal d'énergie subtile dans le corps humain.

peut se produire. Un tel être, n'étant plus que pure Conscience, prospère en tant que *siddha*. »

Au chapitre XVIII, dernier verset, il est écrit : « La gloire des *siddha* dépasse toute imagination, ils sont les égaux de Shiva, mieux encore, Shiva lui-même, dans leur capacité d'accorder des faveurs. » Ce passage signifie que la réalisation du Soi entraîne des *tapas* [1] réels et ininterrompus. Lorsque de tels *tapas* arrivent à maturité, certains *jñānī* peuvent rendre leur corps intangible et invisible. On les appelle alors des *siddha*.

Or, il y a dans une *Upanishad* un mantra qui dit : *ātmajñam hy archayed bhūtikāmah* [MuU III.1,10] (Celui qui désire la libération ou le bien-être doit servir un Sage réalisé). Aucune mention n'est faite ici d'un *siddha* qui accorderait des faveurs. Le *jñānī* peut le faire. D'autres mantras : *sve mahimni pratishtitah* [2] (reposant sur sa propre grandeur)*, anantam brahma* [3] (le *brahman* est infinitude), semblent contredire les *shloka* cités ci-dessus. Mais les mantras suivants : *sarvam khalvidam brahma* [ChU III.14,1] (Tout ce qui est est le *brahman*) et *brahmavid brahmaiva bhavati* [MuU III.2,9] (Celui qui connaît le *brahman* devient le *brahman* Lui-même) montrent qu'un *jñānī* est *sarvajña* (omniscient). Alors, quelle est la distinction entre le *jñānī* et le *siddha* ? Et qu'en est-il de la faculté du dernier d'accorder des faveurs impliquant l'absence de cette faculté chez le *jñānī* ?

Le doute ayant été soulevé, le Maître expliqua : « Les

---

1. Ici : pouvoirs spirituels.

2. *Sa, bhagavah, kasmin pratishtita iti, sve mahmni yadi vā na mahimni iti /* (ChU VII.24,1).

3. [*satyam jñānam*] *anantam brahma* (*Brahman* est [réalité, connaissance], infinitude) (TaiU II.1).

questions dans la *Gītā* ont été posées dans un esprit particulier et les réponses s'y conforment. Les gens ne voient que le corps et ils veulent aussi des *siddhi*. Quant à la réalisation du Soi, nul pouvoir ne peut l'atteindre, alors comment des pouvoirs pourraient-ils aller au-delà ? Les gens désireux de *siddhi* ne se contentent pas de leur idée de *jñāna*, aussi veulent-ils y associer des *siddhi*. Ils risquent de négliger le bonheur suprême du *jñāna* et d'aspirer aux *siddhi*. Ils s'embourbent ainsi dans les voies latérales au lieu de s'engager sur la voie royale. Ils ont toutes les chances de s'égarer. On leur dit que les *siddhi* accompagnent le *jñāna* afin de les mettre sur le bon chemin et les maintenir sur la voie royale. En vérité, le *jñāna* comprend tout et un *jñānī* ne gaspillera pas une seule pensée pour les *siddhi*. Que les gens obtiennent d'abord le *jñāna* et qu'ils cherchent ensuite les *siddhi,* s'ils le désirent.

J'ai dit : *sharīra samasrayāh siddhayah* (les *siddhi* n'existent qu'en rapport avec le corps) car leur manifestation concerne le corps. Un *jñānī* et un *siddha* ne sont pas différents. Dans le *varān-dātum* (le don des faveurs) les faveurs incluent l'*ātma-lābha* (l'atteinte du Soi). Ainsi, les *siddhi* n'appartiennent pas seulement à un ordre inférieur, mais aussi à l'ordre le plus élevé.

Les *shāstra* (les Ecritures) sont destinés à répondre à la multiplicité des situations. Mais leur esprit reste toujours le même.

Dans le *Halasya-mahima,* il y a un chapitre sur les *siddhi* octuples dans lequel Shiva affirme que Son *bhakta* ne leur accorde même pas une pensée. Shiva dit encore que jamais Il n'accorde de bienfait. Les désirs des adorateurs sont exaucés uniquement d'après leur *prārabdha.* Si Īshvara Lui-même l'affirme, que dire des autres ? Pour manifester des *siddhi*, il faut qu'il y ait d'autres personnes pour les reconnaître. Ce qui veut dire que celui qui manifeste de tels pouvoirs est dénué de *jñāna*. C'est pourquoi les *siddhi* ne valent pas la moindre pensée. Seul le *jñāna* mérite d'être recherché et obtenu.

Shrī Bhagavān fit remarquer que la traduction en tamoul de la *Shrī Rāmana-gītā* — chapitre XVII, vers 4 — était inexacte et il la corrigea. Voici la question que pose Vaidharba dans ce vers : « Pendant la pratique, les pensées apparaissent et disparaissent alternativement ; [quand le mental s'intériorise [1]] est-ce cela le *jñāna ?* » Shrī Bhagavān nous en donna l'explication suivante :

« Certains pensent qu'il y a différents niveaux de *jñāna*. Or, le Soi est *nitya-aparoksha,* c'est-à-dire toujours réalisé, consciemment ou inconsciemment. Le *shravana* (l'audition de la Vérité), d'après eux, devrait donc provoquer une connaissance directe (*aparoksha-jñāna*) et non une connaissance indirecte (*paroksha-jñāna*). Mais le *jñāna* mène à la cessation de la souffrance (*duhkha-nivritti*) tandis que le *shravana* à lui seul n'y parvient pas. C'est pourquoi ils disent que, bien qu'elle soit directe (*aparoksha*), cette connaissance n'est pas stable ; l'apparition des *vāsanā* affaiblit l'intensité de sa perception, qui de ce fait devient inégale. Lorsque les *vāsanā* sont extirpées, le *jñāna* devient stable et porte ses fruits.

D'autres disent que le *shravana* n'est que connaissance indirecte (*paroksha-jñāna*) et que c'est par le *manana* (la réflexion) que le *shravana* devient direct (*aparoksha*), mais encore d'une manière discontinue.

---

1. La question de Vaidharba dans la *Shrī Rāmana-gīta* (ch. 17 vers 4) traduite de l'anglais : « Bhagavān, pendant la pratique, le mental va et vient, s'intériorise et s'extériorise. Quand le mental s'intériorise, est-ce cela le *jñāna ?* »

Ce sont les *vāsanā* qui en empêchent la continuité ; quand la pratique du *manana* cesse, ils s'élèvent avec une vigueur accrue. Ils doivent être maîtrisées. Une telle maîtrise consiste à se rappeler *deho nāham* (Je ne suis pas le corps), et à s'accrocher à l'expérience directe (*aparoksha-anubhāva*) que l'on a obtenue au cours du *manana* (réflexion). Cette pratique, appelée *nididhyāsana,* éradique les *vāsanā* et alors se lève l'état de *sahaja.* C'est le *jñāna,* sans aucun doute.

L'expérience d'*aparoksha* lors de la pratique du *manana* ne peut conduire à la disparition de la souffrance (*duhkha-nivritti*) et ne peut être l'équivalent de *moksha* (la libération de tout asservissement) parce que les *vāsanā* viennent périodiquement dominer l'état de *jñāna.* Aussi le *jñāna* est-il encore *adridha* (faible) et il devient stable seulement après que les *vāsanā* ont été extirpés par le *nididhyāsana* (contemplation ininterrompue).

57b. En s'adressant à T.K.S. Iyer, un fidèle qui parlait des *chakra*, Shrī Bhagavān dit : « Seul l'*ātman* (le Soi) doit être réalisé. Sa réalisation embrasse toutes choses, y compris la *shakti*, Ganapati, les *siddhi,* etc. Ceux qui en parlent n'ont pas réalisé l'*ātman*. L'*ātman* est dans le Cœur, il *est* le Cœur lui-même. La manifestation est dans le cerveau. On peut considérer que le passage du cœur au cerveau s'effectue par la *sushumnā* ou par un nerf d'un autre nom. Les *Upanishad* emploient le terme *pare-līna,* ce qui veut dire que la *sushumnā* ou de semblables *nādi* sont tous compris dans le *para,* c'est-à-dire l'*ātma-nādi.* Les yogis disent que le courant qui monte jusqu'au *sahasrāra* s'arrête là. Mais cette expérience n'est pas complète. Pour le *jñāna,* le courant doit parvenir au Cœur. Le *hridaya* (le Cœur) est l'alpha et l'oméga. »

4 JUILLET 1935

LA SHRĪMAD BHAGAVAD-GĪTĀ

58. Mr. Ranganathan, I.C.S, cita : « Dans la *Shrīmad Bhagavad-gītā* se trouve un passage : "Son propre *dharma* est le meilleur ; celui d'autrui est plein de risques." [BhG III.35 et XVIII.47] Que faut-il entendre par son propre *dharma ?* »

M. : Dans l'interprétation courante, cela concerne les devoirs des différents stades successifs de l'existence et des différentes castes. L'environnement doit également être pris en considération.

Q. : Si c'est du *varnāshrama-dharma* [1] dont on parle, un tel *dharma* n'existe qu'en Inde. Mais la *Gītā* devrait être universellement applicable.

M. : Le *varnāshrama* existe sous une forme ou sous une autre dans tous les pays. Sa signification est que chacun doit se maintenir à l'unique *ātman* et ne plus s'en écarter. C'est là toute l'essence de cet enseignement.

Sva = ce qui nous est propre, c'est-à-dire ce qui tient du Soi, de l'*ātman* ;

para [2] = ce qui est à un autre, c'est-à-dire ce qui tient du non-Soi, de l'*anātman.*

L'*ātma-dharma*, c'est demeurer dans le Soi. Là, il n'y a ni distraction ni peur. Les ennuis ne surgissent que lorsqu'il y a un autre que soi-même. Lorsqu'on réalise que l'*ātman* est unique, il n'existe plus de second, et il n'y a donc plus de raisons d'avoir peur. L'homme, tel qu'il est actuellement confond l'*anātma-dharma* (le *dharma* du non-Soi) avec l'*ātma-dharma* (le *dharma* du

---

1. Règles des castes et des différents *āshrama* (stades de vie).
2. *Para* ici : différent, éloigné, autre.

Soi) et souffre. Qu'il connaisse le Soi et qu'il y reste ; c'est la fin de la peur ainsi que des doutes.

Même si on l'interprète comme *varnāshrama-dharma,* sa signification n'est pas autre chose. Ce *dharma* ne porte ses fruits que s'il est accompli de manière désintéressée. C'est-à-dire que l'être doit réaliser qu'il n'est pas l'auteur de ses actions, mais seulement l'instrument d'un Pouvoir supérieur. Que le Pouvoir supérieur fasse ce qui est inévitable et que j'agisse selon sa volonté. Les actions ne sont pas les miennes. Par conséquent, les résultats des actions ne peuvent pas être les miens. Si l'on pense et agit ainsi, quelle difficulté peut-il y avoir ? Que ce soit le *varnāshrama-dharma* ou le *laukika-dharma* (l'activité dans le monde), cela n'a aucune importance. Finalement tout revient à ceci :

sva = *ātmanah* (tient du Soi) ;
para = *anātmanah* (tient du non-Soi).

De tels doutes sont naturels. L'interprétation orthodoxe ne peut pas se concilier avec la vie de l'homme moderne, obligé de travailler pour gagner sa vie dans diverses professions.

Un homme de Pondichéry intervint : « *Sarva dharmān parityajya mām ekam saranam vraja* [BhG XVIII. 66] (Renonce à tous les devoirs, prends refuge en moi seul). »

M. : Le terme *sarva* (tous) ne tient que du *anātmanah* (non-Soi) ; l'accent est mis sur *ekam* (seul). Pour un homme fortement attaché à *eka* (l'Un), où sont les *dharma* ? Cela signifie : « Soyez immergé dans le Soi. »

Q. : La *Bhagavad-gītā* fut enseignée pour l'action.

M. : Que dit la *Gītā* ? Arjuna refusait de combattre. Krishna lui dit : « Aussi longtemps que tu refuses de combattre, tu éprouves le sentiment d'être l'auteur de tes actes. Qui es-tu donc pour agir ou refuser d'agir ? Renonce à l'idée que tu es l'auteur de tes actions. Jusqu'à ce que cette idée disparaisse tu es obligé d'agir. Tu es manipulé par un Pouvoir supérieur. Tu le reconnais, d'ailleurs, en refusant de t'y soumettre. Au lieu de cela, reconnais ce Pouvoir et soumets-toi à lui comme son instrument. Autrement dit, même si tu refuses, tu seras forcément poussé vers Lui. Au lieu d'être un ouvrier récalcitrant, sois un ouvrier docile. Reste plutôt établi dans le Soi et agis conformément à la nature sans penser que tu es l'auteur de tes actes. Alors, les conséquences de ceux-ci ne t'affecteront pas. Cela est virilité et héroïsme. »

Ainsi, « demeurer dans le Soi » constitue le résumé et l'essence de l'enseignement de la *Gītā*.

Si l'homme était établi dans le Soi, ces doutes n'existeraient pas. Ceux-ci ne s'élèvent que tant qu'il n'y est pas parvenu.

Q. : Alors quelle est l'utilité d'une telle réponse pour celui qui pose la question ?

M. : Les mots possèdent une force qui agit immanquablement le moment venu.

59. Un *maulvi* [1] demanda : « Comment le sommeil s'empare-t-il de nous ? »

M. : Si celui qui pose la question sait en état de veille qui est celui qui est éveillé, il saura également comment survient le sommeil. Cette question ne se pose que pour l'homme éveillé et non pour le dormeur. Il est certainement plus facile de connaître le Soi de l'état de veille que le Soi du sommeil profond.

Q. : Je sais comment je me suis réveillé. Mais je ne sais pas comment le sommeil survient. Je suis conscient

---

1. Maître ou savant musulman.

de mon état de veille. Par exemple, si quelqu'un veut m'enlever ma canne, je peux l'en empêcher, alors que je ne peux le faire dans le sommeil profond ou dans le rêve. La preuve de l'existence de l'état de veille est évidente. Mais quelle est la preuve du sommeil ?

M.: Votre ignorance est la preuve du sommeil, votre conscience est celle de l'état de veille.

Q. : Je suis conscient de l'état de veille lorsque j'ouvre les yeux. Mais comment le sommeil s'empare-t-il de moi ?

M. : De la même manière que l'état de veille s'empare de vous à votre réveil.

Q. : Mais je n'arrive pas à me rendre compte comment le sommeil survient alors que je connais le moment où l'état de veille survient.

M.: Cela n'a pas d'importance.

Q. : S'il vous plaît, décrivez-moi le sommeil, mais sans donner d'illustration. Le sommeil en soi devrait être connu. Je désire avoir une image réelle du sommeil.

M.: Une telle image est elle-même sommeil.

Q.: Est-il préférable d'obtenir le salut en étant marié ou en étant ermite ?

M.: Ce que vous pensez être meilleur.

Q. : Vishvāmitra n'a pas failli lorsqu'il était marié, alors qu'il a failli dans sa vie d'ermite. Cet exemple ne s'applique-t-il pas également aux autres ?

M. : Vishvāmitra était aussi pur comme ermite que comme homme marié. Il n'y avait aucune différence. Et il était tout aussi contaminé en chacun de ces deux états.

Q.: Etait-il un *rishi* ?

M.: Lorsqu'il était contaminé, il n'était pas un *rishi.*

Q.: A-t-il pu devenir ensuite un *rishi* ?

M.: Oui. Par une *bhakti* appropriée il a pu devenir un bon *rishi.* Le repentir et la prière l'ont mis sur la bonne voie.

Q. : Qu'avez-vous donc obtenu après tant d'années de pénitence ?

M. : J'ai obtenu ce qui doit être obtenu. Je vois ce qui doit être vu.

Q. : Est-ce que tout le monde peut voir la même chose ?

M. : Je ne vois que ce que tous les autres voient. Ce qui est immanent en tout.

Q. : Est-ce le moyen pour Le voir ?

M. : Toute méthode peut être la bonne. De quelque direction que proviennent les pèlerins, ils ne peuvent entrer dans la Kaaba que par une seule porte ; ou bien ils se regroupent tous avec la seule intention d'entrer dans la Kaaba.

Q. : Donnez-moi, s'il vous plaît, deux *upadesha* (instructions) de votre connaissance permettant d'obtenir le salut.

M. : Quel *upadesha* pourrais-je connaître ? Toute chose est *upadesha*. L'adoration de Dieu est le seul *upadesha*.

5 JUILLET 1935

SUR LE *MAUNA* (LE SILENCE)

60. *Shrī Bhagavān :* Le silence de la solitude est forcé. La retenue de la parole en société équivaut au silence. Car c'est alors que l'homme contrôle sa parole. Il faut que celui qui parle existe avant de parler. S'il est engagé ailleurs, la parole est retenue ; le mental tourné vers l'intérieur est occupé à autre chose et ne tient pas à parler.

Le *mauna*, conçu comme une mesure de discipline, a pour objet de limiter les activités du mental provoquées par la parole. Si le mental est déjà contrôlé, la discipline de *mauna* n'est pas nécessaire, car alors, le *mauna* devient naturel.

Vidyāranya a dit que douze années de *mauna* forcé entraînent le *mauna* absolu, c'est-à-dire rendent incapable de parler. Cet état ressemble plus à celui d'un animal muet qu'à autre chose. Cela n'est pas le *mauna.*

Le *mauna* est éloquence incessante. L'inactivité est activité constante.

6 JUILLET 1935

61. Mr. Ekanatha Rao demanda : « Comment doit-on pratiquer le *dhyāna* ? Les yeux ouverts ou fermés ? »

M. : De l'une ou l'autre manière. Ce qui compte, c'est que le mental soit tourné vers l'intérieur et reste actif durant sa recherche. Quelquefois il arrive, lorsque les yeux sont fermés, que les pensées latentes s'élancent avec une grande vigueur. Mais les yeux ouverts, il peut être difficile d'introvertir le mental. Cela exige une grande force mentale. Lorsqu'il absorbe des objets, le mental est contaminé par eux. Autrement, il est pur. Le facteur principal en *dhyāna* est de garder le mental actif dans la recherche de lui-même sans enregistrer des impressions extérieures ou sans penser à autre chose.

62. *Mr. Ekanatha Rao :* Qu'est-ce que le *sphurana* (sorte de sensation indescriptible mais palpable ressentie dans le Cœur, le Centre) ?

M. : Le *sphurana* est ressenti en diverses circonstances, lors d'une grande peur, d'une excitation, etc. Bien qu'il existe de tout temps et en tout lieu, il est ressenti en un certain endroit et dans certaines conditions. On l'associe aussi à des causes antécédentes et le confond avec le corps. Alors qu'il est seul et pur ; c'est le Soi. Si l'attention se fixe sur le *sphurana* et si on le ressent de façon continue et automatique, c'est la Réalisation.

Aussi le *sphurana* est-il un avant-goût de la Réalisation. Il est pur. Le sujet et l'objet procèdent de lui. Si l'homme se prend par erreur pour le sujet, les objets doivent nécessairement apparaître différents de lui. Ils sont alternativement retirés et projetés, créant le monde et la jouissance qu'en a le sujet. Mais si l'homme parvient à se sentir lui-même comme l'écran sur lequel sont projetés le sujet et l'objet, il ne peut y avoir confusion. Il peut observer tranquillement leur apparition et leur disparition, sans que le Soi en soit troublé.

63. Un haut fonctionnaire demanda : « Si, lors d'une promotion, la préférence est donnée à des plus jeunes, on est perturbé. Est-ce que l'interrogation "Qui suis-je ?" aide l'homme en de telles circonstances à apaiser le mental ? »

M. : Oui. Certainement. L'investigation « Qui suis-je ? » tourne le mental vers l'intérieur et, ce faisant, l'apaise.

Q. : J'ai foi en *mūrti-dhyāna* (l'adoration d'une image). Cela ne m'aidera-t-il pas à atteindre le *jñāna ?*

M. : Certainement. L'*upāsanā* facilite la concentration. Le mental est alors libéré des autres pensées et il est entièrement empli par la forme méditée. Le mental devient cette forme et ainsi parfaitement pur. C'est alors qu'il faut penser : « Qui est l'adorateur ? » La réponse est 'Je', c'est-à-dire le Soi. Ainsi, le Soi est finalement atteint.

La difficulté actuelle est que l'homme s'imagine qu'il est l'auteur de ses actes. Mais c'est une erreur.

C'est le Pouvoir supérieur qui fait toutes choses et l'homme n'est qu'un instrument. S'il accepte cette position, il est libre de tout ennui ; sinon il les invite.

Prenez, par exemple, une figure sculptée sur un *gopuram* [1] qui donne l'impression de porter le poids de la tour sur ses épaules. Son attitude, son regard donnent l'impression d'un effort considérable. Mais réfléchissez. La tour est bâtie sur la terre et elle repose sur ses propres fondations. Le personnage (tel Atlas portant la Terre) fait partie de la tour, mais il est fait de telle sorte qu'il semble la soutenir. N'est-ce pas drôle ? Il en va de même pour l'homme qui garde le sentiment d'être l'auteur de ses actes.

Ensuite un fidèle, à l'intention du visiteur, lut à haute voix la version en malayalam d'*Ulladu-Nārpadu*.

Après la lecture, le visiteur demanda : « Que doit-on penser du passage parlant de la dualité pendant la pratique et de l'Unité comme finalité [2] ? »

M. : Certaines personnes pensent que l'on doit commencer à pratiquer avec une conception dualiste. C'est à eux que s'adresse ce passage. Ils disent qu'il y a Dieu, que l'homme doit L'adorer et méditer sur Lui et que le *jīva* se fond finalement en Lui. D'autres prétendent que l'Être suprême et le *jīva* sont toujours séparés et ne se fondent jamais l'un en l'autre. Sans vouloir préjuger du résultat, ne nous en soucions pas maintenant. Tous sont d'accord pour dire que le *jīva* existe. Que l'homme découvre d'abord le *jīva* et il découvrira son Soi. Après il aura tout le temps de voir si le Soi doit s'immerger dans le Suprême, s'il en fait

---

1. Tour située à l'entrée d'un temple en Inde du Sud.

2. Il s'agit de la 37e strophe : « Pendant la recherche, dualité ; à la Réalisation, Unité... » (*The Collected Works of Rāmana Maharshi*, 1996, p. 129).

partie ou s'il en est distinct. Ne préjugeons pas de la conclusion. Conservez un esprit ouvert, plongez en lui et découvrez le Soi. La vérité se dévoilera d'elle-même. Pourquoi voulez-vous déterminer d'avance si le résultat final est l'Unité, absolue ou qualifiée, ou bien la dualité ? Cela n'a pas de sens. Ce raisonnement est élaboré par la logique et l'intellect, or l'intellect tire sa lumière du Soi, le Pouvoir suprême. Comment la lumière partielle et réfléchie par l'intellect peut-elle concevoir la Lumière originelle dans sa totalité ? L'intellect est incapable d'atteindre le Soi. Comment pourrait-il en définir la nature ?

Telle est la signification de ce passage.

Q. : Une autre strophe assure que les Ecritures, scrupuleusement étudiées au début, n'ont plus aucune utilité à partir d'un certain stade. Quel est ce stade ?

M. : C'est lorsque leur essence a été réalisée. Les Ecritures sont utiles pour indiquer l'existence du Pouvoir supérieur (le Soi) et la voie qui y conduit. Leur essence ne va pas plus loin. Lorsque ce point est assimilé, le reste est inutile. Mais il existe des traités volumineux adaptés à l'évolution du chercheur. Au fur et à mesure qu'on s'élève et progresse on constate que les niveaux qu'on vient de dépasser n'ont été que des échelons vers un stade supérieur et que les marches, une fois gravies, deviennent, elles aussi, successivement *pūrva-paksha* (point de vue réfuté) jusqu'à ce que le but soit atteint. Lorsque le but est atteint, il subsiste seul et tout le reste devient inutile. C'est ainsi que les *shāstra* (Ecritures) deviennent inutiles. Nous lisons tellement. Nous souvenons-nous de tout ce que nous avons lu ? Mais avons-nous oublié l'essentiel ? L'essentiel s'imprègne dans le mental et le reste est oublié. Il en est ainsi pour les *shāstra*.

Le fait est que l'homme se considère comme limité, et de là naissent les difficultés. Cette idée est fausse. Il peut le constater par lui-même. Dans le sommeil, il n'y avait pas de monde, pas d'ego (pas de soi limité) et pas de difficultés. Puis, quelque chose s'éveille de cet état de bonheur et dit : 'je'. C'est à cet ego que le monde apparaît. L'homme, qui n'est qu'un grain de poussière dans le monde, veut en obtenir davantage et récolte ainsi les ennuis.

Comme il se sentait heureux avant que ne s'éveille l'ego ! L'éveil de l'ego est la seule cause de tous les ennuis. Que l'homme remonte jusqu'à la source de son ego et il atteindra cet état indifférencié de bonheur, qui est le « sommeil sans sommeil ». Le Soi reste toujours le même, ici et maintenant. Il n'y a rien d'autre à obtenir. C'est parce que les limitations ont été faussement acceptées, qu'il devient nécessaire de les dépasser. Cela rappelle l'histoire des dix insensés qui, après avoir traversé une rivière et atteint l'autre berge, se comptèrent et ne se trouvèrent plus que neuf. Ils devinrent inquiets et se mirent à pleurer sur la perte du dixième sans savoir qui c'était. Un passant, après avoir demandé la cause de leur chagrin, les compta et en trouva dix. Chacun des dix avait compté les autres et oublié de se compter soi-même. Le passant donna alors à chacun un soufflet en leur demandant de tous les compter. Ils comptèrent dix et furent satisfaits. La morale de cette histoire, c'est que le dixième homme n'avait pas réapparu. Il avait toujours été là ; c'est l'ignorance qui avait été la cause de l'affliction des autres.

Une autre histoire : une femme portait un collier autour du cou. Ne s'en souvenant plus, elle se mit à le chercher, questionnant son entourage. Une de ses amies, se rendant compte de ce qu'elle cherchait, lui désigna le collier autour de son cou. La femme le toucha de ses mains et fut aussitôt rassurée. Avait-elle récupéré le collier ? Là encore, l'ignorance causa la douleur et la connaissance, le bonheur.

Il en va de même en ce qui concerne l'homme et le Soi. Il n'y a rien de nouveau à gagner. L'ignorance du Soi est responsable de la souffrance présente ; la connaissance du Soi apporte le bonheur.

De plus, si quelque chose de nouveau doit être obtenu, cela implique que c'était absent auparavant. Ce qui a été une fois absent peut disparaître encore. Ainsi, le salut ne serait pas permanent. Mais le salut est permanent parce que le Soi est ici et maintenant, et éternel.

Les efforts de l'homme sont donc dirigés vers la disparition de l'ignorance. La Sagesse semble survenir, alors qu'elle est naturelle et toujours présente.

Le visiteur, en prenant congé, salua le Maître et dit : « On raconte que la victime, une fois prise dans les crocs du tigre, est perdue à jamais. »

Cette remarque faisait référence à un passage dans le traité *Qui suis-je ?* où il est déclaré que le disciple, une fois tombé sous la grâce du regard de son *guru*, ne retournera plus jamais dans le monde, aussi sûrement que la proie dans les mâchoires du tigre ne peut s'échapper.

64. Lorsque la nouvelle de la mort d'une personne fut apportée à Shrī Bhagavān, il s'exprima ainsi : « C'est bien. Les morts, à vrai dire, sont heureux. Ils se sont débarrassés de leur encombrante carapace : le corps. Les morts ne s'affligent pas. Ce sont les survivants qui pleurent les morts. Les hommes ont-ils peur de dormir ? Bien au contraire, le sommeil est recherché et, à son réveil, chacun dit qu'il a bien dormi. On prépare soigneusement son lit pour bien dormir. Le sommeil est une mort temporaire. La mort est un sommeil prolongé. Si l'homme meurt tandis qu'il vit encore, il n'a pas besoin de pleurer sur la mort des autres. L'existence de chacun est évidente, avec ou sans corps, aussi bien dans l'état de veille, de rêve ou de sommeil profond. Alors pourquoi vouloir rester enchaîné par le corps ? Que l'homme trouve son Soi éternel, meure, et soit immortel et heureux. »

13 JUILLET 1935

65. Un visiteur demanda : « Le *jagat* (le monde) est-il encore perçu après la réalisation du Soi ? »

M. : Qui pose cette question ? Est-ce un *jñānī* ou un *ajñānī ?*

D. : Un *ajñānī*.

M. : Réalisez à qui cette question se pose. La réponse peut être trouvée si la question s'élève après avoir identifié le questionneur. Le *jagat* (le monde) ou le corps peuvent-ils dire qu'ils existent ? Ou est-ce le spectateur qui dit que le monde et le corps existent ? Il faut qu'il y ait un spectateur pour voir les objets. Découvrez d'abord le spectateur. Pourquoi vous soucier maintenant de ce qui adviendra ultérieurement ?

Shrī Bhagavān poursuivit : « Quelle importance y a-t-il que le *jagat* soit perçu ou non ? Avez-vous perdu quelque chose du fait de votre perception présente du *jagat ?* Ou bien avez-vous gagné quelque chose à ne pas l'avoir vu pendant votre sommeil profond ? Cela n'a aucune importance que le monde soit perçu ou ne le soit pas.

L'*ajñānī* voit le *jñānī* actif et est déconcerté. Tous deux perçoivent le *jagat ;* mais leurs perspectives différent. Prenez l'exemple du cinéma. Des images bougent sur l'écran. Essayez de les attraper. Qu'attraperez-vous ? Rien que l'écran. Laissez disparaître les images. Qu'est-ce qu'il reste ? Encore l'écran. Il en va de même ici. Même lorsque le monde apparaît, voyez à qui il apparaît. Tenez le substrat du 'je'. Une fois que vous le tenez fermement, qu'importe que le monde apparaisse ou disparaisse.

L'*ajñānī* considère que le monde est réel ; alors que le *jñānī* voit qu'il est seulement la manifestation du Soi. Cela n'a aucune importance que le Soi se manifeste ou cesse de le faire. »

15 JUILLET 1935

66. Dans une lettre, quelques questions intéressantes sur la mémoire, le sommeil et la mort furent posées. A première vue elles semblaient pertinentes, mais il était difficile d'y répondre. On les soumit au Maître, qui démêla l'écheveau aussitôt en remarquant que la confusion provenait tout simplement de la non-différenciation entre le 'Je' réel et le faux 'je'. Les attributs et divers modes relèvent du dernier et pas du premier. Nos efforts ne visent qu'à éliminer l'ignorance. Ensuite, ils cessent et l'on découvre que le vrai Soi était là depuis toujours. Aucun effort n'est nécessaire pour rester le vrai Soi.

21 JUILLET 1935

67. Un visiteur, Mr. K. S. N. Iyer, fonctionnaire aux chemins de fer du sud de l'Inde, demanda : « Au cours de ma méditation se produit un arrêt, en apparence insignifiant. Quand je me demande "Qui suis-je ?", mon raisonnement procède ainsi : je vois ma main. Qui la voit ? Mes yeux. Comment voir les yeux ? Dans un miroir. De la même manière, pour me voir, il faut un miroir. La question se pose alors : "Qu'est-ce qui prend la place du miroir en moi ?" »

M. : Alors, pourquoi posez-vous la question « Qui suis-je ? » ? Pourquoi dites-vous que vous êtes gêné, etc. ? Vous pourriez tout aussi bien rester tranquille. Pourquoi perdez-vous votre calme ?

Q. : Le fait d'investiguer m'aide à me concentrer. La concentration est-elle le seul avantage ?

M. : Que pouvez-vous désirer de plus ? La concentration est fondamentale. Qu'est-ce qui vous fait sortir de votre quiétude ?

Q. : Parce que j'en suis arraché.

M. : L'investigation « Qui suis-je ? » a pour but de découvrir la source du 'je'. Lorsqu'elle est trouvée, ce que vous cherchez est dès lors accompli.

(L'essentiel des paroles de Shrī Bhagavān semble être que l'on doit faire des efforts concertés et ne pas abandonner au moindre doute avec une attitude défaitiste.)

68. Le Dr. Radhakamal Mukerjee était un professeur renommé et l'auteur d'un livre publié chez Longmans Green & Co., Londres. Cet homme d'âge moyen, au teint clair et d'apparence paisible pratiquait le yoga et la méditation. Ayant eu quelques expériences occultes, il souhaitait que le Maître éclaircît leur mystère. D'autre part, trouvant la réalisation du Soi difficile à atteindre il requérait l'aide du Maître. Il questionna : « La méthode de méditation recommandée par les *Upanishad* a, de nos jours, disparu. J'ai connu au Bengale un grand sage qui m'a initié à cette méthode. Après de longues années de discipline et de pratique, j'ai pu obtenir quelques expériences mystiques. Je sens parfois que le *bhūman* (la Conscience suprême) est Infinitude et que je suis la conscience limitée. Est-ce correct ? »

M. : Le *bhūman* (la Perfection) seul existe. Il est infini. De son sein s'élance cette conscience limitée qui s'associe à une *upādhi* (adjonction limitante). C'est l'*ābhāsa,* ou conscience réfléchie. Immergez cette conscience individuelle dans la Conscience suprême. C'est ce qui vous reste à faire.

Q. : Mais le *bhūman* est un attribut de la Conscience suprême.

M. : Le *bhūman* est le Suprême — *yatra nānyat pasyati yatra nānyat srunoti... sa bhūmā* [ChU VII.24,1] (Ce en quoi on ne voit ni n'entend rien d'autre..., c'est l'Infini). C'est indéfinissable et indescriptible. Il est tel qu'il est.

Q. : J'éprouve une sensation d'immensité. Probablement que cet état se trouve juste en dessous de celui du *bhūman*, mais proche de lui. Est-ce que je me trompe ?

M. : Seul le *bhūman* existe. Rien d'autre. C'est le mental qui fait toutes ces distinctions.

Q. : Quand je transcende le mental je ressens cette immensité.

M. : Oui, oui....

Le professeur se tourna vers une femme assise un peu plus loin de lui et lui servit d'interprète en hindi.

Elle : Quelle est la différence entre la méditation et la distraction ?

M. : Il n'y en a pas. Lorsqu'il y a pensées, c'est la distraction ; lorsqu'il n'y a pas de pensées, c'est la méditation. Cependant, la méditation n'est qu'une pratique (à distinguer de l'état de paix véritable).

Elle : Comment pratiquer la méditation ?

M. : Repoussez les pensées.

Elle : Comment concilier le travail avec la méditation ?

M. : Qui est le travailleur ? Que celui qui travaille pose la question. Vous êtes toujours le Soi. Vous n'êtes pas le mental. C'est le mental qui soulève ces questions. Le travail se déroule toujours en la seule présence du Soi. Le travail n'est pas un obstacle à la Réalisation. C'est la fausse identité du travailleur qui vous trouble. Défaites-vous de cette fausse identification.

Le professeur : L'état d'inconscience n'est-il pas proche de la Conscience infinie ?

M. : Seule la Conscience demeure et rien de plus.

Q. : Le silence de Shrī Bhagavān est, par lui-même, une force considérable. Il nous apporte une certaine paix de l'esprit.

M. : Le silence est discours sans fin. La parole émise fait obstacle à la parole silencieuse. Dans le silence on est en contact intime avec son environnement. Le silence de Dakshināmūrti fit disparaître les doutes des quatre sages. *Mauna-vākhyā-prakatita-tattvam* (La Vérité exposée par le silence). On dit que le silence est un enseignement. Le silence est tellement puissant !

Pour parler, les organes de la parole sont nécessaires et la précèdent. Mais l'autre parole est au-delà même de la pensée. En bref, c'est la parole transcendante, la parole inarticulée, la *para-vāk.*

Q. : Y a-t-il connaissance dans la Réalisation ?

M. : L'absence de connaissance est le sommeil. En état de Réalisation, la connaissance existe, mais elle est différente de la connaissance ordinaire, celle de la relation entre sujet et objet. C'est la connaissance absolue. Le terme connaissance a deux sens : dans son sens littéral (*vāchyārtha*), c'est la *vritti* (mode du mental) ; dans son sens secondaire (*lakshyārtha*), c'est le *jñāna* ou le Soi ou le *svarūpa* [la nature réelle].

Q. : Grâce aux *vritti* on voit la connaissance.

M. : Exactement. Mais il ne faut pas confondre *vritti* avec Connaissance. La *vritti* est un mode du mental. Vous n'êtes pas le mental. Vous êtes au-delà de lui.

Q : Il y a parfois le désir irrésistible de rester en *brahmākāra-vritti* [la pensée sous forme de *brahman*].

M. : C'est bien. Il faut cultiver cet état jusqu'à ce qu'il devienne *sahaja* (naturel). C'est alors qu'il culmine dans le *svarūpa,* notre propre Soi.

Plus tard, Shrī Bhagavān expliqua : « La *vritti* est souvent prise par erreur pour la conscience. Mais elle n'est qu'un phénomène qui opère dans la région d'*ābhāsa* (conscience réfléchie). La vraie connaissance est au-delà de la connaissance relative et de l'ignorance. Elle ne revêt pas la forme de *vritti.* En elle, il n'y a ni sujet ni objet.

La *vritti* appartient au mental rajasique (actif). Le mental sattvique (mental au repos) est libre de *vritti.* Il est le témoin du mental rajasique. Il est sans aucun doute la vraie conscience. On l'appelle encore mental sattvique parce que la connaissance en tant que témoin n'est qu'une fonction de la conscience réfléchie (*ābhāsa*). Une telle connaissance suppose l'existence du mental. Le mental est *ābhāsa ;* par lui-même, il est inopérant. C'est pourquoi on l'appelle mental sattvique. Tel est l'état du *jīvan-mukta* [libéré-vivant]. On dit également que son mental est mort. N'est-ce pas un paradoxe de dire qu'un *jīvan-mukta* a un mental et que ce mental est mort ? C'est pourtant une concession qu'il faut faire lorsqu'on parle avec des ignorants.

On prétend aussi que le *brahman* est le mental du *jīvan-mukta.* Comment peut-on parler de ce dernier comme *brahmavid* (celui qui connaît le *brahman*) ? Le *brahman* ne peut jamais être un objet de connaissance.

C'est cependant ainsi que l'on s'exprime en général.

On suppose un mental sattvique chez le *jīvan-mukta* et chez Īshvara. "Autrement, disent-ils, comment le *jīvan-mukta* peut-il vivre et agir ?" C'est pourquoi l'existence du mental sattvique doit être concédée dans ce genre de discussions.

Le mental sattvique est, en fait, la conscience absolue. L'objet vu et celui qui voit finissent par se fondre l'un dans l'autre et seule demeure, suprême, la conscience absolue. Ce n'est pas un état de *shūnya* (vide) ou d'ignorance. C'est le *svarūpa*, le Soi réel. Certains disent que le mental s'élève en premier de la Conscience, suivi par la conscience réfléchie (*ābhāsa*). Pour d'autres, l'*ābhāsa* s'élève d'abord, suivie par le mental. En fait, les deux sont simultanés. »

Le professeur demanda à Shrī Bhagavān de lui accorder sa Grâce quand bien même il serait très loin. Shrī Bhagavān répondit que le temps et l'espace ne sont que des concepts du mental. Mais pour le *svarūpa* (le Soi réel), qui est au-delà du mental, du temps et de l'espace, la distance ne compte pas.

La femme qui accompagnait le professeur avait de fortes réticences à quitter le Maître et à retourner chez elle. Le Maître lui dit : « Pensez que vous êtes toujours en ma présence et vous vous sentirez bien. » Ils partirent à la tombée de la nuit.

69. Dans le journal *The Hindu* venaient de paraître des articles sur des conférences données à l'Université par le professeur. Ce dernier avait soutenu la nécessité du contrôle des naissances en proposant diverses possibilités afin que l'homme devienne plus responsable. Ainsi, la limitation des naissances en découlerait tout naturellement. Là-dessus, le Maître commenta : « Ils feraient mieux de découvrir la méthode pour mourir » [Il s'agit ici de la mort de l'ego (l'*ahamkāra*)].

24 JUILLET 1935

70. Shrī Raju Shāstrigal questionna Shrī Bhagavān sur le *nāda* (le son), le *bindu* (le point) et la *kalā* (la partie).

M. : Selon la terminologie du Vedānta, ils correspondent respectivement au *prāna,* au *manas* et à la *buddhi* (l'énergie vitale, le mental et l'intellect). Dans les textes tantriques, le *nāda* est dépeint comme le son subtil, au sein duquel se trouve le *tejas,* la lumière. Cette lumière serait le corps de Shiva. Quand elle se développe et que le son s'y engloutit, elle devient le *bindu.* Le but est de devenir plein de lumière (*tejomaya*). Quant à la *kalā,* elle est une partie du *bindu.*

71. ORDRE CHRONOLOGIQUE DES SÉJOURS DU MAÎTRE SUR LES DIFFÉRENTS LIEUX DE TIRUVANNAMALAI

1896 Arrivée à Tiruvannāmalai et séjour dans les enceintes du temple : sous l'arbre (*banyan*), à l'intérieur du sanctuaire souterrain, le Pathala-linga, de temps à autre dans les *gopuram*, etc.

1897 Se retire à Gurumūrtam au début de l'année. Séjourne dans le sanctuaire et dans le bosquet des manguiers avoisinant durant dix-huit mois.

1898 Pavalakunru, en septembre.

1899 Grottes sur la Colline, en février : la grotte du Manguier et la grotte de Virupaksha.

1905   Panchiamman-koil, séjour de six mois pendant l'épidémie de peste, ensuite retour sur la Colline.
1908   Pachiamman-koil en janvier, février et mars puis retour sur la Colline.
1916   Skandāshramam.
1922   Rāmanashramam situé aux pieds de la pente sud de la colline Arunāchala.

25 SEPTEMBRE 1935

72. Mr. K.S.N. Iyer posa une question sur le *japa*.

M. : Sa prononciation, puis son souvenir et enfin la méditation sur lui sont les trois phases successives qui aboutissent finalement en un *japa* involontaire et éternel. Le *japa-kartā* (celui qui pratique le *japa*) devient alors le Soi. De tous les *japa*, le meilleur est le « Qui suis-je ? »

27 SEPTEMBRE 1935

73. Ekanatha Rao, l'ingénieur, demanda : « Que faut-il penser du découragement de celui qui n'obtient aucun soutien de son maître et encore moins sa grâce ? »

M. : C'est tout simplement de l'ignorance. Il faut chercher qui est découragé et ainsi de suite. C'est le fantôme de l'ego qui se manifeste au réveil et qui devient la proie de semblables pensées. Au cours du sommeil profond, le dormeur n'était pas affligé par de telles pensées. Qui est affligé, maintenant, au réveil ? L'état de sommeil correspond à peu près à l'état normal. Que le découragé cherche et qu'il trouve.

Q. : Mais sans encouragement on n'est pas motivé.

M. : N'éprouve-t-on pas une certaine paix pendant la méditation ? C'est un signe de progrès. Avec une pratique continue, cette paix s'approfondira et se prolongera. Aussi cela finira-t-il par conduire au but. Dans la *Bhagavad-gītā* — chapitre XIV — les derniers vers parlent du *gunātīta* (celui qui a transcendé les *guna*). C'est l'état final.

Les stades antérieurs sont *ashuddha-sattva* (l'être impur), *mishra-sattva* (l'être mélangé) et *shuddha-sattva* (l'être pur).

L'être impur est celui qui est complètement dominé par *rajas* et *tamas ;* l'être mélangé est celui où l'essence pure (*sattva*) s'affirme d'une façon irrégulière ; dans le *shuddha-sattva* l'être a triomphé de *tamas* et *rajas.* Après ces stades successifs vient le stade qui transcende les trois *guna*.

74. Mr. Frydman, l'ingénieur, écrit dans une des ses lettres : « Le Maharshi est avec moi non seulement quand je pense à Lui, mais aussi quand je ne pense pas à Lui. Comment pourrais-je vivre autrement ? »

75. Mr. Grant Duff, l'ancien diplomate, écrit : « ... présentez mes respects au Maharshi. Il apparaît dans mes pensées non seulement comme *réponse* à mes questions, mais aussi comme *Présence*... »

29 SEPTEMBRE 1935

76. Mr. K.S.N. Iyer ne s'affirmait pas convaincu par le fait qu'une vie spirituelle était conciliable avec les activités du monde. En réponse, le Maître cita quelques vers du *Yoga-vāsishtha*. (On dit que l'original de ce texte consistait en plusieurs millions de vers ; actuellement, seulement 32 000 stances en sanskrit sont disponibles. Un condensé de 6 000 vers existe sous le nom de *Laghu-vāsishtha.* De celui-ci, 2 050 stances ont été traduites en tamoul.)

Q. : Sans un mental concentré sur le travail, celui-ci ne peut être exécuté d'une manière satisfaisante. Comment peut-on être à la fois spirituellement absorbé et accomplir correctement son travail ?

M. : Le mental n'est qu'une projection du Soi qui apparaît à l'état de veille. Lorsque vous dormez profondément vous ne dites pas de qui vous êtes le fils, etc. Mais dès que vous vous réveillez, vous vous prétendez tel ou tel, vous reconnaissez le monde et ainsi de suite. Or, le monde n'est que *loka* [1]. *Loka = lokyate iti lokah* (Ce qui est perçu est le monde.) Ce qui est donc vu est le *loka* ou le monde. Quel est l'œil qui le voit ? C'est l'ego qui apparaît et disparaît périodiquement. Mais vous existez toujours. Par conséquent CELA qui se trouve au-delà de l'ego est la Conscience — le Soi.

Dans le sommeil profond, le mental est immergé mais il n'est pas détruit. Ce qui est immergé tôt ou tard émergera. Cela peut se passer aussi en méditation. Mais le mental qui est détruit ne peut plus réapparaître. Le but du yogi doit être de détruire le mental et non pas de plonger en état de *laya* [2]. Dans la paix du *dhyāna,* le *laya* se produit, mais cela n'est pas suffisant. Il faut aussi avoir recours à d'autres pratiques pour détruire le mental. Il y a des gens qui sont entrés en *samādhi* avec une pensée insignifiante et longtemps après, en se réveillant, ils ont retrouvé cette même pensée. Entre-temps, des générations entières ont disparu du monde. Un tel yogi n'a pas détruit son mental. Le détruire veut dire ne pas

_____

1. ... ce qui est perçu.
2. Dissolution temporaire du mental.

l'admettre comme existant en dehors du Soi. Même en ce moment, le mental *n'existe pas*. Reconnaissez-le. Comment le pourriez-vous autrement que dans vos activités quotidiennes ? Elles se déroulent automatiquement. Sachez que le mental qui les commande n'est pas réel, il n'est qu'un fantôme procédant du Soi. Voilà comment le mental peut être détruit.

77. Le Maître, en cherchant dans la Bible le passage « Sois tranquille et sache que je suis Dieu », Psaume 46, trouva dans l'Ecclésiaste : « Il n'y a qu'un seul et pas de second » et « Le cœur du Sage se trouve à droite tandis que le cœur du sot est à gauche ».

78. Un visiteur de Masulla demanda au Maître : « Comment réaliser le Soi ? »

M. : Chacun, à tout moment de son existence, fait l'expérience du Soi.

Q. : Mais le Soi n'est pas réalisé comme on le voudrait.

M. : Oui. L'expérience présente est *viparīta*, différente de l'expérience réelle. Ce qui n'est pas est confondu avec ce qui est.

Q. : Comment trouver l'Ātman ?

M. : Il n'y a pas d'investigation sur l'Ātman. L'investigation ne peut se faire que sur le non-Soi. La seule élimination possible est celle du non-Soi. Alors, le Soi, évident par lui-même, resplendira de lui-même.

On donne au Soi différents noms : *Ātman*, Dieu, *Kundalinī, mantra,* etc. Accrochez-vous à n'importe lequel et le Soi se manifestera. Dieu n'est pas autre que le Soi. La *kundalinī* se présente maintenant sous forme de mental. Si l'on remonte à la source du mental, on constate que c'est la *Kundalinī*. Le *mantra-japa* conduit à l'élimination d'autres pensées et à la concentration sur le mantra. Finalement, le mantra se fond dans le Soi et resplendit comme tel.

Q.: Combien de temps la présence d'un *guru* est-elle nécessaire pour obtenir la réalisation du Soi ?

M.: Le *guru* est nécessaire aussi longtemps qu'il y a *laghu* (un jeu de mots : *guru* = lourd, *laghu* = léger). La cause de *laghu* est le fait d'imposer à soi-même la fausse limitation du Soi. Lorsque Dieu est adoré, Il accorde la stabilité dans la dévotion qui conduit à l'abandon de soi. Lorsque l'adorateur s'abandonne complètement, Dieu lui prouve Sa miséricorde en Se manifestant comme *guru*. Le *guru*, c'est-à-dire Dieu, guide l'homme pieux en lui disant que Dieu est en lui et qu'Il est le Soi. Cela provoque l'introversion mentale et finalement la Réalisation.

L'effort est nécessaire jusqu'au stade de la Réalisation. Alors le Soi doit spontanément se révéler. Sinon le bonheur ne sera pas complet. C'est donc jusqu'à ce stade de spontanéité que, sous une forme ou sous une autre, des efforts doivent être fournis.

Q.: Mais notre activité quotidienne n'est pas compatible avec de tels efforts.

M. : Pourquoi pensez-vous que *vous* êtes actif ? Prenez l'exemple concret de votre arrivée ici. Vous avez quitté votre maison dans une charrette, pris le train, êtes descendu à la gare, remonté dans une charrette et vous vous êtes retrouvé dans cet ashram. Quand on vous a demandé ce que vous avez fait, vous avez dit que vous avez voyagé depuis votre ville jusqu'ici, n'est-ce pas ? Le fait n'est-il pas plutôt que vous n'avez jamais bougé et que ce sont les divers moyens de locomotion qui vous ont transporté tout le long de votre route ? De même que vous confondez ces mouvements avec les vôtres, vous faites ainsi pour les autres activités. Mais ce ne sont pas les vôtres. Ce sont les activités de Dieu.

Q. : Un tel raisonnement me conduira vers le vide du mental et le travail ne progressera pas.

M. : Remontez jusqu'à ce vide et vous m'en parlerez ensuite.

Q. : On dit que les visites rendues aux sages aident à la réalisation du Soi.

M. : Oui. C'est exact.

Q. : Est-ce que ma visite aujourd'hui auprès de vous la provoquera ?

M. : (après une courte pause). Qu'est-ce qui doit être provoqué ? Au profit de qui ? Réfléchissez ; cherchez. A qui vient ce doute ? Si la Source est trouvée, le doute disparaîtra.

79. Un ingénieur déclara : « Les animaux semblent se conformer à leurs propres lois naturelles en dépit de leur milieu et des changements, tandis que l'homme transgresse constamment la loi sociale et n'est lié par aucun système défini. Il semble dégénérer alors que les animaux restent stables. N'en est-il pas ainsi ? »

M. (après un long moment) *:* Les *Upanishad* et les Ecritures affirment que les êtres humains ne sont que des animaux tant qu'ils ne sont pas réalisés. Peut-être même sont-ils pires.

3 OCTOBRE 1935

80. Un disciple — homme simple et dévot — avait perdu son seul fils, un enfant de trois ans. Le lendemain, il arriva à l'ashram avec sa famille. Le Maître parla à leur intention : « L'éducation du mental permet de supporter les chagrins et les afflictions avec courage. Mais la mort de ses propres enfants est, assure-t-on, la pire de toutes les douleurs. La douleur n'existe qu'aussi longtemps que l'on s'identifie à une forme définie. Si cette forme est transcendée, on saura que l'unique Soi est éternel. Il n'y a ni mort ni naissance. Ce qui est né, c'est seulement le corps. Le corps est une création de l'ego. Mais l'ego n'est pas perçu en l'absence de corps. Il est toujours identifié avec le corps. C'est la pensée qui pose problème. Que l'homme sensé se demande s'il était conscient de son corps lorsqu'il dormait profondément. Pourquoi le sent-il à l'état de veille ? Mais, bien que le corps ne soit pas ressenti durant le sommeil, est-ce que le Soi n'en existait pas moins ? Comment était cet homme en sommeil profond ? Et comment est-il à l'état de veille ? Quelle est la différence ? L'ego émerge, c'est le réveil. En même temps les pensées s'élèvent. Que l'homme trouve à qui appartiennent ces pensées. D'où proviennent-elles ? Elles ne peuvent que provenir du Soi conscient. S'en rendre compte, même vaguement, aide à l'extinction de l'ego. C'est alors que la réalisation de l'unique Existence infinie devient possible. Dans cet état il n'y a pas d'individus en dehors de l'Existence éternelle. Il ne peut donc plus y avoir de pensée de mort ni de lamentations.

Si l'homme considère qu'il est né, il ne peut pas éviter la peur de la mort. Qu'il cherche donc s'il est né ou si le Soi a quelque naissance. Il découvrira que le Soi existe depuis toujours, que le corps qui est né se réduit à une pensée et que l'émergence de celle-ci est la racine de tout le mal.

Trouvez d'où jaillissent les pensées. Alors vous demeurerez dans le Soi toujours présent au plus profond de vous-même et vous serez libéré de l'idée de la naissance ou de la peur de la mort. »

Q. : Comment s'y prendre ?

M. : Les pensées ne sont que des *vāsanā* (prédispositions), accumulées au cours d'innombrables vies antérieures. Le but est de les annihiler. L'état libre de *vāsanā* est l'état originel et de pureté éternelle.

Q. : Ce n'est pas encore clair.

M. : Chacun est conscient du Soi éternel. L'homme, bien qu'il voie tant de gens mourir, continue à se croire éternel. Parce que c'est la Vérité. Etant naturelle, la Vérité s'affirme d'elle-même, involontairement. L'homme s'illusionne à cause de la confusion du Soi conscient avec le corps inconscient. Cette illusion doit cesser.

Q. : Comment prendra-t-elle fin ?

M. : Ce qui est né doit mourir. L'illusion est concomitante à l'ego qui s'élève et disparaît. Mais la Réalité ne se lève ni ne disparaît jamais. Elle demeure éternelle. Le Maître qui l'a réalisée dit ainsi ; le disciple écoute, réfléchit sur ses mots et réalise le Soi. Il y a deux façons d'envisager cela.

Le Soi toujours présent ne nécessite aucun effort pour être réalisé, la Réalisation est déjà là. Il suffit de faire disparaître l'illusion. Certains disent que la parole venant de la bouche du Maître la fait disparaître instantanément. D'autres disent que la méditation et autres pratiques sont nécessaires pour arriver à la Réalisation. Les uns et les autres ont raison ; seuls leurs points de vue diffèrent.

Q. : Est-ce que le *dhyāna* est nécessaire ?

M. : Les *Upanishad* disent que même la Terre est en éternel *dhyāna*.

Q. : Comment le *karma* [1] peut-il aider ? L'action ne va-t-elle pas augmenter la charge déjà lourde dont il faut se délester ?

---

1. Ici, *karma* signifie action.

M. : Le *karma* effectué de façon désintéressée purifie le mental et contribue à le maintenir en méditation.

Q. : Qu'arrive-t-il si l'on médite constamment, sans agir ?

M. : Essayez et vous verrez. Les *vāsanā* ne vous laisseront pas faire. L'état de *dhyāna* ne se développe que pas à pas avec un affaiblissement graduel des *vāsanā* et ceci par la grâce du Maître.

15 OCTOBRE 1935

81. Le Dr. Bernhard Bey, un chimiste américain, intéressé par le Vedānta depuis vingt ans, voyageant en Inde, rendit visite au Maître. Il demanda : « Comment doit-on effectuer l'*abhyāsa* (la pratique) ? J'essaie de trouver la Lumière. » (Pour lui, l'*abhyāsa* était la concentration, c'est-à-dire l'attention fixée sur un seul point.)

Le Maître demanda quel était son *abhyāsa* jusqu'ici.

Le visiteur dit qu'il se concentrait sur la base de son nez mais que son mental vagabondait.

M. : Y a-t-il un mental ?

Une personne intervint discrètement : « Le mental n'est qu'un amas de pensées. »

M. : A qui sont les pensées ? Si vous essayez de localiser le mental, il s'évanouit et seul demeure le Soi. Le Soi étant seul, il ne peut y avoir concentration ou son contraire.

Q. : Cela est tellement difficile à comprendre ! Si quelque chose de concret est enseigné, on peut le saisir aisément. Le *japa*, le *dhyāna*, etc., sont plus concrets.

M. : « Qui suis-je ? » est le meilleur *japa*.

Qu'est-ce qui peut être plus concret que le Soi ? Chacun en fait l'expérience à tout moment. Pourquoi essayer d'attraper quelque chose d'extérieur et négliger le Soi ? Que chacun s'efforce de découvrir le Soi connu, plutôt que de chercher ailleurs quelque chose d'inconnu.

Q. : Où dois-je méditer sur l'*ātman* ? Je veux dire, dans quelle partie du corps ?

M. : Le Soi doit se manifester. C'est tout ce que l'on cherche.

Quelqu'un ajouta à voix basse : « Dans le côté droit de la poitrine, il y a le Cœur, le siège de l'*ātman*. »

Une autre personne : L'illumination se produit dans ce centre lorsque le Soi est réalisé.

M. : C'est cela.

Q. : Comment détourner son mental du monde ?

M. : Existe-t-il vraiment un monde ? Je veux dire un monde distinct du Soi ? Est-ce que le monde vient vous dire qu'il existe ? C'est vous qui dites qu'il y a un monde. Découvrez le Soi qui dit cela.

16 OCTOBRE 1935

82. Une question fut soulevée sur les différences entre les divers *samādhi*.

M. : Quand les sens sont plongés dans l'obscurité, c'est le sommeil profond ; quand ils sont plongés dans la lumière, c'est le *samādhi*. Tout comme un voyageur endormi pendant son voyage est inconscient du trot, de l'arrêt ou du dételage des chevaux, ainsi le *jñānī* en état de *sahaja-samādhi* est inconscient des événements, des états de veille, rêve ou sommeil profond. Dans cet exemple, le sommeil profond correspond au dételage des chevaux. Le *samādhi* correspond à l'arrêt des chevaux, parce que les sens sont prêts à passer à l'action, tout comme les chevaux arrêtés sont prêts à reprendre leur course.

Dans le *samādhi,* la tête ne penche pas en avant parce que les sens sont toujours présents, bien qu'inactifs ; alors que la tête penche en avant lors du sommeil, parce que les sens sont plongés dans l'obscurité. Dans le *kevala-samādhi,* les activités (vitales et mentales) et les états de veille, de rêve et de sommeil profond sont simplement immergés, prêts à s'élancer à nouveau lors du retour à un état autre que le *samādhi.* Dans le *sahaja-samādhi,* les activités (vitales et mentales) et les trois états sont détruits et ne réapparaissent plus jamais. Cependant, certains remarquent que le *jñānī* demeure actif, mange, parle, marche, etc. Lui-même n'est pas conscient de ces activités alors que son entourage les remarque. Elles procèdent de son corps et non de son vrai Soi, le *svarūpa.* Le *jñānī* est comparable au voyageur qui dort, ou à un enfant tiré d'un sommeil profond pour être nourri et qui n'en a pas conscience. Au réveil, l'enfant dit qu'il n'a pas bu de lait avant de s'endormir. Même si on s'efforce de le lui rappeler, il ne peut s'en convaincre. Il en va de même du *jñānī* en *sahaja-samādhi.*

« *Sushumnâ pare-līna* » : Ici *sushumnâ* se réfère au *tapo-mārga* [voie de l'ascèse] alors que le *para-nādi* se réfère au *jñāna-mārga* [voie de la connaissance].

83. Le Maître, relatant quelques histoires sur les *bhakta,* raconta comment Shrī Krishna servit Eknâth pendant douze ans, comment Panduranga libéra Sakku Bai, emprisonnée chez elle, et lui permit de visiter Pandarphur.

Puis, le Maître évoqua l'apparition du mystérieux *maulvi* sur son chemin entre Madurai et Tiruvannāmalai en 1896, et comment celui-ci apparut, parla et disparut soudainement.

84. Mr. Grant Duff demanda au Maître s'il avait déjà eu affaire à une mangouste. Alors le Maître raconta : « Oui. C'était à l'occasion d'*Ārdrā*[1] et du *jayantī*[2]. Je vivais en haut de la Colline, à Skandāshramam. Des flots de visiteurs venant de la ville grimpaient la Colline. Une mangouste d'une taille supérieure à la normale, de teinte dorée, et non grise comme toute mangouste, sans aucune tache noire sur la queue comme en ont habituellement les mangoustes sauvages, traversa cette foule sans aucune crainte. Les gens crurent qu'il s'agissait d'une mangouste apprivoisée et qu'elle appartenait à quelqu'un dans la foule. L'animal alla tout droit vers Palaniswāmi, qui prenait un bain dans la source proche de la grotte de Virūpaksha. Il caressa la bête en la tapotant. Elle le suivit à l'intérieur de la grotte, inspectant chaque coin et recoin, sortit et se joignit à la foule qui montait vers Skandāshramam. Je l'observais. Chacun était frappé par son aspect séduisant et son absence de peur. Elle vint à moi, se mit sur mes genoux et y resta quelque temps. Puis elle se redressa, regarda tout autour et descendit. Elle se mit à trotter autour de l'ashram et je la suivis de peur qu'elle ne fût attaquée par des visiteurs insouciants ou par des paons. Deux paons inquisiteurs la regardèrent passer, tandis que la mangouste allait nonchalamment d'un endroit à l'autre et finalement disparut parmi les rochers situés au sud-est de l'ashram. »

85. Mr. Grant Duff questionna le Maître sur la relation essentielle entre la mémoire et la volonté et sur leur rapport avec le mental.

---

1. Voir *Ardra-darshana*, index II.
2. Anniversaire d'un sage ou d'un saint. Ici, celui du Maharshi.

M. : Ce sont des fonctions du mental : le mental est issu de l'ego et l'ego est issu du Soi.

6 NOVEMBRE 1935

86. Le Maître donna la vraie signification de la foi chrétienne de la manière suivante :

Le Christ [1] c'est l'ego.

La croix c'est le corps.

Lorsque l'ego est crucifié et périt, ce qui survit est l'Etre absolu (Dieu) (cf. « Moi et mon Père nous sommes un ») et cette glorieuse survivance est appelée Résurrection.

87. Le Major Chadwick, un ardent disciple anglais, demanda : « Pourquoi Jésus sur la croix appela-t-il "Mon Dieu, mon Dieu... !" ? »

M. : C'était peut-être une intercession en faveur des deux voleurs qui furent crucifiés avec lui. Un *jñānī* a déjà atteint la libération de son vivant, ici et maintenant. Peu importe comment, où et quand il quitte son corps. Certains *jñānī* peuvent paraître souffrir à ce moment, d'autres peuvent être en *samādhi,* d'autres, enfin, peuvent être perdus de vue avant de mourir. Mais cela ne fait aucune différence en ce qui concerne leur état de *jñāna.* Une telle souffrance n'est apparente que pour le spectateur et non pour le *jñānī,* car il a déjà transcendé la fausse identification du Soi avec le corps.

88. *Major Chadwick :* Quelle est la signification du Christ dans l'illumination de saint Paul ?

M. : L'illumination est absolue, elle n'est pas associée à des formes. Lorsque saint Paul prit conscience du

---

1. Comme individu (voir aussi entretien n° 396).

Soi, il identifia son illumination avec la Conscience du Christ.

Q. : Mais Paul, alors, n'aimait pas le Christ.

M. : Amour ou haine, c'est sans importance. La pensée du Christ était là. La même chose est arrivée à Râvana. Conscience du Christ et réalisation du Soi sont une seule et même chose.

89. *M. :* La *karpūra-ârati* [1] symbolise la destruction du mental par le feu de l'illumination ; la *vibhūti* (la cendre sacrée) symbolise Shiva (l'Etre absolu) et le *kumkuma* (la poudre vermillon) la Shakti (la Conscience).

La *vibhūti* se présente sous deux aspects : la *para-vibhūti* et l'*apara-vibhūti*. Les cendres sacrées appartiennent au dernier. Le *para* est ce qui reste une fois que toute la gangue a été brûlée par le feu de la Réalisation. C'est l'Etre absolu.

90. Shrī Bhagavān expliqua la Trinité chrétienne ainsi :

Dieu le Père représente Īshvara
Dieu le Saint-Esprit représente l'*ātman*
Dieu le Fils représente le *guru*

*Īshvaro gurur ātmeti mūrti bhedā vibhāginā vyomavad
vyāpta dehāya dakshināmūrtaye namah* [2]

signifie que Dieu apparaît à son adorateur sous la forme d'un *guru* (fils de Dieu) afin de lui indiquer l'immanence du Saint-Esprit, c'est-à-dire lui révéler que Dieu

---

1. Flamme de camphre offerte lors d'une cérémonie.
2. « A Lui qui s'est manifesté sous différentes formes : Īshvara, le *guru*, le Soi ; à Lui qui est tout-pénétrant tel l'éther ; à Shrī Dakshināmūrti cette prosternation. » (Vers 30 du commentaire d'après Sureshvara-Āchārya sur le *Dakshināmūrti-stotra* par Shrī Shankara.)

est esprit, que cet Esprit est immanent en tous lieux et que le Soi doit être réalisé, ce qui est la même chose que réaliser Dieu.

91. Un visiteur du Bengale demanda : « Comment contrôler le mental ? »

M.: Qu'appelez-vous « mental » ?

Q. : Quand je m'assieds pour penser à Dieu, mes pensées se portent sur d'autres objets. Je veux contrôler ces pensées.

M.: Dans la *Bhagavad-gītā,* il est dit que la nature du mental est précisément d'errer. Il faut donc rassembler ses pensées et les tourner vers Dieu. Avec une longue pratique, le mental est contrôlé et devient stable.

L'instabilité du mental est une faiblesse qui provient de la dissipation de son énergie sous la forme de pensées. Lorsque le mental est concentré sur une seule pensée, l'énergie est conservée et le mental se renforce.

Q.: Que signifie la force du mental ?

M. : C'est la faculté de se concentrer sur une seule pensée sans être distrait.

Q.: Comment y parvenir ?

M. : Par la pratique. Un *bhakta* (adorateur) se concentre sur Dieu ; un chercheur, adepte du *jñāna-mārga,* cherche le Soi. La pratique est aussi difficile dans les deux cas.

Q. : Même si le mental est amené à la recherche du Soi, après une longue bataille il commence à s'en détourner, et l'homme ne prend conscience de cet égarement qu'au bout d'un certain temps.

M. : En effet, c'est ainsi. Au début, le mental ne revient vers la recherche qu'après de longs intervalles ; avec une pratique constante, il revient à des intervalles plus courts, jusqu'à ce que, finalement, il ne vagabonde plus du tout. C'est alors que se manifeste la *shakti* dormante. Le mental devenu sattvique est libre de pensées, alors que le mental rajasique en est plein. Le mental sattvique se résorbe dans le Courant de la Vie [1].

Q. : Peut-on empêcher le mental d'entrer dans la phase de formation des pensées avant d'avoir fait l'expérience de ce courant ?

M. : Oui. Le courant est préexistant.

7 NOVEMBRE 1935

92. Un visiteur dit : « Certains recommandent de ne méditer que sur des objets matériels ; ce peut être un désastre, si on cherche constamment à tuer le mental. »

M. : Pour qui est-ce un désastre ? Peut-il exister un désastre en dehors du Soi ?

Le 'Je'-'Je' ininterrompu est l'océan infini ; l'ego, la pensée 'je', n'est qu'une bulle à la surface de cet océan ; on l'appelle *jīva* ou âme individuelle. De même, la bulle d'eau, lorsqu'elle éclate, ne fait que se mêler à l'océan ; et quand elle est bulle, elle fait toujours partie de l'océan. Dans l'ignorance de cette vérité simple, d'innombrables méthodes, sous différentes dénominations, telles que yoga, *bhakti, karma,* etc., ont été enseignées. Chacune apportant de nombreuses modifications, elles ont été enseignées avec beaucoup d'habileté et des détails compliqués seulement pour séduire les chercheurs et semer la confusion dans leurs esprits. Il en va de même pour les religions, les sectes et les dogmes. A quoi servent-ils ? Uniquement à faire connaître le Soi. Ce sont des aides et des pratiques dont on a besoin pour connaître le Soi.

On parle de connaissance immédiate (*pratyaksha*) quand les objets sont perçus par les sens, mais peut-il

---

1. La *shakti* manifestée.

y avoir quelque chose d'aussi direct que le Soi, dont on fait l'expérience continuelle sans l'aide des sens ? Les perceptions sensorielles ne peuvent donner qu'une connaissance indirecte et non une connaissance directe. Seule notre propre conscience est connaissance directe : c'est l'expérience commune à tout le monde. Aucune aide n'est nécessaire pour connaître son propre Soi, c'est-à-dire pour être conscient.

L'unique totalité, infinie et indivisible (le *plenum*), devient consciente d'elle-même en tant que 'Je'. C'est son nom originel. Tous les autres noms, tels que OM, ne viennent qu'après. La Libération consiste uniquement à rester conscient du Soi. Le *mahāvākya* « Je suis le *brahman* » en est l'affirmation qui fait autorité. Bien que l'on ait toujours l'expérience du 'Je', l'attention doit y être dirigée. Alors seulement, la Connaissance émerge. C'est pourquoi l'on a besoin de l'enseignement des *Upanishad* et des Sages.

9 NOVEMBRE 1935

93. Tous ne sont conscients que de leur propre Soi. Merveille des merveilles ! Et pourtant, ils prennent ce qui *n'est pas* pour ce qui *est,* ou bien ils voient les phénomènes séparés du Soi. Aussi longtemps qu'il y a un connaisseur, il y a toutes sortes de connaissances (directe, par déduction, intellectuelle, etc.) ; mais que disparaisse le connaisseur et toutes ces connaissances disparaîtront avec lui ; leur degré de validité est du même degré que le sien.

94. Un homme implore le Maître de lui pardonner ses péchés. Celui-ci lui répond que ce serait suffisant s'il prenait soin de ne plus être troublé par son mental.

13 NOVEMBRE 1935

95. Le Major Chadwick posa la question suivante :
« Mr. Edward Carpenter, un mystique, a écrit dans
un livre qu'il avait obtenu la réalisation du Soi en
certaines occasions et que ses effets duraient parfois
après l'expérience, puis disparaissaient graduellement.
Or, la *Rāmana-gītā* dit que le *granthi* (le nœud = le lien),
une fois tranché, est tranché à jamais. Dans le cas de ce
mystique, le "lien" semble avoir persisté, même après la
réalisation du Soi. Comment est-ce possible ? »

Le Maître cita alors la *Kaivalya* :

« Le disciple, après avoir réalisé le tout lumineux,
unique et ininterrompu état d'Etre-Connaissance-
Félicité, se prosterna devant le Maître et le pria humblement de lui dire comment il pouvait le remercier de sa
grâce. Le Maître répondit : "Ma récompense consiste en
votre état permanent de félicité ininterrompue. Ne vous
en éloignez jamais [1]." »

Q. : Est-il encore possible de s'en écarter une fois
que l'on a fait l'expérience de la Félicité suprême ?

M. : Oh oui ! Cela arrive. Les prédispositions qui
s'attachent au disciple depuis des temps immémoriaux
s'empareront de lui et il sera de nouveau plongé dans
l'ignorance.

Q. : Quels sont les obstacles qui empêchent la stabilité de la Félicité ininterrompue ? Comment peut-on les
surmonter ?

M. : Les obstacles sont :

1. L'ignorance qui est l'oubli de son Etre pur.

2. Le doute qui consiste à se demander si l'expérience fut celle de la Réalité ou celle de l'irréalité.

---

1. Voir *Kaivalya-Navanīta,* I. 86, 87.

3. L'erreur qui consiste à penser « Je suis le corps » et à croire que le monde est réel.

On surmonte ces obstacles en écoutant la Vérité, en y réfléchissant et en se concentrant sur elle.

Le Maître poursuivit :

« L'expérience peut être temporaire ou permanente. Si la première expérience est temporaire, elle peut, par la pratique de concentration, devenir permanente. Dans le premier cas, le lien n'est pas complètement coupé ; il demeure à l'état subtil et se réaffirme au moment propice. Mais dans le second cas, le lien est détruit, racines et branches, et ne réapparaît plus jamais. L'expression *yogabrashta* (ceux qui sont retombés de l'état de *yoga*[1]) dans la *Shrīmad Bhagavad-gītā*, s'applique aux individus de la première catégorie.

Q. : Cela veut-il dire que le fait d'entendre la Vérité n'est réservé qu'à une minorité ?

M. : Il y a deux possibilités : la plus courante consiste à écouter ce qui est exposé et expliqué par un maître. Cependant, la meilleure est de se poser la question à soi-même, de chercher et de trouver la réponse en soi sous forme de l'expérience ininterrompue du 'Je'-'Je'.

La réflexion sur cette expérience est la seconde étape. La troisième consiste à y demeurer en pleine concentration.

Q. : L'expérience temporaire peut-elle être appelée *samādhi* ?

M. : Non. Elle fait partie de la troisième étape.

Q. : Il semble donc que même entendre la Vérité est réservé à très peu de gens.

M. : Les chercheurs sont de deux catégories, les *kritopāsaka* et les *akritopāsaka*. Ceux qui appartiennent à la première sont les chercheurs qui ont déjà surmonté

---

1. L'état d'unité.

leurs prédispositions grâce à une dévotion intense. Leur mental s'étant épuré, ils ont eu quelque expérience, mais ne la comprennent pas ; dès qu'ils reçoivent l'enseignement d'un maître compétent, l'expérience permanente se produit.

Ceux qui appartiennent à la seconde catégorie, les *akritopāsaka,* sont les chercheurs qui ont besoin de faire de grands efforts pour parvenir au résultat final. Comment les pratiques, l'audition de la vérité, la réflexion et la concentration peuvent-elles les aider ? Elles comprennent l'*upāsanā* — la démarche la plus proche de la vérité — et aboutiront à la réalisation du Soi.

La quatrième étape est l'étape finale, celle de la Libération. Même à ce stade, on a coutume de faire des distinctions selon le degré atteint :

1. *brahmavid* [1]
2. *brahmavid-vara* [2]
3. *brahmavid-varya* [3]
4. *brahmavid-varishta* [4].

En fait, tous sont libérés, même de leur vivant.

96. *Major A.W. Chadwick :* De quelle nature est la réalisation des Occidentaux qui racontent qu'ils ont eu des éclairs de conscience cosmique ?

M. : La conscience est apparue en un éclair et a disparu de même. Ce qui a un commencement doit avoir une fin. Ce n'est que lorsque la Conscience suprême, toujours présente, est réalisée qu'elle devient permanente. A vrai dire, la conscience est toujours avec nous. Chacun sait : « Je suis » ! Personne ne peut nier son

---

1. Celui qui connaît le *brahman*.
2. Celui qui est supérieur parmi les connaisseurs du *brahman*.
3. Le meilleur des connaisseurs du *brahman*.
4. Le tout meilleur des connaisseurs du *brahman*.

propre être. L'homme, en sommeil profond, n'en est pas conscient ; quand il est éveillé, il semble en avoir conscience. C'est pourtant toujours la même personne. Il n'y a aucun changement entre celui qui dormait et celui qui est éveillé. En sommeil profond, il n'était pas conscient de son corps. Ce n'est qu'au réveil qu'il en prend conscience. La différence réside donc dans l'émergence de la conscience du corps et non dans quelque changement de la conscience réelle. Le corps et la conscience du corps apparaissent et disparaissent ensemble.

Tout cela revient à dire qu'il n'y a pas de limitations au cours du sommeil profond, alors qu'il y en a à l'état de veille. Ce sont ces limitations qui constituent la servitude ; la sensation : « Je suis le corps » est l'erreur. Ce faux sens du 'je' doit disparaître. Le vrai 'Je' est toujours là. Il est présent, *ici et maintenant*. Il n'apparaît ni ne disparaît jamais. Ce qui *est* doit perdurer à jamais. Ce qui apparaît nouvellement doit aussi disparaître. Comparez l'état de veille et le sommeil profond. Le corps apparaît dans un état, mais pas dans l'autre. C'est pourquoi le corps doit périr. La conscience, étant préexistante, survivra au corps. En fait, il n'est personne qui ne puisse dire : « Je suis. » La cause de tous les malheurs est la fausse croyance : « Je suis le corps. » Cette fausse croyance doit disparaître. C'est cela la Réalisation. La Réalisation n'est pas l'acquisition de quelque chose de nouveau et ce n'est pas non plus une faculté nouvelle. C'est simplement la suppression de tout camouflage.

Major Chadwick : J'essaie de me débarrasser de mon corps.

M. : Un homme se débarrasse de ses vêtements et devient libre et léger. Le Soi est illimité et n'est pas confiné au corps. Comment peut-on se débarrasser de son corps ? Où l'homme le laisserait-il ? Où qu'il soit, le corps restera toujours le sien.

Cela fit rire le Major Chadwick.

M. : La Vérité suprême est si simple. Ce n'est rien d'autre que d'être dans l'état originel. Il n'y a rien de plus à dire.

N'est-il pas alors étonnant que pour enseigner une vérité aussi simple il faille que tant de religions, croyances, méthodes en viennent à exister avec les discordes qui en découlent entre elles ? Oh quelle pitié ! Quelle pitié !

Major Chadwick : Mais les gens ne se contentent pas de la simplicité. Ils veulent la complexité.

M. : C'est exact. C'est parce qu'ils veulent des choses savamment élaborées, attrayantes et difficiles à comprendre que tant de religions sont apparues dont chacune est si compliquée ; et chaque secte, à l'intérieur de chaque religion, a encore ses partisans et ses adversaires.

Par exemple, un chrétien ordinaire ne sera pas satisfait tant qu'on ne lui dira pas que Dieu se trouve quelque part, dans quelques cieux lointains que nous ne pouvons atteindre sans aide. Il pense que seul le Christ connaissait Dieu et seul le Christ peut nous guider. Il suffit d'adorer le Christ pour être sauvé. Si on lui expose la simple vérité : « Le Royaume des Cieux est en vous », il n'est pas satisfait et donnera des interprétations compliquées et alambiquées à de telles déclarations. Seuls des esprits matures peuvent saisir la simple Vérité dans toute sa nudité.

Le Major Chadwick parla d'une certaine peur incontrôlable pendant la méditation. Il sentait l'esprit comme séparé du corps physique et cette sensation provoquait la peur.

M. : Qui a peur ? Tout cela est dû à l'habitude d'identifier le corps avec le Soi. Si l'expérience de la séparation entre le corps et l'esprit se répète souvent, elle vous deviendra familière et la peur cessera.

19 NOVEMBRE 1935

97. Mr. Ramachandar, un visiteur d'Ambala, demanda où est le Cœur et qu'est-ce que la Réalisation.

M. : Le Cœur n'est pas physique ; il est spirituel. *Hridaya* (*hrit* + *ayam*) veut dire : « Ceci est le centre. » C'est de là que jaillissent les pensées, c'est par cela qu'elles subsistent et c'est là qu'elles se résorbent. Les pensées sont le contenu du mental et elles façonnent l'Univers. Le Cœur est le centre de tout. Les *Upanishad* disent *yato vā imāni bhūtāni jāyante...* [TaiU III.1] (Ce à partir de quoi ces êtres viennent à l'existence...) est le *brahman*. C'est cela le Cœur. Le *brahman* est le Cœur.

Q. : Comment réaliser le Cœur ?

M. : Il n'est personne qui, même un instant, ne fasse l'expérience du Soi. Car personne n'admet être séparé du Soi. Chacun est le Soi. Le Soi est le Cœur.

Q. : Cela n'est pas clair.

M. : Dans le sommeil profond vous existez ; au réveil, vous existez toujours. C'est le même Soi dans les deux états. Ce qui fait la différence est seulement la conscience et la non-conscience du monde. Le monde apparaît avec le mental et disparaît avec lui. Ce qui apparaît et disparaît n'est pas le Soi. Le Soi est différent, il donne naissance au mental, le soutient et le résorbe. Ainsi le Soi est le principe sous-jacent.

Quand on vous demande qui vous êtes, vous placez votre main sur le côté droit de la poitrine et vous dites : « Je suis. » Là, involontairement, vous indiquez le Soi.

Le Soi est donc connu. Mais l'individu est malheureux parce qu'il confond le mental et le corps avec le Soi. Cette confusion est due à une fausse connaissance. Seule l'élimination de cette fausse connaissance est nécessaire. Le résultat de cette élimination est la Réalisation.

Q. : Comment puis-je contrôler le mental ?

M. : Qu'est-ce que le mental ? A qui appartient-il ?

Q. : Le mental erre constamment. Je ne peux pas le contrôler.

M. : La nature du mental est précisément d'errer. Mais vous n'êtes pas le mental. Le mental émerge puis s'immerge. Il est impermanent, transitoire, alors que vous êtes éternel. Il n'y a rien d'autre que le Soi. Rester le Soi est la solution. Ne faites pas attention au mental. Si on cherche sa source, le mental s'évanouit, laissant le Soi non affecté derrière lui.

Q. : Ainsi, nul besoin de chercher à contrôler le mental ?

M. : Il n'y a plus de mental à contrôler si vous réalisez le Soi. Quand le mental s'évanouit, le Soi resplendit. Chez un homme réalisé, le mental peut être actif ou inactif, seul le Soi demeure pour lui. Car le mental, le corps et le monde ne sont pas séparés du Soi. Ils surgissent du Soi puis disparaissent en Lui. Ils ne sont pas séparés du Soi. Peuvent-ils être différents du Soi ? Soyez seulement conscient du Soi. Pourquoi vous soucier de ces ombres ? Comment peuvent-elles affecter le Soi ?

98. Et Bhagavān poursuivit : « Le Soi est le Cœur. Le Cœur est lumineux par lui-même. La lumière s'élève du Cœur puis atteint le cerveau qui est le siège du mental. Le monde est perçu par le mental, c'est-à-dire grâce à la lumière réfléchie du Soi. Le monde est donc perçu à l'aide du mental. Quand le mental est éclairé, il est conscient du monde. Quand il n'est pas éclairé, il n'est pas conscient du monde. Si le mental est tourné vers l'intérieur, vers la source de lumière, la connaissance objective cesse et seul le Soi resplendit en tant que Cœur.

La lune luit grâce à la lumière réfléchie du soleil. Lorsque le soleil se couche, la lune devient utile pour révéler l'existence des objets. Lorsque le soleil se lève, personne n'a plus besoin de la lune, bien que son disque pâle reste encore visible dans le ciel.

Il en va de même pour le mental et le Cœur. Le mental est utile en raison de la lumière qui s'y réfléchit, ce qui permet de voir les objets. Lorsqu'il est tourné vers l'intérieur, la source de son illumination resplendit par elle-même et le mental pâlit et ne sert plus à rien, comme la lune en plein jour. »

99. Un *samnyāsin* demanda : « Il est dit que le Soi est au-delà du mental et cependant que la Réalisation s'effectue avec le mental. *Mano na manute, manasā na matam* [v. KeU I.5] (le mental ne peut Le concevoir, Il ne peut être pensé par le mental) et *manasaivedam āptavyam* [KaU IV.11] (seul le mental peut Le réaliser). Comment peut-on concilier ces contradictions ? »

M. : L'*ātman* est réalisé avec le *mrita-manas* (mental mort), un mental dénué de pensées et tourné vers l'intérieur. Alors le mental voit sa propre source et devient Cela. Mais il n'est pas comme un sujet percevant un objet.

Quand la pièce est sombre, une lampe est nécessaire pour éclairer et permettre à l'œil de distinguer les objets. Mais lorsque le soleil se lève, la lampe devient inutile et les objets sont vus facilement. Pour voir le soleil, aucune lampe n'est nécessaire, il suffit de tourner les yeux vers le Soleil qui brille par lui-même.

Il en va de même du mental. Pour discerner les objets, la lumière reflétée du mental est nécessaire. Pour voir le Cœur, il suffit que le mental se tourne vers Lui. C'est alors qu'il se perd et le Cœur resplendit.

100. Plus tard, Shrī Bhagavān cita quelques vers de la *Kaivalya* et les commenta ainsi :

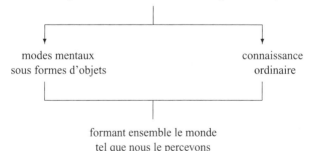

A

Le Suprême
(Connaissance absolue ; témoin ; le centre brillant de lui-même ;
le Cœur ; le Soi.)

L'individu
(le *jīva*, le connaisseur, constitué de lumière réfléchie et de *vritti*,
les modes du mental à l'état latent)

L'intellect interne et le mental dirigé vers l'extérieur
(la *buddhi* et le *manas* constitués de *vritti* et de lumière réfléchie,
telle une pousse ; c'est l'*antahkarana*, l'organe interne)

modes mentaux   connaissance
sous formes d'objets   ordinaire

formant ensemble le monde
tel que nous le percevons

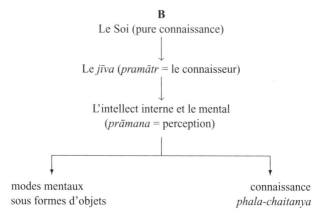

B

Le Soi (pure connaissance)

↓

Le *jīva* (*pramātr* = le connaisseur)

↓

L'intellect interne et le mental
(*prāmana* = perception)

modes mentaux   connaissance
sous formes d'objets   *phala-chaitanya*

Les modes du mental prennent la forme des objets extérieurs et la lumière, réfléchie sur eux, illumine ces objets. Il faut se désintéresser des modes du mental et regarder la lumière qui les illumine. Le mental s'apaise alors et la lumière resplendit par elle-même. Le mental changeant (c'est-à-dire le mental associé à *rajas* = activité et à *tamas* = obscurité) est communément connu comme le mental. Dépourvu de *rajas* et de *tamas*, il est pur et brille par lui-même. C'est la réalisation du Soi. C'est pourquoi on dit que le mental est le moyen pour l'atteindre.

C

La conscience pure
(considéré comme éternelle
ou comme le témoin éternellement présent)

↓

L'*antahkarana*
L'organe interne + la lumière réfléchie
(*jīva*, *pramātr*)

↓

Les modes mentaux associés à la lumière sont appelées *prameya* (le connu) ; de ceux-ci, les objets perçus sont de nature matérielle et la lumière est appelée : *phala-chaitanya*

D

L'organe intérieur (*antahkarana*) du *jīva* est constitué de :

sattva	rajas	tamas
Connaissance Lumière	modes du mental intellect, mental	objets matériels, monde

De même pour le cosmos :

Le mental cosmique (l'Etre éternel)

sattva	rajas	tamas
Īshvara, le Seigneur de l'Univers	l'individu le *jīva*	l'Univers

E

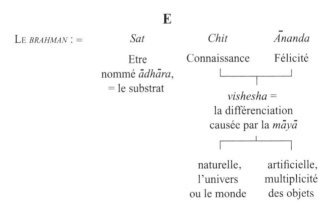

LE *BRAHMAN* : =

Sat	Chit	Ānanda
Etre nommé *ādhāra*, = le substrat	Connaissance	Félicité

vishesha =
la différenciation
causée par la *māyā*

naturelle, l'univers ou le monde   artificielle, multiplicité des objets

La *māyā* ne peut voiler le *sat,* mais elle voile la *chit* et l'*ānanda,* les faisant apparaître comme différenciés.

F

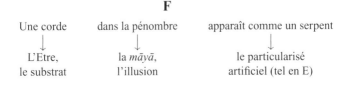

Une corde	dans la pénombre	apparaît comme un serpent
↓	↓	↓
L'Etre, le substrat	la *māyā*, l'illusion	le particularisé artificiel (tel en E)

G

Sat = Etre = le substrat (*ādhāra*). De cela procède le particularisé, le *jīva,* qui, voilé par l'ignorance, s'identifie avec le corps physique. L'ignorance demeure, faute de recherche du Soi. Le *jīva* n'est, en fait, que Connaissance ; mais l'ignorance occasionne la fausse identification avec le corps physique.

H

Le Maître illustra cela à nouveau par l'exemple de la boule de fer incandescente (*tapta-ayas-pindavat*) [v.TSBrU I.2].

Une boule de fer + du feu forment ensemble une boule de fer incandescente. Le Monde + la *chit* (pure connaissance) forment ensemble le *jīva* = l'individu.

101. Un visiteur venu d'Ambala demanda : « Quelle est l'explication rationnelle du sāri de Draupadī s'allongeant à l'infini [1] ? »

M. : La spiritualité ne peut s'accorder avec le rationalisme. La spiritualité est transcendante. Le miracle eut lieu après que Draupadī se fut abandonnée. Le secret repose dans l'abandon de soi.

Q. : Comment puis-je atteindre le Cœur ?

M. : Où êtes-vous maintenant pour vouloir atteindre le Cœur ? Vous trouvez-vous séparé du Soi ?

Q. : Je suis dans mon corps.

---

1. Episode tiré du *Mahābhārata :* Draupadī devait être humiliée par les adversaires de ses époux qui voulaient la dévêtir en public. Lorsqu'ils commencèrent à tirer sur son sāri, elle invoqua Krishna et leva ses deux mains en signe d'abandon. A ce moment, plus les offenseurs tiraient sur le sāri, plus celui-ci s'allongeait jusqu'à devenir interminable.

M.: En un endroit particulier ou dans tout le corps ?

Q.: Dans tout le corps. Je me répands dans tout mon corps.

M.: D'où vous répandez-vous ?

Q.: Je n'en sais rien.

M.: Oui. Vous êtes toujours dans le Cœur. Vous n'êtes jamais hors de lui pour qu'il vous faille le rejoindre. Regardez comment vous êtes dans les états de sommeil profond et de veille. Ces états ne vous appartiennent pas non plus ; ils appartiennent à l'ego. La Conscience suprême reste toujours la même et reste indifférenciée tout au long des deux états.

Q.: Je comprends, mais je ne peux pas le ressentir ainsi.

M.: De qui est-ce l'ignorance ? Trouvez-le.

Q.: Tout cela est si difficile.

M.: L'idée de difficulté en elle-même est fausse. Elle ne vous aidera pas à obtenir ce que vous cherchez. Je vous demande encore : Qui trouve cela difficile ?

Q.: Je m'aperçois que je m'approche du 'Je'.

M.: C'est parce que vous êtes cela depuis toujours, et que vous ne vous en êtes jamais éloigné. Il n'y a rien de plus simple qu'être le Soi. Cela n'exige aucun effort, aucune aide. Il suffit de laisser tomber la fausse identité et de demeurer dans son état éternel, naturel, inhérent.

102. Le lendemain, le même visiteur revint et posa la question suivante : « On dit qu'il faut recevoir l'enseignement d'un *guru*. La simple lecture des livres n'est pas utile. J'ai lu beaucoup de livres ; mais on ne tire aucun profit pratique d'un tel savoir livresque. Je vous prie, dites-moi ce que je dois faire, comment je dois le faire, à quels moments, en quels endroits, etc. »

Le Maharshi demeura silencieux. Son silence semblait dire : « Ici et maintenant, soyez en paix et tranquille. C'est tout. » Mais le questionneur ne pouvait l'interpréter de cette façon ; il voulait quelque chose de concret.

103. Le jour suivant, Shrī Bhagavān dit : « Ces gens veulent des exercices de *japa*, de *dhyāna* ou de yoga et autres disciplines similaires. S'ils ne me disent pas ce qu'ils ont déjà fait, que puis-je leur dire de plus ? Par ailleurs, pourquoi le *japa,* ses *phala-shruti*, etc. ? Qui est-ce qui fait du *japa ?* Qui en récolte les fruits ? Ne peuvent-ils s'en remettre au Soi ? Même si on leur enseigne le *japa* ou le *dhyāna,* ils en font quelque temps mais en attendent toujours des résultats, comme des visions, des rêves, des pouvoirs thaumaturgiques, etc. S'ils n'en obtiennent pas, ils déclarent qu'ils ne font aucun progrès ou que leur *tapas* (discipline) est inefficace. Les visions, etc., ne sont pas des signes de progrès. Le simple fait de se livrer à un *tapas* est en soi un progrès. La persévérance, voilà ce qui est requis. De plus, les gens doivent s'investir dans leur *mantra* ou leur Dieu et attendre Sa grâce. Mais ils ne le font pas. Le *japa* prononcé, même une seule fois, provoque son propre effet bénéfique, que le récitant en soit conscient ou non. »

28 NOVEMBRE 1935

104. Mr. Kishorilal, un fonctionnaire du conseil d'administration des chemins de fers, arriva de Delhi. Il était simple et doux, noble dans ses manières. En raison d'un ulcère gastrique, il fut obligé de se loger et de se nourrir en ville.

Il y a cinq ans, il entreprit d'étudier la littérature religieuse. Etant un *bhakta* (adorateur) de Shrī Krishna, il percevait Krishna en tout ce qu'il voyait. Krishna lui apparaissait souvent, ce qui le rendait très heureux. Son travail se déroulait sans effort de sa part et tout semblait se passer pour lui par la seule grâce de Krishna.

Plus tard, il vint à rencontrer un Mahātma qui lui conseilla d'étudier le Vedānta et d'observer la *nirâkâra-upāsanā,* c'est-à-dire la méditation sur le sans-forme. Depuis, il avait lu environ sept cents livres sur la philosophie et le Vedānta, y compris les *Upanishad,* l'*Ashtavakra*, l'*Avadhuta*, et la *Shrīmad Bhagavad-gītā.* Il avait également étudié les œuvres de Shrī Bhagavān en anglais et en avait été fortement impressionné.

Une fois, sur le point de mourir, il fut hanté par la pensée qu'il n'avait jusqu'alors jamais rendu visite à Shrī Bhagavān. C'était la raison de sa courte visite. Il priait le Maître de le toucher et de lui accorder sa Grâce.

Le Maître lui répondit : ... *ātmaivāham gudākesa* [BhG X.20] , c'est-à-dire *:* Je suis l'*ātman ;* l'*ātman* est le *guru* et l'*ātman* est aussi la Grâce. Personne ne demeure sans l'*ātman.* Chacun est toujours en contact avec lui. Aucun contact extérieur n'est nécessaire.

Q. : Je comprends. Je ne vous parlais pas de contact extérieur.

M. : Rien n'est plus intime que l'*ātman.*

Q. : Shrī Krishna m'est apparu il y a trois mois et m'a dit : « Pourquoi me demandes-tu la *nirâkara-upāsanā* [contemplation du sans-forme] ? Il n'y a que *sarvabhūtesu chātmānam sarvabhūtāni chātmani* [BhG VI.29] (le Soi est en tout et tout est dans le Soi). »

M. : Cette phrase contient toute la vérité. Mais, même cela n'est qu'*aupachārika* (indirect). Il n'existe, en fait, rien que l'*ātman.* Le monde n'est qu'une projection du mental. Le mental provient de l'*ātman.* Ainsi l'*ātman* est l'Etre unique.

Q. : Tout cela est difficile à réaliser.

M. : Il n'y a rien à réaliser. C'est l'état de *nitya shuddha buddha mukta* (éternel, pur, éveillé et libéré). Il est naturel et éternel. Il n'y a rien de nouveau à gagner ; on ne doit que perdre son ignorance. C'est tout.

Pour ce faire, il faut remonter jusqu'à la source de cette ignorance. A qui appartient cette ignorance ? De quoi est-on ignorant ? Il y a le sujet et l'objet. Une telle dualité est caractéristique du mental. Le mental provient de l'*ātman*.

Q. : Oui. L'ignorance, en elle-même, ne peut pas exister.

Le questionneur céda finalement en disant : « Tout comme un médecin sait ce qui ne va pas chez son malade et lui donne un traitement approprié, ainsi peut faire Bhagavān avec moi... » Il dit aussi avoir perdu tout penchant pour les livres et leurs enseignements.

105. *M. : Yena ashrutam shrutam bhavati* (*Chāndogya-upanishad* [VI.1,3]). (La connaissance par laquelle tout l'inconnu devient connu).

Mādhavaswāmi, un assistant de Bhagavān, demanda : « Y a-t-il neuf méthodes différentes pour enseigner le *mahāvākya* "*tat tvam asi*" [Tu es Cela] dans la *Chāndogya-upanishad* [VI, 8 et 9] ?

M. : Non. Ce n'est pas le cas. Il n'y a qu'une seule méthode. Uddâlaka[1] commença par enseigner *sat eva somya.....* (Il n'y a que ETRE...) en donnant l'exemple du jeûne de Shvetaketu.

1. Le *sat*, l'Etre dans l'individu, est mis en évidence par le jeûne.

2. Cet Etre (*sat*) est identique en tous, comme le miel recueilli de différentes fleurs.

---

1. Sage qui instruit son fils Shvetaketu dans la *Chāndogya-upanishad* (chap. VI).

3. Il n'y a pas de différence dans le *sat* des individus, ainsi que le montre l'état de sommeil profond. Alors se pose la question : puisqu'il en est ainsi, pourquoi chacun de nous n'en a pas connaissance durant son sommeil ?

4. Parce que l'individualité a disparu. Seul le *sat* perdure. Exemple : les rivières se perdent dans l'océan. L'individualité, une fois disparue, le *sat* reste-t-il ?

5. Assurément, un arbre émondé repousse. C'est un signe certain qu'il est en vie. Mais le *sat* existe-t-il dans cet état de sommeil ?

6. Oui, prenez le cas du sel et de l'eau. La présence du sel dans l'eau est subtile ; bien qu'invisible à l'œil, elle est reconnue par d'autres sens. Comment peut-on le reconnaître ? Quels sont les autres moyens ?

7. Par l'investigation. Comme l'homme perdu dans la forêt de Gandhâra et qui rejoint sa demeure.

8. Dans l'évolution comme dans l'involution, dans la manifestation comme dans la résorption, le *sat* seul existe. *Tejah parasyām devatāyām* (la lumière s'immerge dans le Suprême) [ChU VI. 10].

9. Un homme insincère se brûle au cours de l'épreuve du feu. Son absence de sincérité est dévoilée par le feu. La sincérité est évidente en soi. Un homme sincère ou un homme qui a réalisé le Soi reste heureux sans être affecté par de fausses apparences (à savoir, le monde, la naissance et la mort), alors que l'homme non sincère ou l'ignorant en souffre.

29 NOVEMBRE 1935

106. Swāmi Yogānanda arriva à 8 h 45 du matin, accompagné par quatre personnes. Il était grand, élégant et d'aspect soigné. Il avait une chevelure foncée, qui tombait sur ses épaules. Le groupe déjeuna à l'ashram.

Mr. C. R. Wright, son secrétaire, demanda : « Comment pourrais-je réaliser Dieu ? »

M. : Dieu est une entité inconnue. De plus, Il est extérieur. Alors que le Soi est toujours avec vous, il est *vous*. Pourquoi donc quitter ce qui vous est intime pour aller chercher ce qui vous est extérieur ?

Q. : Qu'est-ce donc ce Soi ?

M. : Le Soi est connu de chacun, mais pas clairement. Vous existez toujours. Le fait d'être est le Soi. « Je suis » est le nom de Dieu. De toutes les définitions de Dieu, nulle n'est mieux exprimée que celle de la Bible (Exode, 3) : « Je suis ce JE SUIS. » Il y a d'autres déclarations, telles que *brahmaivāham, aham brahmāsmi* et *so 'ham.* Mais aucune n'est aussi directe que le nom de Jehovah = JE SUIS. L'Etre absolu est *ce qui est.* C'est le Soi. C'est Dieu. En connaissant le Soi, on connaît Dieu. En fait, Dieu n'est rien d'autre que le Soi.

Q. : Pourquoi le bien et le mal existent-ils ?

M. : Ce sont des termes relatifs. Pour connaître le bien et le mal, il doit y avoir un sujet. Ce sujet, c'est l'ego. Remontez à la source de l'ego. Vous aboutirez au Soi. La source de l'ego est Dieu. Cette définition de Dieu est probablement plus concrète et plus facile, pour vous, à comprendre.

Q. : C'est cela. Comment obtenir la Félicité ?

M. : La Félicité n'est pas quelque chose à atteindre. Vous êtes toujours Félicité. Le désir de Félicité provient de votre sentiment d'être incomplet. Qui éprouve ce sentiment ? Cherchez. En sommeil profond vous étiez dans la Félicité. Maintenant vous n'y êtes plus. Qui s'est interposé entre la Félicité et la non-Félicité ? C'est l'ego. Cherchez sa source et découvrez que vous êtes Félicité.

Il n'y a rien de nouveau à obtenir. Vous devez seulement vous dépouiller de votre ignorance, laquelle vous fait croire que vous êtes autre que Félicité. Pour qui est cette ignorance ? Pour l'ego. Recherchez la source de l'ego. Alors l'ego disparaît et seule subsiste la Félicité. Elle est éternelle. Vous êtes Cela, ici et maintenant... C'est la clef maîtresse pour résoudre tous les doutes. Les doutes s'élèvent dans le mental. Le mental est né de l'ego. L'ego provient du Soi. Cherchez la source de l'ego et le Soi se révélera. Lui seul demeure. L'Univers n'est que l'expansion du Soi. Il n'est pas différent du Soi.

Q. : Quelle est la meilleure façon de vivre ?

M. : Elle n'est pas la même pour un *jñānī* et un *ajñānī*. Un *jñānī* ne trouve rien qui soit séparé ou différent du Soi. Tout est dans le Soi. Il est faux d'imaginer qu'il y a le monde, qu'il s'y trouve un corps et que vous habitez dans ce corps. Celui qui réalise la Vérité découvre que l'Univers et ce qui est au-delà sont contenus dans le Soi. L'aspect des choses varie selon le point de vue de la personne. La vue émane de l'œil. Et l'œil doit se situer quelque part. Si vous voyez avec les yeux de la matière, le monde aura la même nature. Si vous regardez avec les yeux subtils (ceux de l'esprit), le monde apparaîtra subtil. Et si votre œil devient le Soi, le Soi étant infini, l'œil sera infini. Il n'y a rien d'autre à voir qui soit différent du Soi.

Mr. Wright remercia le Maharshi. On lui fit savoir que la meilleure façon de remercier consiste à demeurer toujours dans le Soi.

107. Plus tard, Swāmi Yogānanda demanda : « Comment peut-on élever le niveau spirituel des gens ? Quelles instructions doit-on leur donner ? »

M. : Les instructions spirituelles diffèrent selon le tempérament des individus et leur maturité spirituelle. Il n'est pas possible d'instruire *en masse*.

Q. : Pourquoi Dieu permet-il la souffrance dans le monde ? Ne devrait-Il pas, par Son omnipotence, la supprimer d'un seul coup et ordonner une réalisation universelle de Dieu ?

M. : La souffrance est la voie pour la réalisation de Dieu.

Q. : Ne pourrait-Il pas ordonner différemment ?

M. : C'est la voie.

Q. : Le yoga, la religion, etc., sont-ils des antidotes à la souffrance ?

M. : Ils vous aident à surmonter la souffrance.

Q. : Pourquoi doit-il y avoir souffrance ?

M. : Qui souffre ? Qu'est-ce que la souffrance ?

Le yogi n'eut pas de réponse. Finalement, il se leva, pria Shrī Bhagavān de lui donner la bénédiction pour son travail et exprima son grand regret d'être obligé de partir si hâtivement. Il semblait très sincère, empli de dévotion et même ému.

108. Suite de l'entretien n° 105 [1].

Q. : Uddâlaka explique que tout procède du *sat* (tel que cela est démontré par le sommeil profond).

Le corps absorbe de la nourriture. La nourriture exige de l'eau. L'eau a besoin de la chaleur pour digérer la nourriture (*tejo mūlam anviccha*) [ChU VI, sect. 8 n° 4,6]. C'est *sat parasyām devatāyām* (immergé dans l'état d'être) [v. ChU VI, sect. 8 n° 6]. Si nous sommes *sat sampannah* (immergé dans l'état d'être), comment se fait-il que nous n'en soyons pas conscients ?

M. : Tout comme le nectar, recueilli de différentes fleurs, s'amasse en miel dans la ruche, ne laissant

---

1. Dans cet entretien, le Maharshi tire les exemples de la *Chāndogya-upanishad*.

plus deviner où il a été collecté, de même l'homme ne reconnaît plus son individualité quand il est en *sat-sampannah* dans le sommeil profond, la mort, etc. Il glisse dans cet état sans en être conscient. Mais au réveil, il retrouve ses caractéristiques individuelles originelles.

Q. : Le nectar, bien qu'il soit prélevé sur des fleurs différentes, devient le miel, masse homogène dénuée de caractéristiques individuelles. Mais les parties individuelles n'existent pas dans les gouttes de miel et il n'y a pas non plus de retour à la source. Tandis que l'individu, après avoir dormi profondément, retrouve en se réveillant son individualité comme auparavant. Comment est-ce possible ?

M. : Tout comme les fleuves, en se déversant dans l'océan, perdent leur individualité et qu'ensuite les eaux de l'océan s'évaporent pour retomber en pluie sur les montagnes, puis s'écouler en rivières et retourner à l'océan, ainsi les individus, qui entrent en sommeil, perdent leur individualité et reviennent comme individus, selon leurs *vāsanā* (tendances) antérieurs, sans en être conscients. Par conséquent, même dans la mort, le *sat* n'est pas perdu.

Q. : Comment peut-il en être ainsi ?

M. : Voyez comment un arbre dont les branches ont été coupées continue de pousser. Tant que la source de vie n'est pas affectée, l'arbre continuera de pousser. De même, les *samskāra* (tendances latentes) s'immergent dans le Cœur au moment de la mort, mais ne périssent pas. Le moment venu, elles jailliront à nouveau du Cœur. C'est ainsi que les *jīva* renaissent.

Q. : Comment le vaste Univers peut-il jaillir de tels *samskāra* (prédispositions) subtils qui restent immergés dans le Cœur ?

M. : De même qu'un gigantesque *banyan* [1] sort d'une minuscule graine, de même le vaste monde avec noms et formes jaillit du Cœur.

Q. : Si l'origine est le *sat*, pourquoi ne le sentons-nous pas ?

M. : Le sel en bloc est visible ; il est invisible en solution. Néanmoins, on reconnaît son existence par le goût. De même le *sat,* bien que non reconnu par l'intellect, peut être réalisé d'une autre manière, c'est-à-dire sur le plan transcendantal.

Q. : Comment cela ?

M. : Tout comme un homme, les yeux bandés, que des voleurs ont abandonné dans la jungle, s'enquiert de son chemin et retrouve sa maison, de même un ignorant (aveuglé par l'ignorance) s'enquiert, auprès de moins aveuglés, de sa propre source et y retourne.

Puis Shrī Bhagavān cita le *gurūpadesha* [2] suivant : « *vān manasi sampadyate, manah prāne, prānas tejasi, tejah parasyām devātyām iti* [La parole se fond dans le mental, le mental dans le souffle, le souffle dans la lumière, la lumière dans le Soi suprême » (ChU, VI / 8 n°6)].

Q. : S'il en est ainsi, un *jñānī* ou un *ajñānī* meurent de la même manière. Pourquoi, alors, un *ajñānī* renaît-il et pas un *jñānī* ?

M. : De même qu'un homme innocent (*satyābhi-sandha*) n'est pas affecté par l'épreuve du fer incandescent et le voleur l'est, le *sadbrahma satyābhisandha,* c'est-à-dire le *jñānī,* lui, pénètre en *sat* pleinement conscient et s'y dissout, alors que l'*ajñānī* y pénètre inconsciemment et en ressort inconsciemment aussi.

---

1. Figuier d'Inde.
2. Enseignement donné par le *guru*.

13 DÉCEMBRE 1935

109. Deux messieurs, originaires d'Ambala (dans le Punjab), séjournaient à l'ashram depuis quelques semaines. Au moment de prendre congé de Shrī Bhagavān, l'un d'eux demanda comment il devait s'y prendre pour dissiper la torpeur spirituelle de ses amis ou d'autres personnes en général.

M. : Avez-vous dissipé votre propre torpeur spirituelle ? La force qui est à l'œuvre pour dissiper votre propre « torpeur » opérera de même chez les autres. Certes, vous pouvez utiliser votre force de volonté pour agir sur autrui. Mais elle appartient à un plan inférieur et n'est pas souhaitable. Occupez-vous d'abord de vous-même.

Q. : Comment puis-je dissiper ma propre « torpeur » ?

M. : La « torpeur » de qui ? Cherchez. Tournez-vous vers l'intérieur. Concentrez toutes vos recherches sur la quête du Soi. La force qui se trouve en vous opérera également sur autrui.

14 DÉCEMBRE 1935

110. Une Américaine questionna Shrī Bhagavān sur ses expériences de *samādhi*. Quand on lui suggéra de plutôt raconter ses propres expériences et de s'assurer de leur validité, elle répondit que les expériences de Shrī Bhagavān étant sans aucun doute authentiques devaient être connues, tandis que les siennes n'avaient pas la moindre importance. Elle désirait aussi savoir si Shrī Bhagavān ressentait du chaud ou du froid dans son corps lors du *samādhi,* s'il avait passé les premiers trois ans et demi après son arrivée à Tiruvannāmalai en prière, etc.

M. : L'état de *samādhi* transcende le mental et la

parole et ne peut être dépeint. Par exemple, l'état de sommeil profond ne peut pas être décrit ; l'état de *samādhi* encore moins.

Q. : Mais je sais que j'étais inconsciente durant mon sommeil profond.

M. : La conscience et l'inconscience ne sont que des modes du mental. Le *samādhi* transcende le mental.

Q. : Vous pouvez pourtant bien nous dire à quoi cela ressemble.

M. : Vous ne le connaîtrez que lorsque vous serez en *samādhi*.

16 DÉCEMBRE 1935

111. Un visiteur provenant de l'Andhra-pradesh posa une question sur la *brahma-bhâvanâ* [1].

M. : Ne pas penser « Jc suis le *brahman* » ou bien « Tout est le *brahman* » est en soi la *jīvan-mukti* (la Libération).

Le visiteur se renseigna ensuite sur l'action inspirée.

M. : Laissez les activités se dérouler. Elles n'affectent pas le Soi.

17 DÉCEMBRE 1935

112. Mr. Paul Brunton, en lisant l'*Upadesha-manjarī*, tomba sur le passage où il est déclaré que l'ego, le monde et Dieu sont, tous trois, irréels. Il souhaitait utiliser un terme différent pour Dieu ou du moins ajouter un adjectif qualificatif, comme par exemple *la Force créative* ou *Dieu personnel*.

---

1. Méditation sur « je suis le *brahman* ».

Shrī Bhagavān expliqua alors que le terme Dieu signifie *samashti,* c'est-à-dire tout ce qui existe *plus* l'Etre — de la même manière que 'je' désigne l'individu *plus* l'Etre et que le monde comprend la multiplicité *plus* l'Etre. Dans chacun de ces cas, l'Etre est réel. Le *tout*, la *multiplicité* et *l'individu* sont tous irréels. De même, l'union du réel et de l'irréel, leur mélange ou fausse identification, constitue une erreur. Cela revient à dire : *sad-asad-vilakshana,* transcender le réel et l'irréel, le *sat* et l'*asat.* La Réalité est ce qui transcende tous les concepts, y compris le concept de Dieu. Dans la mesure où le nom de Dieu est employé, il ne peut pas correspondre à la Vérité. Le terme hébreu *Jehovah* (Je suis) exprime Dieu correctement. L'Etre absolu est au-delà de toute expression.

Le mot *Dieu* ne peut ni n'a besoin d'être remplacé.

Mr. P. Brunton signala fortuitement que, dans les âges préhistoriques, la spiritualité était très répandue et l'intellect guère développé, mais qu'aujourd'hui, le niveau intellectuel était plus élevé.

Shrī Bhagavān fit remarquer que le terme intellect soulève la question : l'intellect de qui ? La réponse est : du Soi. Ainsi l'intellect est un instrument du Soi. Le Soi utilise l'intellect pour prendre la mesure de la diversité. L'intellect n'est ni le Soi ni séparé du Soi. Seul le Soi est éternel. L'intellect n'est qu'un phénomène. Les gens parlent du déploiement de la multiplicité comme étant celui de l'intellect. L'intellect a toujours été là. *Dātā yathā pūrvam akalpayat* (Le Créateur crée comme par le passé). Considérez votre propre état, jour après jour. Il n'y a pas d'intellect lorsque vous dormez d'un sommeil profond et sans rêve. Mais maintenant, votre intellect est présent. Chez l'enfant, l'intellect est absent. Il se développe avec l'âge. Comment l'intellect pourrait-il se

manifester s'il n'existait pas déjà à l'état de germe dans
le sommeil profond et chez l'enfant ? Pourquoi avoir
recours à l'Histoire pour enseigner ce fait fondamental ?
Le degré de vérité de l'Histoire ne correspond qu'au
degré de vérité de l'individu.

113. Un visiteur posa une question en *telugu* concernant le *karma-yoga*.

Shrī Bhagavān répondit que l'homme devait agir
comme un acteur sur la scène d'un théâtre et qu'en toute
action se trouvait le *sat* en tant que principe sous-jacent.
« Souvenez-vous-en et agissez en conséquence. »

A sa question sur la pureté mentale (*chitta-shuddhi*),
Shrī Bhagavān répondit que la *chitta-shuddhi* consiste à
s'engager dans une seule pensée à l'exclusion de toutes
les autres. On l'appelle encore mental concentré. La
pratique de la méditation purifie le mental.

23 DÉCEMBRE 1935

114. Le baron von Veltheim-Ostrau, un visiteur alle-
mand, demanda : « Il devrait y avoir harmonie entre
la connaissance du Soi et la connaissance du monde.
Elles devraient progresser côte à côte. Est-ce exact ? Le
Maharshi est-il d'accord ? »

M. : Oui.

Q. : Au-delà de l'intellect et avant que la sagesse
commence à poindre, il y a des images du monde qui
défilent dans le champ de la conscience. Est-ce ainsi ?

Shrī Bhagavān indiqua un passage du même ordre
dans le *Dakshināmūrti-stotra* pour signifier que les
images sont comme des reflets dans un miroir ; puis un
autre, d'une *Upanishad* : « Comme dans le miroir, tel
dans le monde des *mānes* [esprits des anciens], comme

dans l'eau, tel dans le monde des *gandharva* [musiciens célestes] ; comme dans l'ombre et la lumière, tel dans le *brahmaloka* [le monde de Brahmā]. » [KaU VI.5]

Q. : On constate un réveil spirituel depuis 1930 dans le monde entier ? Etes-vous d'accord ?

M. : Le progrès est fonction de votre point de vue.

Le baron pria ensuite le Maharshi de provoquer en lui une transe spirituelle et de lui donner un message non formulé, mais cependant compréhensible.

Aucune réponse ne fut donnée.

25 DÉCEMBRE 1935

115. *Mr. Maurice Frydman :* Même sans désirs préalables, nous vivons parfois d'étranges expériences. D'où viennent-elles ?

M. : Le désir peut fort bien être absent sur le moment. Il suffit qu'il ait existé auparavant. Bien que vous l'ayez oublié, il fructifie le moment venu. C'est pourquoi l'on dit qu'un *jñānī* récolte son *prārabdha*. Bien entendu, tout cela dépend du point de vue des gens.

116. *Q. :* On dit que le *jīva* est lié par le *karma* [action]. Est-ce vrai ?

M. : Laissez le *karma* savourer ses fruits. Tant que vous vous prendrez pour l'auteur des actions vous en serez le jouisseur.

Q. : Comment peut-on se libérer du *karma* ?

M. : Cherchez à qui est le *karma*. Vous trouverez que vous n'êtes pas celui qui agit. Alors vous serez libre. Cela exige la grâce de Dieu pour laquelle vous devriez Le prier, L'adorer et méditer sur Lui.

Le *karma* qui se déroule sans effort, c'est-à-dire sans être volontaire, ne lie pas.

Même un *jñānī* agit, comme le prouvent les mouvements de son corps. Il n'y a pas de *karma* sans effort ou sans intention (*sankalpa*). Chacun a donc ses *sankalpa*. Elles sont de deux sortes : la première lie au monde (*bandha-hetu*) ; la deuxième ne lie pas (*mukti-hetu*). La première doit être abandonnée et la deuxième cultivée. Il n'y a pas de fruit sans *karma* antérieur ; il n'y a pas de *karma* sans *sankalpa* antérieur. Même la *mukti* (la Libération) doit être le résultat d'un effort tant que prévaut le sentiment d'être l'auteur de ses actions.

117. *Un visiteur de Ceylan :* Quelle est la première étape sur le sentier qui mène à la réalisation du Soi ? Aidez-moi, je vous prie, à franchir cette étape. Cela ne sert à rien de lire des livres.

Quelqu'un ajouta : La demande de cet homme est celle de nous tous.

M.: C'est exact. Si l'on pouvait découvrir le Soi dans des livres, il aurait déjà été réalisé. Qu'y a-t-il de plus étonnant que de chercher le Soi dans des livres ? Peut-on vraiment l'y découvrir ? Il est pourtant vrai que les livres ont donné à des lecteurs l'idée de poser cette question et de chercher le Soi.

Q. : Les livres sont complètement inutiles. On peut les brûler tous. Seul le langage parlé est utile. La grâce seule est utile.

D'autres personnes présentes participèrent à cette conversation selon leurs propre entendement pour en revenir finalement à la question initiale, mais Shrī Bhagavān garda le silence.

118. Mr. Rangachari, un pandit en provenance de Vellore, interrogea le Maharshi sur le *nishkāma-karma* (l'action désintéressée). Il n'eut pas de réponse.

Quelque temps plus tard, Shrī Bhagavān alla se promener sur la montagne suivi par quelques personnes parmi lesquels le pandit. En chemin, Shrī Bhagavān ramassa un bâton épineux, s'assit et commença à le travailler tranquillement. Il coupa les épines, lissa les nœuds et polit, pour finir, le bâton entier avec une feuille rugueuse. Cette opération dura environ six heures. Tout le monde s'émerveilla de l'apparition d'un bâton de si belle allure à partir d'un matériau hérissé d'épines. Quand le groupe se remit en mouvement, ils rencontrèrent un jeune berger embarrassé par la perte de son bâton. Shrī Bhagavān lui donna aussitôt le nouveau et poursuivit son chemin.

Le pandit remarqua que cela avait été une façon concrète de répondre à sa question.

119. A cette époque, il y avait quatre chiens dans l'ashram. Shrī Bhagavān affirma que ces chiens n'accepteraient aucune nourriture qu'il n'ait lui-même goûtée auparavant. Le pandit voulu le vérifier. Il jeta aux chiens un peu de nourriture ; ils ne la touchèrent pas. C'est seulement quand Shrī Bhagavān eut pris un petit morceau dans sa bouche, que les chiens se jetèrent immédiatement sur la nourriture et l'avalèrent.

120. Peu après, un homme amena deux paons les yeux bandés. Dès qu'on leur enleva les bandeaux en présence du Maharshi, ils s'envolèrent à bonne distance. Ils furent à nouveau ramenés, mais s'envolèrent encore. Shrī Bhagavān dit alors : « Ce n'est pas la peine de les retenir ici, ils n'ont pas la maturité d'esprit de ces chiens. » On eut beau les retenir, ils ne voulurent pas rester, ne serait-ce qu'une minute.

121. Lors d'une conversation entre le Maître et deux musulmans :

Q. : Dieu a-t-Il une forme ?

M. : Qui dit cela ?

Q. : Bien, si Dieu n'a pas de forme, est-ce approprié d'adorer des images ?

M. : Laissez Dieu seul, car Il est inconnu. Mais vous, avez-vous une forme ?

Q. : Oui. Je suis un tel et j'ai telle et telle caractéristique.

M. : Ainsi, vous êtes donc un homme d'environ 1,75 m, avec des membres, une barbe, etc. N'est-ce pas ?

Q. : Certainement.

M. : Est-ce que vous vous reconnaissez comme tel en sommeil profond ?

Q. : Au réveil, je m'aperçois que j'ai dormi. C'est pourquoi, j'en déduis que j'étais ainsi en sommeil profond.

M. : Si vous êtes le corps, pourquoi enterre-t-on le corps après la mort ? Le corps devrait refuser d'être enterré.

Q. : Non. Je suis le *jīva* subtil dans le corps physique.

M. : Ainsi, vous voyez qu'en réalité vous êtes vraiment sans forme ; mais actuellement, vous vous identifiez avec le corps. Tant que vous avez une forme, pourquoi n'adoreriez-vous pas le Dieu « sans forme » comme étant « avec forme » ?

Le questionneur resta intrigué et perplexe.

1ᴱᴿ JANVIER 1936

122. Pendant la période de Noël, les visiteurs vinrent en grand nombre à l'ashram.

Q. : Comment peut-on atteindre la conscience de l'Unité ?

M. : Etant déjà la conscience de l'Unité, comment voulez-vous l'atteindre ? Votre question contient déjà sa réponse.

Q. : Qu'est-ce que l'*ātman* (le Soi), l'*anātman* (le non-Soi) et le *paramātman* (le Soi suprême) ?

M. : L'*ātman* est (le *jīvātman*) le soi individuel, et le reste est évident. Le Soi est toujours présent (*nitya-siddha*). Chacun veut connaître le Soi. De quelle sorte d'aide a-t-on besoin pour se connaître ? Les gens veulent voir le Soi comme quelque chose de nouveau. Mais le Soi est éternel et reste toujours le même. Ils désirent le voir comme une lumière aveuglante, etc. Comment est-ce possible ? Le Soi n'est ni lumière ni obscurité (*na tejo na tamah*). Il est ce qu'il est. Il ne peut être défini. La meilleure définition est « Je suis ce JE SUIS ». La *shruti* parle du Soi comme étant de la taille d'un pouce, le bout d'un cheveu, une étincelle électrique, vaste, plus subtil que le plus subtil, etc. En fait, ces définitions sont sans fondement. Il est seulement ETRE, mais différent du réel et de l'irréel ; il est Connaissance, mais différent de connaissance et ignorance. Comment peut-il être défini ? Il est simplement ETRE.

Shrī Bhagavān déclara ensuite que dans toute l'œuvre de Thāyumānavar, la strophe qu'il préférait était celle-ci : « Lorsque l'ego disparaît, un autre 'Je'-'Je' se manifeste spontanément dans toute sa gloire... » Et il cita encore la *Skandar-anubūthi* : « Ni réel ni irréel ; ni obscur ni lumineux, C'EST. »

Puis, un homme raconta qu'un *siddha* de Kumbakonam prétendait combler les lacunes de l'œuvre de Shrī
Shankara qui ne traite que les questions transcendantales et non celles de la vie quotidienne. D'après lui, on
doit être capable d'exercer des pouvoirs supra-humains
aussi dans la vie courante, c'est-à-dire on doit être un
siddha pour être parfait.

Shrī Bhagavān attira l'attention sur un passage de
l'œuvre de Thāyumānavar condamnant tous les *siddhi*
(pouvoirs surnaturels).

Il ajouta que Thāyumānavar mentionne le *mauna* (le
silence) dans de nombreux passages mais ne le définit
que dans un seul vers. Le *mauna* est, dit-il, l'état qui
se manifeste spontanément après l'annihilation de l'ego.
Cet état est au-delà de la lumière et de l'obscurité, mais
est encore appelé lumière parce que aucun autre mot
approprié n'a pu être trouvé.

3 JANVIER 1936

123. Le Dr. Mohammed Hafiz Syed, un professeur
musulman qui enseignait les langues perse et urdu à
l'université d'Allahabad, demanda : « Quel est le but de
cette manifestation extérieure qu'est le monde ? »

M. : Cette manifestation vous fait poser votre question.

Q. : C'est exact. Je suis enveloppé par la *māyā*
(l'illusion). Comment m'en libérer ?

M. : Qui est enveloppé par la *māyā* ? Qui veut être
libre ?

Q. : Maître, lorsque l'on me demande « Qui ? », je
sais que c'est moi, ignorant, composé des sens, du
mental et du corps. J'ai essayé de pratiquer la quête
« Qui ? » après avoir lu le livre de Paul Brunton. A trois

ou quatre reprises, je me suis senti transporté et cette exaltation a duré quelque temps et puis s'est évanouie. Comment être établi dans le 'Je'? Je vous prie de m'indiquer la voie et de bien vouloir m'aider.

M. : Ce qui apparaît à un moment doit aussi disparaître en temps voulu.

Q. : S'il vous plaît, dites-moi quelle est la méthode pour atteindre la vérité éternelle.

M. : Vous êtes *Cela*. Pouvez-vous rester séparé du Soi? Etre vous-même ne demande aucun effort puisque vous êtes toujours Cela.

124. Une personne impatiente, après de longs préambules, finit par demander pourquoi certains enfants mouraient d'une mort prématurée. Elle réclamait une réponse qui satisfasse non pas les grandes personnes mais les enfants qui en étaient les victimes.

M. : Laissez les victimes poser la question. Pourquoi demandez-vous et désirez-vous une réponse du point de vue de l'enfant?

125. Le professeur musulman demanda : « Quand je suis ici, mon mental est sattvique (pur et paisible) ; mais dès que je m'éloigne, il désire une multitude d'objets. »

M. : Les objets sont-ils différents de vous? Il ne peut y avoir d'objets sans le sujet.

Q. : Et comment le connaîtrais-je?

M. : Etant *Cela*, que voulez-vous connaître? Y a-t-il deux « soi » pour que l'un puisse connaître l'autre?

Q. : Je le répète encore, monsieur : comment connaître la vérité de tout cela et en faire l'expérience?

M. : Il n'y a rien de nouveau à obtenir. Tout ce qui est demandé est de débarrasser le Soi de l'ignorance. Cette ignorance est l'identification du Soi avec le non-Soi.

Q. : Oui, mais je ne comprends toujours pas. J'ai besoin de votre aide. Chacun ici est en attente de votre

Grâce. Vous-même, au début, avez dû faire appel à un *guru* ou à Dieu. Etendez cette Grâce aux autres maintenant et sauvez-moi.

Avant de venir ici, je désirais beaucoup vous voir. Mais, pour une raison ou pour une autre, je n'ai pas trouvé d'opportunité de le faire. A Bangalore, où je venais juste de prendre la décision de rentrer chez moi, j'ai rencontré Mr. Frydman et d'autres personnes qui m'envoyèrent ici. En fait, c'est vous qui m'avez attiré jusqu'ici. Mon cas est semblable à celui de Paul Brunton, à Bombay, quand il se sentit attiré jusqu'ici et annula son voyage de retour.

A mon arrivée, j'ai tout d'abord hésité ; je me demandais s'il me serait permis de vous approcher et de converser avec vous. Mais mes doutes furent vite dissipés. Je trouve que tous ici sont égaux. Vous avez établi l'égalité entre tous. J'ai dîné avec vous et les autres. Si je raconte cela à mes proches en Uttar Pradesh, ils ne me croiront pas. Les brahmanes ne boiraient même pas de l'eau avec moi, ni ne mâcheraient le *pan* [1] avec moi. Mais ici, vous m'avez pris, moi et les autres, dans vos bras. Même Gāndhi, malgré tous ses efforts, n'arrive pas à établir une telle situation dans le pays. Je suis très heureux en votre présence.

Je vous vois comme Dieu. Je considère Shrī Krishna comme étant un vrai Dieu parce qu'il a dit : « Quel que soit celui que l'on vénère, l'adorateur ne vénère que Moi et Je le sauverai. » Alors que tous les autres proclamaient : « Le salut passe à travers moi seulement (en parlant d'eux-mêmes) », seul Krishna possédait une telle largeur d'esprit et parlait comme Dieu. Vous observez le même genre d'égalité.

---

1. Feuille verte farcie d'une pâte, qui se mâche pour rafraîchir la bouche.

4 JANVIER 1936

126. Le Dr. Syed posa encore une question : « Celui qui désire un progrès spirituel doit-il choisir la voie de l'action (*pravritti-mārga*) ou celle du renoncement (*nivritti-mārga*) ? »

M. : Vous arrive t-il de sortir du Soi ? Qu'entendez-vous par renoncer ?

Un ingénieur américain posa une question sur le *sat-sanga* (la fréquentation des sages).

M. : Le *sat* est en nous.

Q. : Dans l'ouvrage *Qui suis-je ?* vous avez dit que le Cœur est le siège du mental. Est-ce exact ?

M. : Le mental est l'*ātman*.

Q. : Est-ce l'*ātman* lui-même ou bien sa projection ?

M. : C'est la même chose.

Q. : Les Occidentaux considèrent le mental comme le plus haut principe, alors que les Orientaux pensent l'inverse. Pourquoi ?

M. : Là où la psychologie prend fin, la philosophie commence. C'est un fait d'expérience ; le mental naît ; nous le voyons ; mais nous pouvons aussi exister sans le mental. L'expérience de chacun le prouve.

Q. : En sommeil profond, je ne semble pas exister.

M. : Vous dites cela quand vous êtes éveillé. C'est votre mental qui parle maintenant. En sommeil profond, vous existez au-delà du mental.

Q. : La philosophie occidentale admet l'existence d'un Soi supérieur qui influence le mental.

127. L'ingénieur américain demanda : « La distance a-t-elle quelque effet sur la Grâce ? »

M. : Temps et espace sont en nous. Vous êtes toujours

dans votre Soi. Comment le temps et l'espace peuvent-ils l'affecter ?

Q. : Dans l'aire d'écoute d'un poste émetteur de radio, ceux qui sont le plus près entendent plus tôt. Vous êtes hindou, nous sommes américains. Cela fait-il une différence ?

M. : Non.

Q. : Il arrive même que les pensées soient lues par d'autres.

M. : Cela prouve que tous sont un.

5 JANVIER 1936

128. Quelques Français et Américains visitèrent l'ashram. Ils posèrent plusieurs questions à Shrī Bhagavān, dont celle-ci : «Quel est le message de l'Orient à l'Occident ?»

M. : Tous vont vers le même but.

En réponse à une autre question, Shrī Bhagavān dit : «Comment parvenez-vous à dire "Je suis" ? Prenez-vous une lumière pour vous trouver ? Ou bien l'avez-vous appris en lisant des livres ? Comment avez-vous fait ?»

Q. : Par expérience.

M. : Oui. Expérience est le mot. La connaissance implique un sujet et un objet. Mais l'expérience est éternelle, elle ne se termine jamais.

6 JANVIER 1936

129. Un monsieur âgé, ancien collaborateur de B.V. Narasimha Swāmi et auteur d'un ouvrage sur le Vishi-shtādvaita, visita l'endroit pour la première fois. S'interrogeant sur les réincarnations, il désirait savoir s'il était possible que le *linga-sharīra* (corps subtil) se dissolve et qu'il renaisse deux ans après la mort.

M. : Oui. Certainement. Non seulement on peut renaître, mais on peut être âgé de 20, 40 ou même 70 ans dans le nouveau corps bien que deux ans seulement se soient écoulés après la mort. Et puis Shrī Bhagavān cita l'histoire de Līlā du *Yoga-vāsishtha.*

> *Sreyo hi jñānam abhyāsāt jñānāt dhyānam,*
> *dhyānāt karmaphala tyāgah.*

Dans ce passage, *jñāna* désigne la connaissance sans pratique ; *abhyāsa* désigne la pratique sans connaissance ; *dhyāna* la pratique avec connaissance.

« La connaissance sans pratique est supérieure à la pratique sans connaissance. La pratique jointe à la connaissance est supérieure à la connaissance sans pratique. *Karmaphala-tyāgah* [renoncement aux fruits des actions] ou *nishkāma-karma* [action sans désir] dans le cas d'un *jñānī* est encore supérieur à la connaissance jointe à la pratique. »

Q. : Quelle est la différence entre yoga et abandon de soi ?

M. : L'abandon de soi est le *bhakti-yoga*. Découvrir la source de la pensée 'je', c'est détruire l'ego. C'est la réalisation du but, c'est la *prapatti* (l'abandon de soi), le *jñāna* etc.

130. Lakshman Brahmachari de la Mission Shrī Rāmakrishna demanda : « La recherche "Qui suis-je ?" ou de la pensée 'je', étant en elle-même une pensée, comment peut-elle être détruite par ce procédé ? »

M. : Quand Sītā fut priée par les épouses des *rishi* de désigner son mari parmi tous les *rishi* rassemblés dans la forêt (Rāma lui-même était présent, sous l'aspect d'un *rishi*), elle se contenta de répondre négativement chaque fois qu'on lui en montrait un. Mais lorsqu'on lui montra Rāma, elle baissa simplement la tête. Son silence était éloquent.

De même, les Véda sont éloquents en commençant par « *neti neti* » (pas ceci, pas cela), après quoi ils restent silencieux. Leur silence est l'état réel. C'est la signification de l'enseignement par le Silence.

Quand la source de la pensée 'je' est atteinte, la pensée s'évanouit et ce qui reste est le Soi.

Q. : Les *Yoga-sūtra* de Patañjali parlent d'identification.

M. : L'identification avec le Suprême n'est qu'un autre nom pour la destruction de l'ego.

131. Mr. Subba Rao demanda : « Qu'est-ce que le *mukhya-prāna* (le *prāna* principal) ? »

M. : C'est là d'où l'ego et le *prāna* s'élèvent et que l'on appelle parfois *kundalinī*. La conscience n'est jamais née ; elle reste éternelle. Mais l'ego prend naissance ; de même que toutes les pensées. Ils ne peuvent exister qu'en étant associés à la conscience absolue ; pas autrement.

Q. : Qu'est-ce que le *moksha* (la libération) ?

M. : Le *moksha* consiste à savoir que vous n'êtes jamais né. « Reste tranquille et sache que je suis Dieu. »

Rester tranquille veut dire *ne pas penser*. Ce qu'il faut, c'est *savoir* et non pas *penser*.

Q. : On dit qu'il y a dans la poitrine six organes de différentes couleurs, dont le cœur situé à deux doigts, à droite, de la ligne médiane. Mais le Cœur est aussi sans forme. Faut-il alors s'imaginer qu'il a une forme et méditer sur lui ?

M. : Non. Seulement la quête « Qui suis-je ? » est

nécessaire. Ce qui continue d'exister pendant le sommeil profond et l'état de veille reste toujours le même. Mais, à l'état de veille, il y a le sentiment d'être malheureux et puis l'effort pour le chasser. Si on vous demande qui sort du sommeil, vous dites : « Je sors. » On vous demande maintenant de vous accrocher fermement à ce 'je'. Si vous y parvenez, l'Etre éternel se révélera. L'investigation sur le 'je' est le point important, et non pas la méditation sur le Cœur. Il n'y a rien qui soit interne ou externe. Les deux veulent soit dire la même chose ou ne rien dire du tout.

Bien sûr, il y a aussi la méditation sur le Centre, le Cœur. Mais ce n'est qu'une pratique et non une investigation.

D'autre part, seul celui qui médite sur le Cœur peut rester conscient lorsque le mental cesse toute activité et reste paisible ; alors que ceux qui méditent sur d'autres centres ne peuvent pas rester conscients ; c'est seulement lorsque le mental est redevenu actif qu'ils déduisent que celui-ci avait été paisible.

132. Un homme cultivé demanda : « Existe-t-il un Etre absolu ? Quels sont ses rapports avec l'existence relative ? »

M. : Sont-ils différents l'un de l'autre ? Ces questions ne se posent que dans le mental. Le mental s'élève au réveil et s'absorbe en sommeil profond. Aussi longtemps qu'il y a un mental, de telles questions et de tels doutes se poseront.

Q. : Il doit exister différents niveaux de progrès avant d'atteindre l'Absolu. Existe-t-il différents niveaux de Réalité ?

M. : Il n'y a aucun degré de Réalité. Il y a des degrés d'expérience pour le *jīva*, mais pas des degrés de Réalité. Si quelque chose de nouveau peut être obtenu, cela peut aussi être perdu, tandis que l'Absolu est éternel — ici et maintenant.

Q. : S'il en est ainsi, comment se fait-il que je l'ignore (*āvarana*) ?

M. : Pour qui est cette ignorance (l'obnubilation) ? Est-ce l'Absolu qui vous dit qu'il est obnubilé ? C'est le *jīva* qui prétend que quelque chose voile l'Absolu. Trouvez pour qui cette ignorance existe.

Q. : Pourquoi y a t-il imperfection dans la Perfection ? Je veux dire, comment l'Absolu devient-il relatif ?

M. : Pour qui est cette relativité ? Pour qui est cette imperfection ? L'Absolu n'est pas imparfait et ne peut rien demander. L'inanimé ne peut pas, non plus, poser la question. Entre les deux s'est donc élevé quelque chose qui pose ces questions et qui éprouve ces doutes. Qui est-ce ? Est-ce celui qui vient de surgir ou est-ce celui qui est éternel ?

Etant parfait, pourquoi vous sentez-vous imparfait ? Voilà ce qu'enseignent toutes les religions. Quelles que soient les expériences, l'expérimentateur est unique et toujours le même.

'Je' est *pūrna* – perfection. Il n'y a pas de diversité dans le sommeil profond ; cela indique la perfection.

Q. : Si je suis parfait, comment se fait-il que je ne le ressente pas ?

M. : L'imperfection n'est pas ressentie non plus en sommeil profond. Le 'Je' du sommeil profond étant parfait, pourquoi le 'je' du réveil se sent-il imparfait ? Parce que celui qui se sent imparfait n'est qu'un « rejet sauvage », une différenciation de l'Infini, une séparation d'avec Dieu.

Q. : Je suis le même dans les trois états. Est-ce que c'est l'ego qui m'a submergé ou bien m'y suis-je laissé empêtrer ?

M. : Est-ce que quelque chose est apparu sans vous ?

Q. : Je suis toujours le même.

M. : C'est parce que vous le voyez que vous avez l'impression que cela a surgi. Avez-vous ressenti cette difficulté en sommeil profond ? Qu'est-ce qui est nouveau à présent ?

Q. : Les sens et le mental.

M. : Qui dit cela ? Est-ce le dormeur ? S'il en était ainsi, il aurait dû poser la question aussi en sommeil profond. Le dormeur a été abandonné au réveil, un certain « rejet sauvage » s'est différencié et se met maintenant à parler.

Quelque chose de nouveau peut-il apparaître hors de ce qui est éternel et parfait ? Une telle polémique est en elle-même éternelle. Ne vous y engagez pas. Tournez-vous vers l'intérieur et mettez fin à tout cela. Il n'y a pas de finalité dans de telles discussions.

Q. : Montrez-moi cette grâce qui met un terme à tous ces problèmes. Je ne suis pas venu ici pour discuter. Je ne désire qu'apprendre.

M. : Apprenez d'abord ce que vous êtes. Cela n'exige ni *shāstra* (Ecritures) ni études. C'est une question d'expérience. L'état d'*être* est depuis toujours ici et maintenant. Vous avez perdu contact avec vous-même et vous demandez aux autres de vous guider. Le but véritable de la philosophie est de vous tourner vers l'intérieur. « Si vous connaissez votre Soi, aucun mal ne vous arrivera. Puisque vous me l'avez demandé, je vous ai enseigné. »

L'ego surgit en s'agrippant à vous (le Soi). Agrippez-vous à vous-même et l'ego s'évanouira. Jusqu'alors le Sage dira : « Il y a » et l'ignorant demandera : « Où ? »

Q. : Le nœud du problème réside dans « Connais-toi Toi-même ».

M. : Oui. C'est tout à fait cela.

133. Il existe deux écoles en Advaita : 1. la *drishti-srishti* (création simultanée) et 2. la *srishti-drishti* (création graduelle).

Il existe également l'Advaita tantrique qui admet trois principes fondamentaux : le *jagat*, le *jīva* et Īshvara (le monde, l'âme et Dieu). Ces trois principes sont réels, mais la Réalité n'est pas limitée à eux. Elle s'étend au-delà. C'est l'Advaita tantrique. La Réalité est illimitée. Les trois principes fondamentaux n'ont pas d'existence séparée de la réalité absolue. Tous sont d'accord pour admettre que la Réalité est omniprésente ; ainsi Īshvara anime le *jīva* ; c'est pourquoi le *jīva* a une existence éternelle. Sa connaissance n'est pas limitée. L'idée de limitation de sa connaissance n'est qu'un produit de son imagination. En réalité, il est Connaissance infinie. Sa limite est le Silence. Cette vérité a été révélée par Dakshināmūrti. Mais ceux qui perçoivent encore ces trois principes fondamentaux les considèrent comme réels. Ils sont concomitants à l'ego.

Il est certain que les images des dieux sont représentées avec beaucoup de détails. De telles représentations n'ont pour but que d'orienter vers la réalité finale. Autrement, pourquoi la signification spécifique de chaque détail serait-elle donnée ? Réfléchissez-y. L'image n'est qu'un symbole. Seul ce qui est au-delà du nom et de la forme est Réalité. Le Saiva-Siddhânta et le Vedānta visent tous deux la même vérité. Autrement, comment Shrī Shankarāchārya, le plus illustre représentant de l'Advaita, aurait-il pu chanter les louanges des dieux ? Il est évident qu'il l'a fait en toute connaissance de cause.

Le questionneur expliqua d'un ton sérieux que sa foi dans le Saiva-Siddhânta et le Vedānta avait été ébranlée après avoir lu des textes Bahaï. « Sauvez-moi, je vous en prie », dit-il.

M. : Connaissez le Soi, qui est ici et maintenant ; vous trouverez la stabilité et vous ne serez plus hésitant.

Q. : Les Bahaïtes lisent les pensées d'autrui.

M. : Oui. Il est possible que vos pensées aient été lues par quelqu'un d'autre. Pour cela, il faut qu'il y ait quelqu'un pour connaître votre mental. Voilà la Vérité toujours présente qui doit être réalisée. La Vérité n'est pas chancelante.

Q. : Accordez-moi la Grâce.

M. : La Grâce *est* toujours et n'est *pas donnée*. Pourquoi pesez-vous le pour et le contre afin de savoir si Bahaullah ou d'autres sont des incarnations ou pas ? « Connais-toi toi-même. » Considérez toutes choses comme la Vérité. Considérez également Bahaullah comme étant la Vérité. Peut-il exister en dehors de la Vérité ? Vos croyances peuvent changer, mais pas la Vérité.

Q. : Montrez-moi la vérité du Siddhānta, etc.

M. : Suivez d'abord leurs instructions et posez des questions ensuite, si vous avez encore des doutes. L'observation de ces instructions vous conduira sûrement au *mauna*. Les différences ne sont perçues que dans les objets extérieurs. Si vous suivez les instructions, toutes les différences s'évanouiront. Nul autre que le fils d'un roi ne peut être appelé prince ; de même, seul Cela qui est parfait est appelé Perfection. On ne devrait pas se contenter de disciplines, d'initiations, de cérémonies, de soumission, etc. ; ce sont des phénomènes extérieurs. N'oubliez jamais que la Vérité est sous-jacente à tous les phénomènes.

Q. : Quelle est la signification du Silence de Dakshināmūrti ?

M. : Nombreuses ont été les explications données par les savants et les sages. Prenez celle qui vous satisfait.

14 JANVIER 1936

134. Quelqu'un posa une question sur le Cœur.

Shrī Bhagavān répondit qu'il faut rechercher le Soi et le réaliser. Le Cœur jouera alors son rôle automatiquement. Le lieu de la Réalisation est le Cœur. On ne peut pas dire que le Cœur soit intérieur ou extérieur.

Q. : Est-ce que Bhagavān a senti que le Cœur était le siège de la Réalisation lors de sa première expérience dans sa jeunesse ?

M. : J'ai commencé à me servir du mot Cœur après avoir lu des ouvrages sur ce sujet. J'ai alors établi le rapport avec ma propre expérience.

15 JANVIER 1936

135. Trois Européennes qui participaient à la Conférence théosophique vinrent à l'ashram et demandèrent : « Le système universel, le Plan, est-il vraiment bon ? Ou est-il de la nature d'une erreur, dont il faut que nous tirions le meilleur parti ? »

M. : Le Plan est bon, à vrai dire. L'erreur est de notre côté. Lorsque nous corrigerons cette erreur en nous, le système universel sera rétabli.

Q. : Avez-vous quelque formule à nous enseigner qui puisse nous permettre de nous remémorer ce que nous avons fait durant le sommeil ?

M. : Aucune formule n'est nécessaire. Chacun fait l'expérience d'avoir bien dormi et de n'avoir eu connaissance de rien pendant le sommeil. Rien d'autre n'a été expérimenté.

Q. : Cette réponse ne me satisfait pas. Nous errons dans le plan astral durant notre sommeil, mais nous ne nous en souvenons pas.

M. : Le plan astral concerne la vie onirique, non pas le sommeil profond.

Q. : Quelle est, d'après vous, la cause de la souffrance dans le monde ? Comment pouvons-nous — en tant qu'individus ou bien collectivement — contribuer à le changer ?

M. : Réalisez le vrai Soi. C'est tout ce qui est nécessaire.

Q. : Pouvons-nous hâter notre illumination pour rendre de plus grands services ? Et comment ?

M. : Comme nous ne sommes pas capables de nous aider nous-mêmes, nous n'avons qu'à nous soumettre complètement au Suprême. Alors Il prendra soin de nous, ainsi que du monde.

Q. : Quel est, d'après vous, le but ?

M. : La réalisation du Soi.

Q. : Y a-t-il un moyen qui permet à chacun de rencontrer le *guru* qui lui est destiné ?

M. : Une méditation intense provoquera la rencontre.

136. Le Dr. G.H. Mees, un jeune Hollandais, demeura quelques jours à l'ashram. Il demanda à Shrī Bhagavān : « J'ai l'impression qu'en sommeil profond j'ai éprouvé quelque chose proche de l'état de *samādhi*. Est-ce possible ? »

M. : C'est le 'je' de l'état de veille qui pose cette question, non pas le 'Je' du sommeil profond. Si vous atteignez l'état de « sommeil éveillé », qui est la même chose que le *samādhi,* durant l'état de veille, vous n'aurez plus aucun doute.

Le *samādhi* est notre état naturel. C'est le courant sous-jacent à chacun des trois états. Celui-ci — c'est-à-dire, le 'Je' — n'est pas dans les trois états, mais ces trois états sont en Lui. Le *samādhi* obtenu à l'état de veille se maintiendra aussi durant le sommeil profond.

La distinction entre conscience et inconscience relève du domaine mental, lequel est transcendé par l'état du Soi réel.

Q. : Le point de vue bouddhiste, selon lequel il n'y a pas d'entité permanente répondant à l'idée d'une âme individuelle, est-il exact ? Est-ce compatible avec la notion hindoue d'un ego qui se réincarne ? Est-ce que l'âme, selon la doctrine hindoue, est une entité continue qui se réincarne encore et encore, ou n'est-ce qu'une simple accumulation de tendances mentales (*samskāra*) ?

M. : Le Soi réel est continu et inaltérable. L'ego qui se réincarne appartient à un plan inférieur, celui de la pensée. Il est transcendé par la réalisation du Soi.

Les réincarnations sont dues à un « rejet sauvage ». C'est pourquoi les bouddhistes en nient l'existence. L'état présent est dû au mélange de *chit* (conscience) avec *jada* (non-conscience).

137. Lakshman Brahmachari, de la Mission Shrī Rāmakrishna, demanda : « Peut-on s'imaginer comme le témoin de ses pensées ? »

M. : Ce n'est pas l'état naturel. Ce n'est qu'une idée (*bhāvanā*) qui aide à tranquilliser le mental. Le Soi est toujours le témoin, qu'on l'imagine comme tel ou non. Il n'est pas besoin de l'imaginer ainsi sauf pour apaiser le mental. Mais le mieux est de demeurer comme son propre Soi.

138. Un visiteur, secrétaire du département des Finances de Mysore, demanda : « Le livre de Paul Brunton *Le Sentier caché* est-il également utile aux Indiens ? »

M. : Oui. A tout le monde.

Q. : Le corps, les sens, etc., ne sont pas 'je'. C'est

un enseignement qui nous est familier, mais comment le pratiquer ?

M. : Par la triple méthode mentionnée dans le livre.

Q. : Le contrôle de la respiration est-il nécessaire pour l'investigation ?

M. : Pas vraiment.

Q. : Dans le livre on parle d'un vide qui survient.

M. : Oui. Mais ne vous arrêtez pas là. Tâchez de voir à qui ce vide apparaît.

Q. : On dit qu'il n'y a pas de vide pour les adorateurs (*bhakta*).

M. : Même dans leur cas il y a l'état latent, le *laya ;* mais le mental se réveille au bout d'un certain temps.

Q. : En quoi consiste l'expérience du *samādhi ?*

M. : Elle est ce qu'elle est. Pour les observateurs extérieurs le *samādhi* peut ressembler à un évanouissement. Même pour le pratiquant cela peut paraître ainsi les premières fois. Mais après quelques expériences, tout ira bien.

Q. : Ces expériences calment-elles les *nādi* ou bien les excitent-elles ?

M. : Les *nādi* sont d'abord excités. En continuant l'expérience, cet état devient habituel et la personne n'est plus excitée.

Q. : Quand on suit une voie sûre, on ne devrait rencontrer aucun désagrément. L'excitation n'est pas compatible avec la tranquillité dans l'être et dans le travail.

M. : Un mental agité est sur la mauvaise voie ; seul un mental tourné vers la dévotion est sur la bonne voie.

19 JANVIER 1936

139. Mr. Ellappa Chettiar, membre du Conseil législatif de Salem, demanda : « Est-il suffisant de tourner le mental vers l'intérieur ou bien devons-nous méditer sur le mantra : "Je suis le *brahman*" ? »

M. : Tourner le mental vers l'intérieur est le plus important. Les bouddhistes considèrent que la prise de conscience du courant de la pensée 'je' constitue la Libération ; là où nous disons qu'un tel courant provient du substrat sous-jacent, la seule Réalité.

Pourquoi devrait-on méditer sur « Je suis le *brahman* » ? Seule l'annihilation du 'je' est Libération. Mais on ne peut y parvenir qu'en gardant le 'je'-'je' toujours en vue. C'est pourquoi l'investigation sur la pensée 'je' est nécessaire. Si on ne lâche pas le 'je', aucun vide ne peut se présenter au chercheur. Autrement, la méditation conduit au sommeil.

Il n'y a qu'un 'Je' tout au long du chemin et ce qui s'élève de temps en temps est la fausse pensée 'je'. Alors que le 'Je' intuitif brille toujours de sa propre lumière, avant même que le faux 'je' ne se manifeste.

La naissance du corps physique n'est pas la naissance de chacun. La naissance de l'ego est la vraie naissance.

Quant à la libération, il n'y a rien de nouveau à gagner. Elle est l'état originel qui demeure toujours inchangé.

140. *Q. :* Qu'est-ce que la Réalité ?

M. : La Réalité doit être toujours réelle. Elle n'a ni forme ni nom. Ce qui sous-tend ceux-ci est la Réalité. Elle est la base des limitations, en étant elle-même illimitée. Elle n'a pas de liens. Elle est la base de ce qui est irréel, en étant elle-même réelle. La Réalité est ce qui est. Elle est telle qu'elle est. Elle transcende la parole, elle est au-delà des expressions, telles que existence, non-existence, etc.

141. Plus tard, la même personne, après avoir cité un vers de la *Kaivalya*, demanda : « Est-ce que le *jñāna* peut être perdu après avoir été atteint ? »

M. : Le *jñāna*, une fois révélé, met du temps à se stabiliser. Le Soi est assurément à la portée de l'expérience directe de chacun, mais pas comme on se l'imagine. Il est simplement tel qu'Il est. Cette expérience est celle du *samādhi*. De même que le feu ne brûle plus lorsqu'on procède aux incantations ou à d'autres procédés, mais continue à brûler si l'on s'en abstient, ainsi le Soi reste voilé par les *vāsanā* (les prédispositions) et ne se révèle que lorsqu'elles ont été extirpées. A cause des fluctuations de ces *vāsanā*, le *jñāna* prend du temps à s'affermir. Un *jñāna* instable n'est pas suffisant pour arrêter les renaissances. Et le *jñāna* ne peut pas rester stable en présence des *vāsanā*.

Il est vrai que dans la proximité d'un grand maître, les *vāsanā* cessent d'être actives, le mental s'apaise et le *samādhi* se déclenche ; cela est comparable à un feu qui ne brûle plus grâce aux moyens mis en œuvre. Ainsi le disciple, en présence du maître, obtient la véritable connaissance et fait l'expérience correcte. Mais pour y demeurer fermement, il faut faire davantage d'efforts. Le disciple reconnaîtra ainsi que cela est son Etre réel et sera libéré même de son vivant. Le *samādhi* avec les yeux clos est certes une bonne chose, mais il faut aller plus loin, jusqu'au point où l'on réalise qu'inactivité et activité ne sont pas opposées l'une à l'autre. La peur de perdre le *samādhi* pendant qu'on est en activité est un signe d'ignorance. Le *samādhi* doit être la vie naturelle de chacun.

Il existe un état au-delà de nos efforts et de notre absence d'efforts. Jusqu'à ce qu'il soit réalisé, l'effort demeure nécessaire. Lorsqu'on a goûté une telle Félicité, ne serait-ce qu'une seule fois, on essayera continuellement de la regagner. Quand on a fait l'expérience de la félicité de paix, on ne voudrait plus s'en passer et s'engager ailleurs. Il est tout aussi difficile pour un *jñānī* de se mettre à penser qu'il est difficile pour un *ajñānī* d'être libre de pensées.

L'homme ordinaire dit qu'il ne se connaît pas lui-même ; il remue beaucoup de pensées et ne peut pas rester sans penser.

Aucune sorte d'activité n'a d'effet sur un *jñānī ;* son mental reste toujours immergé dans la Paix éternelle.

20 JANVIER 1936

142. *Mr. Prakasa Rao de Bezwada :* L'illusion ne peut-elle pas devenir inopérante, avant même que l'identité avec le *brahman* soit accomplie (*Brahmākāravritti*) ? Ou bien persiste-t-elle même après ?

M.: L'illusion ne persiste pas après l'annihilation des *vāsanā*. Mais dans l'intervalle entre la connaissance de l'Identité et l'annihilation des *vāsanā,* il y a encore de l'illusion.

Q.: Comment se fait-il que le monde peut avoir une influence sur l'homme une fois que celui-ci est identifié au *brahman ?*

M.: Faites-le d'abord et voyez. Vous pourrez ensuite poser cette question si vous l'estimez encore nécessaire.

Q.: Pouvons-nous avoir connaissance de notre identité avec le *brahman* de la même manière que nous connaissons notre identité [indiviuelle] ?

M. : Etes-vous différent du mental ? Comment pensez-vous qu'on puisse la connaître ?

Q. : Peut-on connaître le champ entier du *chitta* (*chitta-vilāsa*) ?

M. : Oh ! Est-ce cela l'identité avec le *brahman* ?

Lorsque l'ignorance vient à disparaître, ce qui reste se révèle de lui-même. C'est du domaine de l'expérience, pas de la connaissance.

23 JANVIER 1936

143. Mr. Paul Brunton demanda à Shrī Bhagavān si la colline d'Arunāchala était creuse.

M. : Les *Purāna* l'affirment. On dit que le Cœur est une cavité, et lorsque on y pénètre on fait l'expérience d'une expansion de lumière. De même pour la Colline, qui est lumière. Les grottes, etc., qui s'y trouvent sont recouvertes de cette lumière.

Q. : Y a-t-il des grottes à l'intérieur ?

M. : Dans des visions j'y ai vu des grottes, des villes entières avec leurs rues et tout un monde.

Q. : Y trouve-t-on aussi des *siddha* ?

M. : On dit que tous les *siddha* se tiennent là.

Q. : Y a-t-il seulement des *siddha* ou bien d'autres personnes également ?

M. : C'est comme dans notre monde.

Q. : On prétend que dans l'Himalaya se trouvent des *siddha*.

M. : Le mont Kailāsa est dans l'Himalaya ; il est la demeure de Shiva. Alors que la colline d'Arunāchala est Shiva Lui-même. Tout ce qui se rattache à Sa demeure doit aussi être là où Il se tient.

Q. : Est-ce que Bhagavān croit que la Colline est creuse, etc. ?

M. : Tout dépend du point de vue où l'on se place. Vous-même vous avez eu des visions d'ermitages, etc., sur cette Colline. Vous en avez du reste donné la description dans votre livre.

Q. : Oui. C'était à la surface de la Colline. Mais la vision était à l'intérieur de moi-même.

M. : C'est exactement cela. Tout se trouve à l'intérieur de notre Soi. Pour voir le monde il faut un spectateur. Il ne peut y avoir de monde sans le Soi. Le Soi englobe tout. En fait, le Soi est tout. Il n'y a rien à part le Soi.

Q. : Quel est le mystère de cette Colline ?

M. : La même chose que ce que vous avez décrit dans votre livre *L'Egypte secrète :* « Le mystère de la pyramide est le mystère du Soi. » De même, le mystère de cette Colline est le mystère du Soi.

Major Chadwick : Je n'arrive pas à savoir si le Soi est différent de l'ego.

M. : Comment étiez-vous au cours de votre sommeil profond ?

Q. : Je n'en sais rien.

M. : Qui n'en sait rien ? Est-ce le soi de l'état de veille ? Niez-vous votre existence durant votre sommeil profond ?

Q. : J'étais, et je suis ; mais je ne sais pas *qui* était lors du sommeil profond.

M. : Exactement. L'homme à son réveil dit qu'il ne connaissait rien durant son sommeil. Une fois réveillé, il voit des objets et sait qu'il est là ; tandis qu'en sommeil profond il n'y avait ni objets ni spectateur, etc. Le même individu qui parle maintenant était plongé en sommeil profond. Quelle est la différence entre ces deux états ? Maintenant, il y a les objets et l'activité des sens qu'il n'y avait pas dans le sommeil profond. Une nouvelle entité, l'ego, a surgi, se meut par les sens, voit les objets, se confond avec le corps et dit que le Soi est l'ego. En réalité, ce qui existait pendant le sommeil profond continue à exister maintenant. Le Soi est immuable. C'est l'ego qui s'est interposé. Ce qui apparaît et disparaît, c'est l'ego ; ce qui demeure inchangé, c'est le Soi.

144. *Mr. Prakasa Rao :* Quelle est la cause première de la *māyā* ?

M. : Qu'est-ce que la *māyā* ?

Q. : La *māyā* est fausse connaissance, illusion.

M. : Pour qui est l'illusion ? Il faut bien qu'il existe quelqu'un qui subisse cette illusion. L'illusion, c'est l'ignorance. Selon vous, c'est le soi ignorant qui voit les objets. Quand les objets eux-mêmes ne sont pas présents, comment la *māyā* peut-elle exister ? *Māyā* est *yā ma* (la *māyā* est ce qui n'est pas). Ce qui demeure est le Soi véritable. Si vous affirmez que vous voyez les objets ou que vous ne connaissez pas l'Unité réelle, vous devez en conclure qu'il y a deux soi : le connaisseur et l'objet connaissable. Or, personne n'admettrait qu'il existe en lui-même deux soi. L'homme réveillé dit que c'était lui qui était plongé dans le sommeil profond, mais qu'il était inconscient. Il ne dit pas que le dormeur était différent de celui ici présent. Il n'y a qu'un Soi. Ce Soi est toujours conscient. Il ne change pas. Il n'existe rien d'autre que le Soi.

Q. : Qu'est-ce que le corps astral ?

M. : N'avez-vous pas un corps dans votre rêve ? N'est-il pas différent du corps qui repose sur votre lit ?

Q. : Continuons-nous à vivre après la mort ? Le corps astral survit-il à la mort physique ?

M. : Tout comme vous vous réveillez après diverses expériences vécues en rêve, de même après la mort physique, vous trouvez un autre corps et ainsi de suite.

Q. : On prétend que le corps astral continue à vivre quarante ans après la mort.

M. : C'est dans votre corps actuel que vous dites que le corps du rêve est astral. Le disiez-vous lorsque vous étiez dans le corps du rêve ? Ce qui est astral maintenant apparaîtrait alors réel dans le rêve ; selon ce point de vue, même le corps actuel est astral. Quelle est la différence entre un corps astral et un autre ? Il n'y en a pas.

Mr. Paul Brunton : Il y a des degrés différents de réalité.

M. : Le fait de dire maintenant que le corps du rêve est irréel et que ce corps-ci était irréel durant le rêve ne veut pas dire qu'il existe différents degrés de Réalité. Dans le sommeil profond, il n'y a plus aucune expérience du corps. Il n'y a toujours qu'une seule réalité et c'est le Soi.

145. *Mr. Paul Brunton :* Pourquoi les religions parlent-elles de dieux, de paradis, d'enfers, etc. ?

M. : Simplement pour faire comprendre aux gens qu'ils sont sur le même plan que le monde et que seul le Soi est réel. Les religions reflètent le point de vue du chercheur. Ainsi, dans la *Bhagavad-gītā*, quand Arjuna dit qu'il ne se battra pas contre les membres de sa famille, ses aînés, etc., afin de les tuer pour obtenir le royaume, Shrī Krishna lui répond : « Ne crois pas que tous les tiens, toi ou moi, n'existions pas jadis, n'existons pas actuellement, ou n'existerons pas ci-après. Rien n'est jamais né, rien n'est jamais mort ni ne le sera à l'avenir, etc. » Un peu plus loin, à mesure qu'il développait ce thème, Shrī Krishna déclara qu'Il avait donné le même enseignement au Soleil, et par lui, à Ikshvāku et ainsi de suite. Alors Arjuna exprima un doute : « Comment est-ce possible ? Il n'y a que quelques années que tu es né, et eux vivaient il y a des siècles. » Shrī Krishna, saisissant le point de vue d'Arjuna, répondit : « C'est exact. Il y a eu tant d'incarnations de moi-même et de toi-même, je les connais toutes, mais toi, tu ne les connais pas. »

De telles déclarations semblent contradictoires, cependant elles sont correctes, car elles correspondent au point de vue du questionneur. Le Christ, Lui aussi, déclara qu'Il était avant que fût Abraham.

Q. : Quel est le but de telles déclarations dans les religions ?

M. : Simplement établir la réalité du Soi.

Q. : Bhagavān s'exprime toujours sur le plan le plus élevé.

M. (avec un sourire) : Les gens ne comprendraient pas la vérité toute simple, toute nue — la vérité de leur expérience de chaque jour, toujours actuelle et éternelle. Cette Vérité est celle du Soi. Existe-t-il quelqu'un qui ne soit pas conscient du Soi ? Les gens ne veulent même pas en entendre parler (du Soi), en revanche, ils sont avides de savoir ce qui se passe dans un au-delà — le paradis, l'enfer, la réincarnation. C'est parce qu'ils préfèrent le mystère à la simple vérité que les religions les dorlotent ; et cela uniquement pour mieux les amener vers le Soi. Vous avez beau errer dans tous les sens, vous devez en fin de compte revenir au Soi. Pourquoi alors ne pas s'établir dans le Soi ici et maintenant même ?

Les autres mondes ont besoin du Soi comme spectateur ou penseur. Leur degré de réalité est le même que celui qui les voit ou les pense. Ils ne peuvent exister sans celui qui les voit ou qui les pense. Par conséquent, ils ne sont pas différents du Soi. Même l'ignorant ne voit que le Soi lorsqu'il voit les objets. Mais son esprit est confus et il identifie le Soi avec l'objet, c'est-à-dire avec le corps et les sens, en participant au jeu du monde.

Sujet et objet — tout se fond dans le Soi. Il n'y a ni observateur ni objet vu. Celui qui voit et ce qui est vu sont le Soi. Il n'y a pas non plus plusieurs soi. Tout n'est qu'un seul Soi.

26 JANVIER 1936

146. En réponse à Miss Leena Sarabhai, une Indienne cultivée et de haut rang, Shrī Bhagavān dit :

« L'état d'équanimité est l'état de félicité. La déclaration des Véda "Je suis Ceci ou Cela" n'est qu'un moyen pour acquérir l'équanimité mentale. »

Q. : Par conséquent, on a tort de commencer en se donnant un but, n'est-ce pas ?

M. : S'il y a un but à atteindre, ce but ne peut pas être permanent. Il doit déjà être présent. Nous cherchons à atteindre le but avec l'ego, mais le but existe avant l'ego. Ce qui est dans le but est antérieur même à notre naissance, c'est-à-dire à la naissance de l'ego. C'est parce que nous existons que l'ego semble exister aussi.

Si nous considérons le Soi comme étant l'ego, nous devenons l'ego ; si nous le considérons comme étant le mental, nous devenons le mental et si nous le considérons comme étant le corps, nous devenons le corps. C'est la pensée qui construit des enveloppes de tant de façons différentes. L'ombre sur l'eau tremble. Quelqu'un peut-il arrêter le tremblement de l'ombre ? Si elle s'arrêtait de trembler, on ne discernerait plus l'eau mais seulement la lumière. De même, ne tenez pas compte de l'ego et de ses activités et voyez uniquement la lumière derrière lui. L'ego est la pensée 'je'. Le vrai 'Je' est le Soi.

Q. : C'est un pas vers la Réalisation.

M. : La Réalisation est déjà là. L'état libre de toute

pensée est le seul état réel. Il n'y a aucune action correspondant à une réalisation. Y a t-il quelqu'un qui ne réalise pas le Soi ? Y a-t-il quelqu'un qui nie sa propre existence ?

Lorsqu'on parle de Réalisation, cela implique l'existence de deux soi : l'un qui réalise, et l'autre qui doit être réalisé. On cherche à réaliser ce qui n'est pas encore réalisé. Une fois que nous admettons notre existence, comment se fait-il que nous ne connaissions pas notre Soi ?

Q. : A cause de nos pensées, de notre mental.

M. : Tout à fait. C'est le mental qui empêche et voile notre bonheur. Comment savons-nous que nous existons ? Si vous dites que c'est à cause du monde environnant, alors comment pouvez-vous savoir que vous existiez pendant votre sommeil profond ?

Q. : Comment pouvons-nous nous débarrasser du mental ?

M. : Est-ce le mental qui désire se tuer ? Le mental ne peut pas se tuer lui-même. Par conséquent, ce que vous avez à faire, c'est rechercher la nature réelle du mental. Vous découvrirez alors qu'il n'y a pas de mental. Quand on est à la recherche du Soi, le mental n'est plus nulle part. Quand on demeure dans le Soi, on n'a plus besoin de s'inquiéter du mental.

Q. : Comment se débarrasser de la peur ?

M. : Qu'est-ce que la peur ? Ce n'est qu'une pensée. S'il y avait quelque chose d'autre que le Soi, il y aurait lieu d'avoir peur. Qui est celui qui voit quelque chose d'autre, extérieur à lui-même ? C'est l'ego qui s'élève en premier et qui considère les objets comme extérieurs. Si l'ego ne s'élève pas, le Soi seul existe et reste sans second (sans manifestation extérieure). Toute chose extérieure suppose un spectateur intérieur. En le cherchant à l'intérieur, tout doute, toute peur —

non seulement la peur, mais toutes les autres pensées centrées autour de l'ego — disparaîtront en même temps que celui-ci.

Q. : Cette méthode semble plus rapide que la méthode classique qui consiste à cultiver des qualités prétendument nécessaires au salut (*sādhanā-chatushtaya*).

M. : Oui. Toutes les mauvaises qualités gravitent autour de l'ego. Quand l'ego a disparu, la Réalisation se produit d'elle-même. Il n'y a ni bonnes ni mauvaises qualités dans le Soi. Le Soi est libre de toutes qualités. Les qualités ne relèvent que du mental. Le Soi est au-delà de toute qualité. S'il y a unité, il y a aussi dualité. Le nombre un donne naissance aux autres nombres. La Vérité n'est ni un ni deux. Elle est comme elle est.

Q. : La difficulté est d'être dans un état libre de pensées.

M. : Abandonnez l'état libre de pensées à son propre sort. Ne pensez pas qu'il vous appartient. Tout comme lorsque vous marchez, et qu'involontairement vous faites des pas, procédez ainsi dans vos actions. L'état sans pensées n'est pas affecté par vos actions.

Q. : Qu'est-ce qui permet la discrimination dans l'action ?

M. : La discrimination deviendra automatique, intuitive.

Q. : Donc seule l'intuition compte ; l'intuition se développe-t-elle aussi ?

M. : Ceux qui ont découvert de grandes vérités les ont trouvées dans les profondeurs tranquilles du Soi.

L'ego est comme notre ombre sur le sol. Tenter de l'enterrer serait une sottise. Le Soi n'est qu'un. S'il est limité, c'est l'ego. S'il est illimité, c'est l'Infini, la Réalité.

Les bulles sont différentes les unes des autres et innombrables, mais l'océan n'est qu'un. De même, les ego sont nombreux, tandis que le Soi est UN, et seulement UN.

Quand on vous dit que vous n'êtes pas l'ego, réalisez la Réalité. Pourquoi vous identifiez-vous à l'ego ? C'est comme si on vous disait : « Ne pensez pas à un singe en avalant votre médicament. » C'est impossible de ne pas y penser. Le fonctionnement des gens ordinaires est pareil. Quand on parle de la Réalité, pourquoi continuez-vous à méditer sur « *shivo'ham* » [Je suis Shiva] ou « *aham brahmāsmi* » [Je suis le *brahman*] ? Il vaudrait mieux en trouver le sens et le comprendre. Il n'est pas suffisant de répéter simplement les mots ou d'y penser.

La Réalité, c'est simplement la perte de l'ego. Détruisez l'ego en cherchant son identité. Parce que l'ego n'est pas une entité, il disparaîtra automatiquement et la Réalité resplendira spontanément d'elle-même. C'est la méthode directe. Tandis que dans toutes les autres méthodes l'ego subsiste. Celles-ci soulèvent quantités de doutes et à la fin la vraie question reste en suspens. Dans cette méthode-ci, par contre, la question finale est la seule qui existe, et elle est posée dès le début. Aucune *sādhanā* (discipline) n'est nécessaire pour s'engager dans cette quête.

Il n'y a pas de plus grand mystère que celui-ci : nous cherchons à atteindre la Réalité alors que nous *sommes* la Réalité. Nous pensons que quelque chose nous cache notre Réalité et qu'il faut le détruire avant d'obtenir cette même Réalité. C'est ridicule. Un jour viendra où vous rirez vous-même de tous les efforts passés. Et ce qui sera le jour où vous rirez est déjà ici et maintenant.

Q. : Alors, c'est un grand jeu du « faire semblant » ?

M. : Oui.

Dans le *Yoga-vāsishtha* il est écrit : « Ce qui est réel nous est caché, mais ce qui est faux se révèle à nous comme vrai. » En fait, la seule chose dont nous faisons l'expérience, c'est la Réalité ; pourtant nous ne le savons pas. N'est-ce pas la merveille des merveilles ?

La recherche « Qui suis-je ? » est le glaive qui sert à trancher l'ego.

147. En réponse à un *samnyāsin*, Shrī Bhagavān dit : « Il existe différents degrés du mental ; la Réalisation relève de la Perfection. Elle ne peut être appréhendée par le mental. *Sarvajñātva* (l'omniscience), c'est être *sarvam* (tout) ; mais "le tout" relève encore du mental puisque c'est le connu et l'inconnu qui forment "le tout". Ce n'est que lorsque vous aurez transcendé le mental que vous demeurerez le pur Soi. Votre connaissance actuelle est limitée ; la véritable connaissance est illimitée et ne peut donc être comprise par la connaissance actuelle. Cessez d'être le *connaisseur*, et ce sera la Perfection. »

27 JANVIER 1936

148. Un visiteur du Gujarat raconta qu'il pratiquait la concentration sur le son intérieur — le *nāda* — et désirait savoir si la méthode était bonne.

M. : La méditation sur le *nāda* est l'une des méthodes recommandées. Ses partisans prétendent qu'elle possède une vertu toute particulière. Selon eux, elle est la méthode la plus facile et la plus directe. De même qu'un enfant s'endort au chant d'une berceuse, ainsi le *nāda* apaise au point de provoquer le *samādhi.* Ou bien, tout comme un roi dépêche ses musiciens pour accueillir son fils au retour d'un long voyage, le *nāda* mène agréablement l'adorateur dans la demeure du Seigneur. Le *nāda* favorise la concentration. Mais une fois que le

son a été perçu, la pratique ne doit pas rester une fin
en soi. Le *nāda* n'est pas l'objectif. On doit s'agripper
au sujet, sinon l'on aboutit à un vide. Car, bien que le
sujet soit encore présent dans ce vide, il ne serait plus
conscient de la cessation des différents *nāda*. Pour rester
conscient, même dans ce vide, il faut se rappeler son
propre Soi. La *nāda-upāsanā* (la méditation sur le son)
est une bonne discipline ; mais elle est encore meilleure
associée à l'investigation (*vichāra*). Dans ce cas, le *nāda*
est *chinmaya* et aussi *tanmaya* (constitué de Connaissance et du Soi). Le *nāda* facilite la concentration.

28 JANVIER 1936

149. En réponse à un *sādhu* qui demandait si la voie
de la *bhakti* (la dévotion) consistait à oublier le corps,
etc., Shrī Bhagavān dit : « Pourquoi vous préoccupez-
vous du corps ? Pratiquez la *bhakti* et ne vous inquiétez
pas de ce qui arrivera au corps. »

150. Mr. et Mrs. Kelly, un couple âgé venant d'Amérique, ainsi que d'autres personnes de leur groupe
désirèrent savoir comment ils pouvaient se concentrer
en dépit des conditions inconfortables, telles que la
position assise sur le sol, les piqûres de moustiques, etc.

M. : Ces désagréments ne vous gêneront plus si
votre concentration est bonne. Ne prêtez pas attention
à l'inconfort. Maintenez fermement votre mental en
état de méditation. Si vous n'avez ni la force ni la
patience d'endurer les piqûres de moustiques, comment
pouvez-vous espérer obtenir la réalisation du Soi ? La
Réalisation doit exister parmi tous les tourments de la
vie. Si vous vous étendez sur votre lit dans une position
confortable, vous ne tarderez pas à vous endormir. Faites

face à vos ennuis mais maintenez-vous fermement en méditation.

31 JANVIER 1936

151. Un Américain, un peu dur d'oreille et habitué depuis sa jeunesse à ne compter que sur lui-même, s'inquiétait de son ouïe devenue défectueuse.

M. : Ce n'est pas sur vous-même que vous comptiez jusqu'ici, mais sur votre ego. Il est bon que votre dépendance à l'ego soit éliminée et que vous deveniez vraiment dépendant du Soi.

Et puis Bhagavān continua : « Vous n'avez aucune raison de vous inquiéter. Le contrôle des sens est une étape préliminaire, nécessaire à la réalisation du Soi. Ainsi, Dieu Lui-même a maîtrisé un de vos sens. Tant mieux pour vous. »

L'interlocuteur de Bhagavān déclara qu'il appréciait ce sens de l'humour mais que son amour-propre n'en souffrait pas moins.

M. : Le Soi n'est qu'UN. Vous sentez-vous blessé lorsque vous vous blâmez vous-même ou que vous vous méprisez pour vos erreurs ? Si vous tenez le Soi, il n'y a pas de deuxième personne pour vous blâmer. Si vous voyez le monde, c'est que vous avez lâché le Soi. Par contre, si vous tenez fermement le Soi, le monde n'apparaîtra pas.

1ER FÉVRIER 1936

152. Mrs. Kelly désira savoir quel était le meilleur moyen pour apprendre la méditation.

Shrī Bhagavān demanda si elle avait pratiqué le *japa* à l'aide d'un rosaire comme le font les catholiques romains. Elle répondit que non.

M. : Avez-vous pensé à Dieu, à Ses qualités, etc. ?

Q. : J'ai lu et conversé sur ces sujets.

M. : Bien, si vos pensées sont centrées sur ces sujets sans les exprimer ouvertement par les sens, c'est la méditation.

Q. : Je parlais de la méditation comme elle est décrite dans les livres *Le Sentier caché*[1] et *Qui Suis-je ?*

M. : Désirez-la intensément, jusqu'à ce que le mental se fonde dans la dévotion. Quand le camphre est brûlé, il ne reste aucun résidu. Le mental est le camphre ; quand il s'est entièrement fondu dans le Soi, sans même laisser la plus petite trace derrière lui, c'est la réalisation du Soi.

4 FÉVRIER 1936

153. Des visiteurs de Peshawar arrivèrent à l'ashram. Parmi eux, un commissaire judiciaire et un jeune homme sérieux et instruit. Ce dernier, convaincu de la différence entre le *paramātman* (le Soi suprême) et le *jīvātman* (le Soi individuel), posa quelques questions. Shrī Bhagavān dissipa ses diverses interrogations par cette seule déclaration : « Retirez les *upādhi* (les adjonctions limitantes), c'est-à-dire le *jīva* et le *parama,* de l'*ātman* et dites-moi si vous trouvez encore une différence. Si, plus tard, ces doutes persistent encore, demandez-vous : "Qui est celui qui doute ? Qui est celui qui pense ?" Trouvez-le, et ces doutes s'évanouiront. »

---

1. Par Paul Brunton.

5 FÉVRIER 1936

154. Aujourd'hui, le même jeune homme posa une question sur le *prānāyāma* (le contrôle de la respiration).

M. : Selon l'optique du *jñāna,* le *prānāyāma* est ainsi constitué :

>   *nā 'ham :* Je ne suis pas cela = Expiration
>   *ko 'ham :* Qui suis-je ? = Inspiration
>   *so 'ham :* Je suis Lui = Rétention

C'est le *vichāra* (l'investigation). Ce genre de *vichāra* permet d'obtenir le résultat désiré.

Pour celui qui n'est pas assez avancé pour suivre cette méthode, la méditation provoque la suspension de la respiration et le mental cesse de s'agiter. Le contrôle du mental entraîne spontanément le contrôle de la respiration ; ou, plus exactement, conduit au *kevala-kumbhaka* (la rétention spontanée de la respiration, sans prêter attention à l'inspiration et l'expiration).

A celui qui ne peut pas pratiquer cela non plus, on recommande le contrôle de la respiration pour ainsi calmer le mental. Mais ce calme ne dure que le temps pendant lequel la respiration est contrôlée, il n'est donc que passager. Il est clair que le but n'est pas le *prānāyāma.* Il doit être étendu aux *pratyāhāra-dhāranā, dhyāna* et *samādhi* (concentration, méditation et expérience de l'Unité). Ces stades impliquent le contrôle mental. Un tel contrôle devient plus facile pour quelqu'un qui a déjà pratiqué le *prānāyāma,* car le *prānāyāma* le conduit à ces stades plus élevés du contrôle mental. On peut dire ainsi que le contrôle du mental est aussi le but du yoga.

Un homme déjà avancé passera directement au contrôle du mental sans perdre son temps à pratiquer le contrôle de la respiration. De simples progrès en *prānāyāma* suffisent à eux seuls à conférer des *siddhi* (pouvoirs) que tant de gens convoitent.

A la question de savoir si des restrictions alimentaires étaient indispensables, Shrī Bhagavān dit : « *Mita hita bhuk,* c'est-à-dire une nourriture agréable en quantité modérée. »

Interrogé sur l'efficacité de la *bhakti* (la dévotion), Shrī Bhagavān répondit : « Tant qu'existe la *vibhakti* (la séparation), il doit y avoir *bhakti.* Tant qu'existe le *viyoga* (la dés-union), il doit y avoir *yoga.* Tant qu'existe la dualité, il doit y avoir Dieu et son adorateur. De même pour le *vichāra* (l'investigation). Tant qu'existe le *vichāra,* il y a également dualité. Ce n'est qu'en s'immergeant dans la Source qu'il n'y a plus que l'unité. Il en va de même pour la *bhakti.* En réalisant le Dieu de sa dévotion, il n'y a plus qu'unité. Même la pensée de Dieu provient du Soi, elle est pensée dans le Soi et par le Soi. Dieu est identique au Soi.

Si quelqu'un reçoit le conseil de pratiquer la *bhakti* pour Dieu et qu'il s'y consacre aussitôt, c'est une bonne chose. Mais il existe une autre sorte d'homme, qui réplique : "Nous sommes deux, Dieu et moi. Avant de connaître un Dieu lointain, laissez-moi connaître le plus immédiat et intime 'Je'." A cet homme, il convient d'enseigner le *vichāra-mārga* (la voie de l'investigation). En fait, il n'y a pas de différence entre la *bhakti* et le *vichāra.* »

155. Le même visiteur s'informa sur la nature du *samādhi* et le moyen d'y parvenir.

M.: Quand celui qui pose cette question aura disparu, le *samādhi* se produira.

Major Chadwick : On dit qu'un seul regard d'un Mahātma est suffisant et que les images, les pèlerinages, etc., ne sont pas aussi efficaces. Je suis ici depuis trois mois et je ne sais pas en quoi le regard du Maharshi a pu m'être bénéfique.

M. : Ce regard est purifiant. La purification n'est pas visible. De même qu'un simple morceau de charbon met longtemps à s'enflammer, qu'un charbon de bois s'enflamme vite et que la poudre à fusil prend instantanément, de même les personnes entrant en contact avec les Mahātmas réagissent à des degrés différents.

Mr. Cohen : Quand je médite, je parviens à un point qui peut être appelé « paix », une sorte d'état contemplatif. Quelle doit être l'étape suivante ?

M. : La Paix est la réalisation du Soi. La Paix ne doit pas être troublée. On devrait s'évertuer à ne rechercher que la Paix.

Q. : Mais cet état ne me donne pas satisfaction.

M. : C'est parce que votre paix est temporaire. Lorsqu'elle devient permanente, elle est appelée Réalisation.

9 FÉVRIER 1936

156. *Q. :* La solitude est-elle favorable aux pratiques spirituelles ?

M. : Que voulez-vous dire par solitude ?

Q. : Se tenir à l'écart des autres.

M. : Pour quoi faire ? C'est uniquement la peur qui vous y pousse. Même en état de solitude il peut y avoir la peur d'être dérangé par les autres et de voir sa solitude troublée. De plus, comment peut-on supprimer ses pensées dans la solitude ? Cela ne peut-il pas se faire tout autant dans son environnement habituel ?

Q. : Mais là, le mental est distrait.

M. : Pourquoi laissez-vous votre mental se promener ? La solitude a pour effet de rendre le mental tranquille. Cela peut être fait au milieu d'une foule. La solitude ne peut pas effacer les pensées. La pratique le peut. Et cette même pratique peut aussi s'effectuer ici.

157. *Q. :* Dans la quête du 'Je', on recommande au chercheur, à un certain stade, de maintenir son mental dans une attitude de négation afin que la grâce pénètre. Comment une attitude négative peut-elle donner des fruits positifs ?

M. : Le Soi est toujours là, il n'y a pas à l'obtenir.

Q. : Je voulais dire, que s'est-il passé dans l'attitude de négation pour qu'elle mérite la Grâce ?

M. : Etes-vous en train de poser cette question sans la Grâce ? La Grâce est au commencement, au milieu et à la fin. La Grâce est le Soi. C'est en raison de la fausse identification du Soi avec le corps que le *guru* est considéré comme ayant un corps. Mais du point de vue du *guru*, le *guru* n'est autre que le Soi. Le Soi n'est qu'UN. Le *guru* enseigne que seul le Soi existe. N'est-ce pas alors le Soi qui est votre *guru* ? De quelle autre source la Grâce pourrait-elle venir ? Elle ne peut venir que du Soi. La manifestation du Soi est une manifestation de la Grâce, et *vice versa*.

Tous ces doutes s'élèvent à cause de la perspective erronée et de l'espérance en des choses extérieures à soi-même qui en résulte. Rien n'est extérieur au Soi.

Q. : Toutes nos questions sont posées de notre point de vue et Shrī Bhagavān répond selon le sien. Ainsi, non seulement les questions ne font pas l'objet d'une réponse, mais elles deviennent aussi dénuées de tout fondement.

11 FÉVRIER 1936

158. *Mr. Frydman :* Le roi Janaka était un *jñānī*, ce qui ne l'empêchait pas de gouverner son royaume. L'action n'exige-t-elle pas l'activité mentale ? Quel est le mode de fonctionnement d'un mental de *jñānī* ?

M. : Vous dites que Janaka était un *jñānī* et que cependant il était actif, etc. Est-ce Janaka qui pose cette question ? La question n'est que dans votre mental. Le *jñānī* n'a conscience de rien à part le Soi. Il n'éprouve aucun doute de ce genre.

Q. : C'est probablement comme un rêve. Tout comme nous parlons de nos rêves, les *jñānī* pensent ainsi de leurs actions.

M. : Même le rêve, etc., est dans votre mental. Et cette explication aussi n'est que dans votre mental.

Q. : Oui, je vois. Tout est *Rāmana-māyā* — constitué par le Soi.

M. : Puisque c'est ainsi, il n'y a pas de dualité ni de conversation.

Q. : Un homme qui a réalisé le Soi peut aider le monde plus efficacement, n'est-ce pas ?

M. : Si le monde est séparé du Soi.

12 FÉVRIER 1936

159. Mr. Cohen désirait savoir si l'état de transe était une condition *sine qua non* pour la réalisation du Soi.

M. : Vous êtes toujours dans le Soi — maintenant, en transe, en sommeil profond ou en état de Réalisation. Si vous lâchez le Soi et vous identifiez avec le corps ou le mental, ces états semblent s'emparer de vous et cela ressemble au vide de la transe, etc. ; alors que vous êtes le Soi et que vous êtes éternellement présent.

Q. : Shrī Aurobindo dit que la Lumière qui réside dans la tête doit être descendue dans le cœur.

M. : Le Soi n'est-il pas déjà dans le Cœur ? Comment le Soi omniprésent peut-il être déplacé d'un endroit à un autre ?

Q. : Le *karma-yogī* et le *bhakta* sont-ils, eux aussi, sujets à la transe ?

M. : Quand vous vous concentrez sur un seul point, vous vous fondez en lui et cette fusion est appelée transe. Les autres formes disparaissent et il ne reste plus que le Soi. Les *karma-yogī* et les *bhakta* doivent aussi faire cette expérience.

160. *Q. :* Que sont le *hridaya* et le *sphurana* qui y est contenu ? Comment apparaissent-ils ?

M. : Le *hridaya* et le *sphurana* sont la même chose que le Soi. Le *sphurana* exige un support pour se manifester. Cela est expliqué dans le livre [1].

Q. : Comment le *sphurana* se manifeste-t-il ? Comme lumière, comme mouvement ou comme autre chose ?

M. : Comment peut-on décrire cela par des mots ? Le *sphurana* inclut tout, c'est le Soi. Fixez votre attention sur lui et n'abandonnez pas l'idée de son caractère ultime.

13 FÉVRIER 1936

161. Un homme âgé d'Ananthapur, après la récitation des Véda dans le hall, se leva et proclama :

« Il est dit que les non-brahmanes ne doivent pas écouter la récitation des Véda. »

---

1. Voir le *Vichāra-Sangraham.*

M. : Mêlez-vous de ce qui vous regarde. Occupez-vous de ce pour quoi vous êtes venu ici. Pourquoi perdez-vous votre temps avec ces choses ? Vous dites : « J'ai entendu les récitations. » Qui est ce 'je' ? Vous utilisez le mot 'je' sans le connaître. Si vous connaissiez sa signification, vous n'auriez plus de doute. Trouvez d'abord le 'je' et après vous pourrez parler d'autres choses.

Et Shrī Bhagavān poursuivit : « Les gens disent : Les *smriti* déclarent telle ou telle chose, mais maintenant ce n'est plus approprié. Je vais donc réformer le monde et récrire les *smriti*. C'est avec ces propos que les hommes, depuis des temps immémoriaux, défont et refont le monde. De tels réformateurs sont apparus et ont disparu ; mais les anciennes *smriti* sont toujours là. Pourquoi perdre son temps avec de telles questions ? Que chacun s'occupe de ce qui le concerne. Et tout ira bien. »

23 FÉVRIER 1936

162. Une femme d'âge moyen, originaire de l'Etat de Maharashtra, avait étudié le *Jñāneshvarī*, le *Bhâga-vatam* et le *Vichāra-sāgara*. Elle pratiquait la concentration entre les sourcils et, prise parfois de peur et de tremblement, ne progressait pas. Elle demanda à être guidée.

Le Maharshi lui dit de ne pas oublier *celui qui voit*. Le regard est fixé entre les sourcils, mais *celui qui voit* est perdu de vue. Si on se souvient toujours de *celui qui voit*, tout ira bien.

24 FÉVRIER 1936

163. Le Dr. Henry Hand, un Américain d'environ 70 ans, demanda : « Qu'est-ce que l'ego ? »

M. : L'ego étant intérieur et non extérieur à vous, il doit vous paraître évident.

Q. : Quelle est sa définition ?

M. : La définition ne peut que provenir de l'ego. C'est donc à l'ego de se définir lui-même.

Q. : Qu'est-ce que l'âme ?

M. : Trouvez l'ego, et vous trouverez l'âme.

Q. : Sont-ils donc identiques ?

M. : L'âme peut exister sans l'ego ; mais l'ego ne peut exister sans l'âme. Ils sont comme la vague et l'océan.

Q. : Cela clarifie les choses. Qu'est-ce que l'*ātman* ?

M. : L'*ātman* et l'âme sont la même chose.

164. Un autre Américain s'enquit sur les formes de pensées.

M. : Remontez à la source des pensées, elles disparaîtront.

Q. : Mais les pensées se matérialisent.

M. : S'il y a des pensées, elles se matérialisent. Si elles disparaissent, il n'y a rien à matérialiser. De même, si vous vous considérez comme physique, le monde est physique, etc. Trouvez si vous êtes physique.

Q. : Comment pourrais-je me rendre utile dans le monde de Dieu ?

M. : Trouvez si votre 'je' est différent de la partie divine du monde. Vous n'êtes pas capable de vous aider vous-même et cependant vous cherchez la partie divine pour qu'elle vous aide à aider le monde. C'est le Divin qui vous dirige et vous contrôle. Où allez-vous en sommeil profond ? D'où revenez-vous ?

Q. : J'ai été influencé par des actions et des pensées.

M. : Pensées et actions sont la même chose.

Q. : Y a-t-il des moyens pour percevoir les phénomènes suprasensibles, tels que les anges gardiens ?

M. : L'état de l'objet est fonction de l'état du sujet.

Q. : Plusieurs personnes qui regardent un objet voient
la même chose.

M. : Parce qu'il n'y a qu'un seul qui voit derrière
tous, et qu'il y a diversité dans les phénomènes. Percevez-
vous la diversité en sommeil profond ?

Q. : Nous pouvons voir Abraham Lincoln qui est
mort il y a longtemps.

M. : Un objet peut-il exister sans quelqu'un qui le
voit ? Les expériences peuvent être réelles, mais les
objets dépendent de celui qui les voit.

Q. : Un de mes assistants a été tué durant la guerre.
Neuf ans plus tard, une photographie fut prise d'un
groupe de ses amis. Sa forme apparaît sur la photo.
Comment est-ce possible ?

M. : Il est possible que des pensées se soient matéria-
lisées... Allez à la racine de cela.

Q. : Comment ?

M. : Si le chemin était extérieur, des indications
seraient possibles, mais il est à l'intérieur de vous-
même. Cherchez en vous-même. Le Soi est toujours
réalisé. Seul quelque chose qui n'a pas encore été réalisé
peut être recherché. Mais le Soi est à la portée de votre
expérience.

Q. : Oui. Je me réalise moi-même.

M. : Je me..., dites-vous ? Y a-t-il deux entités — 'je'
et 'me' ?

Q. : Ce n'est pas ce que je veux dire.

M. : Qui est celui qui a réalisé ou n'a pas réalisé ?

Q. : Il n'y a qu'un Soi.

M. : La question ne peut se poser que s'il en existe
deux. Abandonnez la fausse identification du Soi avec
le non-Soi.

Q. : Je parle du plus haut niveau de conscience.

M. : Il n'y a pas de niveaux.

Q. : Pourquoi l'homme n'obtient-il pas instantanément l'illumination ?

M. : L'homme est lui-même illumination. Il illumine les autres.

Q. : Votre enseignement est-il différent des autres ?

M. : Il n'y a qu'une seule voie et qu'une seule Réalisation.

Q. : Mais les gens parlent de beaucoup de méthodes différentes.

M. : Elles dépendent de leur état mental.

Q. : Qu'est-ce que le *yoga* ?

M. : Le *yoga* (l'union) est pour celui qui est en *viyoga* (séparation). Mais seule l'Unité existe. Si vous réalisez le Soi, il n'y aura plus de différence.

Q. : Est-il utile de se baigner dans le Gange ?

M. : Le Gange est en vous. Ce Gange-là ne vous donne pas froid et ne vous fait pas trembler. Baignez-vous en lui.

Q. : Devons-nous lire la *Bhagavad-gītā* de temps en temps ?

M. : Toujours.

Q. : Pouvons-nous lire la Bible ?

M. : La Bible et la *Gītā* sont la même chose.

Q. : La Bible enseigne que l'homme est né dans le péché.

M. : Etre homme est péché. Ce sentiment d'être homme n'existe pas dans le sommeil profond. C'est la pensée du corps qui fait naître l'idée de péché. La naissance de la pensée est en soi péché.

A une autre question le Maître répondit : « Chacun ne voit que le Soi. Même les formes divines sont comme des vagues sur l'océan de la Réalité ou comme des images défilant sur un écran. »

Q.: La Bible dit que l'âme humaine peut être perdue.

M.: La pensée 'je' est l'ego et c'est ce qui se perd. Le vrai 'Je' est « Je suis ce JE SUIS ».

Q.: Il y a des divergences entre l'enseignement de Srī Aurobindo et celui de la Mère.

M.: Soumettez-vous au Soi d'abord et ensuite harmonisez les divergences entre elles.

Q.: Qu'est-ce que le renoncement ?

M.: L'abandon de l'ego.

Q.: N'est-ce pas l'abandon des possessions ?

M.: L'abandon du possesseur aussi.

Q.: Le monde changerait si les gens renonçaient à leurs biens au profit des autres.

M.: Renoncez d'abord à vous-même, après quoi vous pourrez penser aux autres.

En réponse à une autre question Shrī Bhagavān dit : « Les méthodes apparaissent plus ou moins faciles selon la nature des individus. Tout dépend de ce qu'ils ont pratiqué auparavant. »

Q.: Ne pouvons-nous pas obtenir la Réalisation instantanément ?

M.: La Réalisation n'est rien de nouveau. Elle est éternelle. Il ne peut donc être question de réalisation instantanée ou graduelle.

Q.: La réincarnation existe-t-elle ?

M.: La réincarnation n'existe que si vous êtes incarné. Mais là vous n'êtes même pas né.

A une autre question :

M.: L'ego est la racine de toute maladie. Abandonnez-le et il n'y aura plus de maladie.

Q.: Si tout le monde renonçait, existerait-il un monde matériel ? Qui labourera ? Qui récoltera ?

M.: Réalisez d'abord et voyez après. L'aide qu'apporte la Réalisation transcende toute aide apportée par les mots, les pensées, les actes, etc. Si vous comprenez votre propre réalité, alors celle des *rishi* et des maîtres vous sera claire. Il n'y a qu'un seul Maître, et c'est le Soi.

Q.: Pourquoi les maîtres insistent-ils sur le silence et la réceptivité ?

M. : Qu'est-ce que le silence ? C'est l'éternelle éloquence.

Q.: En quoi consiste l'attitude réceptive du mental ?

M.: A ne pas être distrait mentalement.

Q.: Est-il utile de rapprocher l'Amérique et l'Inde en favorisant les rencontres entre les membres de l'intelligentsia des deux pays, par exemple en échangeant des professeurs, etc. ?

M. : Ces événements se produiront automatiquement. Il y a un Pouvoir qui guide les destinées des nations. Ces questions ne se posent que lorsque vous avez perdu le contact avec la Réalité. Est-ce que l'Amérique ou l'Inde est séparée de vous ? Saisissez la Réalité et voyez.

Q. : Shrī Rāmakrishna avait préparé Vivekānanda. Quel est le pouvoir derrière ?

M.: Le Pouvoir est unique en tous.

Q.: Quelle est la nature de cette force ?

M. : La même que celle de la limaille de fer attirée par l'aimant. La force est intérieure et non extérieure. Rāmakrishna était en Vivekānanda. Si vous pensez que Vivekānanda était un corps, Rāmakrishna en était un aussi. Mais ni l'un ni l'autre n'étaient des corps. Vivekānanda n'aurait pas pu entrer en *samādhi* si Rāmakrishna n'avait pas été en lui.

Q.: Pourquoi doit-on souffrir quand on est piqué par un scorpion ?

M.: Quelle est la cause de l'apparition du corps et du monde ?

Q.: Elle fait partie du mental cosmique.

M. : Laissez alors le mental cosmique s'en occuper. Si l'individu désire savoir, qu'il découvre son Soi.

Q.: Les mystères yoguiques, tels que boire de l'acide nitrique, avaler des poisons, marcher sur le feu, etc., sont-ils dus à un certain état vibratoire ?

M. : Laissez le corps physique poser la question. Vous n'êtes pas physique. Pourquoi vous préoccuper de ce que vous n'êtes pas ? Si le Soi avait une forme, il pourrait être affecté par des objets. Mais le Soi n'a pas de forme, par conséquent il est immunisé contre tout contact avec les choses.

Q.: Quel est le sens de l'océan d'Amour ?

M. : Esprit, Saint-Esprit, Réalisation, Amour, etc., sont tous synonymes.

Q.: Une conversation très, très éclairante.

Mr. N. Subba Rao : Qu'est-ce que le Vishishtādvaita ?

M.: La même chose que cela [1].

Q.: Mais ses adeptes n'admettent pas la *māyā*.

M.: *Sarvam* (tout) est le *brahman*, disons-nous. Eux déclarent que le *brahman* demeure qualifié (*vishishta*) en tout.

Q.: Ils disent que le monde est une réalité.

M. : Nous disons la même chose. Seulement, l'*āchārya* [2] disait : « Découvrez la Réalité derrière le monde. » Ce qui est appelé illusion par l'un est appelé perpétuel changement par un autre. L'aboutissement est le même pour les deux.

Dr. Hand : Maharshi ! Ne pensez pas que nous sommes des mauvais garçons.

---

1. Avec « cela », le Maharshi veut sans doute dire « Advaita ». Voir entretien n° 274.

2. Shrī Shankara.

M. : Vous n'avez pas besoin de me dire cela, et vous ne devez pas le penser non plus.

Cela fit rire tout le monde et vers 5 heures de l'après-midi le groupe se dispersa.

Peu après, Shrī Bhagavān dit : « S'ils restent un jour de plus, ils deviendront silencieux. »

165. *Mr. Subba Rao :* N'y a t-il pas des personnes qui entrent en *samādhi* ?

M. : Le *samādhi* n'existe-t-il pas maintenant ?

Q. : Est-il éternel ?

M. : S'il ne l'est pas, comment peut-il être réel ?

Q. : Alors ?

M. : Il n'y a pas d'*alors*, ni de *maintenant*.

Q. : C'est ce qui semble.

M. : A qui ?

Q. : Au mental.

M. : Qu'est-ce que le mental ? Qui suis-je ?

Q. : (Silence)

166. Un visiteur demanda s'il était possible d'éviter la vieillesse et la maladie en absorbant la force divine.

M. : Vous pouvez tout aussi bien éviter le corps lui-même.

Q. : Comment peut-on absorber la force divine ?

M. : Elle est déjà là. Nul besoin de l'absorber. Cela ne pourrait se faire que si elle était extérieure à vous. Mais elle n'est autre chose que vous. Il n'y a pas lieu de l'absorber ni de la rejeter.

Q. : Est-il nécessaire d'obéir à des lois physiques, par exemple suivre un régime alimentaire ?

M. : Ces considérations ne sont que dans l'imagination.

167. Un homme s'inquiétait parce qu'il ne réussissait pas à concentrer son mental.

M. : N'est-il pas Un, même maintenant ? Il demeure toujours seulement Un. La diversité ne réside que dans votre imagination. L'unité de l'Etre n'a pas besoin d'être acquise.

168. Quelqu'un mentionna à Shrī Bhagavān qu'un Etre réalisé n'avait pas besoin de nourriture, etc.

M. : Vous ne pouvez comprendre qu'en fonction de votre niveau d'être.

169. *Q. :* Comment contrôler le mental ?

M. : Attrapez-le.

Q. : Comment cela ?

M. : Qu'est-ce que le mental ? Découvrez cela. Il n'est qu'un agrégat de pensées.

Q. : Comment déraciner les pulsions sexuelles ?

M. : En déracinant la fausse idée que le corps est le Soi. Dans le Soi, il n'y a pas de sexe.

Q. : Comment y parvenir ?

M. : Parce que vous croyez que vous êtes le corps, vous voyez l'autre comme étant un corps. Ainsi naît la différence de sexe. Mais vous n'êtes pas le corps. Soyez le vrai Soi. Alors il n'y a pas de sexe.

170. Un yogi peut-il connaître ses vies antérieures ?

M. : Connaissez-vous déjà le présent à ce point pour désirer connaître le passé ? Découvrez la vie présente et le reste suivra. Nous sommes déjà accablés par nos connaissances limitées actuelles. Pourquoi voulez-vous vous charger de connaissances supplémentaires et souffrir davantage ?

Q. : Le jeûne peut-il favoriser la Réalisation ?

M. : Le jeûne n'est que temporaire. C'est le jeûne

mental qui cst l'aide véritable. Le jeûne n'est pas une fin en soi. Il doit être complété par un développement spirituel. D'ailleurs, le jeûne absolu affaiblit le mental et vous ne pouvez plus trouver suffisamment d'énergie pour la quête spirituelle. Par conséquent, nourrissez-vous en quantité modérée et continuez votre pratique.

Q. : On dit que dans les dix jours qui suivent un mois de jeûne, le mental devient pur et ferme et le restera pour toujours.

M. : Oui, si la quête spirituelle a été poursuivie correctement durant tout le jeûne.

171. A une autre question, le Maître répondit : « Le mieux c'est de parler de cœur à cœur et d'écouter de cœur à cœur. C'est la meilleure forme d'*upadesha*. »

Q. : N'est-ce pas nécessaire d'être guidé par un *guru* ?

M. : Etes-vous séparé du *guru* ?

Q. : Sa proximité est-elle utile ?

M. : Voulez-vous dire sa proximité physique ? A quoi sert-elle ? L'esprit seul compte. C'est avec son esprit qu'il faut être en contact.

28 FÉVRIER 1936

172. *Un visiteur :* Quelle est la différence entre méditation (*dhyāna*) et investigation (*vichāra*) ?

M. : Les deux reviennent au même. Ceux qui sont peu doués pour l'investigation doivent pratiquer la méditation. Dans cette pratique, l'aspirant, s'oubliant lui-même, médite sur « Je suis le *brahman* » ou « Je suis Shiva » ; ainsi il s'accroche au *brahman* ou à Shiva ; cela le conduira finalement à l'Etre, qui subsiste en tant que *brahman* ou Shiva, et il réalisera que Celui-ci est l'Etre pur, c'est-à-dire le Soi.

Celui qui adopte la voie de l'investigation commence par s'accrocher à lui-même en demandant « Qui suis-je ? » et le Soi lui apparaîtra clairement.

Q. : La Connaissance obtenue par expérience directe peut-elle être perdue par la suite ?

M. : La *Kaivalya-navanīta* dit qu'elle peut être perdue. L'expérience obtenue sans déracinement de toutes les *vāsanā* (tendances) ne peut se maintenir stable. Il faut faire des efforts pour éradiquer les *vāsanā*. Autrement, il y aura renaissance après la mort. Les uns disent que l'expérience directe résulte de l'écoute du Maître ; d'autres assurent qu'elle se produit par la réflexion ; d'autres encore affirment qu'elle résulte de la concentration mentale et du *samādhi*. Bien qu'il y ait des différences en apparence, leur signification est finalement la même.

La Connaissance ne peut subsister définitivement que lorsque toutes les *vāsanā* ont été déracinées.

29 FÉVRIER 1936

173. *Q. :* Seigneur, comment peut-on atténuer l'emprise de l'ego ?

M. : En n'y ajoutant pas de nouveaux *vāsanā*.

Q. : Malgré tout le *japa*, l'emprise de mon ego ne s'est pas relâchée.

M. : Comment cela ! Elle se relâchera et s'évanouira en temps voulu.

2 MARS 1936

174. Le Dr. Hand, l'Américain, demanda : « Existe-t-il deux méthodes pour découvrir la source de l'ego ? »

M. : Il n'y a pas deux sources ni deux méthodes. Il n'y a qu'une seule source et une seule méthode.

Q. : Quelle est la différence entre méditation (*dhyāna*) et investigation (*vichāra*) ?

M. : La méditation implique le maintien de l'ego. Il y a alors l'ego et l'objet sur lequel il médite. C'est la méthode indirecte. Quant au Soi, il est seul. Lorsque l'on cherche l'ego, c'est-à-dire sa source, l'ego disparaît. Ce qui reste est le Soi. Cette méthode est directe.

Q. : Alors que dois-je faire ?

M. : Vous agripper au Soi.

Q. : Comment ?

M. : En ce moment même, vous êtes le Soi. Mais vous êtes en train de confondre cette conscience (ou ego) avec la conscience absolue. Cette fausse identification est due à l'ignorance. L'ignorance disparaît en même temps que l'ego. Tuer l'ego est donc la seule chose à accomplir. La Réalisation est déjà là. Il n'y a pas lieu d'essayer de l'atteindre. Car elle n'est pas quelque chose d'extérieur ni de nouveau. Elle est toujours et partout, ici et maintenant.

3 MARS 1936

175. Mr. N. Subba Rao demanda : « Les *Vishishtadvaitin* disent que l'*ātma-sākshātkāra* (la réalisation du Soi) est un stade préliminaire au *paramātma-sākshātkāra* (la réalisation de Dieu). Cela semble d'une difficulté considérable. »

M. : Qu'est-ce que l'*ātma-sākshātkāra ?* Existe-t-il deux *ātman* dont l'un réalise l'autre ? Il n'y a pas deux soi. Atteignez d'abord l'*ātma-sākshātkāra* et puis voyez ce qui suit.

Q. : La *Bhagavad-gītā* dit que le corps de Dieu est constitué de toutes les âmes.

M. : Tout le monde est d'accord sur l'annihilation de l'ego. Mettons-nous donc à l'ouvrage pour atteindre ce but que tout le monde admet.

Même des adeptes de l'Advaita parlent de *nānā-jīvātva* (la diversité des individualités). Tout cela est sans intérêt pour l'élévation spirituelle. Réalisez d'abord le Soi et puis voyez ce qui se trouve au-delà.

176. Le Dr. Hand avait l'intention de quitter l'ashram le lendemain, afin de visiter l'Himalaya (Hardwar). Ensuite, il reviendrait à l'ashram avant de se rendre à Bombay où il s'embarquerait pour l'Egypte, la Palestine et l'Europe pour finalement retourner dans son pays d'origine, l'Amérique.

Avant son départ, il désirait monter sur le sommet de la Colline et souhaitait que Shrī Bhagavān l'accompagnât. Il proposa que Shrī Bhagavān monte avec lui aussi haut que cela lui convenait et qu'il attende ensuite son retour de l'ascension à un endroit convenu sur la Colline. Shrī Bhagavān sourit et lui demanda s'il avait entendu parler de l'expérience du Dr. Beasly.

Dr. Hand : Il est mon ami. Il m'a tout raconté — c'est merveilleux ! Je suis plus âgé que vous, Maharshi, mais ne me prenez pas pour une vieille locomotive. Je suis capable d'escalader la Colline comme un jeune garçon. Quand êtes-vous monté pour la dernière fois sur le sommet ?

M. : Il y a environ onze ans de cela. Qu'est-ce que le Dr. Beasly vous a raconté ?

Q.: C'est strictement confidentiel. Je vous raconterai tout, à condition qu'on vous laisse seul avec moi.

Le Maharshi sourit seulement.

Q. : Maharshi ! Etes-vous conscient de l'existence d'une fraternité de *rishi* invisibles ?

M.: S'ils sont invisibles, comment les voir ?

Q.: Dans la conscience.

M.: Il n'y a rien qui soit extérieur à la conscience.

Q.: Mais n'y a-t-il pas d'individualité ? J'ai peur de perdre mon individualité. Dans la conscience, n'y a t-il pas la conscience d'être humain ?

M.: Pourquoi avoir peur de perdre son individualité ? Quel est votre état dans le sommeil sans rêve ? Etes-vous conscient à ce moment-là de votre individualité ?

Q.: Peut-être bien.

M. : Mais quelle est votre expérience ? Si l'individualité y était, serait-ce un sommeil profond ?

Q. : Tout dépend de l'interprétation. Qu'en pense le Maharshi ?

M. : Le Maharshi ne peut pas parler de *votre* expérience. Il ne vous force pas à avaler quoi que ce soit.

Q.: Je sais. C'est pourquoi je L'aime autant, ainsi que Son enseignement.

M. : Ne préparez-vous pas votre lit pour y dormir et n'attendez-vous pas le moment de perdre votre individualité dans le sommeil profond ? Pourquoi en avoir peur ?

Q.: Qu'est-ce que le *nirvāna* du Bouddha ?

M.: La perte de l'individualité.

Q. : Je redoute cette perte. Ne peut-il y avoir de conscience humaine en *nirvāna ?*

M. : Y a-t-il deux soi en ce cas ? Considérez votre expérience du sommeil et dites ce que vous en pensez.

Q. : Je pense qu'il serait possible de conserver la

conscience individuelle en *nirvāna*. La perte de l'individualité me fait peur.

Plus tard, le Dr. Hand monta sur la Colline, en fit le tour et marcha environ quinze miles entre midi et 8 heures du soir. Il rentra fatigué, mais parla encore d'une manière très lucide de l'agriculture, des conditions sociales, du système des castes et de la qualité spirituelle de l'Inde.

10 MARS 1936

177. *Q. :* Qu'est-ce que le *mahat* ?

M. : La lumière projetée de la conscience absolue. Tout comme une graine, avant de germer, se met à gonfler, puis éclate et pousse, de même la conscience absolue projette de la lumière, se manifeste en tant qu'ego et grandit pour devenir le corps et l'Univers.

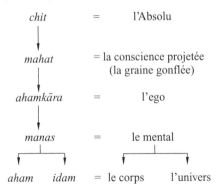

Major Chadwick : Le *mahat* est-il identique à la conscience cosmique ?

M. : Oui, c'est ainsi avant la naissance de l'ego et de l'Univers. Il les inclut tous. Tout comme la lumière projetée par la caméra rend visibles les images sur l'écran, de même le corps et les autres objets sont visibles dans cette conscience réfléchie. Le *mahat* est donc aussi la conscience cosmique.

De même (dans le microcosme), le corps et tous les autres objets sont contenus dans le cerveau. La lumière est projetée sur le cerveau. Les impressions sur celui-ci se manifestent sous la forme du corps et des mondes. Comme l'ego s'identifie à des limitations, le corps est considéré comme ayant une existence séparée et le monde de même.

Etendu sur votre lit, dans une chambre close, les yeux fermés, vous rêvez à Londres, aux foules et à vous-même parmi elles. Dans le rêve, vous vous identifiez à un certain corps. Londres et tout le reste n'ont pas pu entrer dans la chambre et dans votre cerveau ; cependant, un espace aussi vaste et une durée de temps vous ont été perceptibles. Il faut donc bien qu'elles aient été projetées du cerveau. N'est-ce pas une chose étonnante qu'une création aussi vaste que le monde puisse être contenue dans le cerveau qui, lui, est si petit ? Bien que l'écran de cinéma soit limité, toutes les images du film projetées sur lui y sont pourtant visibles. Et vous ne vous étonnez pas qu'un tel déroulement d'événements puisse se manifester sur un si petit écran. Il en est de même pour les objets et le cerveau.

Q. : La conscience cosmique n'est donc pas la même chose que la Réalisation ?

M. : La conscience cosmique se trouve derrière l'ego. On peut l'appeler Īshvara, et l'ego le *jīva*. On peut aussi dire qu'Īshvara est l'Absolu. Cela ne fait aucune différence.

La conscience qui est omniprésente, même en Īshvara, est la Conscience absolue.

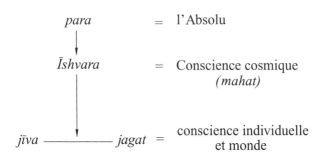

178. *Q. :* Qu'est-ce que la flamme dont il est fait mention dans le *Vichāra-sangraha* ? Il y est écrit que c'est l'*ātma-jyotis* et l'on est conduit à trouver la Réalité derrière elle.

M. : Les Véda mentionnent cette flamme en déclarant : *Tasyās shikhāyā madhye paramātmā vyavasthitah* [au centre même de la flamme réside le Soi suprême (MNU 259)]. Cette flamme doit être considérée comme identique à la conscience de l'ego.

<h2 style="text-align:center">11 MARS 1936</h2>

179. Mr. Frydman avait posé une certaine question à Swāmi Rāmdās qui lui avait répondu qu'il n'y aurait plus pour lui de renaissance. Mr. Frydman lui avait fait remarquer qu'il n'y avait pas lieu d'avoir peur d'une renaissance, car il y aurait de nouveau le même Rāma, le même Rāmdās, la même recherche de Rāma et la même félicité de la Réalisation. Quelle serait l'objection à la répétition de cette *Rāma-līlā* ? Rāmdās avait admis qu'il ne pouvait y avoir d'objection, que ce ne serait que pour le plaisir et le jeu. Frydman raconta encore que Swāmi Rāmdās lui avait décrit comment Rāma était fondu en lui et le bonheur que cette union lui procurait. Mais bien qu'identiques, il y avait encore Rāmdās, il y avait Rāma, de même que l'union et la Félicité ; celle-ci est éternelle.

Mr. Frydman, en racontant cela, désirait connaître l'opinion de Shrī Bhagavān.

M.: C'est tout aussi vrai que les événements présents.

180. Plus tard, Mr. Frydman avança que le sommeil profond était un état d'oubli et l'état de veille celui de l'activité mentale et que durant le sommeil profond, le mental se trouvait dans un état de potentialité.

M.: N'existiez-vous pas durant le sommeil profond ?

Q. : Oui, j'existais. Mais dans un état d'oubli. Il doit bien exister un témoin de l'état d'oubli et du mental qui constate que 'je' suis de façon continue dans ces deux états.

M. : Qui est ce témoin ? Puisque vous parlez de « témoin », cela implique qu'il y a un objet et un sujet qui témoigne. Ce sont tous deux des créations du mental. L'idée de témoin est dans le mental. S'il y avait un témoin de l'oubli, dirait-il : « Je suis le témoin de l'oubli ? » Vous venez de dire, et cela avec l'aide de votre *mental*, qu'il devait exister un témoin. Qui était ce témoin ? Vous ne pouvez que répondre : 'je' l'étais. Mais alors qui est ce 'je' ? Vous vous identifiez avec l'ego, et vous dites 'je'. Est-ce alors ce 'je' de l'ego le témoin ? C'est encore le mental qui s'exprime. Il ne peut pas être son propre témoin. Vous vous imposez vous-même des limitations et vous pensez qu'il y a un témoin de l'activité mentale et de l'état d'oubli. Vous dites aussi : « Je suis le témoin. » C'est celui qui témoigne de l'état d'oubli qui doit dire : « Je témoigne de l'état d'oubli. » Le mental actuel ne peut s'arroger ce rôle.

Tout ce raisonnement ne tient donc pas. La Conscience est illimitée. C'est en devenant limitée qu'elle s'attribue ce rôle. Il n'y a vraiment rien dont on puisse témoigner. C'est simplement ETRE.

181. *Q. : Yad gatvâ na nirvatante tad dhâma para-man mama* [... ce lieu d'où il n'est pas de retour, c'est ma demeure suprême (BhG XV.6)]. Quel est ce *dhâma* ? Ne s'agit-il pas de l'état absolu, au-delà de la Conscience cosmique ?

M. : Oui.

Q. : Na nirvatante (pas de retour) cela voudrait-il dire : jamais plus voilé par l'ignorance ?

M. : Oui.

Q. : Peut-on en déduire que ceux qui atteignent l'état de Conscience cosmique n'ont pas échappé aux griffes de l'ignorance ?

M. : C'est ce que veut dire l'affirmation que tous les *loka* (régions), y compris le *brahmā-loka*, ne nous délivrent pas de la renaissance. La *Bhagavad-gītā* dit : « Pour celui qui M'a atteint, il n'y a plus de renaissance... Tous les autres restent encore enchaînés. » De plus, tant que vous croirez qu'il y a *gati* (mouvement) — comme dans le terme *gatvâ* (étant allé vers) — il y a aussi *punara-vritti* (retour). La *gati* implique donc votre *pūrvagamanam* (naissance). De quelle naissance s'agit-il ? De la naissance de l'ego.

Une fois né, vous cherchez à atteindre quelque chose ; si vous l'atteignez, il faudra revenir. Rejetez donc tout ce verbiage ! *Soyez ce que vous êtes.* Voyez qui vous êtes et demeurez le Soi, libre de toute naissance, de tout mouvement, d'aller et de retour.

Q. : C'est vrai. Nous avons beau entendre souvent cette vérité, son sens nous échappe et nous l'oublions.

M. : Justement. C'est pourquoi des rappels de mémoire sont souvent nécessaires.

182. Au cours de la journée, une photo intéressante avait disparu, ce qui semblait préoccuper Shrī Bhagavān. Quand Mr. Frydman demanda à Shrī Bhagavān comment il considérait cet incident, celui-ci lui répondit : « Supposons que dans votre rêve vous m'emmeniez en Pologne. A votre réveil, vous me racontez le rêve et vous me demandez si j'ai rêvé la même chose ou si j'en ai eu connaissance ou bien comment je voyais tout cela. »

Q. : Mais n'avez-vous pas conscience de ce qui se passe en votre présence ?

M. : Tout ceci, de même que les questions posées, n'est que fabrication du mental.

Et puis Shrī Bhagavān se mit à raconter un épisode de l'histoire où Shrī Rāma partit à la recherche de Sītā, son épouse. Pārvatī, la femme de Shiva, demanda à celui-ci pourquoi Rāma, l'Etre parfait, était ainsi affligé de la perte de Sītā. Shiva lui répondit que ce chagrin n'enlevait rien à la perfection de Rāma, et que si elle en doutait et qu'elle éprouvait le besoin de tester la perfection de Rāma, elle pouvait lui apparaître sous les traits de Sītā et voir ce qui se passait. Ce qu'elle fit. Mais Rāma ignora complètement son apparition et continua à pleurer à grands cris « Oh, Sītā ! Oh Sītā ! » en marchant comme un aveugle sans prêter la moindre attention à Pārvatī. (Cf. entretien n° 218.)

13 MARS 1936

183. Un visiteur de Bombay raconta : « A l'ashram de Shrī Aurobindo, j'ai posé à la Mère la question suivante : "Je garde mon mental en état de vacuité, sans pensées, afin que Dieu se montre à moi dans Son Etre véritable. Mais je ne perçois rien du tout." La Mère me répondit : "L'attitude est correcte. Le Pouvoir descendra d'en haut. C'est une expérience directe." »

Il demanda au Maharshi ce qu'il devait faire de plus.

M. : Soyez ce que vous êtes. Il n'y a rien qui doive descendre ou se manifester. Tout ce qui est demandé est de perdre l'ego. Ce qui *est* est toujours là. Même en cet instant, vous êtes Cela. Vous n'en êtes pas séparé. Le vide mental, c'est vous qui le voyez. Vous êtes là pour le voir. Qu'attendez-vous ? La pensée « je n'ai pas vu », l'attente de voir et le désir d'obtenir quelque chose, sont tous l'œuvre de l'ego. Vous êtes tombé dans les pièges de l'ego. C'est l'ego qui dit tout cela, et pas *vous*. *Soyez vous-même* et rien de plus !

184. *M. :* S'imaginer que le *mūlādhāra* est en bas, le Cœur au centre, la tête en haut ou au-dessus de tout cela, est faux. En un mot, *penser n'est pas votre vraie nature*.

185. *M. :* On trouve dans les textes sacrés les phrases suivantes : « Dit, sans être prononcé »,

        « Montré tranquille comme toujours », etc.

Quelle est donc cette parole non parlée ? Elle n'est autre que le Silence, le *pranava* [OM] ou le *mahāvākya* [Grande Phrase]. On les appelle aussi la *Parole.*

186. *M. :* Nous lisons un journal et tous les articles qui y sont contenus, mais ne prêtons pas attention au papier lui-même. C'est comme si nous prenions la cosse et non la graine, sa substance. Le support sur lequel tout est imprimé est le papier et si nous connaissons le support, tout sera connu. (Comme des peintures sur un mur.)

Q. : Vous avez dit que le SEUL qui existe est le RÉEL. Quelle est ce SEUL ?

M. : Ce SEUL est le *sat,* l'existence, lequel apparaît comme le monde, ce que nous voyons et nous-mêmes.

Q.: Qu'est-ce que l'*ātman* ? Y a-t-il une finalité pour l'*ātman* ?

M. : Apprenez d'abord ce qu'est l'*ātman*. Quand nous le connaissons, nous pouvons nous demander s'il a ou non une finalité. Qu'est-ce que vous appelez *ātman ?*

Q.: Le *jīva* est l'*ātman*.

M. : Apprenez ce qu'est le *jīva*. Quelle est la différence entre le *jīva* et l'*ātman ?* L'*ātman* est-il le *jīva* ou est-il quelque chose de séparé ? Tout ce que vous observez doit avoir une fin ; ce qui a été créé a sa destruction ou sa fin. Ce qui n'est pas créé n'a pas de fin. Ce qui existe ne peut être observé. C'est inobservable. Nous devons découvrir la nature de ce qui apparaît ; la destruction de ce qui apparaît est la fin. *Ce qui existe existe pour toujours ; ce qui apparaît disparaît tôt ou tard.*

Q. : Que se passe-t-il après la naissance sous une forme humaine, que se passe-t-il pour le *jīva ?*

M.: Connaissons d'abord ce que nous sommes. Nous ne comprenons pas ce que nous sommes, et tant que nous ne le saurons pas, il n'y a pas lieu de poser une telle question.

(Bhagavān ici se réfère manifestement à la confusion entre le corps et l'*ātman* — la *dehātma-buddhi* [1] — qui est la cause des idées fausses sur la mort et la naissance, car l'*ātman* ne naît ni ne meurt. Il n'est pas affecté par les éléments terre, feu, air, eau, etc.)

Ashochyān anvashochas tvam prajñāvādāmsh cha bhāshase [2] (*Bhagavad-gītā,* II.11), etc. Qu'est-ce qui

---

1. L'idée « je suis le corps ».

2. « T'apitoyant sur ceux qui n'ont que faire de pitié, tu parles le langage de la sagesse. [Mais les gens doctes ne s'apitoient ni sur ceux qui sont partis, ni sur ceux qui ne le sont pas encore] » (*La Bhagavad-gītā,* trad. Esnoul-Lacombe).

a pris naissance? Qui appelez-vous un homme? Ces questions ne se poseraient pas si, au lieu de chercher des explications sur la naissance, la mort, la vie après la mort, etc., vous vous demandiez *qui* et *comment* vous êtes en ce moment. Vous êtes toujours le même, que ce soit en sommeil profond, en rêve ou à l'état de veille. Le *jīva* est-il la pensée 'je' ou est-il le corps? Est-il une pensée ou est-il notre nature? Ou est-ce l'expérience de vivre, etc., notre nature?

Et Shrī Bhagavān cita le vers de la *Gītā : yadā te...* II,52 [1].

Q. : Pourquoi l'*ātma-vichāra* [l'investigation sur le soi] est-il nécessaire?

M. : Si vous ne pratiquez pas l'*ātma-vichāra,* alors le *loka-vichāra* [l'investigation sur le monde] s'insinuera. Vous cherchez alors ce qui n'est pas, et non pas ce qui est évident. Une fois trouvé ce que vous cherchiez, le *vichāra* (l'investigation) cesse et vous vous reposez. Tant qu'il y a confusion du corps avec l'*ātman,* on dit que l'*ātman* est perdu et qu'on doit le chercher; mais l'*ātman* n'est jamais perdu. Il existe toujours. Les gens disent que le corps est l'*ātman,* que l'*indriya* (organe sensoriel) est l'*ātman,* et puis il y a le *jīvātman* et le *paramātman,* et que sais-je encore. Mille et une choses sont appelées *ātman.* La recherche de l'*ātman* a pour but de connaître ce qui est réellement l'*ātman.*

---

1. *Yadā te mohakalilam buddhir vyatitaryshiati tadā gantāsi nirvedam crotavyasya crutasya ca* : «Lorsque ton jugement aura traversé le fourré de l'égarement, tu te détacheras des prescriptions du Véda déjà entendues ou que tu pourras entendre [par la suite]» (*La Bhagavad-gītā*, trad. Esnoul-Lacombe).

LE SAMĀDHI : KEVALA ET SAHAJA

187. *Q. :* Je soutiens que le corps physique d'un homme plongé en *samādhi* devient immobile du fait qu'il est perdu dans la contemplation ininterrompue du Soi. En état d'activité ou d'inactivité, le mental, établi dans cette contemplation, ne sera pas affecté par l'activité corporelle ou celle des sens. Tout comme la distraction du mental n'entraîne pas automatiquement une activité physique. Une autre personne, par contre, soutient que l'agitation physique empêche inévitablement le *nirvikalpa-samādhi* ou la contemplation ininterrompue. Quelle est votre opinion ? Vous êtes l'illustration vivante de ma théorie.

M. : Vous avez tous les deux raison, vous, vous référant au *sahaja-nirvikalpa*, et l'autre personne au *kevala-nirvikalpa*. Dans le *kevala*, le mental reste immergé dans la lumière du Soi (alors qu'il demeure dans les ténèbres de l'ignorance pendant le sommeil profond). Le sujet distingue aussi bien le *samādhi* même, que le fait de sortir du *samādhi*, puis l'activité qui s'ensuit, l'agitation du corps, de la vision, de la force vitale et du mental et la perception des objets et de l'activité ; ils sont tous pour lui autant d'obstacles.

En *sahaja,* en revanche, le mental s'est fondu dans le Soi et a disparu. Les différences et les obstacles mentionnés précédemment n'existent plus ici. Les activités d'un tel être (en *sahaja-samādhi*) sont comparables à celles d'un enfant à moitié endormi que l'on nourrit sans qu'il en ait conscience alors que celui qui l'observe en a conscience. Le conducteur dormant sur son char à bœufs ne se rend pas compte que son véhicule avance, parce que son mental est plongé dans l'obscurité. De même le *sahaja-jñānī* demeure inconscient des

activités de son corps parce que son mental est mort —
dissous dans l'extase du *chit-ānanda* (le Soi).

Dans votre question, vous avez employé les
deux termes, contemplation et *samādhi*, de façon impré-
cise.

La contemplation est un processus mental volontaire,
tandis que le *samādhi* est au-delà de tout effort.

sommeil	*kevala*	*sahaja*
mental vivant	mental vivant	mental mort
plongé dans l'oubli	plongé dans la Lumière	fondu dans le Soi
	tel un seau attaché à une corde et immergé dans l'eau d'un puits.	telle une rivière se déversant dans l'océan et perdant son identité
	le seau peut être remonté par la corde	la rivière ne peut pas refluer de l'océan

188. *M. :* L'essence du mental n'est que conscience
ou conscience éveillée. Quand cependant l'ego le
domine, le mental fonctionne avec les facultés de raisonner, de penser ou de sentir. Le mental cosmique, qui
n'est pas limité par l'ego, n'a rien qui soit séparé de lui
et il est donc *uniquement conscient*. C'est ce que la Bible
veut dire par « Je suis ce JE SUIS ».

Le mental, dominé par l'ego, a les forces sapées
et devient trop faible pour résister aux pensées qui le
torturent. Débarrassé de l'ego, le mental est heureux
comme dans le sommeil profond, sans rêve. Il est donc

clair que la félicité et la souffrance ne sont que des modes mentaux ; mais il n'est pas facile de remplacer le mode faible par le mode fort. L'activité est faiblesse et rend donc malheureux ; la passivité est force et procure de la félicité. La force latente n'est pas apparente, et n'est donc pas utilisée.

Le mental cosmique, se manifestant en de rares individus, est capable d'effectuer chez autrui la jonction entre le mental individuel (faible) et le mental universel (fort) des profondeurs de l'homme. Un tel être rare est dénommé GURU ou Dieu manifesté.

19 MAI 1936

189. M. Olivier Lacombe, un Français d'âge moyen séjournant en Inde en tant que délégué de l'Institut de civilisation indienne de l'Université de Paris, arriva à l'ashram venant de Pondichéry (Indes françaises). Il avait lu la *Bhagavad-gītā*, les *Upanishad* et les *Sūtra* avec les commentaires de Shrī Shankara et Rāmanuja, tout cela dans l'original sanskrit. Avec d'autres personnes, il désirait rencontrer le Maharshi ; sa visite dura environ trois heures.

Il demanda : « L'enseignement du Maharshi est-il le même que celui de Shankara ? »

M. : L'enseignement du Maharshi n'est que l'expression de sa propre expérience et de sa Réalisation. Certains trouvent qu'il correspond à celui de Shrī Shankara.

Q. : Je comprends. Peut-on emprunter d'autres moyens pour exprimer cette même Réalisation ?

M.: Une personne réalisée utilise son propre langage.

Et Shrī Bhagavān ajouta : « Le SILENCE est le meilleur langage. »

Q. : Que pense le Maharshi du hatha-yoga et des pratiques tantriques ?

M. : Le Maharshi ne critique aucune des méthodes existantes. Toutes sont bonnes pour purifier le mental. Car seul le mental purifié est capable de saisir sa méthode et d'adhérer à la pratique de celle-ci.

Q. : Parmi les différents yogas, quel est le meilleur, *karma*, *jñāna*, *bhakti* ou *hatha* ?

M. : Lisez la strophe 10 de l'*Upadesha-sāram* [1]. Demeurer dans le Soi équivaut à tous ces yogas dans leur sens le plus élevé.

Le Maharshi ajouta : «Dans le sommeil sans rêve, il n'y a ni monde, ni ego, ni souffrance ; mais le Soi subsiste. A l'état de veille, tout cela existe ; pourtant le Soi est présent aussi. Il suffit par conséquent de se débarrasser des phénomènes transitoires, afin de réaliser la béatitude toujours présente du Soi. Votre nature est Félicité. Découvrez ce sur quoi tout le reste se superpose, et vous demeurerez le pur Soi.»

Q. : Oui. Cela revient à balayer les limitations étrangères pour découvrir le Soi toujours présent. C'est ce que dit Shankara. Il n'y a rien à atteindre, rien à perdre.

M. : Tout à fait. (En aparté :) Il comprend.

Q. : Comment un chercheur doit-il normalement s'y prendre ?

M. : En ne s'identifiant pas à *celui qui agit*. Par exemple, aviez-vous l'intention de venir ici quand vous étiez à Paris ?

Q. : Non !

M. : Vous voyez comment vous agissez sans en avoir l'intention. La *Bhagavad-gītā* dit qu'un homme ne peut rester sans agir. Le dessein de chaque naissance sera

---

1. «L'absorption dans le Cœur de l'Etre, source de notre existence, est la voie de *karma*, de *bhakti*, de *yoga* et de *jñāna*.»

accompli que vous le vouliez ou non. Laissez ce dessein s'accomplir de lui-même.

Q. : Pourquoi alors trouve-t-on une telle variété de méthodes spirituelles ? Shrī Rāmakrishna, par exemple, dit que la *bhakti* est la meilleure méthode de salut.

M. : Tout dépend du point de vue auquel se place l'aspirant. Vous avez étudié la *Bhagavad-gītā*. Shrī Krishna y déclare : « Il n'y a jamais eu un temps où Moi, toi et tous ces rois n'étaient pas ni ne seront pas dans le futur. » [BhG II.12] « Ce qui est irréel n'existe jamais. Mais ce qui est réel ne disparaît jamais. » [BhG II.16]. Tout ce qui a toujours existé existe aussi maintenant et existera toujours. Et puis : « J'ai enseigné cette Vérité à Aditya, qui l'a enseignée à Manou, etc. » [BhG IV.1]

Arjuna demanda : « Comment est-ce possible ? Tu es né il n'y a que quelques années, tout récemment. Comment as-tu pu enseigner Aditya ? » Shrī Krishna répondit : « Oui. Nous avons eu plusieurs naissances dans le passé. Je connais les miennes, mais toi tu ne connais pas les tiennes. Je vais te dire ce qui est arrivé lors de ces naissances passées. » [BhG IV.4,5]

Voyez ! Krishna affirme d'abord que ni moi, ni toi, ni ces rois n'ont jamais été... et déclare ensuite qu'il a déjà pris naissance de nombreuses fois. Krishna, malgré l'apparence, ne se contredit pas. Il s'adapte au point de vue d'Arjuna et parle selon le niveau de ce dernier.

Dans la Bible, nous trouvons un passage parallèle, où Jésus dit : « Avant qu'Abraham fût, je suis. » Les enseignements des Sages s'adaptent à l'époque, au lieu, aux gens et au milieu.

Le visiteur exprima son regret de partir...

Le Maharshi l'interrompit avec un sourire : « Il n'y

a pas de départ, il n'y pas de retour. » Et le Français dit spontanément : « Il est au-delà du temps et de l'espace. »

Ensuite il retourna à Pondichéry.

30 MAI 1936

190. Un petit écureuil apprivoisé habitait dans le hall et avait l'habitude de rentrer dans sa cage avant la tombée de la nuit. Le Maharshi l'invitait à se retirer, quand un visiteur, qui avait déclaré avoir atteint la conscience transcendantale, suggéra de lui donner de l'eau, vu que la soirée était chaude et que l'écureuil avait certainement soif. Sa prétention à comprendre les animaux n'obtint aucune réaction. Il répéta alors sa remarque. Après quelques minutes de silence, le Maharshi dit : « Vous avez probablement soif après votre longue méditation sur les rochers brûlants et sous le soleil chaud et vous aimeriez boire une cruche d'eau. »

Le visiteur : C'est vrai. J'ai déjà bu de l'eau.

M. : L'écureuil n'a pas tellement soif. Par contre *vous,* après avoir pratiqué ces ascèses sous un soleil torride, vous devez vous sentir assoiffé, pourquoi imposez-vous de boire à l'écureuil ?

Et le Maharshi expliqua aux autres personnes présentes : « Je l'avais remarqué quand il était debout sur les rochers brûlants, face au soleil, les yeux fermés. Je suis resté un moment à côté de lui, mais je n'ai pas voulu le déranger et j'ai continué mon chemin. Ces gens font comme ils leur plaisent. »

Le visiteur : Ce que j'ai fait, je l'ai fait sans intention préalable. Ce fut spontané.

M. : Ah ! Je vois ! Tout ce que nous autres faisons,

nous le faisons délibérément ! Vous semblez avoir tout transcendé !

Le visiteur : Ce n'est pas la première fois que je fais cela. C'est vous-même qui m'inspirez et qui me faites faire toutes ces choses. Et cependant, vous me demandez pourquoi je les fais. Comment est-ce possible ?

M.: Je comprends. Vous agissez en étant contrôlé par moi. Par conséquent, les fruits de ces actions devraient me revenir à moi et non à vous.

Le visiteur : Sans aucun doute. Je n'agis pas selon ma propre volonté mais je suis inspiré par vous. Je n'ai pas de volonté personnelle.

M. : Assez de ces absurdités ! Ainsi (dans le *Mahābhārata*), Duryodhana dit :

> *jānāmi dharmam na ca me pravrittih*
> *jānāmy adharmam na ca me nivrittih*
> *kenāpi devena hridi sthitena*
> *yathā niyukto 'smi tathā karomi* [1]

Quelle différence y a-t-il entre vous deux ?

Le visiteur : Je ne vois aucune différence. Mais je n'ai pas de volonté et j'agis sans elle.

M. : Vous vous êtes élevé bien au-dessus du niveau ordinaire. Nous autres, nous agissons avec la volonté personnelle.

Le visiteur: Comment ? Vous dites vous-même dans un de vos ouvrages que l'action peut être automatique.

M. : Assez ! Assez ! Vous et un autre visiteur, vous vous comportez comme des êtres transcendantaux ! Vous êtes tous deux pleinement instruits. Vous n'avez

---

1. « Je connais le *dharma* mais ne m'y engage pas.
Je connais l'*adharma*
mais ne peux pas m'en abstenir.
Comme ordonné par un être divin,
dans mon cœur, j'agis. »

plus rien à apprendre ! Je n'aurais pas dit tout cela si vous n'étiez pas venu ici fréquemment. Faites comme il vous plaira. Mais toutes ces excentricités, du niveau d'un débutant, se révéleront, dans quelque temps, sous leur véritable jour.

Le visiteur : Mais je suis dans cet état depuis si longtemps déjà.

M. : Assez !

191. Mr. Cohen, un disciple résidant à l'ashram, parlait d'une méthode de yoga.

Le Maharshi fit remarquer : « Le premier *Sūtra* de Patañjali est applicable à tous les systèmes de yoga. Leur but commun est la cessation des activités mentales, mais les méthodes diffèrent. Tant qu'il y a effort pour atteindre ce but, on parle de yoga. L'effort en soi est le yoga.

La cessation de l'activité mentale peut être provoquée de plusieurs manières :

1) Par l'examen du mental lui-même. Lorsque le mental est examiné, ses activités cessent automatiquement. C'est la méthode du *jñāna*. Le mental pur est le Soi.

2) Par la recherche de la source du mental. Cette source a différents noms : Dieu, le Soi, la Conscience.

3) Par la concentration sur une seule pensée toutes les autres pensées disparaissent, et finalement la première disparaît aussi.

4) Par le hatha-yoga.

Toutes les méthodes sont identiques, puisque toutes convergent vers le même but.

Il est indispensable de garder la conscience éveillée pendant qu'on contrôle ses pensées. Sinon c'est le sommeil.

Cette conscience en éveil, le facteur essentiel, est

soulignée par le fait que Patañjali accorde tant d'importance aux *pratyāhāra, dhāranā, dhyāna* et *samādhi* [intériorisation de la pensée, concentration, méditation, expérience de l'Unité], même après la pratique du *prānāyāma* [contrôle de la respiration]. Et cela, bien que le *prānāyāma* apporte la quiétude mentale et supprime les pensées. Alors pourquoi faut-il aller plus loin ? Parce que, dans les autres pratiques, c'est la conscience en éveil qui est le facteur essentiel. La quiétude mentale et l'absence de pensées peuvent aussi être imitées par la prise de morphine, de chloroforme, etc., mais ces états ne conduisent pas au *moksha* (la Libération), car la conscience éveillée en est absente. »

3 JUIN 1936

192. Au cours d'une conversation, le Maharshi expliqua : « Qui désire la Libération ? Tout le monde ne désire que le bonheur — le même bonheur qui se trouve aussi dans les jouissances sensorielles. Un *guru,* à qui fut posée cette question, répondit : "C'est exact. Ce bonheur qui résulte des jouissances des sens est le même que celui de la Libération. Et le désir de Libération est une des quatre conditions pour y parvenir. Il est commun à tout le monde. Et de ce fait tout le monde a droit à cette connaissance — la connaissance du Soi."

En fait, il est probable qu'aucun homme au monde ne possède toutes les qualités de perfection nécessaires à l'aspirant spirituel, telles qu'elles sont mentionnées dans les *Yoga-sūtra*, etc. La poursuite de la connaissance du Soi ne doit pas pour autant être abandonnée.

Chacun est le Soi de par sa propre expérience. Cependant, il n'en prend pas conscience. Il identifie le Soi au corps et se sent malheureux. Cela est le plus grand de tous les mystères. On *est* le Soi. Pourquoi ne pas rester dans le Soi et se débarrasser ainsi des souffrances ?

Au commencement, on doit enseigner au débutant qu'il n'est pas le corps, parce qu'il croit qu'il est uniquement le corps, alors qu'il est le corps et tout le reste. Le corps n'est qu'une partie. C'est cela qu'il doit comprendre en définitive. Il doit d'abord dissocier la conscience du non-conscient afin de n'être plus que la seule conscience. Plus tard, il réalisera que le non-conscient n'est pas séparé de la conscience.

C'est la discrimination (*viveka*). La discrimination initiale doit persister jusqu'au bout. Son fruit est la Libération. »

193. Le Maharshi observa : « Le libre arbitre et le destin existent toujours. Le destin est le résultat des activités passées ; il concerne le corps. Que le corps agisse comme il lui convient. Pourquoi vous en préoccuper ? Pourquoi y prêtez-vous attention ?

Le libre arbitre et le destin durent aussi longtemps que le corps. Mais la sagesse (*jñāna*) les transcende tous deux. Le Soi est au-delà de la connaissance et de l'ignorance. Lorsqu'un événement se produit, c'est la résultante des diverses activités passées, de la volonté divine et d'autres facteurs. »

194. Mr. Subha Rao, un visiteur d'Amalapuram, demanda : « Comment peut-on contrôler le mental ? »

M. : Attrapez-le.

Q. : Comment ?

M. : Le mental est insaisissable. En fait, il n'existe pas. La voie la plus sûre pour le maîtriser, c'est de le chercher. Alors, ses activités cessent.

6 JUIN 1936

195. Mr. Jharka, de l'Université de Bénarès, titulaire d'une maîtrise d'art et d'une maîtrise de sciences, expliqua qu'il avait été amené ici, poussé par la douleur due au décès de sa femme et de ses enfants. Il cherchait la paix de l'esprit et demandait comment l'obtenir.

M. : C'est dans le mental que naissance et mort, plaisir et douleur, en bref le monde et l'ego, existent. Si le mental est détruit, tout cela disparaît avec lui. Remarquez bien qu'il s'agit de *l'annihiler* et non pas de le mettre seulement à l'état latent. Il est à l'état latent dans le sommeil profond où il ne sait rien. Pourtant, au réveil, vous êtes tel que vous étiez. La souffrance n'a pas pris fin. Mais si le mental est détruit, la douleur n'aura plus de support et disparaîtra en même temps que lui.

Q. : Comment détruire le mental ?

M. : Mettez-vous à sa recherche. En le cherchant, il disparaîtra.

Q. : Je ne comprends pas.

M. : Le mental n'est qu'un amas de pensées. Les pensées s'élèvent parce qu'il y a le penseur. Le penseur, c'est l'ego. Si l'on cherche l'ego, il disparaît automatiquement. L'ego et le mental sont la même chose. L'ego est la « pensée-racine » d'où s'élèvent toutes les autres pensées.

Q. : Comment recherche-t-on le mental ?

M. : Plongez en vous-même. Vous êtes conscient actuellement que le mental jaillit de l'intérieur de vous-même. Plongez donc à l'intérieur et cherchez.

Q. : Je ne comprends toujours pas ce que je dois faire.

M. : Vous pratiquez le contrôle de la respiration ; celui-ci est purement mécanique et ne vous mènera pas au but. Ce n'est qu'une aide. Quand vous le pratiquez mécaniquement prenez bien soin de rester vigilant, de ne pas perdre de vue la pensée 'je' et d'en chercher sa source. Vous découvrirez alors que la pensée 'je' s'élève de là où le souffle descend. Les deux s'élèvent et descendent ensemble. Quand ils descendent, se manifeste simultanément un autre 'Je'-'Je', lumineux et infini, continu et ininterrompu. C'est là le but. On le désigne de divers noms : Dieu, Soi, *kundalinī-shakti,* Conscience, *yoga, bhakti, jñāna etc.*

Q. : Ce n'est toujours pas clair.

M. : Si vous essayez, cela même vous conduira au but.

9 JUIN 1936

196. Un visiteur demanda une explication sur les trois méthodes mentionnées dans la *Rāmana-gītā* – chapitre II.

Le Maharshi expliqua que la rétention volontaire de la respiration n'est qu'un moyen pour favoriser le contrôle du mental, c'est-à-dire la suppression ou l'annihilation des pensées. On peut pratiquer le contrôle de la respiration sur l'inspiration, l'expiration et la rétention, ou bien seulement sur la rétention.

Une autre manière de pratiquer la méditation consiste à contrôler le mental, et par là même, à contrôler la respiration ; la rétention se produit alors automatiquement.

Une troisième méthode consiste à être attentif à l'inspiration et à l'expiration. Ces trois méthodes, apparemment différentes, n'en font en réalité qu'une, car elles conduisent chacune au même but. Elles sont toutefois choisies par le chercheur selon son niveau et ses prédispositions ou tendances. A vrai dire, il n'y a que deux méthodes : l'investigation et la dévotion. L'une conduit à l'autre.

Q. : Je ne vois rien en cherchant le 'Je'.

M. : C'est parce que vous avez l'habitude de vous identifier avec le corps et de confondre les yeux avec la vue, que vous dites ne rien voir. Qu'y a-t-il à voir ? Qui doit voir ? Comment voir ? Il n'y a qu'une seule conscience. Elle se manifeste comme la pensée 'je', s'identifie avec le corps, se projette à travers les yeux et voit les objets alentour. L'individu est limité dans l'état de veille et il s'attend à voir quelque chose de différent de lui-même. Et ce sera le témoignage de ses sens qui fera autorité. Il n'admettra pas que le voyant, le visible et la vision sont tous des manifestations de la même conscience, c'est-à-dire le 'Je'-'Je'.

La contemplation aide à surmonter l'illusion que le Soi doit être visible. En vérité, rien n'est visible. Comment ressentez-vous actuellement le 'je' ? Avez-vous besoin de vous regarder dans un miroir pour connaître votre propre existence ? La conscience est le 'Je'. Réalisez-le et vous découvrez la Vérité.

Q. : Au cours de la recherche sur l'origine des pensées, il y a la perception du 'je'. Mais cela ne me satisfait pas.

M. : Tout à fait exact. La perception du 'je' est associée à une forme, peut-être le corps. Or, rien ne doit être associé au Soi pur. Le Soi est la Réalité pure, non associée, dans la lumière de laquelle brillent le corps, l'ego, etc. Une fois toutes les pensées apaisées, il ne restera plus que la pure conscience.

Juste au moment du réveil et avant d'avoir pris conscience du monde, il y a ce pur 'Je'-'Je'. Accrochez-vous-y, sans dormir et sans laisser les pensées s'emparer de vous. Si *Cela* est tenu fermement, alors peu importe que le monde soit perçu ou non. Le sujet n'est plus affecté par les phénomènes.

197. Gul et Shirin Byramjee, deux femmes parsi d'Ahmedabad, arrivèrent dans la journée. Le soir, elles s'adressèrent au Maharshi : « Bhagavān ! Depuis notre enfance nous sommes intéressées par la vie spirituelle. Nous avons lu plusieurs livres de philosophie et nous sommes attirées par le Vedānta. Nous avons donc étudié les *Upanishad*, le *Yoga-vāsishtha*, la *Bhagavad-gītā*, etc. Nous essayons de méditer, mais nous ne constatons aucun progrès. Nous ne comprenons pas comment on doit "réaliser". Pouvez-vous nous guider vers la Réalisation ? »

M. : En quoi consiste votre méditation ?

Q. : Je commence par me demander « Qui suis-je ? ». Puis j'élimine le corps comme n'étant pas 'je', la respiration comme n'étant pas 'je', le mental comme n'étant pas 'je'. Mais je ne peux pas aller plus loin.

M. : Bien. Tout cela va aussi loin que l'intellect peut aller. Votre méthode n'est qu'intellectuelle. A vrai dire, toutes les Ecritures font mention de ce processus pour amener le chercheur à connaître la Vérité. La Vérité ne peut pas être montrée d'une manière directe. Voilà pourquoi on recommande ce processus intellectuel.

Voyez-vous, celui qui élimine tous les « non-je » ne peut pas éliminer le 'je'. Pour pouvoir dire : « Je ne suis pas ceci » ou « Je suis cela », il faut bien que le 'je' soit présent. Ce 'je' n'est autre que l'ego ou la pensée 'je'. Après que cette pensée 'je' s'est élevée, toutes les autres pensées s'élèvent. La pensée 'je' est donc la pensée-racine. Si elle est déracinée toutes le autres pensées le seront en même temps. Cherchez donc ce 'je' qui est la racine. Demandez-vous : « Qui suis-je ? » ; trouvez la source. Alors tout le reste disparaîtra et seul le pur Soi demeurera.

Q. : Comment s'y prendre ?

M. : Le 'Je' est toujours là — en sommeil profond, en

rêve et à l'état de veille. Celui qui dort est le même que celui qui parle actuellement. Il y a toujours le sentiment du 'Je'. Ou niez-vous votre existence ? Non. Vous dites : « Je suis. » Découvrez qui est.

Q. : Même expliqué ainsi, je ne comprends toujours pas. Vous dites que le 'je' que je ressens à présent est le faux 'je'. Comment éliminer ce faux 'je' ?

M. : Vous n'avez nul besoin d'éliminer le faux 'je'. Comment le 'je' peut-il s'éliminer lui-même ? Tout ce qu'il vous faut faire, c'est trouver son origine, et y demeurer. Vos efforts ne peuvent pas vous porter plus loin. L'Au-delà s'occupera de lui-même. A ce niveau, vous êtes impuissant. Aucun effort n'aboutira.

Q. : Si 'je' suis toujours — ici et maintenant — comment se fait-il que je ne le sente pas ?

M. : Nous y voilà. Qui dit qu'il ne le sent pas ? Est-ce le vrai 'Je' ou le faux 'je' ? Examinez cela. Vous découvrirez que c'est le faux 'je'. C'est lui l'obstacle. Il faut l'éliminer pour que le vrai 'Je' ne soit plus caché. Le sentiment « Je n'ai pas réalisé » est l'obstacle à la Réalisation. En fait, la Réalisation a déjà eu lieu. Il n'y a rien d'autre à réaliser. Sinon la Réalisation serait une chose nouvelle, qui n'aurait pas existé jusqu'ici et devrait se produire plus tard. Ce qui naît doit aussi mourir. Si la Réalisation n'est pas éternelle, elle ne vaut pas la peine d'être obtenue. Par conséquent, ce que nous cherchons, ce n'est pas ce qui doit encore se produire, mais ce qui est éternel, à présent inconnu en raison des obstacles ; c'est cela que nous cherchons. Tout ce dont nous avons besoin, c'est d'éliminer l'obstacle. Ce qui est éternel ne nous apparaît pas comme tel à cause de l'ignorance. L'obstacle, c'est l'ignorance. Dépassez cette ignorance et tout ira bien.

L'ignorance est identique à la pensée 'je'. Trouvez-en la source et elle s'évanouira.

La pensée 'je' est comme un fantôme qui, bien qu'impalpable, émerge en même temps que le corps, se déploie et disparaît avec lui. La conscience du corps est le faux 'je'. Abandonnez-la. On y parvient en cherchant la source du 'je'. Le corps, lui, ne dit pas « Je suis ». C'est vous qui dites « Je suis le corps ». Trouvez qui est ce 'je'. En cherchant sa source, il disparaîtra.

Q. : Et ce sera alors la félicité ?

M. : La Félicité va de pair avec la conscience d'être. Par conséquent, tous les arguments ayant trait à l'Etre éternel s'appliquent également à la Félicité. Votre nature est Félicité. C'est l'ignorance qui cache à présent cette Félicité. Dissipez l'ignorance pour libérer la Félicité.

Q. : Ne devrions-nous pas chercher la réalité ultime du monde, de l'individu et de Dieu ?

M. : Tous trois sont des conceptions du 'je', qui ne s'élèvent qu'après l'apparition de la pensée 'je'. Y pensiez-vous en sommeil profond ? Cependant, vous existiez et vous étiez la même que celle qui parle en ce moment. Si Dieu, le monde et l'individu étaient réels, ne devraient-ils pas l'être également dans votre sommeil profond ? Ils dépendent donc seulement de la pensée 'je'. Encore une fois, le monde vous dit-il : « Je suis le monde » ? Le corps dit-il : « Je suis le corps » ? C'est vous qui dites : « Ceci est le monde », « Ceci est le corps » et ainsi de suite. Ce ne sont donc que vos conceptions. Trouvez qui vous êtes et il y aura une fin à vos doutes.

Q. : Que devient le corps après la Réalisation ? Existe-t-il ou non ? Nous voyons des êtres réalisés qui agissent comme tout le monde.

M. : Cette question n'a pas besoin d'être soulevée maintenant. Vous pourrez la poser après la Réalisation si nécessaire. Quant aux êtres réalisés, laissez-les s'occuper d'eux-mêmes. Pourquoi vous soucier d'eux ?

En fait, après la Réalisation, le corps et tout le reste n'apparaîtront pas différents du Soi.

Q.: Puisque nous sommes toujours Etre-Conscience-Félicité, comment se fait-il que Dieu nous mette dans des difficultés ? Pourquoi nous a-t-Il créés ?

M. : Dieu vient-Il vous dire qu'Il vous a mis dans les difficultés ? C'est vous qui le dites, et c'est encore votre faux 'je'. Si celui-ci disparaît, il n'y aura plus personne pour affirmer que Dieu a créé ceci ou cela. Même ce qui *est* ne dit pas « je suis ». Car, y a-t-il le moindre doute que « je ne suis pas » ? Seulement en cas de doute on aurait besoin de se remémorer : « Je suis un homme. » Personne ne fait cela. Mais si jamais l'homme se demande s'il est une vache ou un buffle, il doit se remémorer qu'il n'est pas une vache, etc., mais qu'il est un homme. Cela n'arrivera jamais. Il en va de même de notre propre existence et de la Réalisation.

10 JUIN 1936

198. La question fut posée de savoir si l'homme pouvait renaître dans le monde inférieur de l'animal.

M. : Oui, c'est possible, comme l'illustre l'anecdote de Jada Bharata, un roi-sage qui renaquit sous la forme d'un daim.

Q. : L'individu est-il capable de progresser spirituellement dans le corps d'un animal ?

M. : Ce n'est pas impossible, bien qu'extrêmement rare.

Q. : Qu'est-ce que la grâce du *guru* ? Comment fonctionne-elle ?

M.: Le *guru* est le Soi.

Q.: Comment peut-elle conduire à la Réalisation ?

M. : Īshvaro gurur ātmeti [1]... (Dieu, le *guru* et le Soi sont identiques...) Une personne commence par être insatisfaite. Mécontente du monde, elle cherche la satisfaction de ses désirs en priant Dieu ; son mental se purifie ; elle aspire davantage à connaître Dieu qu'à satisfaire ses besoins charnels. Alors, la grâce divine commence à se manifester. Dieu revêt la forme d'un *guru* et apparaît à l'adorateur, lui enseigne la Vérité, lui purifie le mental par son enseignement et son contact ; le mental se renforce, il est capable de se tourner vers l'intérieur ; purifié davantage par la méditation, il reste finalement calme, sans la moindre ride. Cette tranquillité, c'est le Soi. Le *guru* est à la fois intérieur et extérieur. De l'extérieur il pousse le mental à s'intérioriser ; de l'intérieur, il tire le mental vers le Soi et l'aide à obtenir la quiétude. C'est la grâce.

Il n'y a donc pas de différence entre Dieu, le *guru* et le Soi.

199. Plus tard, une personne posa quelques questions concernant son incapacité à réaliser ce qui est déjà réalisé, le Soi éternel. Le signe de la Réalisation devrait être la Félicité or celle-ci était absente.

M. : Il n'y a qu'une seule conscience. Mais nous parlons de plusieurs sortes de consciences, comme la conscience du corps, la conscience du Soi. Elles ne sont que des états relatifs de la même Conscience absolue. Sans conscience, le temps et l'espace n'existent pas. Ils n'apparaissent que dans la conscience. Celle-ci est comparable à un écran sur lequel ils sont projetés en tant qu'images qui bougent comme au cinéma. La Conscience absolue est notre nature réelle.

---

1. Voir entretien n° 90.

Q. : Les objets que nous voyons, d'où proviennent-ils ?

M. : De l'endroit d'où vous provenez vous-même. Connaissez d'abord le sujet et posez ensuite la question sur les objets.

Q. : Ce n'est qu'un aspect de la question.

M. : Le sujet comprend également l'objet. Cet aspect unique est un aspect qui inclut tout. Voyez d'abord vous-même, et les objets ensuite. Ce qui n'est pas en vous ne peut pas apparaître hors de vous.

Q. : Cela ne me satisfait pas.

M. : Vous ne serez satisfait que lorsque vous atteindrez la source. Jusque-là, il y aura de l'agitation.

Q. : L'Etre suprême est-il ou non pourvu d'attributs ?

M. : Cherchez d'abord si vous, vous êtes pourvu ou dépourvu d'attributs.

Q. : Qu'est-ce que le *samādhi ?*

M. : La vraie nature, propre à chacun.

Q. : Pourquoi alors l'effort est-il nécessaire pour l'atteindre ?

M. : L'effort de qui ?

Q. : Maharshi sait que je suis ignorant.

M. : Savez-vous que vous êtes ignorant ? La connaissance de l'ignorance n'est pas de l'ignorance.

Toutes les Ecritures ont pour seul but d'inciter l'homme à rechercher s'il y a deux consciences. L'expérience de chacun prouve qu'il n'existe qu'une seule conscience. Cette conscience peut-elle se diviser en deux ? Y a-t-il une quelconque division ressentie dans le Soi ? En se réveillant, on se retrouve identique à ce que l'on était dans le sommeil. C'est l'expérience de chacun. La différence réside dans la recherche, la manière de voir. Tant que vous vous imaginez être le spectateur distinct de l'expérience, cette différence apparaît. Cependant, l'expérience prouve que votre être est le même à travers tous les états.

Q. : D'où vient l'ignorance ?

M. : Il n'existe rien de tel que l'ignorance. Elle ne se produit jamais. Chacun de nous est la Connaissance même. Seulement, la Connaissance ne brille pas facilement. Quand l'ignorance est dissipée, la sagesse, qui est toujours là, se révèle. Rappelez-vous l'exemple du collier, supposé perdu, mais resté autour du cou de la femme ; ou celui des dix individus insensés, chacun oubliant de se compter et ne comptant que les neuf autres [1]. De qui est-ce la connaissance ou l'ignorance ?

Q. : Ne pouvons-nous pas procéder de l'extérieur vers l'intérieur ?

M. : Cette différence existe-t-elle vraiment ? Ressentez-vous la différence — extérieure et intérieure — dans votre sommeil profond ? Cette différence n'existe que par rapport au corps et apparaît avec la conscience du corps (la pensée 'je'). Le prétendu état de veille n'est lui-même qu'une illusion.

Tournez votre attention vers l'intérieur, alors le monde entier sera empli de l'Esprit suprême.

On dit que le monde est illusion. L'illusion est en réalité Vérité. Même les sciences physiques font remonter l'origine de l'Univers à une matière primordiale — subtile, extrêmement subtile.

Dieu est le même pour ceux qui disent que le monde est réel et pour ceux qui soutiennent l'inverse. Ce n'est que leur perspective qui diffère. Vous n'avez pas besoin de vous engager dans de telles discussions. Le but est le seul et le même pour tous. Tendez vers lui.

---

1. Voir entretien n° 63.

14 JUIN 1936

200. Mr. Cohen souhaitait une explication sur l'expression « lumière flamboyante » utilisée par Paul Brunton dans le dernier chapitre de son livre *L'Inde secrète.*

Le Maharshi : Puisque l'expérience ne se déroule que dans le mental, elle se manifeste d'abord sous l'aspect d'un éclat de lumière. Les prédispositions mentales ne sont pas encore détruites. Au cours de cette expérience, le mental fonctionne pourtant à pleine capacité.

Quant au *nirvikalpa-samādhi,* le *samādhi* de non-différenciation (paix indifférenciée, suprême, béatifique), il est fait de pure conscience, laquelle est capable d'illuminer la connaissance et l'ignorance ; il est aussi au-delà de la lumière et de l'obscurité. Qu'il ne soit pas obscurité, c'est certain ; mais peut-on dire qu'il n'est pas lumière ? Habituellement, les objets ne sont perçus que dans la lumière. Est-il erroné de dire que la réalisation du Soi requiert une lumière ? Ici, *lumière* signifierait la Conscience qui se révèle être le Soi.

On dit que les yogis, par la pratique du yoga, voient des phénomènes de couleurs et des lumières, préliminaires à la réalisation du Soi.

Il fut un temps où la déesse Pārvatī se livrait à des austérités en vue de réaliser le Suprême. Elle vit différentes sortes de lumières, mais les rejeta parce qu'elles n'étaient que des émanations du Soi, laissant Celui-ci non affecté. Elle estima donc que ces lumières n'étaient pas suprêmes, et, continuant ses austérités, elle eut l'expérience d'une lumière illimitée. Elle évalua à nouveau que cette lumière n'était, elle aussi, qu'un phénomène et non la Réalité suprême. Elle reprit encore ses austérités jusqu'à ce qu'elle atteignit la paix transcendantale. Elle reconnut alors que cette Paix était suprême, que le Soi était la seule Réalité.

La *Taittirīya-upanishad* dit : « Cherche le *brahman* par l'ascèse. » Puis elle ajoute : « L'ascèse est le *brahman* » [TaiU III.3]. Une autre *Upanishad* dit : « Est ascèse ce qui est fait de la seule Sagesse. » [MuU I.1,9] « Là, le soleil ne brille pas, ni la lune, ni les étoiles, ni le feu ; tous ne brillent que par Sa lumière. » [MuU II.2,11] »

201. Les femmes parsi souhaitèrent un exemple démontrant pourquoi le Soi, bien qu'il soit toujours présent et ce qu'il y a de plus intime, n'est pas réalisé.

Le Maharshi cita les histoires : 1.) du collier, qui, bien qu'autour du cou de la femme, n'est pas décelé (*svakanthâbharanam-kathâ*) ; 2.) des dix individus insensés qui ne comptaient que les neuf autres, chacun d'eux oubliant de se compter soi-même (*dashama*) ; 3.) du lionceau élevé dans un troupeau de chèvres ; 4.) de Karna, qui ne connaissait pas son origine et 5.) du fils du roi élevé dans une famille du peuple.

Par la suite, elles désirèrent connaître l'opinion du Maharshi, d'une part sur le yoga de Shrī Aurobindo et sa déclaration d'avoir poussé ses recherches au-delà des expériences des *rishi* védiques, et, d'autre part, sur la position de la Mère recommandant à ses disciples de considérer la Réalisation des *rishi* des *Upanishad* seulement comme un point de départ.

M. : Aurobindo conseille l'abandon total. Faisons d'abord cela, attendons les résultats et discutons après de la suite, s'il en est besoin. Pour ceux qui ne sont pas encore débarrassés de leurs limitations, il ne sert à rien de discuter d'expériences transcendantales. Apprenez ce qu'est l'abandon de soi. Il consiste à s'immerger dans la source de l'ego. Ainsi, l'ego est abandonné au Soi. Toute chose nous est chère par amour du Soi. Nous abandonnons au Soi notre ego et nous laissons le Pouvoir suprême, c'est-à-dire le Soi, faire ce qui lui plaît. L'ego appartient déjà au Soi. Nous n'avons aucun droit sur l'ego, même tel qu'il est maintenant. Mais à supposer que nous en ayons un, nous devons y renoncer.

Q. : Que faut-il penser de la descente de la conscience divine ?

M. : La conscience divine n'est-elle pas déjà dans le Cœur ? « O, Arjuna, Je suis dans l'immensité du Cœur » dit Shrī Krishna [v. BhG X.20]. «Celui qui est dans le Soleil est aussi dans cet homme», dit un mantra dans l'*Upanishad* [TaiU II.8 et III.10]. « Le Royaume de Dieu est en vous», dit la Bible. Tous sont d'accord pour dire que Dieu est en nous. Alors qu'est-ce qui doit descendre ? Et d'où ? Qui descend quoi, et pourquoi ?

La Réalisation consiste simplement à écarter les obstacles qui empêchent de reconnaître la réalité éternelle et immanente. La Réalité *est.* Elle n'a nul besoin d'être amenée d'un endroit à un autre.

Q. : Que penser de la position de Shrī Aurobindo, selon laquelle on doit partir de la réalisation du Soi et aller plus loin ?

M. : Réalisons d'abord, nous verrons ensuite.

Et le Maharshi se mit à parler de théories similaires :
« Les *Vishishtādvaitin* disent que le Soi est d'abord réalisé et que l'âme individuelle, une fois réalisée, s'abandonne à l'âme universelle. Ce n'est qu'alors qu'elle est accomplie. La partie est rendue au tout. C'est la libération et l'union (*sāyujya*).

"La simple réalisation du Soi s'arrête à l'isolement du pur Soi", dit le Vishishtādvaita.

L'école du Siddhānta prétend que celui qui laisse son corps derrière lui comme un cadavre ne peut pas atteindre la *mukti.* Il renaît. Seul ceux dont le corps se désagrège dans l'espace, dans la lumière ou loin de toute perception atteignent la Libération. Les Advaitin de l'école de Shankara s'arrêtent au stade de la réalisation du Soi, mais pour le Siddhānta ce n'est pas la fin.

Il y a encore d'autres écoles qui vantent leurs théories favorites comme étant les meilleures, par exemple celles de Venkataswâmi Rao de Kumbakonam, de Brahmānanda Yogi de Cuddappah, etc.

C'est un fait : la Réalité existe et elle n'est pas affectée par des discussions. Soyons toujours cette Réalité et ne nous engageons pas dans des discussions futiles sur sa nature et autres. »

15 JUIN 1936

202. Un visiteur, originaire du Punjab, le regard attristé, révéla au Maharshi avoir été conduit vers lui par Shrī Shankarāchārya du Kamakotipītham de Jalesvar, près de Puri, en Jagannath. Il avait pratiqué le hatha-yoga et des contemplations du genre « Je suis le *brahman* ». Lors de celles-ci, un vide se produisait au bout de quelques moments, une chaleur envahissait son cerveau et il éprouvait la peur de mourir. Il souhaitait maintenant être guidé par le Maharshi.

M. : Qui voit le vide ?

Q. : Je sais que je le vois.

M. : La conscience, témoin de ce vide, est le Soi.

Q. : Cela ne me satisfait pas. Je n'arrive pas à le réaliser.

M. : La peur de la mort se présente seulement après que la pensée 'je' est née. La mort de qui craignez-vous ? Et de qui est-ce la crainte ? La cause en est l'identification du Soi avec le corps. Tant qu'elle existera, il y aura peur.

Q. : Mais je ne suis pas conscient de mon corps.

M. : Qui dit qu'il n'est pas conscient ?

Q. : Je ne comprends pas.

M. : Quelle est au juste votre méthode de méditation ?

Q. : Aham brahmāsmi (Je suis le *brahman*).

M. : « Je suis le *brahman* » n'est qu'une pensée. Qui le dit ? Ce n'est pas le *brahman*. Quel besoin aurait-il de le dire ? Le vrai 'Je' non plus ne peut pas le dire, car il demeure toujours en tant que *brahman*. Dire cette phrase n'est qu'une pensée. De qui est-ce la pensée ? Toutes les pensées proviennent du 'je' irréel, c'est-à-dire de la pensée 'je'. Restez sans penser. Tant qu'il y aura pensée, il y aura peur.

Q. : Lorsque je continue à y penser, je finis par l'oublier, mon cerveau devient chaud et j'ai peur.

M. : Oui, le mental est concentré dans le cerveau, voilà pourquoi vous y éprouvez une sensation de chaleur. C'est dû à la pensée 'je'. Tant qu'il y aura pensée, il y aura oubli. Il y a la pensée « Je suis le *brahman* » ; l'oubli survient ; puis la pensée 'je' surgit et, simultanément, la peur de mourir. L'oubli et la pensée ne se présentent que pour la pensée 'je'. Accrochez-vous à cette pensée 'je' ; elle disparaîtra tel un fantôme. Ce qui subsiste est le vrai 'Je'. C'est le Soi. « Je suis le *brahman* » n'est qu'une aide à la concentration ; toutes les autres pensées seront écartées et seule cette pensée subsiste. Cherchez de qui elle est. Vous trouverez qu'elle provient du 'je'. Et d'où vient la pensée 'je' ? Approfondissez cela. La pensée 'je' s'évanouira. Le Soi suprême resplendira de Lui-même. Nul autre effort n'est nécessaire.

Quand seul le 'Je' réel subsistera, il ne dira pas : « Je suis le *brahman*. » Un homme passe-t-il son temps à répéter « Je suis un homme » ? A moins qu'on ne lui dise le contraire, pourquoi dirait-il de lui-même qu'il est un homme ? Personne ne se prenant pour un animal, où est le besoin de dire : « Non, je ne suis pas un animal ; je suis un homme » ? De même, le *brahman,* ou le 'Je', étant seul, il n'y a personne pour le contester et de ce fait pas de nécessité à répéter : « Je suis le *brahman.* »

17 JUIN 1936

203. Mr. Varma, secrétaire financier à l'administration de la Poste et du Télégraphe, à Delhi, avait lu les livres de Paul Brunton, *L'Inde secrète* et *Le Sentier caché.* Il avait perdu sa femme après onze ou douze ans de vie commune heureuse. Dans son chagrin, il cherchait une consolation mais ne la trouvait pas dans les livres ; il avait même envie de les déchirer. Il n'avait pas l'intention de poser de questions, il souhaitait simplement rester assis et puiser, en la présence du Maharshi, autant de consolation qu'il le pouvait.

Le Maharshi, en une succession de phrases brèves qui suivaient le fil de ses pensées, lui dit : On a coutume de dire : « La femme est la moitié de l'homme. » Sa mort est donc très douloureuse. Cette douleur survient toutefois parce qu'on se place du point de vue du corps ; elle disparaît si l'on se place du point de vue du Soi.

La *Brihadāranyaka-upanishad* [II.4,5] dit : « La femme est chère à cause de l'amour du Soi. » Si l'épouse et d'autres personnes sont identifiées avec le Soi, comment peut-on éprouver de la douleur ? Néanmoins, même l'esprit des philosophes est secoué par de telles douleurs.

Nous sommes heureux en sommeil profond. Nous y demeurons en tant que pur Soi. Celui que nous sommes aussi maintenant. Dans le sommeil il n'y avait ni l'épouse ni les autres, ni même 'je'. Maintenant, ils apparaissent et donnent naissance au plaisir ou à la douleur. Pourquoi le Soi, qui était félicité en sommeil profond, ne continuerait-il pas de l'être maintenant ? Le seul obstacle à une telle continuité est la fausse identification du Soi avec le corps.

La *Bhagavad-gītā* [II.16] dit : « L'irréel n'a pas d'être ; le réel ne cesse jamais d'être. Cette Vérité a été perçue par ceux qui voient l'essence des choses. » « Le réel est toujours réel, l'irréel est toujours irréel. » Et puis : « Il ne naît ni ne meurt ; ayant été, il ne cesse pas d'être ; non né, perpétuel, éternel, existant depuis les temps anciens, il n'est pas anéanti quand le corps est anéanti » [II.20]. Il n'y a donc ni naissance ni mort. L'éveil est la naissance et le sommeil est la mort.

Votre femme était-elle avec vous quand vous vous rendiez à votre bureau, ou bien quand vous dormiez profondément ? Elle était loin de vous. Vous étiez tranquille parce que vous pensiez qu'elle se trouvait quelque part. Tandis que maintenant vous pensez qu'elle n'est plus. La différence tient à ces pensées dissemblables. Voilà la raison du chagrin. La douleur provient de la pensée du non-être de votre femme. C'est le mental qui cause tout ce tort. C'est lui qui crée la douleur pour lui-même, même là où il pourrait y avoir plaisir. Plaisir et peine sont tous deux des créations mentales.

Alors, pourquoi pleurer les disparus ? Ils sont libérés de l'esclavage. Le deuil est la chaîne forgée par le mental pour s'attacher aux défunts.

« Et alors, si quelqu'un est mort ? Et si quelqu'un est ruiné ? Soyez mort vous-même, soyez ruiné vous-même ». Ainsi vous n'éprouverez pas de chagrin à la mort de quelqu'un. De quelle sorte de mort s'agit-il ici ? De l'annihilation de l'ego, bien que le corps continue à vivre. Tant que l'ego persiste, l'homme a peur de la mort et pleure la mort d'un autre. Ce ne serait pas nécessaire s'il mourait avant lui (en se réveillant du rêve de l'ego, ce qui revient à tuer le sens de l'ego). L'expérience du sommeil profond nous enseigne clairement que le bonheur consiste à être sans le corps. Le sage le confirme aussi en parlant de libération une fois que le corps a été abandonné. Le sage attend donc le moment de se dépouiller de son corps. Un travailleur qui est obligé, pour gagner son salaire, de porter un fardeau considérable sur sa tête, le porte sans plaisir jusqu'à sa destination, et lorsque, enfin, il se débarrasse de sa charge, il éprouve soulagement et joie. De même les sages portent leur corps et attendent de pouvoir s'en défaire le moment venu. Si votre femme était votre « moitié », ne devriez-vous pas être reconnaissant et heureux d'être soulagé de la moitié de votre fardeau ?

Vous n'y parvenez pas parce que vous voyez les choses sous l'angle de la matière. Même des hommes qui devraient savoir à quoi s'en tenir et qui ont étudié les enseignements sur la libération après la mort glorifient la libération dans le corps et parlent même de pouvoirs mystérieux qui gardent le corps éternellement en vie. Si l'on abandonne le point de vue du corps et si l'on demeure dans le Soi, il n'y a plus de douleur. Pleurer la mort de quelqu'un n'est pas une preuve d'amour véritable. Cela révèle seulement l'amour de l'objet, de sa forme. Ceci n'est pas de l'amour. Le véritable amour se reconnaît à la certitude que l'objet de l'amour est dans le Soi et ne peut jamais cesser d'exister.

(A ce propos, le Maharshi cita l'histoire d'Ahalya et d'Indra du *Yoga-vāsishtha*.)

Il n'en demeure pas moins que la douleur ressentie en de telles occasions ne peut être soulagée qu'en la présence de sages.

18 JUIN 1936

204. Le Maharshi sur l'Eveil au Soi : « Le concept du 'je', c'est l'ego. L'Eveil au 'Je', c'est la réalisation du Soi réel. Il resplendit éternellement comme 'Je'-'Je' dans l'enveloppe intellectuelle. Il est Connaissance pure ; la connaissance relative n'est qu'un concept. La félicité de l'enveloppe de félicité n'est aussi qu'un concept[1].

On ne peut pas dire « j'ai bien dormi » si l'on n'en a pas fait l'expérience, si subtile soit-elle. C'est à partir de l'intellect que l'on parle de l'enveloppe de félicité. La félicité du sommeil n'est qu'un concept, tout comme l'est l'intellect. Néanmoins, dans le sommeil, ce concept est extrêmement subtil. L'expérience est en effet impossible si en même temps l'on n'en a pas conscience (c'est-à-dire une connaissance relative).

La nature inhérente du Soi est Félicité. Cependant, une certaine forme de connaissance doit encore être admise, même dans la réalisation de la félicité suprême. On peut la qualifier de plus subtile que le plus subtil.

Le terme *vijñāna* (connaissance claire) est utilisé tout aussi bien pour désigner la réalisation du Soi que la connaissance des objets. Le Soi est sagesse. Il fonctionne de deux manières : quand il est associé à l'ego, il est connaissance objective (*vijñāna*) ; quand il est dissocié de l'ego et que le Soi universel est réalisé, on l'appelle également *vijñāna*. Ce terme soulève un concept mental. C'est pourquoi nous disons que le Sage réalisé *connaît* par son mental ; mais son mental est pur. Nous disons aussi que le mental vibrant est impur et que le mental apaisé est pur. Le mental pur est le *brahman*. Il

---

1. Enveloppe, voir index I, *kosha*.

s'ensuit que le *brahman* n'est rien d'autre que le mental du sage.

La *Mundaka-upanishad* dit : « Le Connaisseur du *brahman* devient le Soi du *brahman*. » N'est-ce pas absurde ? Le connaître et Le devenir ? Ce ne sont que de simples mots. Le sage est le *brahman* — c'est tout. La fonction mentale lui est nécessaire pour communiquer son expérience. On dit de lui qu'il contemple l'expansion infinie. On dit aussi du Créateur, de Shuka et d'autres qu'ils ne s'écartent jamais de cette contemplation.

nimishārdham na tishthanti vrittim brahmamayīm vinā
yathā tishthanti brahmādyāh : sanakādyāh shukādayah [1]

Tejo Bindu-upanishad 1-47

Une telle « contemplation » n'est aussi qu'un simple mot.

Comment peut-on contempler quelque chose s'il n'y a pas division entre le contemplateur et le contemplé ? Et quand les deux sont non divisés, comment la contemplation est-elle encore possible ? Quelle « fonction » l'Infini peut-il donc remplir ? Dit-on qu'une rivière, une fois perdue dans l'océan, est devenue une rivière océanique ? Pourquoi parlerait-on alors d'une contemplation devenue ininterrompue, puisqu'elle est l'Infini ininterrompu ? Il faut comprendre cette affirmation dans l'esprit dans lequel elle a été faite. Elle désigne l'absorption dans l'Infini.

L'éveil au Soi, ou la réalisation du Soi sont des termes similaires. Le Soi est éternellement éveillé. Alors

---

1. « Pas un instant ils ne demeurent sans que leur pensée soit emplie du *brahman*. Tel que Brahmā et les autres [dieux], Sanakā et les autres [sages] et Shuka et les autres [connaissant le *brahman*]. »

que signifie « l'éveil au 'Je' » ? Cette expression est l'implicite reconnaissance d'une fonction mentale.

Les dieux et les sages font l'expérience continue et éternelle de l'Infini sans que leur vision soit obscurcie à aucun moment. Ceux qui les voient supposent que leur mental fonctionne, mais en fait, il n'en est rien. Cette supposition provient du sens de l'individualité chez ceux qui tirent ces conclusions. En l'absence d'individualité, il n'y a pas de fonction *mentale*. Individualité et fonctions mentales sont donc coexistantes. L'une ne peut subsister sans l'autre.

L'expérience de la lumière du Soi ne peut se produire que dans l'enveloppe intellectuelle. C'est la raison pour laquelle le *vijñāna,* de n'importe quelle nature (d'un objet ou du Soi), dépend du fait que le Soi est pure Connaissance.

205. Mr. Cohen se posait des questions sur la nature du Cœur ; il se demandait si le « cœur spirituel » battait ; et dans l'affirmative, comment ; ou, s'il ne battait pas, comment il était ressenti.

M. : Ce Cœur est différent du cœur physique. C'est ce dernier qui bat. Le premier est le siège de l'expérience spirituelle. C'est tout ce qu'on peut en dire.

De même qu'une dynamo fournit de l'énergie à diverses installations de lumière, ventilateurs, etc., ainsi la force primordiale fournit de l'énergie aux battements du cœur, à la respiration, etc.

Q. : Comment la conscience du 'Je'-'Je' est-elle ressentie ?

M. : Comme la conscience ininterrompue du 'Je'. C'est tout simplement la conscience.

Q. : Pouvons-nous savoir quand elle s'éveille en nous ?

M. : Oui, en tant que conscience. Même maintenant

vous êtes cela. Il n'y a pas à s'y méprendre lorsqu'elle est pure.

Q. : Pourquoi avons-nous un endroit comme le « Cœur » pour la méditation ?

M. : Parce que vous cherchez la conscience. Où pouvez-vous la trouver ? Pouvez-vous l'atteindre à l'extérieur ? Il vous faut la découvrir intérieurement. C'est pourquoi vous êtes conduit vers l'intérieur. Je le répète : le « Cœur » n'est autre que le siège de la conscience, ou la conscience elle-même.

Q. : Sur quoi devons-nous méditer ?

M. : Qui est le méditant ? Posez-vous d'abord cette question. Soyez le méditant. Il n'y a pas besoin de méditer.

206. Mr. B. C. Das, professeur de physique à l'Université d'Allahabad, demanda : « L'intellect ne s'élève-t-il pas et ne retombe-t-il pas en même temps que l'homme ? »

M. : L'intellect de qui ? De l'homme. L'intellect n'est qu'un instrument.

Q. : Oui, mais survit-il à la mort de l'homme ?

M. : Pourquoi penser à la mort ? Voyez ce qui se passe dans votre sommeil. Quelle est votre expérience alors ?

Q. : Mais le sommeil est passager, tandis que la mort ne l'est pas.

M. : Le sommeil est l'intermède entre deux états de veille, la mort l'est entre deux naissances successives. Les deux, sommeil et mort, sont transitoires.

Q. : Je veux dire que, lorsque l'esprit se désincarne, entraîne-t-il l'intellect avec lui ?

M. : L'esprit ne se désincarne pas. Ce sont les corps qui diffèrent. Il peut ne pas avoir un corps grossier. Il lui restera un corps subtil comme celui du sommeil, du rêve ou du rêve éveillé. L'intellect ne s'altère pas ; les corps peuvent différer selon les circonstances.

Q. : Le corps de l'esprit est-il le corps astral ?

M. : Là, l'intellect est le corps astral.

Q. : Comment est-ce possible ?

M. : Pourquoi pas ? Vous semblez penser que l'intellect ne peut pas être limité comme l'est un corps. L'intellect n'est qu'un agrégat de divers facteurs. Le corps astral est-il autre chose ?

Q. : L'intellect n'est-il pas une enveloppe ?

M. : Oui. Sans intellect aucune enveloppe ne peut être reconnue. Qui dit qu'il existe cinq enveloppes ? N'est-ce pas l'intellect qui déclare cela ?

207. *M. :* Le sommeil profond est un état de non-dualité. La différence entre l'âme individuelle et l'Ame universelle peut-elle persister dans cet état ? Le sommeil implique l'oubli de toutes les différences. Cet oubli, à lui seul, constitue le bonheur. Regardez comment les gens, avant de s'endormir, préparent leur lit pour obtenir ce bonheur. Des oreillers moelleux, des coussins et autres accessoires sont choisis pour favoriser un bon sommeil, c'est-à-dire pour mettre un terme à l'état de veille. Et pourtant, dans l'état de profond sommeil, tout cela ne sert à rien. Cela implique que tous ces efforts n'ont pas d'autre but que de mettre un terme à l'ignorance. Après la Réalisation, ils n'ont plus aucune utilité.

208. *M. :* Il suffit de s'abandonner. S'abandonner, c'est s'en remettre à la cause originelle de son être. Ne vous faites pas d'illusions en vous imaginant que cette source est un dieu en dehors de vous. Votre source est en vous. Abandonnez-vous à elle. C'est-à-dire cherchez cette source et immergez-vous en elle. C'est parce que vous vous imaginez être en dehors d'elle que vous soulevez la question : « Où est la source ? »

Certains soutiennent que le sucre ne peut pas goûter sa propre douceur et qu'il faut un dégustateur pour le goûter et le savourer. De même, un individu ne peut pas être le Suprême et en même temps goûter la Félicité de cet état ; c'est pourquoi l'individualité doit être maintenue d'un côté et la divinité de l'autre pour que la jouissance puisse exister.

Mais Dieu est-Il matière inconsciente comme le sucre ? Comment peut-on s'abandonner et cependant conserver son individualité pour jouir du Suprême ? De plus, ils soutiennent que l'âme, ayant atteint la région divine, demeure en cet état pour servir l'Etre suprême. Le son du mot « service » peut-il vraiment tromper le Seigneur ? Est-ce qu'Il ne sait pas tout ? Attend-Il vraiment que ces gens Le servent ? Ne demanderait-Il pas plutôt, Lui qui est pure conscience : « Qui êtes vous en dehors de Moi pour que vous ayez la présomption de Me servir ? » De plus, ces même gens croient que l'âme individuelle se purifie en se débarrassant de l'ego et devient ainsi apte à devenir le corps du Seigneur. Le Seigneur serait alors l'Esprit et les âmes purifiées constitueraient Son corps et Ses membres ! Peut-il y avoir une âme pour les âmes ? Combien d'âmes y a-t-il ? La réponse doit être : « Il y a beaucoup d'âmes individuelles et une Ame suprême. » En ce cas, qu'est-ce que l'âme ? Elle ne peut pas être le corps, etc. Elle doit donc être ce qui reste après l'élimination de tout cela. Ainsi donc, même après avoir réalisé que l'âme est ce qui ne peut pas être éliminé, il faut encore découvrir l'existence d'une Ame suprême. Mais alors, comment l'âme peut-elle encore être réalisée comme la Réalité ultime après avoir déjà éliminé tout ce qui lui était étranger ? Si c'était le cas, alors l'âme dépeinte comme étant la réalité inaliénable ne peut pas être l'âme véritable. Toute cette confusion provient du mot « âme » (*ātman*). On se sert de ce même mot, *ātman*, pour désigner le corps, les sens, le mental, le principe vital, l'âme individuelle et l'Etre suprême.

Cette application élargie du terme a donné naissance à l'idée que l'âme individuelle (*jīvātman*) constitue le corps du Suprême (*paramātman*) : « O, Arjuna, Je suis le Soi, demeurant dans le cœur de tous les êtres... » *Bhagavad-gītā* (X. 20). Ce verset montre que le Seigneur est l'*ātman* (le Soi) de tous les êtres. La *Bhagavad-gītā* dit-elle « le Soi de tous les soi » ? Si, par ailleurs, vous vous immergez dans le Soi, il ne restera plus trace d'individualité. Vous deviendrez la Source elle-même. Dans ce cas, qu'est-ce que l'abandon ? Qui doit abandonner quoi et à qui ? Cela constitue la dévotion, la sagesse et l'investigation.

Parmi les vishnouites, saint Nammâlvâr dit : « J'étais perdu dans un labyrinthe, m'accrochant au 'je' et au "mien" ; j'errais sans connaître mon Soi. En réalisant mon Soi, j'ai compris que je suis Toi, et que le "mien" (mes possessions) n'est aussi que Toi. »

Vous voyez donc bien que la dévotion n'est rien de plus que la connaissance de soi-même. L'école du monisme qualifié [Vishishtādvaita] l'admet également. Cependant, par fidélité à leur doctrine traditionnelle, ses adeptes persistent à affirmer que les individus sont une partie du Suprême — ses membres en quelque sorte. Leur doctrine traditionnelle dit également que l'âme individuelle doit d'abord être purifiée et ensuite abandonnée au Suprême ; ainsi l'ego s'évanouit et, après la mort, on entre dans le royaume de Vishnou ; là, enfin, est la jouissance du Suprême, l'Infini !

Dire que l'on est séparé de la Source primordiale est en soi une prétention ; ajouter qu'une fois délivré de l'ego l'on devient pur, mais que l'on retient son individualité uniquement pour jouir du Suprême ou Le servir, est un stratagème trompeur. Quelle duplicité que d'abord de s'approprier ce qui réellement Lui appartient et ensuite prétendre Le servir ou Le réaliser ! Tout cela n'est-il pas déjà connu de Lui ?

19 JUIN 1936

209. Mr. B. C. Das posa des questions sur le libre arbitre et le destin.

M. : Le libre arbitre de qui ? « Le mien » direz-vous. Vous êtes au-delà du libre arbitre et de la fatalité. Demeurez Cela et vous les transcendez tous les deux. C'est la signification de « vaincre son destin par la volonté ». La fatalité peut être vaincue. La fatalité est le résultat des actions du passé. Dans la présence des sages, les mauvaises tendances sont vaincues. Les expériences de chacun sont alors perçues dans leur juste perspective.

J'existe en ce moment. Je suis celui qui jouit. Je jouis des fruits des actions. J'étais dans le passé et je serai dans le futur. Qui est ce 'je' ? En découvrant que ce 'Je' est pure conscience, au-delà de l'action et du plaisir, on obtient la liberté et le bonheur. Alors il n'y a plus d'effort à faire, car le Soi est parfait, et il ne reste plus rien à obtenir.

Tant qu'il y a individualité, on est le jouisseur et l'acteur. Mais si elle disparaît, la volonté divine l'emporte et dirige le cours des événements. L'individu reste perceptible à ceux qui ne peuvent pas percevoir la force divine. Restrictions et disciplines sont pour les autres, et non pour les libérés.

Le libre arbitre est sous-entendu dans l'injonction d'« être bon », donnée par les Ecritures. Il implique la faculté de vaincre le destin et cela grâce à la Sagesse. Le feu de la Sagesse consume toutes les actions. La Sagesse s'acquiert en compagnie des sages, ou plutôt dans leur atmosphère mentale.

210. L'homme est redevable de son activité à une Puissance autre que lui, alors qu'il croit accomplir tout de lui-même — tout comme un invalide assurant par bravade que, si on l'aidait à se tenir sur ses pieds, il pourrait combattre et chasser l'ennemi. L'action est mue par le désir ; le désir ne s'élève qu'après la montée de l'ego ; et cet ego doit lui-même son origine à un Pouvoir supérieur dont dépend son existence. Il ne peut pas demeurer séparé. Alors pourquoi ce verbiage « Je fais, j'agis ou je travaille » ?

Un être réalisé ne peut faire autrement qu'être bénéfique au monde. Sa simple existence est le plus haut bien.

211. Mr. B.C. Das demanda : « *Yoga* veut dire union. Mais je me demande l'union de quoi avec quoi ? »

M. : Très juste. Le yoga implique une séparation préalable, puis signifie réunion de l'un avec l'autre. Qui doit s'unir à qui ? Vous êtes le chercheur qui cherche l'union avec quelque chose. Ce quelque chose est séparé de vous. Votre Soi vous est intime. Vous êtes conscient du Soi. Cherchez-le et soyez-le. Il s'étendra à l'infini. Alors il ne sera plus question de yoga, etc. Pour qui est la séparation (*viyoga*) ? Trouvez-le.

Q. : Les pierres, etc., sont-elles destinées à rester toujours telles ?

M. : Qui voit des pierres ? Elles sont perçues par vos sens qui sont à leur tour activés par votre mental. Elles se trouvent donc dans votre mental. Le mental de qui ? Celui qui pose la question doit trouver la réponse lui-même. Quand le Soi est trouvé, la question ne se posera plus.

Le Soi vous est plus intime que les objets. Trouvez le sujet et les objets prendront soin d'eux mêmes. Les objets sont vus par différentes personnes selon le point de vue de chacune et c'est de là que viennent les différentes théories. Mais qui est celui qui voit et celui qui connaît ces théories ? C'est vous. Trouvez votre Soi. Alors il y aura une fin à ces divagations mentales.

Q. : Qu'est-ce que le mental ?

M. : Un faisceau de pensées.

Q. : Quelle en est l'origine ?

M. : La conscience du Soi.

Q. : Alors les pensées ne sont pas réelles.

M. : Elles ne le sont pas. La seule réalité est le Soi.

212. Le Maharshi observa : « *Pradakshina* [1] signifie : "Tout est en moi". Il paraît que la véritable signification de la marche autour de la colline d'Arunāchala est qu'elle est aussi efficace qu'un voyage autour du monde. Ce qui veut dire que le monde entier se trouve condensé dans cette Colline. Le circuit autour du temple d'Arunāchala est tout aussi favorable ; et le circuit autour de soi-même (en tournant) l'est tout autant. Ainsi tous ces circuits sont contenus dans le Soi. La *Ribhu-gītā* dit à ce propos : "Je reste fixe, tandis que d'innombrables Univers, s'élevant dans mon mental sous forme de concepts, tournoient en moi. Cette méditation est le circuit suprême (*pradakshina*)." »

---

1. Rite hindou qui consiste à faire le tour de l'objet de son adoration en le maintenant à sa droite.

20 JUIN 1936

213. Mr. B. C. Das demanda pourquoi le mental ne pouvait pas être intériorisé en dépit de tentatives répétées.

M. : On y parvient par la pratique et par l'absence de passion ; le succès ne vient que graduellement. Le mental est comme une vache qui a été si longtemps habituée à paître subrepticement sur les prairies d'autrui qu'on parvient difficilement à la garder dans son étable. On a beau lui offrir les herbes les plus savoureuses, les fourrages les plus fins, elle les refuse dans un premier temps ; puis elle en prend un peu ; mais ses tendances innées la reprennent ; et elle s'échappe ; mais à force d'être appâtée par son propriétaire, elle finit par s'habituer à son étable et finalement, même si on ne l'attache pas, elle ne s'en échappe plus. Il en va de même pour le mental. Celui-ci, une fois son bonheur intérieur découvert, ne s'en ira plus vagabonder à l'extérieur. »

214. Mr. Ekanatha Rao, visiteur assidu, demanda : « N'y a-t-il pas, selon les circonstances, des variations durant la contemplation ? »

M. : Oui, il y en a. A certains moments, l'illumination se produit et la contemplation est alors facile ; à d'autres moments, la contemplation est impossible, même après des tentatives répétées. Cela est dû au jeu des trois *guna* (qualités constitutives de la nature).

Q. : La contemplation est-elle influencée par nos activités et par les circonstances ?

M. : Ces facteurs ne peuvent l'influencer. C'est le sentiment « Je suis celui qui agit » — la *kartrtva-buddhi* — qui constitue l'obstacle.

22 JUIN 1936

215. En lisant le *Tiruvachakam,* traduit par G.U. Pope, le Maharshi en vint au verset décrivant l'intensité du sentiment de *bhakti* comme bouleversant le corps entier, dissolvant la chair et les os. Il fit remarquer que Mânikkavâchakar était l'un de ceux dont le corps physique s'était à la fin dissous dans une lumière aveuglante sans laisser de cadavre derrière lui.

Un fidèle demanda comment cela était possible.

Le Maharshi expliqua que le corps grossier n'est que la forme concrète d'une matière plus subtile — le mental. Quand le mental se met à fondre et s'embrase sous forme de lumière, le corps se consume en même temps. Nandanâr est un autre saint dont le corps a disparu dans une lumière aveuglante.

Le Major Chadwick souligna que [le prophète] Elie disparut de la même manière. Il souhaita savoir si la disparition du corps du Christ de sa tombe était quelque chose de comparable.

M. : Non. Le corps du Christ fut laissé comme cadavre, puis mis au tombeau, tandis que les autres n'ont pas laissé de cadavres.

Au cours de la conversation, le Maharshi dit que le corps subtil était composé de son et de lumière et que le corps grossier n'en était que la forme concrète.

Mr. B. C. Das demanda si cette lumière et ce son pouvaient être perçus par les sens.

M.: Non. Ils sont supra-sensoriels. On peut les expliquer ainsi (*voir tableau page ci-contre*).

Ils sont fondamentalement semblables.

Le corps subtil du Créateur est le son mystique *pranava,* qui est à la fois son et lumière. L'Univers se transmue d'abord en son et lumière, puis en transcendance — *param.*

	Īshavara (universel)	*Jiva* (individuel)
grossier	Univers	corps
subtil	son et lumière *nāda, bindu*	mental et *prāna*
originel	*ātman* (le Soi) *param* (le transcendantal)	*ātman* (le Soi) *param* (le transcendantal)

216. Le Maharshi expliqua le sens du nom Arunāchala :

Aruna : rouge, brillant comme le feu.

Ce feu n'est pas le feu ordinaire, qui n'est que chaud.

Il s'agit ici du *jñānāgni* (le feu de la sagesse) qui n'est ni chaud ni froid.

Achala : colline.

Arunāchala signifie donc Colline de la Sagesse.

29 JUIN 1936

217. Mr. A. Bose, ingénieur à Bombay, demanda : « Bhagavān éprouve-t-il un sentiment pour nous, et nous exprime-t-il sa Grâce ? »

M. : Vous êtes enfoncé dans l'eau jusqu'au cou et vous en réclamez encore à grands cris. C'est comme si l'on disait qu'un homme plongé dans l'eau est assoiffé, ou qu'un poisson dans l'eau est assoiffé, ou que l'eau est assoiffée.

Q. : Comment peut-on détruire le mental ?

M. : D'abord, existe-t-il un mental ? Ce que vous appelez mental est une illusion. Elle trouve son origine dans la pensée 'je'. En l'absence de sens grossiers ou subtils, vous ne pouvez être conscient ni du corps ni du mental. Pourtant, il vous est possible d'exister sans ces sens. Dans un tel état, ou bien vous dormez, ou bien vous n'êtes conscient que du Soi. Cette conscience du Soi est toujours présente. Restez ce que vous êtes véritablement et cette question ne se posera pas.

Q. : La conscience du corps constitue-t-elle un obstacle à la réalisation ?

M. : Nous sommes toujours au-delà du corps ou du mental. Si néanmoins vous sentez le corps comme étant le Soi, ce sera évidemment un obstacle.

Q. : Le corps ou le mental sont-ils de quelque utilité pour le Soi ?

M. : Oui, dans la mesure où ils aident à le réaliser.

30 JUIN 1936

218. Le Maharshi, après avoir feuilleté le *Shiva-purâna,* le commenta ainsi :

« Shiva a les aspects transcendant et immanent représentés respectivement par Son être invisible et transcendantal et par le *linga*. Le *linga* est manifesté, depuis les origines jusqu'à nos jours, sous la forme d'Arunāchala. Cette manifestation eut lieu un mois de décembre, alors que la lune se trouvait dans la constellation d'Orion (*ārdrā*). Toutefois, Arunāchala fut adoré pour la première fois un jour de Shivarâtri [1], jour encore aujourd'hui considéré comme sacré.

---

1. Nuit avant la nouvelle lune de chaque mois (*amāvasya*) pendant laquelle adorer Shiva procure des mérites instantanés.

Dans la sphère de la parole, le *pranava* (le son mystique OM) représente l'aspect transcendantal (*nirguna*), et le *panchāksharī* (le mantra en cinq syllabes [1]) représente l'immanent (*saguna*). »

De nouveau, Shrī Bhagavān raconta l'anecdote de Pārvatī qui voulait tester Rāma : « Rāma et Lakshmana parcouraient la forêt à la recherche de Sītā, l'épouse de Rāma. Celui-ci était affligé par le chagrin. Soudain, surgirent devant lui Shiva et Pārvatī. Shiva salua Rāma et passa son chemin. Pārvatī, surprise, demanda à Shiva comment il se faisait que lui, le Seigneur de l'Univers, adoré de tous, pût s'arrêter pour saluer Rāma, un être humain ordinaire qui avait perdu sa femme et qui, accablé de douleur, errait désemparé dans la forêt sauvage. Shiva lui répondit : "Rāma se comporte simplement comme le ferait tout être humain en pareilles circonstances. Il est néanmoins l'incarnation de Vishnou et mérite d'être salué. Vous pouvez le mettre à l'épreuve si vous le voulez."

Après quelques instants de réflexion, Pārvatī prit l'apparence de Sītā et se plaça devant Rāma pendant qu'il se lamentait et appelait Sītā à grands cris. Quand Rāma vit apparaître Pārvatī devant lui sous la forme de Sītā, il sourit et s'enquit : "Pārvatī, pourquoi es-tu là ? Où est Sambhu [2] ? Pourquoi as-tu pris la forme de Sītā ?" Pārvatī fut abasourdie et expliqua qu'elle était venue pour le tester afin de connaître la raison pour laquelle Shiva l'avait saluée.

Rāma répondit : "Nous ne sommes tous que des aspects de Shiva, adorant Sa forme visible et nous souvenant de Lui quand il est invisible." »

---

1. *Namashivaya.*
2. Un des noms de Shiva.

219. Swāmi Rāmakrishna, un disciple de longue date résidant à l'ashram, demanda au Maharshi le sens de *Tvaiyârunâchala sarvam...*, une strophe des *Cinq Hymnes à Arunāchala* [1].

Le Maharshi l'expliqua en détail en disant que l'Univers est comparable à une peinture sur une toile — la toile étant la colline rouge, Arunāchala. Ce qui s'élève et s'évanouit est fait de la même substance que ce d'où cela s'élève. La finalité de l'Univers est le dieu Arunāchala. En méditant sur Lui ou sur *celui qui voit*, le Soi, il se produit une vibration mentale, 'je', à laquelle tout est réduit. Lorsqu'on remonte à la source du 'je', seul le 'Je'-'Je' primordial subsiste ; et c'est inexprimable. Le siège de la Réalisation est à l'intérieur et le chercheur ne peut pas le trouver comme un objet, extérieur à lui. Ce siège est la Félicité, le centre de tous les êtres. C'est pourquoi on l'appelle le Cœur. Le seul but utile de cette naissance présente est de se tourner vers l'intérieur et de le réaliser. Il n'y a rien d'autre à faire.

Q. : Comment peut-on annihiler les prédispositions ?

M. : Vous êtes dans cet état quand vous êtes « réalisé ».

Q. : Cela veut-il dire que si l'on s'accroche au Soi, les tendances sont brûlées dès qu'elles commencent à émerger ?

M. : Elles brûleront d'elles-mêmes si seulement vous restez ce que vous êtes véritablement.

---

1. Il s'agit du poème *Arunāchala-Pancharatnam* (Cinq strophes à la gloire d'Arunāchala), la 2ᵉ strophe : « O Arunāchala ! en Toi l'image de l'Univers est formée, est établie et dissoute ; telle est la vérité sublime. Tu es le Soi intérieur, qui danse dans le Cœur en tant que 'Je' ! "Cœur" est Ton nom, ô Seigneur ! » (*The Collected Works of Rāmana Maharshi*, 1996, p. 111).

1ᴱᴿ JUILLET 1936

220. Mr. B. C. Das demanda : « La contemplation n'est possible que si le mental est maîtrisé et la maîtrise du mental ne peut être accomplie que par la contemplation. N'est-ce pas un cercle vicieux ? »

M. : Oui. Les deux sont interdépendants. Ils doivent aller de pair. C'est avec la pratique et le détachement que l'on aboutit progressivement au résultat. Le détachement est pratiqué afin d'empêcher le mental de se projeter vers l'extérieur ; la pratique, elle, a pour but de le maintenir à l'intérieur. Il y a constamment lutte entre contrôle et contemplation à l'intérieur de nous. C'est la contemplation qui, en temps voulu, triomphera.

Q. : Par où commencer ? Votre grâce est nécessaire pour cela.

M. : La grâce est toujours là.

Et le Maître cita : « En l'absence de la grâce du *guru*, l'état sans passion ne peut s'acquérir, ni la réalisation de la Vérité, ni la stabilité dans le Soi. »

La pratique est indispensable. C'est comme dresser un taureau furieux à rester dans son étable en lui offrant de l'herbe savoureuse pour l'empêcher de s'échapper.

Ensuite le Maître lut à haute voix un verset du *Tiruvachakam*, s'adressant au mental : « O, abeille bourdonnante (c'est-à-dire le mental) ! Pourquoi te fatigues-tu à recueillir de minuscules particules de nectar sur d'innombrables fleurs ? Il en existe une où tu peux puiser tout le nectar que tu voudras, simplement en pensant à Lui, en Le voyant, ou en parlant de Lui. Rentre en toi et bourdonne vers Lui (*hrīmkāra*). »

Q. : Doit-on se souvenir d'une forme et lire ou chanter en plus le nom de Dieu dans sa méditation ?

M.: Qu'est-ce qu'une conception mentale si ce n'est une méditation ?

Q. : La forme doit-elle être accompagnée par la répétition de mantra ou par la concentration sur des attributs divins ?

M.: Quand le *japa* est devenu la tendance prédominante, le *japa* oral devient tôt ou tard un *japa* mental, ce qui équivaut à la méditation.

221. *Mr. Bose :* La forme signifie dualité. Est-ce une bonne chose ?

M.: Celui qui pose semblable question ferait mieux d'adopter la méthode de l'investigation. La forme ne lui convient pas.

Q.: Dans ma méditation, un vide s'interpose ; je ne vois plus de forme.

M.: Bien sûr que non

Q.: Que dire de ce vide ?

M.: Qui voit le vide ? Il faut bien que vous soyez là pour le voir. Il y a une conscience qui témoigne de ce vide.

Q.: Cela veut-il dire que je dois aller de plus en plus profondément ?

M.: Oui. Il n'y a pas un seul instant où vous n'êtes pas.

2 JUILLET 1936

222. Le Dr. Popatlal Lohara avait étudié divers textes sacrés dont l'*Upadesha-sāram* et avait rendu visite à un bon nombre de saints, *sādhu* et yogis, jusqu'à mille cinq cents, avança t-il. A Trimbak, un *sādhu* lui avait dit qu'il avait encore des dettes à payer et que seulement après il pourrait atteindre la Réalisation. Mais la seule dette que

Popatlal Lohara pensait encore avoir était le mariage de son fils. Depuis, celui-ci avait eu lieu et il se sentait libéré de toutes dettes karmiques. Or, en dépit de ce sentiment, il éprouvait encore une « tristesse mentale » et venait demander à Shrī Bhagavān de le guider pour s'en libérer.

M. : Quelle version de l'*Upadesha-sāram* avez-vous lue ?

Q. : La version en sanskrit.

M. : Ce texte contient la réponse à votre question

Q. : Malgré tous mes efforts, mon mental ne peut rester stable. J'essaie pourtant depuis dix-huit ans.

Le Maître cita alors un passage de l'*Upadesha-sāram :* « Immerger le mental dans le Cœur comprend l'accomplissement du devoir méritoire (*karma*), la dévotion (*bhakti*), le yoga et la suprême sagesse (*jñāna*) ».

C'est toute la vérité résumée dans une seule phrase.

Q. : Cela ne satisfait pas ma recherche du bonheur. Je ne parviens pas à rendre mon mental stable.

Le Maître cita de nouveau un vers de l'*Upadesha-sāram :* « Une recherche continue de ce qu'est le mental mène à sa disparition. C'est la voie directe. »

Q. : Comment s'y prendre pour rechercher son mental ?

M. : Le mental n'est qu'un faisceau de pensées. Les pensées ont leur racine dans la pensée 'je'.

Et Shrī Bhagavān cita encore : « Pour quiconque cherche l'origine de la pensée 'je', l'ego périt. Telle est la véritable investigation. » Le vrai 'Je' est alors trouvé, resplendissant de lui-même.

Q. : Cette pensée 'je' s'élève de moi. Mais je ne connais pas le Soi.

M. : Tout cela n'est que concept mental. Vous vous

identifiez maintenant avec un faux 'je', qui est la pensée 'je'. Cette pensée 'je' s'élève et s'évanouit, alors que la vraie signification du 'je' est au-delà de ce va-et-vient. Il ne peut y avoir discontinuité dans votre être. Vous, qui dormiez, êtes le même, maintenant éveillé. Il n'y avait pas de tristesse dans votre sommeil profond. Alors qu'en ce moment elle existe. Qu'est-il donc arrivé maintenant, pour que vous ressentiez cette différence ? Il n'y avait pas de pensée 'je' dans votre sommeil profond, alors qu'en ce moment elle est présente. Le vrai 'Je' ne se montre pas et le faux 'je' s'expose. Ce faux 'je' est l'obstacle à votre vraie connaissance. Cherchez d'où s'élève ce faux 'je' ; alors il disparaîtra. Vous ne serez alors que ce que vous êtes réellement, c'est-à-dire l'Etre absolu.

Q. : Comment faire ? Je n'y suis pas parvenu jusqu'ici.

M. : Cherchez la source de la pensée 'je'. C'est tout ce que vous avez à faire. L'Univers n'existe qu'en raison de la pensée 'je'. Si celle-ci cesse, toute souffrance cessera également. Le faux 'je' ne disparaîtra qu'en recherchant sa source.

Le Dr. Lohara s'enquit encore du sens d'un autre vers de l'*Upadesha-sāram*.

M. : Celui qui était endormi est aussi celui qui est éveillé maintenant. En état de sommeil il y avait bonheur ; mais il y a souffrance en état d'éveil. Il n'y avait pas de pensée 'je' durant le sommeil mais elle existe maintenant durant l'éveil. L'état de bonheur et d'absence de la pensée 'je' dans le sommeil profond est sans effort. Le but devrait être de provoquer cet état même maintenant. Cela requiert des efforts.

Sommeil profond	Etat d'éveil	Provoquez l'état de sommeil durant l'état de veille et c'est la Réalisation. L'effort doit être concentré sur l'extinction de la pensée 'je' et non sur l'introduction du vrai 'Je'. Car ce dernier est éternel et n'exige aucun effort de votre part.
Bonheur sans effort	Absence de bonheur	
Absence de pensée 'je'	Pensée 'je'	

223. *Dr. Lohara :* Pourquoi le mental ne s'immerge-t-il pas dans le Cœur, même en méditant ?

M. : Un corps qui flotte ne s'enfonce pas facilement dans l'eau, à moins qu'on ne trouve un moyen pour l'y forcer. Le contrôle de la respiration rend le mental tranquille. Mais il doit rester vigilant et la méditation doit se poursuivre sans arrêt, même lorsqu'il est en paix. Alors il s'immerge dans le Cœur. On peut aussi alourdir le corps flottant par des poids pour le faire couler. Ainsi, la fréquentation des sages fait-elle « couler » le mental dans le Cœur.

Une telle fréquentation est à la fois physique et mentale. L'Etre, extérieurement visible (celui du *guru*), pousse le mental vers l'intérieur. Mais il est également dans le Cœur du chercheur et de là il tire le mental intériorisé de celui-ci et le fait basculer dans le Cœur.

Cette question se pose seulement quand le disciple commence à méditer et trouve cela difficile. Qu'il pratique juste un peu le contrôle de la respiration et son mental se purifiera. Il ne s'immerge pas encore dans le Cœur parce que les tendances latentes y font obstacle. Celles-ci disparaissent par le contrôle de la respiration ou la compagnie des sages. En fait, le mental est toujours dans le Cœur. Mais il est agité et bouge à cause des tendances latentes. Quand celles-ci sont rendues impuissantes, le mental est tranquille et paisible.

Le contrôle de la respiration ne peut apaiser le mental que temporairement, parce que les tendances subsistent. Si le mental se résorbe dans le Soi, il ne fera plus d'ennuis. Et l'on y parvient par la méditation.

224. Un disciple demanda comment il pouvait reconnaître son état naturel primordial.

M. : L'état libre de pensées permet une telle reconnaissance.

NOTES PRISES PAR DES ASSISTANTS

225. Shrī Bhagavān et Rangaswâmi, un assistant, se trouvaient sur les rochers derrière l'ashram lorsque Bhagavān remarqua quelqu'un en contrebas se balançant dans un *rocking-chair.* Il dit à son assistant : « Shiva abandonna toutes Ses possessions à Vishnou et Se mit ensuite à errer dans les jungles, les forêts sauvages et dans les cimetières, ne vivant que de mendicité. Pour Lui, la non-possession était plus élevée, dans l'échelle du bonheur, que la possession. »

Q. : En quoi consiste ce bonheur supérieur ?

M. : Etre libre de tout souci. Les possessions créent des soucis, telles que ceux de leur sauvegarde, leur utilisation, etc. La non-possession n'entraîne aucun souci dans son sillage. C'est pourquoi Shiva renonça à tout en faveur de Vishnou et S'en alla heureux.

Se dépouiller de toute possession est le plus haut bonheur.

3 JUILLET 1936

226. Un visiteur de Tirukoilur demanda si l'étude des livres sacrés pouvait révéler la Vérité.

M. : Ce ne sera pas suffisant.

Q. : Pourquoi pas ?

M. : Seul le *samādhi* peut la révéler. Les pensées jettent un voile sur la Réalité ; elle ne peut donc être claire dans nul autre état que celui du *samādhi*.

Q. : Y a-t-il des pensées en *samādhi* ou n'y en a-t-il pas ?

M. : Il n'y a que la sensation « Je suis » et pas de pensées.

Q. : « Je suis », n'est-ce pas une pensée ?

M. : « Je suis », dénué d'ego, n'est pas une pensée. C'est la Réalisation. Le sens ou la signification de 'Je' est Dieu. L'expérience « *Je suis* », c'est « *être tranquille* ».

4 JUILLET 1936

227. Le Maître observa : « Etant de la nature de la Félicité, pourquoi continue-t-on à désirer le bonheur ? Etre débarrassé de ce désir est en soi le salut. Les Ecritures disent "Tu es Cela". Leur objectif est de transmettre cette connaissance. La Réalisation consiste à trouver qui vous êtes et à demeurer Cela, c'est-à-dire votre Soi. Répéter "Je suis ceci" ou "pas cela" est une perte de temps. Pour le disciple digne de ce nom, le travail se fait en lui-même et non pas hors de lui. »

Bhagavān descendait la Colline, lorsqu'un ouvrier, qui se trouvait juste devant l'ashram, arrêta son travail afin de se prosterner devant le Maître. Alors celui-ci dit : « Accomplir votre devoir est la vraie prosternation. »

L'assistant du Maître demanda : « Comment cela ? »

M. : Remplir son devoir avec soin est le plus grand service rendu à Dieu. (Puis, souriant, il entra dans le hall.)

228. Pendant le déjeuner, un visiteur de Nellore demanda au Maître un petit morceau de nourriture provenant de son assiette (*prasāda*).

M. : Mangez sans penser. Alors ce que vous mangez devient le *prasāda* [1] de Bhagavān.

Après le déjeuner, le Maître poursuivit avec humour :
« Si je vous avais donné un petit morceau de mon assiette, tout le monde aurait voulu en avoir autant. Que me resterait-il si je distribuais toute mon assiette aux autres ? Vous voyez bien que ce n'est pas de la dévotion. Cela n'a aucun sens de manger un morceau de mon assiette. Soyez un vrai dévot. »

8 JUILLET 1936

229. A 8 heures du matin, le petit écureuil apprivoisé guettait une occasion pour s'échapper. Le Maître fit alors remarquer : « Tout le monde souhaite s'échapper. La tendance vers l'extérieur est sans limites. Le bonheur se trouve à l'intérieur et pas à l'extérieur. »

20 JUILLET 1936

230. Un visiteur demanda : « Peut-on réaliser la Vérité en apprenant des textes sacrés et en étudiant des livres ? »

---

1. Grâce, don d'un saint.

M. : Non. Tant que les prédispositions restent latentes dans le mental, la Réalisation ne peut être accomplie. L'étude des *shāstra* est en soi une *vāsanā.* La Réalisation n'existe qu'en s*amādhi.*

231. Un autre visiteur demanda : « Qu'est-ce que le *mauna* (le silence) ? »

M. : Le *mauna* ne consiste pas à fermer la bouche ; c'est un éternel discours.

Q. : Je ne comprends pas.

M. : Le *mauna* est l'état qui transcende la parole et la pensée.

Q. : Comment y parvenir ?

M. : Concentrez-vous sur quelque concept et remontez à sa source. D'une telle concentration résulte le silence. Lorsque cette pratique devient naturelle, elle finit dans le silence. La méditation sans activité mentale est silence. La maîtrise du mental est méditation. La méditation profonde est éternelle éloquence.

Q. : Comment les affaires du monde peuvent-elles se poursuivre si l'on observe le silence ?

M. : Lorsque les femmes marchent avec une cruche sur la tête et bavardent entre elles, elles restent très attentives, concentrées sur la charge en équilibre sur leur tête. De même, un sage se livrant à diverses activités n'en est point affecté, car son mental demeure en *brahman.*

232. A une autre occasion, le Maître dit : « Seul le sage est un vrai dévot. »

233. *Q. :* Quel est le résultat du *Rāma-japa* (répétition du nom du dieu Rāma) ?

M. : *Rā* désigne la Réalité, *ma* le mental ; leur union est le fruit du *japa* de Rāma. La prononciation des mots n'est pas suffisante. La sagesse, c'est l'élimination des pensées. C'est l'Existence absolue.

234. Un visiteur musulman posa une question sur l'*āsana* (la posture physique).

M.: Demeurer en Dieu est la seule véritable posture.

235. Mr. T.K.S. Iyer était très excité car quelqu'un en ville avait parlé d'une manière méprisante du Maître et il n'avait pas répliqué. Il demanda alors au Maître de quelle peine il devait s'acquitter pour avoir omis de le défendre.

M.: De la patience, plus de patience ; de la tolérance, plus de tolérance !

236. Dans le hall, deux personnes discutaient à propos de la mort du roi George V. Ils étaient bouleversés. Le Maître leur dit : « Qu'est-ce que cela peut bien vous faire que quelqu'un meure ou disparaisse ? Mourez vous-même, perdez-vous vous-même et devenez un avec l'amour. »

237. Un homme apporta une idole en argent de Subrahmanya et deux idoles en cuivre représentant Valli et Devayâna. Il confia à Shrī Bhagavān : « J'ai adoré ces trois idoles pendant dix ans, mais je n'ai été récompensé que par des calamités. Que dois-je en faire ? Quand j'ai demandé à d'autres la cause de mes malheurs, ils ont attribué mes ennuis à la fabrication des idoles — par exemple, leur différence de métal. Est-ce vrai ? »

M. : Vous ont-ils dit que le fait d'adorer était mauvais ?

238. En réponse à une certaine question, le Maharshi dit : « Il y a un état dans lequel les mots s'arrêtent et le silence prévaut. »

Q.: Comment communiquer alors sa pensée à autrui ?

M.: Cela n'est nécessaire que tant qu'il y a la notion d'être deux.

Q. : Comment obtenir la paix ?

M. : Elle est votre état naturel. Le mental obstrue la paix innée ; c'est pour cela que notre investigation s'effectue sur le mental. Cherchez le mental ; il disparaîtra.

Il n'y a pas d'entité du nom de mental. A cause de l'émergence des pensées, nous supposons quelque chose à partir de quoi elles se manifestent. Et cela nous le dénommons *mental*. Quand nous cherchons à voir ce que c'est, il n'y a rien de tel. Quand il s'évanouit, la Paix se révèle comme éternelle.

Q. : Qu'est-ce que la *buddhi* (l'intellect) ?

M. : La faculté de penser ou de discriminer. Ce ne sont que de simples noms. Que ce soit l'ego, le mental ou l'intellect, tout est la même chose. Le mental de qui ? L'intellect de qui ? Celui de l'ego. L'ego est-il réel ? Non. Nous confondons l'ego et nous l'appelons intellect ou mental.

Q. : Emerson dit : « L'âme répond à l'âme par elle-même, non par des descriptions ou des mots. »

M. : C'est exact. Aussi grand que soit votre savoir, il n'y aura pas de limites à la connaissance. Vous ignorez celui qui doute, mais vous essayez de résoudre les doutes. Tenez-vous à celui qui doute et les doutes disparaîtront.

Q. : La question se résout donc en connaissant le Soi.

M. : Tout à fait.

Q. : Comment connaître le Soi ?

M. : Voyez ce qu'est le Soi. Ce que vous considérez être le Soi est en réalité le mental ou l'intellect ou la pensée 'je'. Les autres pensées ne s'élèvent qu'après la pensée 'je'. Accrochez-vous à cette pensée. Les autres s'évanouiront et ce qui subsiste est le Soi.

Q. : La difficulté consiste à l'atteindre.

M. : Il n'y a pas du tout à l'atteindre, car il est éternel, ici et maintenant. Si le Soi devait être acquis, il ne serait pas permanent.

Q. : Comment obtenir l'équanimité ou la paix ou l'équilibre mental ? Quel est le meilleur moyen ?

M. : J'ai déjà répondu à cette question. Cherchez le mental. Il sera éliminé et vous subsisterez. Que votre perspective devienne celle de la sagesse, alors vous découvrirez que le monde est Dieu.

> *drishtim jñānamayīm kritvā,*
> *pashyed brahmamayam jagat*

[Après avoir rendu sa vision pleine de sagesse, on doit voir le monde comme étant le *brahman* (TBiU I.29)].

C'est donc une question de perspective. Vous êtes omniprésent. Voyez-vous vous-même, et tout est compris. Mais vous avez maintenant lâché votre Soi et vous n'arrêtez pas de douter de tout.

Q. : Comment connaître le Soi ?

M. : Y a-t-il deux 'je' ? Comment connaissez-vous votre propre existence ? Vous voyez-vous avec vos yeux ? Interrogez-vous. Comment votre question est-elle venue se poser ? Est-ce que 'je' subsiste pour la poser ou non ? Puis-je trouver mon Soi comme dans un miroir ?

Comme votre perspective a été dirigée vers le dehors, le Soi a été perdu de vue et votre vision est devenue extérieure. On ne trouve pas le Soi dans les objets extérieurs. Tournez votre regard vers l'intérieur et plongez en vous ; vous serez le Soi.

Q. : La découverte du Soi dépend-elle de l'observance des règles de caste ? Ou bien devons-nous nous en moquer ?

M. : Pas au début. Observez-les pour commencer. Les règles de caste servent à contrôler les caprices du mental. Celui-ci est ainsi purifié.

Q. : L'inconnaissable ne peut être atteint que par la grâce de l'inconnaissable.

M. : Il aide le chercheur à l'atteindre. C'est là la Grâce.

Q. : Comment peut-on contrôler le mental ?

M. : Un voleur se trahira-t-il lui-même ? Le mental se trouvera-t-il lui-même ? Le mental ne peut pas chercher le mental. Vous ignorez ce qui est réel, et vous vous accrochez au mental, qui, lui, est irréel, tout en essayant de trouver qui il est. Le mental existait-il dans votre sommeil ? Il n'y était pas. Maintenant il est là. Par conséquent, il est impermanent. Pouvez-vous trouver le mental ? Le mental n'est pas vous. Vous pensez être le mental et c'est pourquoi vous me demandez comment le contrôler. S'il existe, il peut être contrôlé. Mais il n'existe pas. Comprenez cette vérité par la recherche. La recherche de ce qui est irréel est infructueuse. Cherchez donc la Réalité, c'est-à-dire le Soi. C'est la manière de maîtriser le mental. Il n'y a qu'une seule chose qui soit réelle.

Q. : Quelle est la seule chose réelle ?

M. : C'est ce qui *est* ; le reste n'est qu'apparence. La diversité n'est pas sa nature. Nous lisons les caractères imprimés sur le papier mais nous ne tenons pas compte du papier qui en est le support. De même, vous vous laissez prendre par les manifestations du mental et vous laissez de côté le support. A qui la faute ?

Q. : Le Soi a-t-il des limites ?

M. : Qu'est-ce que le Soi ?

Q. : L'âme individuelle.

M. : Qu'est-ce que l'âme individuelle ? Y a-t-il une différence entre elle et le Soi ou bien sont-ils identiques ?

Toute apparence nouvelle est vouée à disparaître. Toute chose créée sera à coup sûr détruite. L'éternel n'est pas né pas plus qu'il ne meurt. Nous sommes en train de confondre les apparences avec la Réalité. L'apparence porte sa fin en soi. Qu'est-ce qui apparaît nouvellement ? Si vous ne pouvez pas le trouver, abandonnez-vous sans réserve au substrat des apparences ; alors la Réalité seule subsistera.

Q. : Qu'advient-il de l'homme après la mort ?

M. : Occupez-vous du présent qui est vivant. Le futur prendra soin de lui-même. Ne vous faites pas de souci pour le futur. L'état antérieur à la Création et le processus de Création ne sont expliqués dans les Ecritures que pour vous amener à connaître le présent. C'est parce que vous dites que vous êtes né, que les Ecritures vous disent « d'accord » et ajoutent que Dieu vous a créé.

Mais voyez-vous Dieu ou autre chose dans votre sommeil ? Si Dieu est réel, pourquoi ne resplendit-Il pas aussi dans votre sommeil ? *Vous êtes toujours...* et le même maintenant que celui qui était en sommeil profond. Vous n'êtes pas différent de ce dernier. Pourquoi devrait-il y avoir une différence entre les expériences et les sentiments dans chacun de ces deux états ?

Quand vous dormiez, avez-vous posé la question concernant votre naissance ou là où vous irez après la mort ? Pourquoi penser à tout cela maintenant, en état de veille ? Laissez ce qui est né penser à sa naissance, à son remède, sa cause et ses ultimes résultats.

Qu'est-ce que la naissance ? Est-ce celle de la pensée 'je' ou celle du corps ? Le 'je' est-il séparé du corps ou identique à lui ? Comment cette pensée 'je' s'est-elle élevée ? Est-elle votre nature ou votre nature est-elle autre chose ?

Q. : Qui doit poser ces questions ?

M. : Exactement — c'est ça ! Tout cela est sans fin.

Q. : Devons-nous donc rester tranquilles ?

M. : Les doutes cessent d'affliger celui qui a dépassé la confusion (*moha*).

Q.: Vos déclarations signifient la cessation du *vichāra* – de l'investigation.

M. : Si l'*ātma-vichāra* (l'investigation sur le soi) cesse, le *loka-vichāra* (l'investigation sur le monde) prend sa place.

(Des rires dans le hall.)

Engagez-vous dans la recherche du Soi et le non-Soi disparaîtra. Ce qui restera est le Soi. C'est le soi qui cherche le Soi. Le seul mot « Soi » équivaut au mental, au corps, à l'homme, l'individu, le Suprême et tout le reste.

239. *Mr. M. Frydman* : « On imagine des choses par la force de l'imagination et on s'en réjouit. Cela est possible pour Brahmā, le Créateur. Est-ce aussi applicable à sa créature, l'homme ? »

M.: C'est encore votre pensée.

Q. : Krishnamurti dit que l'homme doit découvrir le 'je'. Puis le 'je' se volatilise n'étant qu'un agrégat de circonstances. Il n'y a rien derrière le 'je'. Son enseignement semble très semblable à celui du Bouddha.

M. : Oui. Oui, c'est au-delà de toute expression.

Deuxième partie

(août 1936 – décembre 1937)

240. *Q.* : Le monde est matérialiste. Comment y remédier ?

M. : Matérialiste ou spirituel, cela dépend de votre point de vue.

> *drishtim jñānamayīm kritvā,*
> *pashyed brahmamayam jagat*

[Après avoir rendu sa vision pleine de sagesse, on doit voir le monde comme étant le *brahman* (TBiU I.29)].

Ayez une juste vision des choses. Le Créateur sait comment prendre soin de Sa création.

Q. : Quelle est la meilleure conduite à suivre pour s'assurer du futur ?

M. : Prenez soin du présent et le futur prendra soin de lui-même.

Q. : Le futur est le résultat du présent. Aussi, que dois-je faire pour que le présent soit bon ? Ou dois-je simplement rester tranquille ?

M. : Qui éprouve ce doute ? Qui est celui qui veut une conduite à suivre ? Trouvez celui qui doute. Si vous vous saisissez de lui, les doutes disparaîtront. Parce que vous avez lâché le Soi les pensées vous affligent, vous voyez le monde, des doutes s'élèvent et aussi les soucis pour le futur. Accrochez-vous fermement au Soi et tout cela disparaîtra.

Q. : Comment faire ?

M. : Cette question relève du domaine du non-Soi et non pas du Soi. Doutez-vous de l'existence de votre propre Soi ?

Q. : Non. Mais quand même, je voudrais savoir comment le Soi pourrait être réalisé. Existe-t-il une méthode qui y conduise ?

M. : Faites des efforts. Tout comme on trouve de l'eau en creusant un puits, ainsi vous réalisez le Soi par l'investigation.

Q. : Oui. Mais certains trouvent de l'eau facilement, et d'autres avec difficulté.

M. : Mais vous apercevez déjà l'humidité à la surface. Vous avez vaguement conscience du Soi. Poursuivez l'effort. Quand l'effort cesse, le Soi resplendit.

Q. : Comment entraîner le mental à se tourner vers l'intérieur ?

M. : Par la pratique. Le mental est la phase intelligente conduisant à sa propre destruction afin que le Soi se manifeste.

Q. : Comment détruire le mental ?

M. : L'eau ne peut être transformée en « eau sèche ». Cherchez le Soi ; le mental sera détruit.

29 AOÛT 1936

241. *Q. :* Comment peut-on éviter la souffrance ?

M. : La souffrance a-t-elle une forme ? Elle n'est qu'une pensée indésirable. Le mental n'est pas suffisamment fort pour lui résister.

Q. : Comment obtenir une telle force mentale ?

M. : En adorant Dieu.

Q. : La méditation sur le Dieu de l'Immanence est difficile à comprendre.

M. : Laissez Dieu de côté. Tenez fermement votre Soi.

Q. : Comment faut-il pratiquer le *japa* (la répétition d'un mantra) ?

M. : Le *japa* est de deux sortes — grossier et subtil. Le dernier est une méditation sur le mantra et donne de la force au mental.

Q. : Mais le mental n'en devient pas plus stable pour la méditation.

M. : Cela provient d'un manque de force.

Q. : La plupart des gens pratiquent la *sandhyā* [1] d'une manière mécanique. De même pour les autres obligations religieuses. Sont-elles vraiment utiles ? N'est-il pas préférable de pratiquer le *japa*, etc. et connaître leur sens ?

M. : Hum ! Hum !

242. Un visiteur du Gujarat interrogea Shrī Bhagavān : « On dit qu'après notre mort nous avons le choix entre jouir de nos mérites ou subir les conséquences de nos démérites. Et cela dans l'ordre de notre choix. Est-ce exact ? »

M. : Pourquoi soulever des questions sur ce qui se passera après la mort ? Pourquoi demander « Suis-je né ? », « Récolterai-je les fruits de mes actions passées ? » et ainsi de suite. De telles questions ne s'élèvent pas une fois que vous êtes endormi. Pourquoi ? Etes-vous maintenant différent de celui qui dormait ? Vous ne l'êtes pas. Pourquoi alors ces questions s'élèvent-elles maintenant et non pendant votre sommeil ? Cherchez.

---

1. Rites d'adoration du matin et du soir au moment du crépuscule.

243. Un homme d'âge moyen et d'aspect malingre, arriva tenant une canne à la main ; il plaça celle-ci devant Bhagavān, s'inclina profondément et s'assit près de lui. Il se leva ensuite et avec une grande humilité offrit la canne à Bhagavān en précisant qu'elle était en bois de santal. Shrī Bhagavān lui dit de la garder pour lui-même, car rien de ce qui lui appartenait ne pouvait être protégé. Quoique tous les biens fussent propriété commune, certains visiteurs les convoitaient et s'en emparaient avec ou sans permission de la part de Bhagavān. Le donateur du bien pouvait alors en être contrarié.

Mais l'homme, toujours très humblement, insista. Shrī Bhagavān, ne pouvant résister à ses supplications, lui dit : « Gardez cette canne comme le *prasāda* de Bhagavān. » L'homme alors demanda que la canne soit d'abord prise en main par Bhagavān et ensuite lui soit restituée avec sa bénédiction. Shrī Bhagavān la reçut entre ses mains, en sentit le parfum, dit qu'elle était belle, hocha la tête et rendit la canne au visiteur en disant : « Conservez-la. Elle vous fera toujours penser à moi. »

244. Une Mahārāni Saheba [1] se mit à parler d'une voix basse, mais audible :

« Mahārāji, j'ai la grande chance de vous rencontrer. Mes yeux ont eu le plaisir de vous voir, mes oreilles le plaisir d'entendre votre voix.

J'ai la bénédiction d'avoir tout ce qu'un être humain aimerait avoir. » La voix de Son Altesse tremblait. Par un effort de volonté, elle se ressaisit et continua douce-ment : « J'ai tout ce que je peux désirer, tout ce qu'un être humain aimerait avoir... mais... mais... je... je... n'ai

---

1. Son Altesse la Mahārāni (l'épouse d'un Mahārāja).

pas la paix de l'esprit... Quelque chose m'en empêche. Probablement mon destin... »

Pendant quelques minutes, il y eut un silence. Puis le Maharshi répondit avec son habituelle gentillesse : « Bien. Ce qui avait besoin d'être dit a été dit. Alors, qu'est-ce que le destin ? Il n'y a pas de destin. Abandonnez-vous, et tout ira bien. Rejetez toute la responsabilité sur Dieu. Ne portez pas le fardeau vous-même. Que peut alors vous faire le destin ? »

Q. : L'abandon est impossible.

M. : Oui, un abandon total est impossible au début. Mais un abandon partiel est certainement possible pour tout le monde. Le moment voulu, celui-ci vous conduira à l'abandon total. Si l'abandon est impossible, que peut-on faire ? Il n'y a pas la paix de l'esprit. Vous êtes impuissante à l'obtenir. Vous ne pouvez l'obtenir que par l'abandon.

Q. : L'abandon partiel... eh bien... peut-il annuler le destin ?

M. : Bien sûr qu'il le peut.

Q. : Le destin n'est-il pas dû au *karma* (actions) passés ?

M. : Si on se soumet à Dieu, Dieu prendra soin du destin.

Q. : Puisque le destin est dispensé par Dieu, comment Dieu fait-Il pour l'annuler ?

M. : Tout n'est qu'en Lui.

Q. : Comment peut-on voir Dieu ?

M. : En vous. Si le mental est tourné vers l'intérieur, Dieu se manifeste comme conscience intérieure.

Q. : Dieu est en tout, dans chacun des objets que nous voyons autour de nous. On dit que nous devons voir Dieu en chacun d'eux.

M. : Dieu est en tout et aussi en celui qui voit.

Où peut-on voir Dieu ailleurs ? Il ne peut être trouvé à l'extérieur. On doit Le sentir en soi. Pour voir les objets, le mental est nécessaire. Concevoir Dieu en eux est une opération mentale. Mais cela ne correspond pas à la réalité. Dieu est ressenti comme la conscience intérieure, purgée du mental.

Q. : Il s'y trouve, dit-on, de magnifiques couleurs. C'est un plaisir de les contempler. Nous pouvons voir Dieu en elles.

M. : Elles sont toutes des conceptions du mental.

Q. : Il y a encore plus que les couleurs. J'ai mentionné les couleurs uniquement comme exemple.

M. : Ce sont encore des fabrications du mental.

Q. : Il y a aussi le corps, les sens et le mental. L'âme s'en sert pour connaître les choses.

M. : Les objets, sensations ou pensées sont tous des conceptions mentales. Le mental s'élève une fois que la pensée 'je', ou l'ego, s'est élevée. D'où l'ego s'élève-t-il ? De la Conscience abstraite ou pure Intelligence.

Q. : S'agit-il de l'âme ?

M. : Ame, mental, ego ne sont que des mots. Il n'y a pas d'entités de cette sorte. La conscience est la seule vérité.

Q. : Alors cette conscience ne peut procurer aucun plaisir.

M. : Sa nature est Félicité. Seule la Félicité est. Il n'y a donc pas de jouisseur pour jouir du plaisir.

Jouisseur et jouissance — les deux se fondent en elle.

Q. : Dans la vie ordinaire, il y a plaisir et souffrance. Ne devrions-nous pas rester seulement avec le plaisir ?

M. : Le plaisir consiste à tourner le mental vers l'intérieur et à l'y maintenir ; la souffrance, à le tourner vers l'extérieur. Seul le plaisir existe. L'absence de plaisir est appelée souffrance. Notre nature est plaisir — Félicité (*ānanda*).

Q. : Est-ce l'âme ?

M. : Dieu et âme ne sont que des conceptions mentales.

Q. : Dieu n'est-Il qu'une conception mentale ?

M. : Oui. Pensez-vous à Dieu pendant le sommeil ?

Q. : Mais le sommeil est un état de torpeur.

M. : Si Dieu est réel, Il doit toujours être présent. Vous restez bien la même durant les états de sommeil et de veille. Si Dieu est aussi vrai que votre Soi, Dieu doit être présent dans le sommeil, comme l'est le Soi. Cette pensée de Dieu ne surgit qu'à l'état de veille. *Qui* pense en ce moment même ?

Q. : Je pense

M. : Qui est ce 'je' ? Qui le dit ? Est-ce le corps ?

Q. : C'est le corps qui parle.

M. : Le corps ne parle pas. Si c'était le cas, parlait-il durant le sommeil ? Qui est ce 'je' ?

Q. : Le 'je' à l'intérieur du corps.

M. : Etes-vous à l'intérieur ou à l'extérieur du corps ?

Q. : Je suis certainement à l'intérieur du corps.

M. : Le savez-vous quand vous dormez ?

Q. : Quand je dors, je reste également dans mon corps.

M. : Etes-vous consciente d'être dans le corps pendant le sommeil ?

Q. : Le sommeil est un état de torpeur.

M. : Le fait est que vous n'êtes ni à l'intérieur ni à l'extérieur. Le sommeil est l'état naturel de l'être.

Q. : Alors le sommeil doit être un meilleur état que celui de veille.

M. : Il n'y a pas d'état supérieur ou inférieur. Que ce soit en sommeil profond, en rêve ou en état de veille, vous êtes exactement la même. Le sommeil est un état de bonheur dans lequel il n'y a pas de souffrance. Le sentiment de manque, de douleur, etc., ne se manifeste

que pendant l'état de veille. Quel changement a eu lieu ?
Vous êtes la même personne dans les deux états et
cependant il y a une différence en ce qui concerne le
bonheur. Pourquoi ? Parce que le mental s'est maintenant manifesté. Ce mental s'élève après la pensée 'je'.
La pensée 'je' s'élève de la Conscience. Si l'on demeure
en elle, on est toujours heureux.

Q. : L'état de sommeil est l'état dans lequel le mental
est tranquille. Je le considère comme le pire des états.

M. : Si c'est ainsi, pourquoi tout le monde désire-t-il
le sommeil ?

Q. : C'est le corps qui s'endort lorsqu'il est fatigué.

M. : Le corps dort-il ?

Q. : Oui. C'est la condition dans laquelle les forces
du corps sont réparées.

M. : Admettons-le, mais le corps lui-même dort-il et
se réveille-t-il ? Vous venez de dire vous-même que le
mental est tranquille pendant le sommeil. Les trois états
appartiennent au mental.

Q. : Mais ne sont-ils pas des états de l'âme dont
l'effet se produit par les sens, le corps, etc. ?

M. : Ils ne relèvent ni du corps ni de l'âme. L'âme
reste toujours pure et non contaminée. Elle est le
substrat parcourant ces trois états. Quand l'état de veille
prend fin, je suis ; quand l'état de rêve prend fin, je
suis ; quand le sommeil profond prend fin, je suis.
Ils se succèdent et cependant, je suis encore. Ils sont
comme les images d'un film projetées sur un écran.
Elles n'affectent pas l'écran. De même, je ne suis pas
affecté quand l'un ou l'autre de ces états prend fin. Si
ces états relevaient du corps, vous seriez consciente de
votre corps en sommeil. L'êtes-vous ?

Q. : Non.

M. : Sans être conscient du corps, comment peut-on
dire que le corps existe pendant le sommeil ?

Q. : Parce qu'on le retrouve toujours au réveil.

M. : Le sens du corps est une pensée ; la pensée appartient au mental, le mental s'élève après la pensée 'je' et la pensée 'je' est la pensée-racine. Si celle-ci est tenue fermement, les autres pensées disparaîtront. Alors il n'y aura plus de corps, plus de mental, ni même d'ego.

Q. : Que restera-t-il alors ?

M. : Le Soi dans toute sa pureté.

Q. : Comment s'y prendre pour faire disparaître le mental ?

M. : Il n'y a pas besoin de vouloir le détruire. Penser cela ou le souhaiter est en soi une pensée. Si on cherche le penseur, les pensées disparaîtront.

Q. : Vont-elles disparaître d'elles-mêmes ? Cela semble si difficile.

M. : Elles disparaîtront parce qu'elles sont irréelles. L'idée de difficulté est en soi un obstacle à la Réalisation. Elle doit être dépassée. Rester le Soi n'est pas difficile.

Q. : Il paraît facile de penser à Dieu dans le monde extérieur alors qu'il semble si difficile de rester sans pensées.

M. : C'est absurde. Regarder le monde extérieur est facile et regarder à l'intérieur est difficile ! Cela doit être l'inverse !

Q. : Je ne comprends pas. Tout cela est si difficile.

M. : Cette idée de difficulté est le principal obstacle. Un peu de pratique vous fera penser différemment.

Q. : Quelle est la pratique ?

M. : Trouver la source de la pensée 'je'.

Q. : C'était l'état avant ma naissance.

M. : Pourquoi pensez-vous à la naissance et à la mort ? Etes-vous réellement née ? Le mental se manifeste, et cela est appelé naissance. Après le mental, s'élève la pensée du corps — le corps est perçu ; puis s'élève la pensée de la naissance, celle de l'état avant la naissance, de la mort, de l'après-mort... Toutes ces pensées n'appartiennent qu'au mental. De qui est-ce la naissance ?

Q. : Ne suis-je pas née en ce moment même ?

M. : Tant qu'il s'agit du corps, la naissance est réelle. Mais le corps n'est pas le 'Je'. Le Soi ne naît ni ne meurt. Il n'y a donc rien de nouveau. Les Sages voient tout dans le Soi et tout venant du Soi. En lui, il n'y a pas de diversité. C'est pourquoi il n'y a ni naissance ni mort.

Q. : Si le sommeil est un si bon état, pourquoi ne cherche-t-on pas à y rester toujours ?

M. : On n'est jamais qu'en sommeil. L'état présent, celui de veille, n'est pas plus qu'un rêve. Et le rêve ne peut se dérouler que durant le sommeil. Le sommeil est donc à la base de ces trois états. Et la manifestation de ces trois états n'est encore qu'un rêve qui, à son tour, est un autre sommeil. Ainsi, ces états de rêve et de sommeil n'ont pas de fin.

Il en va de même de la naissance et de la mort qui sont, elles aussi, des rêves dans un sommeil. En vérité, il n'y a ni naissance ni mort.

8 SEPTEMBRE 1936

245. Les deux femmes parsi, Mrs. Gulbai et Mrs. Shirinbai Byramjee, posèrent à tour de rôle des questions tournant autour du même thème et qui se résumaient finalement en une seule :

« Je comprends que le Soi est au-delà de l'ego. Mais ma connaissance n'est que théorique, je n'en ai pas fait l'expérience. Quels sont les moyens pratiques pour obtenir la réalisation du Soi ? »

M. : La Réalisation n'est pas quelque chose à acqué-rir. Elle est déjà là. Tout ce qui est nécessaire consiste à se débarrasser de la pensée « je n'ai pas réalisé ».

Q. : Ce n'est donc pas la peine d'essayer de l'obtenir.

M. : Non, en effet. La tranquillité mentale, la paix, est Réalisation. Il n'y a pas un instant où le Soi n'est pas.

Aussi longtemps qu'il y a doute ou sentiment de non-réalisation, on doit s'efforcer de se débarrasser de ces pensées.

Les pensées sont dues à l'identification du Soi avec le non-Soi. Quand le non-Soi disparaît, seul demeure le Soi. Pour faire de la place quelque part, il suffit d'enlever ce qui encombre. La place ainsi dégagée n'a pas été ajoutée. Mieux encore — la place existait déjà, même quand le lieu était encombré.

L'absence de pensées n'est pas un vide. Il faut qu'il y ait quelqu'un pour connaître le vide. La connaissance et l'ignorance relèvent du mental. Elles sont nées de la dualité. Mais le Soi est au-delà de la connaissance et de l'ignorance. Il est la lumière même. Il n'est pas nécessaire de voir le Soi avec un autre Soi. Il n'y a pas deux Soi. Ce qui n'est pas le Soi est non-Soi. Le non-Soi ne peut pas voir le Soi. Le Soi n'entend ni ne voit. Il est au-delà de ces deux fonctions, *tout seul,* en tant que pure conscience.

Une femme s'imagine par erreur avoir perdu son collier qu'elle a toujours à son cou. Elle se met à le chercher partout, jusqu'à ce qu'une amie lui dise qu'il est à son cou. Elle a créé son sentiment d'avoir perdu le collier, sa propre anxiété de le rechercher, puis son propre plaisir de le retrouver. De même le Soi est toujours présent, que vous le cherchiez ou non. Tout comme la femme s'imagine que son collier a été retrouvé, de même éprouve-t-on le sentiment que le Soi, toujours présent ici et maintenant, se révèle lorsque cessent l'ignorance et la fausse identification. C'est ce qu'on nomme Réalisation. Mais il n'y a rien de nouveau. C'est simplement l'élimination de l'ignorance, et rien de plus.

Le vide est le résultat néfaste de la recherche du mental. Le mental doit être tranché, racines et branches. Cherchez qui est le penseur, qui est le chercheur. Demeurez le penseur, le chercheur. Toutes les pensées disparaîtront.

Q. : Alors demeure l'ego — le penseur.

M. : Cet ego-là est le pur Ego, purgé de toute pensée. Il est le même que le Soi. Tant que la fausse identification persiste, les doutes persistent aussi et des questions s'élèvent sans fin. Les doutes cesseront seulement lorsqu'on aura mis fin au non-Soi. Le résultat sera la réalisation du Soi. Il n'y aura plus personne pour douter ou questionner. Chacun devrait résoudre tous ces doutes en lui-même. Même une multitude de paroles ne pourrait donner satisfaction. Tenez fermement le penseur. Ce n'est que lorsque le penseur est abandonné que les objets apparaissent à l'extérieur ou que des doutes s'élèvent dans le mental.

246. Le langage n'est qu'un moyen pour communiquer à l'autre ses pensées. Il n'intervient qu'une fois que les pensées se sont manifestées. D'autres pensées s'élèvent après l'apparition de la pensée 'je' ; la pensée 'je' est donc la racine de toute conversation. Quand on reste sans pensée, on comprend l'autre grâce au langage universel du silence.

Le silence parle sans cesse ; il est un flot incessant de langage ; il est interrompu par la parole. Les mots entravent ce langage muet. Imaginez l'électricité dans un fil. Grâce à une résistance sur le courant, l'électricité alimente une lampe ou fait tourner un ventilateur. Mais dans le fil, l'électricité reste sous forme d'énergie. Il en va de même pour le silence, c'est l'éternel flot de langage, obstrué par les mots.

Ce qu'on n'arrive pas à comprendre au cours de conversations sur plusieurs années peut être compris en un instant dans le Silence ou en face du Silence. Ce fut le cas pour les quatre disciples de Dakshināmūrti [1].

Le Silence est le langage le plus élevé et le plus efficace.

247. Une personne se demandait si la conscience 'Je'-'Je' correspondait au *nirvikalpa-samādhi* [2] ou lui était antérieure.

Shrī Bhagavān dit que le passage minuscule situé dans le Cœur reste toujours fermé, mais qu'il s'ouvre par le *vichāra* (l'investigation), avec pour résultat l'éclat de la conscience 'Je'-'Je', identique au *samādhi*.

Q. : Quelle est la différence entre l'évanouissement et le sommeil ?

M. : Le sommeil surgit subitement et subjugue de force la personne. L'évanouissement est plus lent et il y a une certaine résistance qui se maintient. La Réalisation est possible dans l'évanouissement et impossible dans le sommeil.

Q. : Quel est l'état juste avant la mort ?

M. : Quand une personne à l'agonie commence à avoir une respiration haletante, c'est un indice qu'elle est inconsciente de son corps physique ; elle a saisi un autre corps, et elle va et vient entre ces deux corps. Sa respiration haletante est accompagnée par intervalles d'un halètement plus violent et cela indique l'oscillation entre les deux corps due à l'attachement au corps

---

1. Voir entretien n° 569.
2. Voir pour ce terme entretiens n°s 187 et 391.

physique qui n'a pas encore été complètement rompu. J'ai remarqué ce processus lors de la mort de ma mère et de Palaniswāmi.

Q. : Est-ce que le nouveau corps, auquel s'accroche la personne, représente sa prochaine réincarnation ?

M. : Oui. La personne agonisante se trouve dans un état similaire au rêve, elle est inconsciente de ce qui l'entoure.

Note du compilateur. — Il convient de se rappeler que Shrī Bhāgavan était resté auprès de sa mère agonisante pendant douze heures consécutives (de 8 heures à 20 heures), jusqu'à sa fin. Durant tout ce temps, il n'avait cessé de tenir sa tête tandis que l'autre main était posée sur sa poitrine. Que s'était-il passé à ce moment-là ? Le Maharshi expliqua plus tard qu'une lutte s'était engagée entre sa mère et lui-même, jusqu'au moment où l'esprit de sa mère était parvenu à rejoindre le Cœur.

Au moment du décès, l'âme passe par toute une série d'expériences subtiles. Le contact de la main du Maharshi avait engendré un courant qui avait ramené l'âme errante dans le Cœur.

Les *samskāra* de sa mère luttèrent contre la force spirituelle engendrée par le contact de Sa main. Cette lutte dura jusqu'au moment où les *samskāra* furent complètement détruits. L'esprit de la mourante put alors rejoindre le Cœur et y trouver la Paix éternelle, ce qui revient au même que la Libération.

L'entrée de l'esprit dans le Cœur se reconnaît à une sensation particulière, perceptible à un Mahātma et comparable au tintement d'une cloche.

Quand le Maharshi se tint aux côtés de Palaniswāmi sur son lit de mort, il retira sa main à ce signal. Les yeux de Palaniswāmi s'ouvrirent aussitôt, ce qui indiquait que l'esprit s'était échappé à travers eux, impliquant une renaissance sur un plan plus élevé mais non la Libération. Fort de cette expérience avec Palaniswāmi, le Maharshi garda ses mains sur le corps de sa mère encore quelques minutes après avoir senti le signal indiquant le passage de l'âme dans le Cœur. Il put ainsi assurer sa Libération. Ce qui fut confirmé par l'impression de calme et de paix parfaite qui se dégageait de son visage.

15 SEPTEMBRE 1936

248. Shrī Bhagavān déclara : Le *jñānī* dit : « Je suis le corps » ; l'*ajñānī* dit : « Je suis le corps » ; quelle est la différence ? « Je suis » est la vérité. Le corps est la limitation. L'*ajñānī* limite le 'Je' au corps. Le 'Je' reste indépendant du corps pendant le sommeil. Le même 'Je' est maintenant dans l'état de veille. Bien qu'on l'imagine être à l'intérieur du corps, le 'Je' est sans corps. L'erreur ne consiste pas à dire « Je suis le corps ». C'est le 'je' qui parle ainsi. Le corps est inconscient et ne peut dire cela. L'erreur consiste donc à penser que le 'Je' est ce que le 'Je' n'est pas. Le 'Je' est conscience, il ne peut alors être le corps non-conscient. Les mouvements du corps sont confondus avec le 'Je' et les souffrances s'ensuivent. Que le corps soit actif ou non, le 'Je' reste toujours libre et heureux. Le 'je' de l'*ajñānī* n'est que le corps. C'est là toute l'erreur. Le 'Je' du *jñānī* inclut le corps et tout le reste. Il est donc évident qu'une certaine entité intermédiaire s'élève et donne naissance à la confusion.

Un avocat, Mr. Vaidyanatha Iyer, demanda : « Si le *jñānī* dit "Je suis le corps", que lui arrive-t-il lorsqu'il meurt ? »

M. : Le *jñānī* ne s'identifie pas à son corps, même de son vivant.

Q. : Mais vous venez de dire que le *jñānī* dit : « Je suis le corps. »

M. : Oui. Son 'Je' inclut le corps, puisque pour lui rien ne peut exister en dehors du 'Je'. Si le corps périt, il n'y aura aucune perte pour le 'Je'. Le 'Je' reste toujours le même. Si le corps sent qu'il est mort, qu'il pose, lui, la question. Etant inerte, il ne le peut pas. Le 'Je' ne meurt jamais et ne pose pas non plus la question. Alors, qui meurt ? Qui pose des questions ?

Q. : Pour qui, alors, sont tous les *shāstra* ? Le 'Je' réel n'en a pas besoin. Ils sont donc destinés au faux 'je'. Le vrai ne les réclame pas. Il est étrange que tous ces *shāstra* soient destinés au 'je' irréel.

M. : Oui. C'est vrai. La mort n'est qu'une pensée et rien de plus. Celui qui pense provoque des difficultés. Que le penseur nous dise ce qui lui arrive quand il meurt. Le 'Je' réel est silencieux. On ne devrait pas penser « Je suis ceci », « Je ne suis pas cela ». Dire « ceci » ou « cela » est faux. Ce sont aussi des limitations. Seulement « Je suis » est la vérité. Le silence est 'Je'. Si l'un pense « Je suis ceci », un autre pensera « Je suis cela » et ainsi de suite. Il se produit des conflits de pensées et tant de religions en résultent. La vérité reste ce qu'elle est, elle n'est affectée par aucune déclaration, conflictuelle ou autre.

Q. : Qu'est-ce que la mort ? N'est-ce pas la perte de son corps ?

M. : N'est-ce pas ce que vous cherchez dans le sommeil ? Alors où est le problème ?

Q. : Mais je sais que je me réveillerai.

M. : Oui, c'est encore une pensée. La pensée « Je me réveillerai » précède toutes les autres. Les pensées régissent la vie. Etre libre de pensées est notre vraie nature — la Félicité.

24 SEPTEMBRE 1936

249. *M. :* L'ignorance — l'*ajñāna* — est de deux sortes :

1. L'oubli du Soi.
2. L'obstacle à la connaissance du Soi.

Les aides ont pour but d'éradiquer les pensées ; ces pensées sont la re-manifestation des prédispositions demeurées à l'état de semence ; elles donnent naissance à la diversité, d'où proviennent tous les ennuis. Ces aides sont : l'audition de la vérité de la bouche du maître (*shravana*), la réflexion (*manana*) et la contemplation profonde (*nididhyāsana*).

Les effets de *shravana* peuvent être immédiats et le disciple réalise la vérité d'un seul coup. Cela n'arrive qu'au disciple déjà bien avancé.

Dans d'autres cas, le disciple éprouve le sentiment qu'il est incapable de réaliser la vérité, même après l'avoir entendue répétée plusieurs fois. A quoi est-ce dû ? Aux impuretés de son mental ; l'ignorance, le doute et la fausse identification sont les obstacles à dissiper.

a) Pour dissiper totalement l'ignorance, le disciple doit entendre la vérité à maintes reprises, jusqu'à ce que sa connaissance du sujet devienne parfaite (*shravana*).

b) Pour dissiper les doutes, le disciple doit réfléchir à ce qu'il a entendu ; finalement, sa connaissance sera libérée de tous les doutes (*manana*).

c) Pour dissiper la fausse identification du Soi avec le non-Soi (le corps, les sens, le mental ou l'intellect), le disciple doit devenir capable de se concentrer pleinement (*nididhyāsana*).

Tout cela accompli, les obstacles sont balayés et le *samādhi* en résulte, autrement dit, la Paix règne.

Certains disent qu'on ne devrait jamais cesser de pratiquer l'audition, la réflexion et la contemplation.

Celles-ci ne peuvent pas être accomplies par la lecture de livres, mais seulement par la pratique soutenue de l'introversion du mental.

Le chercheur peut être un *kritopāsaka* [1] ou un *akri-topāsaka* [2] ; dans le premier cas, la moindre impulsion suffit pour qu'il réalise le Soi ; il ne lui reste plus qu'un faible doute qui est facilement dissipé par le fait d'entendre une seule fois la vérité de la bouche du Maître. Il parvient à l'état de *samādhi* immédiatement. On peut supposer que dans ses vies antérieures, il était déjà passé par les trois stades décrits ; ils ne lui sont donc plus nécessaires.

Dans le deuxième cas, toutes ces aides sont nécessaires au chercheur ; des doutes surgissent encore en lui, même après avoir entendu la vérité d'une manière répétée. C'est pourquoi il ne doit pas abandonner les aides jusqu'à ce qu'il obtienne l'état de *samādhi*.

Le *shravana* dissipe l'illusion que le Soi est un avec le corps, etc. Le *manana* donne la certitude que la Connaissance est le Soi. Le *nididhyāsana* révèle le Soi comme étant Infinitude et Félicité.

27 SEPTEMBRE 1936

250. Un fidèle questionna le Maharshi sur des propos désobligeants qui avaient été tenus par un certain homme bien connu du Maharshi.

Le Maharshi répondit : « Je lui permets d'agir de la sorte. Je le lui ai déjà permis. Qu'il en fasse encore davantage. Que les autres le suivent. Seulement, qu'ils me laissent tranquille. Si, à cause de ces rumeurs, plus

---

1. Celui qui s'est accompli par la méditation.
2. Celui qui n'a pas pratiqué la méditation.

personne ne vient à moi, je considérerai que c'est un grand service qui m'a été rendu. Bien plus, si cette personne a l'intention de publier des ouvrages relatant des choses scandaleuses à mon sujet, et si elle parvient, grâce à la vente de ses livres, à gagner de l'argent, tout sera pour le mieux. De tels ouvrages se vendront beaucoup plus vite et en bien plus grand nombre que d'autres livres. Regardez le livre de Miss Mayo. Pourquoi n'en ferait-il pas autant ? A vrai dire, cet homme me rend un grand service. »

Et pour conclure, le Maharshi se mit à rire....

29 SEPTEMBRE 1936

Le sujet fut de nouveau abordé devant le Maharshi. Quelqu'un raconta que le diffamateur commençait à avoir des difficultés en raison de son action inconsidérée. Le Maharshi sembla concerné par la sécurité de cet homme et dit avec une sympathie évidente : « Bien qu'il lui soit permis de gagner de l'argent à sa manière, cet homme s'est attiré des ennuis. Si au contraire il avait su profiter de notre indulgence et avait agi avec plus de tact, tout se serait bien passé pour lui. Mais que pouvons-nous faire ? »

251. Une aristocrate, femme intelligente, demanda d'un air songeur : « Mahārāji, nous avons entendu dire de vous que vous étiez l'âme la plus bienveillante et la plus noble. Nous souhaitions depuis longtemps avoir votre *darshan*. Je suis déjà venue une fois, le 14 du mois dernier, mais je n'ai pu rester aussi longtemps que je le désirais en votre sainte présence. Etant une femme, jeune en plus, je ne pouvais pas supporter tous ces gens autour de moi et après avoir posé une ou deux questions, je suis partie à la hâte. Il n'y a pas de saint homme comme vous dans notre région. Je suis heureuse car j'ai tout ce que je désire. Cependant je n'ai pas cette paix de l'esprit qui donne le vrai bonheur. Je viens ici demander votre bénédiction afin que je puisse l'obtenir. »

M. : Par la *bhakti* (la dévotion) votre désir sera comblé.

Q. : Je voudrais savoir comment je peux obtenir cette paix de l'esprit. Ayez la bonté de me donner des conseils.

M. : Oui, prenez la voie de la dévotion et de la soumission.

Q.: Suis-je digne de suivre cette voie ?

M. : Tout le monde peut la suivre. Le banquet spirituel est commun à tous et n'est refusé à personne — vieux ou jeune, homme ou femme.

Q.: C'est exactement ce que je désirais savoir. Je suis jeune et une *grihinī* (maîtresse de maison) ; je suis liée à des devoirs de *grihastha-dharma* (devoir de famille). La dévotion est-elle compatible avec une telle situation ?

M. : Bien entendu. Qu'êtes-vous en réalité ? Vous n'êtes pas le corps. Vous êtes pure conscience. Le *grihastha-dharma* et le monde ne sont que des phénomènes qui apparaissent à la surface de cette pure conscience. Celle-ci n'en est pas affectée. Qu'est-ce qui vous empêche d'être votre propre Soi ?

Q. : Oui. Je suis déjà au courant de la méthode d'enseignement du Maharshi. Il s'agit de la recherche du Soi. Mais je doute encore de la compatibilité d'une telle recherche avec la vie de *grihastha*.

M. : Le Soi est toujours là. Il est vous-même. Il n'existe rien d'autre que vous-même. Rien ne peut être séparé de vous. La question de la compatibilité ou de son contraire ne se pose pas.

Q.: Je vais être plus explicite. Bien qu'étrangère ici,

je me vois obligée de confesser la cause de ma préoccupation. J'ai la bénédiction d'avoir eu des enfants. Un garçon — un vrai *brahmachārī* — est mort en février dernier. J'ai été accablée de douleur et dégoûtée de la vie. Je souhaite maintenant me consacrer à la vie spirituelle. Mais mes devoirs de *grihinī* ne me permettent pas de mener une existence retirée. De là vient mon incertitude.

M. : « Se retirer » veut dire rester dans le Soi. Rien de plus. Ce n'est pas quitter un cadre de vie pour s'enferrer dans un autre, ni même quitter le monde concret pour s'investir dans un monde mental.

La naissance de votre fils, sa mort et tout le reste ne sont vues que dans le Soi.

Souvenez-vous de votre état de sommeil. Etiez-vous alors consciente d'un quelconque événement ? Si le fils ou le monde étaient réels, n'auraient-ils pas dû être présents avec vous dans le sommeil ? Vous ne pouvez pas nier votre existence dans le sommeil. Ni que vous y étiez heureuse. Voilà que maintenant, en état de veille, vous êtes la même personne qui parle et qui soulève des doutes. D'après vous, vous n'êtes pas heureuse. Mais vous étiez heureuse dans le sommeil. Qu'est-il arrivé entre-temps pour que le bonheur du sommeil se soit brisé ? C'est la montée de l'ego. Il est le nouveau venu dans l'état de *jāgrat* (de veille). Il n'y avait pas d'ego dans le sommeil. La naissance de l'ego est appelée la naissance de la personne. Il n'y a pas d'autre sorte de naissance. Tout ce qui naît doit mourir. Tuez l'ego ; il n'y a pas lieu d'avoir peur d'une mort pour ce qui est déjà mort. Le Soi subsiste même après la mort de l'ego. C'est la Félicité, c'est l'Immortalité.

Q. : Comment doit-on s'y prendre ?

M. : Voyez pour qui ces doutes existent. Qui est celui qui doute ? Qui est celui qui pense ? C'est l'ego.

Accrochez-vous-y et les autres pensées s'évanouiront. L'ego restera à l'état pur ; voyez d'où s'élève l'ego. C'est la pure conscience.

Q. : Cela semble difficile. Pouvons-nous procéder par le *bhakti-mārga* (la voie de la dévotion) ?

M. : Cela dépend du tempérament et du potentiel de l'individu. La *bhakti* est la même chose que le *vichāra* (l'investigation).

Q. : Je pensais, entre autres, à la méditation.

M. : Oui. La méditation s'effectue sur une forme. Elle écartera toute autre pensée. La seule pensée de Dieu dominera toutes les autres. C'est la concentration. Le but de la méditation est donc le même que celui du *vichāra*.

Q. : Ne peut-on voir Dieu aussi sous une forme concrète ?

M. : Si. Dieu est vu dans le mental. Sa forme concrète peut être vue, mais elle n'est que dans le mental de l'adorateur. La forme et l'apparence de la manifestation de Dieu sont déterminées par son mental. Mais ce n'est pas la finalité, car il y a encore le sens de la dualité. C'est comme une vision onirique.

Une fois que Dieu est perçu, le *vichāra* commence pour aboutir finalement à la réalisation du Soi. Ainsi, le *vichāra* est la voie ultime.

Evidemment, un petit nombre seulement trouve le *vichāra* accessible. D'autres trouvent la *bhakti* plus facile.

Q. : Mr. Brunton ne vous a-t-il pas vu à Londres ? Ou n'était-ce qu'un rêve ?

M. : Oui. Il a eu une vision. Il m'a vu dans son mental.

Q. : Ne voyait-il pas cette forme d'une façon concrète ?

M. : Si, mais toujours dans son mental.

Q. : Comment vais-je atteindre le Soi ?

M. : On n'atteint pas le Soi. S'il fallait l'atteindre, cela voudrait dire que le Soi n'est pas toujours ici et maintenant, mais qu'il doit être obtenu comme quelque chose de nouveau. Ce que l'on obtient comme quelque chose de nouveau sera aussi perdu ; ce sera donc impermanent. Ce qui n'est pas permanent ne mérite pas d'être recherché. C'est pourquoi je dis que l'on n'atteint pas le Soi. Vous êtes le Soi. Vous êtes déjà Cela. Le fait est que vous ignorez votre état de Félicité. L'ignorance survient et étend un voile sur la pure Félicité. Les efforts servent uniquement à dissiper cette ignorance. L'ignorance consiste en une fausse connaissance. Et la fausse connaissance consiste en une fausse identification du Soi avec le corps, le mental... Cette fausse identification doit disparaître. Il ne restera alors plus que le Soi.

Q. : Comment cela peut-il se produire ?

M. : Par la recherche du Soi.

Q. : C'est difficile. Puis-je réaliser le Soi, Mahārāj ? Dites-le-moi, je vous en prie. Cela semble si difficile.

M. : Vous êtes déjà le Soi. La Réalisation est donc familière à chacun. La Réalisation ne connaît pas de différence chez les chercheurs. Ce simple doute « Puis-je réaliser ? » ou le sentiment « Je n'ai pas réalisé » sont les obstacles. Soyez libre de ceux-ci aussi.

Q. : Mais il devrait y avoir l'expérience. Tant que je n'en fais pas l'expérience, comment puis-je être libre de ces pensées affligeantes ?

M. : Celles-ci aussi sont dans le mental. Elles sont là parce que vous vous êtes identifiée au corps. Si cette fausse identification tombe, l'ignorance s'évanouit et la vérité se révèle.

Q. : Oui, mais je trouve cela difficile. Il y a des disciples de Bhagavān qui ont bénéficié de sa Grâce et réalisé le Soi sans difficulté considérable. J'aimerais aussi recevoir cette Grâce. Etant une femme et vivant loin d'ici, je ne peux pas profiter de la sainte compagnie du Maharshi autant et aussi souvent que je le désirerais. Il est probable que je ne pourrai pas revenir. Je demande la Grâce de Bhagavān. De retour chez moi, je veux me souvenir de Bhagavān. Que Bhagavān veuille bien exaucer ma prière !

M. : Où allez-vous ? Vous n'allez nulle part. A supposer même que vous soyez le corps, votre corps est-il venu de Lucknow à Tiruvannāmalai ? Vous étiez simplement assise dans la voiture ou autre moyen de locomotion qui a bougé ; pour finir, vous dites que c'est vous qui êtes venue ici. Le fait est que vous n'êtes pas le corps. Le Soi ne bouge pas. Le monde bouge en lui. Vous êtes seulement ce que vous êtes. Il n'y a pas de changement en vous. Par conséquent, même après un soi-disant départ d'ici, vous êtes ici, là-bas et partout. Ce ne sont que les scènes qui changent.

Quant à la Grâce, elle est en vous. Si elle était extérieure, elle n'aurait aucune valeur. La Grâce est le Soi. Vous n'êtes jamais hors de son activité. La Grâce est toujours présente.

Q. : Je voulais dire, que lorsque je me rappellerai votre forme, mon mental devrait s'affermir et qu'il devrait aussi y avoir une réponse de votre part. Je ne devrais pas être abandonnée à mes propres efforts qui, après tout, sont si faibles.

M.: La Grâce est le Soi. Je vous ai déjà dit : « Si vous vous souvenez de Bhagavān, c'est parce que vous êtes poussée par le Soi à le faire. » La Grâce n'est-elle pas déjà là ? Existe-t-il un seul instant où la Grâce ne soit pas agissante en vous ? Votre souvenir est le prélude à la Grâce. C'est la réponse, c'est l'encouragement, c'est le Soi, et c'est la Grâce.

Il n'y a pas de raison de s'inquiéter.

Q. : Puis-je m'engager dans une pratique spirituelle tout en restant dans le *samsāra* [1] ?

M. : Oui, certainement. On doit faire ainsi.

Q. : Le *samsāra* n'est-il pas une entrave ? Les livres saints ne recommandent-ils pas tous le renoncement ?

M. : Le *samsāra* n'existe que dans votre mental. Le monde ne vient pas proclamer : « Je suis le monde. » S'il en était ainsi, il devrait être toujours présent — même durant votre sommeil. Comme il ne s'y trouve pas, c'est qu'il est impermanent. Etant impermanent, il manque de force. N'ayant pas de force, il est aisément subjugué par le Soi. Seul le Soi est permanent. Le renoncement, c'est la non-identification du Soi avec le non-Soi. Avec la disparition de l'ignorance, le non-Soi cesse d'exister. Voilà le vrai renoncement.

Q. : Alors, pourquoi avez-vous abandonné votre maison familiale quand vous étiez jeune ?

M. : C'est mon *prārabdha* (destin). Le cours de la conduite de vie de chacun est déterminé par son *prārabdha*. Mon *prārabdha* est de cette manière. Votre *prārabdha* est d'une autre.

Q. : Ne dois-je pas également renoncer ?

M. : Si tel avait été votre *prārabdha,* cette question ne se serait pas posée.

Q. : Je dois donc rester dans le monde et m'engager dans une pratique spirituelle. Eh bien, puis-je obtenir la Réalisation dans cette vie ?

M. : Je vous ai déjà répondu sur ce point. Vous êtes toujours le Soi. Les efforts sérieux ne manquent jamais d'aboutir. Le succès en résultera sûrement.

Q. : Que le Maharshi veuille bien étendre la Grâce sur moi !

Le Maharshi sourit et dit : « Hm ! Hm ! »

---

1. Ici : la vie du monde.

Après des bénédictions et des salutations, l'entretien prit fin et le groupe partit sans plus tarder.

30 SEPTEMBRE 1936

252. *Q. :* Shrī Rāmakrishna toucha Vivekānanda et celui-ci réalisa l'état de Félicité. Est-ce possible ?

M. : Shrī Rāmakrishna n'a pas touché tout le monde dans cette intention. Il n'a pas créé l'*ātman*. Il n'a pas créé la Réalisation. Vivekānanda était mûr. Il désirait ardemment la Réalisation. Il avait dû déjà franchir les étapes préliminaires au cours de ses vies antérieures. Cela n'est possible que pour des personnes mûres.

Q. : Le même miracle peut-il être provoqué chez tout le monde ?

M. : Si les gens sont prêts. Etre prêt est le point essentiel. Un homme fort contrôle un homme plus faible. Un mental fort domine un mental plus faible. C'est ce qui est arrivé dans le cas de Vivekānanda. L'effet n'a été que temporaire. Pourquoi Vivekānanda ne s'est-il pas contenté de rester tranquille ? Pourquoi a-t-il couru le monde après un tel miracle ? Parce que l'effet n'en avait été que temporaire.

Q. : Comment le mental peut-il plonger dans le Cœur ?

M. : Maintenant, le mental se voit diversifié en tant qu'Univers. Si la diversité ne se manifeste pas, le mental demeure dans sa propre essence, c'est-à-dire dans le Cœur. Entrer dans le Cœur veut dire demeurer sans distraction.

Le Cœur est la seule Réalité, le mental n'est qu'une phase passagère. Réaliser le Soi, c'est entrer dans le Cœur.

Parce que l'homme s'identifie à son corps, il voit le

monde comme séparé de lui. Cette fausse identification est due au fait qu'il a lâché ses amarres et s'est écarté de son état originel. On lui conseille donc d'abandonner toutes ces fausses idées, de remonter à sa source et de rester le Soi. Dans cet état, il n'y a pas de différences. Aucune question ne se posera.

Tous les *shāstra* n'ont pas d'autre but que de faire revenir l'homme sur ses pas jusqu'à la source originelle. Il n'a pas besoin d'obtenir quelque chose de nouveau. Il doit simplement renoncer à ses fausses idées et aux accumulations inutiles. Au lieu de cela, il cherche à attraper quelque chose d'étrange et de mystérieux, parce qu'il croit que son bonheur réside ailleurs. Voilà l'erreur.

Si l'homme demeure toujours le Soi, il y a Félicité. Peut-être pense-t-il que rester tranquille n'apporte pas l'état de Félicité. Cela est dû à son ignorance. La seule pratique consiste à chercher « A qui se posent ces questions ? ».

Q. : Comment maîtriser la sensualité, la colère, etc. ?

M. : Qui ressent ces passions ? Cherchez. Si vous restez le Soi, vous trouverez que rien n'est séparé du Soi. Alors il n'y a plus besoin de maîtriser quoi que ce soit.

Q. : Si une personne que nous aimons meurt, nous souffrons. Pouvons-nous éviter cette épreuve en aimant tout le monde de la même façon ou bien en n'aimant personne ?

M. : Si quelqu'un meurt, la souffrance est pour celui qui vit. La meilleure manière de ne pas souffrir *est de ne pas vivre*. Tuez celui qui souffre. Qui donc restera dés lors pour souffrir ? L'ego doit mourir. C'est la seule solution.

Les deux possibilités conduisent au même résultat. Quand tous sont devenus le seul Soi, qui est alors là pour être aimé ou pour être haï ?

Q. : Que sont la « Voie solaire » et la « Voie lunaire » ?
Laquelle est la plus facile ?

M. : Le *ravi-mārga* (la voie solaire) correspond à
la voie du *jñāna*, le *chandra-mārga* (la voie lunaire) à
celle du yoga. Les adeptes du yoga pensent qu'après
la purification des 72 000 *nādi*[1] du corps, le mental
pénètre à l'intérieur de la *sushumnā*[2] et de là remonte
jusqu'au *sahasrāra*[3] d'où s'égoutte le nectar suprême.

Ce ne sont que des concepts mentaux. L'homme est
déjà accablé par les concepts du monde, et maintenant
on y ajoute encore d'autres sous la forme de ce yoga.
Le but de tout cela est de délivrer l'homme des concepts
et de l'aider à être le pur Soi, c'est-à-dire la Conscience
absolue, libre de pensées ! Pourquoi ne pas aller droit au
but ? Pourquoi ajouter de nouvelles charges à celles qui
existent déjà ?

1ᴱᴿ OCTOBRE 1936

253. Mr. F. G. Pearce, directeur de la Scindia School
à Gwalior, demanda : « Shrī Bhagavān a déclaré dans le
Sad-vidyā-anubandham, strophe 36 : "L'homme illettré
est certainement plus avantagé que le lettré dont l'ego
n'est pas détruit par la quête du Soi." Puisque c'est
ainsi, Bhagavān peut-il conseiller un maître d'école, qui
ressent cette vérité, sur la façon de poursuivre l'éducation sans que le désir d'instruction et de développement
intellectuel ne vienne entraver la recherche du Soi, qui
est plus importante. Les deux sont-ils incompatibles ?
Si ce n'est pas le cas, à partir de quel âge et par quelles

---

1. Nerfs subtils dans le corps humain.
2. Canal subtil dans le corps humain.
3. Centre yoguique situé au sommet de la tête.

méthodes les jeunes gens peuvent-ils être conduits au mieux vers la recherche de la vérité intérieure ? »

M. : C'est l'orgueil du savoir et le désir de reconnaissance qui sont à condamner et non le savoir lui-même. Le savoir qui pousse à la recherche de la vérité et à l'humilité est une bonne chose.

Cette personne venait de passer deux journées très précieuses en la présence de Bhagavān Maharshi. Sa dernière visite remontait à dix-sept ans, quand il l'avait vu quelques minutes sur la Colline. Maintenant, ses devoirs l'obligeaient à « emmener son corps » loin dans le nord et il craignait de ne pas pouvoir revenir avant quelques années.

Il demanda humblement à Bhagavān de créer un lien puissant avec lui et de continuer à l'aider par sa Grâce dans la recherche du Soi.

Le Maharshi eut à cet égard un sourire bienveillant.

254. Mr. Duncan Greenless cita quelques vers du *Shrīmad Bhāgavatam* : « Contemple le Soi en toi comme le pur éther en tous les êtres, intérieurement et extérieurement. » « Sans te sentir honteux, tombe à genoux, même devant un hors-caste, une vache ou un âne. » « Aussi longtemps que JE ne suis pas perçu en tout, adore tout par le corps et l'esprit. » « Avec la juste Connaissance, vois tout en tant que *brahman*. Une fois cela devenu clair, tous doutes cesseront et tu demeureras retiré dans le Soi. »

Ensuite, il posa les questions suivantes : « Est-ce la vraie voie menant à la réalisation du seul Soi ? Ne serait-il pas plus facile pour certains de s'exercer à voir Bhagavān en toute chose plutôt que de chercher le Supramental par l'enquête mentale "Qui suis-je ?" ? »

M. : Oui. Quand vous voyez Dieu en tout, pensez-vous à Dieu ou non ? Vous devez bien garder Dieu présent à l'esprit pour voir Dieu tout autour de vous. Garder Dieu présent à l'esprit devient *dhyāna* [méditation]. C'est l'étape qui précède la Réalisation. La Réalisation ne se produit que dans le Soi. Le *dhyāna* doit la précéder. Que vous méditiez sur Dieu ou sur le Soi, peu importe. Le but est le même.

Mais vous ne pouvez pas échapper au Soi. Vous désirez voir Dieu en tout, mais pas en vous-même. Si tout est Dieu, n'êtes-vous pas inclus dans ce tout ? Etant vous-même Dieu, est-ce étonnant que tout soit Dieu ? Pour se livrer à cette pratique, il doit y avoir quelqu'un qui voit et qui pense. Qui est-il ?

Q. : A travers la poésie, la musique, le *japa*, des *bhajan*, de magnifiques paysages, la lecture des biographies de héros spirituels, nous faisons parfois l'expérience d'une véritable sensation d'unité en tout. Cette impression de profonde tranquillité bienheureuse (où le soi personnel n'a pas de place) signifie-t-elle « l'entrée dans le Cœur » dont Bhagavān parle ? Ces pratiques mèneraient-t-elles à un *samādhi* plus profond et pour finir à la vision totale de la Réalité ?

M. : C'est vrai, on éprouve un bonheur à la vue de choses plaisantes, etc. C'est le bonheur inhérent au Soi. Ce bonheur n'est pas étranger, ni lointain. Dans des circonstances que vous considérez agréables, vous plongez dans le pur Soi. Cette immersion révèle l'existence de la Félicité du Soi. Mais en y associant des idées, vous attribuez cette Félicité à des choses ou des événements. En fait, ce bonheur est en vous. En des circonstances agréables, vous plongez dans le Soi, mais inconsciemment. Si vous y plongez consciemment, vous appelez cela Réalisation. Je veux donc que vous plongiez consciemment dans le Soi, le Cœur.

255. *Q. :* Si le Soi est toujours réalisé, nous n'avons qu'à rester tranquilles. N'est-ce pas ?

M. : Si vous pouvez rester tranquille sans vous engager dans une quelconque activité, c'est très bien. Si vous n'y parvenez pas, où est l'intérêt, en ce qui concerne la Réalisation, de rester tranquille ? Tant qu'on est obligé d'être actif on ne doit pas abandonner l'effort pour réaliser le Soi.

256. Une question fut posée sur la position dans l'échelle des valeurs d'une personne dont le *jñāna* est faible. Il s'agissait de savoir si ce *manda-jñānī* (*jñāna* faible) s'arrêtait juste au bord du *kevala-nirvikalpa-samādhi*.

M. : Le *kevala-nirvikalpa-samādhi* se produit même au stade de *tanumānashī* (mental atténué).

Q. : On dit que les *jñānī* des degrés moyens et supérieurs sont des *jīvan-mukta* (libérés vivants) et que le *kevala-nirvikalpa* se produit en *tanumānashī*. Quel est l'état de celui dont le *jñāna* est faible ?

M. : Celui dont le *jñāna* est faible atteint l'état de *sattvâpatti* (Réalisation) – alors que le *jñāna* moyen conduit à l'état d'*asamshakti* et le *jñāna* supérieur à l'état de *padārthabhāvanā*. Cette classification en trois degrés de *jñāna*, inférieur, moyen et supérieur, correspond au degré de force du *prārabdha*. Lorsque le *prārabdha* est fort, le *jñāna* est faible ; s'il est moyen, le *jñāna* est également moyen ; s'il est faible, le *jñāna* est supérieur ; s'il est très faible, c'est l'état de *turyagā*.

Mais dans l'état de *samādhi* ou dans celui de *jñāna* des *jñānī,* ces différences n'existent pas. La classification n'existe que du point de vue de l'observateur.

Q. : Est-ce que le *tanumānashī* est semblable au *mumukshutva* (aspiration à la Libération) ?

M. : Non. Les six qualités [1], la discrimination, l'absence de passions, le *mumukshutva* etc., précèdent la *shubhecchā*. Le premier stade suit le *mumukshutva*, viennent ensuite le *vichāranā* (la recherche) puis le *tanumānashī* (le mental atténué). La perception directe se passe en *sattvāpatti* (en Réalisation).

Il est inutile de discuter de tels sujets. Diverses écoles donnent des descriptions différentes de *jīvan-mukti* et de *videha-mukti* ; quelques-uns disent même que la *videha-mukti* survient quand la personne est encore vue avec un corps. En fait, *mukti* est un autre nom pour *Aham* (Je).

Les sept *jñāna-bhūmikā* [2] (stades de Connaissance) sont : (1) *shubhecchā* (désir d'illumination), (2) *vichāranā* (questionnement et réflexion), (3) *tanumānashī* (mental atténué), (4) *sattvāpatti* (réalisation du Soi), (5) *asamshakti* (détachement), (6) *padārthabhāvanā* (non-perception des objets), (7) *turyagā* (état au-delà des mots).

Ceux qui ont atteint les quatre derniers *bhūmikā* sont dénommés respectivement : *brahmavid, brahma-vidvara, brahmavidvarya* et *brahmavidvarishtha*.

257. Un jeune homme de Dindigul confia à Shrī Bhagavān que tout ce qu'il avait appris au cours de sa visite de quelques jours à l'ashram pouvait se résumer en une seule recommandation, c'est-à-dire procéder à l'investigation « Qui suis-je ? ». Il voulait savoir si une discipline particulière devait être observée et en quel lieu, et s'il devait pratiquer cette investigation dans la *guru-sannidhi* (la présence du Maître).

M. : L'investigation doit se faire là où se trouve le 'je'.

---

1. Voir index I, *shatka-sampatti.*

2. Sont décrites dans la *Sāmānya-Vedānta-up.* (*Māhopanishad*, V 24-25).

Q. : Les hommes peinent pour obtenir le *summum bonum* de la vie. Je pense qu'ils ne sont pas dans la bonne voie. Shrī Bhagavān a fait lui-même des *tapas* [ascèses] considérables et est parvenu au but. Shrī Bhagavān est par ailleurs désireux que tout le monde puisse atteindre le même but et il veut bien aider les gens à cette fin. Son *tapas* accompli pour autrui devrait pouvoir aider les autres à atteindre le but plus facilement. Ils n'ont pas besoin de passer par les épreuves déjà subies par Shrī Bhagavān. Le chemin leur a été rendu facile grâce à Shrī Bhagavān. N'ai-je pas raison ?

Le Maharshi sourit et dit : « Si c'était ainsi, chacun atteindrait facilement le but, mais chacun doit travailler pour lui-même. »

258. Un jeune homme de Mysore remit un petit mot à Shrī Bhagavān et attendit sa réponse. Sur ce mot, il lui demandait où il pourrait contacter d'autres Mahātma [1] afin d'être guidé. Il confessait avoir quitté ses parents sans les informer de son intention de trouver Dieu avec l'aide d'un Mahātma. Il est vrai qu'il ne connaissait rien de Dieu ni comment Le chercher. C'est la raison pour laquelle il désirait voir des Mahātma.

Shrī Bhagavān lui rendit simplement le mot en disant : « Je dois répondre à n'importe quelle question que l'on me pose. Sinon je ne suis pas "grand [2]". »

Le garçon déchira le morceau de papier et écrivit un autre mot, disant : « Vous êtes bon envers les écureuils et les lièvres. Vous les caressez quand ils luttent pour se dégager de vous. Et cependant vous êtes indifférent envers les êtres humains. Par exemple, j'ai quitté ma maison et j'attends ici depuis quinze jours. Je n'ai pas

---

1. « Grande âme ».
2. *Mahā-* = grand.

mangé depuis des jours. Je me débats. Et vous continuez à ne pas vous soucier de moi. »

M. : Ecoutez. Je ne suis pas doué de télépathie. Ce n'est pas un don dont Dieu m'a gratifié. Que dois-je faire ? Comment puis-je répondre à vos questions ? Les gens m'appellent Maharshi et me traitent en conséquence. Mais je ne me vois pas moi-même comme un Maharshi. Au contraire, chacun est un Maharshi pour moi. C'est une bonne chose que vous essayiez, dès votre jeune âge, de trouver Dieu. Concentrez-vous sur Lui. Faites votre travail sans en désirer les fruits. C'est tout ce que vous devez faire.

259. Le *nāda* (son), le *bindu* (point) et la *kalā* (partie) correspondent respectivement au *prāna,* au mental et à l'intellect.

Īshvara est au-delà du *nāda*.

Le *nāda,* le *jyotis* (la lumière), etc., sont mentionnés dans les ouvrages sur le yoga. Mais Dieu est au-delà.

La circulation du sang, la respiration et autres fonctions corporelles produisent nécessairement un son. Ce son est involontaire et continu. C'est le *nāda.*

260. Un extrait du livre *A Hermit in the Himalayas* de Paul Brunton, publié dans le *Sunday Times,* fut lu à haute voix. Il traitait de la réminiscence des incarnations passées. Paul Brunton y mentionnait les méthodes bouddhiques pour obtenir ce pouvoir de réminiscence. Shrī Bhagavān commenta : « Il existe une catégorie de gens qui veulent tout savoir de leur futur et de leur passé. Ils ignorent le présent. Le poids du passé crée la misère présente. L'effort de se rappeler le passé est pure perte de temps. »

261. L'objet de la discussion était la réincarnation. La réincarnation évoquée de Shanti Devi correspondait aux normes du temps humain. Par contre, le dernier cas rapporté, celui d'un enfant âgé de sept ans, était différent. C'était un garçon qui se souvenait de ses vies antérieures.

Les enquêtes révélèrent que le corps précédent avait été quitté dix mois auparavant. L'enfant ayant sept ans actuellement, on s'interrogeait sur les six années et deux mois. L'âme avait-elle occupé deux corps en même temps ?

Shrī Bhagavān fit remarquer que la notion des sept ans appartenait au point de vue de l'enfant et la notion des dix mois au point de vue de l'observateur. La différence d'appréciation de l'âge était due à deux *upādhi* [conditions limitantes]. L'expérience du garçon qui s'étend sur sept ans avait été calculée par l'observateur d'après sa propre notion de temps, pour ne couvrir que dix mois.

Shrī Bhagavān fit référence encore une fois à l'histoire de Līlā du *Yoga-vāsishtha*.

262. Le Dr. Syed, le professeur musulman, raconta qu'un de ses amis, un homme sceptique, l'avait abordé avec la question suivante : « Quelle sorte de miracles fait-il, votre Maharshi ? » Le Dr. Syed avait répondu : « Les gens ordinaires, ne se comportant pas mieux que les animaux, peuvent tout au plus devenir des hommes, tandis que nous, étant exclusivement les enfants du Maharshi, nous sommes enrichis par sa force. » Le professeur désirait savoir si ce qu'il avait ajouté après était juste : « La Paix intérieure est le plus grand miracle. Le Maharshi la possède. » « Qu'est-ce que ça nous apporte ? » avait alors demandé son ami. Le professeur lui avait répliqué : « La même Paix est accordée à tous les visiteurs et tous peuvent la partager. Mr. Paul Brunton en parle dans son livre. Chacun la ressent tous les jours en la présence du Maharshi. »

Cette conversation fut rapportée au Maharshi par une personne qui ajouta : « Parashurāma avait dit avoir ressenti une grande paix quand il rencontra Samvarta sur son chemin. Il reconnut alors aussitôt qu'il s'agissait d'un grand saint. Une telle paix, n'est-elle pas le seul critère de la présence d'un Mahātma ? Peut-il y avoir autre chose ? »

Shrī Bhagavān raconta alors l'histoire suivante : « Un saint, du nom de Tattvarāyar et de la lignée de Mādhva, avait composé une *bharani* en l'honneur de son maître Svarūpānanda. Les pandits critiquèrent sa composition, disant que ce type de louanges ne pouvait s'adresser qu'à quelqu'un qui avait tué au moins mille éléphants au cours d'une bataille, alors que Svarūpānanda était un homme oisif, sans renommée et qui ne méritait pas de telles louanges. Tattvarāyar leur demanda de se rassembler devant son maître afin qu'ils puissent voir par eux-mêmes si celui-ci pourrait tuer mille éléphants d'un coup. Ils acceptèrent. Dès qu'ils furent en présence de Svarūpānanda, ils devinrent comme pétrifiés et demeurèrent plusieurs jours dans un état de paix béatifique sans le moindre mouvement. Quand ils reprirent leurs sens, ils se prosternèrent devant le maître et son disciple en disant qu'ils étaient plus que satisfaits. Svarūpānanda surpassait les guerriers par son pouvoir de subjuguer les ego, ce qui était un exploit bien plus extraordinaire que de tuer mille éléphants. »

Le Maharshi ajouta que la moralité de l'histoire était claire : la paix est le seul critère valable de la présence d'un Mahātma.

20 OCTOBRE 1936

263. *Dr. Syed* : Shrī Bhagavān dit que le Cœur est le Soi. La psychologie prétend, elle, que la méchanceté, l'envie, la jalousie et toutes les passions ont leur siège dans le cœur. Comment concilier ces deux points de vue ?

M. : Tout le cosmos est contenu dans un trou d'épingle situé dans le Cœur. Ces passions font partie du cosmos. Elles sont *avidyā* (ignorance).

Q. : D'où vient l'*avidyā* ?

M. : L'*avidyā* est comme la *māyā* (illusion). « Ce qui n'est pas » est *māyā*. De même, « ce qui n'est pas » est ignorance. Par conséquent, la question ne se pose pas. Pourtant, la question s'est posée. Demandez plutôt : « De qui est-ce l'*avidyā* ? » L'*avidyā* c'est l'ignorance et elle implique un sujet et un objet. Devenez le sujet et il n'y aura plus d'objet.

Q. : Qu'est-ce que l'*avidyā* ?

M. : L'ignorance du Soi. Qui est ignorant du Soi ? Le soi serait alors ignorant du Soi. Y aurait-il deux soi ?

264. *Q. :* Bhagavān voit-il le monde comme faisant partie intégrante de lui-même ? Comment voit-il le monde ?

M. : Seul le Soi *est*, et rien d'autre. Cependant, en raison de l'ignorance, il est différencié. La différenciation est triple : (1) d'un même genre, (2) d'un autre genre, et (3) constitué de différentes parties. Le monde n'est pas un autre soi semblable au Soi. Il n'est pas différent du Soi, ni une partie du Soi.

Q. : Le monde ne se reflète-t-il pas dans le Soi ?

M. : Pour qu'il y ait réflexion, il faut qu'il existe un objet et une image. Mais le Soi n'admet pas ces distinctions.

Q. : Alors, Bhagavān ne voit-il pas le monde ?

M. : Qu'entendez-vous par Bhagavān ?

Q. : Un *jīva* plus avancé que je ne le suis.

M. : Si vous comprenez votre *jīva*, vous comprenez ce qu'est l'autre *jīva*.

Q. : Je ne cherche pas à discuter. Je veux simplement apprendre. Je vous en prie, instruisez-moi.

M. : C'est parce que vous désirez apprendre que la discussion est inévitable. Laissez tout cela de côté. Considérez votre sommeil. Etes-vous conscient d'être asservi dans le sommeil ? Et y cherchez-vous des moyens pour vous libérer ? Etes-vous alors conscient de votre corps ? Le sentiment d'être asservi est associé au corps. Sans ce sentiment, il n'y a pas d'asservissement, pas matière à être asservi et personne qui soit asservi. Tout cela apparaît cependant dans votre état de veille. Cherchez à qui cela apparaît.

Q. : Au mental.

M. : Observez le mental. Vous devez vous tenir à l'écart de lui. Vous n'êtes pas le mental. Il ne subsistera alors plus que le Soi.

Q. : Shrī Bhagavān croit-il à l'évolution ?

M. : L'évolution ne peut se faire que d'un état à un autre. Quand aucune différence n'est admise, comment peut-il y avoir évolution ?

Q. : Pourquoi Shrī Krishna dit-il : « Après plusieurs renaissances, le chercheur obtient la Connaissance et ainsi Me connaît » ? Il doit donc y avoir une évolution d'un stade à un autre.

M. : Comment la *Bhagavad-gītā* commence-t-elle ? « Jamais Je ne fus point, ni toi, ni ces chefs... » [BhG II.12] ; et « Jamais il ne naît, ni ne meurt... » [BhG II.20]. Vous voyez donc qu'il n'y a ni naissance, ni mort, ni présent. La Réalité *a été*, elle *est* et elle *sera*. Elle ne change pas. Plus tard, Arjuna demanda à Shrī Krishna comment celui-ci avait pu exister avant Āditya. Alors, Krishna, voyant qu'Ajurna Le confondait avec son corps physique, lui parla selon son niveau d'entendement. Cet enseignement est pour celui qui voit la diversité. En réalité, du point de vue du *jñānī*, il n'y a pas asservissement, ni *mukti* (libération), que ce soit pour lui-même ou pour les autres.

Q. : Tout le monde est-il alors libéré ?

M. : Où est *tout le monde* ? Il n'y a pas non plus de libération. Elle pourrait exister seulement s'il y avait asservissement. Mais en réalité, il n'y a pas d'asservissement et, par conséquent, pas de libération non plus.

Q. : Mais pour évoluer à travers les naissances successives, il faut de la pratique, des années d'*abhyāsa* [pratique assidue].

M. : L'*abhyāsa* a pour seul but d'empêcher que la paix intérieure soit troublée. Ce n'est pas une question d'années. Ecartez cette pensée tout de suite. Vous êtes toujours dans votre état naturel, que vous fassiez de l'*abhyāsa* ou pas.

Une autre personne : Dans ce cas, pourquoi tout le monde ne réalise-il pas le Soi ?

M. : C'est la même question formulée différemment. Pourquoi posez-vous cette question ? Tant que vous soulevez la question sur l'*abhyāsa*, cela prouve que vous avez besoin de l'*abhyāsa*. Alors faites-en.

Ne plus avoir de questions et ne plus éprouver de doutes est l'état naturel.

Dieu créa l'homme ; et l'homme créa Dieu. Ils sont tous deux les créateurs des noms et des formes. Mais en réalité, ni Dieu ni l'homme n'ont été créés.

21 OCTOBRE 1936

265. L'aristocrate qui était venue trois semaines auparavant revint, se dirigea directement vers Bhagavān, le salua et dit :

« La dernière fois, je suis venue avec mon mari et mes enfants. J'étais préoccupée à l'idée de les nourrir et le temps pressait. C'est la raison pour laquelle je ne pouvais pas rester ici aussi longtemps que je l'aurais souhaité. Après, j'ai regretté cette visite hâtive. Je suis revenue ici pour rester assise tranquillement et m'imprégner de la grâce de Shrī Bhagavān. Puisse-t-il me donner la force d'esprit ! »

La salle était maintenant presque vide. Elle s'assit sur un tapis rudimentaire face à Shrī Bhagavān. Shrī Bhagavān dit en souriant : « Oui. Le Silence est éternelle éloquence. Le langage habituel entrave la communication de cœur à cœur. »

Elle approuva et se tint silencieuse. Shrī Bhagavān était étendu sur le sofa, dans sa position habituelle. Ses yeux étaient fixés dans sa direction et un sourire bienveillant flottait sur ses lèvres. Ils restèrent tous les deux silencieux et sans bouger pendant environ une heure.

Puis, un *prasād* fut distribué. Elle dit alors qu'elle ne devait pas tarder à partir : « La rivière entre Bangalore et ici est sortie de son lit. Sur la route, en venant, j'ai vu un car renversé par les eaux. Je n'ai pas eu peur pour autant de traverser la rivière et ma voiture en est sortie saine et sauve. Je voudrais repartir pendant qu'il fait encore jour.

Cette fois-ci, je ne dirai pas "c'est ma dernière visite" comme je l'ai dit les fois précédentes. J'ignore si c'est la dernière, mais cela peut l'être. Puisse le Maharshi rendre mon esprit fort.

Je désire ardemment la *bhakti*. Je voudrais que ce

désir me brûle encore davantage. Même la Réalisation m'importe peu. Rendez-moi forte dans mon aspiration. »

M. : Si votre désir est ardent, la Réalisation s'imposera à vous, que vous le vouliez ou non. La s*hubhecchā* [désir de Réalisation] est la porte d'entrée de la Réalisation.

Q. : Qu'il en soit donc ainsi. Mais, je me contente de mon fervent désir. Même quand je suis loin d'ici, ma dévotion ne doit pas diminuer. Que Shrī Bhagavān me donne la force nécessaire. Un tel désir ne peut venir que par sa grâce. Personnellement, je me sens trop faible.

Lors de ma dernière visite, j'ai posé plusieurs questions à Shrī Bhagavān, mais je n'arrivais pas à suivre ses réponses. J'ai pensé qu'il serait préférable de ne plus poser de questions, mais plutôt de rester assise tranquillement dans sa présence, m'imprégnant de sa grâce qui pourrait s'étendre sur moi. Cette fois-ci, je ne veux pas poursuivre le Maharshi avec davantage de questions. Si seulement je pouvais recevoir sa grâce !

M. : Vos fréquentes visites en ce lieu montrent que vous êtes favorisée par la grâce.

Elle sembla surprise et dit : « J'allais demander au Maharshi s'il m'avait appelée. Car ce matin, mon mari soudainement me dit : "Nous avons deux journées libres devant nous, si tu veux, tu peux rendre visite au Maharshi".

Je fus très agréablement surprise et heureuse. J'ai considéré cela comme un appel du Maharshi. »

Elle exprima également son désir d'habiter près du Maharshi et sollicita sa bénédiction.

Le Maharshi dit : « Un Pouvoir supérieur vous dirige. Laissez-vous conduire par Lui. »

Q. : Mais je n'en ai pas conscience. Je vous prie de m'en rendre consciente.

M. : Le Pouvoir supérieur sait ce qu'il faut faire et comment le faire. Ayez confiance en Lui.

266. Le Dr. Syed, le professeur musulman, demanda : « Il est dit que l'on doit abandonner tout désir. Cependant les besoins du corps sont irrépressibles. Que faire ? »

M. : Un aspirant à la vie spirituelle doit être pourvu de trois dispositions : (1) *icchā*, (2) *bhakti*, et (3) *shraddhā*. *Icchā* signifie la satisfaction des besoins physiques, sans attachement au corps (tels que faim, soif, élimination), sans quoi la méditation ne peut progresser ; *bhakti* et *shraddhā* [la foi] ont déjà été expliquées.

Q. : Il y a deux sortes de désir, l'inférieur et le plus noble. Est-ce notre devoir d'élever l'inférieur vers le plus noble ?

M. : Oui.

Q. : Bhagavān, vous venez de dire qu'il y a trois dispositions, dont l'*icchā* qui est la satisfaction des besoins naturels, sans attachement au corps. Je mange trois à quatre fois par jour et dois concéder au corps tant de besoins que celui-ci finit par m'oppresser. N'existe-t-il pas un état sans corps où je puisse être libre du fléau des besoins physiques ?

M. : Ce sont les attachements (comme *rāga*[1] et *dvesha*[2]) qui sont nuisibles. L'action en elle-même n'est pas mauvaise. Il n'y a aucun mal à manger trois ou quatre fois par jour, mais ne dites pas : « Je veux manger telle chose et pas telle autre. »

---

1. Passion, émotion, colère, mais aussi beauté, sentiment, etc.
2. Haine, méchanceté, aversion, etc.

D'ailleurs, vous prenez vos repas pendant les douze heures de l'état de veille et vous ne mangez pas pendant les heures de sommeil. Le sommeil vous conduit-il à la *mukti* (la Libération) ? Il est faux de supposer que la simple inactivité conduit à la *mukti*.

Q. : Il y aurait, dit-on, des *sadeha-mukta* (libérés avec corps) et des *videha-mukta* (libérés sans corps).

M. : Il n'y a pas de libération, alors où sont les *mukta* ?

Q. : Les *shāstra* hindous ne parlent-ils pas de la *mukti ?*

M. : La *mukti* est synonyme du Soi. Les termes *jīvan-mukti* (Libération de son vivant) et *videha-mukti* (Libération à la mort) ne sont que pour les ignorants. Le *jñānī* n'est conscient ni de *mukti* ni de *bandha* (asservissement). Les notions d'asservissement, de libération et de divers degrés de *mukti* ne concernent que *l'ajñānī* afin de l'aider à se débarrasser de son ignorance. Il n'y a que la *mukti* et rien d'autre.

Q. : Cela est valable du point de vue de Bhagavān. Mais qu'en est-il pour nous ?

M. : La différenciation entre « lui » et « moi » est un obstacle au *jñāna*.

Q. : Mais il est indéniable que Bhagavān est d'un niveau élevé, tandis que nous, nous sommes limités. Bhagavān va-t-il faire en sorte que je ne forme plus qu'un avec lui ?

M. : Etiez-vous conscient de limitations dans votre sommeil ?

Q. : Je ne peux pas amener l'état de sommeil dans mon état actuel et en parler.

M. : Ce n'est pas la peine. Ces trois états alternent devant le Soi immuable. Vous pouvez néanmoins vous rappeler votre état de sommeil. C'est votre état réel ; il n'y avait pas alors de limitations. Ce n'est qu'après l'éveil de la pensée 'je' que les limitations se sont formées.

Q. : Comment peut-on atteindre le Soi ?

M. : Le Soi n'a pas à être atteint puisque vous êtes le Soi.

Q. : Oui, il y a en moi un Soi qui ne change pas et un autre qui change. Il y a deux soi.

M. : Le changement n'est qu'une simple pensée. Toutes les pensées s'élèvent après que la pensée 'je' est apparue. Voyez à qui les pensées apparaissent. Ainsi, vous les transcendez et elles s'évanouissent. Autrement dit, en remontant à la source de la pensée 'je' vous réalisez le 'Je'-'Je' parfait. 'Je' est le nom du Soi.

Q. : Dois-je méditer sur « Je suis le *brahman* » (*aham brahmāsmi*) ?

M. : Il ne s'agit pas de penser « Je suis le *brahman* ». L'*aham* (Je) est connu de chacun. Le *brahman* demeure en tant qu'*aham* en chacun. Cherchez le 'Je'. Le 'Je' est déjà le *brahman*. Vous n'avez pas besoin de le penser. Trouvez simplement le 'Je'.

Q. : Les *shāstra* ne disent-ils pas qu'il faut se dépouiller des enveloppes ?

M. : Après que la pensée 'je' est apparue, il y a cette fausse identification avec le corps, les sens, l'intellect... Le 'je' est associé à tort avec eux et le vrai 'Je' est perdu de vue. Ils parlent d'élimination des enveloppes dans le sens que le 'Je' pur doit se séparer du 'je' contaminé. Cela ne signifie pas précisément éliminer le non-Soi, mais trouver le Soi réel.

Le Soi réel est le 'Je'-'Je' infini, c'est-à-dire que le 'Je' est perfection. Il est éternel. Il n'a ni origine ni fin. L'autre 'je' naît et meurt. Il est impermanent. Voyez à qui appartiennent les pensées changeantes. Vous trouverez qu'elles s'élèvent après la pensée 'je'. Agrippez-vous à la pensée 'je'. Les autres pensées s'évanouiront.

Remontez à la source de la pensée 'je' et seul le Soi demeurera.

Q. : C'est difficile à suivre. Je comprends la théorie. Mais comment mettre cela en pratique ?

M. : Les autres méthodes sont destinées à ceux qui ne peuvent pas pratiquer cette investigation. Même pour répéter ou penser « *aham brahmāsmi »,* un penseur est nécessaire. Qui est-il ? C'est 'Je'. *Soyez* ce 'Je'. C'est la méthode directe. Toutes les autres méthodes aboutissent finalement aussi à cette méthode d'investigation.

Q. : Je suis conscient du 'je'. Pourtant mes difficultés ne prennent pas fin.

M. : Cette pensée 'je' n'est pas pure. Elle est contaminée par son association avec le corps et les sens. Voyez à qui sont les difficultés. Elles sont à la pensée 'je'. Saisissez-la. Alors les autres pensées s'évanouiront.

Q. : Oui. Mais comment s'y prendre ? C'est là tout le problème.

M. : Pensez 'je', 'je', 'je' et accrochez-vous à cette seule pensée, à l'exclusion de toutes les autres.

23 OCTOBRE 1936

267. La conversation tourna autour des animaux cherchant dans le hall la compagnie de Shrī Bhagavān. Bhagavān cita alors des vers composés par la poétesse tamoule Avvai :

Un jour, en se promenant, la vieille dame avait entendu quelqu'un faire l'éloge du savant Kambar. Elle répondit par des vers dont le sens était le suivant : « A chacun sa grandeur propre. Quelle est la grandeur de Kambar par comparaison à l'habileté avec laquelle les oiseaux construisent leurs nids, les abeilles les rayons de miel, les fourmis des villes entières et l'araignée sa toile ? »

Et Bhagavān se mit à décrire le savoir-faire des fourmis blanches qu'il avait observé quand il vivait encore sur la Colline :

Un jour, il vit une hutte de pierres et de terre, dont le toit était en chaume. Les propriétaires avaient tant de difficultés avec les fourmis blanches qu'ils avaient été obligés de démolir d'abord le toit et ensuite les murs, pour se débarrasser de la glaise qui hébergeait les fourmis. Shrī Bhagavān observa ces murs et vit des cavités protégées par des pierres, formant des villes, lesquelles étaient entourées de murs badigeonnés de noir. Des routes reliaient les villes voisines, elles aussi entourées de murs badigeonnés de noir. A l'intérieur des villes, des creux servaient de niches aux fourmis. Les murs de la maison étaient donc entièrement habités par les fourmis blanches, ce qui avait pour conséquence la dégradation de la toiture.

Shrī Bhagavān décrivit aussi son observation d'une araignée construisant sa toile : « On la voit dans un endroit, après dans un autre, puis dans un troisième. La toile est fixée à tous ces points. L'araignée se déplace sur elle, descend, monte, tourne autour et autour et soudain la toile est terminée. Elle a une forme géométrique. Le filet est déployé le matin et enroulé le soir.

De même, les guêpes construisent leurs nids faits de matériaux bruts.

Ainsi on peut dire que chaque animal a un instinct remarquable.

Il n'y a donc rien à admirer quant au savoir de Kambar, c'est la volonté de Dieu qui s'exerce chez lui, tout comme chez les animaux. »

268. *Dr. Syed* : Qu'est-ce que le salut ? Qu'est-ce que le Christ entendait par là ?

M. : Le salut de qui ? Etre sauvé de quoi ?

Q. : Le salut de l'individu qui veut être sauvé de la souffrance et de la misère du monde.

M. : Qui souffre ?

Q. : Le mental.

M. : Etes-vous le mental ?

Q. : Je vais vous expliquer maintenant comment cette question a surgi. Un jour que j'étais en train de méditer, je réfléchissais à la grâce que le Christ avait accordée à certains de ses disciples qui avaient pu ainsi obtenir leur salut. Je considère qu'il en va de même pour Shrī Bhagavān. Le salut n'est-il pas le résultat de sa grâce, semblable à celle du Christ ? Voilà ce que je voulais exprimer par ma question.

M. : Oui. C'est exact.

Q. : La brochure *Qui suis-je ?* parle de *svarūpa-drishti* (vision de sa propre essence). Il faut alors qu'il y ait quelqu'un qui voie et quelque chose qui soit vu. Comment peut-on concilier cela avec l'ultime Unité ?

M. : Pourquoi demandez-vous le salut, le soulagement des afflictions, etc. ? Celui qui les demande les conçoit aussi. Le fait est que la *drishti* (la vision) est conscience. Elle forme le sujet et l'objet. Peut-il y avoir la *drishti* séparée du Soi ? Le Soi est tout — la *drishti* et le reste.

Q. : Comment distinguer l'ego du 'Je'-'Je' parfait ?

M. : Ce qui apparaît et disparaît est le 'je' transitoire. Ce qui a ni origine ni fin est la conscience permanente du 'Je'-'Je'.

Q. : A force de penser continuellement au Soi, le mental ne devient-il pas de plus en plus affiné, si bien qu'il ne pensera plus à rien d'autre qu'au Suprême ?

M. : Le mental en paix est l'état suprême. Il devient agité, quand les pensées le tourmentent. Le mental n'est autre que le pouvoir dynamique (*shakti*) du Soi.

Q. : Les « enveloppes » sont-elles de nature matérielle et sont-elles différentes du Soi ?

M. : Il n'y a aucune différence entre matière et esprit. La science moderne reconnaît que toute la matière est énergie. L'énergie est force ou puissance (*shakti*). Par conséquent, tout se résout en Shiva et Shakti, le Soi et l'esprit.

Les *kosha* (enveloppes) sont de simples apparences. Ils n'ont en eux-mêmes aucune réalité.

Q. : Combien d'heures par jour devrait-on consacrer à la méditation ?

M. : Votre nature fondamentale est méditation.

Q. : Peut-être le jour où je serai mûr, mais pas actuellement.

M. : Vous en prendrez conscience plus tard. Mais cela ne signifie pas que votre nature soit actuellement autre que méditation.

Q. : Et la pratique, alors ?

M. : La méditation doit toujours être pratiquée.

Q. : Un mystique persan a dit : « Il n'y a rien que Dieu. » Et le Coran dit : « Dieu est immanent en tout. »

M. : Il n'y a pas de « tout » séparé de Dieu et dans lequel Dieu serait immanent. Lui seul est.

Q. : Un homme a-t-il moralement le droit de renoncer à ses devoirs de famille une fois qu'il a réalisé que son plus haut devoir est de pratiquer l'*ātma-chintana* (la constante pensée du Soi) ?

M. : Le désir de renoncer à quoi que ce soit est l'obstacle. Le Soi est simple renoncement. Le Soi a renoncé à tout.

Q. : Cela est vrai du point de vue de Bhagavān. Mais quant à nous... Mon travail absorbe la plus grande partie de mon temps et de mon énergie ; souvent, je suis trop fatigué pour me consacrer à l'*ātma-chintana.*

M. : Le sentiment « je travaille » est l'obstacle. Cherchez « qui travaille ? ». Rappelez-vous « qui suis-je ? ». Alors le travail ne vous contraindra plus ; il se déroulera automatiquement. Ne faites aucun effort, ni pour travailler ni pour renoncer au travail. Votre effort est en lui-même la contrainte. Ce qui doit advenir adviendra.

Si votre destin est de ne plus travailler, vous ne pourrez pas trouver de travail, même si vous le voulez obstinément. Si votre destin est de travailler, vous ne pourrez pas le quitter ; vous serez forcé de vous y engager. Aussi, abandonnez ce souci au Pouvoir supérieur. Vous ne pouvez renoncer ou retenir à votre guise.

269. *Q. :* Comment se fait-il que l'on dise que le Dieu immanent réside dans le *daharākāsha* (l'éther du Cœur) ?

M. : Ne résidons-nous pas en un lieu ? Ne dites-vous pas que vous êtes dans votre corps ? De même, on dit que Dieu réside dans le *hrit-pundarīka* (le lotus du Cœur). Le lotus du Cœur n'est pas un lieu. On emploie ce terme pour situer Dieu parce que nous pensons que nous sommes dans le corps. Ce genre d'enseignement est destiné à ceux qui peuvent seulement saisir la connaissance relative.

Dieu étant immanent, il ne peut y avoir de lieu particulier pour Lui. Parce que nous pensons être dans le corps, nous pensons aussi que nous sommes nés. Mais, au plus profond de notre sommeil, nous ne pensons pas à notre corps, ni à Dieu ni à aucune méthode de réalisation spirituelle. Au réveil, nous nous accrochons à notre corps et nous pensons que nous résidons en lui.

L'Etre suprême est ce à partir de quoi le corps est né,

en lequel il vit et dans lequel il se résorbe. Cependant, nous pensons que nous résidons à l'intérieur de notre corps. C'est pourquoi on donne un tel enseignement. Cet enseignement veut simplement dire : « Regarde en toi. »

270. Mr. G. V. Subbaramiah, professeur d'anglais à Nellore, demanda : « Le *brahman* est ce par quoi tout cela est imprégné (*yena sarvamidam thatham*). Comment alors se fait-il que Shrī Krishna, dans le chapitre X de la *Bhagavad-gītā,* désigne les *vibhūti* [pouvoirs surnaturels] ? »

M. : Shrī Krishna en parle pour répondre à une question précise d'Arjuna qui désirait connaître les *vibūthi* du Seigneur pour ses pratiques d'adoration (*upāsanā-sukaryam*). La réalité est que Dieu est tout. Il n'y a rien qui soit séparé de Lui.

Q. : On dit que l'individu abandonne les corps usés (*jīrnānī-sharīrānī*) et en reprend de nouveaux (*navānī*). Cette déclaration s'applique-t-elle aussi aux morts d'enfants ?

M. : Vous ignorez, avant tout, ce que signifie *jīrnānī* et *navānī*. Ensuite, les termes *jīrna* [vieux] et *nava* [nouveau] n'ont qu'une valeur relative. Ce qui peut paraître usé à un roi peut sembler neuf à un mendiant. En vérité, l'individualité signifie l'état de l'incarnation jusqu'au moment de la libération !

271. *Dr. Syed :* Comment obtenir la Grâce ?

M. : De la même façon qu'on obtient le Soi.

Q. : Mais pratiquement, nous, que devons-nous faire ?

M. : S'abandonner.

Q. : On dit que la Grâce est le Soi. Devrais-je alors m'abandonner à mon propre Soi ?

M. : Oui, à celui dont vous cherchez la Grâce. Dieu,

le *guru* et le Soi ne sont que des formes différentes du même Pouvoir.

Q. : Je vous prie d'expliquer cela pour que je comprenne.

M.: Tant que vous pensez être l'individu, vous croyez en Dieu. En adorant Dieu, Dieu vous apparaît sous la forme d'un *guru*. En servant le *guru*, Il se manifeste comme le Soi. Voilà le raisonnement.

272. *Q. :* Le monde est secoué par d'effroyables épreuves telles que la famine, les épidémies, etc. Quelle est la cause de ces calamités ?

M. : A qui tout cela apparaît ?

Q. : Cela ne résout rien. Je ne vois que misère autour de moi.

M. : Dans votre sommeil vous n'étiez pas conscient du monde et de ses souffrances ; à l'état de veille vous en prenez conscience. Restez dans l'état dans lequel vous n'étiez pas affligé par tout cela. Autrement dit, lorsque vous n'avez pas conscience du monde, vous n'êtes pas affecté par ses souffrances. Quand vous restez le Soi, comme dans le sommeil, le monde et ses souffrances ne vous affectent plus. Par conséquent, intériorisez-vous. Voyez le Soi ! Ce sera la fin de ce monde et de ses misères.

Q. : Mais c'est de l'égoïsme.

M. : Le monde n'est pas extérieur à vous. Parce que vous vous identifiez à tort au corps, vous voyez le monde à l'extérieur et vous remarquez ses souffrances. Mais elles ne sont pas réelles. Cherchez la Réalité et débarrassez-vous de cette fausse impression.

Q. : Beaucoup de grands hommes travaillent pour l'intérêt public mais ne peuvent résoudre le problème de la misère du monde.

M.: Ils sont égocentriques, d'où leur incapacité. S'ils demeuraient dans le Soi, ils seraient différents.

Q. : Pourquoi les Mahātmas n'aident-ils pas ?

M. : Comment savez-vous qu'ils n'aident pas ? Les discours publics, les activités physiques et l'aide matérielle sont tous surpassés par le silence des Mahātmas. Ils accomplissent bien plus que les autres.

Q. : Que devons-nous faire pour améliorer la condition du monde ?

M. : Si *vous* restez libre de toute souffrance, la souffrance n'existera plus nulle part. Votre difficulté est due au fait que vous voyez le monde comme extérieur et que vous pensez qu'il y a de la souffrance dans le monde. Mais les deux, le monde et la souffrance, sont en vous. Si vous regardez en vous-même, il n'y a plus de souffrance.

Q. : Dieu est parfait. Pourquoi a-t-Il créé un monde imparfait ? L'œuvre tient de la nature de son auteur. Mais ici ce n'est pas le cas.

M. : Qui soulève cette question ?

Q. : Moi, en tant qu'individu.

M. : Etes-vous séparé de Dieu pour poser cette question ?

Tant que vous pensez être le corps, vous voyez le monde extérieur à vous. Les imperfections vous apparaissent. Dieu est Perfection. Son œuvre aussi est Perfection. Mais vous voyez le monde comme imparfait à cause de votre fausse identification.

Q. : Pourquoi le Soi s'est-il manifesté sous la forme de ce monde misérable ?

M. : Pour que vous vous mettiez à sa recherche. Vos yeux ne peuvent pas se voir eux-mêmes. Mais placez un miroir devant eux et ils pourront se voir. Il en va de même pour la Création.

« Voyez-vous vous-même d'abord et voyez ensuite que le monde est le Soi. »

Q. : Ainsi tout se résume au fait que je dois toujours regarder en moi.

M. : Oui.

Q. : Dois-je ne pas voir le monde du tout ?

M. : On ne vous enseigne pas de fermer vos yeux au monde. Vous devez simplement « vous voir vous-même d'abord, et voir ensuite le monde comme étant le Soi ». Si vous pensez être le corps, le monde vous apparaît comme extérieur. Si vous êtes le Soi, le monde vous apparaît comme le *brahman*.

273. Le Dr. Syed demanda : « J'ai lu les *Cinq Hymnes* que vous adressez à Arunāchala. Vous êtes un *advaitin.* Comment se fait-il que vous vous adressiez à Dieu comme à un Etre séparé ? »

M. : L'adorateur, Dieu et les hymnes sont tous le Soi.

Q. : Mais vous vous adressez à Dieu. Vous spécifiez que cette colline d'Arunāchala est Dieu.

M. : Vous identifiez bien le Soi au corps. Pourquoi l'adorateur n'identifierait pas le Soi à Arunāchala ?

Q. : Si Arunāchala est le Soi, pourquoi choisit-on cette colline parmi tant d'autres ? Dieu est partout. Pourquoi Le désignez-vous comme Arunāchala ?

M. : Qu'est-ce qui vous a attiré d'Allahabad jusqu'ici ? Qu'est-ce qui a attiré tous les gens qui sont ici ?

Q. : Shrī Bhagavān.

M. : Comment ai-je été attiré ici ? Par Arunāchala. Le Pouvoir ne peut être nié. Mais je vous répète qu'Arunāchala est intérieur et non extérieur. Arunāchala est le Soi.

Q. : Plusieurs termes sont employés dans les livres sacrés — *ātman, paramātman, para*, etc. Quelle est leur position dans l'échelle de valeurs ?

M. : Ils ont tous le même sens pour celui qui les emploie. Mais ils sont compris différemment par les gens, compte tenu de leur évolution.

Q. : Mais pourquoi se servent-ils de tant de mots différents pour dire la même chose ?

M. : Cela dépend des circonstances. Tous signifient le Soi. *Para,* par exemple, veut dire « qui n'est pas relatif » ou « au-delà du relatif », c'est-à-dire l'Absolu.

Q. : Devrais-je méditer sur le côté droit de la poitrine pour méditer sur le Cœur ?

M. : Le Cœur n'est pas physique. La méditation n'a pas à s'effectuer à droite ou à gauche. La méditation doit se faire sur le Soi. Chacun sait : « Je suis ». Qui est ce 'Je' ? Il n'est ni intérieur, ni extérieur, ni à droite, ni à gauche. « Je suis » — c'est tout.

Le Cœur est le centre d'où tout s'élance. Parce que vous voyez le monde, le corps et le reste, on dit qu'ils ont un centre, appelé le Cœur. Quand vous êtes dans le Cœur, vous savez que ce Cœur n'est ni le centre, ni la circonférence. Il n'existe rien en dehors de lui. De quoi peut-il être le centre ?

Q. : Dois-je comprendre que le Soi et le non-Soi sont comme la substance et son ombre ?

M. : Substance et ombre se présentent uniquement à celui qui ne voit que l'ombre et qui la confond avec la substance dont il voit aussi l'ombre. Mais il n'y a ni substance ni ombre pour celui qui n'est conscient que de la Réalité.

Q. : Quand on demanda au Bouddha s'il y avait un ego, il resta silencieux ; quand on lui demanda s'il n'y avait pas d'ego, il resta silencieux ; puis, si Dieu existait, il resta encore silencieux, si Dieu n'existait pas, il resta toujours silencieux. Le Silence fut sa réponse à toutes ces questions. Les Ecoles du Mahāyāna et du Hīnayāna ont toutes deux mal interprété son silence en concluant qu'il était athée.

Si le Bouddha avait été athée, pourquoi donc aurait-il parlé du *nirvāna,* de la naissance et la mort, du karma, des réincarnations et du *dharma ?* Il me semble que ses commentateurs ont tort. Est-ce que je me trompe ?

M. : Vous avez raison.

27 OCTOBRE 1936

274. Le professeur musulman demanda comment il est possible de concilier le vishnouisme avec l'advaita (non-dualisme).

M. : Les Vishnouites [1] s'attribuent le nom de Vishi-shtādvaitin [2]. C'est également de l'advaita. De même que l'individu comprend l'âme, l'ego et le corps grossier, Dieu comprend le *paramātman*, le monde et les individus.

Q. : La *bhakti* n'implique-t-elle pas la dualité ?

M. : « *Svasvarūpānusandhānam bhaktir ity abhi-dhīyate* » [VCM 31] (La recherche de son propre Soi s'appelle *bhakti*). *Bhakti* et recherche du Soi sont une seule et même chose. Le Soi des advaitin est le Dieu des *bhakta*.

Q. : Existe-t-il une hiérarchie spirituelle entre les fondateurs des religions qui veillent au bien-être spirituel de l'humanité ?

M. : Peu importe que cette hiérarchie existe ou non. Au mieux, elle n'est qu'une hypothèse. L'*ātman* est *pratyaksha* (évident en soi). Sachez cela et finissez-en avec les spéculations. Les uns admettent l'existence d'une telle hiérarchie, les autres non. Mais personne ne peut contester l'*ātman*.

Q. : Que pense Shrī Bhagavān du *pravritti-mārga*

---

1. Adorateurs de Vishnou.
2. Adeptes du non-dualisme qualifié.

[voie de l'action] et du *nivritti-mārga* [voie du non-agir] ?

M. : Oui, les deux sont mentionnées dans les Ecritures. Et alors ?

Q. : Quelle est la meilleure des deux ?

M. : Si vous voyez le Soi, pur et simple, c'est la *nivritti ;* si vous voyez le Soi avec le monde, c'est la *pravritti.* En d'autres termes, le mental tourné vers l'intérieur (*antarmukhi-manas*) est la *nivritti.* Le mental extraverti (*bahirmukhi-manas*) est la *pravritti.* De toute façon, il n'y a rien qui soit séparé du Soi. Les deux sont identiques.

Il en est de même pour la hiérarchie spirituelle ; elle ne peut exister séparée du Soi. Elle est et reste toujours dans le Soi et comme étant le Soi. La réalisation du Soi est le seul but de tous.

5 NOVEMBRE 1936

275. Au cours d'une conversation, quelqu'un raconta que Paul Brunton et la personne qui l'accompagnait, en rentrant chez eux la nuit, avaient vu sur la moitié supérieure d'Arunāchala une brillante lumière qui se déplaçait lentement du nord au sud.

Shrī Bhagavān dit : « On dit de cette colline qu'elle est la Sagesse manifestée sous une forme visible. »

Q. : Comment peut-elle être visible à l'œil physique ?

M. : Sambandar a chanté : « Celui qui a captivé mon cœur, le ravisseur de mon cœur, je Le chante dans mon esprit. »

Si le cœur est captivé, c'est que le mental s'est immergé dans le Soi ; et cependant, reste le souvenir qui permet au saint plus tard de chanter les louanges de Dieu.

Ensuite, on relata l'expérience d'un jeune adorateur de Shrī Bhagavān. Ce jeune homme était cultivé et, vivant dans de bonnes conditions, avait une bonne santé et un esprit paisible. Un jour, alors qu'il était en train de méditer chez lui face à un portrait de Shrī Bhagavān, celui-ci s'anima soudain comme s'il était en vie, ce qui jeta le jeune homme dans une grande frayeur. Il appela sa mère. Celle-ci accourut avec d'autres membres de la famille, et tous restèrent perplexes devant son état de terreur. Conscient de leur présence, il était en même temps dominé par une force mystérieuse à laquelle il essayait de résister. Pendant un court moment, il tomba dans un état d'inconscience. Quand il revint à lui, il fut saisi à nouveau d'épouvante. Sa famille, inquiète, essaya de le secourir par des médicaments.

Lorsqu'il arriva plus tard à Tiruvannāmalai, il pressentit une expérience identique. Mais la présence de Shrī Bhagavān prévenait son déclenchement. Lorsqu'il s'éloignait du hall, il ressentait aussitôt la présence de cette force mystérieuse, presque irrésistible, qui l'épouvantait.

Shrī Bhagavān commenta ce récit : « Est-ce vraiment ainsi que cela s'est passé ? Personne ne m'en avait parlé jusqu'à présent. »

Une personne demanda s'il ne s'agissait pas du *shaktipāta* (descente de l'Energie divine).

M. : Oui, c'est cela. L'homme fou s'agrippe à ses *samskāra* [tendances], alors qu'un *jñānī* ne le fait pas. C'est la seule différence entre les deux. Le *jñāna* est une sorte de folie.

Q. : Mais on dit que le *shaktipāta* survient en *karmasāmya*, c'est-à-dire quand mérites et démérites sont en équilibre.

M. : Oui, *malaparipāka* [purification], *karmasāmya*

et *shaktipāta* ont le même sens. Quand on apprend à un homme qui suit le cours de ses *samskāra* qu'il est le Soi, cet enseignement affecte son mental et son imagination devient délirante. Il se sent impuissant devant le flot de sa force. Ses expériences ne correspondent qu'à l'idée qu'il se fait de l'état « je suis le Soi », quelle que soit la conception qu'il en a. Seul le *shaktipāta* confère l'expérience véritable et authentique.

Lorsqu'un homme est mûr pour recevoir l'enseignement et que son mental est prêt à s'immerger dans le Cœur, l'enseignement provoque un effet foudroyant et il réalise le Soi correctement. Autrement, il y a toujours lutte.

Les expressions *manonāsha, jñāna* et *chittaikāgratā* (annihilation du mental, connaissance, concentration) ont le même sens que *shaktipāta.*

276. La femme d'Uttar Pradesh arriva avec son frère, une dame de compagnie et un solide garde du corps. Lorsqu'elle entra dans le hall, elle salua le Maharshi avec un grand respect ; visiblement émue, elle s'assit sur une couverture en laine, face à lui.

Shrī Bhagavān commença à lire à haute voix un article publié dans *Trilinga,* un journal telugu : Un garçon, maintenant âgé de treize ans, effectuait ses études dans un lycée d'Etat, dans un village situé près de Lucknow. A l'âge de 3 ans, il avait eu la curieuse habitude de creuser la terre ici et là ; quand on lui demandait pourquoi il faisait cela, il répondait qu'il essayait de retrouver quelque chose qu'il avait enterré. L'année suivante, un mariage avait été célébré dans sa maison. Quand la fête avait pris fin, les invités, en partant, lui avaient dit en riant : « La prochaine fois que nous viendrons ce sera à l'occasion de ton mariage. » Le garçon, d'un ton sérieux, avait répliqué : « Je suis déjà marié, j'ai même deux épouses. » La famille exprimant son désir d'en savoir plus, il avait demandé à être conduit dans un certain village où il avait désigné deux femmes comme étant ses épouses. Il s'était avéré par la suite qu'entre la date du décès du mari des deux veuves et la date de naissance du garçon, dix mois s'étaient écoulés.

La femme, après avoir entendu cette histoire, demanda s'il était possible de connaître l'état post-mortem d'un individu.

Shrī Bhagavān répondit : « Les uns renaissent immédiatement après leur décès, les autres quelque temps plus tard. Il y en a peu qui ne renaissent pas sur cette terre, mais gagnent finalement leur salut dans une région plus élevée ; d'autres, enfin, rarissimes, sont absous ici et maintenant. »

Q. : Ce n'est pas ce que je voulais dire. Est-il possible de connaître la condition d'un homme après sa mort ?

M. : C'est possible. Mais pourquoi chercher à la connaître ? Les faits ne sont pas plus vrais que le chercheur lui-même.

Q : La naissance d'une personne, son existence et sa mort, tout cela est réel pour nous.

M. : C'est parce que vous avez faussement identifié votre propre Soi avec le corps, que vous pensez à autrui en termes de corps. Ni vous ni autrui n'êtes le corps.

Q. : Mais, à mon niveau de compréhension, je considère mon fils et moi-même comme étant réels.

M. : La naissance et la mort de l'homme ne sont que la naissance et la mort de la pensée 'je'. Dès que la pensée 'je' s'élève, la fausse identification avec le corps apparaît. Pensant que vous êtes le corps, vous conférez aux autres de faux attributs et vous les identifiez eux aussi à des corps. De même que votre corps est né, qu'il grandit et dépérira, ainsi vous pensez que l'autre naît, grandit et meurt.

Avez-vous pensé à votre fils avant sa naissance ? Sa pensée n'a surgi qu'après sa naissance et persiste encore après sa mort. Dans la mesure où vous continuez à penser à lui, il reste votre fils. Où est-il allé ? Il est retourné à la source d'où il est venu. Il ne forme qu'un avec vous. Aussi longtemps que vous êtes, il est là aussi. Si vous cessez de vous identifier au corps et voyez le Soi réel, cette confusion se dissipera. Vous êtes éternelle. Vous découvrirez que les autres le sont également. Tant que vous n'aurez pas réalisé cette vérité, vous éprouverez toujours ce chagrin qui provient des appréciations erronées issues d'une fausse connaissance et d'une fausse identification.

Q. : Que par la grâce de Shrī Bhagavān la vraie connaissance me soit accordée.

M. : Débarrassez-vous de la pensée 'je'. Tant que ce 'je' est vivant, il y a chagrin. Lorsque le 'je' cesse d'exister, il n'y a plus de chagrin. Considérez l'état de sommeil !

Q. : Oui. Mais quand je me tourne vers la pensée 'je', d'autres pensées surgissent et me perturbent.

M. : Voyez à qui sont ces pensées. Elles s'évanouiront. Elles ont leur racine dans la seule pensée 'je'. Tenez celle-ci fermement et elles disparaîtront.

Le Maître attira de nouveau l'attention sur l'histoire de Punya et Pāpa du *Yoga-vāsishtha* (livre V, chap. 20), dans laquelle Punya console Pāpa de la mort de leurs parents en l'engageant à se tourner vers la réalisation du Soi.

La Création doit être envisagée sous ses deux aspects : l'*īshvara-srishti* (ce qui est créé par Dieu) et la *jīva-srishti* (ce qui est créé par l'individu).

De ces deux aspects, l'Univers est le premier et sa relation à l'individu le second. C'est ce dernier qui donne naissance à la douleur et au plaisir, indépendamment du premier.

Voilà une histoire, qui serait mentionnée dans la *Pañcadashī* : Deux jeunes gens d'un même village du sud de l'Inde partirent en pèlerinage pour le Nord. L'un d'eux mourut en route. Le second, retenu par un travail, décida de retarder de quelques mois son retour. Il rencontra un pèlerin et le chargea de porter dans son village les nouvelles le concernant, ainsi que celle du décès de son compagnon. Le pèlerin transmit bien le message, mais par erreur il intervertit les deux noms, si bien que les parents du défunt se réjouirent des bonnes nouvelles, tandis que ceux du bien-portant furent au désespoir.

Vous voyez donc que la douleur ou le plaisir n'ont rien à voir avec les faits, mais dépendent des conceptions mentales. C'est la *jīva-srishti* qui en est responsable. Tuez le *jīva* et il n'y aura ni douleur ni plaisir ; la félicité mentale persistera pour toujours. Tuer le *jīva,* c'est rester dans le Soi.

Q. : J'entends tout cela, mais je n'arrive pas à le saisir. Je prie Shrī Bhagavān de m'aider à tout comprendre.

Une fois, j'ai visité une chute d'eau à Mysore. La cascade était un spectacle fascinant. Les eaux tumultueuses prenaient des formes de doigts qui semblaient vouloir s'agripper aux rochers, mais le courant les entraînait sans cesse vers les profondeurs. J'imaginais cela comme la condition des individus s'accrochant à leur entourage. Et moi aussi, je ne peux m'empêcher de m'accrocher.

Je ne parviens pas à croire que nous ne soyons pas plus que des fleurs éphémères ou des fruits et des feuilles sur les arbres. J'aime les fleurs, cependant cette idée me dépasse.

Après quelques minutes, elle avoua qu'elle avait eu l'intention de poser des questions au Maharshi concernant la mort et les phénomènes en rapport avec celle-ci. Maintenant elle n'en sentait plus l'utilité, car entre-temps le Maharshi avait commenté l'article du journal en rapport avec ce sujet, ce qui l'avait éclairée. Elle prit congé après avoir visité la vache Lakshmi.

9 NOVEMBRE 1936

277. Mr. Cohen demanda : « Qu'est-ce que la volonté ? Je veux dire dans quel *kosha* (enveloppe) peut-on la localiser ? »

M. : La pensée 'je' s'élève d'abord, et ensuite toutes les autres pensées s'élancent. L'ensemble constitue le mental. Le mental est l'objet et le 'je' est le sujet. Peut-il y avoir une volonté en l'absence du 'je' ? Elle est comprise dans le 'je'. La pensée 'je' est le *vijñānamaya-kosha* (l'enveloppe intellectuelle). La volonté y est incluse.

Et Shrī Bhagavān poursuivit : « L'*annamaya-kosha* est l'enveloppe qui constitue le corps grossier. Les sens, avec le *prāna* et les *karmendriya* (organes d'action), forment ensemble le *prānamaya-kosha* (l'enveloppe sensorielle). Les sens avec le mental forment le *manomaya-kosha* (l'enveloppe mentale). Ce sont les *jñānendriya* (organes de perception). Le mental n'est formé que de pensées. *Idam* (ceci) est l'objet et *aham* (je) est le sujet ; les deux réunis forment le *vijñānamaya-kosha* (l'enveloppe intellectuelle). »

10 NOVEMBRE 1936

278. Miss W. Umadevi, une Polonaise convertie à l'hindouisme, revenait d'un voyage au Cachemire d'où elle rapportait des photos. En les regardant, Shrī Bhagavān fit remarquer, non sans humour : « Nous avons vu tous ces endroits sans avoir eu les inconvénients d'un voyage. »

Q. : J'aimerais bien me rendre au mont Kailāsa [1].

M. : On ne peut visiter ces lieux que si le destin vous le permet et pas autrement. Et même après les avoir tous visités, il en restera toujours plus — si ce n'est pas dans cet hémisphère, ce sera dans l'autre.

La connaissance implique l'ignorance de ce qui est au-delà du connu. La connaissance est toujours limitée.

Quelque temps après, Shrī Bhagavān poursuivit : « Le saint Appar, bien que vieux et décrépi, se mit en route pour le mont Kailāsa. Il rencontra un vieil homme qui tenta de le dissuader de faire ce voyage disant que ce mont était très difficile à atteindre. Appar ne voulut rien entendre et déclara même qu'il était prêt à risquer sa vie. Le vieil homme lui demanda alors de prendre un bain dans un étang voisin. Appar s'exécuta et y découvrit, séance tenante, le mont Kailāsa. Où tout cela avait eu lieu ? A Tiruvayyar [2], à neuf miles de Tanjore. Et où se trouve le mont Kailāsa ? Dans le mental ou à l'extérieur de lui ? Si le mont Kailāsa se trouvait effectivement à Tiruvayyar, tout le monde aurait dû s'en rendre compte. Or, seul Appar le voyait là.

Il en va de même pour d'autres lieux de pèlerinage du sud de l'Inde dont on dit qu'ils sont les demeures de

---

1. Mont sacré dans l'Himalaya, vénéré comme la demeure de Shiva et de son épouse Pārvatī.

2. Lieu de pèlerinage dans le sud de l'Inde.

Shiva et les pèlerins l'authentifient. C'est vrai de leur point de vue. Tout est dans le mental. Rien n'existe à l'extérieur de lui. »

279. *Q. :* Combien de temps faut-il à un homme pour renaître après sa mort ? Est-ce immédiat ou quelque temps après ?

M. : Vous ne savez pas ce que vous étiez avant la naissance et vous voulez savoir ce que vous serez après la mort. Savez-vous ce que vous êtes maintenant ?

Naissance et renaissance relèvent du corps. Vous identifiez le Soi avec le corps. C'est une fausse identification. Vous croyez que le corps est né et mourra ensuite et vous reliez les deux phénomènes l'un à l'autre. Connaissez votre Etre réel et ces questions ne se poseront pas.

Naissance et renaissance ne sont mentionnées que pour vous conduire à réfléchir sur la question et découvrir ainsi qu'il n'y a ni naissance ni renaissance. Ces phénomènes concernent le corps et non le Soi. Connaissez le Soi et ne vous laissez pas troubler par des doutes.

280. *Q. :* Pouvez-vous m'aider à me délivrer de la *māyā* (l'illusion) ?

M. : Qu'est-ce que la *māyā* ?

Q. : L'attachement au monde.

M. : Le monde était-il dans votre sommeil profond ? Y étiez-vous attaché ?

Q. : Le monde avait disparu.

M. : Y étiez-vous ou non ?

Q. : Peut-être.

M. : Niez-vous alors avoir existé durant le sommeil ?

Q. : Non, je ne le nie pas.

M. : Vous êtes pourtant à présent le même qui était en sommeil profond.

Q.: Oui.

M.: Cela peut être représenté ainsi :

Sommeil profond	*Veille*
absence du monde absence d'attachement le Soi	monde attachement le Soi

Alors, comment se fait-il que la question de *māyā* ait été soulevée ?

Q. : Le mental n'existait pas durant le sommeil. Le monde et l'attachement à celui-ci relèvent du mental.

M. : C'est cela. Le monde et l'attachement à celui-ci relèvent du mental, non du Soi.

Q. : J'étais ignorant durant le sommeil.

M. : Qui dit qu'il était ignorant ? N'est-il pas ignorant aussi à présent ? Est-il un *jñānī* ?

C'est le Soi contaminé qui parle maintenant d'ignorance.

Q. : Le Soi était-il pur durant le sommeil ?

M. : Aucun doute ne s'était élevé en lui. Il ne se sentait ni imparfait ni impur.

Q. : Un tel Soi est commun à tous, même au cadavre.

M. : Mais la personne qui dort ou le cadavre ne posent pas de questions. Cherchez qui pose ces questions. C'est vous. N'existiez-vous pas dans le sommeil ? Pourquoi n'y avait-il alors aucune imperfection ? Le Soi pur est simplement *Etre*. Il ne s'associe pas avec des objets et ne devient pas conscient comme dans l'état de veille. Ce que vous appelez conscience dans l'état présent est une conscience « associée » qui requiert un cerveau, un mental, un corps, etc. Mais durant le sommeil profond, la conscience subsistait sans tout cela.

Q. : Mais je ne connais pas la conscience du sommeil.

M. : Qui n'en est pas conscient ? Vous admettez bien « je suis ». Vous admettez « j'étais » dans le sommeil. Cet état d'*être* est votre Soi.

Q. : Voulez-vous dire par là que le sommeil est la réalisation du Soi ?

M. : Il est le Soi. Pourquoi parlez-vous de réalisation. Y a-t-il un seul moment où le Soi n'est pas réalisé ? Si un tel moment existait vraiment, on pourrait parler d'un autre moment, celui de la réalisation. Il n'y a aucun moment où le Soi n'est pas, ni où le Soi n'est pas réalisé. Pourquoi choisir le sommeil pour cela ? Même maintenant vous êtes le Soi réalisé.

Q. : Je ne comprends pas.

M. : Parce que vous identifiez le Soi avec le corps. Abandonnez la fausse identification et le Soi se révélera.

Q. : Mais cela n'est pas la réponse à ma question, à savoir comment me libérer de la *māyā,* c'est-à-dire de l'attachement.

M. : Cet attachement ne se trouve pas dans le sommeil profond. Il est perçu et ressenti à l'état de veille. Il n'est pas votre nature réelle. Sur qui vient-il se greffer ? Si on connaît sa nature, l'attachement n'existe pas. Si vous réalisez le Soi, les possessions ne sont pas perçues. Voilà comment se libérer de la *māyā.* Puisqu'elle n'a pas d'existence objective, il n'y a pas d'autre manière pour s'en libérer.

15 NOVEMBRE 1936

DES ÉTINCELLES JAILLISSANT DE L'ENCLUME (I)

281. Quelqu'un qui prétendait avoir été un disciple de Shrī Maharshi avait intenté un procès, revendiquant le poste d'administrateur (*sarvadhikarī*) de l'ashram.

Shrī Maharshi fut convoqué devant une commission d'enquête. Il y avait foule, mais la procédure se déroula sans incident dans la pièce située au nord-est de l'ashram. Voici quelques extraits des réponses, spontanées mais calmes, de Shrī Bhagavān.

Q. : A quel *āshrama* appartient Shrī Bhagavān ?

M. : A l'*atyāshrama*.

Q. : Qu'est-ce que c'est ?

M. : Il est au-delà des quatre étapes de la vie, communément appelés *āshrama*.

Q. : Est-il reconnu par les *shāstra* ?

M. : Oui. Il y est mentionné.

Q. : Y a-t-il d'autres hommes du même genre que vous ?

M. : C'est bien possible.

Q. : Et dans le passé ?

M. : Shuka, Rishabha, Jada Bharata et d'autres encore.

Q. : Très jeune, vous avez quitté votre foyer parce que vous n'aviez aucun attachement ni pour votre famille ni pour les biens matériels. Mais ici, l'ashram possède des biens matériels. Que doit-on en conclure ?

M. : Je ne les recherche pas. Les biens m'ont été imposés. Je ne les aime ni ne les déteste.

Q. : Vous ont-ils été donnés ?

M. : Ils sont donnés au Swāmi, quel qu'il soit. Les gens du monde considèrent le Swāmi comme étant un corps. Il s'agit de ce corps-là. Il se réduit à moi-même.

Q. : Par conséquent, l'attachement aux biens est de nouveau créé. N'est-ce pas ?

M. : Je ne les déteste pas — c'est tout ce que j'ai dit.

Q. : Sur le plan pratique cela revient à ce que j'ai dit.

M. : De la même façon que nous vivons et nous nous occupons des affaires de tous les jours.

Q. : Donnez-vous un *upadesha* [enseignement] ? En avez-vous déjà donné ?

M. : Les visiteurs posent des questions. J'y réponds du mieux que je peux. Ils peuvent donner le sens qu'ils veulent à mes paroles.

Q. : Est-ce un *upadesha* ?

M. : Comment puis-je dire de quelle façon les visiteurs le prennent ?

Q. : Avez-vous des disciples ?

M. : Je ne donne pas d'*upadesha* de manière cérémonielle, telle que, par exemple, se munir d'un *kumbha* [pot], faire des *pūjā* [cultes] et chuchoter à l'oreille des gens.

Toute personne peut se désigner comme étant mon disciple. Quant à moi, je ne considère personne comme mon disciple. Je n'ai jamais cherché l'*upadesha* de qui que ce soit et je ne donne pas d'*upadesha* rituel. Si les gens se considèrent comme mes disciples, je ne l'approuve, ni le désapprouve. Pour moi, ils sont tous semblables. Ils s'estiment suffisamment qualifiés pour être appelés disciples. Que puis-je leur dire ? Je ne me considère pas moi-même comme un disciple ni comme un *guru*.

Q. : Comment se fait-il que vous ayez approuvé la construction de Skandāshramam sur la Colline, sur un terrain appartenant au Temple, sans en avoir obtenu préalablement l'autorisation des autorités ?

M. : J'ai été guidé par le même Pouvoir qui m'avait poussé à venir ici et à résider sur la Colline.

Q. : Quand vous avez jeté votre argent et le reste une heure à peine après votre arrivée ici, c'était parce que vous ne désiriez garder aucun bien. Vous ne touchez jamais d'argent. Après votre arrivée ici et pendant plusieurs années, il n'y eut aucune possession. Comment se fait-il qu'aujourd'hui des dons soient acceptés par l'ashram ?

M. : Cette pratique s'est introduite plus tard, quand quelques personnes se sont associées et ont commencé à se servir de mon nom pour réunir des fonds. Je ne les ai ni encouragées ni découragées. Et cela continue ainsi. Un homme quitte l'ashram, un autre le remplace, mais cette habitude subsiste toujours. Je ne désire pas que des donations soient acceptées, mais les gens ne tiennent pas compte de ce conseil. Comme je ne veux pas donner de conseils inutiles, je préfère ne pas intervenir. Ainsi l'argent arrive et les biens s'accroissent automatiquement.

Q. : Pourquoi ne signez-vous pas de votre nom ?

M. : L'auteur du livre *Self-Realization* a déjà fourni la réponse à cette question. De plus, par quel nom suis-je connu ? Je l'ignore moi-même. Depuis mon arrivée ici et suivant les époques, les gens m'ont donné plusieurs noms. Si je signais sous un seul nom, certaines personnes ne comprendraient pas. C'est pourquoi, à ceux qui me demandent des autographes, j'explique que si j'en accordais, leur authenticité serait souvent mise en doute.

Q. : Vous ne touchez ni l'argent ni les offrandes, je présume.

M. : Les gens placent parfois des fruits entre mes mains. Ceux-ci je les touche.

Q. : Si vous recevez cette sorte d'offrande, pourquoi ne recevriez-vous pas aussi de l'argent ?

M. : Je ne peux pas manger l'argent. Qu'en ferais-je ? Pourquoi prendre ce dont je n'ai que faire ?

Q. : Pourquoi les visiteurs s'arrêtent-ils à l'ashram ?

M. : Ils doivent savoir pourquoi.

Q. : Je suppose que vous n'avez aucune objection à ce qu'on vienne et séjourne à l'ashram.

M. : Aucune.

Q. : Vous n'avez également pas d'objection à faire sur la durée de leur séjour ?

M. : Non. Si je ne trouvais pas cela agréable, je m'en irais ailleurs. C'est tout.

Le lendemain, un fidèle lui demanda si l'interrogatoire par la commission ne lui avait pas causé trop de tension.

M. : Etant donné que je ne me suis pas servi de mon mental, il n'y a pas eu de tension. Qu'ils m'examinent pendant mille journées de suite. Cela m'est égal.

16 NOVEMBRE 1936

282. *Q. :* Est-ce que la *sādhanā* tantrique mène à la réalisation du Soi ?

M. : Oui.

Q. : Dans le Tantra, quelle adoration est la meilleure ?

M. : Cela dépend du tempérament.

Q. : Quel rôle la *kundalinī* joue-t-elle dans l'obtention de la réalisation du Soi ?

M. : La *kundalinī* s'élève de n'importe quel *lakshya* [but] vers lequel vous aspirez. La *kundalinī* est la *prāna-shakti* (le courant vital).

Q. : On dit que différentes divinités résident dans différents *chakra*. Peut-on les voir au cours de sa *sādhanā* ?

M. : Ils peuvent être vus si vous le désirez.

Q. : La voie vers la réalisation du Soi passe-t-elle par le *samādhi* ?

M. : Les deux sont synonymes.

Q. : On dit que le *guru* peut faire réaliser le Soi à son disciple en lui transmettant une partie de son propre pouvoir. Est-ce vrai ?

M. : Oui. Mais le *guru* ne provoque pas la réalisation du Soi. Il écarte simplement les obstacles qui l'en séparent. Le Soi est toujours réalisé.

Q. : Le *guru* est-il absolument nécessaire à la réalisation du Soi ?

M. : Aussi longtemps que vous cherchez la réalisation du Soi, le *guru* est nécessaire. Le *guru* est le Soi. Considérez le *guru* comme étant le Soi réel, et vous-même comme étant le soi individuel. La disparition de ce sentiment de dualité amène la dissipation de l'ignorance. Mais tant que la dualité subsiste en vous, le *guru* est nécessaire. C'est parce que vous vous identifiez au corps que vous pensez que le *guru* est, lui aussi, un corps. Vous n'êtes pas le corps, pas plus que le *guru*. Vous êtes le Soi, comme l'est aussi le *guru*. Cette connaissance est obtenue par ce que vous appelez la réalisation du Soi.

Q. : Comment peut-on reconnaître si un individu a les compétences pour être un *guru* ?

M. : C'est par la paix de l'esprit que l'on ressent en sa présence et par le sentiment de respect qu'on éprouve pour lui.

Q. : Si le *guru* se révèle incompétent, quel sera le destin du disciple qui a mis toute sa confiance en lui ?

M. : Chacun récolte selon ses mérites.

Q. : Quelle est votre opinion sur les réformes sociales ?

M. : La réforme de soi entraîne automatiquement la réforme sociale. Limitez-vous à votre propre réforme. La réforme sociale prendra soin d'elle-même.

Q. : Quelle est votre opinion à l'égard du mouvement Harijan de Gandhi ?

M. : Demandez-le-lui.

Q. : Est-il nécessaire de prendre un bain après avoir touché un cadavre ?

M. : Le corps est un cadavre. Tant qu'on est en contact avec lui, on doit se baigner dans les eaux du Soi.

Q. : Si l'*advaita* [la non-dualité] est le but final, pourquoi Madhvāchārya a-t-il enseigné le *dvaita* [la dualité] ?

M. : Votre Soi est-il *dvaita* ou *advaita ?* Tous les systèmes sont d'accord sur l'abandon de soi. Atteignez-le d'abord, puis vous aurez tout le temps pour juger quel point de vue est juste ou non.

Q. : Pourquoi ne prêchez-vous pas, afin de mettre les gens sur le bon chemin ?

M. : Vous avez décidé de vous-même que je ne prêchais pas. Savez-vous qui je suis et ce que signifie prêcher ?

Q. : Le rasage du crâne des veuves brahmanes n'est-il pas cruel ?

M. : Cela doit être demandé aux *dharma-shāstrī*[1] ou aux réformateurs. Réformez-vous vous-même en premier, et ensuite nous verrons le reste.

17 NOVEMBRE 1936

283. *Q. :* Comment peut-on devenir *jita-sanga-dosha* (libre des influences d'associations impures) ?

M. : Par le *sat-sanga* (l'association avec les sages). « *Satsangatve nissangatvam, nissangatve nirmohatvam, nirmohatve nishalacittam, nischalacitte jīvanmuktih.* » [De l'association avec les saints (la Vérité) s'ensuit le détachement, du détachement la libération de l'illusion, de la libération de l'illusion la stabilité du mental, de la stabilité du mental la *jīvan-mukti* (la libération finale) » (*Bhaja-govindam*, vers 9).]

Sat-sanga signifie *sanga* (association) avec le *sat*. Le *sat* n'est autre que le Soi. Quand le disciple n'a pas

---

1. Ceux qui sont versés dans l'étude des textes relatifs au *dharma*.

encore compris que le Soi est le *sat*, il doit rechercher la compagnie des sages qui, eux, l'ont déjà compris. C'est cela le *sat-sanga*. Il en résulte l'introversion, si bien que le *sat* se révèle. Mais pour qui est l'association ? De qui est-ce le *dosha* [l'impureté] ?

Q. : Du Soi.

M. : Non, le Soi est pur et non affecté. Les impuretés n'affectent que l'ego.

Q. : L'âme peut-elle demeurer sans le corps ?

M. : Cela arrivera d'ici peu... dans le sommeil profond. Le Soi est sans corps. Même maintenant il en est ainsi.

Q. : Un *samnyāsī* peut-il rester dans le courant du *samsāra* ?

M. : Tant qu'on pense qu'on est un *samnyāsī*, on n'en est pas un. Tant qu'on ne pense pas au *samsāra,* on n'est pas un *samsārī* mais un *samnyāsī.*

18 NOVEMBRE 1936

284. *Q. :* Dans la *Bhagavad-gītā*, il est dit : « Réalise le Soi avec un intellect pur, en te mettant au service du *guru* et en pratiquant l'investigation. » Comment concilier les trois ?

M. : *Īshvaro gurur ātmeti* [1]... Īshvara, le *guru* et le Soi sont identiques. Tant que le sentiment de dualité subsiste en vous, vous cherchez un *guru*, pensant qu'il est séparé de vous. Il vous enseigne néanmoins la vérité et vous prenez conscience de sa nature en vous.

Q. : Pourriez-vous expliquer : *aham eko na me kashcin nāham anyasya kasya cit / na tam pashyāmi yasyāham tam na pasyāmi yo mama.* [MBh XII.788] (Je

---

1. Voir entretien n° 90.

suis seul ; personne n'est à moi ; je n'appartiens à aucun autre. Je ne vois personne à qui j'appartiens, personne qui m'appartienne.)

M. : Ce vers apparaît dans différentes Ecritures et livres sacrés, notamment le *Bhāgavatam,* le *Mahābhārata,* etc. Il est également l'épigraphe du chapitre XI du livre *Self-Realization.*

L'*aham,* le 'Je', n'est qu'un. Les ego sont multiples. Ils sont contenus dans le Soi unique. Le Soi n'est pas affecté par les ego. Le 'Je' n'est qu'un. Le 'Je' est la Vérité. Tout le reste, dans ce vers, vise à réfuter le sens de la dualité.

285. *Q. :* Si le Soi est conscient de lui-même, pourquoi ne suis-je pas conscient de lui en ce moment même ?

M. : Il n'y a pas de dualité. Votre connaissance actuelle est due à l'ego et n'est que relative. La connaissance relative requiert un sujet et un objet. Alors que la conscience du Soi est absolue et ne requiert aucun objet.

Le souvenir est également une connaissance relative qui nécessite un objet dont se souvenir et un sujet qui se souvient. Quand il y a non-dualité, qui donc peut se souvenir et de quoi ?

Q. : Qu'arrive-t-il à l'ego créé, lorsque le corps meurt ?

M. : L'ego est la pensée 'je'. Dans sa forme subtile, il est une pensée, alors que dans son aspect grossier, il englobe le mental, les sens et le corps. Ceux-ci disparaissent en sommeil profond en même temps que l'ego. Pourtant le Soi est toujours là. Il en sera de même dans la mort.

L'ego n'est pas une entité indépendante du Soi qui peut être créée ou détruite par elle-même. Il fonctionne comme un instrument du Soi et cesse périodiquement son activité ; autrement dit, il apparaît et disparaît ; cela peut être considéré comme la naissance et la mort.

La connaissance relative relève du mental et non du Soi. Elle est donc illusoire et impermanente. Prenez l'exemple d'un homme de science. Il énonce la théorie que la Terre est ronde en s'efforçant de le prouver par des arguments irréfutables. Quand il s'endort, sa belle théorie s'évanouit ; son mental reste vide ; qu'est-ce que cela peut faire que la Terre soit plate ou ronde pendant qu'il dort ? Vous voyez donc la futilité d'une telle connaissance relative.

On devrait dépasser la connaissance relative et demeurer dans le Soi. La connaissance véritable est l'expérience du Soi et non sa compréhension par le mental.

Q. : Pourquoi Shrī Bhagavān ne parcourt-il pas le monde pour prêcher la Vérité au plus grand nombre de gens ?

M. : Qui vous dit que je ne le fais pas ? Pensez-vous que prêcher consiste à monter sur une estrade et à haranguer le public ? Prêcher, c'est simplement communiquer la connaissance. Cela peut se faire aussi dans le Silence.

Que pensez-vous d'un homme qui écoute pendant une heure une harangue et s'en va sans en être impressionné au point de changer sa vie. Comparez-le à un autre qui s'assoit dans la présence silencieuse d'un saint et s'en va après quelque temps avec une vision de la vie complètement changée. Quelle est la meilleure méthode : prêcher à haute voix sans obtenir aucun résultat ou bien garder le silence en répandant autour de soi un courant de forces spirituelles qui agissent sur les autres ?

Comment le langage se crée-t-il ? Il y a d'abord une connaissance abstraite (non manifestée). De là, s'élance l'ego, d'où s'élèvent successivement les pensées, puis les mots.

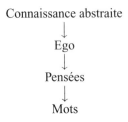

Connaissance abstraite
↓
Ego
↓
Pensées
↓
Mots

Ainsi, les mots sont les arrière-petits-fils de la source originelle. Si les mots peuvent produire un effet, combien plus grande sera alors la prédication par le silence ! Jugez par vous-même.

286. *Q.:* Pourquoi ne pouvons-nous pas demeurer en *sushupti* [sommeil profond] aussi longtemps que nous le voudrions et y être volontairement, comme nous le sommes en état de veille ?

M.: La *sushupti* continue aussi dans l'état de veille. Nous sommes toujours en *sushupti*. On devrait consciemment entrer en *sushupti* et en prendre conscience quand on est en état de veille. Il n'y a pas vraiment d'« entrée dans » ou de « sortie de » la *sushupti*. Devenir conscient de cela est *samādhi*.

Un homme ignorant ne peut pas rester longtemps en *sushupti* parce que sa nature l'oblige à en émerger. Son ego n'est pas mort et réapparaîtra encore. L'homme sage, lui, cherche à écraser l'ego à sa source même. Pour lui aussi, l'ego apparaît encore et encore, poussé par sa nature, c'est-à-dire par le *prārabdha*. L'ego se manifeste aussi bien chez l'*ajñānī* que chez le *jñānī*, avec la différence toutefois que l'ego de l'*ajñānī,* lorsqu'il apparaît, est tout à fait ignorant de sa source et qu'il n'est pas conscient de sa *sushupti* dans les états de rêve et de veille ; alors qu'un *jñānī*, lorsque son ego se présente, jouit de son expérience transcendantale avec cet ego, gardant constamment sa source comme cible. Cet ego n'est pas dangereux ; il est semblable aux restes d'une corde brûlée ; sous cette forme, elle ne sert plus à rien. Si nous maintenons toujours l'attention fixée sur notre source, l'ego s'y dissout, telle une poupée de sel dans l'océan.

Q. : Shrī Rāmakrishna dit que le *nirvikalpa-samādhi* ne peut pas durer plus de vingt et un jours. S'il persiste au-delà, la personne meurt. Est-ce exact ?

M. : Quand le *prārabdha*[1] est épuisé, l'ego est complètement dissous et ne laisse aucune trace derrière lui. C'est la libération finale. A moins que le *prārabdha* ne soit totalement épuisé, l'ego surgira sous sa forme *pure*, même chez les *jīvan-mukta*. Je doute toujours que le délai maximum de vingt et un jours soit exact. On dit qu'une personne ne peut survivre à trente ou quarante jours de jeûne. Mais il y en a qui ont jeûné plus longtemps, jusqu'à cent jours. Cela signifie que leur *prārabdha* n'était pas complètement épuisé.

Q. : Comment la Réalisation est-elle possible ?

M. : Du Soi absolu, comme d'un feu, jaillit une étincelle. Cette étincelle est appelée ego. Dans le cas de l'ignorant, l'ego, dès qu'il se manifeste, s'identifie à un objet. Il ne peut s'empêcher de s'associer à des objets. Cette association est *ajñāna* ou ignorance. Sa destruction est le but de nos efforts. Si ses tendances « objectivantes » sont détruites, l'ego demeure à l'état pur et s'immerge dans sa source. La fausse association avec le corps est appelée *dehātma-buddhi* (l'idée « Je suis le corps »). Cette idée doit être détruite si l'on veut avoir de bons résultats.

---

1. Destin, résultat des actions des vies passées.

Q. : Comment éradiquer l'ego ?

M. : Nous existons dans le sommeil profond (*sushupti*) sans être associés à notre corps et à notre mental. Mais dans les deux autres états nous sommes associés à eux. Si nous faisons un avec le corps, comment pouvons-nous alors exister sans corps durant la *sushupti* ? Nous pouvons nous séparer de ce qui est extérieur à nous, mais pas de ce avec quoi nous ne faisons qu'un. Par conséquent, l'ego ne peut pas faire un avec le corps. Ce fait doit être réalisé à l'état de veille. Et c'est dans cette seule perspective que l'*avasthā-traya* (les trois états : veille, rêve et sommeil profond) doit être étudié.

L'ego à l'état pur est expérimenté dans l'intervalle entre deux états ou deux pensées. L'ego ressemble à une chenille qui ne quitte une feuille qu'après en avoir saisi une autre. Mais sa véritable nature ne peut être trouvée que lorsqu'il n'est pas en contact avec des objets ou des pensées. Saisissez cet intervalle avec la conviction acquise par l'étude de l'*avasthā-traya* (les trois états de la conscience).

Q. : Comment nous endormons-nous et nous réveillons-nous ?

M. : Juste à la tombée de la nuit, la poule se met à glousser et les poussins se précipitent vers elle et se cachent sous ses ailes. Elle passe la nuit perchée dans son abri, avec les poussins sous sa protection. A l'aurore, les poussins et leur mère sortent de leur abri. Dans cet exemple, la mère poule représente l'ego qui rassemble toutes les pensées avant d'aller dormir.

A l'aurore, le soleil émet ses rayons, et les résorbe au crépuscule. Il en va de même quand l'ego se déploie et avec lui tout le reste. Lorsqu'il se résorbe, tout disparaît avec lui.

Q. : A quoi ressemble la *sushupti* (le sommeil profond) ?

M. : Par une nuit sombre, aucune identification particulière des objets n'est possible ; il n'y a qu'une intense obscurité, même pour une personne aux yeux grands ouverts. De même en *sushupti*, il n'y a conscience que de l'ignorance.

On raconte que Shrī Bhagavān fit la remarque suivante à une personne curieuse : « Quel est le sens de cette discussion sur la vérité et la fausseté dans le monde qui lui-même est faux ? »

27 NOVEMBRE 1936

287. Un médecin du Punjab et sa femme vinrent rendre visite à Shrī Bhagavān. Ils étaient déjà assis dans le hall quand Shrī Bhagavān y revint après le déjeuner. Le médecin demanda : « Comment dois-je méditer ? Je ne trouve pas la paix de l'esprit. »

M. : La paix est notre vraie nature ; on n'a pas à l'atteindre. Nos pensées doivent être supprimées.

Q. : J'ai essayé de les supprimer mais sans succès.

M. : La méthode décrite dans la *Gītā* est le seul moyen pour réussir. Dès que le mental se met à vagabonder, ramenez-le à la méditation.

Q. : Je ne peux amener mon mental à méditer.

Un autre visiteur : Un éléphant laissé libre remue sa trompe en tous sens et s'agite toujours plus. Si on lui donne une chaîne, il s'en empare avec sa trompe et se calme aussitôt. De même, un mental sans but s'agite, mais avec un but il demeure en paix.

Q. : Non, non, tout cela n'est que théorie. J'ai lu beaucoup de livres. Cela ne sert à rien. Il est pratiquement impossible d'amener le mental à se concentrer.

M. : La concentration est impossible tant qu'il y a des prédispositions. Elles entravent aussi la *bhakti* [dévotion].

L'interprète suggéra l'étude du texte *Qui suis-je ?*, mais le médecin réagit en protestant : « Je l'ai lu aussi, mais je ne peux toujours pas concentrer mon mental. »

M. : Vous y parviendrez par la pratique et le détachement — *abhyāsa vairāgyābhyam*.

Q. : Le *vairāgya* est nécessaire...

M. : Abhyāsa et *vairāgya* sont nécessaires. Le *vairāgya* est l'absence de pensées dispersées ; l'*abhyāsa* est la concentration sur une seule pensée. L'*abhyāsa* représente l'aspect positif et le *vairāgya* l'aspect négatif de la méditation.

Q. : Je suis incapable de le faire par moi-même. Je suis à la recherche d'une force qui m'aide.

M. : Oui, c'est ce qu'on appelle la Grâce. De nous-mêmes, nous en sommes incapables parce que le mental est faible. La Grâce est nécessaire. C'est la raison d'être de la *sādhu-sevā* [servir un sage]. Il n'y a cependant rien de nouveau à obtenir. De même qu'un homme faible est dominé par un homme plus fort que lui, ainsi l'esprit faible d'un homme ordinaire est plus facilement contrôlé en présence d'un *sādhu* à l'esprit fort. Ce qui est n'est que la Grâce ; il n'y a rien d'autre.

Le médecin : Je vous prie de m'accorder vos bénédictions pour mon bien.

Bhagavān répondit : « Oui, oui. »

Le couple se leva et quitta le hall.

29 NOVEMBRE 1936

288. Expliquant la *māyā* du Vedānta et le *svatantra* (l'indépendance) du *pratyabhijñā* (la recognition) Shrī Bhagavān dit :

« Les védantins disent que la *māyā* est la *shakti* de l'illusion dont les prémisses se trouvent en Shiva.

La *māyā* n'a pas d'existence indépendante. Ayant créé l'illusion que le monde est réel, elle continue à jouer avec l'ignorance de ses victimes. Quand la réalité de son *non-être* est perçue, elle disparaît. L'Ecole du *pratyabhijñā* (la recognition) dit que la *shakti* (la force divine) coexiste avec Shiva. L'un n'existe pas sans l'autre. Shiva est non manifesté alors que la *shakti* se manifeste en raison de sa volonté indépendante (*svatantra*). La manifestation de la *shakti* est la projection du cosmos sur la pure conscience, telles des images reflétées dans un miroir. Les images ne peuvent être reflétées en l'absence du miroir. De même, le monde ne peut avoir une existence indépendante. *Svatantra* est donc un attribut du Suprême.

Shrī Shankara dit que l'Absolu est dépourvu d'attributs et que la *māyā* n'existe pas, qu'elle n'a pas d'existence réelle. Quelle est la différence entre les deux écoles ? Toutes deux sont d'accord pour conclure que la projection du cosmos est irréelle. De même que les images d'un miroir ne peuvent en aucun cas être réelles, ainsi le monde n'existe pas en réalité (*vāstutah*). Les deux écoles enseignent donc la même chose. Leur but ultime est de réaliser la Conscience absolue. L'irréalité du cosmos est implicite dans l'Ecole de la Recognition (*pratyābhijñā*), alors qu'elle est explicite dans l'Ecole du Vedānta. Si l'on considère le monde comme étant *chit* (conscience), alors il est toujours réel. Le Vedānta dit qu'il n'y a pas de diversité (*nānātva*), signifiant par là que tout participe de la même Réalité. Il y a donc accord sur tous les points, seuls les termes et modes d'expression diffèrent. »

30 NOVEMBRE 1936

289. Au cours d'une discussion sur le karma, Shrī Bhagavān dit : « Le *karma* [l'action] porte ses fruits (*phala*) comme la cause a son effet. La relation entre la cause et son effet est due à une *shakti,* que nous appelons Dieu. Dieu est le *phala-dātā* (le dispensateur des fruits). »

Un visiteur avança l'idée du Soi ayant oublié sa vraie nature. Après un moment de silence, Shrī Bhagavān dit : « Les gens parlent de souvenir et d'oubli de la plénitude du Soi. Souvenir et oubli ne sont que des formes de pensées. Elles alterneront tant qu'il y a des pensées. Mais la Réalité se trouve au-delà des pensées. Le souvenir et l'oubli doivent dépendre de quelque chose. Ce "quelque chose" doit être étranger, sinon il ne pourrait y avoir oubli. Il est appelé 'je' par chacun. Quand on part à sa recherche, on ne le trouve pas, car il n'est pas réel. C'est pourquoi le 'je' est synonyme d'illusion et d'ignorance (*māyā, avidyā* ou *ajñāna*). Comprendre que l'ignorance n'a jamais eu d'existence est le but de tous les enseignements spirituels. L'ignorance ne peut être perçue que par quelqu'un qui en est conscient. La conscience est *jñāna.* Le *jñāna* est éternel et naturel. L'*ajñāna* est artificiel et irréel. »

Q. : Après avoir entendu cette vérité, pourquoi ne reste-t-on pas satisfait ?

M. : Parce que les *samskāra* n'ont pas été détruits. Tant que les *samskāra* subsistent, il y aura toujours doute (*sandeha*) et confusion (*viparīta*). Tous les efforts tendent à la destruction du doute et de la confusion. Pour y parvenir, leurs racines doivent être coupées. Leurs racines sont les *samskāra.* Elles deviennent inopérantes par la pratique prescrite par le *guru.* Celui-ci laisse au chercheur le soin de faire les efforts nécessaires pour découvrir lui-même qu'il n'y a pas d'ignorance. Cette vérité est enseignée au stade de l'audition de la Vérité (*shravana*) mais là elle n'est pas encore *dridha* (stable). Pour la rendre inébranlable on doit pratiquer la réflexion (*manana*) et la contemplation profonde (*nididhyāsana*). Ces deux processus détruisent les germes des *vāsanā*, de sorte qu'elles deviennent inopérantes.

Quelques personnes extraordinairement douées obtiennent le *dridhā-jñāna* (la connaissance inébranlable) en entendant une seule fois la Vérité (*sakrichchravana-mātrena*). C'est parce qu'elles sont des *kritopāsaka* (des chercheurs avancés). Tandis que les *akritopāsaka* (les débutants) prennent plus de temps pour obtenir le *dridha-jñāna*. Certaines personnes demandent comment l'ignorance (*avidyā*) a pu prendre naissance. Nous leur répondons que l'ignorance n'a jamais pris naissance, qu'elle n'a pas d'existence réelle. Ce qui est n'est que *vidyā* (connaissance).

Q. : Alors pourquoi je ne la réalise pas ?

M. : A cause des *samskāra*. Toutefois, cherchez qui ne réalise pas et ce qu'il ne réalise pas. Alors il vous sera évident que l'*avidyā* (l'ignorance) n'existe pas.

290. Mr. Sagarmull, un Marwari, marchand de coton de Bombay, semblait instruit dans la *Shrīmad Bhagavad-gītā*. Il demanda : «Dans la *Shrīmad Bhagavad-gītā* [VII.7] il est dit : "*mattah parataram nānyat kiñchit* — et plus loin — ... *sūtre maniganā iva*" ("Il n'est rien qui soit supérieur à Moi", et "... semblable à un rang de perles sur un fil"). S'il n'y a rien d'autre que Shrī Krishna, comment peut-on dire que le monde est semblable à "des perles sur un fil" ? »

M. : Cela veut dire que le *sūtra* (le fil) et les *mani* (les perles) ne sont pas séparés de MOI. Il n'y a pas de rangée de perles (*mani-ganāh*) séparée du fil (*sūtra*) et il n'y a pas de fil séparé de MOI. Le *shloka* (stance) met l'accent sur l'unité et non sur la multiplicité, qui n'est qu'apparente.

Q. : L'unité ne peut être réalisée qu'après l'absorption en Bhagavān. C'est vrai, mais avant d'en arriver là, la diversité doit exister ; c'est le *samsāra*.

M. : Où sommes-nous maintenant ? Sommes-nous séparés de Bhagavān ? Le *samsāra* et nous-mêmes sommes tous en Bhagavān.

Q. : Mais cela est l'expérience des *jñānī*. La différenciation persiste jusqu'à ce que le *jñāna* se fasse jour. Donc, pour moi, le *samsāra* existe bien.

M.: Les *samskāra* (les prédispositions) constituent le *samsāra* (le cycle des naissances et des morts).

Q. : D'accord. « Tout ceci est Vāsudeva [1] » [BhG VII.19]. Mais nous avons oublié cette vérité. Voilà pourquoi nous ne pouvons pas nous identifier à Dieu.

M.: Où est l'oubli ?

Q.: Il est comparable au *svapna* (rêve).

M.: Le *svapna* de qui ?

Q.: Celui du *jīva*.

M.: Qui est le *jīva* ?

Q.: Il provient du *paramātman*.

M.: Laissez donc le *paramātman* poser la question.

Q. : Je vais tâcher de faire mieux comprendre mon doute en prenant un exemple.

M. : Qui désire faire mieux comprendre son doute avec un exemple ? L'expérience directe (*pratyaksha*) n'a pas besoin d'exemples pour obtenir des éclaircissements.

Q.: Il y a le *pratyaksha,* mais aussi l'oubli.

M.: Qu'est-ce qui est oublié et par qui ?

---

1. Nom de Krishna.

Q. : Ecoutez. On rêve, puis au réveil le monde du rêve disparaît.

M. : Réveillez-vous de la même façon du rêve présent.

Q. : La *prakriti* (la nature) est trop puissante.

M. : Voyez aussi le *purusha* (le Seigneur). Que peut alors encore faire la *prakriti* ?

Q. : Mais entre les deux se trouve un *granthi* (nœud).

M. : A qui est ce nœud ? Est-il au Seigneur ou à la Nature ? Ou aux deux ?

Q. : Le *brahman* en est la cause.

M. : C'est donc au *brahman* de poser la question, ou d'être interrogé. De qui est-ce le *svapna* (le rêve) ? A qui est le nœud ? Vous dites toujours : « Je veux savoir. » Qui est ce 'je' ?

Q. : Je ne le perçois pas.

M. : Le 'Je' est éternel. S'il était quelque chose de particulier, il s'évanouirait. Il est Perfection. Il ne peut donc pas être perçu comme un objet.

Q. : Mais je suis imparfait.

M. : Pourquoi évoquer l'imperfection ? Pourquoi n'êtes-vous pas parfait ? Vous sentiez-vous imparfait dans votre sommeil ? Alors, pourquoi ne restez-vous pas le même maintenant ? Amenez le sommeil à l'état de veille (*jāgrat-sushupti*) et tout ira bien. *Yā nishā sarvabhūtānām* [...] *pasyato muneh* [BhG II.69] (Ce qui est nuit pour l'ignorant est jour pour le Sage.)

Q. : Oui, s'il s'agit d'un *muni* (sage).

M. : Qu'est-ce qu'un *muni* ? N'est-il pas un homme ?

Q. : Ne ressentez-vous rien si on vous donne une tape ? Dans ce cas, est-ce le *jñāna* ?

M. : Un homme sous l'influence du chloroforme ou de la boisson ne ressent pas une tape. Est-il pour autant un *jñānī* ? Et le *jñāna* est-il incompatible avec cette sensation ?

Q. : Il y a celui qui voit, le visible et la vision. Ce ne sont pas des caractéristiques du *jñāna*.

M. : Dans le sommeil profond, en transe ou dans l'évanouissement, il n'y a pas de différenciation. Appelez-vous ces états « *jñāna* » ? Que s'est-il passé dans ces états ? Est-ce que ce qui était alors est absent maintenant ? Ce qui *est* existe pour toujours. La différence provient du mental. Celui-ci est tantôt présent, tantôt absent. Dans la Réalité, ce changement n'existe pas. La Réalité est toujours Félicité — *ānanda.*

Q. : La Félicité est le résultat d'une pratique. Quelle est cette pratique ?

M. : La *sādhanā* consiste à rechercher à qui tous ces doutes se présentent.

Q. : C'est à l'ego (*ahamkāra*).

M. : Et d'où s'élève l'*ahamkāra ?*

Q. : J'ai besoin d'un guide qui me montre le chemin.

M. : Tournez-vous vers l'intérieur et trouvez la voie. Vous ne pouvez la trouver de l'extérieur ; pas plus que vous ne devriez la chercher à l'extérieur.

Q. : Je suis incapable de trouver l'ego par la recherche. Je m'arrête là.

M. : Comment voulez-vous le trouver ? Il n'est pas séparé de vous. Laissez de côté l'idée de ne pas le trouver. Où êtes-vous en ce moment même ? Pouvez-vous dire « Je ne suis pas ? »

Q. : Que suis-je alors, et comment suis-je ?

M. : Ne vous souciez pas de cela. Laissez cela comme c'est. Pourquoi vous soucier ? Dans votre sommeil, vous préoccupez-vous du tout ou de la partie (*samashti*, *vyashti*) ? La même personne est présente maintenant. Vous êtes le même, que vous dormiez ou que vous soyez éveillé.

Q. : Le sommeil et la veille sont des états différents avec des effets différents...

M. : Qu'est-ce que cela peut vous faire ? Le Soi est le même en toutes circonstances.

Q. : Le mental n'est pas stable durant la méditation.

M. : Dès qu'il se met à vagabonder, dirigez-le vers l'intérieur, encore et encore.

Q. : Quand la souffrance (*duhkha*) s'empare de moi, la recherche est impossible.

M. : C'est parce que le mental est trop faible. Rendez-le fort.

Q. : De quelle façon ?

M. : Par le *sat-sanga,* l'*īshvara-ārādhanā* et le *prānā-yāma* (la compagnie des sages, l'adoration de Dieu, le contrôle de la respiration).

Q. : Qu'arrive-t-il alors ?

M. : La souffrance est éliminée ; notre but est l'élimination de la souffrance. Vous ne pouvez pas acquérir le bonheur, il est votre nature fondamentale. La Félicité n'est pas une acquisition nouvelle. Tout ce qu'il faut faire, c'est éliminer le malheur. Et ces méthodes aident à y parvenir.

Q. : La compagnie des sages peut renforcer le mental. Mais il faut aussi une pratique. Quelle pratique doit-on adopter ?

M. : Oui. La pratique sert à l'élimination des prédispositions et non pas à l'atteinte de quelque chose de nouveau ; son but est de détruire les prédispositions.

Q. : L'*abhyāsa* (la pratique) devrait me donner ce pouvoir.

M. : La pratique est pouvoir. Quand toutes les pensées ne se réduisent plus qu'à une seule, on dit que le mental s'est affermi. Quand rien n'ébranle plus la pratique, elle devient *sahaja* (naturelle).

Q. : Quelle est cette pratique ?

M. : La recherche du Soi. Voilà tout. *Atman yeva vasam nayet...* Fixez le mental sur le Soi.

Q. : Quel est le but à ne pas perdre de vue ? Toute pratique a besoin d'un but.

M. : L'*ātman* est le but. Que peut-il y avoir d'autre ? Tous les autres buts sont pour les personnes incapables d'*ātma-lakshya* (le Soi pour but). Mais ils vous mènent finalement aussi à l'*ātma-vichāra*. Un mental concentré est le fruit de n'importe quelle pratique. Certains l'obtiennent rapidement, d'autres après un temps assez long. Tout dépend de la pratique.

Q. : La paix est préconisée avant toute chose. Comment pouvons-nous l'obtenir ?

M. : La paix est votre état naturel. L'oublier n'altère en rien le Soi. C'est parce qu'en ce moment vous confondez le Soi avec le non-Soi que vous parlez d'oubli du Soi, de paix, etc. Si cette confusion était dissipée, l'oubli ne se produirait jamais.

Q. : Comment y parvenir ?

M. : Par la recherche du Soi. Concentration signifie cessation des activités mentales. L'oubli ne peut concerner que le soi... bon, mais l'oubli de quoi ?... du Soi ?... Existerait-il alors deux soi ? La pratique élimine les *samskāra*.

Q. : Mais les *samskāra* sont innombrables et éternels — et cela depuis des temps immémoriaux.

M. : Cette pensée est en elle-même un *samskāra*. Abandonnez cette idée et tous les *samskāra* disparaîtront d'un seul coup. C'est *vishrānti* (la quiétude), c'est *shānti* (la paix). La paix est toujours présente. Mais vous la réprimez en vous élevant au-dessus d'elle et ainsi vous la troublez. Après vous dites : « Je désire la Paix. »

Q. : La Paix viendra-t-elle graduellement ?

M. : Oui. « Apaise le mental petit à petit » (*sanaih sanair uparamet*), dit la *Bhagavad-gītā* [VI.25].

Peu après, Mr. Sagarmull demanda si un certain Mr. G. était venu ici ce mois-ci. Mr. G. avait été empli de joie après sa dernière visite et c'est par lui que Mr. Sargamull avait entendu parler du Maharshi.

M. : Comment puis-je connaître le nom de tous les visiteurs ? Il est probable qu'il était là. Tout le monde est empli de joie. Il n'y a ni nom, ni forme... Les noms sont pourtant nécessaires pour le *vyavahāra* (la vie courante).

5 DÉCEMBRE 1936

DES ÉTINCELLES JAILLISSANT DE L'ENCLUME (II)

291. *Q. :* Vous parliez l'autre jour d'*atyāshrama* [1] (au-delà des *āshrama* – les étapes de la vie). Est-ce reconnu par une autorité ? Est-ce mentionné quelque part ?

M. : Oui, dans les *Upanishad*, la *Suta-samhitā* (fragment du *Skanda-purāna*), le *Bhāgavatam,* le *Bhārata* et d'autres ouvrages encore.

Q. : Cet état exige-t-il des restrictions quelconques ou une certaine discipline ?

M. : Les caractéristiques de cet état y sont aussi mentionnées.

Q. : Il y a un *guru* pour chaque *āshrama*. Y a-t-il un *guru* pour l'*atyāshrama* ?

M. : Oui.

Q. : Mais vous n'admettez pas de *guru*.

M. : Il y a un *guru* pour chacun de nous. J'admets que pour moi aussi il y a un *guru*.

---

1. *Note du compilateur :* Références pour *atyāshrama* : *Nārada-Parivrājaka-upanishad*, v. 1-15 ; *Shvetāshvatara-up.*, VI v. 21 ; *Tejobindu-up.*, I. 47-48 ; *Suta-Samhitā-Mukti-Kānda*, V. v. 9, 14-43 ; *Shivamāhātmya* v. 32, 37-55.

Q. : Qui est votre *guru* ?

M. : Le Soi.

Q. : Pour qui ?

M. : Pour moi. Le *guru* peut être intérieur ou extérieur. Il peut se révéler à l'intérieur ou communiquer par l'extérieur.

Q. : Les *atyāshramī* peuvent-ils posséder des biens ?

M. : Il n'existe aucune restriction à leur égard. Ils peuvent agir à leur guise. L'histoire dit que le Sage Shuka s'était marié et avait même eu plusieurs enfants.

Q. : Dans ce cas, l'*atyāshramī* est comme un chef de famille.

M. : J'ai déjà dit qu'il est au-dessus des quatre *āshrama* reconnus.

Q. : S'ils peuvent se marier et posséder des biens, ils ne sont que des *grihastha*.

M. : Cela est peut-être votre point de vue.

Q. : Peuvent-ils posséder des biens et transmettre ceux-ci à autrui ?

M. : Ils le peuvent comme ils ne le peuvent pas. Tout dépend de leur *prārabdha*.

Q. : Sont-ils soumis à un karma ?

M. : Leur conduite n'est régie par aucune règle ou code.

Q. : Quand les visiteurs désirent rester auprès de vous, disons pendant deux ou trois jours, doivent-ils obtenir votre permission ?

M. : La permission accordée par l'administration de l'ashram vaut la mienne. Les visiteurs viennent ici pour moi ; l'administration est là pour moi. Tant que tout le monde est d'accord, je n'interviens pas. Si des visiteurs viennent ici et que je les admets, d'autres personnes oseraient-elles s'insurger contre mes souhaits ? Mon consentement est toujours implicite dans les activités de l'ashram si celles-ci se déroulent dans un esprit de bonne volonté.

Quelqu'un montra à Shrī Bhagavān une stance écrite de Sa propre main à la louange de Lui-même en tant que Subrahmanya.

Shrī Bhagavān dit que l'écriture était bien la sienne mais que les idées étaient celles de Perumālswāmi.

Q. : Mais n'êtes-vous pas d'accord avec les idées exprimées dans ce texte ?

M. : De la même manière qu'une idole à qui on adresse des louanges en tant que Subrahmanya.

13 DÉCEMBRE 1936

292. En réponse à la question de savoir si les *tanmātra* [formes subtiles des cinq éléments] sont des facteurs opérant dans les rêves, Shrī Bhagavān dit : « Non. Les *tanmātra* sont *sukshma,* plus subtils que cela. Bien que les créations oniriques soient subtiles en comparaison du monde grossier de l'état de veille, elles sont encore grossières comparées aux *tanmātra.*

A la suite du *panchīkarana* (quintripartition), les *tanmātra* donnent forme aux *antahkarana* (organes internes, le mental). Cela, par différentes causes opérationnelles. Sous l'influence de *sattva* [pureté], la prédominance de l'éther (*ākāsha*), l'*antahkarana* donne naissance au *jñāna* (la connaissance) qui est localisé dans le cerveau.

Le *vāyu* (l'air) donne naissance au *manas* (le mental).

Le *tejas* (la lumière) donne naissance à la *buddhi* (l'intellect).

Le *jala* (l'eau) donne naissance au *chitta* (la mémoire).

La *prithivī* (la terre) donne naissance à l'*ahamkāra* (l'ego).

Ces fonctions sont *samashti* (collectives) car elles peuvent agir collectivement ou individuellement, en utilisant soit l'un soit tous les sens ou organes.

Sous l'influence du *rajoguna*, les *tanmātra* se transforment chez le *vyashti* (l'individu) en *jñānendriya* [organes de perception]. Soumis à l'influence du *tamoguna*, ils se transforment en *karmendriya* [organes d'action]. Là, les relations entre le monde extérieur et l'individu deviennent faciles, les *tanmātra* étant commune à chacun d'eux.

Les *tanmātra* procèdent de la *prakriti*. Les exposés concernant la création diffèrent considérablement. Les uns parlent de *yugapad-shrīshti* (création simultanée) et d'autres de *krama-srishti* (création graduelle). Ce qui importe est que l'accent soit mis sur la source originelle et non sur la création. »

293. *Mr. K. K. V. Iyer :* Je n'ai pas trouvé de chemin vers l'intérieur dans la méditation.

M. : Sommes-nous ailleurs maintenant ? Notre Etre véritable, c'est cela.

Q. : S'il en est ainsi, alors nous en sommes ignorants.

M. : Ignorant de quoi ? Et de qui est-ce l'ignorance ? S'il s'agit de l'ignorance du Soi, y a-t-il alors deux soi ?

Q. : Il n'y a pas deux soi. Mais le sentiment d'être limité ne peut être nié. Et en raison des limitations...

M. : Les limitations n'existent que dans le mental. Les éprouviez-vous dans le sommeil profond ? Et pourtant, vous existez dans le sommeil, vous ne pouvez le nier. Le même Soi est ici et maintenant, à l'état de veille. Là, vous parlez de limitations. Il y a donc une différence entre les deux états. Cette différence est due au mental.

Dans le sommeil profond le mental était absent, alors que maintenant il s'est manifesté. Le Soi existe même en l'absence du mental.

Q.: Je le comprends, mais je n'arrive pas à le réaliser.

M. : La réalisation se fera petit à petit grâce à la méditation.

Q. : La méditation s'effectue avec le mental. Alors comment peut-elle détruire le mental pour révéler le Soi ?

M. : Méditation signifie fixer l'attention sur une seule pensée. Cette pensée unique écarte toutes les autres pensées ; la distraction du mental est le signe de sa faiblesse. Par la méditation constante, il gagne de la force, c'est-à-dire sa faiblesse, due aux pensées fugitives, cède la place à un arrière-fond durable, libre de toute pensée. Cette vaste étendue, dénuée de toute pensée, est le Soi. Le mental pur est le Soi.

Et Shrī Bhagavān continua, en réponse à la précédente question : « Chacun dit "Je suis le corps". C'est l'expérience du sage aussi bien que celle de l'ignorant. L'homme ignorant croit que le Soi est limité au corps, tandis que le sage sait que le corps ne peut exister séparé du Soi. Pour lui, le Soi est infini et inclut également le corps. »

Mr. Bose dit qu'il ressentait une grande paix en présence du Maharshi laquelle durait encore quelque temps après qu'il l'eut quitté.

« Pourquoi n'est-elle pas durable ? » demanda-t-il.

M. : Cette paix est votre nature réelle. Des idées contraires ne sont que des surimpositions à celle-ci. Elle est la vraie *bhakti,* le vrai yoga, le vrai *jñāna.* Vous pouvez dire que cette paix s'acquiert grâce à la pratique, mais la pratique ne fait qu'abandonner les fausses notions. C'est tout. Car votre vraie nature est éternelle. Ces éclairs fugitifs ne sont que les signes précurseurs de la révélation du Soi.

En réponse à la question de Mr. K. K. V. Iyer, Shrī Bhagavān ajouta : « Le Cœur est le Soi. Il n'est ni intérieur ni extérieur. Le mental est sa *shakti*. Après l'émergence du mental, l'Univers apparaît et le corps semble y être contenu, alors que tous sont contenus dans le Soi et ne peuvent exister séparés du Soi. »

14 DÉCEMBRE 1936

294. *Mr. Parkhi :* Comment la méditation doit-elle être pratiquée ?

M. : La méditation, à vrai dire, est *ātma-nishthā* (être établi dans le Soi). Mais quand les pensées traversent le mental et qu'un effort est fait pour les éliminer, cet effort est appelé méditation. L'*ātma-nishthā* est votre vraie nature. Restez tel que vous êtes. C'est là le but.

Q. : Mais les pensées ne cessent de surgir. Est-ce que notre effort a pour seul but de les éliminer ?

M. : Oui. La méditation s'effectuant sur une seule pensée, toutes les autres pensées sont écartées. La méditation est négative dans son effet dans la mesure où on ne fait qu'écarter les pensées.

Q. : Il est dit *ātmasamstham manah kritvā* [BhG VI.25] (fixer le mental sur le Soi). Mais le Soi ne peut être pensé.

M. : Pourquoi désirez-vous méditer, après tout ? C'est parce que vous avez le désir de méditer qu'on vous recommande *ātmasamstham manah kritvā*. Pourquoi ne restez-vous pas simplement comme vous êtes, sans méditer ? Qu'est-ce que ce *manas* (mental) ? Quand toutes les pensées sont éliminées, celui-ci devient *ātma-samstha* (établi dans le Soi).

Q. : J'arrive à méditer sur une forme donnée et les autres pensées finissent par disparaître. Mais le Soi est sans forme.

M. : La méditation sur des formes ou des objets concrets se nomme *dhyāna,* alors que l'investigation est appelée *vichāra* ou *nididhyāsana.*

En expliquant *adhyāropa-apavādābhyām* (la surimposition et son élimination), Shrī Bhagavān fit remarquer que l'*adhyāropa* nous intériorise vers le Soi et que l'*apavāda* nous fait prendre conscience que le monde n'est pas séparé du Soi.

16 DÉCEMBRE 1936

295. Mr. Natverlal Parekh, une personne originaire du Gujarat qui avait participé à la Conférence internationale des religions en tant que délégué de Baroda, vint en visite. Il se présentait comme un jeune homme élégant, à l'esprit vif et tout à fait conscient de ses mérites. Il présenta à Shrī Bhagavān une note avec quelques questions.

Q. : Je vous en prie, aidez-moi à réaliser l'*ātman,* le *paramātman, satchidānanda.*

M. : L'*ātman,* le *paramātman, satchidānanda* signifient la même chose, c'est-à-dire le Soi. Le Soi est éternellement réalisé. Autrement, on ne trouverait aucune joie en lui. S'il n'était pas éternel, il devrait avoir un commencement ; ce qui commence finira aussi, ce n'est que transitoire. Or, il est inutile de rechercher quelque chose de temporaire. Le fait est que le Soi est l'état dépourvu de tout effort, la Paix toujours alerte. Demeurer sans effort avec la conscience toujours éveillée est l'état de Félicité et c'est la Réalisation.

Q. : Je ne cherche pas de réponses intellectuelles mais des conseils pratiques.

M. : Oui, la connaissance directe ne nécessite pas de discours intellectuels. Etant donné que le Soi est directement ressenti par chacun, les discours sont parfaitement inutiles. Tout le monde dit « Je suis ». Y a-t-il quelque chose d'autre à réaliser ?

Q. : Ce n'est pas clair pour moi.

M. : Vous existez. Vous dites « Je suis » ; cela signifie existence.

Q. : Mais je ne suis pas du tout sûr de cela, c'est-à-dire de mon existence.

M. : Oh ! Et qui donc parle en ce moment ?

Q. : Moi, bien entendu. Mais que j'existe ou non, je n'en ai aucune certitude. De plus, le fait d'admettre mon existence ne me conduit nulle part.

M. : Même pour la nier il faut qu'il y ait quelqu'un. Si vous n'existez pas, il n'y a pas de questionneur ni de question.

Q. : Admettons alors que j'existe.

M. : Comment savez-vous que vous existez ?

Q. : Parce que je pense, je sens, je vois, etc.

M. : Ainsi, vous pensez que votre existence découle de tout cela. Mais dans le sommeil profond, il n'y a pas de sensation, de pensée, etc., et cependant vous continuez d'être.

Q. : Mais non. Je ne peux pas affirmer que j'existais durant le sommeil profond.

M. : Niez-vous alors votre existence dans le sommeil ?

Q. : Peut-être que j'existe dans le sommeil, peut-être que non. Dieu seul le sait.

M. : A votre réveil, vous vous rappelez bien ce que vous faisiez avant de vous endormir.

Q. : Je peux dire que j'étais avant et après le sommeil, mais je ne peux pas dire si j'étais pendant le sommeil.

M. : Dites-vous maintenant que vous avez dormi ?

Q. : Oui.

M. : Comment pouvez-vous le savoir sans en avoir conservé le souvenir ?

Q. : Ce souvenir n'implique nullement que j'existais quand je dormais. Admettre une telle existence ne mène nulle part.

M. : Pensez-vous donc qu'un homme meurt chaque fois qu'il s'endort et qu'il ressuscite à son réveil ?

Q. : Peut-être. Dieu seul le sait.

M. : Alors demandez à Dieu de venir et de donner la solution à ces énigmes. Si on devait mourir en s'endormant, on aurait une peur du sommeil tout comme on s'effraie de la mort. Or, c'est l'inverse qui se produit, on recherche le sommeil. Pourquoi désirerait-on le sommeil s'il ne procurait aucun plaisir ?

Q. : Il n'y a pas de plaisir positif dans le sommeil. On recherche le sommeil seulement pour se débarrasser de sa fatigue physique.

M. : Oui, c'est vrai, « être libre de toute fatigue »... Il existe alors quelqu'un qui est libre de fatigue.

Q. : Oui.

M. : Ainsi, vous existez durant le sommeil et aussi maintenant, à l'état de veille. Vous étiez heureux en dormant, sans sensations, sans pensées, etc. Vous êtes le même maintenant, pourquoi n'êtes vous pas toujours heureux ?

Q. : Comment peut-on dire qu'on est heureux dans le sommeil ?

M. : Tout le monde dit *sukham aham asvāpsam* (« j'ai bien dormi » ou « j'ai dormi comme un bienheureux »).

Q. : Je ne pense pas que ces gens aient raison. Il n'y a pas *sukha* (félicité), il y a seulement absence de souffrance.

M. : Votre Etre essentiel est Félicité. C'est pourquoi chacun dit qu'il était heureux en dormant. Ce qui veut dire que dans le sommeil on demeure dans son état originel, non contaminé. Quant à la souffrance, elle n'existe pas. Où est-elle pour que vous puissiez parler de son absence dans le sommeil ? Toutes ces erreurs proviennent de la fausse identification du Soi avec le corps.

Q. : Ce que je désire, c'est la Réalisation. Je ne sens pas le bonheur inhérent à ma nature.

M. : C'est parce que vous identifiez maintenant le Soi avec le non-Soi. Ce dernier n'est pas séparé du Soi. Cependant, l'idée erronée que le corps existe séparément subsiste et le Soi est confondu avec le corps. Cette fausse identification doit cesser pour que le bonheur puisse se manifester.

Q. : Je suis incapable de m'aider moi-même.

Une personne dans l'assemblée suggéra l'abandon au Maître.

Q. : Je suis d'accord.

M. : Votre nature est le bonheur. Vous dites que vous ne le ressentez pas. Recherchez ce qui vous sépare de votre Etre véritable. On vous a indiqué que l'obstacle est la fausse identification. Il faut l'éliminer. Un malade doit prendre lui-même les médicaments prescrits par le médecin s'il veut guérir.

Q. : Le malade est trop faible pour s'aider lui-même et s'abandonne sans condition entre les mains de son médecin.

M. : Le médecin doit alors avoir les mains libres et le malade doit rester tranquille sans intervenir. Faites-en autant et restez tranquille. Aucun effort n'est nécessaire.

Q. : C'est aussi la thérapie la plus efficace.

Les autres questions que Mr. Parekh avait posées par écrit étaient les suivantes :

Q. : Je vous prie de me convaincre de l'existence de Dieu.

M. : La réalisation du Soi équivaut à une telle conviction.

Q. : Quel est la relation entre le *prārabdha* (le karma du passé) et le *purushakāra* (le présent effort personnel) ?

M. : Le *prārabdha* est le résultat du *karma* (action). Pour qu'il y ait *karma*, il faut qu'il y ait un *kartā* (auteur). Cherchez qui est le *kartā*. *Purushakāra* c'est l'effort. Cherchez qui l'exerce. Alors l'identité est établie. Celui qui cherche leur relation découvre qu'il est lui-même le lien entre les deux.

Q. : Qu'est-ce que karma et renaissance ?

M. : Cherchez le *kartā* (l'auteur) et le *karma* (l'action) deviendra évident. Si vous êtes né maintenant, il est probable qu'une renaissance suivra. Cherchez si vous êtes né à présent.

Q. : Aidez-moi à obtenir un *jyotir-darshana* (une vision de lumière)

M. : Le *darshana* (la vision) implique un *drashtā* (celui qui voit). Cherchez ce dernier et vous découvrirez que le *darshana* est inclus en lui.

296. Un berger, nommé Poovan, raconta qu'il connaissait Shrī Bhagavān depuis trente ans, à l'époque où celui-ci se tenait dans la grotte de Virūpaksha. Il avait alors coutume de fournir du lait aux visiteurs de passage.

Il y a six ans environ, il avait perdu une brebis qui attendait un agneau. Pendant trois jours il la chercha en vain. Il avait perdu tout espoir de la retrouver et pensait qu'elle avait été dévorée par des animaux sauvages. Un jour qu'il passait devant l'ashram, il rencontra Shrī Bhagavān qui s'enquit de son sort. Il lui répondit qu'il cherchait une brebis égarée. Shrī Bhagavān resta silencieux ainsi qu'il avait coutume de le faire. Puis il demanda au berger de l'aider à soulever quelques pierres, ce que celui-ci fit avec joie. Quand le travail fut achevé, Shrī Bhagavān lui dit, en lui indiquant un sentier qui serpentait vers la ville : « Prends ce chemin et tu trouveras la brebis égarée. » Ce que fit le berger. La brebis fut retrouvée avec deux agnelets près d'elle.

Depuis, le berger ne cesse de proclamer les mérites de Shrī Bhagavān. « Voyez la puissance de ses paroles ! II est extraordinaire ! Il n'oublie pas un pauvre homme comme moi ! Il se souvient et me parle même de mon fils Mānikkam avec bonté. Voilà l'attitude des grands hommes ! Je suis heureux quand je peux lui rendre un service ou effectuer quelques travaux domestiques à l'ashram. »

18 DÉCEMBRE 1936

297. Mr. Cohen demanda : « La méditation se fait avec le mental à l'état de *jāgrat* (veille). Dans l'état de rêve, le mental est également présent. Alors pourquoi ne médite-t-on pas dans le rêve ? Et pourquoi est-ce même impossible ? »

M. : Posez cette question au moment où vous rêvez.

Après un court moment de silence, Shrī Bhagavān continua : « On vous recommande de méditer maintenant et de trouver qui vous êtes. Au lieu de suivre ce conseil, vous demandez pourquoi on ne peut pas méditer dans le rêve ou dans le sommeil profond. Si vous trouvez qui est en *jāgrat* (la veille) vous comprendrez clairement que c'est la même personne qui se trouve dans les états de rêve et de sommeil profond. Vous êtes le témoin du *jāgrat* (la veille), du *svapna* (lc rêve) et de la *sushupti* (le sommeil profond) ou, plus exactement, ces trois états défilent devant vous. C'est parce que vous n'êtes pas actuellement en méditation que de telles questions surgissent. Poursuivez la méditation avec assiduité et voyez si ces questions vous apparaissent encore. »

23 DÉCEMBRE 1936

298. Un visiteur s'interrogeait en disant que la méditation était une voie plus directe que l'investigation, parce que la première s'accroche à la vérité, tandis que la seconde démêle le vrai du faux.

M. : Pour le débutant, la méditation sur une forme est plus facile et agréable. Sa pratique conduit à l'*ātma-vichāra,* qui consiste à dégager la réalité de l'irréalité.

A quoi sert l'approche de la vérité, tant qu'il y a encore des facteurs antagonistes en vous ?

L'*ātma-vichāra* conduit directement à la Réalisation en supprimant les obstacles qui vous font croire que le Soi n'est pas encore réalisé.

24 DÉCEMBRE 1936

299. Mr. T. K. S. Iyer demanda à Shrī Bhagavān quelle était l'origine du son.

M. : L'opinion la plus répandue est que le *parā* (le son non manifesté) vient du *mūlādhāra* (*chakra* à la base de l'épine dorsale). Tous les sons commençant par la *vaikharī* sont contenus dans le *parā* qui provient de la *kundalinī ;* et la *kundalinī* n'est pas différente du Cœur. En fait, tout le *shadādhāra* (centre sextuple) est contenu dans le Cœur.

La *sushumnā* et sa source, la *kundalinī*, sont incluses dans le Cœur.

Un visiteur s'enquit sur « *antarena tāluke* [...] *sendrayonih* [Entre les deux faces du palais [...] Cela est le séjour d'Indra » (TaiU I.6,1)].

M. : L'*indrayonī* et le *sushumnā-nādi* sont tous deux contenus (*līna*) dans le *para*.

25 DÉCEMBRE 1936

300. Un jeune *brahmachārī,* diplômé en sciences, séjournait à l'ashram depuis quatre ou cinq mois en espérant que la Grâce lui offrirait un travail, comme une pomme mûre tombe de son arbre. Il ne faisait aucun effort pour en trouver. Un jour, son frère vint pour le ramener chez ses parents, mais le jeune homme refusa de partir. L'intervention de Shrī Bhagavān fut alors sollicitée.

Shrī Bhagavān dit : « Je ne demande à personne ni de venir ni de partir. Chacun fait à sa guise ici. Ce jeune homme dit trouver la paix dans le hall et, en même temps, il veut un travail. De toute évidence, il faut que le travail se trouve dans le hall même afin que sa paix ne soit pas perturbée. Mais la paix ne se trouve pas dans le hall. Elle est dans le repos du Soi. Elle peut être obtenue à n'importe quel endroit. »

Quelques jours plus tard, le jeune homme, après avoir jeté son cordon sacré [de brahmane], se présenta devant Shrī Bhagavān, tremblant de tous ses membres. Plus tard, il décrivit cet état comme étant celui de la félicité (*ānanda*). Shrī Bhagavān lui dit de ne pas prendre l'habitude de rester assis devant Lui, dans le hall, et lui ordonna de sortir. Avant que le jeune homme ne sorte, il ajouta : « Même un oisillon n'est protégé par ses parents que pendant la croissance de ses petites ailes et non au-delà. Avec les disciples, il en est de même. Je vous ai montré le chemin. Vous devez maintenant être capable de le suivre et de trouver la paix là où vous êtes. »

Ce jeune homme s'était imaginé avoir reçu de Shrī Bhagavān un *upadesha* [enseignement] par les paroles suivantes : « Le soi (c'est-à-dire l'ego) doit être dominé par soi-même. »

Il avait refusé l'offre d'un emploi dans un établissement scolaire local et pensait qu'un travail plus important lui serait attribué par la Colline ou par Shrī Bhagavān. « Le monde connaîtra plus tard la nature de ce travail », disait-il. Plusieurs mois auparavant, il avait anticipé tous les événements des derniers jours et les avait annoncés à sa mère et ses amis. Il était, du reste, très content de ce qui arrivait.

Shrī Bhagavān le comparait à un autre homme du même genre qui n'était pas en possession de toutes ses facultés. Et pourtant, ce jeune homme pensait être un *Bhagavān* à l'état embryonnaire. Plus tard, il devint fou et mourut.

301. Un homme raconta d'une manière enthousiaste plusieurs de ses expériences qu'il avait eues en suivant les instructions de Shrī Bhagavān. Il ajouta, en passant, que lui et Shrī Bhagavān étaient nés le même jour de la semaine et qu'ils portaient le même nom...

Shrī Bhagavān compléta ce récit en y ajoutant : « Le même Soi est en tous deux. »

302. Un jeune homme de Trichy interrogea Shrī Bhagavān au sujet d'un passage de l'*Upadesha-manjarī* qui décrivait l'*atyanta-vairāgyam* (l'état sans passion) comme une des qualités d'un disciple avancé. Puis il poursuivit : « Qu'est-ce que le *vairāgya* ? N'est-ce pas le détachement du monde et le désir du salut ? »

M. : Qui n'éprouve pas ce désir ?

Chacun cherche le bonheur mais le confond avec le plaisir, qui est inséparable de la douleur. Ce genre de bonheur est transitoire. Toutes les activités pour l'atteindre sont fondées sur cette erreur et procurent des plaisirs à court terme seulement. Dans le monde, douleur et plaisir alternent. Savoir faire la discrimination entre ce qui procure de la douleur et ce qui procure du plaisir et savoir se limiter à la poursuite du seul bonheur, c'est le *vairāgya*. Car, qu'est-ce qui n'est pas suivi de souffrance ? Il faut rechercher cela et s'y engager. Sinon l'homme a un pied dans le monde et un pied dans la poursuite d'une vie spirituelle, sans progrès satisfaisant ni dans l'un ni dans l'autre.

Quelqu'un posa une question concernant la fonction du *guru*.

M. : Parce que l'homme, se considérant trop faible, n'est pas capable de s'aider lui-même, il recherche davantage de force sous la forme d'un *guru*.

303. Mr. K .R. V. Iyer demanda des éclaircissements sur le *nāda* (le son intérieur).

M. : Celui qui médite sur le *nāda* finit par le ressentir. Il existe dix sortes de *nāda*. Après le dernier, comparable à un coup de tonnerre, le méditant parvient au *laya* [fusion du mental avec l'infini]. C'est l'état naturel et éternel. Le *nāda*, le *jyotis* [lumière] et l'investigation conduisent au même point. (Les deux premières méthodes sont indirectes tandis que la dernière est directe.)

Q. : Le mental s'apaise un court moment, puis il s'agite de nouveau. Que faut-il faire ?

M. : Il faut se souvenir le plus souvent possible des états de paix que l'on a pu obtenir. Cette paix est votre état naturel et permanent. Par une pratique assidue, elle deviendra naturelle. C'est ce qu'on appelle « le courant ». Cela est votre vraie nature.

Le *nāda,* le *jyotis*, etc., impliquent l'existence de la *tripūti* (triade du connaisseur, de la connaissance et de l'objet connu). Le courant qui provient de la recherche du Soi est la *shuddha-tripūti* ou triade pure, c'est-à-dire la triade non différenciée.

26 DÉCEMBRE 1936

304. Une femme, d'origine suisse, décrivit à Shrī Bhagavān une vision qu'elle avait eue : Alors qu'elle se trouvait en méditation les yeux grands ouverts, elle avait aperçu le visage du Maharshi se métamorphosant et prenant l'aspect d'un chérubin environné de fleurs magnifiques. Elle s'était alors sentie attirée par un amour intense vers ce visage d'enfant.

M. : Cette vision est dans votre mental. Elle a été provoquée par votre sentiment d'amour. Paul Brunton m'a vu comme un géant ; vous m'avez vu comme un enfant. Les deux sont des visions.

Q. : Lorsque Paul Brunton me demanda si j'avais eu une expérience spirituelle à l'ashram, j'ai dit non. Maintenant, cela m'arrive.

M. : Ne vous laissez pas leurrer par des visions.

Q. : Si on se trouve en Europe, à des milliers de kilomètres d'ici, et que l'on invoque votre aide...

M. : Où se trouve l'Europe ? Elle est en vous.

Q. : Je suis venue jusqu'ici ; j'aimerais que le Maharshi vienne en Europe. (En disant cela, elle avait un petit sourire sur les lèvres. Pendant quelques minutes, il y eut un silence.)

M. : Vous voyez le corps physique et vous concevez alors des limites. Le temps et l'espace opèrent sur le même plan. Tant que vous penserez en termes de corps physique, vous établirez des différences sous forme d'autres corps. Seulement la connaissance du véritable Maharshi apaisera tous vos doutes.

Vous trouvez-vous vraiment en Inde en ce moment ? Ou bien l'Inde est-elle en vous ? Cette notion que vous êtes en Inde doit disparaître. L'Inde est en vous. Pour vérifier cela, regardez ce qui se passe pendant votre sommeil. Vous sentiez-vous en Inde ou en Europe pendant le sommeil ? Vous étiez pourtant la même que maintenant.

L'espace est en vous. Le corps physique se trouve dans l'espace, mais pas vous.

Paul Brunton avait les yeux fermés quand il eut la vision, vous dites que vos yeux étaient ouverts.

Q. : Oui, mais jusqu'ici je n'avais jamais eu de vision, alors que Paul Brunton est « psychique ».

Après quelques minutes, elle demanda si c'était un avantage ou un désavantage d'avoir de telles visions.

M. : C'est un avantage.

Et Shrī Bhagavān continua : « Probablement pensiez-vous à un enfant et celui-ci vous est apparu dans la vision... »

Q. : C'est exact. Je pensais à Shiva, à Son visage d'enfant...

M. : Vous voyez bien.

Q. : Mais Shiva est le Destructeur... (Voulant dire par là qu'il n'est pas un enfant.)

M. : Oui, destructeur des souffrances.

Après quelques minutes : Vous allez bientôt aller dormir. Quand vous vous réveillerez demain matin, vous direz : « J'ai très bien dormi. » Ce qui s'est passé durant votre sommeil est votre vraie nature. Elle subsiste en ce moment même ; sinon ce ne serait pas votre vraie nature. Soyez dans ce même état de sommeil même maintenant ; c'est Shiva.

Avons-nous une forme ? Découvrez cela avant de penser à la forme de Shiva. N'existiez-vous pas durant votre sommeil ? Etiez-vous alors consciente de quelque forme ? Aviez-vous une forme pendant votre sommeil ? Pourtant vous existiez. Ce 'Je' qui était durant le sommeil est également présent maintenant. D'après l'expérience faite quand vous dormiez, vous n'étiez pas le corps. Pourquoi ne seriez-vous pas la même maintenant — c'est-à-dire sans le corps. Même sans corps, vous étiez heureuse pendant le sommeil. Vous êtes aussi la même maintenant. Seul ce qui a un caractère durable constitue la nature réelle. Dans le sommeil, il n'y avait pas de corps, il y avait seulement l'expérience de bonheur. Elle subsiste toujours. Le Soi est sans corps. Si vous êtes donc sans forme, comment Shiva peut-il avoir une forme ? Si vous avez un corps, Shiva a un corps également. Si vous n'en avez pas, Il n'en a pas non plus.

Q. : Pourquoi est-Il alors Shiva ?

M. : Shiva signifie l'incarnation du bonheur — et des bons auspices.

La personne parut satisfaite. Au bout d'un moment, elle partit.

305. Des visiteurs parlaient entre eux lorsque l'un d'eux prit la parole : « Nous, Indiens, bien que familiarisés avec les enseignements de notre tradition, sommes incapables de suivre cet enseignement (celui de Shrī Bhagavān). Comment des étrangers, ignorants de notre tradition, peuvent-ils suivre aussi facilement l'enseignement du Maharshi ? J'éprouve à la fois de la sympathie pour leurs efforts à nous comprendre en dépit de leurs handicaps, et de la pitié pour ne pas avoir l'équipement mental approprié. »

Shrī Bhagavān finalement remarqua : « Il vaut mieux avoir des visions que de ne pas en avoir. De cette manière, les gens s'intéressent à la vie spirituelle et ne se laissent pas distraire par d'autres idées ; une fois que cet intérêt est trouvé, ils persévèrent. C'est là le mérite des visions. »

Plus tard, Shrī Bhagavān fit référence à la vision de Sivaprakāsam Pillai : « Les visions ne sont pas extérieures. Elles n'apparaissent qu'à l'intérieur. Si elles étaient extérieures, elles devraient pouvoir affirmer leur propre existence sans qu'il y ait quelqu'un pour les voir. Dans ce cas, qu'est-ce qui prouve qu'elles existent ? La seule preuve est celui qui les voit. »

306. *Q. :* Il me semble nécessaire d'avoir un objet concret pour méditer. Comment pouvons-nous méditer sur le 'Je' ?

M. : Nous sommes si enracinés dans les formes que nous avons besoin d'une forme concrète sur laquelle méditer. Finalement, seul l'objet de notre contemplation demeure et toutes les autres pensées disparaissent. Si la contemplation vous est nécessaire, cela signifie qu'il y a encore des pensées. Mais où êtes-vous ? Vous contemplez parce que vous existez. Car la fonction du contemplateur est de contempler. La contemplation ne peut avoir lieu que là où il est. Elle barre le passage au flot de toutes les autres pensées. Vous devriez vous immerger dans la source même. Parfois nous y parvenons inconsciemment, comme dans le sommeil, la mort ou l'évanouissement. Mais qu'est-ce que la contemplation ? C'est s'immerger dans la source *consciemment*. Et parce que vous êtes capable de vous immerger dans

la source *consciemment*, la peur de la mort et de l'évanouissement disparaîtra.

Pourquoi redouter la mort ? La mort ne peut signifier
le non-être. Pourquoi aimez-vous le sommeil et non la
mort ? Ne pensez-vous pas en ce moment ? N'existez-
vous pas en ce moment ? Et durant votre sommeil,
n'existiez-vous pas ? Même un enfant dit qu'il a bien
dormi et qu'il était heureux. Il admet ainsi, bien qu'inconsciemment, son existence pendant le sommeil.

La conscience est donc notre vraie nature. Nous
ne pouvons rester inconscient. Nous prétendons que
nous étions inconscients durant notre sommeil parce
que nous nous référons à une conscience limitée. Le
monde, le corps, etc., sont tellement gravés en nous
que nous prenons cette conscience relative pour le Soi.
Est-ce qu'un homme qui dort dit qu'il est inconscient ?
Il le dit à son réveil car alors il se trouve en état de
conscience relative. Il parle donc d'un point de vue de
conscience relative et non de conscience abstraite. La
pure Conscience est au-delà de la conscience relative et
de l'inconscience.

Se référant au *Tiruvachakam,* Shrī Bhagavān dit :

Les quatre plus grands saints ont fait part de leur
expérience dans la toute première strophe : 1) L'adoration non différenciée. 2) le rappel incessant du Soi.
3) l'état sans pensée ; 4) l'ego n'existe pas, seul le
Soi existe. Toutes ces déclarations contiennent la même
vérité.

Q. : Mais cette vérité n'est pas réalisée.

M. : Elle sera réalisée le moment venu. D'ici là, on
doit pratiquer la dévotion (*bhakti*). Il est dit : « Même
pour un instant tu ne quittes pas mon esprit. » Peut-Il
vous abandonner ne serait-ce qu'un instant ? C'est vous
qui permettez à votre mental de vagabonder ailleurs.

Lui demeure toujours constant. Quand votre mental est stabilisé, vous dites : « *Il* ne quitte pas mon esprit, même pour un instant. » Comme c'est ridicule !

27 DÉCEMBRE 1936

307. Mr. Shamanna de Mysore demanda à Shrī Bhagavān : « Pourriez-vous m'expliquer l'*aham-sphurana* (la lumière du 'Je'-'Je') ? »

M. : Le 'Je' n'est pas connu dans le sommeil. Ce n'est qu'au réveil qu'il est perçu, associé avec le corps, le monde et le non-Soi en général. Ce « je associé » est appelé *aham-vritti.* Et lorsque l'*aham* ne représente que le Soi, on le nomme *aham-sphurana.* C'est l'état naturel des *jñānī ;* il est appelé *jñāna* par les *jñānī* ou *bhakti* par les *bhakta.* Bien que cet état soit toujours présent, même pendant le sommeil, on n'arrive pas à s'en apercevoir. Il ne peut pas être connu pendant le sommeil ; il doit être réalisé à l'état de veille. Il est notre vraie nature, sous-jacente aux trois états. Les efforts ne peuvent être faits qu'à l'état de *jāgrat* (veille) et le Soi doit être réalisé ici et maintenant. Ce n'est qu'après que le chercheur comprendra et réalisera qu'il s'agit du Soi permanent, que ni le *jāgrat*, ni le *svapna* (le rêve), ni la *sushupti* (le sommeil) ne peuvent interrompre. Cette expérience ininterrompue est donc l'*akhandākāra-vritti.* Là, le mot *vritti* est utilisé faute d'une meilleure expression. Il ne faut pas l'entendre dans le sens littéral de *vritti* [mode du mental], sinon cette *vritti* ressemblerait à « une rivière semblable à l'océan ». La *vritti* est de courte durée ; c'est la conscience qualifiée et dirigée ; ou la conscience absolue, troublée par des pensées, des sens, etc. La *vritti* est la fonction du mental, tandis que la conscience continue transcende le mental. C'est l'état naturel et primordial du *jñānī* ou de l'être libéré. C'est l'expérience ininterrompue. Elle se produit dès que la conscience relative s'évanouit. L'*aham-vritti* (la pensée 'je') est discontinue, alors que l'*aham-sphurana* (la lumière du 'Je'-'Je') est continue, ininterrompue. Quand toutes les pensées se sont dissipées, la Lumière resplendit.

31 DÉCEMBRE 1936

308. Quelqu'un posa une question sur l'intouchabilité.

M. : Le non-Soi est intouchable. L'intouchabilité sociale est une création de l'homme, mais l'autre intouchabilité est naturelle et divine.

Q. : Devrait-on permettre aux intouchables l'accès à nos temples ?

M. : D'autres sont là pour décider de cela.

Une autre question fut posée concernant les avatars de Vishnou.

M. : Cherchons d'abord à connaître notre propre avatar ; la connaissance des autres avatars suivra.

En réponse à une question sur Īshvara, Shrī Bhagavān dit : « L'existence d'Īshvara découle de notre conception d'Īshvara. Cherchons d'abord à savoir qui le conçoit. Tout concept dépend de celui qui le conçoit. Découvrez qui vous êtes et tous les autres problèmes se résoudront d'eux-mêmes. »

1ᵉʳ JANVIER 1937

309. *Q. :* Quelle est la différence entre *aham brahmāsmi* (je suis le *brahman*) et *brahmaivāham* (je ne suis rien d'autre que le *brahman*).

M. : Le premier est *pratyaksha-vritti,* c'est l'expérience directe ; le second est *paroksha-jñāna,* la connaissance indirecte. Le premier commence dès la réalisation d'*aham* (Je) tandis que le second débute avec le *brahman* qu'on connaît par ouï-dire et qui ne saurait être différent du Soi si celui-ci a été réalisé.

310. *Mr. Greenless :* Après avoir quitté l'ashram au mois d'octobre, je me sentais enveloppé par la paix de Bhagavān pendant une dizaine de jours. Même en travaillant, je ressentais cette paix d'unité ; c'était presque comme la double conscience que l'on a lorsqu'on est à moitié endormi lors d'une conférence sans intérêt. Puis cet état s'est un beau jour évanoui et les stupides pensées habituelles prirent sa place.

Le travail ne me laisse aucune place pour la méditation. Est-il suffisant de se rappeler constamment le « je suis » et de le ressentir tout en poursuivant son travail ?

M. : Ce rappel deviendra constant quand le mental se raffermira. Une pratique répétée renforce le mental à tel point qu'il est capable de s'accrocher à ce courant intérieur. Alors, engagement ou non dans le travail, le courant restera inaffecté et ininterrompu.

Q. : Aucune méditation spéciale n'est alors nécessaire ?

M. : La méditation est votre nature véritable. Vous l'appelez méditation parce que des pensées viennent vous distraire et que vous voulez les écarter. Quand ces pensées sont dissipées, vous restez seul, c'est-à-dire en état de méditation, libre de pensées ; et c'est votre vraie nature, celle que vous essayez maintenant d'obtenir en éloignant toutes les autres pensées. Vous appelez maintenant « méditation » le fait de tenir éloignées d'autres pensées. Mais quand la pratique deviendra stable, il se révélera que votre nature réelle est la vraie méditation.

Dès que vous essayez de méditer, d'autres pensées vous assaillent avec plus de force.

Aussitôt, un chorus de voix s'éleva avec des questions sur ce sujet.

Alors, Shrī Maharshi continua : « Oui, toutes sortes de pensées surgissent lors de la méditation. C'est tout à fait naturel, ce qui repose caché en vous remonte à la surface. Comment les pensées pourraient-elles être détruites si elles ne se manifestaient pas ? Elles surgissent donc spontanément pour être détruites en temps voulu ; et cela pour fortifier le mental. »

Un visiteur : Mais on dit qu'elles sont toutes le *brahman*.

M. : Oui, elles le sont. Mais tant que vous pensez qu'elles sont séparées, il faut les éviter. Si, en revanche, vous découvrez qu'elles sont le Soi, il n'y a plus besoin de dire « toutes ». Car tout ce qui existe est le seul *brahman*. Il n'y a rien d'autre en dehors du *brahman*.

Q. : La *Ribhu-gītā* parle de l'irréalité des objets, en ajoutant finalement qu'ils sont tous le *brahman* et qu'ainsi ils sont tous réels.

M. : C'est bien cela. Quand vous voyez les objets comme étant multiples ils sont *asat,* c'est-à-dire irréels. Mais quand vous les voyez comme étant le *brahman*, alors ils sont réels, parce qu'ils détiennent leur réalité de leur substrat, le *brahman*.

Q.: Pourquoi alors est-il mentionné dans l'*Upadesha-sāram* que le corps, les sens, etc., sont *jada,* c'est-à-dire non conscients ?

M. : Cela est valable si on considère que le corps, les sens, etc., sont séparés du Soi. Mais une fois le Soi trouvé, on se rend compte que ce corps, ces sens, etc., sont tous en Lui. A ce stade, personne ne posera plus la question et personne ne dira qu'ils sont *jada*.

Q. : On dit que *viveka* est la discrimination entre le Soi et le non-Soi. Qu'est-ce que le non-Soi ?

M. : En fait, il n'y a pas de non-Soi. Le non-Soi se trouve aussi dans le Soi. C'est le Soi qui parle du non-Soi, parce qu'il s'est oublié lui-même. S'étant oublié, il conçoit les objets comme étant le non-Soi, lequel n'est en fait rien d'autre que lui-même.

Ensuite, les discussions entre les partisans de différentes théories devinrent houleuses.

2 JANVIER 1937

311. Le 'je' qui s'élève disparaît aussi. Il s'agit ici du 'je' individuel ou du concept 'je'. Mais ce qui n'apparaît pas ne disparaîtra pas. C'*est* et ce sera pour toujours. C'est le 'Je' universel, le 'Je' parfait ou la réalisation du Soi.

L'après-midi, la femme suisse se plaignit à Shrī Bhagavān d'avoir des maux de tête lorsqu'elle se livrait à une méditation un peu prolongée.

M. : Si on comprenait que le méditant et la méditation sont identiques, il n'y aurait plus de mal de tête ou de plaintes semblables.

Q. : Mais ils sont différents. Comment peut-on les considérer comme identiques ?

M. : Tout dépend de votre perspective. Il ne sont qu'un et il n'y a pas de différences. A force de méditer, la conscience relative finira par disparaître. Ce n'est pas l'annihilation, car la Conscience absolue se révélera. La Bible dit : « Le Royaume des Cieux est en vous »... Si vous vous considérez comme étant le corps, vous éprouverez quelques difficultés à comprendre cette affirmation. Si, en revanche, vous savez qui vous êtes réellement, vous découvrirez que le Royaume des Cieux et tout le reste sont inclus en votre Soi véritable. Tous ces concepts prennent naissance après que l'ego s'est manifesté. *Drishtim jñānamayīm kritvā, pashyed brahmamayam jagat* [1] [La vision rendue pleine de sagesse, on doit voir le monde en tant que *brahman*]. Dirigez donc votre regard vers l'intérieur et il deviendra absolu. Une fois cette conscience absolue réalisée, dirigez votre regard vers l'extérieur et vous découvrirez que l'Univers n'est pas séparé de l'Absolu réalisé.

C'est parce que votre vision est dirigée vers l'extérieur que vous parlez d'un *extérieur*. Aussi vous conseille-t-on de tourner votre regard à l'*intérieur*. Cet *intérieur* est en relation avec l'*extérieur* que vous avez l'habitude de chercher. En réalité, le Soi n'est ni extérieur ni intérieur.

En parlant des Cieux, on s'imagine qu'ils sont au-dessus ou au-dessous, intérieurs ou extérieurs, car on est habitué à la connaissance relative. On ne cherche que le savoir objectif, d'où ces idées. En fait, il n'y a ni haut, ni bas, ni intérieur, ni extérieur. Si ces notions étaient réelles, elles devraient aussi être présentes pendant le sommeil profond. Car ce qui est réel doit être continu et permanent. Quand vous dormez, vous sentez-vous à l'intérieur ou à l'extérieur ? Bien sûr que non.

Q. : Je ne m'en souviens pas.

M. : Vous vous en souviendriez s'il y avait quelque chose dont il faille se souvenir. Vous admettez cependant que vous existiez durant votre sommeil. C'est le même Soi qui parle maintenant ; le Soi qui était indifférencié dans le sommeil est différencié dans l'état présent et voit la diversité. L'existence réelle est la seule qui soit dépourvue de connaissance objective. C'est la

---

1. Voir aussi entretiens n°s 238 et 240.

conscience absolue. C'est l'état de bonheur que tout le monde admet. C'est l'état qu'il faut susciter, même à l'état de veille. On l'appelle *jāgrat-sushupti.* C'est la *mukti.*

Q. : L'ego est ce qui se réincarne

M. : Oui. Mais qu'est-ce que la réincarnation ? L'ego reste toujours le même. De nouveaux corps apparaissent et se l'approprient. L'ego ne change pas. Il ne quitte pas un corps pour en chercher et en trouver un autre. Regardez ce qui arrive à votre propre corps physique. Supposez que vous alliez à Londres. Comment faites-vous ? Vous prenez une voiture qui vous emmène au port, puis un bateau qui vous transporte jusqu'à Londres en quelques jours. Que s'est-il passé ? Ce sont les moyens de transport qui se sont déplacés, non pas votre corps. Cependant, vous affirmez que vous avez voyagé d'un bout à l'autre du globe. Les mouvements des véhicules ont été transposés à votre corps. Il en est de même pour votre ego. Les réincarnations sont des transpositions. Par exemple, quand vous rêvez, que se passe-t-il ? Rentrez-vous dans le monde onirique ou bien est-ce ce dernier qui se déroule en vous ? La dernière hypothèse, sûrement. Il en va de même pour les réincarnations. L'ego reste inchangé au cours de celles-ci.

De plus, dans votre sommeil, le temps et l'espace n'existent pas. Ce sont des concepts qui naissent une fois que la pensée 'je' a surgi. Avant l'éveil de cette dernière, les concepts étaient absents. Par conséquent, vous êtes au-delà du temps et de l'espace. La pensée 'je' n'est qu'un 'je' limité. Le vrai 'Je' est illimité, universel, au-delà du temps et de l'espace. Ces notions sont absentes dans le sommeil. Juste au moment du réveil et avant de voir le monde objectif, se trouve un état de conscience qui est le pur Soi. C'est lui qu'il faut connaître.

Q. : Mais je ne le réalise pas.

M. : Ce n'est pas un objet qui doit être réalisé. Vous êtes cela. Qui est là pour réaliser, et que doit-il réaliser ?

312. *Mr. V. K. Cholkar de Poona :* Il est dit : « Connais-toi toi-même » ou « Vois qui est le 'Je' en toi. » Quel est le moyen d'y parvenir ? Suffit-il de répéter mécaniquement le *mantra* ou faut-il à chaque fois se rappeler pourquoi on le répète ?

M. : Vous répétez toujours le *mantra* automatiquement. Si vous n'êtes pas conscient de l'*ajapa* (le son inarticulé) qui vibre éternellement, il vous faut pratiquer le *japa* qui nécessite un effort. Cet effort est nécessaire pour écarter d'autres pensées. Le *japa* devient alors mental et intérieur. Finalement sa nature éternelle, l'*ajapa,* sera réalisée. Car vous découvrirez qu'il continue même sans effort de votre part. Cet état sans effort est l'état de réalisation.

Mr. Cholkar demanda encore à recevoir des instructions d'ordre pratique qui lui soient adaptées.

M. : Le *japa* n'est pas extérieur et par conséquent n'a pas besoin d'être recherché au-dehors. Il est intérieur, et il est éternel. Il est toujours réalisé. Mais vous dites que vous n'en avez pas conscience. Il exige qu'on y porte une attention constante. Aucun autre effort n'est nécessaire. Votre effort a pour seul but de vous empêcher d'être distrait par d'autres pensées.

La personne fut satisfaite.

313. *Mr. Greenless :* Bhagavān disait hier que quand on poursuit la quête de « Dieu qui est en nous », le travail extérieur s'exécute automatiquement. L'histoire raconte que Shrī Chaitanya cherchait Krishna (le Soi) pendant qu'il enseignait à ses étudiants et qu'il lui arrivait ainsi d'oublier où son corps se trouvait et de se mettre à parler sans arrêt de Krishna. Cela fait douter que l'on puisse abandonner en toute sécurité le travail à lui-même. N'est-il pas préférable d'y faire attention, ne serait-ce qu'en partie ?

M. : Le Soi est tout. Maintenant je vous demande : Etes-vous séparé du Soi ? Le travail peut-il s'effectuer en étant séparé du Soi ? Ou bien est-ce le corps qui est séparé du Soi ? Aucun d'eux ne peut être séparé du Soi. Le Soi est universel. Par conséquent, toutes les actions se dérouleront, que vous vous engagiez volontairement ou non. Le travail se fera automatiquement. Faire attention au Soi implique l'attention à son travail.

Q. : Mais mon travail risque de souffrir si je n'y prête pas attention.

M. : C'est parce que vous vous identifiez au corps que vous pensez que le travail est fait par vous. Mais le corps et ses activités, y compris le travail, ne sont pas séparés du Soi. Qu'est-ce que cela peut bien faire que vous fassiez attention ou non au travail ? Quand vous marchez d'un endroit à un autre, vous ne prêtez pas attention à chacun de vos pas. Et cependant, vous arrivez à destination au bout d'un certain temps. Vous remarquez alors comment le travail, c'est-à-dire la marche, s'est déroulé automatiquement sans que vous y prêtiez attention. Il en va de même pour les autres genres d'activité.

Q. : Cela revient à agir comme un somnambule.

M. : C'est exact. Un enfant peut être nourri par sa mère dans le sommeil tout aussi facilement que lorsqu'il est éveillé. Cependant, au réveil, il dit à sa mère qu'il n'a pas pris de nourriture. Mais la mère et son entourage savent bien que l'enfant a été nourri. Néanmoins, il affirme le contraire. Il n'a pas été conscient de ce qui s'est passé et pourtant l'action s'est poursuivie.

Le somnambulisme est une bonne comparaison pour cette façon de travailler.

Prenez un autre exemple. Un passager s'est endormi sur un char à bœufs. Au cours du voyage, les bœufs avancent, se tiennent à l'arrêt ou sont dételés. Le passager endormi ne se rend pas compte de ces changements. A son réveil, il se trouve en un autre lieu. Il ignore tout ce qui s'est passé durant le trajet, mais il est arrivé quand même à bon port.

Cet exemple peut s'appliquer au Soi du voyageur. Son état de veille est comparable au mouvement des bœufs et son *samādhi* à leur arrêt (puisque le *samādhi* est *jāgrat-sushupti*), c'est-à-dire qu'il est conscient des actions, mais pas attaché à elles ; comme les bœufs qui sont attelés, mais qui ne bougent pas. Son sommeil est comparable aux bœufs dételés, car il y a cessation totale d'activités, ce qui correspond à la libération des harnais pour les bœufs.

Voici encore un autre exemple. Les images d'un film sont projetées sur l'écran. Ces images mobiles n'affectent ni n'altèrent l'écran. Le spectateur leur prête attention et oublie l'existence de l'écran. Cependant ces images ne peuvent exister en dehors de celui-ci. Mais son existence n'est pas perçue. Ainsi nous pouvons comparer le Soi à l'écran sur lequel les images, ici les activités, défilent. L'homme est conscient des activités (le film), mais pas du Soi (l'écran) bien qu'il ne soit pas séparé du Soi. Qu'il ait conscience ou non des activités, elles n'en continueront pas moins.

Q. : Mais au cinéma il y a un opérateur.

M. : La projection d'un film est faite d'un ensemble d'éléments inanimés. L'écran, les images, le projecteur, etc., sont matière non consciente et nécessitent l'intervention d'un opérateur, un agent conscient. Quant au Soi, il est la Conscience elle-même et ne dépend de rien. L'opérateur, lui, ne peut exister indépendamment.

Q. : Je n'avais nullement confondu le corps avec l'opérateur comme votre réponse le laisse supposer.

M. : Les fonctions du corps dont il était question impliquent le besoin d'un opérateur. Etant donné l'existence d'un corps, objet non conscient (*jada*), il est nécessaire d'avoir un opérateur, agent conscient. Parce que les hommes pensent qu'ils sont des *jīva,* Shrī Krishna déclara que Dieu réside dans le Cœur comme l'opérateur des *jīva.* En fait, il n'y a ni *jīva* ni opérateur. Le Soi comprend tout. Il est l'écran, les images, le spectateur, l'acteur, l'opérateur, la lumière et tout le reste. Le fait que vous confondiez le Soi avec le corps et que vous vous imaginiez être l'acteur est comparable à un spectateur participant à un film comme acteur. Imaginez-vous l'acteur qui demande s'il peut paraître dans une scène sans écran. Tel est le cas de l'homme qui pense pouvoir agir indépendamment du Soi.

Q. : C'est comme si l'on demandait au spectateur de jouer dans le film. Le somnambulisme semble en fait désirable.

M. : D'après une croyance, la corneille n'a qu'un seul iris qu'elle roule dans l'un ou l'autre de ses yeux quand elle cherche à apercevoir un objet. Elle n'a donc qu'un seul iris pour deux orbites. L'oiseau manœuvre sa vue à sa guise.

Ou encore, la trompe de l'éléphant lui sert à la fois d'appareil respiratoire, de conduit pour boire et d'instrument pour de multiples travaux.

Prenez encore l'exemple des serpents dont on dit que le même organe leur sert à voir et à entendre.

De même, nos activités et les états dans lesquels nous sommes dépendent de notre point de vue. Le sommeil éveillé, la veille endormie, le sommeil du rêve ou le rêve éveillé sont tous à peu près la même chose.

Q. : Nous avons affaire à un corps physique dans

un monde éveillé, lui aussi physique. Si nous dormons pendant que nous travaillons ou si nous travaillons au moment où le sommeil nous surprend, le travail risque d'aller de travers.

M. : Le sommeil n'est pas ignorance ; c'est votre état pur. L'état de veille n'est pas connaissance ; c'est l'ignorance. Il y a pleine conscience dans le sommeil et il y a ignorance totale dans la veille. Votre vraie nature recouvre ces deux états et s'étend au-delà. Le Soi est au-delà de la connaissance et de l'ignorance.

Sommeil profond, rêve et veille ne sont que des modes défilant devant le Soi. Ils se poursuivent, que vous en preniez conscience ou non. C'est le cas du *jñānī*, chez qui les états de veille, de *samādhi,* de sommeil profond et de rêve se déroulent comme les bœufs qui avancent, restent à l'arrêt ou sont dételés, dans l'exemple du voyageur endormi. Ces questions n'existent que du point de vue de l'*ajñānī.* Autrement elles ne se posent pas.

Q. : Evidemment, elles ne peuvent se présenter pour le Soi. Qui serait là pour les poser ? Mais malheureusement, je n'ai pas encore réalisé le Soi.

M. : C'est justement l'obstacle sur votre chemin. Vous devez vous débarrasser de l'idée que vous êtes un *ajñānī* qui a encore à réaliser le Soi. Vous êtes déjà le Soi. Y a-t-il jamais eu un seul instant où vous ayez été séparé du Soi ?

Q. : C'est alors une expérience de somnambulisme... ou de rêve éveillé.

Cela fit rire Bhagavān.

3 JANVIER 1937

GOUTTES DE NECTAR

314. La veille, Shrī Bhagavān avait dit que le Soi est pure conscience en sommeil profond. Il avait souligné également que la transition du sommeil à la veille est l'état idéal pour réaliser le Soi. Il fut prié d'en donner l'explication.

Shrī Bhagavān répondit de bonne grâce : « Le Soi est pure conscience dans le sommeil ; dans la phase de transition, le Soi se déploie sous la forme d'*aham* (Je) sans *idam* (ceci) ; à l'état de veille il se manifeste sous la forme d'*aham* et d'*idam*. L'expérience individuelle ne peut s'effectuer qu'à travers l'*aham*. Le chercheur doit donc aspirer à la Réalisation par cette voie (c'est-à-dire par le moyen du 'Je' de la transition). Autrement, l'expérience du sommeil n'a pas de sens pour lui. Si ce 'Je' de transition est réalisé, le substrat est trouvé, et cela mène au but final.

Le sommeil est, dit-on, *ajñāna* (ignorance). Mais cela n'est qu'en fonction du faux *jñāna* (connaissance) qui prévaut dans l'état de veille. En réalité, l'état de veille est *ajñāna* et l'état de sommeil est *prajñāna* (pleine Connaissance). La *shruti* dit : "*prajñāna* est le *brahman*[1]". Le *brahman* est éternel. Celui qui fait l'expérience du sommeil est appelé *prājña*. Il est le *prajñānam* dans les trois états, mais particulièrement dans l'état de sommeil où il est plein de Connaissance (*prajñāna-ghana*). Qu'est-ce que *ghana* ? Il y a *jñāna* et *vijñāna*. Les deux opèrent conjointement dans toutes les perceptions. Le *vijñāna* en *jāgrat* (état de veille) est *viparīta-jñāna* (fausse connaissance), c'est-à-dire

---

1. *Mahāvākya* de l'*Aitareya-upanishad* (*Rig-Veda*).

ajñāna (ignorance). L'ignorance coexiste toujours avec l'individuel. Quand le *vijñāna* devient *vispashta-jñāna* (connaissance claire), il est le *brahman*. Quand la fausse connaissance est totalement absente, comme durant le sommeil, le *brahman* prévaut en tant que pur *prajñāna*. C'est alors le *prajñāna-ghana*.

L'*Aitareya-upanishad* dit que *prajñāna, vijñāna, ajñāna* et *samjñāna* sont tous des noms du *brahman*. Etant donné que le *brahman* est la seule Connaissance, comment peut-il faire l'objet d'expérience, puisque l'expérience est toujours associée au *vijñāna*. C'est pourquoi, pour l'expérience du *prajñāna-ghana,* on doit saisir le pur 'Je' de la phase de transition. Le 'je' de l'état de veille est impur et ne peut pas servir à une telle expérience. D'où la nécessité d'avoir recours au 'Je' de la transition ou pur 'Je'. Comment ce pur 'Je' peut-il être réalisé ? Dans le *Viveka-chūdāmani* il est dit : *Vijñāna-koshe vilasaty ajasram* (Il resplendit toujours dans l'enveloppe de l'intellect, le *vijñāna-kosha*).

Le *Tripurā-rahasya,* de même que d'autres ouvrages, souligne que l'intervalle séparant deux *sankalpa* (idées ou pensées) consécutives représente le pur *aham* (Je). Par conséquent, en s'accrochant au pur 'Je', le *prajñāna-ghana* doit être fixé comme but et c'est la *vritti* qui permet d'y parvenir. Toutes ces déclarations ont leurs places adéquates et respectives et, en même temps, elles conduisent à la Réalisation.

Le *Viveka-chūdāmani* décrit aussi le Soi à l'état pur comme étant au-delà d'*asat* [la non-réalité], c'est-à-dire différent d'*asat*. L'*asat*, dans notre cas, est le 'je' contaminé de l'état de veille. *Asadvilakshana* signifie *sat*, c'est-à-dire le Soi du sommeil profond. Il est aussi décrit comme étant différent du *sat* et d'*asat*. Les deux textes parlent du même Soi, qui est également désigné comme *asesha-sākshī* (témoin de tout).

Comment se fait-il que le pur 'Je' (*aham*) puisse être expérimenté par le 'je' impur ? Une personne dit à son réveil : "J'ai dormi comme un bienheureux." Le bonheur fut son expérience. Sinon, pourrait-elle parler d'une chose qu'elle n'a pas expérimentée ? Mais alors comment a-t-elle pu faire l'expérience du bonheur dans le sommeil, si le Soi était pur ? Qui est celui qui parle de son expérience au réveil ? Celui qui parle est le *vijñānātmā* (le soi ignorant) et il parle du *prajñānātmā* (le Soi pur). Comment est-ce possible ? Est-ce que ce *vijñānātmā* était présent en sommeil profond ? Son affirmation au réveil de l'expérience du bonheur dans le sommeil permet d'en déduire qu'il s'y trouvait. Mais comment s'y trouvait-il ? Certainement pas de la même manière qu'à l'état de veille, mais d'une façon beaucoup plus subtile. Le *vijñānātmā,* dans sa forme extrêmement subtile, peut, par le moyen de la *māyā,* faire l'expérience du bonheur du *prajñānātma.* C'est comparable aux rayons de la lune vus à travers les branches, les rameaux et le feuillage d'un arbre.

Il semble donc que le *vijñānātmā* subtil de l'état de sommeil profond soit étranger au *vijñānātmā* aisément perceptible de l'état de veille. Pourquoi devons-nous en déduire l'existence du *vijñānātmā* subtil pendant le sommeil ? Ne devons-nous pas nier simplement l'expérience de bonheur ressentie pendant le sommeil et en finir avec cette déduction ? Non. L'expérience du bonheur dans le sommeil est un fait qui ne peut être nié, étant donné que tout le monde recherche le sommeil et prépare un bon lit pour le plaisir d'un sommeil profond.

Cela nous amène à la conclusion que le connaisseur, la connaissance et le connu sont présents dans les trois états de veille, de rêve et de sommeil profond, bien qu'il y ait entre eux des différences subtiles. Dans l'état de transition, l'*aham* (le Je) est *shuddha* (pur) parce que l'*idam* (l'objet) a disparu — l'*aham* prédomine.

Pourquoi ce pur 'Je' n'est-il pas réalisé maintenant par chacun de nous, ou pourquoi n'en conservons-nous pas même le souvenir ? C'est simplement faute d'avoir fait connaissance (*parichaya*) avec lui. Et il ne peut être connu que s'Il est perçu consciemment. Par conséquent, faites des efforts pour y parvenir consciemment. »

315. Un des assistants demanda : « Shrī Bhagavān a dit : "Réalité et mythe sont tous deux la même chose". Comment devons nous comprendre cela ? »

M. : Les tantristes et d'autres de même tendance condamnent la philosophie de Shrī Shankara, le *māyā-vāda,* sans bien la comprendre. Que dit en effet Shankara ?

Il dit : 1) le *brahman* est réel ; 2) l'Univers est un mythe ; 3) le *brahman* est l'Univers. Shankara ne s'arrête pas à la deuxième déclaration, mais la complète par la troisième. Qu'est-ce que cela signifie ? L'Univers est habituellement conçu comme étant séparé du *brahman*, mais cette conception est fausse. Les adversaires de Shankara s'appuient sur son exemple de *rajju-sarpa* (la corde et le serpent[1]). Il s'agit là d'une surimposition inconditionnée. Dès que l'existence de la corde est reconnue, l'illusion du serpent est détruite une fois pour toutes.

Mais ils devraient tenir compte aussi de la surimposition conditionnée, telle qu'elle apparaît dans l'exemple de *marumarīchikā* (le mirage dans le désert) ou *mriga-trishnā* (l'eau du mirage). Le mirage ne disparaî͏ ͏s,

---

1. C'est une image classique utilisée dans l'Advaita-ᵥ
voit dans la pénombre une corde et on la confond avₑ
Ce soi-disant serpent semble réel, mais son existenᵣ
illusoire.

même lorsqu'on reconnaît qu'il s'agit d'un mirage. La vision demeure, mais l'homme ne court pas vers l'eau. Shrī Shankara doit être compris à la lumière des deux exemples. Le monde est un mythe. Cependant, même après l'avoir compris, le monde continue à se manifester. Il faut donc le voir comme étant le *brahman* et non pas séparé du *brahman*.

Le monde apparaît, mais à qui apparaît-il ? demande-t-il. Quelle est votre réponse ? Vous devez dire : au Soi. Sinon, le monde pourrait-il apparaître en l'absence du Soi ? Le Soi est donc la réalité. Telle est la conclusion de Shankara. Les phénomènes sont réalité quand nous les voyons comme le Soi, et mythes quand nous les considérons comme séparés du Soi.

Maintenant, que disent les tantristes et autres ? Ils disent que les phénomènes sont réels parce qu'ils font partie de la Réalité dans laquelle ils apparaissent.

Ces deux théories ne sont-elles pas semblables ? C'est ce que je voulais vous faire comprendre lorsque je vous ai dit que la réalité et le mythe étaient tous deux une même et unique chose.

Selon les contradicteurs, le phénomène de l'eau du mirage est purement illusoire, qu'il s'agisse d'illusion conditionnée ou inconditionnée, car cette eau ne peut en aucun cas servir. Par contre, le phénomène du monde est différent, il a une finalité. Comment peut-on alors placer au même niveau le mirage et le monde ?

Un phénomène n'est pas réel simplement parce qu'il sert à un ou plusieurs usages. Prenez le rêve, par exemple. Les créations oniriques ont leur utilité ; elles servent l'objectif du rêve. L'eau du rêve désaltère l'être assoiffé du rêve. La création onirique est toutefois contredite au réveil. La création de l'état de veille l'est aussi dans les deux autres états (rêve et sommeil profond). Ce qui n'est pas continu ne peut être réel. Si une chose est réelle, elle doit toujours l'être et non pas être parfois réelle et parfois irréelle.

Tout cela est comparable aux tours des magiciens. Leurs créations semblent réelles alors qu'elles sont illusoires.

De même, l'Univers ne peut être réel en lui-même, c'est-à-dire séparé de la Réalité profonde.

316. Un film projette un incendie sur un écran de cinéma. L'écran prend-il feu ? Des tonnes d'eau sont déversées. L'écran est-il mouillé ? Du matériel est utilisé. L'écran en est-il endommagé ?

C'est pourquoi il est dit : *acchedyo 'yam, adāhyo 'yam, akledhyah...* [Il (le Soi) ne peut être ni blessé, ni brûlé, ni mouillé... (BhG II.24)]. Le feu, l'eau, etc., sont des phénomènes qui apparaissent sur l'écran du *brahman* (c'est-à-dire le Soi), et ils ne l'affectent pas.

6 JANVIER 1937

317. *Mr. Parkhi :* Plusieurs visiteurs, ici, me disent qu'ils obtiennent de votre part des visions et de nouveaux points de vue. Je suis ici depuis un mois et demi et je n'ai pas eu la moindre expérience de ce genre. Peut-être suis-je indigne de votre grâce ? Si tel est le cas, je trouve déshonorant que votre grâce ne me soit pas accordée, bien que je sois un *Vasishthakulotpanna* (descendant du Sage Vasishtha), alors que des étrangers, venus de loin, en bénéficient. Pourriez-vous m'indiquer quelques *prāyashchitta* (exercices d'expiation) pour écarter de moi cette disgrâce ?

M. : Les visions et les points de vue varient selon l'état d'esprit dans lequel on se trouve. Ils dépendent de l'individu et non pas de la Présence universelle. De plus, ils sont sans importance. La seule chose qui compte c'est la paix de l'esprit.

Q. : La paix de l'esprit est le résultat de la transe. Comment obtient-on celle-ci ?

M. : La transe n'est qu'absence de pensée. Cet état prédomine dans le sommeil. Votre esprit en est-il pour autant en paix d'une façon durable ?

Q. : Dans le bulletin de l'ashram il est dit que la transe est nécessaire.

M. : La transe n'est pas quelque chose de séparé qu'il faille acquérir. Elle est votre état naturel.

Q. : Mais je ne le sens pas.

M. : Le principal obstacle consiste justement en cette croyance.

Q. : Comme je n'ai pas réalisé le Soi, j'avoue que je ne comprends pas mon état permanent de transe.

M. : Vous vous répétez. Voilà le principal obstacle. Cela provient du fait que vous pensez que le non-Soi est vous-même. Voilà l'erreur. Ne prenez pas le non-Soi pour le Soi. Alors le Soi vous sera évident.

Q. : Je comprends tout cela d'une manière théorique mais non pratique.

M. : Il n'existe pas deux soi, c'est-à-dire un soi qui prétend ne pas avoir réalisé le Soi.

Q. : Tout cela est encore théorique pour moi. Comment pourrais-je parvenir à la transe ?

M. : La transe n'est que temporaire dans ses effets. Tant qu'elle dure, il y a bonheur. Dès que vous en sortez, les anciennes *vāsanā* [tendances] reviennent. A moins que les *vāsanā* aient été détruites en *sahaja-samādhi* (le *samādhi* sans effort), la transe n'apporte aucun bienfait.

Q. : Mais la transe ne doit-elle pas précéder le *sahaja-samādhi* ?

M. : La transe est l'état naturel. Même s'il y a des

activités et des phénomènes, ceux-ci n'affectent pas la transe. Une fois qu'ils sont perçus comme non séparés du Soi, le Soi est réalisé. Quelle est l'utilité de la transe, si elle ne peut apporter une paix durable ? Sachez que même maintenant vous êtes en transe, quoi qu'il arrive. C'est tout.

Q. : Mais comment dois-je m'y prendre ?

Un homme érudit remarqua alors : « *Yato vāco nirvatante / aprāpya manasā saha* [TaiU II.9] (Ce que les mots ainsi que le mental ne peuvent atteindre). »

Mr. Parkhi répliqua : « Il est dit aussi *manasaiva āptavyam* [v. KaU IV.11] (Ce ne peut être réalisé qu'à l'aide du mental). »

M. : Oui. Le mental pur, le mental libre de pensées, est le Soi. Le mental pur est au-delà du mental impur.

Q. : Vu avec la partie la plus subtile de l'intellect par des chercheurs subtils.

M. : Ce qui a été dit du mental s'applique à cela aussi.

Q. : Si la transe est mon état naturel, pourquoi dit-on qu'il est nécessaire de l'obtenir avant la Réalisation ?

M. : Cela veut dire qu'on doit être conscient de son état de transe éternel. Ne pas y prêter attention est ignorance. *Pramādo vai mrtyuh* (l'inattention est la mort même).

Q. : Mais comment puis-je y être attentif sans avoir au préalable obtenu la transe ?

M. : Fort bien. Si vous êtes tellement désireux d'obtenir la transe, n'importe quel narcotique vous la provoquera. Le résultat sera l'accoutumance à la drogue et non la Libération. Même dans la transe il y a des *vāsanā* à l'état latent. Ces *vāsanā* doivent être détruites.

Un autre disciple demanda : « La réalisation du Soi peut-elle être obtenue avant que les *vāsanā* soient entièrement détruites ? »

M. : Il existe deux sortes de *vāsanā* : 1. *bandha-hetu,* causant la servitude chez l'ignorant et 2. *bhoga-hetu*, procurant la joie au sage. Ce dernier n'est pas un obstacle à la Réalisation.

Q. : Les êtres ayant réalisé le Soi renaissent-ils, tels Vāmadeva ou Jada Bharata ?

M. : Les êtres réalisés ne peuvent renaître. La renaissance est due aux *vāsanā* qui lient au monde. Mais elles sont détruites lors de la réalisation du Soi.

Q. : Devons-nous comprendre que ces êtres ont réalisé l'état de *kevala-nirvikalpa*, mais pas encore celui de *sahaja-nirvikalpa ?*

M. : Oui

Q. : Si les *vāsanā* ne procurant que la joie ne sont pas un obstacle à la Réalisation et si l'on parvient à regarder les événements du monde sans que son état de félicité ne soit altéré, cela signifie que seul l'attachement constitue l'esclavage de l'homme. Ai-je raison ?

M. : Oui, tout à fait. L'attachement est l'esclavage de l'homme. Il disparaît lors de l'élimination de l'ego.

Q. : On dit que la grâce du *guru* aide à la Réalisation.

M. : Le *guru* n'est rien d'autre que le Soi.

Q. : Mais Krishna a eu pour maître Sandipani, et Rāma était disciple de Vasishtha.

M. : Pour le chercheur, le *guru* apparaît comme extérieur. C'est le *guru* qui provoque le retournement du mental. Tant que le disciple est tourné vers l'extérieur, il a besoin d'être enseigné par un *guru,* qu'il découvrira, en temps voulu, comme étant le Soi.

Q. : Puis-je obtenir la grâce du *guru* ?

M. : La grâce est toujours présente.

Q. : Mais je ne la ressens pas.

M. : L'abandon fera comprendre ce qu'est la grâce.

Q. : Je me suis abandonné, cœur et âme. Je suis le meilleur juge en ce qui concerne mon cœur. Et cependant je ne sens pas la grâce.

M.: Si vous vous étiez abandonné véritablement, ces questions ne se poseraient pas.

Q.: Je me suis abandonné. Et cependant les questions se posent encore.

M.: La grâce est constante. Votre jugement, lui, est variable. Autrement, où serait le défaut ?

Q.: On devrait m'aider à m'abandonner.

M.: Thāyumānavar disait : « Gloire à Toi, qui me permets de discuter autant et de suivre Tes préceptes jusque-là. »

7 JANVIER 1937

318. *Q.:* Comment peut-on surmonter la peur de la mort ?

M.: Essayez de découvrir si vous êtes né avant de penser à la mort. Car seul celui qui est né peut mourir. Quand vous dormez vous ne valez pas mieux qu'un mort et pourtant, vous n'avez pas peur de la mort dans le sommeil.

Q.: Comment sommes-nous dans le sommeil ?

M.: Posez la question lorsque vous dormez. Vous vous souvenez de l'expérience du sommeil seulement une fois réveillé. Alors vous vous rappelez cet état en disant : « J'ai bien dormi. »

Q.: Quel est l'instrument qui nous permet de faire l'expérience de cet état ?

M.: On l'appelle *māyākarana* par opposition à *antahkarana* qui nous est familier dans nos autres états. Les mêmes instruments ou organes subtils ont des noms différents selon les états. C'est ainsi que l'*ānandātmā* de l'état de sommeil s'appelle *vijñānātmā* dans l'état de veille.

Q.: Je vous prie de me donner une illustration du *māyākarana* faisant l'expérience de l'*ānanda*.

M. : Quand vous dites « j'ai bien dormi », c'est l'expérience qui en est la preuve. Il ne peut y avoir de souvenir en état de veille s'il n'y a pas eu expérience en état de sommeil.

Q. : Je suis d'accord. Mais je vous prie de me donner un exemple.

M. : Comment décrire cela ? Si vous plongez dans l'eau pour y chercher un objet, vous ne parlez de sa découverte qu'une fois la tête hors de l'eau. Vous ne dites rien tant que vous êtes sous l'eau.

Q. : Je n'ai pas peur quand je dors, mais j'ai peur maintenant.

M. : Parce que « *dvitīyād vai bhayam bhavati* [BĀU I.4,2] — seule l'existence d'un autre suscite la peur ». De quoi avez-vous peur ?

Q. : De la perception du corps, des sens, du monde, d'Īshvara, des activités, des plaisirs...

M. : Pourquoi prenez-vous ces manifestations en considération si elles vous effraient ?

Q. : Parce qu'elles sont inéluctables.

M. : Mais c'est vous qui les voyez. La peur est-elle en vous ou en elles ?

Q. : Non, en moi.

M. : C'est parce que vous les voyez que vous en avez peur. Ne les voyez plus et la peur disparaîtra.

Q. : Que devrais-je alors faire en état de veille ?

M. : Soyez le Soi ; et il n'y aura rien d'autre pour vous causer la peur.

Q. : Oui. Je comprends maintenant. Si je vois mon Soi, ma vue est détournée du non-Soi et il y a bonheur. Cependant, il reste encore la peur de la mort.

M. : Seul celui qui est né doit mourir. Voyez déjà si vous êtes vraiment né pour que la mort puisse vous menacer.

319. Mr. Sridhar, originaire de Goa, demanda :
« Qu'est-ce que *kaushalam* (l'habileté) dans "*yogah karmasu kaushalam*" (Le yoga est l'habileté dans l'action). Comment l'obtient-on ? »

M. : Agissez sans vous soucier du résultat de vos actions. Ne pensez pas que vous en êtes l'auteur. Consacrez votre travail à Dieu. Voilà en quoi consiste l'habileté ainsi que la manière de l'obtenir.

Q. : Samatvam yoga uchyate (l'équanimité est yoga). Qu'est-ce que cette équanimité ?

M. : C'est l'unité dans la diversité. Maintenant, l'Univers est vu dans toute sa diversité. Voyez le dénominateur commun (*sama*) à tous les objets. Ce faisant, l'égalité dans les couples d'opposés (*dvandvāni*) suivra naturellement. C'est cette égalité qu'on appelle équanimité.

Q. : Comment peut-on voir le dénominateur commun dans la diversité ?

M. : Seul *celui qui voit* existe. Sans lui, la diversité du monde ne peut apparaître. Et il ne change pas, même si tout change autour de lui.

> *yogah karmasu kaushalam* [BhG II.50] = L'habileté dans les œuvres est yoga.
>
> *samatvam yoga uchyate* [BhG II.48] = L'équanimité est yoga.
>
> *mām ekam sharanam vraja* [BhG XVIII.66] = Abandonne-toi à moi seul.
>
> *ekam evādvitīyam* [ChU VI.2,1] = Un seul, sans second.

Ces différents aspects, ayant la même signification et exprimant une seule et même vérité, représentent respectivement karma, yoga, *bhakti* et *jñāna*.

Mr. Ekanatha Rao : La grâce est-elle nécessaire pour y parvenir ?

M. : Oui.

Q. : Comment obtenir la grâce divine ?

M. : Par l'abandon de soi.

Q. : Je ne ressens toujours pas la grâce.

M. : La sincérité fait défaut. L'abandon ne doit être ni verbal ni conditionnel.

Pour illustrer ces déclarations, des passages d'un livre sur saint Justinien furent lus : « La prière n'est pas verbale. Elle vient du Cœur. S'immerger dans le Cœur est prière. C'est aussi la Grâce. »

Un certain Alvar [1] dit : « Je Te cherche depuis toujours. Mais en réalisant le Soi je découvre que Tu es le Soi. Le Soi est mon tout, tu es donc mon Tout. »

Q. : Les impuretés de la limitation (*ānava*), de l'ignorance (*māyika*) et du désir (*kāma*) constituent des obstacles sur la voie de la méditation. Comment faire pour les maîtriser ?

M. : En ne se laissant pas emporter par eux.

Q. : La grâce est nécessaire pour y parvenir.

M. : Oui, la Grâce est à la fois le début et la fin. L'introversion est due à la Grâce ; la persévérance est Grâce ; et la Réalisation est Grâce. Voilà la raison de la déclaration : *mām ekam sharanam vraja* [BhG XVIII, 66] (Ne t'abandonne qu'à Moi seul). Si on s'est complètement abandonné, existe-t-il encore la plus infime parcelle pour réclamer l'intervention de la Grâce ? On est alors submergé par la Grâce.

Q. : Les obstacles sont puissants et entravent la méditation.

M. : Si vous reconnaissez l'existence d'un Pouvoir supérieur, et si vous vous y abandonnez, comment peuvent-ils vous gêner ? Si vous dites : « Les obstacles

---

1. Nom donné aux douze saints adorateurs de Vishnou.

sont puissants », vous devez saisir la source de leur pouvoir afin qu'ils ne vous gênent plus.

320. Au cours d'une conversation informelle, Shrī Bhagavān fit remarquer que la réalisation du Soi n'était possible que pour ceux qui en avaient l'aptitude. Les *vāsanā* (les tendances) doivent être éliminées avant que le *jñāna* commence à poindre. On doit suivre l'exemple du roi Janaka pour que le *jñāna* puisse se révéler, et être prêt à tout sacrifier pour la Vérité. Le renoncement total est le signe de l'aptitude.

321. *Q.:* Les souffrances apparaissent en *jāgrat* [état de veille]. Pourquoi doivent-elles apparaître ?

M.: Si vous voyez votre Soi, elles n'apparaîtront pas.

Q.: Quand je me mets à chercher qui je suis, je ne trouve rien.

M. : Comment étiez-vous dans votre sommeil profond ? Il n'y avait pas la pensée 'je', et vous étiez heureux. Tandis que dans l'état de *jāgrat* vos pensées se déploient dès que la pensée-racine 'je' surgit et elles vous cachent votre bonheur inhérent. Débarrassez-vous donc de toutes ces pensées qui sont un obstacle au bonheur. Votre état naturel est le bonheur ainsi que votre sommeil profond le met en évidence.

Q.: Je ne sais rien de mon expérience du sommeil.

M.: Mais vous savez que vous étiez heureux. Sinon vous ne diriez pas : « J'ai dormi comme un bienheureux. » Quand il n'y a pas de pensées, pas de 'je' et, en fait, plus rien excepté vous, vous êtes heureux. Voilà toute la vérité.

C'est exactement ce que nous transmet le *mahāvākya* : *« tat tvam asi »* (Tu es Cela.) Trouvez votre Soi ; et alors vous connaîtrez *Cela*.

Q. : Comment est ce *brahman* ?

M. : Pourquoi vous interrogez-vous sur le *brahman,* comme s'il était séparé de vous-même ? Les Ecritures disent : « Tu es Cela ». Le Soi vous est intime ; en fait, vous ne pouvez être sans le Soi. Réalisez cela. C'est aussi la réalisation du *brahman.*

Q. : Mais je suis incapable de le faire. Je suis trop faible pour réaliser mon Soi.

M. : Dans ce cas, abandonnez-vous sans réserve aucune et le Pouvoir supérieur se révélera.

Q. : Que voulez-vous dire par s'abandonner sans aucune réserve ?

M. : Si on s'abandonne, il n'y a plus personne pour poser des questions ou pour penser à quoi que ce soit. Soit on parvient à éliminer toutes les pensées en se tenant fermement à la pensée-racine 'je', soit on s'abandonne sans condition au Pouvoir supérieur. Seuls ces deux chemins conduisent à la Réalisation.

322. Une femme cultivée, fille d'un avocat renommé de Madras, demanda : « Que doit-on faire pour se libérer des pensées comme vous le recommandez ? N'y a-t-il que l'investigation "Qui suis-je ?" »

M. : Restez simplement tranquille. Essayez et vous verrez.

Q. : C'est impossible.

M. : Justement. C'est la raison pour laquelle on recommande la recherche « Qui suis-je ? ».

Q. : Quand je pose cette question, je n'obtiens aucune réponse en moi.

M. : Quel genre de réponse attendez-vous ? N'êtes-vous pas là ? Que voulez-vous encore ?

Q. : Les pensées affluent toujours plus.

M. : Posez alors chaque fois la question « Qui suis-je ? ».

Q. : Dois-je donc poser cette question à chaque pensée qui s'élève ? Eh bien... Le monde n'est-il que pensée ?

M. : Laissez le monde poser cette question. Qu'il demande : « Comment suis-je venu à l'existence ? »

Q.: Voulez-vous dire que le monde n'a aucun rapport avec moi ?

M. : Dans le sommeil profond, rien n'est perçu ; ce n'est qu'après le réveil que tout apparaît. Quand les pensées surgissent, le monde vient à l'existence ; que peut-il être d'autre, à part une pensée ?

Un autre visiteur demanda : « Que devons-nous faire pour apaiser le mental ? »

M. : Attrapez d'abord le mental et apportez-le ici. Alors nous considérerons les moyens et les façons de le tranquilliser.

Q. : Je voulais dire que le mental est toujours instable, même quand nous pratiquons le *japa* [répétition d'un mantra].

M.: Le seul but du *japa* est de calmer le mental.

Q.: Quel *japa* est bon pour cela ?

M.: N'importe lequel, par exemple la *gāyatrī*.

Q.: La *gāyatrī* est-elle efficace ?

M. : Existe-t-il quelque chose qui puisse la surpasser ? Seuls ceux qui ne peuvent la réciter cherchent d'autres mantras. La *gāyatrī* contient en elle toute l'étendue de la vérité. La réciter (*japa*) conduit au *dhyāna* (méditation) et c'est le moyen de réaliser le Soi.

Q.: Une demi-heure chaque jour, est-ce suffisant ?

M. : Elle doit être récitée sans arrêt, ou aussi long-temps que vous pouvez.

323. En expliquant la cinquième[1] et la sixième

---

1. « [...] Une plaque sensible à la lumière exposée au soleil

stance [1] du *Arunāchala-ashtakam,* Shrī Bhagavān fit remarquer :

« La 5ᵉ stance se termine par les paroles suivantes : "Y a-t-il quelqu'un [à part Toi]... ?" Les premiers mots de la 6ᵉ stance répondent : "Oui, il y a Toi, l'Etre unique..." Puis la stance poursuit : « Bien que seul et unique, Il se reflète néanmoins, en vertu de Ses pouvoirs merveilleux, sur le minuscule point 'je' (l'ego), appelé également ignorance ou ensemble des tendances latentes ; cette lumière réfléchie est la connaissance relative. Selon le *prārabdha* (les fruits des actions passés) de chacun, elle permet aux tendances intérieures latentes de se manifester sous la forme du monde matériel et d'intérioriser ce monde matériel encore sous formes de tendances intérieures subtiles. Ce pouvoir est appelé mental sur le plan subtil et cerveau sur le plan physique. Ce mental ou cerveau sert à l'Etre éternel comme un verre grossissant, à travers lequel Il apparaît comme l'Univers. En état de veille et de rêve, le mental est tourné vers l'extérieur et dans le sommeil profond il est tourné vers l'intérieur. L'Etre suprême prend, par l'intermédiaire du mental, l'apparence de la diversité en état de veille et de rêve, tandis qu'il reste replié sur

---

peut-elle encore capter des images ? Oh, délicat et éblouissant mont Aruna, y a-t-il quelque chose à part Toi ? »

1. « Tu es l'Etre unique, toujours conscient en tant que Cœur lumineux ! Tu es habité par une force mystérieuse qui, sans Toi, n'est rien. D'elle procède le mental avec ses ombres subtiles qui, illuminées par Ta lumière réfléchie, apparaissent intérieurement comme des pensées. Celles-ci, tourbillonnant dans les vortex du *prārabdha* et se développant ensuite en mondes psychiques, sont projetées vers l'extérieur sous la forme du monde matériel qui, à son tour, est perçu par les cinq sens, tel un film projeté sur l'écran à travers une lentille grossissante. Visible ou invisible, ô Mont de Grâce, sans Toi ils (les mondes) ne sont rien. » *(The Collected Works of Rāmana Maharshi*, 1996, p. 108.)

lui-même dans l'état de sommeil profond, d'évanouissement, etc. Par conséquent, vous êtes toujours Cela et ne pouvez pas être autrement. Quels que soient les changements, le même Etre unique reste toujours vous-même ; il n'existe rien en dehors de vous-même.

La 5e stance dit : Une fois exposée au grand jour, une plaque photographique, sensible à la lumière, ne peut pas capter d'images. De même, le mental (la plaque sensible), une fois exposé à Ta lumière, ne peut plus refléter le monde. De plus, le Soleil n'a d'autre source que Toi-même. Si ses rayons sont si puissants qu'ils empêchent la formation d'images, combien alors plus forte doit être Ta Lumière ? Voilà pourquoi il est dit que rien n'existe à part l'Etre unique, Toi-même.

La 6e stance : le point minuscule (l'ego) est constitué d'obscurité ; c'est l'ego formé de tendances latentes. Lorsque le sujet percevant (l'ego) se manifeste, il se déploie en objet perçu ou en *antahkarana* (organes intérieurs). La lumière doit être faible pour permettre à l'ego de se manifester. En pleine lumière du jour, une corde ne peut ressembler à un serpent. Dans l'obscurité profonde, ne pouvant être vue, il n'y a aucune chance de la prendre pour un serpent. Ce n'est que dans la pénombre, au crépuscule, que peut se produire la méprise. Il en va de même pour l'Etre pur et radieux qui se manifeste sous forme d'ego : ce n'est possible que lorsque l'éclat de Sa lumière se diffuse au travers de l'obscurité. Cette obscurité est également appelée ignorance originelle (le péché originel). La Lumière qui passe à travers elle se nomme Lumière réfléchie. Cette Lumière réfléchie, par ses qualités, est connue habituellement comme Mental pur ou Īshvara ou Dieu. Il est bien connu qu'Īshvara est uni à la *māyā ;* en d'autres termes, la lumière réfléchie est Īshvara.

L'autre nom, celui de Mental pur, implique aussi

l'existence d'un mental impur. C'est le mental actif, rajasique ou l'ego ; celui-ci ne peut être projeté par le mental sattvique qu'à travers une autre réflexion de lumière. L'ego est donc le produit d'une seconde obscurité (*avidyā*). Vient ensuite le mental lourd, tamasique, qui se manifeste sous la forme d'*antahkarana* (organes internes) et qui permet d'apercevoir le monde.

Quant au corps physique, on peut dire qu'il se projette vers l'extérieur en tant que monde par le moyen du cerveau. Mais le corps physique n'est qu'une conception du mental. Le mental peut être considéré comme constitué de quatre organes internes ou comme un principe composé de pensées ou encore comme le sixième sens ; on peut aussi le considérer comme une combinaison de l'intellect avec l'ego et de *chitta* avec le mental (c'est-à-dire la faculté de la mémoire avec la faculté de la pensée) et en conclure que le mental consiste en deux parties (l'ego et la pensée). Dans ce cas, le *vijñānātmā* (le soi intellectuel) ou l'ego ou le spectateur constituent le sujet, tandis que l'enveloppe mentale ou le spectacle constituent l'objet.

Les états de veille, de rêve et de sommeil profond ont leur origine dans l'obscurité originelle (*mūla-avidyā*). Que le mental se dirige vers l'extérieur, tirant ses expériences des activités mentales dans les états de veille et de rêve, ou qu'il soit tourné vers l'intérieur, dans le sommeil profond, tirant ses expériences des modes de la *māyā,* toutes les activités des individus et de l'Univers sont réglementées par un unique Pouvoir. Toutes ces activités ne sont que des phénomènes qui passent à travers la lumière réfléchie sur le substrat de l'Etre, lumineux en soi.

De même qu'on ne peut confondre en plein jour une corde avec un serpent, et que cette corde ne peut être vue dans l'obscurité, ainsi le monde ne peut apparaître ni dans le *samādhi* de l'Etre pur, lumineux en soi, ni dans le sommeil ni dans l'évanouissement, etc. Ce n'est que dans la lumière réfléchie (lumière mêlée à l'obscurité ou Connaissance souillée d'ignorance) que le monde, *qui n'est pas indépendant de sa source,* semble naître, s'épanouir et se dissoudre. Sa diversité ne peut exclure la Réalité, la Source originelle. Il s'agit ici d'un jeu dans lequel le seul et unique Etre se multiplie, est objectivé, puis se résorbe. Pour accomplir cela, il doit y avoir une *shakti* (Pouvoir), et merveilleuse en plus ! Elle ne peut pas non plus être indépendante de son origine. Dans l'Etre pur, lumineux en soi, cette *shakti* ne peut être perçue. Et pourtant, ses activités ne sont que trop bien connues. Que son jeu est sublime !

De Son activité originelle sublime (la vibration primordiale) résulte la lumière réfléchie de *sattva* ; de là découle l'ego rajasique ; puis des formes de pensée tamasiques, connues communément sous le nom de connaissance, ou comme la lumière qui traverse une lentille grossissante. De même que la lumière artificielle est projetée sur l'écran à travers une lentille, ainsi la Lumière réfléchie traverse la pensée (la lentille grossissante) avant de se déployer sous la forme du monde ; de plus, la pensée, qui est le monde à l'état de semence, semble être le vaste monde extérieur. Tel est l'extraordinaire Pouvoir ! De cette manière, Īshvara, l'individu et le monde ne proviennent que de la Lumière réfléchie, ayant l'Etre unique, lumineux en soi, comme substrat.

Maintenant, qu'est-ce que cette pensée 'je' (l'ego) ? Est-elle le sujet ou l'objet dans cette conception des choses ?

Etant donné qu'elle est le témoin de tout pendant les états de veille et de rêve, ou du moins, c'est ce que nous croyons, on peut la considérer comme étant le sujet.

Mais lorsque le pur Soi est réalisé, elle n'apparaît plus que comme un objet.

A qui est cette pensée 'je', l'ego ? Cette investigation est appelée *vichāra.*

Les pensées 'je' et 'ceci' sont toutes deux des émanations de la même lumière. Elles correspondent respectivement aux *rajoguna* et *tamoguna.* Pour que la Lumière réfléchie (pur *sattva*) soit dépourvue de *rajas* et de *tamas*, elle doit resplendir en tant que 'Je'-'Je', non-interrompue par la pensée "ceci". Cet état pur survient, d'une façon temporaire, entre le sommeil et la veille. Si cet état de transition se prolonge, il devient Conscience cosmique ou même Īshvara. C'est l'unique passage vers la réalisation de l'Etre suprême, lumineux en soi.

En résumé, on peut dire qu'il y a deux sortes d'expériences durant le sommeil profond dont on se souvient au réveil lorsque l'on dit "j'ai dormi comme un bienheureux et je n'avais conscience de rien". C'est l'expérience du bonheur et de l'ignorance. Nous pouvons donc constater que le Pouvoir s'est transformé en 1) *āvarana* (obscurité) et 2) *vikshepa* (diversité). Le mental est le résultat du *vikshepa.* »

10 JANVIER 1937

QUELQUES SOUVENIRS

324. (1) Une fois, à Skandāshramam, Shrī Bhagavān avait aperçu un crapaud blanc, de taille petite mais allongée, à environ trois mètres de lui. Shrī Bhagavān le fixait des yeux et le crapaud en faisait autant. Soudain, ce dernier fit un bond prodigieux et, se jetant contre le visage du Maharshi, se plaça avec précision sur l'un de ses yeux ; Shrī Bhagavān eut juste le temps de fermer les yeux, évitant ainsi d'être blessé.

(2) Deux paons avaient l'habitude de se pavaner, toutes plumes dehors, dans le déploiement fastueux de leur queue en éventail. Un cobra avait lui aussi pris l'habitude de participer à ce passe-temps et de se promener paisiblement parmi eux, la tête dressée.

(3) Shrī Bhagavān raconta que le paon, dès qu'il aperçoit un certain lézard vert, va à sa rencontre et présente humblement son cou devant lui. Le lézard bondit alors, le mord sauvagement au cou et le tue.

(4) Rangaswāmi Iyengār se promenait un jour sur la colline d'Arunāchala. Un léopard vint à passer. Le Swāmi lui jeta une pierre. Le léopard se retourna vers lui. Le Swāmi n'eut que le temps de s'enfuir à toutes jambes. Il rencontra sur son chemin Shrī Bhagavān, qui lui demanda ce qui se passait. Iyengār, sans s'arrêter, lui cria simplement « léopard ». Shrī Bhagavān se dirigea vers l'endroit présumé et vit l'animal sauvage s'éloigner tranquillement. Cette histoire se passait au moment où la peste sévissait dans cette région. Les léopards avaient alors coutume de rôder librement près du Temple, parfois même à deux ou trois.

(5) Shrī Bhagavān disait : « La grenouille est souvent comparée à un yogi. Elle reste, en effet, tranquille pendant un long moment et le seul signe de vie visible en elle sont les pulsations rythmiques des artères le long du cou.

Les grenouilles peuvent aussi rester pendant de très longues périodes tous mouvements suspendus. On dit qu'elles avalent leur langue. Avaler sa langue est aussi une pratique des yogis. Leur activité physiologique est également suspendue. Le yogi ne meurt pas, mais sa langue doit être tirée au-dehors par une autre personne pour que la vie puisse reprendre son cours. C'est merveilleux de voir comment la grenouille est capable, par elle-même, de ressortir sa langue et de reprendre son activité. »

11 JANVIER 1937

(6) Dans le *Raghuvīran,* la version en malayalam du *Rāmāyana,* écrite en prose, un passage décrit comment Hanumān parvint à atteindre mentalement la ville de Lankā, avant même qu'il eut effectué physiquement la traversée jusqu'à l'île. Shrī Bhagavān insista sur le fait que, par le cheminement mental, les objectifs peuvent être atteints plus rapidement que par l'action physique.

(7) Shrī Bhagavān raconta l'anecdote suivante : « Un grand saint du Kerala, nommé Ezhuthachan, entra dans un temple en cachant quelques poissons sous ses vêtements. Ses ennemis vinrent le dénoncer aux adorateurs qui se trouvaient dans le temple. Il fut fouillé et emmené chez le roi. Celui-ci lui demanda. "Pourquoi as-tu apporté avec toi des poissons dans le temple ?" Il répondit : "Ce n'est pas ma faute. Je les avais cachés dans mon vêtement. Ce sont les autres qui les ont exposés au grand jour dans le temple. La véritable faute réside dans le fait de les exposer. Les excréments, tant qu'ils restent dans le corps, ne sont pas considérés comme répugnants. Ce n'est qu'une fois expulsés qu'on les trouve répugnants. Eh bien, il en va de même pour mes poissons." »

12 JANVIER 1937

325. Mr. Rāma Shāstri, du district de Guntur, avait composé huit vers sur Shrī Bhagavān et il les lut à haute voix en y mettant toute son âme.

Le *shāstri* (savant) exprima ensuite le désir d'être guidé : « Je suis un *samsārī* et je me sens incapable de suivre le *jñāna-mārga* (la voie de la Connaissance). Je suis constamment distrait par les affaires du monde. Je vous prie de m'indiquer ce que je dois faire. »

M. : Pensez à Bhagavān. Comment les affaires du monde peuvent-elles Le distraire ? Vous et le monde êtes en Lui.

Q. : Puis-je pratiquer le *nāma-smarana* (répétition d'un nom divin). Quel *nāma* dois-je choisir ?

M. : Vous vous appelez Rāma Shāstri. Donnez à ce nom tout son sens. Devenez un avec Rāma.

13 JANVIER 1937

326. En réponse à la question d'un de ses assistants, résidant à l'ashram depuis longtemps, Shrī Bhagavān dit : « Tout le monde se plaint de l'agitation du mental. Que les gens trouvent le mental, et ils comprendront. Il est vrai que, quand une personne s'assoit pour méditer, des douzaines de pensées l'assaillent. Le mental n'est rien qu'un faisceau de pensées. Toutes les tentatives pour forcer ce barrage de pensées s'avèrent infructueuses. En revanche, si l'on parvient, par tous les moyens, à demeurer dans le Soi, c'est bien. Ceux qui ne peuvent demeurer dans le Soi doivent recourir aux récitations des noms divins (*japa*) ou à la méditation (*dhyāna*). C'est comme si on donnait une chaîne à tenir à un éléphant pour qu'il maîtrise ainsi sa trompe. La trompe d'un éléphant est toujours en mouvement. Quand on le promène dans les rues de la ville, il lance sa trompe en tous sens. Dès qu'on lui donne une chaîne à tenir, il se calme aussitôt. Cette image est applicable au mental de l'homme. S'il se met à pratiquer le *japa* ou le *dhyāna,* toute autre activité mentale cesse et le mental se concentre sur une seule pensée. Ce faisant, il devient paisible. Bien entendu, cet état de paix ne s'obtient pas sans une lutte parfois très longue. Toutes les autres pensées doivent être combattues.

Voici encore un autre exemple. Supposez qu'une vache joue l'indépendante et s'égare dans le clos voisin pour brouter. Ce n'est pas facile de la détourner de ses habitudes furtives. Quelle est la meilleure méthode pour la maintenir dans l'étable ? Si on l'y attache de force, elle attendra le moment propice pour s'échapper. Si on l'attire dans l'étable avec de l'herbe savoureuse, elle en prendra une petite quantité le premier jour et attendra encore le moment opportun pour s'échapper. Le jour suivant, elle prendra une plus grande quantité et ainsi, de plus en plus chaque jour, jusqu'à ce qu'elle se détourne de ses mauvaises habitudes. Quand elle sera complètement libérée de celles-ci, elle pourra être laissée en liberté en toute sécurité ; elle n'ira plus brouter dans les pâturages du voisin. Même si elle est battue, elle ne quittera pas l'étable. Il en est de même avec le mental ; il est accoutumé à vagabonder sous la pression des *vāsanā* latentes qui se manifestent sous forme de pensées. Tant que des *vāsanā* subsistent dans le mental, elles doivent en sortir et se consumer. Les pensées forment le mental. En recherchant ce qu'est le mental, les pensées reculent et le chercheur saura qu'elles proviennent du Soi. C'est l'ensemble de ces pensées que nous appelons "mental". Si on réalise que les pensées s'élèvent du Soi et si on demeure dans leur source, le mental disparaît. Quand le mental cesse d'exister et que la félicité de la paix est réalisée, on trouve aussi difficile de concevoir une pensée qu'il était naguère difficile d'en supprimer. Dans cet exemple, la vache est le mental vagabond ; les pâturages du voisin sont les pensées ; l'étable est notre propre être primordial, libre de toute pensée.

La félicité de la paix est trop bonne pour être troublée. L'homme profondément endormi déteste être réveillé et être rappelé à ses devoirs. La félicité du sommeil profond est trop captivante pour être sacrifiée à l'activité, née des pensées. L'état libre de pensées est notre état original. Il est toute félicité. N'est-il pas déplorable de quitter semblable état pour un état malheureux, fourmillant de pensées ?

Si on désire rester dans un état libre de pensées, le combat est inévitable. L'état primordial est le résultat d'une conquête. On doit se frayer le chemin en se battant pour regagner son état original et primordial. Si le combat est bien mené et le but atteint, l'ennemi — autrement dit les pensées — sera vaincu. Toutes les pensées s'apaiseront dans le Soi et disparaîtront entièrement. Les pensées sont l'ennemi. Elles correspondent à la création de l'Univers. En leur absence, il n'y a ni monde ni Dieu créateur. Il n'y a que l'Etre unique et c'est la félicité du Soi.

Quand Prahlāda [1] fut en *samādhi,* Vishnou pensa en lui-même : "Cet *asura* (démon) étant en *samādhi,* tous les autres *asura* sont en paix. Il n'y a pas de combat, pas d'épreuve de force, pas de recherche de pouvoir ni de moyens pour l'obtenir. En l'absence des moyens pour obtenir le pouvoir [*yāga, yajña* (sacrifice, rituel), etc.], les dieux ne prospèrent pas ; il n'y a pas de création nouvelle ; ni même de justification de la moindre existence. Aussi vais-je le faire sortir de son *samādhi* ; puis les autres *asura* pourront se réveiller ;

---

1. Fils de Hiranyakashipu, roi des démons. Prahlāda, à la fureur de son père, ne reconnaissait pas celui-ci mais Vishnou comme le Seigneur suprême.

leurs tendances naturelles se manifesteront ; les dieux les défieront : les *asura* chercheront à acquérir de la force et adopteront les moyens pour y parvenir. Les *yajña*, etc., se développeront ; les dieux prospéreront ; il y aura de plus en plus de création, de plus en plus de combats et j'aurai de quoi m'occuper pleinement."

Vishnou réveilla donc Prahlāda, lui conféra la vie éternelle, ainsi que l'état de *jīvan-mukti*. Le combat entre *asura* et *deva* reprit et l'ordre ancien des choses fut rétabli, de sorte que l'Univers se maintienne dans sa nature éternelle. »

Q. : Comment Dieu pouvait-il éveiller les forces des *asura* et provoquer la guerre continuelle ? La nature même de Dieu n'est-elle pas pure bonté ?

M. : La bonté n'est qu'une conception relative. Le bien implique toujours le mal. Ils coexistent toujours. Ils sont comme la face et le revers d'une médaille.

327. L'auditoire, dans le hall, écoutait très attentivement la récitation des Véda. L'un des auditeurs, un adorateur sincère de Shrī Bhagavān, en fut si impressionné qu'il se perdit très vite en lui-même. Plus tard, il décrivit son expérience : « Je me demandais où se levait le "courant" ; était-ce dans le corps ou ailleurs ? Soudain, mon corps devint de plus en plus subtil jusqu'à disparaître. La question "Qui suis-je ?" se posa à moi très clairement et avec force. Seul le son du 'je'-'je'-'je' persistait. Il y avait une vaste étendue autour de moi et je ne voyais rien d'autre ; juste encore une vague perception de ce qui se passait dans le hall. Je me rendis compte que les gens se levaient pour se prosterner à la fin de la récitation des Véda. Je voulus me lever moi aussi, mais bientôt cette pensée me quitta. J'étais de nouveau perdu dans cette vaste étendue. Cette expérience continua jusqu'au moment où j'entendis la voix de Shrī Bhagavān, ce qui me permit de me reprendre. Je me levai et saluai Shrī Bhagavān. Un sentiment étrange persista en moi pendant plus d'une demi-heure. Je ne peux l'oublier. Il me hante encore. »

Shrī Bhagavān écouta ses paroles et resta silencieux pendant quelques minutes. Quelques observations tombèrent de ses lèvres : « On peut avoir l'impression de sortir de son corps. Mais le corps n'est pas plus que notre pensée. Il ne peut y avoir de corps en absence de pensée ; ni évasion ni retour en absence du corps. Cependant, l'habitude de penser peut provoquer en nous l'impression de quitter notre corps.

Si un flocon de neige tombe sur la surface de la mer, il s'y dissout et devient l'eau, la vague, l'écume. De même, l'intellect subtil, qui s'élève du Cœur pour former à sa surface la goutte minuscule de l'ego, finit par s'y dissoudre et ne former qu'un avec le Cœur.

Bien que tout le lait du monde puisse former un océan, pouvez-vous le boire avec une bouche aussi grande que l'océan ? Vous ne pouvez le boire que goutte à goutte, comme l'enfant tétant le sein de sa mère.

Nammālvār, le saint vishnouite, disait : "Seul mon Soi est Toi." Que veut dire cela ? "Avant que j'aie réalisé mon Soi, je ne cessais d'errer à Ta recherche ; ayant maintenant réalisé mon Soi, je vois que Tu es mon Soi." Comment de telles paroles peuvent-elles s'accorder avec le monisme qualifié [1] ? Voilà comment on peut les expliquer : "Pénétrant mon Soi, Tu demeures en tant qu'*antaryāmin* (Etre immanent). Ainsi, je suis une partie de Ton corps et Tu es le possesseur du corps (*sharīrī*)."

Ayant renoncé à son propre corps comme n'étant pas

---

1. Vishishtādvaita, une des trois écoles de philosophie du Vedānta.

soi-même, pourquoi devrait-on devenir un autre corps (celui de Dieu) ? Si le propre corps n'est pas le Soi, tout autre corps n'est pas le Soi non plus. Les protagonistes du monisme qualifié estiment que l'individualité est nécessaire pour faire l'expérience de la Félicité. L'individualité, c'est-à-dire le sens du 'je', ne devrait pas être perdue. Oho ! Le Soi n'est pas le corps, mais votre Soi devient le corps de Dieu ! N'est-ce pas absurde ?

Si vous pratiquez la *prapatti* (l'abandon de soi) à Dieu, vous vous êtes livré à Lui et vous êtes donc à Lui et non plus à vous-même. Si Dieu a besoin d'un corps, laissez-Le en chercher un pour Lui-même. Vous n'avez pas besoin de dire que Dieu a un corps. »

17 janvier 1937

328. Un Européen s'exprima clairement, d'un ton mesuré et posé : « Pourquoi les hommes doivent-ils rester absorbés par les affaires de ce monde et n'obtenir comme résultat que des difficultés ? Ne devraient-ils pas être libres ? S'ils vivaient dans le monde spirituel, ils auraient une plus grande liberté. »

M. : Le monde n'est que spirituel. C'est parce que vous vous identifiez avec votre corps physique que vous considérez que ce monde est matériel et que l'autre est spirituel. Alors que ce qui est n'est que spirituel.

Q. : Les âmes désincarnées, c'est-à-dire les esprits, ont-elles une vision intérieure plus profonde et bénéficient-elles d'une plus grande liberté ?

M. : C'est parce que vous vous identifiez au corps que vous parlez d'âmes désincarnées comme étant des esprits. De ce point de vue limité, vous parlez de leurs limitations et vous cherchez à connaître leurs capacités. Même les âmes désincarnées ont un corps subtil ; autrement, vous ne diriez pas « âmes désincarnées ». Désincarnation signifie « privé de ce corps physique ». Et dans la mesure où vous leur attribuez une individualité, elles sont revêtues d'un corps subtil. Leurs limitations dépendront de leur état. Comme vous ressentez le poids de vos limitations, elles ressentent elles aussi le poids de leurs limitations. Quand je parle de l'esprit et du monde spirituel, je veux dire esprit absolu et non pas relatif. Si vous vous réalisez en tant que pur esprit, vous verrez que ce monde n'est que spirituel et non pas matériel.

Q. : Leurs corps sont-ils temporaires, comme le sont les nôtres ? Se réincarnent-elles ?

M. : Ces questions se présentent parce que vous pensez être le corps. Ce corps est soumis à la naissance et à la mort et lorsqu'il disparaît, un autre prend la relève et on appelle cela réincarnation. Mais êtes-vous le corps ? Si vous découvrez que vous n'êtes pas ce corps, mais que vous êtes l'esprit, vous serez libéré des corps physiques et subtils, et il n'y aura plus de limitations. En l'absence de toute limitation, où est le monde physique ou spirituel ? Comment la question sur la réincarnation pourra-t-elle encore se poser ?

Considérons le problème d'un autre point de vue. Dans l'état de rêve, vous vous créez un corps onirique avec lequel vous agissez. Dans l'état de veille, celui-ci devient irréel. A présent, vous pensez être ce corps et non le corps onirique. Dans votre rêve, ce corps actuel est remplacé par le corps onirique. En définitive, vous voyez qu'aucun de ces corps n'est réel, parce que chacun d'eux est vrai à un moment et faux à un autre. Or, ce qui est réel doit être réel à jamais. Mais vous dites 'je'. Cette conscience du 'je' est présente tout au long des trois états. Elle ne change jamais. Elle seule est réelle et les trois états ne le sont pas. Ils n'existent que pour le mental. C'est le mental qui vous empêche de voir votre nature véritable. Votre nature véritable est celle de l'Esprit infini. C'était ainsi dans votre sommeil profond. Dans les deux autres états, vous avez conscience des limitations. Pourquoi cette différence ? Le mental est inexistant dans le sommeil profond, mais il existe dans les états de rêve et de veille. Le sentiment de limitation est l'œuvre du mental. Qu'est-ce que le mental ? Trouvez-le. Si vous le recherchez, il disparaîtra de lui-même, car il n'a aucune existence réelle. Il est constitué par les pensées. Lorsque les pensées cessent, le mental disparaît.

Q. : Est-ce que je subsiste alors ?

M. : Quelle est votre expérience dans le sommeil profond ? Il n'y avait ni pensée ni mental et cependant vous subsistiez.

Q. : Quand j'essaie de méditer, je n'arrive pas à me concentrer, car mon mental vagabonde. Que dois-je faire ?

M. : La réponse est comprise dans votre question. Dans la première partie de votre question, vous dites que vous n'arrivez pas à vous concentrer. Le « vous » signifie le « Soi ». Sur quoi vous concentrez-vous ? En quoi vous n'y parvenez pas ? Existe-t-il deux soi, pour que l'un se concentre sur l'autre ? Quel est le soi qui se plaint à présent d'un insuccès ? Il ne peut y avoir deux soi. Il n'y a qu'un seul Soi qui ne nécessite aucune concentration.

Vous demanderez : « Alors, pourquoi je ne ressens pas le bonheur ? » Qu'est-ce qui vous empêche de rester ce que vous êtes dans le sommeil profond ? Vous admettez vous-même que c'est le mental vagabond. Trouvez le mental. Si ses vagabondages cessent, vous découvrirez qu'il est le Soi, votre conscience 'Je', l'Esprit éternel qui est au-delà de la connaissance et de l'ignorance.

Q. : Je travaille durement et j'ai peu de temps pour

pratiquer la concentration. N'existe-t-il pas des aides ? Le contrôle de la respiration est-il une aide utile ?

M. : Le *prāna* (le souffle) et le mental s'élèvent de la même source. La source peut être atteinte, soit en contrôlant la respiration, soit en remontant jusqu'à l'origine du mental. Si vous ne pouvez suivre la deuxième méthode, il n'y a aucun doute que la première vous sera utile. Le contrôle de la respiration est obtenu en observant les mouvements de celle-ci.

Si on observe le mental, les pensées s'arrêtent. La paix s'installe et c'est votre nature véritable. Le roi Janaka disait : « J'ai enfin découvert le voleur (c'est-à-dire le mental) qui ne cesse de me voler mon 'Je'. Je vais donc le tuer sans plus tarder. » La perturbation causée par les pensées semble dérober au Soi sa paix. Cette perturbation est le mental. Quand celle-ci disparaît, on dit que le mental prend son envol. Il reste le Soi comme substrat imperturbable.

Une autre personne intervint : « Le mental doit tuer le mental. »

M. : Oui, s'il y a un mental. La recherche du mental révèle qu'il n'existe pas. Comment peut-on tuer quelque chose qui n'existe pas ?

Q. : Le *japa* mental n'est-il pas meilleur que le *japa* oral ?

M. : Le *japa* oral n'est qu'une série de sons. Les sons proviennent des pensées. Car il faut d'abord penser avant d'exprimer les pensées par des mots. Les pensées constituent le mental. Le *japa* mental est donc supérieur au *japa* oral.

Q. : Mais ne devons-nous pas contempler le *japa* et le répéter oralement aussi ?

M. : Quand le *japa* devient mental, à quoi servent encore les sons de celui-ci ? Le *japa,* en devenant

mental, se transforme en contemplation. *Dhyāna* (méditation), contemplation et *japa* mental sont la même
chose. Quand les pensées cessent de tourbillonner et
qu'une seule pensée subsiste à l'exclusion de toutes les
autres, on dit que c'est la contemplation. L'objectif du
japa ou du *dhyāna* est d'exclure toutes les pensées à
l'exception d'une seule. Puis, cette pensée elle-même
s'absorbe en sa source, la Conscience absolue, c'est-à-
dire le Soi. Le mental s'engage dans le *japa* et finit par
s'immerger dans sa propre source.

Q. : On dit que le mental émane du cerveau.

M. : Où se trouve le cerveau ? Il est dans le corps.
Le corps lui-même est une projection du mental. Vous
parlez du cerveau selon la conception que vous avez du
corps. C'est le mental qui crée le corps et le cerveau
qui s'y trouve ; puis il affirme que celui-ci constitue son
siège.

Q. : Shrī Bhagavān a dit, dans un de ses ouvrages,
qu'il faudrait remonter le *japa* jusqu'à sa source. N'est-
ce pas du mental qu'il s'agit ?

M. : Tout cela n'est que créations mentales. Le *japa*
aide le mental à se fixer sur une seule pensée. Toutes
les autres pensées sont dès lors subjuguées jusqu'à ce
qu'elles disparaissent. Quand le *japa* devient mental, on
l'appelle *dhyāna.* Le *dhyāna* est votre nature véritable.
On l'appelle cependant *dhyāna* car sa pratique implique
un effort. L'effort est nécessaire tant que les pensées
sont encore confuses. C'est parce que vous êtes impliqué dans d'autres pensées que vous appelez l'attention
continue sur une seule pensée méditation ou *dhyāna.*
Quand l'état de *dhyāna* ne nécessitera plus d'effort, il
se révélera être votre nature réelle.

329. Shrī Bhagavān lut à haute voix quelques phrases
de saint Estella, extraites de la version tamoule du

Rāmakrishna-vijayam. Voici l'esprit de ce passage :
« Vos ennemis sont la luxure, la passion, etc. Si vous
vous sentez offensé, tournez-vous vers l'intérieur et
cherchez la cause de cette offense. Elle n'est pas extérieure à vous. Les causes extérieures ne sont que des
surimpositions. Si vous ne pouvez vous offenser vous-
même, serait-ce le Dieu tout-miséricordieux qui vous
offenserait ? »

Shrī Bhagavān ajouta que saint Estella était un grand
saint et que ses enseignements étaient très précieux.

330. Shrī Bhagavān étant asthmatique, il avait la
gorge fragile. Quelqu'un lui offrit des oranges. Comme
d'habitude, elles furent distribuées aux personnes
présentes. Shrī Bhagavān en mangea une, puis après
s'être raclé la gorge, il fut soudain obligé de la recra-
cher. Il expliqua qu'il n'avait pu faire autrement.
Quelqu'un fit alors la remarque : « Peut-être que les
oranges ne conviennent-elles pas à la santé de Shrī
Bhagavān. »

M. : Si c'était vous qui m'aviez apporté les oranges
à la place de l'autre personne, diriez-vous la même
chose ?

18 JANVIER 1937

331. Mrs. Roorna Jennings, une Américaine membre
de la Ligue internationale pour la paix, demanda à Shrī
Bhagavān ce qu'il pensait de la propagation de la paix
dans le monde.

Shrī Bhagavān répondit que si on obtient la paix du
Soi, celle-ci se répandra sans aucun effort de la part
de l'individu. Si on ne trouve pas la paix en soi-même,
comment peut-on la propager dans le monde ?

Q. : Est-ce vrai que l'Orient a une approche scientifique de la réalisation du Soi ?

M. : Vous êtes déjà le Soi. Aucune science élaborée n'est nécessaire pour l'établir.

Q. : Je comprends cette vérité dans son sens général. Mais il doit bien exister une méthode pratique pour y parvenir que j'appelle « science ».

M. : La cessation de telles pensées est la réalisation du Soi. Rappelez-vous l'exemple de la femme qui croyait avoir perdu le collier qu'elle portait au cou. On ne voit pas le monde ou son propre corps en étant loin du Soi. On est toujours le Soi et c'est ainsi qu'on voit tout le reste. Dieu et le monde, tout est dans le Cœur. Voyez *celui qui voit* et vous trouverez que tout est le Soi. Changez votre façon de voir. Regardez vers l'intérieur. Trouvez le Soi. Qui est le substrat du sujet et de l'objet ? Trouvez-le et tous vos problèmes seront résolus.

Par la suite, on proposa à Mrs. Jennings la petite brochure *Qui suis-je ?*. Elle consentit à la lire avant de poser d'autres questions à Shrī Bhagavān.

332. *Q. :* Quels sont les trois états de vide (*muppāzh* en tamoul) ?

M. : 1. *tat = īshvara-turya*

     2. *tvam = jīva-turya*

     3. *asi = asi-turya*

Le *turya* est le substrat de l'état de veille, de rêve et de sommeil profond.

Q. : Je comprends les deux premiers ; qu'est-ce que le troisième ?

M. : On dit que l'omniprésence est l'état de veille ; le tout-rayonnant, l'état de rêve ; la perfection (l'*ananta*), l'état de sommeil profond.

Le fondement de ces trois états est l'*asi-turya*.

Q. : C'est si étrange !

M. : Est-ce tout ? Il n'y a pas de limite aux polémiques. Ecoutez, ils disent que le *mahāvākya « tat tvam asi »* est commun ; que le *mahāvākya* de cinq mots *tat tvam asi ati nijam* [*Tu es Cela* est la plus grande vérité] est le *mahāvākya* le plus secret de tous, enseigné par Dakshināmūrti dans le Silence ; pour chacun des cinq mots ils nomment un état différent.

Considérez maintenant le *Vichāra-sāgara* ; l'auteur distingue *ādhāra* [le substrat absolu] d'*adhishthāna* [le substrat relatif]. D'après lui, la corde reste toujours *ādhāra*, qu'elle soit prise pour un serpent ou non. La corde devient l'*adhishthāna* parce qu'elle paraît différente de ce qu'elle est en réalité : là, elle est le *sāmānya-adhishthāna* [le substrat relatif commun] ; sous son aspect de serpent, elle devient *vishesha-adhishthāna* [le substrat relatif particularisé]. Alors se pose la question suivante : l'*adhishthāna* d'un *jīva* est une chose ; celui d'Īshvara en est une autre ; comment ces deux *adhishthāna* peuvent-ils devenir un ? L'auteur répond qu'il y a le même *ādhāra* pour les deux *adhishthāna*.

Plus loin, l'auteur mentionne plusieurs *khyāti* (théories) :

1) *asat-khyāti :* la corde étant présente, le serpent apparaît, alors qu'il n'est *pas présent*.

2) *sat-khyāti :* la corde ressemble à un serpent.

3) *ātma-khyāti :* la corde reste non identifiée ; c'est le souvenir d'un serpent, vu ailleurs, qui crée l'illusion.

4) *akhyāti :* totalement irréel.

5) *anyathā-khyāti :* l'image mentale du serpent a été projetée et elle est perçue comme si elle se trouvait devant soi.

6) *anirvachaniya-khyāti :* inexplicable.

Ici, l'auteur soulève la question suivante : si le monde

doit rentrer dans l'une de ces théories, de l'illusoire ou de l'irréel, il faut bien qu'il résulte d'une expérience antérieure durant laquelle il a été réel. Si le monde a été réel une fois, il doit l'être toujours.

Il répond à cela : L'expérience n'a pas forcément besoin d'être réelle ; il n'est pas nécessaire d'avoir vu un serpent réel. En avoir vu une simple image et en avoir ainsi acquis l'idée suffit pour confondre une corde avec un serpent. Le monde n'a donc pas besoin d'être réel.

Pourquoi perdre son temps avec de telles polémiques ? Tournez simplement votre mental vers l'intérieur et employez votre temps d'une manière utile.

Quand on parle de l'union de l'individu avec le Suprême, le Suprême est connu par ouï-dire alors que l'individu est directement expérimenté. Vous ne pouvez faire usage que de l'expérience directe. Par conséquent, cherchez qui vous êtes.

Dès lors pourquoi mentionner Īshvara ?

Parce que vous voyez le monde et que vous désirez savoir comment il a pris naissance. On dit que le monde a été créé par Dieu. Si vous savez que Dieu vous a créé, vous et tout le reste, votre mental est satisfait et il devient moins agité. Mais ce n'est pas encore la Réalisation. Elle n'est possible que si vous vous réalisez vous-même. C'est cela la Perfection ou la Réalisation.

Pour clore ce débat, l'auteur du *Vritti-prabhākara* revendique l'exploit d'avoir étudié 350 000 ouvrages avant de rédiger cette œuvre. A quoi bon toutes ces lectures ? Peuvent-elles conduire à la réalisation du Soi ? Le *Vichāra-sāgara* est plein de logique et de termes techniques. Ces ouvrages volumineux peuvent-ils servir un but réel ? Pourtant, ils trouvent des lecteurs qui recherchent ensuite des sages uniquement pour voir s'ils peuvent répondre à leurs questions. Lire ces livres, faire naître de nouveaux doutes et les résoudre est une source de plaisir pour eux. Sachant que c'est une pure perte de temps, les sages n'encouragent pas de telles personnes. Il suffirait de les encourager une fois et cela n'aurait plus de fin.

Seule la recherche du Soi peut être utile.

Ceux qui sont habitués à la logique des ouvrages volumineux tels que le *Vritti-prabhākara*, le *Vichāra-sāgara*, le *Sūtra-bhāshya*, ou d'autres semblables, ne peuvent pas apprécier les petits ouvrages tels que *Sad-vidyā*, ne traitant que du Soi et cela d'une façon explicite. C'est parce qu'ils ont accumulé des *vāsanā*. Seuls les gens purs ou dont le mental est moins confus peuvent apprécier la valeur d'ouvrages condensés et utiles.

333. *Pratyabhijñā = prati + abhijñā*

Abhijñā, c'est la perception directe ; *prati,* c'est le rappel de ce qui est déjà connu.

« C'est un éléphant » : perception directe.

« C'est l'éléphant » : *pratyabhijñā.*

Dans les ouvrages spécialisés, le terme *pratyabhijñā* est utilisé pour réaliser la réalité éternelle et pour la reconnaître.

Shūnya (le vide), l'*ati-shūnya* (l'au-delà de *shūnya*), *mahā-shūnya* (le vide immense), ont tous la même signification, à savoir l'Etre réel.

20 JANVIER 1937

334. Shrī Bhagavān mentionna qu'il ne ressentait aucune sensation dans ses jambes bien qu'elles fussent massées régulièrement : « Si elles me permettent encore de marcher, quelle importance cela a-t-il qu'elles aient perdu leur sensibilité ? » demanda-t-il.

Puis, au cours d'une conversation, il raconta que l'on avait découvert un rayon de lumière qui permettait, lorsqu'il était projeté sur quelqu'un, de le voir sans être vu. Il en est de même des *siddha.* Ils sont pure lumière et ils peuvent voir les autres sans être vus eux-mêmes.

Prabhulinga, par exemple, lorsqu'il voyageait dans le nord de l'Inde, rencontra Goraknath qui lui démontra ses pouvoirs yoguiques : son bras fut frappé par une épée et celle-ci s'émoussa sans lui infliger aucune blessure. Ce pouvoir de préserver le corps contre toute blessure s'appelle *kāyasiddhi.* Prabhulinga proposa alors de se faire transpercer. Quand le coup fut porté, le sabre transperça son corps sans rencontrer d'obstacle, comme s'il fendait l'air, et ne lui provoqua aucune blessure. Goraknath, impressionné, s'offrit comme disciple à Prabhulinga.

Ensuite, Shrī Bhagavān raconta une autre histoire : « Lors d'un dialogue entre Shiva et Pārvatī au mont Kailāsa, Shiva affirma qu'Allama [1] ne se laisserait pas prendre aux moyens de séduction de Pārvatī. Celle-ci voulut essayer et utilisa sa qualité tamasique afin de s'incarner sur terre comme la fille d'un roi. Elle grandit comme une jeune fille hautement accomplie qui allait chanter quotidiennement dans le temple où Allama jouait du tambour. S'abîmant dans les sons enchanteurs du tambour, elle finit par tomber amoureuse d'Allama. Un jour, ils se rencontrèrent dans une chambre du palais, mais quand elle voulut l'embrasser, il devint insaisissable. Son chagrin fut tel qu'elle tomba malade. Alors, un être céleste lui fut envoyé pour lui rappeler son objectif sur terre. Elle résolut de subjuguer Allama, mais n'y réussit pas. Finalement, elle retourna au mont Kailāsa. De là, elle envoya sa qualité sattvique sur terre

---

1. Nom d'un sage renommé.

qui s'incarna en une *samnyāsinī* [femme renonçante] brahmane. Finalement, elle se soumit à Allama et put reconnaître la véritable grandeur de celui-ci. »

Puis Shrī Bhagavān parla pendant une heure et d'une manière élogieuse de Nāyana-Kāvykantha Ganapathi Muni. Il raconta comment celui-ci écrivit l'*Umasahasram* et le *Hara-sahasram,* comment il enseignait à ses étudiants, comment il s'engagea dans une dispute avec Bhattashrī Narayan Shāstri et combien doux et humble il était, malgré son degré d'érudition et ses capacités.

Plus tard, Shrī Bagavan raconta comment Nakkirar, un *sanga-pulavar* (poète), dut faire face à la colère de Shiva lorsqu'il remit en question une composition en tamoul de Celui-ci.

Il raconta aussi comment il fut capturé par un esprit et relâché par la suite : Nakkirar pratiquait des *tapas* au bord d'un *tīrtha* (bassin sacré) lorsqu'une feuille tomba d'un arbre ; une moitié de la feuille toucha l'eau, l'autre le sol. Soudain, la première se transforma en poisson et la seconde en oiseau. Chacune s'efforça de rejoindre son élément naturel mais, étant soudée à l'autre, n'y parvint pas. Nakkirar contemplait ce spectacle avec stupeur, quand il fut brusquement enlevé dans les airs par un esprit qui le transporta dans une grotte où se tenaient 999 captifs qui étaient des *tapo-bhrashta* (ceux qui ont abandonné leur ascèse).

Q. : Nakkirar était-il un *tapo-bhrashta* ?

M. : Oui. Pourquoi a-t-il eu besoin de sortir de son état contemplatif pour observer l'étrange spectacle qui se déroulait sous ses yeux ?

Puis, Shrī Bhagavān raconta comment Nakkirar composa le *Tirumuruhatruppadai* et obtint la libération de tous les prisonniers.

21 JANVIER 1937

335. *Q.:* Comment faire cesser l'impulsion sexuelle ?
M. : Elle cesse quand le sens de la différenciation cesse.

Q.: Comment y parvenir ?

M. : L'autre sexe et la relation à lui ne sont que des concepts mentaux. Dans une *Upanishad*, il est dit que tous les êtres sont chers parce que le Soi est aimé de tous [*ātmanas tu kāmāya sarvam priyam bhavati* (BAU II.4,5)]. Le bonheur est intérieur ; l'amour ne vient que du Soi. Il est à l'intérieur de chacun ; ne pensez pas qu'il est à l'extérieur : alors toute différenciation cessera.

22 JANVIER 1937

336. Un visiteur qui semblait avoir étudié les *Upanishad* et la *Shrīmad Bhagavad-gītā* posa quelques questions :

Q.: Comment réaliser le Soi ?

M. : Le Soi est toujours perçu directement. Il n'y a aucun moment où il ne l'est pas. Comment s'en assurer ? Découvrez le Soi. Vous êtes Cela.

Q.: Mais on dit que lorsque le Suprême est atteint, les nœuds du cœur sont dénoués et tous les doutes tombent. Le terme *drishti* est employé pour cet état.

M. : Etre le Soi est la même chose que voir le Soi. Il ne peut exister deux soi, l'un voyant l'autre.

Q.: Comment réaliser le Soi ?

M. : Il est déjà réalisé. Tout le monde devrait connaître ce simple fait. C'est tout.

Q. : Mais je ne le connais pas. Comment puis-je le connaître ?

M.: Niez-vous votre existence ?

Q.: Non, comment pourrais-je la nier ?

M. : Vous admettez donc la vérité.

Q. : Pourtant, je ne vois pas comment je peux réaliser le Soi.

M. : Trouvez celui qui dit 'je'.

Q. : Oui. Je dis 'je'.

M. : Qui est ce 'je' ? Est-ce le corps ou quelqu'un hors du corps ?

Q. : Ce n'est pas le corps. C'est donc quelqu'un hors de lui.

M. : Trouvez-le.

Q. : Je ne m'en sens pas capable. Comment puis-je le trouver ?

M. : Vous êtes en ce moment conscient du corps. Ce n'était pas le cas dans le sommeil profond, mais cela ne vous empêchait pas de poursuivre votre sommeil. Une fois réveillé, vous constatez l'existence du corps et vous dites : « Je ne peux pas réaliser le Soi. » Le disiez-vous dans votre sommeil ? Non, parce qu'alors vous étiez non divisé (*akhanda*). Maintenant que vous êtes enserré dans les limites du corps, vous dites : « Je n'ai pas réalisé le Soi. » Pourquoi imposer des limites à votre Soi et puis vous sentir misérable ? Soyez votre nature véritable et vous serez heureux. Vous ne disiez pas 'je' quand vous dormiez ; maintenant vous le dites. Pourquoi ? Parce que vous restez accroché à votre corps. Cherchez d'où vient ce 'je'. Alors le Soi sera réalisé.

Le corps, dépourvu de conscience, ne peut pas dire 'je'. Et le Soi, infini, ne peut pas non plus dire 'je'. Qui donc alors dit 'je' ?

Q. : Je n'y comprends rien. Comment trouver le 'je' ?

M. : Découvrez d'où ce 'je' surgit. Alors ce 'je' disparaîtra et seul demeurera le Soi infini. Ce 'je' n'est qu'un nœud de connexion entre le conscient et l'inconscient. Le corps n'est pas le 'je', le Soi n'est pas le 'je'. Qui donc est ce 'je' ? D'où s'élève-t-il ?

Q. : D'où vient-il en effet ?

M. : Cherchez.

Q. : Je ne sais pas. Veuillez m'éclairer.

M. : Il ne vient pas de l'extérieur, il est en vous. D'où vient-il ? S'il venait d'ailleurs, vous pourriez y être conduit. Comme il est à l'intérieur de vous, vous seul pouvez le découvrir.

Q. : Vient-il de la tête ?

M. : Le concept de la tête s'élève-t-il après l'apparition du 'je' ou le 'je' s'élève-t-il de la tête ? S'il est dans la tête, pourquoi celle-ci tombe-t-elle quand vous succombez au sommeil ? Le 'Je', ou le Soi, est toujours constant. Son siège doit donc aussi l'être. Si la tête tombe à un moment et se redresse à un autre, comment peut-elle être son siège ? Votre tête repose à plat quand vous dormez, elle se redresse quand vous vous réveillez. Peut-elle être le 'Je' ?

Q. : Quel est-il alors ?

M. : Le 'je' vient de l'intérieur de vous-même. Quand vous dormez, il n'y a pas de 'je'. Juste avant le réveil, la pensée 'je' apparaît.

Q. : On dit que le nœud du cœur se trouve entre les sourcils.

M. : Les uns disent qu'il est situé entre les sourcils, les autres au coccyx et ainsi de suite. Toutes ces localisations sont des concepts élaborés à partir du corps.

Le corps n'apparaît qu'après la pensée 'je'.

Q. : Mais je ne peux tout de même pas me dépouiller de mon corps.

M. : Vous admettez donc que vous n'êtes pas le corps.

Q. : S'il y a douleur dans ce corps, je la ressens ; je ne la ressens pas si c'est un autre corps qui est blessé. Je n'arrive pas à dépasser ce corps.

M. : Cette identification est la cause de ce que vous ressentez. C'est le *hridaya-granthi* (le nœud du cœur).

Q. : Comment dénouer ce nœud ?

M. : Pour qui existe ce nœud ? Pourquoi voulez-vous le dénouer ? Est-ce lui qui le demande ou est-ce vous ?

Q. : Le nœud ne peut rien demander ; moi, je demande.

M. : Qui est ce 'je' ? Si vous le trouvez, le nœud disparaîtra.

Q. : Le nœud est associé au corps. Ce dernier est là parce qu'il est né. Comment éviter de renaître ?

M. : Qui est né ? Le Soi est-il né ? Ou bien est-ce le corps qui est né ?

Q. : C'est le corps.

M. : Alors laissez au corps le soin de demander comment éviter de renaître.

Q. : Il ne demandera jamais rien. C'est donc moi qui dois le faire.

M. : Du corps de qui s'agit-il ? Dans votre sommeil profond vous n'aviez pas de corps. Ce n'est que lorsque la pensée 'je' a surgi que le corps a surgi également. Ainsi, la première naissance est celle de la pensée 'je'. La naissance du corps vient après la pensée 'je' ; le corps naît donc en second. Eliminez la cause première et la seconde disparaîtra d'elle-même.

Q. : Comment empêcher l'apparition de cette pensée 'je' ?

M. : Par la recherche du Soi.

Q. : J'essaye de comprendre, mais sans succès. Puis-je trouver le Soi en recourant au *japa* ? Si oui, je vous prie de me dire comment.

M. : Quel *japa* ? Pourquoi devriez-vous pratiquer un *japa* artificiel ? Vous pouvez découvrir le *japa* éternel et naturel, qui se poursuit sans cesse en vous.

Q. : Peut-être qu'un *upadesha* (enseignement) m'aiderait ?

M. : Si je dis de répéter « Rāma, Rāma » à quelqu'un

qui ne s'est pas donné autant de mal que vous à étudier des livres, il le fera et persévérera. Vous, qui avez beaucoup lu et fait toutes sortes de recherches, vous ne le pratiquerez pas longtemps, car vous penserez : « Pourquoi devrais-je le faire ? En fait, qui suis-je pour répéter ce *mantra* ? Laissez-moi d'abord découvrir qui je suis avant de m'y engager. » Vous cesserez alors la pratique du *japa* et vous commencerez l'investigation.

Q. : Il est dit : les sens sont tournés vers l'extérieur (*parāñchikhāni*) ; le regard [est] tourné vers l'intérieur (*āvrittachakshuh*) [KaU IV,1]. Que veut dire *āvrittachakshuh* (le regard tourné vers l'intérieur) ?

M. : Il ne s'agit pas de tourner l'œil dans le sens inverse. Qu'est ce que le *chakshuh* ?

Q. : C'est l'œil.

M. : Est-ce l'œil qui voit, ou est-ce quelqu'un qui se trouve derrière lui ? Si l'œil peut voir par lui-même, un cadavre peut-il voir aussi ? C'est donc celui qui se trouve derrière l'œil qui voit à travers l'œil. C'est lui qu'on désigne par le terme *chakshuh*.

Q. : Le *divya-chakshuh* est nécessaire pour voir la gloire de Dieu. Le *chakshuh* ordinaire, c'est l'œil physique.

M. : Oh, je vois ! Vous voulez voir la splendeur de millions de soleils et tout le reste.

Q. : Ne pouvons-nous pas voir la gloire divine sous forme de splendeur de millions de soleils ?

M. : Pouvez-vous déjà supporter l'éclat du seul soleil ? Pourquoi vouloir voir des millions de soleils ?

Q. : Il doit être possible de le faire avec le regard divin. « Où le soleil ne brille pas [...] cela est Ma demeure suprême. » [BhG XV.6] Par conséquent, il existe un état dans lequel ce soleil est sans pouvoir. Cet état est celui de Dieu.

M. : Bien. Trouvez Krishna et le problème est résolu.

Q.: Krishna n'est pas vivant.

M.: Est-ce cela que vous avez appris de la *Bhagavad-gītā* ? Krishna ne dit-Il pas qu'Il est éternel ? A quoi pensiez-vous, à Son corps ?

Q. : Il a enseigné tant qu'il était vivant. Ceux qui l'entouraient ont dû se réaliser. Je cherche moi aussi un semblable *guru* vivant.

M.: La *Gītā* est-elle alors devenue inutile après que Krishna eut quitté Son corps ? A-t-Il parlé de Son corps comme étant Krishna ? *Na tu evāham jātu nāsam...* [BhG II.12] (Jamais je ne fus point...).

Q.: Mais je désire un *guru* vivant qui puisse me dire la vérité de première main.

M.: Le destin de ce *guru* sera similaire au destin de Krishna.

La personne se retira. Plus tard, Shrī Bhagavān dit :

« La vue divine signifie luminosité du Soi. Le terme *divya* (divin) l'indique. Le terme complet [1] signifie le Soi. Qui peut accorder une vue divine ? Et qui est celui qui voit ? Les gens lisent dans les livres : « Entendre l'enseignement, y réfléchir et se concentrer pleinement est nécessaire. » Ils pensent qu'ils doivent passer par le *savikalpa-samādhi* et le *nirvikalpa-samādhi* avant d'atteindre la Réalisation. D'où toutes ces questions. Pourquoi devraient-ils errer dans ce labyrinthe ? Qu'est-ce qu'ils y gagnent en fin de compte ? Rien d'autre que la cessation des difficultés de leur recherche et la découverte que le Soi est éternel et évident en soi. Pourquoi n'obtiennent-ils pas cette certitude dès maintenant ?

Un homme simple, non instruit, est satisfait avec le *japa* ou l'adoration. Un *jñānī* est bien entendu satisfait. Les ennuis concernent surtout les mordus de lecture. Mais enfin, eux aussi progresseront.

---

1. *Divya-chakshus.*

337. *Mr. K. R. V. Iyer :* Comment purifier le mental ?

M. : Les *shāstra* disent : « Par le *karma* [1], la *bhakti*, etc. » Un de mes assistants posa un jour la même question. Je lui ai répondu : « Par le *karma* dédié à Dieu. » Ce n'est pas suffisant de penser à Dieu pendant qu'on accomplit le *karma* ; il faut continuellement et sans arrêt penser à Lui. C'est seulement alors que le mental deviendra pur.

L'assistant de Shrī Bhagavān prit la réponse pour lui-même et dit : « Ce n'est pas suffisant que je serve physiquement Shrī Bhagavān ; je dois sans cesse me souvenir de lui. »

A une autre personne qui posa la même question, Bhagavān répondit : « Par la quête du Soi ; ce qui signifie que l'idée "Je suis le corps" doit disparaître » (*ātma-vichāra* = disparition de la *dehātma-buddhi*).

23 JANVIER 1937

338. Mrs. Jennings, l'Américaine, posa quelques questions : « L'affirmation de l'existence de Dieu n'est-elle pas plus efficace que la quête "Qui suis-je" ? L'affirmation est positive tandis que la quête est une négation. Bien plus, elle implique la séparation. »

M. : Tant que vous cherchez à savoir comment obtenir la Réalisation, cette méthode vous est indiquée pour trouver votre Soi. Le fait que vous recherchiez une méthode est la preuve de votre séparation.

Q. : Mais n'est-il pas préférable d'affirmer « Je suis l'Etre suprême » plutôt que de se demander « Qui suis-je » ?

---

1. Ici : action désintéressée.

M. : Qui affirme cela ? Il faut qu'il y ait quelqu'un pour l'affirmer. Trouvez-le.

Q. : La méditation n'est-elle pas mieux que l'investigation ?

M. : La méditation implique une imagerie mentale, tandis que l'investigation recherche la Réalité. La première est objective, tandis que la seconde est subjective.

Q. : Il doit y avoir une approche scientifique à ce sujet.

M. : Eviter l'irréalité et rechercher la Réalité est scientifique.

Q. : Je veux dire qu'il doit y avoir une élimination graduelle, d'abord de l'esprit, puis de l'intellect, enfin de l'ego.

M. : Seul le Soi est réel. Tout le reste est irréel. L'esprit et l'intellect ne sont pas séparés de vous.

La Bible dit : « Reste tranquille et sache que Je suis Dieu. » La tranquillité est la seule condition à la réalisation du Soi qui est Dieu.

Q. : L'Occident comprendra-t-il jamais cet enseignement ?

M. : Il n'est pas question de temps ni d'espace. La compréhension dépend de la maturité mentale. Qu'est-ce que cela peut bien faire, que l'on vive en Orient ou en Occident ?

Shrī Bhagavān renvoya Mrs. Jennings à quelques stances dans l'*Ulladu-Nārpadu* et à l'œuvre de Thāyumānavar. Elle se retira ensuite.

Plus tard, Shrī Bhagavān souligna que tout le Vedānta était contenu dans deux passages de la Bible : « Je suis ce JE SUIS » et « Reste tranquille et sache que Je suis Dieu ».

338a. Mr. K. S. N. Iyer, le fonctionnaire des chemins de fer, fit remarquer à Shrī Bhagavān que l'auteur du livre *Cosmic Consciousness* considérait que la Réalisation n'était possible que dans certaines limites d'âges de la vie d'un individu.

M. : Quelqu'un dirait-il : « Je dois naître avant ou après tel et tel âge » ? Il est ici et maintenant. De telles déclarations induisent en erreur car elles font croire aux gens qu'ils ne peuvent réaliser le Soi dans cette incarnation et qu'ils doivent tenter leur chance dans une autre. Tout cela est absurde.

339. A propos du *Shiva-Vishishādvaita* (c'est-à-dire le *Shaiva-Siddhanta*), Shrī Bhagavān dit : « La *garudoham-bhāvanā* (la méditation sur "Je suis Garuda [1]") ne transforme pas un homme en un *garuda* [aigle]. Néanmoins, les effets d'une morsure de serpent seront guéris. De même, la *shivoham-bhāvanā* (la méditation sur "Je suis Shiva") ne transforme pas l'homme en Shiva, mais il permet de mettre fin aux effets délétères de l'ego. C'est-à-dire que l'homme conserve son individualité, mais il reste pur et devient qualifié pour constituer une partie du corps de Shiva. Devenu tel, il peut jouir de la félicité suprême. C'est la Libération, disent les Shaiva-siddhantī. Cela trahit tout simplement l'amour qu'ils portent à leur individualité et n'est en aucun cas la véritable expérience de la Libération. »

340. Mr. Bose commença par dire : « Quand on retrouve la conscience du corps... »

M. : Qu'est-ce que la conscience du corps ? Dites-

---

1. Nom du roi des oiseaux ; véhicule de Vishnou, représenté avec la tête, la queue et les ailes d'un aigle et le tronc et les jambes d'un être humain. Grand ennemi des serpents, on l'invoque pour guérir leurs morsures.

nous cela d'abord. Qui êtes-vous en dehors de la conscience ? On conçoit le corps à cause de la conscience du corps, laquelle s'élève de la conscience du 'je', laquelle, à son tour, s'élève de la conscience pure.

Conscience → conscience du 'je' → conscience du corps → corps.

Il n'y a toujours que la conscience et rien d'autre. Ce que vous considérez actuellement comme la conscience du corps n'est qu'une surimposition. Si la conscience seule existe et rien d'autre, le sens du vers *ātmanas tu kāmāya sarvam priyam bhavati* [BAU II.4,5] (Tous sont chers en raison de l'amour du Soi) devient clair.

Certains demandent alors pourquoi, s'il en est ainsi, y a-t-il des suicides ? Pourquoi les gens se suicident-ils ? Parce qu'ils sont malheureux et désirent mettre un terme à leur souffrance. En fait, ils le font pour en finir avec l'identification au corps qui représente toute la souffrance. Il faut qu'il y ait quelqu'un pour tuer le corps. Ce quelqu'un est celui qui survit au suicide. C'est le Soi.

341. *Mrs. Jennings :* Shrī Bhagavān dit que l'état de Réalisation est la libération de la tyrannie des pensées. Les pensées n'ont-elles pas une place dans le plan de la manifestation..., peut-être à un degré inférieur ?

M. : Les pensées s'élèvent de la pensée 'je', qui, à son tour, s'élève du Soi. Le Soi se manifeste donc en tant que 'je' et d'autres pensées. Qu'est-ce que cela peut bien faire qu'il y ait des pensées ou qu'il n'y en ait pas ?

Q. : De bonnes pensées sont-elles une aide à la Réalisation ? Ne sont-elles pas une authentique *via media*, un échelon inférieur dans l'échelle des valeurs, pour atteindre la Réalisation ?

M. : En un sens, oui. Elles tiennent éloignées les

mauvaises pensées. Mais elles doivent, elles aussi, disparaître avant la Réalisation.

Q. : Mais les pensées créatives ne sont-elles pas un aspect de la Réalisation et par conséquent une aide ?

M. : Elles sont seulement une aide dans le sens déjà indiqué. Elles doivent toutes disparaître dans le Soi. Les pensées, bonnes ou mauvaises, vous en éloignent et ne vous en rapprochent pas, car le Soi est plus intime que les pensées. Vous êtes le Soi, tandis que les pensées sont étrangères au Soi.

Q. : Ainsi, le Soi absorbe sa propre création qui lui a permis d'atteindre sa Réalisation. Tandis que la civilisation vénère à tort et « court-circuite » ses propres créations qui l'ont aidée à progresser et ainsi s'en sépare.

M. : N'êtes-vous pas distincte des pensées ? N'existez-vous pas en leur absence ? Les pensées peuvent-elles exister sans vous ?

Q. : La civilisation ne s'avance-t-elle pas lentement, mais sûrement, dans la bonne direction, vers la réalisation du Soi ?

M. : La civilisation est dans l'ordre des choses. Elle se résorbera finalement, comme tout le reste, dans la réalisation du Soi.

Q. : Un homme simple mais sincère est-il plus proche de la Réalisation qu'un homme civilisé, gouverné par l'intellect et la pensée ?

M. : Un homme réalisé peut avoir l'apparence d'un sauvage, mais un sauvage n'est pas pour autant un homme réalisé.

Q. : Est-il juste de considérer que *tout* ce qui nous arrive est dû à la volonté de Dieu et par conséquent ne peut être que bon ?

M. : Bien sûr. Cependant, Dieu et toute autre chose ne sont pas séparés du Soi. Comment de telles pensées peuvent-elles encore s'élever quand vous demeurez dans le Soi ?

Q. : Est-ce que l'abandon de soi consiste à accepter tous les désagréments physiques, comme les fourmis, les moustiques et les serpents et, en les acceptant, peut-on cesser d'en être affecté ?

M. : Peut-il y avoir quoi que ce soit séparé de vous, vous le spectateur ou le penseur ?

Une personne parsie intervint : « Si rien n'est distinct de nous, pourquoi ressentons-nous la piqûre de la fourmi ? »

M. : Qui ressent la piqûre de la fourmi ? C'est le corps. Vous n'êtes pas le corps. Tant que vous vous identifiez au corps, vous voyez des fourmis, des plantes et tout le reste. Si vous demeurez dans le Soi, il n'y a rien qui soit séparé du Soi.

Q. : C'est le corps qui ressent la douleur de la piqûre.

M. : Si le corps la ressent, laissez-le poser la question. Laissez le corps prendre soin de lui-même. Qu'est-ce que cela peut bien vous faire ?

Mrs. Jennings demanda de nouveau : « Est-ce que l'abandon total signifie que, même pendant la méditation, tous les bruits et autres dérangements autour de nous doivent être acceptés ? Ou bien devrions-nous chercher la solitude dans la grotte d'une montagne ? N'est-ce pas ce qu'a fait Bhagavān ? »

M. : Il n'y a pas d'aller et venues. Infini et éternel, le Soi n'est affecté par aucun des éléments. Il ne peut pas se mouvoir. Il n'y a aucun endroit où aller pour le Soi.

Q. : Dans ce processus de recherche du Soi, cette demande d'aide extérieure est-elle légitime sur le plan spirituel ?

M. : L'erreur se situe dans l'identification du Soi avec le corps. Si Bhagavān est le corps, vous pouvez interroger ce corps. Mais comprenez celui à qui vous vous adressez et que vous appelez Bhagavān. Il n'est pas le corps. Il est le Soi.

Puis, Mrs. Jennings se référa à un article dans la revue *Harijan* [1], où il était dit que tout est Dieu et que rien n'appartient à l'individu, etc.

M. : Toutes choses, l'individu, Dieu, ne sont autres que le Soi.

Mrs. Jennings lut quelques lignes de Shelley [2] et demanda si celui-ci n'était pas une âme réalisée.

> A l'intérieur d'une caverne en l'esprit flottant de l'homme
> trône une image, si intensément belle
> que les pensées aventureuses errant en sa proximité
> l'adorent. En s'agenouillant, elles tremblent et s'effraient
> de la splendeur de sa présence, et la lumière
> pénètre leurs formes chimériques
> jusqu'à ce qu'elles deviennent emplies de la force
>   [de son éclat.

M. : Oui. Ces lignes sont excellentes. Il a certainement réalisé ce qu'il a écrit.

Elle remercia Shrī Bhagavān et se retira.

342. A 11 heures du soir arriva un groupe de Guntur, dans l'Andhra Pradesh, composé d'une femme d'âge moyen, au regard triste mais résolu, de sa mère et de deux hommes. Ils demandèrent une audience à Shrī Bhagavān.

La femme raconta à Shrī Bhagavān : « Lorsque j'étais enceinte de mon fils, mon mari mourut. L'enfant naquit donc après sa mort. Il atteignit l'âge de 5 ans, sans jamais avoir de difficultés. Puis, il fut atteint

---

1. Revue du Mahātma Gandhi.
2. Poète anglais (1792-1822).

d'une paralysie infantile. A 9 ans, il était cloué au lit. C'était, malgré tout, un enfant intelligent et gai. Cette situation dura deux ans et maintenant on me dit qu'il est mort. Mais moi je sais qu'il dort seulement et qu'il se réveillera bientôt. Quand on m'a dit que mon fils était mort, je fus choquée. J'eus la vision d'un *sādhu* qui passait sa main sur le corps de l'enfant et celui-ci se réveillait dispos. J'ai la conviction que ce *sādhu*, c'est vous-même. Ayez la bonté de venir et de toucher l'enfant afin qu'il se relève. »

Shrī Bhagavān demanda ce que les docteurs lui avaient dit. Elle répondit : « Ils disent qu'il est mort. Mais qu'est-ce qu'ils en savent ? J'ai fait tout le chemin de Guntur jusqu'ici pour amener l'enfant. »

Quelqu'un demanda : « Comment ? Le corps a été amené ici ? »

Elle : On a accepté que le corps soit transporté moyennant le tarif spécial d'une demi-roupie par mile. Nous en avons payé 150 et l'avons amené ici comme un bagage.

M. : Si votre vision s'avère juste, votre fils se réveillera demain.

Elle : Je vous en prie, touchez mon fils. Puis-je l'amener ici ?

Les personnes présentes protestèrent et persuadèrent le groupe de quitter les lieux. Ils s'exécutèrent. Le lendemain, il fut rapporté que le corps de l'enfant avait été incinéré.

Quand on l'interrogea à ce sujet, Shrī Bhagavān répondit : « On dit de certains saints qu'ils ont fait revivre des morts. Mais ils ne faisaient pas revivre tous les morts. Car, si c'était possible, il n'y aurait pas de monde, pas de morts, pas de cimetières. »

Un homme s'étonna : « La foi de cette mère était

vraiment remarquable. Comment a-t-elle pu avoir une vision si réconfortante et être quand même si triste ? Cette vision n'aurait-elle pas été une surimposition résultant de son amour pour son fils ? »

M.: Son fils et elle-même n'étant pas réels, comment voulez-vous que la vision seule soit une surimposition ?

Q.: Alors quelle explication peut-on en donner ?

Le Maharshi resta silencieux.

343. *Q.:* Même si on se coupe la main, on devrait ne pas en être conscient puisque la *Bhagavad-gītā* déclare que le Soi est distinct du corps.

M.: Est-ce que le *jñāna* (la Connaissance) consiste à ne pas être conscient de la douleur d'une blessure ?

Q.: Ne devrait-on pas rester inconscient de la douleur ?

M.: La plupart des opérations se font sous anesthésie, et le patient ne ressent aucune douleur. Celui-ci obtient-il pour autant le *jñāna* ? L'insensibilité à la douleur ne peut être le *jñāna*.

Q.: Un *jñānī* ne doit-il pas être insensible à la douleur ?

M.: La douleur physique est une conséquence de la conscience du corps ; elle ne peut pas exister en l'absence de la conscience du corps. Le mental, lorsqu'il est inconscient du corps, ne peut pas être conscient de ses peines ou de ses plaisirs. Lisez l'histoire d'Indra et d'Ahalyā dans le *Yoga-vāsishtha* ; là, même la mort y est considérée comme un acte du mental.

Les douleurs dépendent de l'ego ; elles ne peuvent exister sans le 'je', mais le 'Je' peut exister sans elles.

344. *Q.:* Le *Vichāra-sāgara* fait mention de quatre obstacles à la réalisation du Soi.

M. : Pourquoi seulement quatre ? Certains disent qu'il y en a neuf. Le sommeil est l'un d'eux. Qu'est-ce que le sommeil ? Il n'est que l'inverse de la veille. Il ne peut pas être indépendant de la veille. Le sommeil profond est le Soi parfait. Ne pensez pas que vous êtes éveillé ; le sommeil n'existe pas non plus ; ni même les trois états. C'est parce que vous avez oublié le Soi que vous dites que vous avez rêvé. Quelque chose peut-il exister en l'absence du Soi ? Pourquoi oubliez-vous le Soi et vous attachez-vous au non-Soi ?

Dès que le mental tend à s'extérioriser, tournez-le aussitôt vers l'intérieur. Il s'extériorise du fait de l'habitude de chercher le bonheur en dehors de soi-même ; mais la connaissance que les objets extérieurs ne sont pas cause de bonheur le refrénera. C'est le *vairāgya,* l'état sans passion. Ce n'est qu'avec le parfait *vairāgya* que le mental devient stable.

Le mental n'est qu'un mélange de connaissance et d'ignorance ou de sommeil et de veille. Ses cinq modes de fonctionnement sont :

kshipta (actif)
mūdha (lourd)
vikshipta (distrait)
kashāya (latent)
ekāgriya (concentré).

De ces cinq modes, *kashāya* ne désigne que l'état latent des tendances, et non les tendances elles-mêmes, telles que l'attachement, la répulsion, etc.

Etant vous-même *ānanda* (Félicité), pourquoi devriez-vous vous en réjouir et dire : « Ah ! Quelle félicité ! » C'est le *rasāsvāda* [1].

Quand, lors des cérémonies de son mariage, une

---

1. Goût de félicité d'une relation entre sujet et objet, créé par la tranquillité mentale.

jeune fille vierge se réjouit d'avance à l'idée de la proche étreinte de son époux, sans même en avoir fait l'expérience, c'est le *rasāsvāda*.

Q. : La *jīvan-mukti* (la libération de son vivant) étant elle-même *ānanda*...

Shrī Bhagavān interrompit la personne : « Laissez de côté les *shāstra*. Qu'est-ce que la *jīvan-mukti* ? Qu'est-ce que l'*ānanda* ? Même sur la Libération il y a un doute. Que sont tous ces mots ? Peuvent-ils être distincts du Soi ? »

Q. : C'est parce que nous n'avons pas l'expérience de tout cela.

M. : Ce qui n'est pas est toujours perdu ; ce qui est est à jamais présent, ici et maintenant. C'est l'ordre éternel des choses. Rappelez-vous l'exemple de la femme qui pensait avoir perdu le collier qu'elle portait autour du cou.

345. Après un silence, Shrī Bhagavān continua : « Détruisez le pouvoir du mental en le recherchant. Quand le mental est examiné, ses activités cessent automatiquement.

Une autre méthode consiste à chercher la source du mental. Cette source peut être appelée Dieu, Soi ou Conscience.

En se concentrant sur une seule pensée, toutes les autres pensées disparaissent ; à la fin, cette pensée disparaîtra aussi. Il est nécessaire de garder toujours la conscience éveillée pendant qu'on contrôle ses pensées, sinon on s'endort. »

Q. : Comment chercher le mental ?

M. : Le contrôle de la respiration peut aider, mais il ne peut jamais vous conduire au but. Quand vous le pratiquez d'une manière automatique, restez toujours vigilant, souvenez-vous de la pensée 'je' et recherchez-en la source. Vous vous apercevrez alors que la pensée 'je' s'élève de là où le souffle descend. Les deux s'élèvent et descendent ensemble. Quand ils descendent, simultanément un autre 'Je'-'Je', lumineux et infini, se manifeste de façon continue et ininterrompue. Voilà le but. On lui donne des noms divers : Dieu, Soi, *kundalinī-shakti,* Conscience, etc.

Lorsque vous tenterez cet effort, celui-ci vous conduira de lui-même au but.

346. Le libre arbitre et le destin perdurent aussi long-temps que le corps subsiste. Mais la Sagesse transcende l'un et l'autre, car le Soi est au-delà de la connaissance et de l'ignorance.

347. Le mental est un faisceau de pensées. Celles-ci ne s'élèvent que parce qu'il y a un penseur. Le penseur est l'ego. L'ego, en le recherchant, s'évanouira automatiquement. Le mental et l'ego sont une seule et même chose. L'ego est la « pensée-racine » de laquelle toutes les autres pensées s'élèvent.

348. *Q. :* Il y a des moments où les gens et les choses prennent un aspect vague, presque transparent, comme dans un rêve. On cesse de les voir comme extérieurs, mais on reste passivement conscient de leur existence en n'ayant plus activement conscience d'une quelconque individualité. Une profonde tranquillité mentale s'ins-talle. Le mental est-il, dans ces moments-là, prêt à plonger dans le Soi ? Ou bien s'agit-il d'un état malsain, dû à l'auto-hypnose ? Doit-on encourager cet état, de façon à obtenir une paix temporaire ?

M. : Dans cet état, la conscience est présente dans le mental en même temps que la tranquillité ; c'est exactement l'état auquel il faut aspirer. Mais le fait que vous souleviez cette question, sans réaliser qu'il s'agit du Soi, prouve que l'état n'est pas permanent, mais occasionnel.

Le mot « plonger » convient au mental qui à tendance à s'extérioriser et qui doit être détourné et ramené vers l'intérieur comme s'il devait plonger en dessous de la surface des apparences. Mais quand une profonde quiétude prévaut, sans que la conscience soit obscurcie, où est le besoin de plonger ? Si dans cet état le Soi n'est pas réalisé, l'effort pour y parvenir peut être appelé « plonger ». Dans ce sens, on peut dire que cet état est favorable à la Réalisation ou à l'effort de « plonger ». Par conséquent, vos deux dernières questions étaient inutiles.

Q. : Je ressens une préférence marquée à l'égard des enfants, probablement parce que leur aspect est parfois utilisé pour personnifier l'Idéal. Comment peut-on se défaire de cette préférence ?

M. : Accrochez-vous au Soi. Pourquoi penser à des enfants et aux réactions à leur égard ?

Q. : Cette troisième visite à Tiruvannāmalai semble avoir intensifié mon égoïsme et rendu la méditation plus difficile. N'est-ce qu'une phase passagère, sans importance, ou est-ce un signe que je dois éviter à l'avenir ce genre de lieux ?

M. : C'est de l'imagination. Cet endroit ou un autre sont en vous. Vous devez mettre un terme à de telles imaginations, de sorte que les lieux n'aient plus rien à faire avec vos activités mentales. Votre environnement ne provient pas de votre propre choix. Il est tout simplement là. Vous devez vous élever au-dessus de lui et ne pas vous sentir concerné.

349. — LA VOIE VERS LE SALUT
PAR LA DISCRIMINATION
SELON SHRI SHANKARA [1]

PRÉFACE DE SHRI RAMANA MAHARSHI

Tout être au monde aspire à être toujours heureux, libre de toute trace de souffrance. Il désire également se débarrasser de tous les maux dont son corps est atteint et qui ne correspondent pas à sa nature véritable. De plus, chacun entretient à son propre égard le plus grand amour, et cet amour n'est pas possible en l'absence de bonheur. Dans le sommeil profond, bien que tout ait disparu, chacun fait l'expérience du bonheur. Parce que les gens ignorent la vraie nature de leur être, qui est le bonheur en soi, ils pataugent dans le vaste océan du monde des apparences et rejettent la voie juste qui mène au bonheur. Ils agissent selon la croyance erronée que la seule façon d'être heureux consiste à obtenir les plaisirs de ce monde et ceux de l'autre monde.

UN GUIDE SÛR

Mais hélas, ce bonheur sans la moindre trace de souffrance n'est pas réalisé. C'est précisément en vue de montrer la voie directe vers le bonheur que le dieu Shiva, par la plume de Shrī Shankarāchārya, écrivit les commentaires des *Prasthāna-traya* du Vedānta, qui glorifient l'excellence de cette félicité, et qu'il en démontra le bien-fondé par l'exemple de sa propre vie.

---

1. *Note du compilateur :* Ce texte a été publié dans la revue *The Vision*. Il s'agit d'une traduction de Mr. S.Krishna, M.A. d'une préface écrite par le Maharshi pour sa propre traduction du *Viveka-chūdamani* (*Le plus beau fleuron de la discrimination*), œuvre attribuée à Shrī Shankara.

Ces commentaires, cependant, sont peu utiles à ces ardents chercheurs qui sont fermement résolus à réaliser la Félicité de la Délivrance, mais qui n'ont pas la culture suffisante pour pouvoir les étudier.

C'est pour ces hommes que Shrī Shankara révéla l'essence des commentaires dans ce bref traité intitulé *Le plus beau fleuron de la discrimination*. Il y explique en détail les points essentiels à saisir par ceux qui recherchent la Libération et il les dirige ainsi vers le chemin véritable et direct.

Le savoir est inutile

Shrī Shankara commence par observer qu'il est difficile d'avoir une naissance humaine et que, l'ayant atteinte, on devrait s'efforcer de réaliser la félicité de la Libération, qui est véritablement l'état naturel de notre être. C'est uniquement grâce au *jñāna* ou Connaissance que cette Félicité est réalisée. Le *jñāna* n'est accompli que par le *vichāra* ou l'enquête soutenue. Pour connaître cette méthode d'investigation, dit Shrī Shankara, on doit rechercher la faveur d'un *guru*. Il décrit les qualités que doivent présenter le *guru* et son *shishya* (disciple) et la façon dont ce dernier doit approcher et servir son maître. Il souligne que l'effort personnel est un facteur essentiel pour réaliser la félicité de la Libération. Le simple savoir livresque ne procure jamais cette Félicité qui ne peut être réalisée que par le *vichāra* ou l'investigation. Celle-ci consiste en *shravana,* l'attention fervente aux préceptes du *guru*, *manana*, la réflexion approfondie, et *nididhyāsana,* la pratique d'un ferme établissement dans le Soi.

LES TROIS VOIES

Les trois corps — physique, subtil et causal — constituent le non-Soi et sont irréels. Le Soi, ou le 'Je', est tout à fait différent d'eux. En raison de l'ignorance, le sens du Soi ou la notion du 'Je' est détourné vers ce qui est non-Soi, et cela est, en effet, servitude. Car de l'ignorance vient la servitude, de la Connaissance s'ensuit la Libération. Apprendre cela du *guru,* c'est le *shravana.*

Rejeter les trois corps formés des cinq enveloppes (physique, vitale, mentale, gnostique et béatifique) comme étrangères au 'Je' et extraire par l'enquête subtile du « Qui suis-je ? » — tout comme la délicate opération qui consiste à dégager de sa corolle le pistil central d'une fleur — ce qui est distinct des trois corps et qui existe comme unique et universel dans le Cœur en tant qu'*Aham* ou 'Je', nommé *tvam* (dans l'énonciation sacrée *tat tvam asi,* Tu es Cela), c'est le processus d'investigation subtile, *manana* ou réflexion profonde.

LA BÉATITUDE

Le monde du nom et de la forme n'est qu'une adjonction au *sat* ou au *brahman.* N'étant pas différent de Lui, il est rejeté en tant que tel et reconnu comme nul autre que le *brahman.* L'instruction du disciple par le *guru* au *mahāvkya* « *tat tvam asi »,* qui déclare l'identité du Soi avec le Suprême, s'appelle *upadesha.* Il est recommandé au disciple de demeurer dans la béatitude d'*aham-brahman,* le 'Je' absolu. Cependant, les anciennes tendances du mental, nombreuses et puissantes, surgissent et font obstacle à cet état de béatitude. Ces tendances sont triples et l'ego, qui est leur racine, s'épanouit dans la conscience extériorisée et différenciée, causée par les forces de *vikshepa*, la dispersion (due au *rajas*) et de l'*āvarana,* l'obscurcissement (dû au *tamas*)

LE BARATTAGE DU MENTAL

Etablir le mental fermement dans le cœur jusqu'à ce que ses forces soient détruites et éveiller par une constante et incessante vigilance la tendance véritable et originelle, qui est la caractéristique de l'*ātman* et qui est exprimée par les sentences *aham brahmāsmi* (je suis le *brahman*) et *brahmaivāham* (je ne suis rien d'autre que le *brahman*), est appelé *nididhyāsana* ou *ātmānusandhāna*, c'est-à-dire être établi dans le Soi. On l'appelle aussi *bhakti*, yoga et *dhyāna.*

L'*ātmanusandhāna* à été comparé au barattage de la crème pour en tirer du beurre, le mental étant la baratte, le cœur la crème et la pratique constante de la recherche du Soi, le barattage. De même qu'à force de battre la crème on finit par en extraire le beurre et que par la friction de deux objets, un feu s'allume, ainsi, par une vigilance constante de l'attention fixée sur le Soi, telle une coulée d'huile, se produit la naturelle et permanente transe ou le *nirvikalpa-samādhi* qui provoque spontanément la perception du *brahman*, directe, immédiate, universelle et sans obstacle. Elle est à la fois Connaissance et Expérience et transcende le temps et l'espace.

LA FÉLICITÉ ILLIMITÉE

C'est la réalisation du Soi ; et ainsi, le *hridaya-granthi* (le nœud du Cœur) est tranché totalement. Les illusions de l'ignorance et les tendances néfastes et sempiternelles du mental qui constituent ce nœud sont détruites. Tous les doutes sont dissipés et la servitude du karma prend fin.

C'est ainsi que Shrī Shankarā a décrit dans *Le plus beau fleuron de la discrimination* le *samādhi* ou transe transcendantale comme étant la félicité illimitée de la Libération, au-delà du doute et de la dualité, et il a également indiqué les moyens pour y parvenir. La réalisation de cet état de non-dualité est le *summum bonum* de la vie ; et seul celui qui l'a atteint est un *jīvan-mukta* (libéré de son vivant) et non pas celui qui n'a qu'une compréhension théorique de ce qui constitue le *purushārtha,* la fin désirée et le but visé par l'effort humain.

LA LIBERTÉ FINALE

Ayant ainsi défini le *jīvan-mukta*, Shrī Shankara déclare que celui-ci est libéré des liens du triple karma (*sanchita, āgāmin* et *prārabdha*). Le disciple qui a atteint cet état peut parler de son expérience personnelle. Celui qui est libéré est, en effet, libre d'agir à sa guise et, quand il quitte sa forme mortelle, il demeure dans son état de Libération et ne revient plus à cette « naissance qui n'est que mort ».

Shrī Shankara décrit ainsi la Réalisation, c'est-à-dire la Libération, sous deux aspects, celui de *jīvan-mukti* et celui de *videha-mukti.* De plus, dans ce court traité écrit sous forme de dialogue entre un *guru* et son disciple, il aborde de nombreux sujets s'y rapportant.

6 FÉVRIER 1937

350. Lors d'une conversation avec Mr. G. Shanmugham, avocat et dévot sincère, Bhagavān observa :

« Les *shāstra* disent que l'on doit servir un *guru* pendant douze ans afin d'obtenir la réalisation du Soi. Que fait le *guru*? Transmet-il la Réalisation au disciple? Le Soi n'est-il pas toujours réalisé? Quel est donc le sens de cette croyance courante? L'homme est toujours le Soi et cependant il ne le sait pas. Il le confond avec le non-Soi, c'est-à-dire avec le corps, etc. Cette confusion est provoquée par l'ignorance. Si celle-ci est supprimée, la confusion cessera et la vraie connaissance se dévoilera. En restant en contact avec des sages réalisés, l'homme perd graduellement son ignorance, jusqu'à sa disparition complète. C'est ainsi que le Soi éternel se révèle en lui.

Tel est le sens de l'histoire du sage Ashtāvakra et du roi Janaka. Les anecdotes diffèrent selon les livres. Mais les noms et les enjolivements nous importent peu, ce qui compte c'est le *tattva*, l'essence de l'histoire. Le disciple s'abandonne au maître. Cet abandon, s'il est total, implique que le disciple s'est dégagé de tout sens d'individualité et qu'il n'y a plus de cause de souffrance. L'Etre éternel n'est que bonheur. Et cela est révélé.

Sans comprendre cela correctement, les gens pensent que le *guru* enseigne au disciple quelque chose comme « *tat tvam asi* » et que le disciple réalise aussitôt "Je suis le *brahman*". Dans leur ignorance, ils conçoivent le *brahman* comme plus vaste et plus puissant que toute chose. Déjà avec son 'je' limité, l'homme est prétentieux et indiscipliné. Qu'adviendra-t-il si ce même 'je' prend des proportions énormes? Il deviendra "énormément" ignorant et insensé! Ce faux 'je' doit périr. Son annihilation est le fruit du service au *guru* (*guru-sevā*). La Réalisation est éternelle et elle n'est pas un état nouveau provoqué par le *guru*. Le *guru* aide à dissiper l'ignorance. C'est tout. »

7 FÉVRIER 1937

351. Le Dr. Subramania Iyer, ancien fonctionnaire auprès de la Santé publique à Salem, lut à haute voix le passage d'un livre contenant les instructions suivantes : reconnaître l'impermanence du monde et la futilité des joies terrestres, s'en détourner avec dégoût, maîtriser les sens et pratiquer la méditation sur le Soi en vue de le réaliser.

Après la lecture Shrī Bhagavān fit remarquer : « Comment sait-on que le monde est transitoire ? Sans quelque chose de permanent à quoi s'accrocher, la nature transitoire du monde ne peut être comprise. C'est parce que l'homme est déjà le Soi et que le Soi est l'éternelle réalité qu'il dirige son attention vers Lui. Et on lui enseigne de la garder fixée sur la réalité éternelle, le Soi. »

352. La pensée s'élève sous forme de sujet et d'objet. Si seul le 'Je' est tenu, tout le reste disparaît. Cela est suffisant, mais seulement pour les rares personnes compétentes.

Les autres argumentent : « Fort bien. Le monde qui continue à exister pendant que je dors a déjà existé avant ma naissance et existera après ma mort. Les autres ne le voient-ils pas ? Pourquoi le monde cesserait-il d'exister parce que mon ego n'est plus là ? » C'est pour satisfaire de telles gens qu'existent la genèse du monde et les différentes écoles de pensée.

Q. : Mais puisque ce ne sont que des produits de l'intellect, elles ne peuvent pas tourner le mental vers l'intérieur.

M. : C'est pour cette raison que les Ecritures parlent d'un « regard intériorisé », d'un « regard concentré » et ainsi de suite.

Le Soi étant toujours le Soi, pourquoi seul un *dhīra* serait-il illuminé ? Est-ce parce que ce terme désigne un homme courageux ? Non. *Dhī* signifie intellect et *rah,* veiller, protéger. Donc, un *dhīra* est un homme qui veille toujours à ce que son mental soit tourné vers l'intérieur et ne le lâche pas.

8 FÉVRIER 1937

353. *Q. :* Qu'est-ce que le *turīya* ?

M. : Il n'existe que trois états : la veille, le rêve et le sommeil profond. Le *turīya* n'est pas un quatrième état ; il est ce qui est sous-jacent aux trois états. Mais les gens ne comprennent pas cela facilement. Voilà pourquoi on dit que le *turīya* est le quatrième état et la seule réalité. En fait, le *turīya* n'est séparé de rien, car il forme le substrat de tout ce qui existe. Il est la seule vérité ; il est votre Etre même. Les trois états apparaissent sur lui en tant que phénomènes éphémères et s'y fondent ensuite. C'est pourquoi ils sont irréels.

Les images d'un film ne sont que des ombres qui passent sur l'écran. Elles apparaissent, avancent, reculent, changent de l'une à l'autre ; elles sont donc irréelles tandis que l'écran reste toujours le même. De même avec des peintures. Les images peintes sont irréelles, seule la toile est réelle. Il en est ainsi pour nous. Les phénomènes du monde, extérieurs aussi bien qu'intérieurs, ne sont que des manifestations passagères qui ne sont pas indépendantes de notre Soi. Seule notre habitude de les considérer comme réelles et de les situer hors de nous-mêmes est responsable du fait que notre être véritable est caché et que les phénomènes du monde sont mis en avant. Quand l'unique réalité toujours présente, le Soi, est trouvée, toutes les autres choses irréelles disparaîtront, laissant derrière elles la connaissance qu'elles ne sont autres que le Soi.

Turīya n'est qu'un autre nom pour le Soi. Conscients des états de veille, de rêve et de sommeil profond, nous demeurons inconscients de notre propre Soi. Et pourtant, le Soi est ici et maintenant, il est la seule réalité. Il n'existe rien d'autre. Aussi longtemps que persiste l'identification au corps, le monde semble se trouver à l'extérieur de nous. Réalisez simplement le Soi, et tout le reste *ne sera plus*.

354. Une théosophe américaine demanda : « Quel est le moyen qui me permettra de me rapprocher davantage de mon Maître ? »

M.: A quelle distance de lui vous trouvez-vous en ce moment ?

Q. : Je suis éloignée de lui. Mais je voudrais m'en rapprocher.

M. : Si vous connaissiez d'abord votre Soi, vous pourriez alors trouver la distance qui vous sépare d'un autre. Qui êtes-vous actuellement ? Etes-vous cette personnalité ?

Q.: Oui, je suis la personnalité.

M.: La personnalité est-elle indépendante du Soi ?

Q.: Quelquefois.

M.: A quels moments ?

Q.: Je veux dire, j'ai parfois des éclairs de la réalité, et à d'autres moments je ne les ai pas.

M.: Qui est conscient de ces éclairs ?

Q.: Moi ; je veux dire ma personnalité.

M. : La personnalité est-elle consciente d'être séparée du Soi ?

Q.: Quel Soi ?

M.: Que pensez-vous que votre personnalité soit ?

Q. : Le soi inférieur.

M. : Alors je vous demande si votre soi inférieur est conscient d'être séparé du Soi.

Q. : Oui, de temps à autre.

M. : Qui éprouve le sentiment d'être éloigné du maître, en ce moment même ?

Q. : Le Soi supérieur.

M. : Le Soi supérieur a-t-il un corps et dit-il que le maître est éloigné de lui ? Parle-t-il par votre bouche ? Etes-vous séparée de lui ?

Q. : Pouvez-vous me dire comment je peux m'entraîner à être consciente de ce que je fais, même sans corps, comme dans le sommeil ?

M. : La conscience est votre vraie nature. Durant le sommeil profond ou durant la veille, elle est toujours la même. Comment alors peut-elle être un état nouveau à obtenir ?

Q. : Mais je ne me souviens pas de ce qui s'est passé dans mon sommeil.

M. : Qui dit « Je ne me souviens pas » ?

Q. : Je le dis maintenant.

M. : Vous étiez la même quand vous dormiez. Pourquoi ne le dites-vous pas dans le sommeil ?

Q. : Je ne me souviens pas de ce que je dis dans le sommeil.

M. : En état d'éveil vous dites : « Je sais ; je me rappelle. » Cette même personnalité dit : « Je ne savais pas ; je ne me souvenais de rien quand je dormais. » Pourquoi votre question ne se pose-t-elle pas pendant le sommeil ?

Q. : Je ne sais pas ce qui se passe pendant le sommeil. C'est pourquoi je pose maintenant la question.

M. : Votre question concerne la phase de sommeil ; c'est donc là qu'elle doit se poser et non pas à l'état de veille. Elle ne touche pas l'état de veille et il n'y a aucune raison apparente pour qu'elle se pose alors. Le fait est que dans le sommeil vous n'êtes pas limitée et aucune question ne surgit. Tandis que maintenant vous établissez des limites, vous vous identifiez avec le corps et des questions de ce genre surgissent.

Q. : Je le comprends, mais je ne le réalise pas (c'est-à-dire l'unité dans la diversité).

M. : C'est parce que vous êtes dans la diversité que vous dites que vous comprenez l'unité, que vous avez des éclairs de conscience, que vous vous rappelez telle ou telle chose et ainsi de suite ; vous croyez que cette diversité est réelle. C'est le contraire, l'unité est réelle et la diversité est fausse. Pour que l'unité puisse se révéler, la diversité doit disparaître. L'unité est toujours réelle. Elle n'envoie pas d'éclairs pour manifester son existence dans cette fausse diversité. Au contraire, cette diversité fait obstruction à la vérité.

Puis, d'autres personnes poursuivirent la conversation.

M. : Le but de la pratique spirituelle est la suppression de l'ignorance et non pas l'acquisition de la Réalisation. La Réalisation est toujours présente, ici et maintenant. Si elle était un état nouveau à acquérir, elle devrait être supposée absente à un moment et présente à un autre. Dans ce cas, elle ne serait pas permanente et ne vaudrait donc pas la peine d'être acquise. Mais la Réalisation est permanente et éternelle, elle est ici et maintenant.

Q. : Pour supprimer l'ignorance, la grâce est nécessaire.

M. : Certainement. Mais la Grâce est là depuis toujours. Elle est le Soi. Elle n'est pas quelque chose à acquérir. Tout ce qui est nécessaire, c'est de connaître son existence. Par exemple, le soleil n'est que luminosité. Il ne voit pas l'obscurité. Alors qu'on parle de l'obscurité qui s'enfuit à l'approche du soleil. De même, l'ignorance est un fantôme sans réalité. Quand sa nature irréelle est découverte, on dit que l'ignorance a disparu.

Le soleil est là et brille. Vous êtes environnée de sa lumière. Mais, si vous voulez connaître le soleil, vous devez tourner les yeux dans sa direction et le regarder. De même, on trouve la grâce seulement par la pratique, bien qu'elle soit présente, ici et maintenant.

Q. : J'espère que par le désir constant de s'abandonner, la présence de la grâce augmentera.

M. : Abandonnez-vous une fois pour toutes et finissez-en avec le désir. Tant que le sentiment d'être celui qui agit persiste, il y a désir ; il fait, lui aussi, partie de la personnalité. Une fois disparu, le Soi brille de son pur éclat.

Le sentiment d'être celui qui agit est la servitude et non pas les actions elles-mêmes.

Reste tranquille et sache que je suis Dieu. Ici, la tranquillité est l'abandon total, sans trace d'individualité. Le calme prévaut et il n'y a plus d'agitation mentale. L'agitation mentale est la cause du désir, du sentiment d'être celui qui agit et de la personnalité. Si cela s'arrête, la tranquillité s'instaure. Là, « *savoir* » veut dire « *être* ». Il ne s'agit pas du savoir relatif qui implique la triade connaissance, sujet et objet.

Q. : La pensée « Je suis Dieu » ou « Je suis l'Etre suprême » est-elle utile ?

M. : « Je suis ce JE SUIS. » « JE SUIS » est Dieu et non pas le fait de penser « Je suis Dieu ». *Réalisez* « JE SUIS » et ne *pensez* pas « JE SUIS ». Il est dit : « Sache que je suis Dieu » et non pas « Pense que je suis Dieu »...

Plus tard, Shrī Bhagavān reprit : « Il est dit : "Je suis ce JE SUIS." Cela veut dire qu'on doit demeurer en tant que 'Je'. On est toujours le seul 'Je'. On n'est

rien d'autre. Et cependant, on demande "Qui suis-je ?".
Seule une victime de ses illusions demanderait "Qui
suis-je ?" et non un homme pleinement conscient de lui-
même. C'est la fausse identification du Soi avec le non-
Soi qui incite à demander "Qui suis-je ?". »

Encore plus tard : « Plusieurs routes mènent à Tiruvannāmalai. Mais Tiruvannāmalai reste la même, quelle
que soit la route prise pour y accéder. De même, l'approche du Soi varie selon la personnalité de chacun. Le
Soi reste cependant le même. Demander la route pour
Tiruvannāmalai tout en y étant est ridicule. De même,
être le Soi et demander comment réaliser le Soi paraît
absurde. Vous êtes le Soi. Demeurez toujours le Soi.
C'est tout. Les questions s'élèvent à cause de la fausse
identification du Soi avec le corps. C'est l'ignorance.
Elle doit s'en aller. Quand elle a disparu, seul le Soi
est. »

355. *Q. :* Un sage instruit n'est-il pas plus utile au
monde qu'un sage illettré ?

M. : Même un savant doit s'incliner devant un sage
illettré. L'illettrisme est ignorance, l'éducation est ignorance savante. Les deux ignorent leur véritable but ;
tandis qu'un sage n'est pas ignorant parce qu'il n'y a
pas de but pour lui.

356. *Q. :* Pourquoi le monde dort-il ?

M. : Uniquement à cause du péché.

Q. : Peut-il être détruit ?

M. : Oui.

Q. : On dit qu'il ne cesse qu'une fois que l'on en a
pris conscience.

M. : Pourquoi alors la dévotion à Dieu ?

Q. : Comment peut-on détruire le sommeil ?

M. : Ne prêtez pas attention à ses activités et à ses
effets.

Q. : Comment y arriver ?
M. : Seulement par la recherche du Soi.

QUELQUES SOUVENIRS

357. Shrī Bhagavān relata quelques anecdotes du début de son séjour à Tiruvannāmalai :

1. Un jour, on lui avait donné une petite quantité d'une substance posée sur une feuille, afin qu'il l'absorbe en léchant la feuille. On lui avait dit que c'était une préparation pour faciliter la digestion. Shrī Bhagavān lécha la feuille. Plus tard, il prit son repas et quelques instants après, les personnes de l'assistance lui sont apparues auréolées de lumière (*tejomaya*) ; l'expérience passa peu de temps après.

2. Une fois, lors de son séjour à Pavalakunru [1], Shrī Bhagavān avait eu l'intention de prendre un bain dans un des petits ruisseaux serpentant sur les pentes de la Colline. Palaniswāmi en fut informé. Jada Padmanabhaswāmi, un *sādhu* demeurant sur la Colline, avait demandé à Palaniswāmi d'entraîner habilement Shrī Bhagavān après la baignade jusque sur la Colline près de sa hutte. Palaniswāmi, sans même informer Shrī Bhagavān de là où menait leur chemin, réussit à l'amener jusqu'à cet endroit. Une fois arrivé, une foule de gens le reçut. Shrī Bhagavān fut accueilli avec grande attention par Jada Padmanabhaswāmi, un siège fut préparé pour lui et du lait et des fruits lui furent offerts.

3. Bien que Jada Padmanabhaswāmi soit décrit dans le livre *Self-Realization* comme quelqu'un voulant faire

---

1. Un petit temple sur un éperon de la colline d'Arunāchala où Shrī Bhagavān séjournait en septembre 1898.

tort à Shrī Bhagavān, il était en fait très bon envers lui et les tours qu'il lui jouait n'étaient en rien des actes de malice. Sa seule faiblesse était de vouloir tirer profit de Shrī Bhagavān pour collecter des fonds, ce que le Maharshi, bien entendu, n'appréciait pas.

4. Lorsque Shrī Bhagavān vivait sur la Colline il avait coutume d'assister J. P. dans ses célébrations de *pūjā* en sonnant les cloches, lavant les récipients, etc., tout en gardant toujours le silence. Mais quand des personnes venaient solliciter le *sādhu* pour des questions médicales, Shrī Bhagavān consultait des livres médicaux comme l'*Ashtanga-hridayam* en malayālam, et indiquait les traitements proposés dans ce livre.

5. Mādhavaswāmi, l'assistant de Shrī Bhagavān, lui avait demandé si c'était vrai qu'il était resté sans manger pendant des mois, dans l'une des caves du sous-sol du grand Temple.

M. : Hum ! Hum ! Il y avait de la nourriture, des fruits, du lait. Mais qui donc pensait à la nourriture ?

6. Lorsque Shrī Bhagavān séjournait dans la « grotte du Manguier » il avait coutume de tresser des guirlandes pour les images des divinités du Temple avec des fleurs de lotus, des fleurs jaunes (*sarakonnai*) et des feuilles vertes.

7. Au début de son arrivée à Tiruvannāmalai et pendant les froides nuits du mois de décembre, Shrī Bhagavān, assis sous un arbre dans l'enceinte du Temple, se tenait la tête entre ses jambes repliées et demeurait dans cette position sans bouger. Comme il ne prenait jamais de bain, son corps était couvert d'une couche de poussière qui, le matin, était imbibée de rosée et de brume, lui donnant un aspect blanchâtre. Après avoir séché au soleil, elle devenait foncée.

12 FÉVRIER 1937

358. *Une scène dans le hall :* Il est 20 h 20. Shrī
Bhagavān revient de son souper et s'étend sur le sofa.
La lumière est faible ; trois hommes sont assis par terre ;
l'un, occupé à recopier l'article d'un journal, l'autre
absorbé en méditation et le troisième, n'ayant rien à
faire, regarde autour de lui. Le silence règne dans le
hall, interrompu de temps à autre par Shrī Bhagavān
s'éclaircissant la gorge.

Mādhavaswāmi, l'assistant, entre silencieusement,
une feuille de bétel à la main. Il se dirige vers la table
près du sofa. Shrī Bhagavān le remarque et gentiment
l'interpelle : « Ch, ch, qu'est-ce que vous faites ? »

Mādhavaswāmi murmure : « Rien », pose la feuille
de bétel sur la table et puis semble chercher quelque
chose.

Shrī Bhagavān proteste « Je n'en veux pas » —
Mādhavaswāmi, sans rien dire, s'assied par terre —
« Les pilules Kasturi [1], l'une après l'autre ! Chaque
jour ! La bouteille sera bientôt vide et il faudra en
commander une autre. Je n'en veux pas. »

Puis, Mādhavaswāmi, d'une manière habile, suggère
que le plat *olla podrida,* au menu ce jour-là, est responsable des ennuis de santé du Maharshi. Mais celui-ci
proteste : « Non, non, ce plat avait été très bien préparé
et était fort bon. »

Le silence s'installe, rompu par quelques bruits de
gorge.

Après quelques instants, Mādhavaswāmi sort de la
pièce et revient, une bouteille à la main. Il s'approche
de Shrī Bhagavān et lui tend une pilule en disant :
« C'est une pilule à la graine de cumin. » Shrī Bhagavān

---

1. Pilules de ricin.

répond calmement : « Cette pilule contient du jus de citron vert, ce n'est pas bon pour ce que j'ai. » Pendant ce temps, un des fidèles, Rangaswāmy Iyengār, sorti de sa méditation, regarde ce qui se passe, les yeux écarquillés. Mādhavaswāmi a encore la main tendue avec la pilule. Shrī Bhagavān demande : « Qui va la mâcher ? » Rangaswāmy Iyengār réplique : « Il ne faut pas la mâcher. Il suffit de la garder dans la bouche et de la sucer. » Mādhavaswāmi acquiesça avec hâte : « Oui, oui, il faut seulement la sucer. »

Montrant du doigt Rangaswāmy Iyengār, Shrī Bhagavān saisit l'opportunité : « Donne-lui cette pilule. Qu'il la suce ou la mâchonne à sa guise. Je n'en veux pas. »

Mādhavaswāmi, déçu, se rassied par terre ; puis il se ravise, se lève et se dirige vers l'armoire à médicaments en murmurant : « Les pilules Kasturi, c'est ce qu'il faut. » Shrī Bhagavān, s'indignant : « Eh ! Eh ! Qu'est-ce que vous faites ? Je n'en veux pas. Je vais bientôt aller mieux sans prendre quoi que ce soit. Inutile de les sortir. Eh ! Eh ! Laissez-les où elles sont, je ne les prendrai pas... Après tout, faites ce que vous voulez. »

Mādhavaswāmi cède alors, s'assied à nouveau et tout redevient silencieux avant que chacun parte pour aller se coucher.

13 FÉVRIER 1937

359. Vers les 7 h 30 du matin, après le petit déjeuner, Shrī Bhagavān grimpait les pentes de la Colline, lorsque Padānanda [1] apparut, se prosterna aux pieds du Mahar-

---

1. Un fidèle fervent, renvoyé de l'ashram pour faute, sans que Shrī Bhagavān eût pris parti dans cette décision.

shi, se releva et dit : « Très bien, j'ai eu mon *darshan*...
je peux rentrer. » Shrī Bhagavān demanda en souriant :
« Le *darshan* de qui ? Pourquoi ne dites-vous pas plutôt
que vous m'avez donné à moi le *darshan* ? »

Vers 9 heures du matin, Mr. Parkhi, un fidèle originaire de Poona, salua Shrī Bhagavān et lut à haute voix
son *ashtaka* [1], priant Shrī Bhagavān de lui accorder sa
grâce. Le vers finissait par une prière pour une libération
rapide (*jhatiti-mukti*) que le disciple exaltait.

M. : La Libération, *mukti,* ne s'obtient pas dans le
futur. La *mukti* est toujours là, ici et maintenant.

Q. : Je suis d'accord, mais je n'en fais pas l'expérience.

M. : L'expérience est ici est maintenant. On ne peut
nier son propre Soi.

Q. : Cela concerne l'existence et non le bonheur.

M. : Existence = bonheur = Etre. Le mot *mukti* est
si incitateur qu'il pousse à chercher la Libération. Mais
pourquoi devrait-on chercher la Libération ? C'est parce
que l'homme croit qu'il y a servitude qu'il cherche la
Libération. Mais en fait il n'y a pas de servitude, seule
la Libération existe. Pourquoi alors lui donner un nom
et la rechercher ?

Q. : C'est vrai. Mais nous sommes ignorants.

M. : Alors éliminez l'ignorance. C'est tout ce qu'il y
a à faire.

14 FÉVRIER 1937

360. Un aristocrate de Lucknow a écrit à Mr. Paul
Brunton que sa femme avait perdu la paix de l'esprit
acquise lors de ses visites à Shrī Bhagavān ; il lui

---

1. Vers de huit syllabes.

faisait part de son désir que Shrī Bhagavān veuille bien restaurer cette paix.

Lorsqu'on l'informa de cela, Shrī Bhagavān dit : « C'est à cause de la faiblesse du mental que la paix, une fois gagnée, est ensuite perdue. »

361. Mudaliar Swāmi, fils de la femme qui apportait la *bhikshā* [1] chaque jour à Shrī Bhagavān, raconta l'incident suivant :

A l'époque où Shrī Bhagavān résidait dans la grotte de Virupaksha, Mudaliar Swāmi alla un jour se promener avec lui derrière le site de Skandāshram. Ils rencontrèrent près d'un énorme rocher, haut de 4,5 mètres environ et surplombant un ravin, une petite bergère en larmes. Shrī Bhagavān s'enquit de la raison de son chagrin. Elle raconta qu'un des moutons avait glissé dans le ravin. Le Maharshi descendit au fond de celui-ci, prit le mouton sur ses épaules, remonta à la surface et rendit l'animal à la fillette. Mudaliar Swāmi souligna que c'était un exploit remarquable, même pour quelqu'un d'entraîné.

362. Mr. Subbaramiah, professeur d'un collège à Nellore, posa une question sur la *mukti* (la Libération).

M. : Toutes les questions concernant la *mukti* sont inadmissibles ; car *mukti* signifie délivrance de la servitude, ce qui implique l'existence d'une servitude. Il n'y a pas de servitude, donc pas de *mukti* non plus.

Q. : Cependant les *shāstra* parlent de la *mukti* et de ses degrés.

M. : Les *shāstra* n'ont pas été écrits pour les sages parce qu'ils n'en ont pas besoin ; les ignorants, eux, n'en veulent pas. Seuls les *mumukshu* [ceux qui aspirent à

---

1. Offrande, spécialement don de nourriture.

la Libération] les recherchent. Cela veut dire que les *shāstra* ne sont ni pour la sagesse, ni pour l'ignorance.

Q. : On dit que Vasishtha était un *jīvan-mukta* et que le roi Janaka était un *videha-mukta*.

M. : Pourquoi parler de Vasishtha et de Janaka et pas de soi-même ?

Ce jour-là, il y eut beaucoup de visiteurs. Deux d'entre eux parlaient de Ganapati Muni en présence de Shrī Bhagavān. Shrī Bhagavān intervint dans la conversation : « Certains disent que le *jñāna* et l'*upāsanā* sont les deux ailes permettant de voler vers la *mukti*. Qu'est-ce que le *jñāna* ? Qu'est-ce que l'*upāsanā* ? Le *jñāna* est toujours présent. Il est également le but ultime. Quand un effort est accompli, cet effort est appelé *upāsanā ;* quand il n'y a pas d'effort, c'est le *jñāna* qui veut dire la même chose que *mukti*. »

Q. : Un certain pouvoir supérieur doit nous aider à nous défaire des apparences.

M. : Qui voit les apparences ? Disent-elles qu'elles existent ? Si oui, laissez le monde dire qu'il existe.

Si le monde est une projection venant de l'intérieur, il faut reconnaître qu'il est projeté simultanément avec la pensée 'je'.

Dans les deux cas, le 'Je' est la base fondamentale ; le connaissant, tout le reste est connu.

Un autre visiteur raconta que Ganapati Muni avait l'habitude de dire qu'il pouvait se rendre au *indra-loka* [le ciel d'Indra] et relater ce qu'Indra était en train d'y faire, mais qu'il n'arrivait pas à rentrer en lui et trouver le 'Je'.

Shrī Bhagavān ajouta que Ganapati Muni avait aussi l'habitude de dire qu'il était facile d'aller en avant, mais impossible d'aller en arrière.

Puis, Shrī Bhagavān observa : « Aussi loin qu'on puisse aller, Il est là. Où se trouve le mouvement en arrière ? La même vérité est contenue dans les *mantra* de l'*Isha-upanishad* [1]. »

En réponse à la question de savoir comment Ganapati Muni devint un *āshu-kavi* (poète inspiré), Shrī Bhagavān dit : « Certains disent qu'au cours de ses *tapas,* Shiva lui serait apparu et lui aurait donné du lait ou du miel à boire. C'est après cette apparition qu'il serait devenu un *āshu-kavi*. »

20 FÉVRIER 1937

363. Mr. Dodwell, un Européen, secrétaire adjoint auprès du ministère des Finances à Madras, arriva à l'ashram vers 13 heures, accompagné de sa femme. Ils demeurèrent dans le hall jusqu'à 15 h 30.

Mrs. Dodwell demanda au Maharshi : « Les guides spirituels en Occident disent que le centre spirituel du monde est en Inde. Les guides spirituels en Inde entretiennent-ils des relations entre eux ? Est-il possible d'établir des contacts entre les guides spirituels de l'Inde et ceux de l'Occident ? »

M. : Que voulez-vous dire par centre spirituel ?

Q. : Le centre spirituel, c'est le siège des guides spirituels.

M. : Qu'entendez-vous par « guides spirituels » ?

Q. : L'Occident traverse une crise. La connaissance scientifique est très avancée. Mais elle est mise au service de forces destructrices. Il existe un mouvement

---

1. Voir en particulier stance 5 : « Il se meut, Il ne se meut pas, Il est au loin et il est près. Il est au-dedans de tout ce qui est, et de tout ce qui est, Il est au-dehors. » (*Isha-Upanishad*, publ. et trad. par Louis Renou.)

pour les rendre constructives. S'il réussit, ce sera pour le bien du monde. Les guides de ce mouvement sont les rédempteurs.

M. : Par « guides spirituels », nous entendons ceux qui sont « spirituels » par opposition à ceux qui sont « matériels ». L'Esprit est illimité et sans forme. Il en est de même du centre spirituel. Il n'y a qu'un seul centre de cette sorte. Que ce soit en Occident ou en Orient, il ne peut être différent ; ni être localisé d'aucune manière. Etant illimité, il inclut les guides, les hommes, le monde, les forces de destruction et de construction. Il n'y a pas de distinction. Vous parlez d'établir des contacts parce que vous pensez que les guides spirituels sont des êtres incarnés. Mais les hommes spirituels ne sont pas des corps ; ils n'ont pas conscience de leur corps. Ils ne sont qu'esprit, sans limite et sans forme. Ils sont toujours en unité entre eux et avec tous les autres ; bien plus, ils englobent tout.

L'Esprit est le Soi. Si le Soi est réalisé, ces questions ne peuvent pas s'élever.

Mrs. Jinarajadasa intervint en disant que la réalisation du Soi semble facile, mais qu'en pratique, elle est bien difficile.

M. : Quoi de plus facile ? Le Soi vous est plus intime que tout le reste. Si cela ne peut pas être réalisé, comment réaliser facilement ce qui est séparé et éloigné ?

Q. : La réalisation du Soi est tellement illusoire. Comment peut-on la rendre permanente ?

M. : Le Soi ne peut jamais être illusoire. Il est la seule Réalité. Ce qui apparaît doit également disparaître, ce n'est pas permanent. Le Soi n'apparaît jamais et ne disparaît jamais, il est donc permanent.

Q. : Oui. C'est vrai. Mais vous savez bien qu'à la

Société théosophique les gens méditent pour chercher des maîtres et être guidés par eux.

M. : Le maître est intérieur. La méditation a pour but de dissiper l'ignorance, la fausse idée que le maître est à l'extérieur. Si le maître était vraiment un étranger dont vous attendez la venue, il serait voué à disparaître lui aussi. Quel est l'intérêt d'un tel être transitoire ?

Cependant, tant que vous pensez que vous êtes un individu, ou que vous êtes le corps, le maître est nécessaire et il apparaîtra aussi avec un corps. Quand cette fausse identification avec le corps cessera, vous découvrirez que le maître est le Soi.

Une stance dans la *Kaivalya* dit ceci :

> « O Seigneur ! Vous avez demeuré en moi comme mon Soi, me protégeant durant toutes mes incarnations passées. Aujourd'hui, par votre Grâce, vous vous êtes manifesté comme mon Maître, et vous vous êtes révélé comme étant le Soi. » [*Kaivalya-Navanīta*, I. 86]

Regardez seulement ce qui se passe dans le sommeil profond. Il n'y a pas d'ego, pas d'Inde, pas de chercheurs, pas de maître, etc., et cependant vous êtes, et même heureux.

A votre réveil, l'ego, l'Inde, les chercheurs, etc., apparaissent. Mais ils ne sont ni séparés ni indépendants de vous.

En raison de congés électoraux, il y eut un grand nombre de visiteurs présents ce jour-là et quelques-uns parmi eux se joignirent à la discussion.

L'un d'eux s'enquit de la réincarnation.

M. : La réincarnation ne peut exister qu'aussi longtemps que l'ignorance existe. Il n'y a pas d'incarnation, il n'y en a jamais eu et il n'y en aura jamais. Cela est la Vérité.

Q. : Qu'est-ce que le faux soi ?

M. : Ce soi-là, l'ego, apparaît et disparaît. Il est transitoire, tandis que le vrai Soi est permanent. Bien que vous soyez le vrai Soi, vous identifiez à tort le Soi réel avec le faux soi.

Q. : Comment cette erreur survient-elle ?

M. : Cherchez si vraiment elle est survenue.

Q. : Il faut sublimer le faux soi afin qu'il devienne le vrai Soi.

M. : Le faux soi n'existe pas.

Q. : Pourquoi alors nous procure-t-il des difficultés ?

M. : Pour qui sont ces difficultés ? Elles aussi sont imaginées. Difficulté et plaisir n'existent que pour l'ego.

Q. : Pourquoi le monde est-il plongé dans l'ignorance ?

M. : Prenez d'abord soin de vous-même et laissez le monde se débrouiller tout seul. Voyez votre Soi. Si vous êtes le corps il y a également le monde matériel. Si vous êtes esprit, tout n'est qu'esprit.

Q. : Cela peut être bon pour l'individu, mais qu'en est-il du reste ?

M. : Faites d'abord ce que je vous ai dit et voyez après si la question se pose encore.

Q. : L'*avidyā* (l'ignorance) existe-t-elle ?

M. : Pour qui existe-t-elle ?

Q. : Pour le faux soi.

M. : Oui, pour l'ego. Eliminez l'ego et l'*avidyā* disparaît. Mettez-vous à sa recherche et l'ego s'évanouit. Seul demeure le vrai Soi. L'ego qui se déclare *avidyā* n'est plus perçu. En réalité, l'*avidyā* n'existe pas. Le propos de tous les *shāstra* est de réfuter l'existence de l'*avidyā*.

Q. : Comment l'ego s'est-il manifesté ?

M. : Il n'y a pas d'ego. Sinon, vous devriez admettre l'existence de deux soi. Comment peut-il y avoir l'*avidyā* en l'absence de l'ego ? Si vous commencez l'investigation, vous découvrirez que l'*avidyā*, qui a toujours été inexistante, n'existe pas, ou vous direz qu'elle s'est enfuie.

L'ignorance fait partie de l'ego. Pourquoi pensez-vous à l'ego et souffrez-vous ? Qu'est-ce encore que l'ignorance ? C'est ce qui est non existant. Cependant, la vie du monde nécessite l'hypothèse de l'*avidyā*. L'*avidyā* n'est que notre ignorance et rien de plus. On peut l'appeler ignorance ou oubli du Soi. Peut-il y avoir obscurité devant le soleil ? De même, il ne peut y avoir ignorance devant le Soi, qui est évident et lumineux par lui-même. Si vous connaissez le Soi, il n'y aura pas d'obscurité, pas d'ignorance et pas de souffrance.

C'est le mental qui ressent les difficultés, la souffrance, etc. L'obscurité ne vient ni ne part jamais. Regardez le soleil et il n'y aura plus d'obscurité. De même, regardez le Soi et vous découvrirez que l'*avidyā* n'existe pas.

Q. : Shrī Rāmakrishna et d'autres pratiquaient la concentration.

M. : La concentration et toutes les autres pratiques ont pour but de reconnaître l'absence, c'est-à-dire la non-existence, de l'ignorance. Personne ne peut nier son propre être. Etre est connaissance, c'est-à-dire conscience.

Cette conscience implique l'absence d'ignorance. C'est pourquoi chacun admet tout naturellement la non-existence de l'ignorance. Et pourquoi souffre-t-on quand même ? Parce qu'on pense être ceci ou cela. Ce qui est faux. Il n'y a que « Je suis », et non pas « Je suis ceci ou cela », ou « Je suis tel et tel ». Quand l'existence est absolue, c'est juste ; quand elle est différenciée, c'est faux. Voilà toute la vérité.

Voyez comme chacun admet qu'il est. Se regarde-t-il dans un miroir pour savoir qu'il est ? C'est sa conscience qui lui fait admettre son existence, son être. Mais il la confond avec son corps. Pourquoi le fait-il ? Est-il conscient de son corps quand il dort ? Non, et cependant il ne cesse pas d'exister pendant le sommeil. Il y existe, même sans corps. Comment sait-il qu'il existe pendant le sommeil ? A-t-il besoin d'un miroir qui lui révèle son propre être ? Gardez votre conscience éveillée et votre être se révélera clairement en elle.

Q. : Comment peut-on connaître le Soi ?

M. : « Connaître le Soi » veut dire « être le Soi ». Pouvez-vous dire que vous ne connaissez pas le Soi ? Bien que vous ne puissiez voir vos propres yeux et que vous ne soyez pas muni d'un miroir pour les voir, niez-vous leur existence ? De même, vous êtes conscient du Soi sans en avoir une preuve objective. Ou niez-vous votre Soi, parce qu'il n'est pas une réalité objective ? Quand vous dites : « Je ne peux pas connaître le Soi », cela signifie, en termes de connaissance relative, qu'il y a absence. Vous avez été tellement habitué à la connaissance relative que vous avez fini par vous identifier à elle. Cette fausse identification a forgé la difficulté à connaître le Soi, qui ne peut pas être objectivé. C'est pourquoi vous demandez : « Comment peut-on connaître le Soi ? » Votre difficulté se trouve dans le « comment ». Mais « qui » doit connaître le Soi ? Est-ce le corps ? Laissez-le répondre. Et qui dit maintenant que le corps est perçu ?

Pour éclaircir cette sorte d'ignorance, les *shāstra* ont formulé la théorie du jeu divin (*līlā* ou *krīdāl*). Dieu, dit-on, se manifeste sous la forme du mental, des sens, du corps, puis Il se met à jouer. Qui êtes-vous pour dire que ce jeu divin vous dérange ? Qui êtes-vous pour mettre en doute les œuvres de Dieu ?

Votre devoir est d'*être* et non pas d'être ceci ou cela. « Je suis ce JE SUIS » résume toute la vérité. La méthode est résumée dans « SOIS TRANQUILLE ». Que veut dire tranquillité ? Cela veut dire « détruis-toi ». Car toute forme est cause de souffrance. Abandonnez la notion « Je suis ceci ou cela ». Nos *shāstra* disent : *aham iti sphurati* (Il resplendit en tant que 'Je').

Q. : Qu'est-ce que le *sphurana* (la luminosité) ?

M. : Le 'Je'-'Je' (*aham-aham*) est le Soi ; « Je suis ceci » ou « Je suis cela » (*aham-idam*) est l'ego. La luminosité est toujours là. L'ego est transitoire. Quand le 'Je' est maintenu comme 'Je' seul, c'est le Soi ; quand il divague et dit « ceci », c'est l'ego.

Q. : Dieu est-Il séparé du Soi ?

M. : Le Soi est Dieu. « JE SUIS » est Dieu. « Je suis le Soi, O Gudākesha [1] » (*aham ātmā gudākesha*) [BhG X.20].

Cette question surgit parce que vous retenez le faux soi. Si vous tenez fermement le vrai Soi, elle ne se posera plus. Car le vrai Soi ne peut poser et ne posera aucune question. Si Dieu était séparé du Soi, Il serait un Dieu sans Soi, ce qui est absurde.

Q. : Qu'est-ce que le *namaskāra* (la prosternation) ?

M. : Prosternation signifie abaissement de l'ego. Et qu'est-ce que cela signifie ? S'immerger dans la source de son origine. Dieu ne peut être dupé par des génuflexions, courbettes et prosternations. Il voit si l'individualité est là ou non.

Mr. Shamanna demanda : « Existe-t-il un sixième sens pour sentir "JE SUIS" ? »

M. : L'avez-vous dans votre sommeil ? Il n'y a qu'un seul Etre qui fonctionne à travers les cinq sens. Ou bien voulez-vous dire que chaque sens est indépendant du Soi et qu'il y a cinq soi qui admettent un sixième pour les contrôler ? Il y a un pouvoir qui agit à travers ces

---

1. Autre nom pour Arjuna.

cinq sens. Comment pouvez-vous nier l'existence d'un tel pouvoir ? Niez-vous votre existence ? Ne continuez-vous pas d'exister durant le sommeil où le corps n'est pas perçu ? Le même 'Je' continue d'exister maintenant ; nous admettons donc notre existence, qu'il y ait un corps ou non. Les sens fonctionnent par intervalles. Ils s'arrêtent puis repartent. Il faut bien qu'il y ait un substrat dont dépende leur activité. D'où les sens apparaissent-ils et où s'immergent-ils ? Il doit y avoir un seul substrat. Si vous dites que ce seul substrat n'est pas perceptible, vous admettez le fait que lui seul existe et qu'il n'y en a pas de second pour le reconnaître.

Toutes ces discussions n'ont qu'un seul intérêt, celui d'éliminer l'ignorance. Quand cela sera fait, tout sera clair. C'est une question d'aptitude ou de maturité.

Q. : La grâce ne peut-elle accélérer cette aptitude chez un chercheur ?

M. : Laissez cela à Dieu. Abandonnez-vous sans réserve. De deux choses l'une, ou bien vous vous abandonnez parce que vous reconnaissez votre incapacité et votre besoin d'un Pouvoir supérieur pour vous aider ; ou bien vous recherchez la cause de la souffrance et vous remontez jusqu'à sa source, pour finalement vous immerger dans le Soi. L'une ou l'autre voie vous libérera de la souffrance. Dieu n'oublie jamais celui qui s'est abandonné à Lui (... *mām ekam sharanam vraja* [BhG XVIII.66]).

Q. : Quelle direction prend le mental une fois que l'on s'est abandonné ?

M. : Est-ce le mental abandonné qui soulève cette question ?

(Rires dans l'assistance.)

364. Le professeur de Nellore posa une question sur le *vishvarūpa-darshana*.

M. : Le *vishvātma-darshana* est le *vishvarūpa-darshana,* c'est-à-dire que le Soi universel ou Soi cosmique est le Cosmos. Shrī Krishna, dans la *Bhagavad-gītā,* commence le chapitre II en disant : « Je n'ai pas de forme » ; dans le chapitre XI, il poursuit : « Vois ma forme comme étant l'Univers. » Est-ce cohérent ? Puis Il ajoute : « Je transcende les trois mondes. » Mais Arjuna voit les trois mondes en Lui. Shrī Krishna dit alors : « Je ne peux être vu par les hommes, par les dieux... » Et pourtant, Arjuna se voit lui-même, ainsi que les dieux, en Lui. Personne ne pouvait voir Krishna, cependant Arjuna fut doté d'une vue divine pour le voir. Cela ne semble-t-il pas être un tissu de contradictions ?

La réponse est qu'il s'agit d'une mauvaise compréhension. La vision sur le plan physique (*sthūla-drishti*) est absurde. La compréhension subtile (*jñāna-drishti*) est nécessaire. Voilà pourquoi Arjuna avait reçu la vision divine (*divya-chakshuh*). Cette vision peut-elle être physique ? Une telle interprétation vous mène-t-elle à une juste compréhension ?

Shrī Krishna dit aussi *kālo 'smi,* « Je suis le Temps ». Le temps a-t-il une forme ? Si l'Univers était Sa forme, ne devrait-il pas être un et invariable ? Pourquoi Krishna dit-il à Arjuna : « Vois en Moi tout ce que tu désires voir » ? Ce qui veut dire que Sa forme prend l'aspect des désirs de celui qui voit. Ils parlent de « vision divine » et pourtant chacun dépeint la scène selon sa propre perspective. Et celui qui voit est aussi dans ce qu'il voit. Que veut dire tout cela ? Même un magicien peut vous faire voir des scènes étranges. Vous appelez cela un tour, tandis que la vision de Krishna est appelée divine. Pourquoi cette différence ? Tout ce qui est visible ne peut être réel. Telle est la vérité.

365. Shrī Bhagavān allait continuer sur le même sujet, lorsqu'un visiteur demanda comment on peut surmonter l'identification du Soi avec le corps.

M. : Et qu'en est-il du sommeil ?

Q. : Dans le sommeil, l'ignorance prédomine.

M. : Comment savez-vous que vous êtes ignorant pendant le sommeil. Existiez-vous durant votre sommeil ou non ?

Q. : Je n'en sais rien.

M. : Niez-vous votre existence durant le sommeil ?

Q. : Je dois l'admettre par mon raisonnement.

M. : Comment en déduisez-vous que vous existiez ?

Q. : Par le raisonnement et l'expérience.

M. : Le raisonnement est-il nécessaire pour l'expérience ? (Rires.)

Q. : La méditation est-elle analytique ou synthétique ?

M. : L'analyse et la synthèse relèvent du domaine de l'intellect. Le Soi transcende l'intellect.

366. Il était 15 h 30 et, avant de partir, Mrs. Dodwell souleva encore une question sur la signification de *neti neti* [1].

M. : Maintenant, vous identifiez à tort le Soi avec le corps, les sens, etc. Puis vous procédez à leur rejet et cela est *neti*. Mais vous ne pouvez le faire qu'en vous attachant fermement à ce qui ne peut être rejeté. Et cela est *iti* [2] seul.

---

1. Méthode d'élimination exhaustive (ni ceci ni cela) pour chasser toutes les surimpositions et se trouver finalement en présence de *l'ātman*.

2. *Iti* veut dire « ainsi » (désignant ici le Soi).

21 FÉVRIER 1937

367. Une femme originaire du Maharashtra fut sur le point de fondre en larmes au moment de son départ. Elle demanda : « Je sais qu'obtenir la *mukti* dans une seule vie est impossible. Ne puis-je avoir au moins la paix de l'esprit dans cette vie ? »

Le Maître la regarda avec bienveillance et dit avec un doux sourire sur ses lèvres : « La vie et tout le reste sont en *brahman* seul. Le *brahman* est ici et maintenant. Cherchez. »

Q. : Je pratique la méditation depuis un certain nombre d'années. Pourtant mon mental n'est pas stable et n'arrive pas à se maintenir en méditation.

Le Maharshi la regarda droit dans les yeux et dit : « Faites-le maintenant et tout ira bien. »

368. Une fillette âgée de 9 à 10 ans, dont la mère était chercheuse en sanskrit à l'Université de Madras, était accompagnée de Maurice Frydman, lorsqu'elle rencontra vers midi Shrī Bhagavān à Palakothu [1].

Shrī Bhagavān, comme il en avait l'habitude, lui sourit gentiment. La fillette lui demanda : « Pourquoi y a-t-il souffrance dans le monde ? »

M. : Cela est dû au karma [2].

Q. : Qui rend le karma responsable de ses fruits ?

M. : Dieu.

Q. : Dieu nous fait accomplir le karma et nous fait récolter des mauvais fruits pour un mauvais karma. Cela est-il juste ?

---

1. Terrain avoisinant l'ashram, sur lequel quelques *sadhū* et disciples du Maharshi s'étaient installés.

2. *Karma* peut signifier : 1.) action, 2.) conséquence des actions (destin).

Shrī Bhagavān retint un rire et sembla très satisfait du propos de la fillette. Plus tard, quand ils retournèrent dans le hall, il essaya de lui faire lire quelque chose. Depuis ce jour, il ne cessa de l'observer.

22 février 1937

369. Un visiteur du Maharashtra et sa femme vinrent en visite. Ils étaient calmes et réservés. Quand le moment de leur départ arriva, ils prirent congé, les larmes aux yeux. Le mari pria en sanglotant Shrī Bhagavān de leur accorder sa Grâce. Shrī Bhagavān les regarda fixement, les lèvres entrouvertes, laissant découvrir ses dents blanches. Dans ses yeux aussi, il y eut une larme.

370. Shrī Bhagavān était dans l'étable des vaches. Il observait depuis un moment les gens qui y travaillaient lorsque quelqu'un arriva et l'informa qu'un grand nombre de visiteurs l'attendait dans le hall. Shrī Bhagavān, de sa manière calme, dit : « Oui, oui, vous faites votre travail ; laissez-moi faire le mien. Les gens m'attendent ; je dois partir. » Et il quitta l'étable.

23 février 1937

371. Un groupe de trois personnes venant de l'Andhra Pradesh rendirent visite à Shrī Bhagavān. L'un d'entre eux s'agenouilla et demanda : « Je pratique le hatha-yoga, notamment *basti*, *dhauti*, *neti*, etc. J'ai un vaisseau sanguin qui a durci dans la cheville. Est-ce le résultat du yoga ? »

M. : Le vaisseau sanguin se serait durci de toute

façon. Il vous crée moins d'ennuis que si vous ne pratiquiez pas le yoga. Le hatha-yoga est un processus de purification. Il favorise également la paix mentale par la pratique du *prāṇāyāma*.

Q. : Puis-je pratiquer le *prāṇāyāma* ? Est-ce utile ?

M. : Le *prāṇāyāma* est une aide qui favorise la maîtrise du mental. Seulement, vous ne devez pas vous arrêter là. Vous devez aller plus loin et pratiquer le *pratyāhāra,* la *dhāraṇā,* le *dhyāna* [intériorisation du mental, concentration, méditation] jusqu'au *samādhi.* Finalement, vous obtiendrez de bons résultats.

Un autre membre du groupe demanda : « Comment peut-on maîtriser le désir, la colère, l'envie, la confusion, l'orgueil et la jalousie ?

M. : Par le *dhyāna*.

Q. : Qu'est-ce que le *dhyāna* ?

M. : Le *dhyāna* consiste à retenir une seule pensée et à repousser toutes les autres.

Q. : Sur quoi doit-on méditer ?

M. : Sur ce que vous voulez.

Q. : On dit qu'il est aussi efficient de méditer sur Shiva, que sur Vishnou ou la *gāyatrī*. Lequel des trois dois-je choisir ?

M. : Celui que vous préférez. Les effets sont identiques mais vous devez vous en tenir à un seul.

Q. : Et comment méditer ?

M. : Concentrez-vous sur celui que vous préférez. Quand une seule pensée prédomine, toutes les autres pensées sont repoussées et finalement éliminées. Tant que la diversité prédomine, les mauvaises pensées persistent. Quand l'objet de l'amour prédomine, seules les bonnes pensées occupent le champ du mental. Pour cela, accrochez-vous à une seule pensée. La pratique de *dhyāna* est la plus importante.

Un peu plus tard :

Dhyāna veut dire combat. Dès que vous commencez la méditation, d'autres pensées s'amassent, prennent de la force, et essaient de faire sombrer la seule pensée à laquelle vous essayez de vous accrocher. La bonne pensée doit progressivement gagner en force par une pratique répétée. Dès qu'elle sera devenue suffisamment forte, elle fera fuir les autres pensées. C'est le combat royal qui se livre au cours de toute méditation.

Pour se débarrasser de la souffrance, la paix mentale est nécessaire ; cela implique l'absence de perturbation provoquée par toutes sortes de pensées. La paix mentale ne s'obtient que par la pratique de *dhyāna*.

Q. : Quelle est alors la nécessité du *prānāyāma* (contrôle de la respiration) ?

M. : Le *prānāyāma* est utile pour celui qui ne peut pas contrôler directement les pensées. Il agit comme le frein d'une voiture. Cependant, on ne doit pas s'arrêter à lui, comme je le disais tout à l'heure, mais pratiquer *pratyāhāra, dhāranā* et *dhyāna*. Lorsque le *dhyāna* porte ses fruits, le mental sera sous contrôle, même en l'absence du *prānāyāma*. Les *āsana* (postures physiques) aident le *prānāyāma*, qui, à son tour, aide le *dhyāna* et alors la paix du mental s'ensuit. Voilà le but du hatha-yoga.

Plus tard, Shrī Bhagavān poursuivit :

« Quand le *dhyāna* est bien établi, il ne peut plus être abandonné. Il se déroule automatiquement, même quand on travaille, qu'on s'amuse ou qu'on éprouve du plaisir. Il persiste aussi pendant le sommeil. Le *dhyāna* doit devenir si profondément enraciné qu'il devient tout naturel. »

Q. : Quel est le rite ou l'action nécessaire au développement du *dhyāna* ?

M. : Le *dhyāna* est lui-même l'action, le rite et l'effort. C'est la plus intense et la plus puissante de toutes les pratiques. Nul autre effort n'est nécessaire.

Q. : Le *japa* n'est-il donc pas nécessaire ?

M. : Le *dhyāna* n'est-il pas parole (*vāk*) ? Pourquoi le *japa* serait-il alors nécessaire ? Quand le *dhyāna* est atteint, plus rien n'est nécessaire.

Q. : Le vœu de silence n'est-il pas utile ?

M. : Un vœu n'est qu'un vœu. Il peut aider le *dhyāna* jusqu'à un certain point. Mais à quoi bon rester bouche cousue, si le mental continue à vagabonder. Et si le mental est absorbé en *dhyāna,* où est le besoin de parler ?

Rien n'égale le *dhyāna*. Si l'on doit s'activer tout en ayant fait vœu de silence, quelle est l'utilité du vœu ?

Q. : Qu'est ce que le *jñāna-mārga* ?

M. : Je l'ai déjà expliqué si souvent. Qu'est-ce que le *jñāna* ? *Jñāna* signifie réalisation de la Vérité. Il s'obtient par le *dhyāna*. Le *dhyāna* vous permet de fixer l'attention sur la Vérité à l'exclusion de toute autre pensée.

Q. : Pourquoi y a-t-il tant de dieux ?

M. : Le corps n'est qu'un. Cependant, combien de fonctions ne remplit-il pas ? La source de toutes les fonctions n'est qu'une. Il en va de même pour les dieux.

Q. : Pourquoi l'homme souffre-t-il ?

M. : La souffrance est due aux multiples pensées. Si les pensées sont unifiées et centrées sur un seul sujet, la souffrance disparaît et le bonheur s'établit. Même la pensée « Je fais quelque chose » est alors absente, comme aussi tout intérêt pour le résultat de l'action.

372. *Q. :* Dans l'*Ātma-vilāsa* et d'autres œuvres, il est fait mention d'horripilation, de sanglots, de larmes, de joie, etc. Ces manifestations se produisent-elles pendant, avant ou après le *samādhi* ?

M. : Elles sont toutes des symptômes des modes extrêmement subtils du mental (*vritti*). Elles ne peuvent exister que dans la dualité. Le s*amādhi* est paix parfaite où elles ne peuvent trouver place. C'est seulement en émergeant du *samādhi* que le souvenir fait naître ces symptômes. Dans le *bhakti-mārga* (la voie de la dévotion), ce sont les signes avant-coureurs du *samādhi*.

Q. : Ne le sont-ils pas dans la voie du *jñāna* ?

M. : Cela peut arriver. Mais rien n'est défini. Tout dépend de la nature de l'individu. Quand le sens de l'individualité est entièrement perdu, de tels symptômes n'ont plus place. Mais quand la moindre trace en subsiste, ils se manifestent.

Māṇikkavāchakar et d'autres saints ont parlé de ces symptômes. Ils racontent que des larmes abondantes jaillissent d'une manière involontaire et irrépressible. Bien que conscients des larmes, ils ne parviennent pas à les réprimer. J'ai eu la même expérience quand j'étais dans la grotte de Virūpaksha.

Q. : On dit que l'état de sommeil profond est l'expérience de la félicité. Cependant, au souvenir de cet état mes cheveux ne se dressent pas sur la tête pour autant. Pourquoi devraient-ils le faire au souvenir de l'état de *samādhi* ?

M. : Samādhi signifie sommeil à l'état de veille (*jāgrat-sushupti*). La félicité y est dominante et l'expérience en est très claire, ce qui n'est pas le cas dans le sommeil profond.

Q. : Pouvons-nous dire qu'en sommeil profond, il n'y a ni bonheur, ni malheur, que l'expérience est donc négative et non positive ?

M. : Mais le souvenir en est positif. Ne dit-on pas

« J'ai dormi comme un bienheureux » ? Il doit donc y avoir l'expérience du bonheur pendant le sommeil.

Q. : La félicité consiste-t-elle seulement en l'absence de malheur, ou bien est-elle quelque chose de positif ?

M. : Elle est positive. La disparition du malheur est simultanée à l'émergence du bonheur.

Q. : Se peut-il que le souvenir du bonheur en sommeil profond ne soit pas clair, et qu'ainsi il n'y ait pas d'horripilation, de sanglots, etc. ?

M. : La félicité du *samādhi* est une expérience parfaitement claire, de même que le souvenir qu'on en garde. Mais l'expérience du sommeil est autre chose.

28 FÉVRIER 1937

373. Son Altesse le Mahārāja de Mysore eut une entrevue privée d'un quart d'heure avec Shrī Bhagavān dans la nouvelle salle d'eau entre 9 h 15 et 9 h 30. Son Altesse présenta ses salutations à Shrī Bhagavān en plaçant sa tête sur les pieds de celui-ci et lui dit : « J'ai lu la vie de Shrī Bhagavān et depuis longtemps j'ai le désir de le rencontrer sans que les circonstances me permettent de réaliser une telle intention. Il ne m'est pas non plus possible, à cause de toutes mes obligations, de rester ici comme d'autres disciples. Pendant les quinze minutes qui me sont accordées, je prierai seulement pour Votre Grâce. »

En partant, Son Altesse salua Shrī Bhagavān comme précédemment et quitta l'ashram après avoir fait don de deux beaux châles et d'une somme d'argent pour l'administration.

13 MARS 1937

374. Leurs Altesses le Mahārāja et la Mahārāni de Travancore arrivèrent à Tiruvannāmalai par le train de 8 heures du matin. Lors de leur visite à l'ashram, à 16 h15, un entretien de trois quarts d'heure leur fut accordé. Le public fut exclu du hall dans lequel le Maharshi était assis. Même les fidèles qui venaient quotidiennement en visite dans le hall n'assistèrent pas à l'interview. La famille royale fut présentée au Maharshi par un magistrat régional. Deux aides de camp, le secrétaire privé de Son Altesse le Mahārāja, quelques officiels de l'Etat de Travancore et un avocat de Mylapore étaient présents. La discussion commença par une question posée par le magistrat régional et se poursuivit sur le *manas*, la concentration, la Réalisation, le but de la création, etc. Son Altesse la Mahārāni posa quelques questions exprimant ses doutes et toutes trouvèrent leur réponse auprès de Shrī Bhagavān. Son Altesse le Mahārāja prit aussi part à la discussion. Toute la conversation se déroula en tamoul et en malayalam.

Durant cette visite, Son Altesse la Mahārāni, conversant en malayalam, tamoul et anglais, se révéla très cultivée et d'esprit vif. La plupart des questions furent posées par elle. Comme par exemple celles-ci :

Q. : Quel est le but de la création ?

M. : C'est de provoquer cette question. Cherchez la réponse à cette question et demeurez finalement dans le Suprême ou plutôt dans la source éternelle de toute chose, c'est-à-dire le Soi. Cette investigation conduira à la recherche du Soi et ne cessera qu'une fois que le non-Soi sera éliminé et le Soi réalisé dans sa pureté et sa gloire.

Q. : Comment doit-on commencer cette investigation ?

M. : Le Soi est évident pour chacun de nous, de même que le commencement.

Q. : Quel est le point de départ pour quelqu'un de mon niveau de compréhension ?

M. : Chacun a sa méthode d'*upāsanā* ou de *japa.* Si celle-ci est poursuivie en toute sincérité et avec persévérance elle mènera automatiquement à l'investigation du Soi.

21 MARS 1937

375. Un visiteur d'âge moyen, du Karnataka, posa une question sur l'*akarma* (l'action involontaire).

M. : Quoi qu'on fasse, une fois que l'ego s'est évanoui, c'est l'*akarma.*

376. Un visiteur érudit, de langue *telugu*, qui avait composé un chant à la louange de Shrī Bhagavān, le lut à haute voix, le plaça à Ses pieds et se prosterna. Un peu plus tard, il demanda un *upadesha* (enseignement).

M.: L'*upadesha* est contenu dans l'*Upadesha-sāram.*

Q. : Mais l'enseignement oral et personnel a plus de valeur.

M.: S'il existait quelque chose de nouveau et jusqu'à présent inconnu, un *upadesha* serait approprié. Mais là il ne s'agit que de calmer le mental et de rester libre de pensées.

Q.: Cela paraît impossible.

M. : Mais c'est précisément l'état originel et éternel de tout le monde.

Q. : On ne le perçoit pas dans notre vie active de tous les jours.

M. : La vie de tous les jours n'est pas distincte de l'état éternel. Tant qu'on s'imagine que la vie quotidienne est différente de la vie spirituelle, ces difficultés apparaissent. Si la vie spirituelle est comprise correctement, on découvre que la vie active n'est pas différente d'elle.

Le mental peut-il être atteint par le mental le recherchant comme un objet ? La source des fonctions mentales doit être cherchée et trouvée. C'est elle la Réalité.

On n'arrive pas à connaître le Soi à cause de l'interférence des pensées. Le Soi n'est réalisé que lorsque les pensées disparaissent.

Q. : « Parmi un million d'hommes, un seul poursuit la *sādhanā* jusqu'à l'accomplissement » (*Bhagavad-gītā* VII. 3).

M. : « Chaque fois que le mental turbulent s'agite, ramène-le aussitôt et maintien-le sous contrôle... » (*Bhagavad-gītā* VI. 26). Et « voir le mental avec le mental » (*manasā mana ālokya*), proclament les *Upanishad* [YKuU III.5 et YSiU VI.62, 63, 64].

Q. : Le mental est-il un *upādhi* (adjonction limitante) ?

M. : Oui.

Q. : Le monde visible (*drishya*) est-il réel (*satya*) ?

M. : Il est aussi vrai que celui qui le voit (*drashtā*). Sujet, objet et perception forment la triade (*tripūti*). Il y a une réalité au-delà de ces trois éléments. Eux apparaissent et disparaissent, tandis que la Vérité est éternelle.

Q. : Cette *tripūti-sambhāva* (apparition de la triade) n'est que temporaire.

M. : Oui. Si on reconnaît le Soi, même dans les choses temporelles, on constate que celles-ci n'ont pas d'existence ou plutôt qu'elles ne sont pas distinctes du Soi ; et en même temps, elles continuent d'exister.

22 MARS 1937

377. Un visiteur de l'Andhra Pradesh demanda :
« Comment se fait-il qu'un homme, dont on dit qu'il est
divin, éprouve des regrets ? »

M. : La divinité se réfère à sa nature essentielle. Les
regrets tiennent de la *prakriti*.

Q. : Comment peut-on surmonter des regrets ?

M. : En réalisant la divinité en soi.

Q. : Comment ?

M. : Par la pratique.

Q. : Quel genre de pratique ?

M. : La méditation.

Q. : Le mental n'est pas stable pendant la méditation.

M. : Il le deviendra par la pratique.

Q. : Mais comment stabiliser le mental ?

M. : En le fortifiant.

Q. : Comment le fortifier ?

M. : Il devient fort par le *sat-sanga* (la compagnie
des sages).

Q. : Devons-nous aussi prier ?

M. : Oui.

Q. : Qu'en est-il de celui qui n'a pas de regrets ?

M. : Il est un yogi accompli. Plus aucune question ne
se pose en ce qui le concerne.

Q. : Les gens citent les catastrophes, telles que trem-
blements de terre, famines, pour réfuter l'existence de
Dieu. Comment devons-nous répondre à leurs arguments ?

M. : D'où viennent-ils, ceux qui tiennent ces raisonnements ?

Q. : Ils disent, de la « Nature ».

M. : Certains appellent cela « Nature », d'autres
« Dieu ».

Q.: Devons-nous nous prémunir contre les malheurs ou mener une vie précaire et nous consacrer à une vie spirituelle ?

M.: Dieu prend soin de toute chose.

27 MARS 1937

378. Au cours d'une conversation avec un visiteur de l'Andhra Pradesh, Shrī Bhagavān cita la *Bhagavad-gītā* :

> *asamsayam mahābāho mano durnigraham calam*
> *abhyāsena tu Kaunteya vairāgyena ca grhyate*

VI, 35

> Sans nul doute, ô Héros aux bras puissants,
> le mental est agité, difficile à dompter.
> Cependant, ô Partha, avec l'effort constant,
> allié au détachement — dompté il sera.

Pour expliquer le *vairāgya,* Shrī Bhagavān cita encore :

> *samkalpaprabhavān kāmāms tyktvā sarvān aseshatah*
> *manasaivendriyagrāmam viniyamya samantatah*

VI, 24

> Ayant abandonné, sans rien laisser,
> tout désir né de la pensée pour soi
> Ayant dompté par le mental seul
> la cohorte des sens, venant de tout côté.

Au sujet de la pratique (*abhyāsa*) :

> *sanaih sanair uparamed buddhyā dhritigrhītayā*
> *ātmasamstham manah krtvā na kiñchid api cintayet*

VI, 25

Laisse-le peu à peu devenir tranquille
par une volonté patiente, mais ferme.
Le mental, demeurant dans le pur Soi,
Laisse-le ne plus créer aucune pensée.

Et au sujet du *jñāna* :

yato yato niscarati manas cañcalam asthiram
tatas tato niyamyaitad ātmany eva vasam nayet

VI, 26

Bien que le mental capricieux,
encore et encore, sans repos, s'en aille errer,
Encore et encore ramène-le sous contrôle
et maintiens-le dans le Soi.

2 AVRIL 1937

379. Un visiteur du nom de Tirumalpad et originaire de Nilambur, dans le Kerala, demanda à Shrī Bhagavān une explication sur l'*Atma-vidyā* [1] (*La Connaissance du Soi*), un court poème de cinq stances.

M. : Le saint Nandanār qui vivait à Chidambaram, un lieu de pèlerinage renommé, chantait que l'*ātma-vidyā* est ce qui est le plus difficile à atteindre. Muruganar [2], lui, écrit dans les premières lignes de ce poème que rien n'était plus facile que la réalisation d'*ātma-vidyā*. « *Ayye atisulabham* » (cela est très facile) est le refrain de ce poème. Pour expliquer cette déclaration peu commune, Muruganar dit que l'*ātman*, le Soi, est toujours et pour tout le monde évidence.

---

1. Ce poème se trouve dans *Œuvres réunies de Ramana Maharshi*, p. 138.
2. Disciple fervent du Maharshi et poète mystique.

Mais sa déclaration s'avérant incompatible avec le raisonnement qu'il tenait plus loin, il ne put poursuivre son poème et plaça les premières quatre lignes composées devant moi pour que je les complète.

Ses déclarations que le Soi est le substrat de tous les soi et qu'il est évidence étaient justes. Et si le Soi, bien qu'évident, est malgré tout caché, c'est principalement en raison de sa fausse identification avec le corps.

Q. : Comment la fausse identification est-elle née ?

M. : Elle est due aux pensées. Si les pensées sont supprimées, le Soi réel resplendit de lui-même.

Q. : Comment peut-on mettre un terme à ces pensées ?

M. : Recherchez leur base. Elles sont toutes comme des perles enfilées sur la seule pensée 'je'. Domptez celle-ci et toutes les autres s'écrouleront. De plus, il ne sert à rien de tout connaître et de ne pas connaître le Soi. Si on connaît le Soi, tout le reste est connu. Par conséquent, le premier et unique devoir de l'homme, c'est la réalisation du Soi.

Q. : Comment dompter la pensée 'je' ?

M. : Si on trouve sa source, elle ne s'élève plus, elle est domptée.

Q. : Comment et où la trouver ?

M. : En fait, c'est la conscience qui permet aux individus de fonctionner de différentes manières. La conscience pure est le Soi. Tout ce qui est requis pour réaliser le Soi est de *rester tranquille*.

Q. : Qu'y a-t-il de plus facile que cela ?

M. : L'*ātma-vidyā* est donc ce qui est le plus facile à atteindre.

380. Un visiteur européen demanda : « Comment répondez-vous à la question "qui êtes-vous ?" »

M. : Posez-vous la question « qui suis-je ? ».

Q. : Je vous prie, dites-moi comment vous avez trouvé la réponse. Je ne serais pas capable de la trouver tout seul. Le 'je' est le résultat de forces biologiques et il aboutit au silence. Je voudrais savoir comment le Maître a trouvé la réponse.

M. : Peut-elle être trouvée seulement par la logique ? L'analyse scientifique est un processus intellectuel.

Q. : D'après J. C. Bose, la nature ne fait aucune différence entre un ver et un homme.

M. : Qu'est-ce que la nature ?

Q. : C'est ce qui existe.

M. : Comment connaissez-vous l'existence des choses ?

Q. : Grâce à mes sens.

M. : Le « mes » implique votre existence. Mais vous parlez d'une autre existence. Vous devez bien exister pour pouvoir parler de « mes sens ». Il ne peut pas y avoir de « mes » sans 'je'.

Q. : Je suis une pauvre créature. Je suis venu vous demander, à vous le grand Maître que vous êtes, qu'est-ce que cette existence. Le mot *existence* n'a pas de signification particulière pour moi. J'existe, il existe, et les autres existent. Et alors ?

M. : Le fait d'admettre l'existence d'un autre prouve votre propre existence. *L'existence est votre nature.*

Q. : Il n'y a rien d'étrange dans le fait que quelque chose existe.

M. : Comment pouvez-vous connaître l'existence des choses, plutôt que votre propre existence ?

Q. : Qu'y a-t-il de nouveau dans l'existence de quelque chose ? Je prends votre livre et je lis que la seule question que l'on doit se poser est « Qui suis-je ? ». Je veux savoir : « Qui êtes-vous ? » J'ai ma propre réponse. Si quelqu'un d'autre dit la même chose, et des millions d'autres personnes aussi, il est probable que le

Soi existe. Je cherche une réponse positive à la question et non à jouer avec les mots.

M. : De cette manière, vous êtes au mieux dans le domaine de la probabilité.

Q. : Oui, il n'y a pas de certitude. Même l'existence de Dieu ne peut être prouvée avec une certitude absolue.

M. : Pour le moment, laissez Dieu de côté. Qu'en est-il de vous-même ?

Q. : Je veux la confirmation du Soi.

M. : Vous cherchez la confirmation chez les autres. Bien qu'on s'adresse à une personne en disant « vous », elle se désigne elle-même en disant 'je'. La confirmation ne vient donc que du 'je'. En fait, il n'y a pas de « vous » du tout. Tout est inclus dans le 'Je'. L'autre ne peut être connu que si le Soi est admis. Sans le sujet, les autres n'existent pas.

Q. : Ce n'est encore rien de nouveau. Un jour, Sir C. V. Raman m'a dit que la théorie de l'odorat pouvait être expliquée par sa théorie de la lumière. L'odorat n'a plus besoin d'être expliqué en termes de chimie. Voilà quelque chose de nouveau ; c'est le progrès. C'est ce que je veux dire quand j'explique qu'il n'y a rien de nouveau dans toutes les déclarations que j'entends ici.

M. : Le 'Je' n'est jamais nouveau. Il est éternellement le même.

Q. : Voulez-vous dire que le progrès n'existe pas ?

M. : Le progrès est perçu par le mental extériorisé. Quand le mental est tourné vers l'intérieur et que le Soi est recherché, tout est tranquille.

Q. : Mais alors les sciences, que deviennent-elles ?

M. : Elles aboutissent toutes dans le Soi. Le Soi est leur finalité.

Il était 17 heures, Shrī Bhagavān quitta le hall, et le visiteur partit pour la gare.

381. Mr. Bose, l'ingénieur du Bengale, demanda la signification de la dernière stance [1] du poème *Atma-vidyā* (*La Connaissance du Soi*). Shrī Bhagavān en donna l'explication suivante :

« Le monde est perçu, mais la perception n'est qu'apparente ; elle nécessite une localisation pour son existence et aussi de la lumière. Cette *existence* et cette *lumière* apparaissent en même temps que le mental. Si bien que l'existence physique des objets et leur éclairage font partie de l'existence et de l'éclairage du mental. Cet éclairage n'est pas absolu puisque le mental apparaît et disparaît. Le substrat du mental est le Soi, qui est évident, c'est-à-dire dont l'existence et la lumière sont une évidence. L'Etre absolu continue toujours d'exister, que ce soit pendant l'état de sommeil profond, de veille ou de rêve.

Le monde est diversité, laquelle est une fonction du mental. Le mental brille par la Lumière réfléchie, c'est la lumière réfléchie du Soi. Les images sur un écran de cinéma ne sont perceptibles que dans une lumière diffuse, artificielle ; elles ne peuvent être vues ni dans une lumière éclatante ni dans une forte obscurité. De même, les images du monde ne sont perceptibles que dans une lumière diffuse, c'est-à-dire dans la lumière du Soi, réfléchie à travers l'obscurité de l'*avidyā* (l'ignorance). Le monde n'est perceptible ni dans la pure ignorance, comme dans le sommeil, ni dans la pure

---

1. « Annāmalai, le Soi, l'Œil derrière l'œil du mental, qui voit l'œil et tous les sens, qui à leur tour connaissent le ciel, de même que les autres éléments. Il est l'Etre qui contient, révèle, perçoit le ciel intérieur qui brille dans le Cœur lorsque l'esprit, libre de pensées, se tourne vers l'intérieur. Annāmalai se manifeste en tant que mon propre Soi. Certes, la grâce est ce dont on a besoin ; l'amour est de surcroît ; la Félicité abonde. » (*The Collected Works of Rāmana Maharshi*, p. 142.)

lumière, comme dans la réalisation du Soi. L'*avidyā* est la cause de la diversité. »

Q. : Je ne comprends cela qu'intellectuellement.

M. : Parce qu'à présent l'intellect vous tient ; vous êtes sous son emprise en état de veille, quand vous discutez de ces choses.

Plus tard, quelqu'un ajouta que la grâce était nécessaire à la Réalisation.

Q. : Et comment peut-on obtenir la grâce ?

M. : La Grâce est le Soi. Elle n'est pas manifeste parce que l'ignorance prévaut. Mais avec *shraddhā* (la foi) elle le sera.

Shraddhā, Grâce, Lumière, Esprit sont tous synonymes du Soi.

5 AVRIL 1937

382. Un visiteur de l'Andhra Pradesh, instruit en philosophie, interrogea Shrī Bhagavān sur le *manolaya*.

Shrī Bhagavān répondit que toute chose est contenue dans l'*Upadesha-sāram,* dont la personne tenait une copie dans la main.

Q. : Qu'est-ce que le mental ?

M. : Voyez en quoi il consiste.

Q. : Il est *sankalpa-vikalpātmaka* (constitué de pensées et de leurs modifications).

M. : Le *sankalpa* (la pensée) de qui ?

Q. : Le *sankalpa* est la nature du mental.

M. : En quoi consiste le *sankalpa* ?

Q. : En formes extérieures.

M. : Bien. Est-ce cela votre nature ?

Q. : Elle est celle du mental.

M. : Quelle est votre nature ?

Q. : Shuddha-chaitanya (pure conscience).

M. : Pourquoi alors vous souciez-vous des *sankalpa* et du reste ?

Q. : Tout le monde admet que le mental est changeant et instable (*chanchala* et *asthira*).

M. : Il est dit aussi que le mental doit être tourné vers l'intérieur et immergé dans le Soi ; que la pratique exige du temps parce qu'elle doit être poursuivie lentement et qu'elle doit être continuée jusqu'à l'immersion totale dans le Soi.

Q. : J'ai besoin du *prasāda,* la grâce, pour cela.

M. : La grâce est toujours avec vous. Tout ce qui vous est demandé, c'est de ne pas vous confondre avec le mental tourné vers l'extérieur, mais de demeurer le Soi. Tel est le *prasāda.*

Le visiteur se prosterna et prit congé.

383. Swami Lokeshānanda, un *samnyāsīn*, demanda à Shrī Bhagavān si un *jīvan-mukta* était encore soumis au *prārabdha-karma* [1].

M. : Qui pose cette question ? De qui cette question provient-elle ? Est-ce un *jīvan-mukta* qui demande ?

Q. : Non, je ne suis pas encore un *mukta.*

M. : Pourquoi alors ne pas laisser le *jīvan-mukta* poser lui-même cette question ?

Q. : Mais c'est moi qui doute.

M. : Très bien. C'est l'*ajñānī* qui doute et non le *jñānī.*

Q. : Si l'on s'en tient à la doctrine de l'*ajāta-vāda,* selon laquelle il n'y a rien de nouveau, les explications de Shrī Bhagavān sont sans faille. Mais sont-elles valables dans d'autres Ecoles ?

---

1. Le destin, résultat des actions des vies passées.

M. : Il y a trois méthodes d'approche en Advaita-vāda.

1) L'*ajāta-vāda* est caractérisé par : « Il n'y a ni extinction, ni création ; il n'est personne qui soit asservi ni *sādhaka* [1] ; il n'est personne qui aspire à la Libération, personne qui soit libéré. Telle est la vérité suprême. » (*Māndūkya-kārikā*, II, 32).

Selon cette doctrine, il n'y a que l'Un et cela n'admet aucune discussion.

2) Le *drishti-srishti-vāda*, ou la doctrine de la création simultanée, est illustré ainsi : deux amis dorment côte à côte. L'un d'eux rêve qu'ils partent ensemble à Bénarès et reviennent. A son réveil, il raconte à son ami qu'ils sont allés tous deux à Bénarès. Celui-ci le nie. L'affirmation est vraie du point de vue du premier et la négation est vraie du point de vue du second.

3) Le *sristhi-drishti-vāda* est la doctrine de la création graduelle et la prise de connaissance de celle-ci.

Le karma recouvre trois aspects : le *prārabdha,* l'*āgāmi* et le *sanchita.* Pour qu'il y ait karma, il faut qu'il y ait le *kartrtva* (le fait d'être un agent) et le *kartā* (l'agent). Le karma (l'action) ne peut pas concerner le corps puisque celui-ci n'est pas conscient. Le karma est effectif tant qu'il y a la *dehātma-buddhi,* c'est-à-dire l'idée « Je suis le corps ». Quand la *dehātma-buddhi* est transcendée, on devient un *jñānī.* En l'absence de la *dehātma-buddhi,* il ne peut y avoir ni le *kartrtva* ni le *kartā.* Si bien qu'un *jñānī* n'a pas de karma. Telle est son expérience. S'il en est autrement, il n'est pas un *jñānī.* L'*ajñānī* identifie le *jñānī* à un corps, ce que ne fait pas le *jñānī.* L'*ajñānī* pense donc que le *jñānī* agit puisqu'il voit que son corps est actif ; c'est pourquoi il demande si le *jñānī* est encore affecté par le *prārabdha.*

---

1. Celui qui pratique une discipline spirituelle.

Les Ecritures disent que le *jñāna* est le feu qui brûle tout le karma (*sarva-karmāni*). Le terme *sarva* (tout) est interprété de deux façons : 1.) tout est brûlé, même le *prārabdha*, 2.) tout est brûlé, sauf le *prārabdha*.

D'après la première interprétation, si un homme ayant trois femmes meurt, on ne peut pas dire que seules deux d'entre elles sont veuves et pas la troisième. Elles sont toutes trois veuves. Il en va de même du *prārabdha*, de l'*āgāmi* et du *sanchita*. Quand il n y a pas de *kartā*, aucun des trois ne peut subsister.

La deuxième interprétation est donnée simplement pour satisfaire le chercheur. On dit que tout le karma est brûlé, sauf le *prārabdha*. Le corps doit continuer à remplir les fonctions pour lesquelles il a pris naissance. C'est le *prārabdha*. Mais du point de vue du *jñānī*, seul le Soi existe et prend ces différents aspects. Il n'y a pas de corps ni de karma qui soit séparé du Soi, si bien qu'aucune action ne l'affecte plus.

Q. : N'y a-t-il plus de *dehātma-buddhi* (l'idée « je suis le corps ») pour le *jñānī* ? Si, par exemple, Shrī Bhagavān est piqué par un insecte, n'éprouve-t-il aucune sensation ?

M. : La sensation est présente de même que la *dehātma-buddhi*. Cette dernière est commune aux deux, au *jñānī* et à l'*ajñānī*, avec cette différence que l'*ajñānī* pense *dehaiva ātma* (seul le corps est moi-même) tandis que le *jñānī* sait que tout procède du Soi (*ātmamayam sarvam*) ou que tout ceci est le *brahman* (*sarvam khalvidam brahma*) [Tout ce qui existe, assurément, est le *brahman* ChU III.14,1]. S'il y a douleur, laissez-la. Elle fait aussi partie du Soi. Le Soi est *pūrna* (parfait).

En ce qui concerne les actions d'un *jñānī*, on les appelle ainsi, mais elles ne produisent pas d'effet karmique. Généralement, les [tendances aux] actions s'implantent dans l'individu sous forme de *samskāra*. Et c'est ainsi tant que le mental reste « fertile », comme dans le cas de l'*ajñānī*. Chez le *jñānī*, on ne fait que supposer un mental, puisqu'il l'a déjà transcendé. C'est à cause de son apparente activité que l'on déduit que le *jñānī* a un mental, mais ce mental n'est plus fertile comme celui de l'*ajñānī*. C'est pour cela qu'on dit que le mental d'un *jñānī* est le *brahman*. Le *brahman* n'est certainement rien d'autre que le mental du *jñānī*. Les *vāsanā* ne peuvent pas porter de fruits dans un sol stérile.

Cependant, comme on supposait en lui la présence d'un *prārabdha,* on doit également admettre l'existence de *vāsanā*. Si elles existent, elles ne sont là que pour être consommées (*bhoga-hetu*). Les actions donnent un double résultat : l'un consiste à récolter leurs fruits, et l'autre laisse une empreinte dans le mental sous forme de *samskāra* qui se manifesteront au cours des futures naissances. Mais le mental du *jñānī* étant infertile, les graines du karma ne peuvent plus y germer. Ses *vāsanā* ne s'épuisent que par des activités qui sont destinées à leur consommation (*bhogahetuka-karma*). Mais en réalité le karma du *jñānī* n'est perçu que du point de vue de l'*ajñānī*. Le *jñānī* demeure sans agir ; il n'a pas conscience de son corps comme étant séparé du Soi. Comment peut-il y avoir alors libération (*mukti*) ou servitude (*bandha*) pour lui ? Il est au-delà de l'une et de l'autre. Il n'est pas lié par un karma, ni maintenant ni à tout jamais. Selon lui, il n'y a pas de *jīvan-mukta* ni de *videha-mukta*.

Q. : D'après tout cela, il semble que le *jñānī,* qui a épuisé toutes ses *vāsanā*, soit le meilleur des hommes et qu'il reste inactif tel un tronc d'arbre ou une pierre.

M. : Non. Pas nécessairement. Les *vāsanā* ne l'affectent pas. Le fait de demeurer comme un tronc d'arbre

ou une pierre, n'est-ce pas en soi une *vāsanā* ? Son état
est *sahaja* (naturel).

384. La conversation se prolongea encore sur les
vāsanā. Shrī Bhagavān expliqua que les bonnes tendances (*suvāsanā*) comme les mauvaises (*kuvāsanā*)
sont coexistantes. Les unes ne peuvent exister sans
les autres. Il se peut qu'une catégorie prédomine. Les
bonnes tendances doivent être cultivées, mais elles
seront finalement, elles aussi, détruites par le *jñāna*.

Le cas d'un jeune prodige fut mentionné — Shrī
Bhagavān fit remarquer que les impressions latentes
de ses naissances antérieures (*pūrva-janma-samskāra*)
étaient encore fortes en lui.

Q. : Comment se fait-il que cela se manifeste par
la faculté de citer les noms de grands saints ? S'agit-il
d'une *vāsanā* sous forme de semence ?

M. : Oui. Les prédispositions (*samskāra*) sont des
connaissances acquises et conservées qui se manifestent
dans des circonstances favorables. Celui qui a des forts
samskāra comprend les choses quand elles se présentent
à lui beaucoup plus vite que celui dont les *samskāra* sont
faibles ou inexistants.

Q. : Est-ce le cas des inventeurs ?

M. : « Il n'y a rien de nouveau sous le soleil. »
Ce que nous appelons découvertes ou inventions sont
simplement des redécouvertes faites par des hommes
compétents dont les *samskāra* sont forts dans tel ou tel
domaine.

Q. : Est-ce le cas de Newton, d'Einstein, etc. ?

M. : Oui, certainement. Mais les *samskāra*, même
très puissants, ne se manifesteront pas tant que le mental
ne sera pas calme et tranquille. Chacun sait par expérience qu'un rappel à la mémoire échoue quand il est
fait avec effort, tandis que des éclairs peuvent surgir

soudainement quand le mental est calme et paisible. La tranquillité mentale est indispensable, même pour se rappeler des choses oubliées. Le soi-disant génie est quelqu'un qui a durement travaillé dans ses vies antérieures, qui a acquis une connaissance et l'a mise en réserve sous forme de *samskāra*. Maintenant il concentre son mental jusqu'à ce que celui-ci fusionne avec l'objet de sa recherche. Dans cette tranquillité du mental, les idées enfouies viennent tout à coup à la surface. Mais cela nécessite également des conditions favorables.

6 AVRIL 1937

385. Au cours d'une conversation avec Shrī Bhagavān, Mr. Venkata Rao, de l'Andhra Pradesh, reçut la réponse suivante :

« Tant que vous n'aurez pas atteint le *jñāna*, vous ne pourrez pas comprendre l'état d'un *jñānī*. Il est inutile de se poser des questions sur le travail d'Īshvara et sur tout le reste. Certains demandent pourquoi Shiva alla nu dans la forêt de Daruka et troubla ainsi la chasteté des épouses des *rishi*. Les *Purāna*, qui relatent cette anecdote, racontent aussi que Shiva avait auparavant sauvé les *deva* et l'Univers en absorbant le poison *hālāhala* qui montait à la surface de l'océan de lait, baratté par les dieux. Celui qui avait pu sauver le monde du poison mortel et conduire les sages vers l'émancipation s'était aussi promené nu parmi les femmes. Les actions d'un *jñānī* sont incompréhensibles aux esprits ordinaires. Il faut être soi-même un *jñānī* pour comprendre un *jñānī* ou Īshvara.

Q. : Ne devrions-nous pas apprendre les manières d'être d'un *jñānī* et les imiter ?

M. : Cela ne servirait à rien.

Les *vāsanā* sont de quatre sortes :

1) Pure (*shuddha*) ; 2) impure (*malina*) ; 3) mélangée (*madhya*) ; 4) bonne (*sat*), selon que les *jñānī* sont au niveau suprême (*varishta*), excellent (*variya*), meilleur (*vara*) ou bon (*vit*).

Les fruits des *vāsanā* sont récoltés de trois manières différentes : 1) par notre propre volonté (*svecchā*) ; 2) par la volonté d'autrui (*parecchā*) ; 3) involontairement (*aniccha*).

Au nombre des *jñānī* figurent Gautamah, Vyāsa, Shuka et Janaka.

Q. : Vyāsa était-il aussi un *jñānī* ?

M. : Oui. Bien sûr.

Q. : Pourquoi alors les vierges, lors de leur baignade, se vêtirent-elles quand il apparut devant elles et non pas quand Shuka passa ? [MhB XII.334]

M. : Ce même Vyāsa avait envoyé Shuka à Janaka pour être instruit ; Shuka fut mis à l'épreuve par Janaka, à la suite de quoi il repartit convaincu de la grandeur de Vyāsa.

Q. : Le terme *jñāna* équivaut-il à celui d'*ārūdha* ?

M. : Oui. C'est la même chose.

Q. : Quel est le rapport entre la *bhakti* et le *jñāna* ?

M. : L'état éternel, ininterrompu, naturel est le *jñāna*. N'implique-t-il pas l'amour du Soi ? N'est-il donc pas la *bhakti* ?

Q. : L'adoration des idoles ne semble pas bonne. Dans l'islam on adore Dieu sans forme.

M. : Quelle est leur conception de Dieu ?

Q. : Comme étant Immanence, etc.

M. : Dieu n'est-Il pas alors doté d'attributs (*saguna*) ? La forme n'est qu'un genre d'attribut parmi d'autres. On ne peut pas adorer Dieu sans quelques concepts. N'importe quelle *bhāvanā* (contemplation) suppose un Dieu avec attributs.

De plus, à quoi peut servir la discussion de forme ou d'absence de forme de Dieu? Demandez-vous si *vous* avez une forme. Alors vous comprendrez Dieu.

Q. : Je reconnais ne pas avoir de forme.

M. : D'accord. En sommeil, vous n'avez pas de forme, mais en état de veille vous vous identifiez avec une forme. Voyez quel est votre état réel. Par l'investigation, on comprend que celui-ci est sans forme. Et si vous reconnaissez que votre Soi est sans forme, ne devriez-vous pas concéder le même degré de connaissance à Dieu et comprendre qu'Il est, Lui aussi, sans forme?

Q. : Mais il y a le monde créé par Dieu.

M. : Comment le monde apparaît-il? Comment apparaissons-nous? Connaissant cela, vous connaissez Dieu. Vous saurez s'Il est Shiva, ou Vishnou ou un autre, ou tous mis ensemble.

Q. : Le Vaikuntha [ciel de Vishnou] est-il dans le *paramapada*, le Soi transcendant?

M. : Où est le *paramapada* ou le Vaikuntha si ce n'est en vous?

Q. : Le Vaikuntha, etc., apparaît involontairement.

M. : Est-ce que le monde apparaît volontairement?

Le questionneur ne répondit pas.

M. : Le 'Je', évident en soi, ignore le Soi et cherche à connaître le non-Soi! Que c'est absurde!

Q. : C'est le *Sānkhya* yoga. Etant le plus élevé de tous les yogas, comment peut-il être compris dès le départ? La *bhakti* n'est-elle pas l'étape qui le précède?

M. : Krishna n'a-t-il pas commencé la Gītā par la *sānkhya* [la connaissance]?

Q. : Oui. Je comprends maintenant.

386. *Q.* : Dans la vie de Shrī Rāmakrishna, on parle de Rāmlāl, une idole animée. Est-ce possible?

M. : Pouvez-vous donner une explication à l'animation de votre corps ? Le mouvement de l'idole est-il plus mystérieux que celui de votre corps ?

Q. : Mais un objet en métal ne peut bouger par lui-même.

M. : Le corps n'est-il pas un cadavre ? Si le cadavre se mettait à bouger vous considéreriez cela comme un mystère, n'est-ce pas ?

387. Trois personnes arrivèrent pour une courte visite à l'ashram ; la plus âgée d'entre elles demanda : « Les *Purāṇā* et les *Upanishad* mentionnent chacun un processus de création différent. Quel est le vrai ? »

M. : Il existe un grand nombre de théories et elles servent toutes à indiquer que la création a une cause ; alors l'hypothèse d'un créateur doit être avancée pour que l'on puisse chercher la cause. L'accent est mis sur l'objectif de la théorie et non pas sur le processus de la création. De plus, la création est perçue par quelqu'un. Il n'y a pas d'objet sans le sujet. Autrement dit, les objets ne viennent pas vers vous pour vous dire qu'ils existent ; c'est vous qui dites que les objets existent. Les objets sont donc ce que celui qui les voit en fait. Ils n'ont pas d'existence indépendante du sujet. Découvrez ce que vous êtes et vous comprendrez ce qu'est le monde. Voilà l'objectif des théories.

Q. : L'âme humaine n'est qu'une infime particule tandis que la création est si vaste. Comment pouvons-nous même l'imaginer ?

M. : L'infime particule parle de la vaste création. Où est la contradiction ?

388. Plus tard, Bhagavān continua :

« Il y a tellement de théories scripturaires et scientifiques. Ont-elles abouti à quoi que ce soit de définitif ?

Elles ne le peuvent pas. On dit que le *brahman* est plus subtil que le plus subtil et plus vaste que le plus vaste. Un *anu* est un atome infinitésimal. Il prend fin dans la perception subtile. Cette subtilité procède du mental, le *sūkshma* ou corps subtil. Au-delà du mental, il y a le Soi. Les plus grandes choses ne sont aussi que des conceptions, et les conceptions relèvent du mental ; au-delà du mental, il y a le Soi. Ainsi, le Soi est plus subtil que le plus subtil.

Il peut y avoir un nombre incalculable de théories de la création, mais toutes sont tournées vers l'extérieur. Elles sont sans limites, car le temps et l'espace sont illimités. Cependant, elles ne sont que dans le mental. Cherchez le mental ; le temps et l'espace sont alors transcendés et le Soi est réalisé.

La création peut être expliquée scientifiquement ou logiquement, selon le goût de chacun. Mais quelle est la finalité à tout cela ? De telles explications sont appelées *krama-shrīshti* (création graduelle). D'autre part, *drishti-shrīshti* (création simultanée ou soudaine) est comme *yugapad-shrīshti*. En l'absence de sujet percevant, il n'y a pas d'objet perçu. Découvrez celui qui perçoit et vous découvrirez que la création entière est incluse en lui. Pourquoi regarder au-dehors de soi et continuer à expliquer des phénomènes qui sont sans fin ? »

389. Au sujet de cadeaux qui lui avaient été offerts, Shrī Bhagavān s'exprima ainsi : « Pourquoi les gens m'apportent-ils des cadeaux ? Est-ce que j'en ai envie ? Même si je les refuse, on me force à les accepter. Pourquoi donc ? Si j'accepte un cadeau, je dois me plier aux exigences du donateur. C'est comme un appât pour prendre un poisson. Est-ce que le pêcheur tient à nourrir le poisson avec son appât ? Non, il tient à se nourrir lui-même avec le poisson. »

Swāmi Lokeshānanda, le *samnyāsī,* demanda : « Quelle est la signification de *jñāna* et *vijñāna* ? »

M. : Le sens de ces mots varie selon le contexte. *Jñāna* est *sāmānya-jñāna* (ou pure Conscience). *Vijñāna* est *vishesha-jñāna.* Le *vishesha* peut être : 1) de ce monde (connaissance relative), 2) transcendantal (réalisation du Soi).

Pour qu'il y ait *vishesha,* le mental est nécessaire ; il modifie la pureté de la conscience absolue. Ainsi, *vijñāna* représente l'intellect et l'enveloppe le constituant, c'est-à-dire la connaissance relative. Dans ce cas, le *jñāna* est *sāmānya* (commun), ainsi que pour le *vijñāna*, le *samjñāna*, le *prajñāna*, l'*ajñāna*, le *mati*, la *dhriti* — les différents modes de connaissance (voir *Aitareyopanishad*, chap. 3) — ou bien le *jñāna* est *paroksha* (indirect, par ouï-dire) et le *vijñāna aparoksha* (perception directe) comme dans *jñāna-vijñāna-triptātmā* [BhG VI,8] (celui qui est parfaitement satisfait par le *jñāna* et le *vijñāna*).

Q. : Quelle est la relation entre le *brahman* et Īshvara ?

M. : Le *brahman,* en relation avec le monde, est appelé Īshvara.

Q. : Est-il possible de parler à Īshvara comme le fit Rāmakrishna ?

M. : Puisque nous pouvons nous parler les uns aux autres, pourquoi ne pourrions-nous pas, de la même manière, parler à Īshvara ?

Q. : Alors pourquoi cela ne nous arrive-t-il pas ?

M. : Cela exige la pureté, la force mentale et la pratique de la méditation.

Q. : Si ces trois conditions sont remplies, alors Dieu se manifeste-t-il ?

M. : Une telle manifestation est aussi réelle que votre propre réalité. En d'autres termes, lorsque vous vous identifiez au corps grossier, comme en *jāgrat* (veille), vous voyez des objets grossiers ; quand vous vous identifiez au corps subtil ou mental, comme en *svapna* (rêve), vous percevez des objets tout aussi subtils ; en absence de toute identification, comme en *sushupti* (sommeil profond), vous ne percevez rien. Les objets vus dépendent donc de l'état de celui qui les voit. Cela s'applique également aux visions de Dieu.

Par une longue pratique, l'image de Dieu sur laquelle on a médité apparaît en rêve et peut, plus tard, apparaître aussi à l'état de veille.

Q. : Est-ce là l'état de réalisation de Dieu ?

M. : Ecoutez ce qui est arrivé une fois, il y a bien longtemps. Vivait alors un saint du nom de Nāmdev. Il pouvait voir Vithoba [1], lui parler et jouer avec lui, comme nous le faisons entre nous. Il passait ainsi le plus clair de son temps dans le temple à jouer avec Vithoba.

Un jour, il y eut une assemblée de saints, parmi lesquels se trouvait Jñāndev, saint éminent et renommé. Jñāndev demanda à Gora Kumbhar, un des saints, qui était potier, d'utiliser son art, dans lequel il était passé maître, de tester la qualité des « pots » et de trouver lequel de tous les saints réunis était fait de l'argile la mieux cuite. Gora Kumbhar prit alors son bâton et se mit, en guise de plaisanterie, à frapper doucement la tête de chacun, comme s'il les testait. Quand il arriva à la hauteur de Nāmdev, celui-ci protesta avec vivacité. Tout le monde se mit à rire et à le conspuer. Nāmdev, furieux, alla dans le temple chercher refuge auprès de Vithoba. Vithoba lui dit que les saints savaient mieux que quiconque ce qu'ils faisaient. Cette réponse inattendue désarçonna davantage Nāmdev qui lui répondit :

---

1. Vishnou est adoré sous ce nom à Pandharpur.

« Tu es Dieu. Je converse et je joue avec Toi. Qu'est-ce que l'homme peut espérer de plus ? »

Vithoba persistait : « Les saints savent mieux que quiconque. »

Nāmdev répliqua : « Dis-moi s'il existe quelque chose de plus réel que Toi. »

Vithoba : « Nous avons été si proches l'un de l'autre, que mon avis ne produira pas l'effet désiré sur toi. Va voir le saint-mendiant dans la forêt et apprends la vérité. »

Nāmdev fit comme Vithoba le lui conseillait et alla trouver le saint en question. Il ne fut nullement impressionné par la sainteté du personnage, car celui-ci était nu, sale, et couché à même le sol, ses pieds reposant sur un *linga*[1]. Nāmdev se demanda comment un tel homme pouvait être un saint. Celui-ci, cependant, lui sourit et dit : « Est-ce Vithoba qui t'a envoyé ici ? » La question surprit Nāmdev et elle l'incita à croire que son interlocuteur n'était pas n'importe qui. Il lui demanda : « On dit que vous êtes un saint, pourquoi profanez-vous alors le *linga* ? » Le saint lui répondit : « A vrai dire, je suis devenu trop vieux et trop faible pour faire ce qu'il convient. Aide-moi à lever mes pieds et à les placer là où il n'y a pas de *linga*. » Nāmdev déplaça alors les pieds du saint et les déposa ailleurs. Mais, ô stupeur, un autre *linga* surgit aussitôt dessous. Il les déplaça encore et un autre *linga* apparut de nouveau. Quel que fût l'endroit où le saint posait ses pieds, un *linga* apparaissait. Nāmdev prit alors les pieds du saint, les posa sur lui-même et fut transformé en *linga*. Nāmdev comprit enfin que Dieu était immanent. Ayant compris

---

1. Pour les shivaïtes, le *linga* est le symbole par excellence de Shiva. Sa forme est un cylindre vertical, le haut arrondi, sortant d'une base. Cette « absence de forme » symbolise l'Absolu.

la Vérité, il quitta le saint, rentra chez lui et ne se rendit plus au temple pendant plusieurs jours. Vithoba vint alors le trouver et lui demanda pourquoi il ne se rendait plus au temple pour voir Dieu. Nāmdev lui répondit : « Existe-t-il un seul endroit où Il n'est pas ? »

Le sens de l'histoire est claire : les visions de Dieu ont leur place au-dessous du plan de la réalisation du Soi.

390. *Q.* : En lisant les ouvrages de Shrī Bhagavān, j'en conclus que l'investigation est la seule méthode conduisant à la Réalisation.

M.: Oui, c'est le *vichāra*.

Q.: Comment faut-il s'y prendre ?

M. : Le questionneur doit admettre l'existence de son 'Je'. « JE SUIS » est la Réalisation. Suivre cette piste jusqu'à la Réalisation est le *vichāra*. *Vichāra* et Réalisation sont la même chose.

Q.: C'est vague. Sur quoi dois-je méditer ?

M.: La méditation requiert un objet sur lequel méditer. Tandis que dans le *vichāra*, il y a seulement le sujet et pas d'objet. Voilà en quoi la méditation diffère du *vichāra.*

Q.: Est-ce que le *dhyāna* (la méditation) n'est pas un des moyens les plus efficaces pour la Réalisation ?

M. : Le *dhyāna* consiste à se concentrer sur un seul objet. Son but est d'écarter les diverses pensées pour fixer le mental sur une seule, qui doit, elle aussi, disparaître avant la Réalisation. Mais la Réalisation n'est pas quelque chose de nouveau qu'il faille acquérir. Elle est déjà là, mais obstruée par un écran de pensées. Tous nos efforts doivent tendre à déchirer cet écran afin que la Réalisation se révèle.

Parmi les chercheurs sincères qui reçoivent le conseil de méditer, beaucoup partent satisfaits de ce conseil.

Certains, toutefois, ne sont pas aussi facilement convaincus et posent la question : « Qui suis-je pour méditer sur un objet ? » A ceux-là, il faut conseiller de chercher le Soi. C'est la finalité. C'est le *vichāra*.

Q. : Le *vichāra* seul suffira-t-il en l'absence de méditation ?

M. : Le *vichāra* est à la fois le processus et le but. « JE SUIS » est le but et la Réalité finale. S'y tenir avec effort est le *vichāra*. Quand cela devient spontané et naturel, c'est la Réalisation.

391. Swami Lokeshānanda posa une question sur le *samādhi*.

M. : — Se maintenir dans la Réalité est le *samādhi*.

— Se maintenir dans la Réalité avec effort est le *savikalpa-samādhi*.

— Se fondre dans la Réalité et demeurer inconscient du monde est le *nirvikalpa-samādhi*.

— Se fondre dans l'ignorance et demeurer inconscient du monde est le sommeil (dans celui-ci la tête tombe, mais non en *samādhi*).

— Demeurer dans l'état originel, pur et naturel, sans effort, est le *sahaja-nirvikalpa-samādhi* [1].

Q. : On dit que celui qui reste en *nirvikalpa-samādhi* pendant vingt et un jours doit inévitablement abandonner son corps physique.

M. : *Samādhi* veut dire passer au-delà de la *dehātma-buddhi* (l'idée « Je suis le corps ») ; la non-identification du corps avec le Soi est donc une conclusion évidente.

On raconte que certaines personnes sont restées immergées en *nirvikalpa-samādhi* pendant des milliers d'années et même davantage.

---

1. Voir tableau ci-après.

SAVIKALPA-SAMĀDHI		NIRVIKALPA-SAMĀDHI	
(bāhya) externe [1]	*(antar)* interne	*(bāhya)* externe	*(antar)* interne
(drishyānuvidha[1]) Le mental saute d'un objet à l'autre. Il doit être gardé stable et fixé sur la Réalité sous-jacente.	Le mental est troublé par le *kāma*[2], le *krodha*[3], etc. Cherchez d'où ceux-ci s'élèvent et comment ils trouvent leur existence. Maintenez-vous à leur source.	Immergé dans l'unique Réalité, fondement de tous les phénomènes, en restant inconscient des manifestations transitoires.	Immergé dans l'Etre le plus intime qui est l'unique Réalité et qui donne naissance à toutes les pensées, en restant inconscient de tout le reste.
(sabdānuvidha[4]) Les phénomènes extérieurs ont leur origine dans la Réalité unique. Cherchez-la et maintenez-vous en elle.	Une quantité de pensées s'élèvent de la Réalité intérieure et se manifestent. Maintenez-vous dans cette Réalité.	Cet état est comparable à l'océan sans vagues dont les eaux sont calmes et paisibles.	Cet état est comparable à une flamme non agitée par des courants d'air et qui brûle tranquillement.
Ces quatre formes de *savikalpa-samādhi* sont atteintes avec effort.		Quand ces divers *nirvikalpa-samādhi* ne sont pas atteints avec effort et qu'on réalise que l'océan sans vagues du *samādhi* extérieur est identique à la flamme immobile du *samādhi* intérieur, cet état est appelé *sahaja-nirvikalpa-samādhi*.	

1. Dépendant de la vue. 2. Désir. 3. Colère. 4. Dépendant de la parole.

392. Swami Lokeshānanda continua avec une autre série de questions : « Certains disent que la *kundalinī* doit être éveillée avant la Réalisation et que son éveil provoque une chaleur dans le corps. Est-ce exact ? »

M. : Les yogis l'appellent *kundalinī-shākti.* C'est la même chose que la *vritti* sous la forme de Dieu (*bhagavatākāra-vritti*) pour les *bhakta,* et la *vritti* sous la forme du *brahman* (*brahmākāra-vritti*) pour les *jñānī.* Elle doit être préliminaire à la Réalisation. La sensation produite dans le corps peut être décrite comme une chaleur.

Q. : On dit aussi que la *kundalinī* a la forme d'un serpent, mais les *vritti* ne peuvent pas avoir cet aspect.

M. : De la *kundalinī* du *jñāna-mārga* on dit qu'elle est le Cœur, décrit aussi de plusieurs façons, par exemple comme un réseau de *nādi* (nerfs subtils), la forme d'un serpent, ou bien celle d'un bouton de lotus, etc.

Q. : Ce Cœur est-il le même que le cœur physiologique ?

M. : Non. La *Shrī Rāmana-Gītā* le définit comme étant l'origine de la pensée 'je'.

Q. : Mais j'ai lu qu'il était situé sur le côté droit de la poitrine.

M. : Tout cela est censé aider la *bhāvanā* (la contemplation). Certains livres parlent de six centres (*shad-chakra*) et de beaucoup d'autres *lakshya* (ou centres), internes et externes. La description du Cœur n'est qu'une parmi d'autres. Mais toutes ces descriptions sont inutiles. Le Cœur est la source de la pensée 'je'. Telle est la vérité ultime.

Q. : Pouvons-nous considérer le Cœur comme la source des *antahkarana* (organes internes) ?

M. : Les organes internes sont classés au nombre de cinq : 1) connaissance — *jñāna* ; 2) mental — *manas* ;

3) intellect — *buddhi* ; 4) mémoire — *chitta* ; 5) ego – *ahamkāra*.

Les uns ne parlent que des quatre derniers ; d'autres n'en mentionnent que deux, notamment le mental et l'ego ; d'autres encore considèrent que l'*antahkarana,* l'organe interne, est unique, mais que la diversité de ses fonctions le fait apparaître à chaque fois différent, d'où ses différents noms. Le Cœur est donc la source des organes internes (*antahkarana*).

Entre le corps non conscient et le Soi éternel et lumineux par lui-même, surgit un phénomène, appelé ego, qui reçoit différentes appellations : mental (*manas*), intellect (*buddhi*), mémoire (*chitta*), ego (*ahamkāra*), énergie (*shakti*), courant vital (*prāna*), etc. Cherchez votre propre source ; cette recherche vous mènera automatiquement au Cœur. Les *antahkarana* ne sont que des concepts (*kalpanā*) pour expliquer le corps subtil (*sūkshma-sharīra*).

Le corps physique (*sharīra*) est composé des éléments terre, eau, feu, air et éther ; il est non conscient. Le Soi est pur, lumineux en soi, et par conséquent évident en soi. La relation entre les deux serait établie par l'hypothèse d'un corps subtil composé d'une part des aspects subtils des cinq éléments, et d'autre part de la lumière réfléchie du Soi. De cette manière, le corps subtil, qui est synonyme de mental, est à la fois conscience et non-conscience, il est *ābhāsa* (lumière réfléchie).

Voyons encore les influences des trois *guna :* par le jeu de réflexion de la qualité pure (*sattva-guna*) sur les éléments, l'aspect sattvique, lumineux, se manifeste en tant que mental (*manas*) et organes des sens (*jñānendriya*) ; par le jeu de la qualité active (*rajo-guna*), l'aspect rajasique se manifeste en tant que vie (*prāna*) et organes de l'action (*karmendriya*) ; par le jeu de la qualité pesante (*tamo-guna*), l'aspect tamasique, obscur, se manifeste en tant que phénomènes grossiers, le corps, etc.

Q. : Mais on dit que le mental a lui aussi ces trois qualités.

M. : Oui. Il y a la pureté en *sattva* (*shuddha-sattva*) ; il y a l'activité en *sattva* (*rajas* en *sattva*), de même que la pesanteur (*tamas* en *sattva*) et ainsi de suite. Le *shuddha-sattva* est pureté parfaite ; le *mishra-sattva* est pureté mélangée (combinaison de *sattva* avec *rajas* et *tamas*). La qualité sattvique implique simplement sa prédominance sur les deux autres qualités.

Plus tard, Shrī Bhagavān continua :

« Les philosophies des différentes écoles — un labyrinthe compliqué — sont censées clarifier les choses et révéler la Vérité, mais en fait elles créent la confusion là où la confusion n'a pas besoin d'exister. Ce n'est que le Soi qui permet de comprendre toutes choses. Le Soi est évident. Pourquoi ne pas toujours demeurer dans le Soi ? Quel besoin y a-t-il d'expliquer le non-Soi ?

Prenez le Vedānta, par exemple. Il y est enseigné qu'il existe quinze variétés de *prāna*. On demande à l'étudiant d'apprendre par cœur leurs noms et leurs fonctions. L'air monte et on l'appelle *prāna* ; l'air descend et on l'appelle *apāna* ; il fait fonctionner les *indriya* (les sens) et on lui donne un autre nom. A quoi bon tout cela ? Pourquoi nommer, classifier, énumérer les fonctions, etc. ? N'est-il pas suffisant de savoir qu'un seul *prāna* fait tout le travail ?

L'*antahkarana* pense, désire, veut, raisonne, et à chacune de ces fonctions on attribue un nom tel que mental ou intellect. Est-ce que quelqu'un a vu les *prāna* ou les *antahkarana* ? Ont-ils une existence réelle ? Ce ne sont que de simples conceptions. Quand et où toutes ces conceptions prendront-elles fin ?

Considérez le cas suivant : un homme est en train de dormir. A son réveil, il dit avoir dormi. Pourquoi ne le dit-il pas pendant qu'il dort ? Parce qu'il est alors immergé dans le Soi et ne peut pas parler, tel un homme qui plonge dans l'eau pour chercher un objet. Tant qu'il a la tête sous l'eau, il ne peut pas parler. Ce n'est que lorsqu'il sort de l'eau qu'il peut s'exprimer. Eh bien, quelle en est l'explication ? Que l'homme sous l'eau ne peut parler sinon sa bouche se remplirait d'eau. N'est-ce pas tout simple ? Mais le philosophe ne se contente pas d'un fait aussi simple. Il explique que le feu est la divinité qui préside au langage, qu'il est antinomique avec l'eau et qu'en conséquence le langage ne peut pas fonctionner. Cela est appelé philosophie, et les gens se démènent pour l'étudier. N'est-ce pas une pure perte de temps ? On dit encore que les dieux gouvernent les membres et les sens de l'individu (*vyashti*) ; que ce sont les membres et les sens de Virāt [1] (*samashti* [2]). Et les philosophes continuent ainsi d'expliquer le rôle de Hiranyagarbha [3], etc. Pourquoi créer la confusion et chercher ensuite à la dissiper avec des explications ? Ah ! Heureux est l'homme qui ne se perd pas dans ce labyrinthe ! J'ai eu vraiment de la chance de ne jamais m'y être laissé prendre, sinon où serais-je ?... Toujours dans la confusion. Mes *pūrva-vāsanā* (tendances du passé) m'ont dirigé tout droit vers l'investigation "Qui suis-je ?". Ce fut vraiment une chance ! »

---

1. L'Univers, la totalité du monde grossier.
2. La Totalité.
3. Totalité du monde subtil.

11 AVRIL 1937

393. *Q. :* Dans la parution du mois de mars de la revue *Prabuddha-Bharata*[1] un article donne un bref aperçu des expériences spirituelles de sainte Thérèse. Un jour où elle vénérait une statue de la Vierge, celle-ci s'anima devant elle et sainte Thérèse fut inondée de félicité. Cette expérience était-elle de la nature de *shaktipāta*[2] ?

M. : Lorsqu'une statue s'anime, c'est un indice de méditation profonde (*dhyāna-bala*). Le *shaktipāta* prépare le mental à l'intériorisation. Il existe une méthode de concentration mentale sur sa propre ombre qui, le moment voulu, s'anime et répond aux questions qu'on lui pose. Cela est dû à la force du mental ou à la profondeur de la méditation. Tout ce qui est extérieur est transitoire. De tels phénomènes peuvent produire sur le moment une joie, mais il n'en résulte pas une paix durable (*shānti*). Celle-ci ne s'obtient que par la suppression d'*avidyā* (l'ignorance).

394. *Q. :* Comment peut-on rendre le mental tranquille ?

M. : Regarder le mental avec le mental, ou établir le mental dans le Soi, amène le mental sous le contrôle du Soi.

Q. : Existe-t-il un yoga, c'est-à-dire une méthode pour cela ?

M. : Le *vichāra* (l'investigation) suffit à lui seul.

395. *Q. :* Comment atteindre le *pūrna-brahman ?* Quelle est la meilleure méthode pour un *grihastha* (chef de famille) ?

---

1. Revue mensuelle de la Mission Rāmakrishna.
2. Descente de l'énergie divine.

M.: Vous venez de dire *pūrna,* ce qui signifie perfection. Etes-vous séparé de *pūrna* ? Si vous en êtes séparé, est-ce *pūrna* ? Si vous n'en êtes pas séparé, comment la question peut-elle se poser ? La connaissance que le *brahman* est *pūrna* et que vous n'en êtes pas séparé est la finalité. Prenez-en conscience et vous découvrirez que vous n'êtes pas un *grihastha* ou un être limité.

Q.: Que sont les *tattva* ?

M. : La connaissance du *pūrna-brahman* élucidera toutes les autres questions.

12 AVRIL 1937

396. Mrs. Gongrijp, une Hollandaise, théosophe fervente vivant à Adyar [1] et qui avait travaillé longtemps à Java, vint à l'ashram pour une courte visite. Elle demanda : « La Théosophie parle de *tanhā* qui signifie "soif de renaissance". Quelle en est la cause ? »

M. : La soif de renaissance est le désir de renaître pour en finir avec les naissances successives. L'esprit est actuellement moribond. Il faut le réanimer pour que, après cette mort apparente, la renaissance puisse s'effectuer. L'oubli de votre nature véritable est votre mort actuelle ; son souvenir est la renaissance. Il apporte un terme aux naissances successives. Votre nature véritable est la vie éternelle.

Q.: Je pensais que *tanhā* signifiait « s'accrocher à la vie » ou le désir d'une vie éternelle.

M. : Oui, c'est cela. Comment ce désir s'éveille-t-il ? Parce que l'état présent est insupportable. Pourquoi ? Parce qu'il n'est pas votre nature véritable. S'il

---

1. Quartier au sud de Madras où se trouve le siège de la Société théosophique.

était votre nature réelle, aucun désir ne vous troublerait. En quoi votre état présent diffère-t-il de votre nature réelle ? En vérité, vous êtes esprit. Mais cet esprit s'identifie à tort au corps physique. Le corps a été projeté par le mental et le mental lui-même a son origine dans l'esprit. Si cette fausse identification cesse, la paix et la félicité indicible et permanente régneront en vous.

Q. : La vie se vit dans le corps et une renaissance implique la prise d'un autre corps.

M. : Un simple changement de corps ne produit aucun effet. L'ego associé à ce corps est transféré dans un autre corps. Comment cela peut-il satisfaire quelqu'un ?

De plus, qu'est-ce que la vie ? La vie est existence, laquelle est votre Soi. C'est la vie éternelle. Ou bien pouvez-vous imaginer un instant où vous n'êtes pas ?

Cette vie est maintenant conditionnée par le corps et vous identifiez faussement votre être à celui du corps. Mais vous êtes la vie inconditionnée. Ces corps s'attachent à vous en tant que projections mentales et voilà que vous êtes affligé par l'idée « Je suis le corps ». Si cette idée cesse, vous êtes votre Soi.

Où et comment étiez-vous avant de naître ? Dormiez vous ? Comment étiez-vous ? Vous existiez alors aussi, mais sans le corps. Ensuite, l'ego apparaît, puis le mental qui projette le corps. Le résultat est l'idée « Je suis le corps ». Parce que le corps existe, vous dites qu'il est né et qu'il doit mourir et vous transférez cette idée sur le Soi en disant que vous êtes née et que vous mourrez. En fait, en sommeil profond vous êtes sans corps ; mais maintenant vous avez un corps. Le Soi peut rester sans le corps, mais le corps ne peut pas exister séparé du Soi.

La pensée « Je suis le corps » est ignorance ; la pensée que le corps n'est pas séparé du Soi est connais-

sance. Voilà la différence entre connaissance et ignorance.

Le corps est une projection mentale ; le mental est
l'ego et l'ego s'élève du Soi. Par conséquent, la pensée
du corps détourne l'attention et éloigne du Soi. De qui
est-ce le corps ou la naissance ? Ils ne relèvent pas
du Soi, l'Esprit. Ils relèvent du non-Soi qui s'imagine
séparé. Aussi longtemps que durera le sens de la séparation, il y aura les pensées qui tourmentent. Quand la
source originelle est retrouvée et qu'un terme est mis au
sens de la séparation, il y a la paix.

Considérez ce qui arrive quand un caillou est jeté
en l'air. Il quitte son point d'origine, est projeté vers le
haut, puis retombe en restant en mouvement jusqu'à ce
qu'il ait rejoint son point d'origine où il est au repos.
De même, les eaux de l'océan s'évaporent, forment des
nuages qui sont poussés par le vent, puis se condensent
encore en eau qui retombe en pluie sur les montagnes
pour ensuite dévaler les pentes formant des torrents et
des rivières jusqu'à ce qu'elles atteignent leur source
originelle, l'océan, leur lieu de paix. Vous voyez donc
que chaque fois qu'il y a un sentiment de séparation, il
y a de l'agitation et du mouvement jusqu'à ce que le
sens de la séparation ait disparu. Il en va de même pour
vous. Maintenant que vous vous identifiez avec le corps,
vous pensez que vous êtes séparé de l'Esprit, le vrai Soi.
Il faut que vous regagniez votre source pour que cette
fausse identité cesse et alors vous serez heureux.

L'or n'est pas un ornement, mais l'ornement n'est
fait que d'or. Quelle que soient les formes des ornements et aussi différents soient-ils, il n'y a qu'une seule
réalité, l'or. Il en est de même des corps et du Soi.
La seule réalité est le Soi. S'identifier avec le corps
et en même temps chercher le bonheur est comme
essayer de traverser une rivière sur le dos d'un alligator.

L'identification au corps est due à l'extraversion et au vagabondage du mental. Continuer à rester en cet état, c'est s'embourber dans un marécage où l'on ne trouvera jamais la paix. Cherchez votre source, immergez-vous dans le Soi et restez tout seul.

La renaissance signifie mécontentement de l'état présent et le désir de renaître là où il n'y a pas de mécontentement. Les naissances, étant corporelles, ne peuvent affecter le Soi. Le Soi demeure même quand le corps périt. Le mécontentement est dû à la fausse identification du Soi éternel avec le corps périssable. Le corps est un auxiliaire nécessaire de l'ego. Si l'ego est tué, le Soi éternel se révèle dans toute sa gloire.

Le corps est la croix. Jésus, le fils de l'homme, est l'ego ou l'idée « Je suis le corps ». Après avoir été crucifié, il est ressuscité comme le Soi glorieux – Jésus, le fils de Dieu !

« Renonce à cette vie si tu veux vivre. »

397. *Q. :* La peur provient d'une possibilité de non-existence. Elle appartient au corps. Dans le sommeil on n'a pas conscience de son corps. On ne craint pas le sommeil, au contraire, on le recherche, alors que l'on redoute la mort. Pourquoi cette différence de points de vue ?

M. : Le désir de dormir et la crainte de la mort naissent quand le mental est actif, et pas dans les deux états en question. Le mental sait très bien que le corps persiste pendant le sommeil et réapparaît à l'état de veille. Aussi le sommeil est-il accueilli sans crainte et la joie de l'existence non corporelle est-elle recherchée. Par contre, le mental n'est pas sûr de réapparaître après la soi-disant mort, d'où son appréhension de celle-ci.

14 AVRIL 1937

398. Dandapani, un fidèle résidant habituellement à l'ashram, se trouvait en voyage dans le nord de l'Inde. Il envoya un article de la revue *Modern Psychological Review* où il était écrit que le centre dynamique, le Cœur, se trouvait à droite et non pas à gauche comme le cœur physique.

Une conversation s'éleva à ce sujet :

M. : Le *yoga-mārga* parle de six centres qui doivent être atteints l'un après l'autre par la pratique, jusqu'à ce qu'ils soient tous transcendés. On parvient alors au *sahasrāra,* où se trouve le nectar de la vie immortelle. Les yogis enseignent que l'on entre dans le *para-nādi* et que celui-ci part du plexus sacré, tandis que les *jñānī* disent que le *para-nādi* part du Cœur. La réconciliation entre ces deux affirmations, en apparence contradictoires, est effectuée dans la doctrine secrète, qui établit clairement que le *para-nādi* du yoga part du *mūlādhāra* et que le *para-nādi* du *jñāna* part du Cœur. La vérité est qu'il faut entrer dans le *para-nādi,* que ce soit par le yoga dont la pratique consiste à descendre, puis remonter en passant à travers tous les centres jusqu'à ce que le but soit atteint, ou que ce soit par le *jñāna-abhyāsa* où on s'établit directement dans le Cœur.

Q. : Mais le *parā* n'est-il pas suivi de la *pashyantī ?*

M. : Là, vous parlez de la parole (*vāk*) qui se forme en quatre étapes : 1) *parā,* 2) *pashyantī,* 3) *madhyamā* et 4) *vaikharī.* La *vāk* est *prāna-shakti,* tandis que le mental est *tejorūpa* ou *chit-shakti.* La *shakti* est la manifestation de l'origine non manifestée.

Les yogis attachent la plus grande importance à l'ascension vers le *sahasrāra,* le centre au sommet de la tête ou le lotus aux 1 000 pétales. Certains yogis disent qu'il y a des centres plus élevés avec de plus grandes involutions, équivalents à 100 000 pétales ou à 100 millions de pétales. Pour le moment, laissons-les de côté. Ces mêmes yogis affirment que, selon les enseignements scripturaires, le courant vital pénètre le corps par la fontanelle et ils soutiennent que si le *viyoga* (la séparation) s'est faite d'en haut vers le bas, le *yoga* (l'union) doit s'effectuer en sens inverse. C'est pourquoi ils recommandent de rassembler les *prāna* au sommet de la tête par la pratique du yoga et de traverser la fontanelle pour réaliser le *yoga* (l'union). Les *jñānī* font remarquer que le yogi présume l'existence d'un corps et sa séparation du Soi et qu'il recommande, en conséquence, l'effort par la pratique du yoga afin d'arriver à l'Union.

En fait, le corps est dans le mental, qui a le cerveau pour siège qui lui, à son tour, fonctionne grâce à une lumière empruntée à une autre source, ce qui rejoint le point de vue des yogis soutenant la théorie de la fontanelle. Le *jñānī* avance l'argument que si la lumière est empruntée, elle doit provenir de sa source d'origine et il recommande d'aller directement à cette source et de ne pas dépendre de ressources empruntées. Tout comme une boule de fer qui naît en se séparant d'une masse incandescente refroidit peu à peu en abandonnant sa chaleur intense, mais doit de nouveau devenir incandescente pour pouvoir se fondre dans la masse originelle, de même la cause de la séparation chez un individu doit être le facteur de « ré-union ».

Si une image se réfléchit, il faut qu'il y ait une source et des éléments, tels que le soleil et un récipient d'eau pour la réflexion. Pour empêcher la réflexion, ou bien on recouvre la surface liquide, ce qui correspond à l'atteinte de la fontanelle dont parlent les yogis, ou bien l'eau est vidée, ce qui est appelé *tapas* (*tapo brahmeti* [TaiU III.3], « le *tapas* est le *brahman* »). En d'autres termes, les pensées ou l'activité du cerveau sont contraintes de s'arrêter. C'est le *jñāna-mārga*.

Toutes ces spéculations reposent sur l'hypothèse que le *jīva* est séparé du Soi ou le *brahman*. Mais sommes-nous séparés ? Non, dit le *jñānī*. L'ego est simplement la fausse identification du Soi au non-Soi, comme dans l'exemple du cristal incolore et son arrière-plan coloré. Le cristal, bien qu'incolore, apparaît rouge en raison de son arrière-plan. Si on ôte celui-ci, le cristal brille dans sa pureté originelle. C'est ce qui se passe avec le Soi et les *antahkarana*.

Mais cet exemple n'est pas tout à fait probant. Car l'ego a sa source dans le Soi et n'est pas séparé de lui comme le cristal de son arrière-plan. Ayant sa source dans le Soi, l'ego doit simplement remonter jusqu'à cette source afin de s'y fondre.

Le centre de l'ego s'appelle le Cœur, autrement dit le Soi.

Un homme demanda si les yogis, qui atteignent l'*anāhata* (*chakra* du cœur), réalisent également le Cœur, comme le font les *jñānī*, bien que d'une manière différente.

M. : L'*anāhata* n'est pas la même chose que le Cœur. Si tel était le cas, pourquoi devraient-ils remonter jusqu'au *sahasrāra* ? De plus, cette question ne se pose qu'en raison de la persistance en nous du sens de la séparation. Nous ne sommes jamais éloignés du Centre, qui est le Cœur. Que ce soit avant d'atteindre l'*anāhata* ou que ce soit après l'avoir dépassé, on est toujours dans le Centre. Qu'on le comprenne ou non, on n'est jamais séparé du Centre. Le yoga ou le *vichāra* se pratique en restant toujours dans le Centre.

Q. : Quelle doit être notre *sādhanā* ?

M. : La *sādhanā* est pour le *sādhaka* ce qu'est le *sahaja* pour le *siddha*. Le *sahaja* est l'état originel. La *sādhanā* consiste à éliminer les obstacles sur la voie de la réalisation de cette vérité éternelle.

Q. : La concentration du mental est-elle une des *sādhanā* ?

M. : La concentration, c'est ne pas penser à quoi que ce soit. D'autre part, c'est chasser toutes les pensées qui nous cachent la vision de notre véritable nature. Tous nos efforts ne visent qu'à soulever le voile de l'ignorance. Dans l'état actuel, il semble difficile de dompter les pensées. Mais dans l'état de renaissance spirituelle, on trouvera, au contraire, qu'il est plus difficile de les susciter. Car y a-t-il des choses à penser ? Il n'y a que le Soi. Les pensées ne peuvent fonctionner que s'il y a des objets. Mais comme il n'y a pas d'objets, comment les pensées peuvent-elles s'élever ?

La force de l'habitude nous pousse à croire qu'il est difficile de cesser de penser. Quand cette erreur est découverte, personne ne serait assez stupide pour s'efforcer à penser inutilement.

Q. : La grâce n'est-elle pas plus efficace que l'*abhyāsa* (la pratique) ?

M. : Le *guru* vous aide simplement à éradiquer l'ignorance. Pensez-vous qu'il vous transmet la Réalisation ?

Q. : Nous sommes ignorants.

M. : En disant que vous êtes ignorant, vous êtes sage. Celui qui dit qu'il est fou est-il vraiment fou ?

La grâce du *guru* est comme une main tendue pour vous aider à sortir de l'eau. Elle vous rend la voie plus facile pour éliminer l'ignorance.

Q. : N'est-ce pas comme un médicament pour guérir la maladie de l'*avidyā* (l'ignorance) ?

M. : A quoi servent les médicaments ? Ils servent

uniquement à restaurer l'état de santé originel du
patient. Qu'est-ce que tout ce discours sur le *guru*, la
grâce, Dieu, etc. ? Le *guru* vous tient-il par la main
et vous murmure-t-il quelque chose à l'oreille ? Vous
imaginez qu'il est comme vous-même. Parce que vous
pensez être un corps, vous pensez que le *guru* est lui
aussi un corps et qu'il peut accomplir quelque chose
de tangible pour vous. Mais son travail se passe à
l'intérieur. Comment obtenir un *guru* ? Dieu, qui est
immanent, dans Sa Grâce, prend en pitié le dévot fervent
et se manifeste sous une forme qui correspond au niveau
de celui-ci. Le dévot pense alors que le *guru* est un
homme et il s'attend à une relation entre deux corps.
Mais le *guru,* qui est Dieu, ou le Soi incarné, travaille
de l'intérieur. Il aide l'homme à voir ses errements et le
guide sur le droit chemin, jusqu'à ce qu'il réalise le Soi
en lui-même.

Après la Réalisation, le disciple pense : « J'étais si
inquiet auparavant. Après tout, je suis le Soi, le même
qu'avant, mais maintenant je ne suis plus affecté par
quoi que ce soit ; où est celui qui était si malheureux ?
Je ne le vois nulle part. » Que devons-nous donc faire ?
Seulement s'en tenir aux paroles du maître et se tourner vers l'intérieur. Le *guru* est à la fois extérieur et
intérieur. Il crée les conditions pour vous conduire à
l'intérieur et prépare l'intérieur pour vous tirer vers le
Centre. Ainsi il pousse de l'extérieur et tire de l'intérieur
afin que vous puissiez vous établir dans le Cœur.

En sommeil, vous êtes centré en vous-même. Au
moment où vous vous réveillez, votre mental jaillit vers
l'extérieur, galopant d'une idée à l'autre. Ce jaillisse-
ment doit être contrôlé. Cela n'est possible que par un
agent qui peut travailler à l'intérieur et à l'extérieur.
Pouvons-nous identifier celui-ci à un corps physique ?
Nous croyons que le monde peut être conquis par nos

propres efforts. Quand, frustrés par l'extérieur, nous sommes conduits vers l'intérieur, nous pensons : « Oh ! Oh ! Il y a un pouvoir plus fort que l'homme. » L'existence d'un tel Pouvoir supérieur doit être admise et reconnue. L'ego est un éléphant très puissant qui ne peut être contrôlé que par le lion, dont le simple regard fait trembler l'éléphant et le tue. Ici, le lion n'est autre que le *guru*. En temps voulu, nous saurons que notre gloire se tient là où nous cessons d'exister. Pour parvenir à cet état, nous devons nous abandonner en disant : « Seigneur ! Tu es mon refuge. » Le *guru* voit alors que cet homme a atteint la maturité nécessaire pour être guidé, et il le guidera.

Q. : Qu'est-ce que l'abandon de soi ?

M. : C'est la même chose que la maîtrise de soi ; la maîtrise s'effectue en supprimant les *samskāra* qui permettent le fonctionnement de l'ego. L'ego ne s'abandonne que quand il reconnaît le Pouvoir supérieur. Une telle reconnaissance est l'abandon ou la soumission, ou la maîtrise de soi. Sinon l'ego resterait aussi arrogant que la statue sculptée sur la tour d'un temple et dont l'attitude et les gestes font croire qu'elle supporte le poids de la tour sur ses épaules. L'ego ne peut pas exister sans le Pouvoir supérieur mais il pense agir de son plein gré.

Q. : Comment peut-on mettre le mental rebelle sous contrôle ?

M. : Soit vous recherchez sa source pour qu'il disparaisse, soit vous vous abandonnez pour qu'il soit détruit.

Q. : Mais le mental échappe à notre contrôle.

M. : Laissez-le faire. N'y pensez pas. Quand vous vous en souvenez, reprenez-le et tournez-le vers l'intérieur. Cela suffit.

Personne ne réussit sans effort. Le contrôle mental n'est pas un droit de naissance. Les rares réussites sont dues à la persévérance.

Un passager dans le train est assez fou pour garder son bagage sur sa tête. Qu'il le pose à terre ; il arrivera tout aussi bien à destination. De même, ne nous considérons pas comme les auteurs de nos actes, mais soumettons-nous au Pouvoir qui nous guide.

Q. : Swāmi Vivekānanda dit qu'un *guru* spirituel peut transmettre la spiritualité d'une manière concrète à son disciple.

M. : Est-ce une substance qui peut se transmettre ? Transmission signifie abolition du sentiment d'être un disciple. Le maître s'en occupe. Cela ne signifie pas que l'homme se métamorphose en un autre.

Q. : La Grâce n'est-elle pas le don du *guru* ?

M. : Dieu, Grâce et *guru* sont synonymes et ils sont aussi transcendants et immanents. Le Soi n'est-il pas déjà en vous ? Est-ce au *guru* de l'accorder par son regard ? Si un *guru* croit cela, il n'est pas digne de ce nom.

Les livres enseignent qu'il y a toutes sortes d'initiations (*dīkshā*), notamment la *hasta-dīkshā*, la *sparsha-dīkshā*, la *chakshur-dīkshā*, la *mano-dīkshā*, [initiation par la main, le toucher, le regard, la pensée], etc. Ils disent aussi que le *guru* accomplit certains rites avec du feu, de l'eau, avec le *japa* et des mantras. Ils appellent ces performances prodigieuses *dīkshā*, comme si le *shishya* (disciple) ne devenait mûr qu'après l'accomplissement de ces rites par le *guru*.

Si on cherche l'individu, on ne le trouvera nulle part. Il en est ainsi avec le *guru* ; il en fut ainsi avec Dakshināmūrti. Que faisait-il ? Il demeurait silencieux ; les disciples apparaissaient devant lui, il gardait le silence ; les doutes des disciples se dissipaient et ils perdaient leur identité individuelle. C'est cela le *jñāna* et non pas tout le verbiage qui lui est habituellement associé.

Le silence est la forme de travail la plus puissante. Quelle que soit leur vastitude et leur profondeur, les *shāstra* échouent dans leur effet. Le *guru* est tranquille... et la paix prévaut en tous. Son silence est plus vaste et plus profond que tous les *shāstra* réunis. Toutes vos questions proviennent du sentiment de n'avoir rien obtenu, malgré tous les efforts déployés, toutes les choses entendues et en dépit d'un long séjour ici. Mais le travail qui se poursuit à l'intérieur n'est pas apparent. En fait, le *guru* est toujours à l'intérieur de vous.

Thāyumānavar dit : « Oh Seigneur ! Tu m'as accompagné tout au long de mes naissances, tu ne m'as jamais abandonné et finalement tu me délivres ! » Telle est l'expérience de la Réalisation.

La *Shrīmad Bhagavad-gītā* dit la même chose d'une manière différente : « Nous deux, nous sommes non seulement en cet instant mais nous avons été depuis toujours. »

Q. : Le *guru* ne prend-il pas une forme concrète ?

M. : Que voulez-vous dire par « concrète » ? Vous soulevez cette question parce que vous identifiez votre être à votre corps. Cherchez si vous êtes le corps.

La *Gītā* dit que ceux qui ne peuvent comprendre la nature transcendantale (de Shrī Krishna) sont des sots, trompés par leur ignorance — *param bhavam ajanantah* (*Bhagavad-gītā* IX, 11).

Le maître apparaît pour dissiper cette ignorance. Comme le dit Thāyumānavar, le maître apparaît sous forme humaine pour dissiper l'ignorance de l'homme, tout comme un daim domestique dont on se sert comme appât pour capturer le daim sauvage. Le maître doit apparaître avec un corps pour détruire notre idée erronée : « Je suis le corps. »

15 AVRIL 1937

399. Mr. Bose, l'ingénieur du Bengale, posa quelques questions en rapport avec la *Gaudapāda-kārikā* et l'ouvrage *Indian Philosophy* par Sir S. Radhakrishnan, qu'il avait lu depuis sa dernière visite.

Q. : Existe-t-il une différence intrinsèque entre l'expérience de rêve et celle de l'état de veille ?

M. : C'est parce que vous trouvez que les créations oniriques sont transitoires par rapport à l'état de veille que vous pensez qu'elles sont différentes. Cette différence n'est qu'apparente, elle n'est pas réelle.

Q. : L'état de veille est-il indépendant des objets existants ?

M. : S'il en était ainsi, les objets devraient exister sans celui qui les voit, c'est-à-dire que l'objet devrait vous dire qu'il existe. Le fait-il ? Par exemple, une vache qui bouge devant vous vous dit-elle qu'elle bouge ? Ou est-ce vous qui dites : « Je vois une vache qui bouge » ? Les objets existent parce que celui qui les voit en prend connaissance.

Q. : Gaudapāda, dans la *Māndūkya-karikā,* dit qu'il n'y a pas de différence entre les deux états du point de vue de la réalité absolue.

M. : Bien sûr que non.

Q. : Je crois que Bhagavān dit la même chose. Le professeur Radhakrishnan, dans *Indian Philosophy,* soutient que Shrī Shankara fait une distinction entre les deux états dans ses commentaires des *Brahma-sūtra.* Est-ce exact ? Si oui, comment l'expliquer ? Comment peut-on concevoir une distinction quelconque du point de vue de la Réalité ? Tant que le mental existe sous quelque forme que ce soit, il y a distinction. Mais du point de vue de l'*ātman,* du *brahman* non dualiste, peut-elle exister ?

M. : Le rêve existe pour celui qui est éveillé. Mais, en fait, sous l'angle de l'absolu, rêve et veille sont tous deux irréels.

Q. : Dans le pur Advaita, l'évolution, la création ou la manifestation ont-elles encore une place ? Que doit-on penser de la théorie du *vivarta* [transformation apparente], selon laquelle le *brahman* apparaît comme le monde sans que sa nature essentielle soit affectée, telle la corde qui apparaît comme un serpent ?

M. : Il existe différentes méthodes d'approche pour prouver l'irréalité de l'Univers. L'une d'entre elles est l'exemple du rêve. Les états de *jāgrat, svapna* et *sushupti* [veille, rêve et sommeil profond] sont traités de façon aussi élaborée dans les Ecritures afin que la Réalité qui leur est sous-jacente soit révélée et non pas pour accentuer les différences entre les trois états. Cet objectif doit être clairement gardé à l'esprit.

Ils disent que le monde est irréel. De quel degré d'irréalité s'agit-il ? Est-ce comme « le fils d'une mère stérile » ou comme « une fleur dans le ciel », c'est-à-dire de simples mots sans rapport avec les faits concrets ? Mais le monde n'est pas un simple mot, il est un fait. La réponse est que le monde est une surimposition sur l'unique Réalité, telle une corde enroulée, qui, dans la pénombre, est prise pour un serpent. Mais là aussi, la fausse identification cesse dès qu'on nous révèle qu'il s'agit d'une corde. Tandis que le monde persiste, même quand on sait qu'il est irréel. A quoi cela tient-il ? Prenez l'exemple d'un mirage. L'apparence de l'eau trompeuse persiste, même quand le mirage est reconnu comme tel. Il en est ainsi avec le monde. Bien que l'on sache qu'il est irréel, il continue à se manifester. Mais personne ne se met à la recherche de l'eau d'un mirage pour s'en désaltérer. Aussitôt qu'on sait qu'il s'agit d'un mirage, on reconnaît l'inutilité de l'atteindre pour se procurer son eau.

Q. : Avec le monde, c'est différent. Bien qu'il soit souvent déclaré comme faux, on ne peut faire autrement que satisfaire ses désirs dans ce monde. Comment peut-il alors être faux ?

M. : C'est comme l'homme qui cherche à satisfaire ses désirs dans le rêve par les créations du rêve. Il y a des objets dans le rêve, il y a des désirs et il y a la satisfaction des désirs. La création du rêve a autant d'utilité que le monde du *jāgrat* (la veille) et cependant le rêve n'est pas considéré comme réel.

Nous voyons donc que chacun de ces exemples sert un objectif différent dans l'établissement des étapes de l'irréalité. Finalement le sage déclare que le monde du *jāgrat* est tout aussi irréel dans l'état réalisé que le monde du rêve dans l'état de *jāgrat*.

Chacun de ces exemples doit être compris dans son contexte propre et ne pas être considéré comme une généralité. Ils sont les maillons d'une chaîne. Leur but commun est de diriger le mental du chercheur vers l'unique Réalité, sous-jacente à tout.

Q. : Est-ce cela la différence entre la philosophie de Shankara et celle de Gaudapāda que le professeur Radakrishnan veut nous faire comprendre ?

M. : La différence n'est que dans votre imagination.

Q. : Le professeur S. Radakrishnan écrit :

« L'idée principale qui ressort dans l'œuvre de Gaudapāda est que la servitude et la libération, l'âme individuelle et le monde sont irréels, ce qui soulève la critique caustique que la théorie qui n'a rien de mieux à dire qu'une âme irréelle essaie de s'échapper d'un Dieu suprême irréel doit être elle-même une irréalité. C'est une chose de dire que la Réalité immuable, qui s'exprime dans l'Univers changeant sans sacrifier sa nature, est un mystère, et une autre de rejeter cet Univers changeant dans sa totalité en le considérant comme un simple mirage. Si nous devons jouer le jeu de la vie nous ne pouvons pas le faire avec la conviction que ce jeu n'est qu'un spectacle et que toutes les valeurs qui y sont contenues sont de simples futilités. Aucune philosophie ne peut soutenir une telle théorie d'une manière cohérente et en être satisfaite. Elle ne peut être que désapprouvée, car elle oblige à prendre en considération des choses dont, théoriquement, on nie l'existence et la valeur. Cela prouve seulement qu'il y a autre chose qui inclut et transcende le monde mais cela n'implique pas que le monde soit un rêve. »

M. : Comme nous l'avons déjà dit, le but de toute philosophie est d'indiquer la Réalité, sous-jacente aussi bien au *jāgrat*, au *svapna* et à la *sushupti*, qu'à l'âme individuelle, au monde et à Dieu.

Trois perspectives sont possibles :

1. Le *vyāvahārika* [réalité empirique] : l'homme voit le monde dans toute sa diversité ; il présume l'existence d'un créateur et se prend lui-même pour le sujet. Tout se résume donc aux trois notions fondamentales, le *jagat*, le *jīva* et Īshvara. L'homme découvre l'existence du Créateur et cherche à l'atteindre afin d'obtenir l'immortalité. Si, de cette manière, il parvient à se libérer de la servitude, tous les autres individus continuent d'exister comme auparavant et doivent s'efforcer de gagner leur propre salut. Il admet plus ou moins que cette Réalité unique est sous-jacente à tous les phénomènes ; ceux-ci sont l'œuvre du jeu de la *māyā* qui elle, à son tour, est la *shakti* d'Īshvara ou l'aspect actif de la Réalité. Ainsi, l'existence de différentes âmes, de différents objets, etc., ne contredit pas le point de vue advaitique [non dualiste].

2. Le *prātibhāsika* [réalité illusoire] : le *jagat,* le *jīva*

et Īshvara ne sont appréhendés que par celui qui les voit. Ils n'ont pas d'existence indépendamment de lui. Qu'on le nomme individu ou Dieu, il n'y a qu'un seul *jīva*. Tout le reste n'est que mythe.

3. Le *paramārthika* [réalité absolue] : il s'agit du *ajāta-vāda* (la doctrine de la non-création), qui n'admet pas de second. Il n'y a pas de réalité ni d'irréalité, rien à chercher, rien à gagner, ni de servitude ni de libération, etc.

La question se pose alors de savoir pourquoi tous les *shāstra* parlent du Seigneur en tant que créateur ? Comment la créature que vous êtes peut-elle créer le créateur et affirmer que le *jagat*, le *jīva* et Īshvara ne sont que des conceptions mentales ?

Voici la réponse :

A l'état de veille, vous savez que votre père est mort et que de nombreuses années ont passé depuis. Néanmoins, vous le voyez dans un rêve et vous le reconnaissez comme étant votre père, celui qui vous a donné la vie et qui vous a légué son patrimoine. Dans ce cas, le créateur est dans la créature. Dans un autre rêve, vous servez un roi et vous êtes un de ses dignitaires. Dès que vous vous réveillez, tous les personnages ont disparu, en vous laissant seul. Où étaient-ils ? Seulement en vous-même. Cette analogie est aussi valable dans le cas du *prātibhāsika*.

Q. : Quelle est la place de la *māyā* dans le *vyāvahārika* mentionné précédemment ?

M. : La *māyā* n'est autre que l'*īshvara-shakti*, l'aspect actif de la Réalité.

Q. : Pourquoi la Réalité devient-elle active ?

M. : Comment cette question peut-elle surgir ? Vous êtes vous-même dans les filets de la *māyā*. Vous trouvez-vous hors de cette activité universelle pour poser cette question ? Le même pouvoir soulève ce doute de manière à ce que tous les doutes puissent prendre fin.

Q. : Le monde du rêve n'est pas aussi signifiant que le monde du *jāgrat* car nous ne pouvons pas y ressentir la satisfaction de nos besoins.

M. : Vous vous trompez. La faim et la soif existent aussi dans le rêve. Bien que vous ayez la veille dîné à votre faim et gardé le reste pour le lendemain, vous pouvez néanmoins ressentir la faim dans le rêve. La nourriture mise de côté ne peut vous aider. Votre faim du rêve ne peut être satisfaite que par de la nourriture du rêve. Les besoins du rêve ne peuvent être satisfaits que par des créations du rêve.

Q. : Nous nous souvenons de nos rêves dans notre état de veille, mais pas le contraire.

M. : Là aussi vous vous trompez. Dans le rêve vous vous identifiez facilement à celui qui parle en ce moment.

Q. : Mais en état de rêve nous ne savons pas que nous sommes en train de rêver, tandis qu'en état de veille nous savons que nous sommes éveillés.

M. : Le rêve est une combinaison du *jāgrat* [veille] et de la *sushupti* [sommeil profond]. Il est dû aux *samskāra* de l'état de *jāgrat*. C'est pourquoi une fois réveillés, nous nous souvenons des rêves. Les *samskāra* ne se forment pas dans le rêve et c'est pourquoi nous ne pouvons pas avoir conscience du rêve et de la veille simultanément. Cependant, il est possible d'avoir des sensations étranges dans le rêve où on se demande si on rêve ou si on est éveillé. Après quelques interrogations, on conclut que l'on est éveillé. Ce n'est que lorsqu'on est réellement réveillé qu'on s'aperçoit que ce n'était qu'un rêve.

400. Au cours d'une autre conversation, Shrī Bhagavān dit : « Les apparitions de lumière ajoutent de la saveur à la méditation et rien de plus. »

16 AVRIL 1937

401. Mr. Krishnamurti, originaire de l'Andhra Pradesh, demanda : « Quand nous nous livrons à une discipline spirituelle (*tapas*), sur quel objet devons-nous fixer notre attention ? Normalement, notre mental se fixe sur les paroles que nous prononçons. »

M. : A quoi sert le *tapas* ?

Q. : A la réalisation du Soi.

M. : Tout à fait. Mais le *tapas* dépend de la compétence de la personne. Pour contempler, on a besoin d'une forme. Mais cela n'est pas suffisant. Car peut-on fixer sans arrêt une image ? Il faut donc y ajouter le *japa.* Le *japa* aide le mental à se fixer sur l'image, en complément du regard. Le résultat de ces deux efforts est la concentration mentale qui conduit au but. On devient alors ce qu'on pense. Certains se satisfont du nom de l'image. Toute forme doit avoir un nom. Ce nom représente toutes les qualités de Dieu. Un *japa* soutenu repousse toutes les autres pensées et fixe le mental. Voilà le *tapas.* Fixer le mental sur une seule chose est le *tapas* qui doit être recherché.

Q. : J'ai besoin de connaître en quoi consiste le *tapas,* afin de savoir vers quel but je dois m'orienter.

M. : Il prendra la forme requise pour le but.

Q. : Le *tapas* n'inclut-il pas également l'ascèse physique ?

M. : Peut-être une certaine forme de *tapas.* Elle est la conséquence de *vairāgya* (l'absence de passion).

Q. : J'ai vu un homme qui avait gardé toute sa vie son bras en l'air.

M. : C'est un exemple de *vairāgya*.

Q. : Pourquoi doit-on faire souffrir son corps en vue d'un but ?

M. : Vous pensez que c'est de la souffrance alors que pour un autre c'est un vœu, un accomplissement et un plaisir.

Le *dhyāna* (la méditation) peut être externe ou interne ou les deux à la fois. Le *japa* est plus important que la méditation sur une forme extérieure. Il doit être accompli jusqu'à ce qu'il devienne naturel. Au début, il requiert un effort et, en persévérant, il finit par se dérouler de lui-même. Quand le *japa* devient naturel, il est appelé Réalisation.

Le *japa* peut être pratiqué même pendant qu'on est engagé dans un travail. Ce qui est, c'est l'unique Réalité. Elle peut être représentée par une forme, un *japa*, un mantra, par le *vichāra* ou n'importe quelle autre méthode. Tous se résorbent finalement dans la seule et unique Réalité. La *bhakti*, le *vichāra*, le *japa* ne sont que les différentes formes de nos efforts pour repousser l'irréalité. A présent, l'irréalité constitue une obsession, alors que la Réalité est notre véritable nature. Nous restons à tort dans l'irréalité, c'est-à-dire dans les pensées et les activités du monde. Lorsque celles-ci cessent, la Vérité se révèle. Tous nos efforts doivent tendre à les maintenir à l'écart. On y parvient en ne pensant qu'à la Réalité. Bien que celle-ci soit notre nature véritable, c'est comme si nous pensions à elle. Mais en fait, ce que nous faisons ne consiste qu'à repousser les obstacles afin que notre Etre véritable puisse se révéler. La méditation ou le *vichāra* sont donc le retour à notre nature véritable.

Q. : Nos efforts sont-ils assurés de succès ?

M. : La Réalisation cst notre vraie nature. Elle n'est rien de nouveau à acquérir. Ce qui est nouveau ne peut pas être éternel. Il n'y a donc pas lieu de se préoccuper de savoir si on peut gagner ou perdre le Soi.

402. Shrī Bhagavān raconta, lors d'une conversation à propos du cerveau et du cœur, qu'une fois, il y avait longtemps de cela, Kāvyakantha Ganapati Muni avait soutenu en présence de quelques personnes que le cerveau était le centre le plus important. Shrī Bhagavān avait expliqué alors que le Cœur l'était davantage encore. Quelques jours plus tard, Shrī Bhagavān avait reçu une lettre de la part d'un jeune garçon du nom de N.S. Arunāchalam, contenant un court poème en anglais et dont le thème avait été cette discussion.

Bien que ce jeune garçon n'eût pas encore terminé sa scolarité, son poème était remarquable par son imagination poétique. Shrī Bhagavān, Kāvyakantha et les autres personnes y avaient été respectivement représentés comme le Soleil, la Lune et la Terre, en analogie avec le Cœur, le cerveau et le corps.

Shrī Bhagavān commenta : « La lumière du Soleil est réfléchie sur la Lune et la Terre est ainsi illuminée. De même, le cerveau fonctionne grâce à la conscience issue du Cœur et le corps est donc protégé.

Cet enseignement se trouve aussi dans la *Rāmana-gītā* : Du Cœur, le centre le plus important, irradient la vitalité et la lumière qui, se propageant jusqu'au cerveau, permettent ainsi à celui-ci de fonctionner. Dans leur forme la plus subtile, les *vāsanā* sont enfermées dans le Cœur et gagnent par la suite le cerveau qui les reflète, largement amplifiées, comparables aux images d'un film projeté sur l'écran. C'est pour cela qu'on dit que le monde n'est rien de plus que la projection d'un film.

Si les *vāsanā* siégeaient dans le cerveau et non dans le Cœur, elles seraient anéanties dans l'hypothèse d'une décapitation, et les réincarnations cesseraient. Mais il n'en est pas ainsi. Il est évident que le Soi sauvegarde les *vāsanā* dans sa plus proche proximité, c'est-à-dire en lui-même, dans le Cœur, tel l'avare qui garde près de lui ses richesses, son trésor, et ne les perd jamais de vue. On en conclut que le siège des *vāsanā*, c'est le Soi, c'est-à-dire le Cœur, et non pas le cerveau. Celui-ci n'est que la scène de théâtre où se déroule le jeu des *vāsanā* sortant de la loge du Cœur. »

17 AVRIL 1937

403. A propos d'un article paru dans la revue *Modern Psychological Review*, quelques personnes discutaient et se demandaient s'il existait un instrument pouvant détecter le Cœur et s'il y avait des personnes prêtes à relater leurs expériences en tant que disciples sur la voie spirituelle. Shrī Bhagavān intervint : « Pendant l'incident décrit dans le livre *Self-Realization* où il est dit que j'ai perdu connaissance et que des signes de mort se sont manifestés, je n'ai jamais cessé d'être pleinement conscient. Je pouvais sentir que mon cœur physique s'était arrêté mais que l'activité du Cœur ne diminuait pas. Cet état dura environ un quart d'heure. »

A la question de savoir s'il était vrai que certains disciples (Viswanatha Iyer, Nārāyana Reddi et d'autres encore) avaient eu le privilège de sentir que le Cœur de Shrī Bhagavān était à droite en plaçant leur main sur sa poitrine, Shrī Bhagavān dit « oui ».

Un disciple observa à juste titre que si des mains étaient capables de sentir et de localiser le Cœur, des instruments scientifiqucs sensibles pourraient en faire autant...

Q. : Les uns disent que le Cœur est à droite, d'autres à gauche, et d'autres encore au centre. Avec de telles différences d'opinions, comment pouvons-nous méditer sur le *hridaya* (le Cœur) ?

M. : Vous *êtes*, cela est un fait. La méditation (*dhyāna*) est effectuée par vous, en vous et venant de vous. Elle ne peut se dérouler que là où vous êtes et non à l'extérieur de vous. Ainsi, vous êtes le centre du *dhyāna*, et c'est le Cœur.

La localisation qu'on lui donne ne se réfère qu'au corps. Vous savez que vous *êtes*. Où êtes-vous ? Vous êtes dans le corps et non à l'extérieur de lui. Cependant, vous n'êtes pas tout votre corps. Bien que vous soyez présent dans le corps tout entier, vous admettez cependant l'existence d'un centre d'où s'élèvent toutes vos pensées et où elles disparaissent. Même si vos membres sont amputés, vous continuez néanmoins d'être, en dépit de ces sens réduits. Il faut donc admettre l'existence d'un centre. On l'appelle le Cœur. Mais le Cœur n'est pas seulement le centre, il est le Soi. Le Cœur n'est qu'un autre nom pour le Soi.

Des doutes ne s'élèvent que lorsqu'on l'identifie à quelque chose de tangible, de physique. Les Ecritures, comme nous le savons, décrivent le Cœur comme étant la source des 101 *nādi*, etc. Dans le *Yoga-vāsishtha*, Chūdālā déclare que la *kundalinī* est composée de cent un *nādi*, l'assimilant ainsi au Cœur.

Le Cœur n'est pas un concept, ni un objet de méditation. Il est le siège de la méditation ; seul le Soi demeure. Vous voyez le corps dans le Cœur, le monde en Lui. Rien n'est séparé de Lui. Si bien que tous les efforts ne sont localisés qu'en Lui.

18 AVRIL 1937

404. Un visiteur demanda : « Que signifie *nishthā* ? Comment doit-on diriger le regard entre les deux sourcils ? »

M. : Comment voyons-nous tous ces objets autour de nous ? Il y a une lumière qui permet de les voir. Votre question revient à demander comment on peut voir cette lumière.

Q. : Quelle est la signification du point entre les sourcils ?

M. : Ce point sert à rappeler : « Ne vois pas avec tes yeux. »

Q. : A quoi sert la régulation de la respiration ?

M. : Seulement à contrôler le mental.

Après quelques minutes :

Le mental fonctionne à la fois comme lumière et comme objet. Si l'objet est retiré, il ne reste que la lumière.

Q. : Mais encore faut-il que nous sachions qu'une telle lumière existe.

M. : La vision des choses ou la connaissance est impossible en l'absence de cette lumière. Pouvez-vous connaître quoi que ce soit durant le sommeil profond ? Notre connaissance relève de l'état de veille parce qu'il y a la lumière. La lumière est la condition essentielle de la vue. C'est une évidence dans notre vie quotidienne. De toutes les lumières, celle du soleil est la plus importante. Voilà pourquoi les Ecritures parlent de la gloire de millions de soleils.

Q. : Quand nous pressons les doigts sur nos paupières il y a une lumière.

Une autre personne : A quoi sert de voir une telle lumière ?

M. : C'est une pratique pour ne pas oublier le but.
Elle aide à ne pas détourner l'attention vers d'autres
occupations.

L'objet est perçu ou la lumière est appréhendée parce
qu'il existe un sujet pour ce faire. En quoi le sujet peut-
il être affecté par le fait qu'il voit ou non les objets ? Si
la lumière, c'est-à-dire le connaissant, ou la conscience,
est vue, il ne reste plus d'objet à voir. La pure lumière,
c'est-à-dire la Conscience, seule subsiste.

Q. : Alors pourquoi la régulation de la respiration est-
elle nécessaire ?

M. : Le contrôle de la respiration ou sa régulation a
pour seul but de maîtriser le mental pour l'empêcher de
vagabonder.

Q. : Son seul but est donc de maîtriser le mental ?

M. : Voir la lumière n'est pas suffisant ; il est nécessaire aussi d'engager le mental dans une seule activité.
Rappelez-vous l'exemple de la trompe de l'éléphant et
de la chaîne qu'il doit tenir.

Q. : Combien de temps cela prend-il pour obtenir le
chintā-mani (le joyau céleste qui exauce tous les vœux
de son possesseur) ?

M. : L'exemple du *chintā-mani* se trouve dans le
Yoga-vāsishtha. *Chintā-mani* signifie la nature réelle du
Soi. L'histoire est la suivante :

Un homme pratiquait des exercices (*tapasya*) en
vue d'obtenir un *chintā-mani*. Un jour, un joyau tomba
d'une façon mystérieuse dans ses mains. Il pensa que ce
ne pouvait pas être le *chintā-mani* étant donné que ses
efforts avaient été trop courts et trop faibles pour obtenir
le joyau. Il le jeta donc et reprit ses *tapas*. A quelque
temps de là, un *sādhu* plaça devant lui un caillou brillant
aux facettes taillées. L'homme se laissa prendre à son
apparence mais fut surpris de découvrir que la pierre ne
pouvait pas exaucer ses désirs comme il l'avait supposé.

De même, le Soi, étant inhérent à chacun de nous, ne doit pas être recherché ailleurs.

Il y a aussi l'histoire de l'éléphant que son cornac avait l'habitude de taquiner. Ce dernier eut une fois un accident et tomba à terre. L'éléphant aurait pu le tuer sur-le-champ mais n'en fit rien. Plus tard cependant, le cornac creusa une grande fosse dans la forêt, y conduisit l'éléphant et le mit à mort.

Dans l'histoire de la reine Chudālā, l'erreur de son époux Shikhidhvaja est illustrée ainsi : celui-ci avait atteint le *vairāgya* (l'état sans passion) bien qu'il s'occupât encore des affaires de son royaume. Il aurait pu réaliser le Soi si seulement il avait poussé son *vairāgya* au point de tuer l'ego. Il n'alla pas jusque-là ; il se retira dans la forêt où il se livra à des *tapas* qui durèrent dix-huit ans, mais ne le firent pas progresser. Il s'était rendu victime de sa propre création. Chudālā lui conseilla de renoncer à l'ego et de réaliser le Soi, ce qu'il fit et il fut libéré.

Cette histoire nous montre clairement que le *vairāgya* accompagné de l'ego n'a aucune valeur, mais que toutes possessions en absence de l'ego ne représentent pas le moindre obstacle.

19 AVRIL 1937

405. Un homme, d'allure respectable et traditionnelle, s'enquit du sens du *Shrī Chakra* [1].

M. : Le *Shrī Chakra* a une signification profonde. Il contient 43 angles, chacun pourvu de syllabes sacrées.

---

1. Nom d'un diagramme (*yantra*), symbole du divin, de ses pouvoirs et de ses aspects. Il est utilisé comme support dans des méditations tantriques et yoguiques.

Sa vénération est une méthode de concentration mentale. Le mental a toujours tendance à s'éparpiller vers l'extérieur. Il faut le contrôler et le tourner vers l'intérieur. Il a l'habitude de se fixer sur des noms et des formes, car tout objet extérieur a un nom et une forme. Afin de détourner le mental des objets extérieurs et de le fixer en lui-même, on a attribué des conceptions mentales symboliques à ces noms et ces formes. Les idoles, les mantras et les *yantra* ont tous pour but de nourrir le mental lorsqu'il est tourné vers l'intérieur pour que plus tard il soit capable de se concentrer pleinement, après quoi il atteindra automatiquement l'état sublime.

20 AVRIL 1937

406. Mr. Cohen, un disciple résidant à l'ashram, s'interrogeait depuis quelques jours sur le livre *Nirvāna* écrit par un théosophe éminent, et dans lequel l'auteur prétendait atteindre le *nirvāna* chaque nuit après s'être endormi. Il prétendait aussi voir son propre maître et d'autres maîtres de la Société théosophique sous forme de lumières vives, émergeant de l'océan de lumière du *nirvāna*. Mr. Cohen demanda à Shrī Bhagavān comment, du point de vue de l'Advaita, il était possible que l'expérience du *nirvāna* soit la même que celle de la pure conscience d'être.

M. : Le *nirvāna* est perfection. Dans l'Etat parfait, il n'y a ni sujet ni objet ; il n'y a rien à voir, rien à ressentir, rien à connaître. Voir et connaître sont des fonctions mentales. Dans le *nirvāna* il n'y a rien que la félicité de la pure conscience « Je suis ».

Q. : Comment se fait-il alors qu'un dirigeant de la Société théosophique, se prétendant hautement clairvoyant, félicite l'auteur de sa description vivante, et apparemment correcte, de l'état de *nirvāna* ?

Par ailleurs, pourquoi la Société théosophique est-elle si préoccupée par l'idée de « service » ?

M. : Eh bien, la Théosophie de même que d'autres mouvements analogues ont ceci de bon qu'ils rendent l'homme désintéressé et le préparent à la plus haute vérité. Le service comme la prière, les *japa* et même les affaires du monde effectuées au nom de Dieu conduisent au but suprême — la réalisation du Soi.

Q. : Mais au bout de combien de temps ? Et pourquoi un homme qui est prêt pour la connaissance absolue devrait-il adhérer à la connaissance relative ?

M. : Chaque chose arrive à son heure. Celui qui est prêt pour la connaissance absolue sera conduit, d'une manière ou d'une autre, à en entendre parler et à poursuivre sa recherche. Il réalisera que l'*ātma-vidyā* est la plus haute de toutes les vertus et qu'elle représente la fin du voyage.

Plus tard, à la question posée sur la différence entre le *nirvikalpa-samādhi* interne et externe, et qui faisait référence à l'entretien n° 391 du 6 avril, le Maître répondit :

« Le *samādhi* externe, c'est demeurer dans la Réalité tout en restant spectateur du monde et sans y réagir intérieurement. C'est le calme de l'océan sans vague. Le *samādhi* interne implique la perte de la conscience du corps. »

Q. : La perte de la conscience du corps est-elle une condition pour atteindre le *sahaja-samādhi* ?

M. : Qu'est-ce que la conscience du corps ? Analysez cela. Il doit y avoir un corps et une conscience limitée à celui-ci. Ensemble, ils forment la conscience du corps. Ils doivent reposer dans une autre conscience qui est absolue et reste non affectée. Tenez-vous en à elle. C'est le *samādhi*. Le *samādhi* existe quand on n'a pas conscience du corps, car il la transcende, mais il existe aussi quand on a conscience du corps. Il est donc toujours là. Qu'est-ce que cela peut bien faire que l'on perde la conscience du corps ou qu'on la conserve ? Quand elle est perdue, c'est le *samādhi* interne ; quand elle est conservée, c'est le *samādhi* externe. C'est tout.

Le chercheur doit rester dans l'un des six états de *samādhi* pour atteindre le *sahaja-samādhi* plus facilement.

Q. : Le mental ne plonge même pas une seconde dans cet état.

M. : Il est nécessaire d'avoir la ferme conviction que « je suis le Soi qui transcende le mental et les phénomènes ».

Q. : Cependant, le mental est comme lié par une corde qui empêche les tentatives d'immersion.

M. : Qu'est-ce que cela peut faire, si le mental est actif ? Il ne l'est que sur le substrat du Soi. Accrochez-vous au Soi, même pendant les activités mentales.

Q. : Je ne parviens pas à plonger en moi assez profondément.

M. : Vous avez tort de parler ainsi. Où êtes-vous en ce moment même si ce n'est dans le Soi ? Où voudriez-vous aller ? Tout ce qui est nécessaire, c'est la foi inébranlable que vous êtes le Soi. Dites plutôt que les autres activités jettent un voile sur vous.

Q. : Oui, c'est ainsi.

M. : Cela signifie que votre conviction est faible.

Q. : Je comprends que le 'je' n'est qu'artificiel (*krtrima*) ; mes tentatives pour réaliser le 'Je' réel s'avèrent infructueuses car je dois me servir du 'je' artificiel pour réaliser l'autre 'Je'.

M. : Le *Viveka-chūdāmani* explique clairement que

le 'je' artificiel du *vijñāna-kosha* (l'enveloppe intellectuelle) est une projection et qu'on doit s'en servir pour trouver le sens (*vāchya*) du 'Je', qui est le vrai principe.

407. *Q. :* Sainte Thérèse et d'autres personnes ont vu l'image de la Vierge s'animer. C'est un phénomène extérieur. D'autres voient l'image de l'objet de leur dévotion à l'aide de leur vision mentale. C'est un phénomène intérieur. Y a-t-il une différence de degré entre ces deux cas ?

M. : Les deux expériences indiquent que ces personnes ont fortement développé leur méditation. Elles sont toutes deux bonnes et signe de progrès. Il n'y a pas de différence de degré. Dans l'une, la personne a une conception de la divinité et elle ressent celle-ci en se la représentant en images mentales ; dans l'autre, la personne projette sa conception de la divinité sur une image extérieure et la ressent en cette image. Mais, dans les deux cas, la sensation est intérieure.

21 AVRIL 1937

408. Au sujet de la localisation du Cœur, Shrī Bhagavān expliqua : « J'ai toujours dit que le Cœur est du côté droit, en dépit des affirmations contraires de savants personnages qui se basent sur les données de la physiologie. Car je parle par expérience. Je le savais déjà lors de mes transes dans ma maison familiale. Aussi au cours de l'incident décrit dans le livre *Self-Realization* [1], j'en eus une vision et une expérience très nettes. Une

---

1. *Self-Realization, The Life and Teachings of Bhagavan Sri Rāmana Maharshi*, par B. V. Narasimha Swāmi, l'incident est décrit p. 251.

lumière surgit brusquement d'un côté, gommant peu à peu la vision du monde et, lorsque celle-ci eut complètement disparu, la lumière se répandit alentour. J'eus la sensation, à gauche, d'un arrêt de l'organe musculaire ; j'avais conscience que la circulation sanguine s'était arrêtée et que le corps devenait bleu et inerte comme un cadavre. Vasudeva Shāstri embrassait le corps en sanglotant, me prenant pour mort. Je ne pouvais pas parler. Durant tout ce temps, je sentais que le Cœur sur le côté droit fonctionnait mieux que jamais. Cet état dura environ quinze à vingt minutes. Puis, tout à coup, quelque chose jaillit de la droite vers la gauche, telle une fusée explosant dans l'air. La circulation sanguine reprit et le corps revint à son état normal. Je demandai alors à Vasudeva Shāstri de m'accompagner jusqu'à notre demeure.

Les *Upanishad* disent que 101 *nādi* aboutissent dans le Cœur et donnent naissance à 72 000 autres *nādi* traversant le corps entier. Le Cœur est donc le centre du corps. On lui donne un centre parce que nous avons l'habitude de penser que nous demeurons dans le corps. En fait, le corps et tout le reste résident dans ce centre uniquement. »

RÉMINISCENCES

409. Un jour, un homme d'âge moyen se prosterna devant Shrī Bhagavān, qui lui demanda comment il se portait. Après quelques minutes de silence, Shrī Bhagavān relata un incident en commençant par dire que cet homme avait été la seule personne dans sa vie à qui il eût donné une gifle. Cela s'était passé environ trente ans plus tôt.

Shrī Bhagavān séjournait alors près du Mulaippal

Tīrtha. Cet homme, à l'époque un enfant de 8 ans, aimait faire des farces à tout le monde, y compris à Shrī Bhagavān. Un jour, l'enfant vint dire au Maharshi qu'un certain Jada Swāmi, qui vivait aux alentours (Mamarathu Guha), voulait un seau. Sans même attendre la permission, il prit le seau et partit. Palani Swāmi, l'assistant de Shrī Bhagavān, était absent. Alors, Shrī Bhagavān, intrigué, suivit l'enfant jusqu'à la demeure de Jada Swāmi. Entre-temps, l'enfant, qui était déjà arrivé, avait raconté à Jada Swāmi que c'était le Brāhmana Swāmi [1] qui lui envoyait le seau. Jada Swāmi s'était demandé pourquoi ! Quelques minutes plus tard, le Maharshi arriva et apprenant ce qui se passait, leva la main pour donner une gifle à l'enfant. Mais son esprit refusa de céder à ce geste. Après quelques argumentations avec lui-même, il finit par conclure que le gamin méritait malgré tout de recevoir une gifle. Ce qui fut fait.

410. Dans une stance d'un poème tamoul composé par Avvai, le *prāna* s'adresse à l'estomac : « Oh, estomac ! Comme il est difficile de s'entendre avec toi ! Tu ne sais pas endurer la faim lorsque la nourriture est rare ni en prendre plus et la garder en réserve quand elle est abondante ! Tu ne prendras que ce que tu veux et quand tu le veux ; ainsi tu me causes du tourment, ne me laissant jamais en repos. » Shrī Bhagavān modifia cette stance en donnant la parole à l'estomac : « Oh *prāna*, comme tu me causes du tourment ! Tu ne me permets jamais le repos et tu ne cesses de me charger de nourriture. Il est si difficile de s'entendre avec toi. »

Shrī Bhagavān disait souvent qu'on le faisait manger plus qu'il n'était bon pour lui.

---

1. Brāhmana : « celui qui appartient à la caste des brahmanes » ou « celui qui a la connaissance du *brahman* ». Le Maharshi était appelé ainsi avant d'avoir le nom Rāmana Maharshi.

21 mai 1937

411. Shrī Bhagavān, alors qu'il parlait de la cérémonie du mariage chez les brahmanes, expliqua que le *kāshi-yātrā* [1] représente le marié comme étant un *vairāgī-purusha* [homme dépourvu de passion]. Il est donc normal qu'il reçoive une *kanyā* (vierge) comme épouse et maîtresse de maison. Il s'ensuit que seul un *vairāgī* peut être un bon chef de famille.

412. Par un jour de froid, Shrī Bhagavān était assis à l'intérieur d'une grotte sur la Colline, les mains croisées sur la poitrine pour se protéger du froid. Un homme, originaire de l'Andhra Pradesh, lui rendit visite ; en guise d'*abhisheka* [2] il cassa une noix de coco et versa son jus froid sur la tête de Shrī Bhagavān ; celui-ci fut quelque peu surpris.

413. Un visiteur fit part de ses difficultés :

« Quand je pratique le *nāma-japa* [répétition d'un nom divin], au bout d'une heure ou plus, je tombe dans une sorte de sommeil. En me réveillant, je m'aperçois que mon *japa* s'est interrompu et je le reprends à nouveau. »

M. : Vous dites « une sorte de sommeil ». Cela est juste. C'est l'état naturel. Parce que vous êtes associé à présent avec l'ego, vous considérez l'état naturel comme quelque chose qui interrompt votre activité. Vous devez répéter cette expérience jusqu'à ce que vous réalisiez que c'est votre état naturel. Vous découvrirez alors que le *japa* et autres pratiques lui sont étrangers. Cependant,

---

1. Pèlerinage à Kashi. Il fait partie des rites de mariage des brahmanes.

2. Rite dévotionnel lors duquel on verse de l'eau, du lait, du miel, etc., sur la divinité.

ils continueront à se poursuivre automatiquement. Votre doute présent provient de la fausse identification.

Le *japa* consiste à s'agripper à une seule pensée à l'exclusion de toutes les autres. C'est le but du *japa ;* il conduit au *dhyāna,* qui aboutit à la réalisation du Soi.

414. Lors d'un entretien avec Mr. G.V. Subbaramiah, un fidèle qui avait écrit quelques courts poèmes intéressants se référant à l'enfant, Shrī Bhagavan dit : « Dieu devient enfant et l'enfant devient Dieu. Ce qui veut dire que les *samskāra* sont chez l'enfant à l'état latent et c'est pourquoi son innocence est totale. Quand les *samskāra* sont éradiqués, même l'homme adulte devient à nouveau un enfant et ainsi il devient Dieu. »

Q. : L'enfant crée l'atmosphère d'un « chez-soi ».

M. : Oui. Les enfants sont toujours « chez soi ». Nous aussi, nous y sommes, mais nous rêvons et imaginons que nous sommes au-dehors.

Shrī Bhagavān ajouta : « Dans le *Dakshināmūrti-stotra,* j'ai changé le mot « garçon » (*yuva*) en « enfant » (*bāla*). Cela me semble plus approprié.

Renaître veut dire redevenir enfant. On doit renaître avant d'atteindre le *jñāna,* c'est-à-dire retrouver son état naturel.

415. Shrī Bhagavān lut à haute voix quelques strophes d'un poème à l'éloge de la langue tamoule, extraites de la préface d'un dictionnaire tamoul. Il donna par la suite des explications sur des passages faisant référence à trois critères qui prouvent la supériorité du shivaïsme sur le jaïnisme.

Le premier s'appuyait sur l'histoire de Tirujñānasambandar, se rendant au palais royal pour guérir le jeune roi Pandya de sa maladie. Tirujñānasambandar avait

rassuré la mère inquiète en composant une strophe
où il déclarait que le roi, bien que jeune, était bien
plus fort que l'ensemble des innombrables jaïns. En
récitant la stance, Shrī Bhagavān fut si ému qu'il ne put
continuer.

Le deuxième critère s'appuyait sur l'anecdote du
feu laissant les feuilles de l'arbre *cadjan* intactes et le
troisième sur les feuilles du *cadjan* flottant à contre-
courant dans la rivière.

Shrī Bhagavān raconta aussi l'histoire d'Īshvara
mendiant de la nourriture sous l'apparence d'un vieil
homme, acceptant la nourriture sous l'apparence d'un
jeune homme et sauvant l'âme d'une dévote sous celle
d'un petit enfant, et tout cela en même temps.

Il attira aussi l'attention sur les expressions « comme
un enfant », « comme un fou », « comme un démon »
(*Bālonmattapisāchavat* [VCM,540]) décrivant les différents états des *jñānī*. La préséance était donnée à
« enfant » (*bāla*).

416. Shrī Bhagavān fit remarquer que le *Kamba-
Rāmāyana* se composait de 12 000 stances alors que le
Rāmāyana de Vālmīki se composait de 24 000 stances.
« Le *Kamba-Rāmāyana*, dit Shrī Bhagavān, ne peut être
compris que par les érudits et non par tout le monde. Un
saint tamoul avait récité le *Kamba-Rāmāyana* en hindi
à Tulsīdās qui écrivit plus tard son fameux *Rāmāyana* à
lui. »

417. Une personne lut à haute voix à Shrī Bhagavān
un passage d'un livre écrit sur Meher Baba en 1937,
The Perfect Master. Ce passage décrivait comment un
officier de la marine ordonna à un fonctionnaire de
l'immigration réticent de laisser Baba et son groupe
débarquer à New York. Quand une personne du groupe

voulut remercier le fonctionnaire, il demeura introuvable.

L'incident y était relaté de manière à donner l'impression d'un miracle qui se produisait en faveur de Baba.

A la fin de la lecture, Shrī Bhagavān dit : « Oui, oui, et alors ? »

Q. : S'agit-il d'un miracle ?

M. : Peut-être. Mais le fonctionnaire de l'immigration n'a-t-il pas simplement reconnu l'autre comme étant son supérieur et dont les ordres devaient être exécutés ? Il y a une fin cohérente à cette histoire. Si un homme du groupe de Baba ne put le trouver, eh bien, cela peut avoir eu plusieurs raisons.

418. Lorsqu'on demanda à Shrī Bhagavān s'il avait lu le *Kamba Rāmāyana,* il répondit : « Non. Je n'ai rien lu. Tout mon savoir se limite à ce que j'ai appris jusqu'à l'âge de 14 ans. Depuis, je n'ai eu aucune inclinaison pour lire ou apprendre. Les gens se demandent comment je peux parler de la *Bhagavad-gītā* et autres ouvrages. Je les ai appris en écoutant. Je n'ai pas lu la *Gītā* ni étudié les nombreux commentaires qu'on en donne. Quand j'en entends une strophe, je pense que sa signification est claire et je le dis. C'est tout. Il en va de même de mes autres citations. Elles viennent naturellement. Je réalise que la Vérité est au-delà de la parole et de l'intellect. Pourquoi alors devrais-je forcer le mental à lire, comprendre et répéter des strophes, etc. ? Leur but est la connaissance de la Vérité. Une fois le but atteint, il n'est plus nécessaire de s'engager dans des études. »

Quelqu'un remarqua : « Si Shrī Bhagavān avait été enclin à étudier, nous n'aurions pas un saint parmi nous aujourd'hui. »

M. : Probablement que toutes mes études ont été

accomplies dans mes naissances antérieures et que j'en ai été rassasié. C'est pourquoi, aujourd'hui, il n'y a plus de *samskāra* qui me pousse dans cette direction.

419. La semaine d'avant la Mahāpūjā [1] (le 3 juin) amena à l'ashram un grand nombre de visiteurs parmi lesquels des membres de la famille de Shrī Bhagavān. Parmi eux se trouvait une femme âgée, veuve de l'oncle Subbier, dont la maison était celle où Shrī Bhagavān vivait avant de la quitter en août 1896. Quand Shrī Bhagavān vit sa tante, de vieux souvenirs se réveillèrent.

Il se rappela que, lors d'une fête, on lui avait demandé d'aider cette femme à faire quelques *modaka* (pâtisseries), mais qu'il avait hésité et finalement refusé. Pour la simple raison qu'il aurait été obligé de changer ses vêtements pour revêtir un *kaupīna* (pagne), ce qui l'aurait mis mal à l'aise. Il fut réprimandé par son oncle et sa tante. Aujourd'hui, celle-ci lui disait avec humilité et gentillesse : « Il n'est pas étonnant que quelqu'un destiné à un état si élevé ne pût, à cette époque, faire un travail si modeste. »

Alors, Shrī Bhagavān lui dit : « Parce que j'ai refusé de porter le *kaupīna* une fois, je suis maintenant condamné à le porter toujours. »

La femme évoqua comment Shrī Rāmana avait souffert de maux de tête pendant plusieurs jours consécutifs.

Shrī Bhagavān se souvint : « Oui, oui ! C'était pendant le mois qui précéda mon départ de Madurai. Ce n'était pas des maux de tête, mais une angoisse inexprimable que j'essayais de réprimer. Je prétendais alors avoir mal à la tête pour justifier mon comportement. Je me rappelle que vous étiez très inquiète au sujet de mon

---

1. Litt. « La grande *pūjā* », célébrée à l'ashram de Shrī Rāmana Maharshi, d'après le calendrier lunaire, en commémoration de la mort de la mère du Maharshi.

"mal de tête" et que vous frictionniez chaque jour mon front avec un onguent. Mon angoisse persista jusqu'à ce que je quitte Madurai et que j'arrive à cet endroit. »

4 JUIN 1937

420. Un avocat de Cuddalore cita : « Là [1], le soleil ne brille pas, ni la lune ou les étoiles ; ces éclairs ne brillent pas, à plus forte raison le feu. Tous ceux-ci ne resplendissent que dans Sa seule lumière. C'est par Sa lumière que tout resplendit » [MuU II.2,11]. Puis, Il demanda quel était le sens ici de « par Sa lumière » ? Cela veut-il dire que tout resplendit grâce à Lui ou grâce à Sa Lumière ?

Shrī Bhagavān répondit : « Il n'y a que Lui. Lui et Sa Lumière sont identiques. Il n'y a pas d'individu pour percevoir d'autres choses, car celui qui perçoit et ce qui est perçu sont Lui seul. Le soleil, la lune, etc., resplendissent. Comment ? Le soleil et la lune viennent-ils vous dire qu'ils resplendissent ou est-ce quelqu'un d'autre, séparé d'eux, qui le dit ?

Q. : C'est moi, bien sûr, qui dis qu'ils resplendissent.

M. : Par conséquent, ils resplendissent en fonction de vous. Là encore, la conscience est nécessaire pour savoir qu'ils resplendissent. Cette conscience est votre Soi, c'est vous. Vous ou votre conscience sont donc la même chose que Lui et Sa Lumière, grâce à laquelle tout le reste resplendit.

Q. : Cette Lumière est-elle comparable à celle du soleil ?

M. : Non. La lumière du soleil est *jada* (non consciente). Vous en êtes conscient. Elle rend les objets

---

1. En *brahman*.

perceptibles et repousse l'obscurité, tandis que la Conscience est cette Lumière qui rend perceptible, non seulement la lumière, mais l'obscurité aussi. L'obscurité ne peut exister face à la lumière du soleil, mais elle peut subsister face à la Lumière de la Conscience. De même, cette Conscience est pure Connaissance, dans laquelle brillent à la fois la connaissance et l'ignorance.

Q. : Si Dieu est tout, pourquoi l'individu doit-il souffrir de ses actions ? Les actions dont l'individu doit souffrir ne sont-elles pas inspirées par Lui ?

M. : Celui qui croit qu'il est l'auteur de ses actions est également celui qui souffre.

Q. : Mais les actions sont inspirées par Dieu et l'homme n'est que Son instrument.

M. : Ce genre de raisonnement est tenu lorsqu'on souffre et non pas lorsqu'on est heureux. Si l'on parvient à en être convaincu en toute circonstance, la souffrance disparaîtra.

Q. : Quand la souffrance cessera-t-elle ?

M. : Elle durera tant que l'individualité n'aura pas disparu. Si les bonnes et les mauvaises actions sont celles de Dieu, pourquoi devriez-vous penser que le plaisir et la souffrance n'appartiennent qu'à vous seul ? Celui qui fait du bien ou du mal récolte la joie ou la peine. Laissez donc la souffrance à sa place et ne vous en chargez pas.

421. Kunju Swāmi, un disciple résidant à l'ashram, fit allusion au vol qui avait été commis en 1923 à l'ashram.

Des disciples demandèrent pourquoi des voleurs s'autorisaient à agresser même des *sādhu* et pourquoi les *sādhu* ne s'en protégeaient pas.

Shrī Bhagavān répondit : « Il existait autrefois des *rishi,* comme Visvāmitra, qui pouvaient créer un double de l'Univers s'ils le désiraient. Ils étaient des contemporains de Rāvana[1], lequel faisait souffrir cruellement de nombreux êtres, parmi lesquels Sītā et Rāma. Vishvāmitra, doué de pouvoirs occultes, n'aurait-il pas pu détruire Rāvana ? Bien que capable de le faire, il se tint pourtant tranquille. Pourquoi ? Les événements du monde sont connus des sages, mais ils passent sur leur mental sans laisser de traces. Même un déluge peut leur paraître anodin ; ils ne se soucient de rien. »

7 JUIN 1937

422. Le Dr. Venkata Rao, un visiteur venant de Guntur, demanda : « Un *guru* demande à son disciple de faire certaines choses contraires aux principes éthiques. Le disciple, ayant accepté le *guru* pour maître, désire lui faire plaisir, mais son sens moral l'en empêche. Que doit-il faire en de pareilles circonstances ? »

(Pas de réponse.)

Q. : Je vais préciser. Le *guru* demande à son disciple de commettre un vol, et le disciple s'y refuse. Le maître lui dit alors : « Je voulais te mettre à l'épreuve pour voir si tu t'étais complètement abandonné ou si tu avais encore conservé ton individualité. Maintenant j'ai la réponse que je cherchais. » Le *guru* a-t-il raison d'agir de la sorte ?

(Toujours pas de réponse.)

Une autre personne enchaîna : « Il y a des personnes sur lesquelles je refuse de porter un jugement. Pourtant, je ne peux m'empêcher de me demander si elles méritent l'appellation de *guru*. Elles semblent hypo-

---

1. Roi des démons.

crites. Si elles étaient vraiment dignes de respect elles ne donneraient pas de tels ordres aux disciples. »

M. : Mais la personne a dit : « C'était pour vous mettre à l'épreuve. »

Q. : Le vol devait-il être exécuté ?

M. : Votre déclaration initiale contient la réponse à votre question.

Les deux visiteurs conjointement demandèrent : « L'acte est répréhensible. Peut-il être exécuté ? »

M. : La question doit être posée à la personne elle-même, c'est-à-dire au *guru*. C'est lui qui est responsable de la situation.

423. Un jeune homme demanda : « J'essaye de cultiver la volonté, mais je n'y réussis pas. Comment dois-je m'y prendre ? »

(Pas de réponse)

Q. : Je suis venu ici il y a trois ans ; Shrī Bhagavān disait alors que la volonté était nécessaire pour acquérir la force mentale. Depuis, j'essaye de la cultiver, mais sans succès.

(Pas de réponse)

Q. : Durant ces années, j'ai subi quatre ou cinq échecs. Ils m'ont considérablement contrariés. Maintenant, la peur de l'échec hante mes efforts. J'ai besoin d'avoir confiance en moi, sinon mes efforts sont condamnés d'avance. En fait, rien ne mène autant à la réussite que le succès, et rien ne fait plus échouer les efforts que les échecs. D'où ma question.

(Pas de réponse)

Q. : La volonté n'est-elle pas nécessaire à la réussite ? Elle devrait assurer la réussite et détruire l'échec.

(Pas de réponse)

Q. : J'essaie de gagner en volonté. Et, cependant,

après toutes ces années, je me retrouve au point de départ. Je n'ai fait aucun progrès.

(Pas de réponse)

Q. : Quels sont les moyens pour renforcer la volonté ?

M. : Votre idée de la volonté est qu'elle assure le succès. La volonté devrait être comprise comme étant la force du mental, qui rend celui-ci capable d'affronter avec équanimité aussi bien le succès que l'échec. Elle n'est pas synonyme de succès. Pourquoi tous nos efforts devraient-ils être couronnés de succès ? Le succès développe l'arrogance et le progrès spirituel de l'homme est dès lors arrêté. Par contre, l'échec est bénéfique dans la mesure où il permet à l'homme de voir ses limites et le prépare ainsi à s'abandonner. L'abandon de soi est synonyme de bonheur éternel. Par conséquent, on devrait essayer de parvenir à l'équilibre mental en toutes circonstances. C'est là la force de volonté. Le succès ou l'échec sont le résultat du *prārabdha* et non de la force de volonté. Un homme peut fort bien n'accomplir que de bonnes et nobles actions et ne rencontrer cependant que des échecs. Un autre homme peut avoir une conduite inverse et réussir en chaque circonstance. Cela ne veut pas dire que la force de volonté était présente en l'un et non chez l'autre.

Q. : N'est-il pas écrit dans l'*Ulladu-Nārpadu* que le monde est un produit du mental ?

M. : Oui.

Q. : Ne peut-on alors conclure que le mental devenu fort parvient à contrôler le monde ?

M. : Le mental, par ses activités extérieures, donne naissance au monde. De telles activités gaspillent la force du mental. Sa force repose dans son intériorisation, quand toutes les activités extérieures sont arrêtées.

Q. : Prenons le cas d'un idiot qui ne peut même pas compter jusqu'à dix. Son mental n'est certainement pas aussi agile que celui d'un penseur. Le premier est-il un homme meilleur que le dernier ?

M. : Qui dit que le premier est un idiot ? C'est votre mental qui, dans ses vagabondages, dit cela.

Q. : La force de volonté s'obtient-elle en éliminant les pensées ?

M. : Elle s'obtient plutôt en se limitant à une seule pensée. A la fin, cette pensée disparaîtra à son tour, laissant la place à la pure conscience. La concentration favorise cela.

Q. : La volonté s'obtient donc par la maîtrise et la concentration mentale. La personnalité n'a rien à y voir.

M. : La personnalité est la cause première des activités extérieures. Elle doit disparaître pour que le Suprême puisse être atteint.

424. A une question posée sur le *purusha* et la *prakriti,* Shrī Bhagavān répondit :

« Le *purusha* et la *prakriti* ne sont que deux branches du seul Suprême. Le chercheur ne peut que les supposer car le sentiment de la dualité est encore profondément enraciné en lui. La *Gītā* affirme que le *Purushottama* se situe au-delà du *purusha* et de la *prakriti.* »

Q. : En quoi consistent le *para-nādi*, le *sushumnā-nādi* et le Cœur ?

M. : La *sushumnā* se résorbe dans le *para* [le Suprême] (*sushumnātu parelīna*). Quant au cœur, on a coutume de le considérer comme l'organe physique situé à gauche de la poitrine. La *Modern Psychological Review* parle de l'organe physique à gauche et du Cœur comme centre, à droite. La Bible dit que le cœur du sot est à gauche et celui de l'homme sage à droite. Le *Yoga-vāsishtha* soutient qu'il y a deux cœurs ; l'un étant la *samvit* [la Conscience] et l'autre l'organe physique.

Q. : Qu'est-ce que l'*anāhata* ?

M. : L'*anāhata* est le *chakra* situé derrière le cœur physique. Il n'est pas la *samvit.* Nous le trouvons dans le *Lalitā-Sahasranāma : anāhata cakrasthāyai namo namah* (Salutations à toi, le centre situé dans l'*anāhata*) et dans le vers suivant il est fait mention du *Hrit* ("... dans le Cœur"). Il est donc clair que l'*anāhata* n'est pas la même chose que le *Hrit.*

425. *M. :* La force de volonté et toute autre force s'acquièrent par la pratique (*abhyāsa*).

Q. : Le succès ne dépend-il pas de la grâce du *guru* ?

M. : Oui, c'est exact. Votre pratique elle-même ne provient-elle pas de cette grâce ? Les fruits sont le résultat de la pratique et l'accompagnent automatiquement. Dans la *Kaivalya,* il y a une strophe qui dit ceci : « O *guru* ! Tu as toujours été avec moi, ne cessant de prendre soin de moi durant plusieurs incarnations. C'est toi qui as tracé ma course vagabonde jusqu'à ce que je sois libéré. » Le Soi se manifeste à l'extérieur sous la forme d'un *guru* quand l'occasion se présente ; autrement Il est toujours à l'intérieur de l'homme, accomplissant le nécessaire.

12 JUIN 1937

426. Mr. Das, professeur de l'Université d'Allahabad, demanda : « La nourriture que l'on absorbe habituellement est-elle responsable de l'augmentation ou de la diminution de la spiritualité ? Autrement dit, influence-t-elle la spiritualité en bien ou en mal ? »

M. : Oui. La nourriture sattvique prise en quantité modérée est favorable au développement spirituel.

Q. : Pour un *grihastha*, c'est-à-dire un homme qui vit dans le monde ou un chef de famille, quelle conduite de vie lui sera le plus utile spirituellement ?

M. : Le *dhyāna* ou la *bhakti*. Les deux signifient la même chose.

Q. : Que veut dire l'invocation du nom de Dieu ? Comment peut-on concilier les deux idées suivantes :

La Bible dit : « N'invoque pas le nom de Dieu en vain. »

Les *shāstra* hindous recommandent d'invoquer le nom de Dieu tout le temps.

M. : On ne doit pas invoquer le nom de Dieu d'une manière artificielle et superficielle sans éprouver un profond sentiment. Lorsqu'on emploie le nom de Dieu, c'est pour L'invoquer et s'abandonner à Lui sans réserve. Après un tel abandon, le nom de Dieu demeure constamment en l'homme.

Q. : Quels sont les critères essentiels pour reconnaître les hommes de grande spiritualité, puisqu'on dit de certains d'entre eux qu'ils se conduisent comme des insensés ?

M. : Le mental du *jñānī* ne peut être connu que par un *jñānī*. Il faut être soi-même un *jñānī* pour pouvoir comprendre un autre *jñānī*. Toutefois, la paix qui se dégage dans l'atmosphère d'un saint est le seul moyen par lequel le chercheur peut reconnaître la grandeur du saint.

Ses paroles, ses actes, son apparence ne sont pas des signes de sa grandeur, car ceux-ci sont habituellement au-delà de la compréhension des gens ordinaires.

Q. : L'homme a-t-il un libre arbitre ou bien sa vie est-elle prédestinée et prédéterminée ?

M. : Le libre arbitre ne se conçoit qu'en fonction de l'existence d'une individualité. Tant que l'individualité subsiste, il y a le libre arbitre. Tous les *shāstra* sont basés sur ce principe et conseillent comment diriger le libre arbitre dans la bonne voie.

Cherchez pour qui le libre arbitre ou le destin a de

l'importance. Demeurez en cela. Alors les deux sont transcendés. C'est le seul but de ce genre de discussion. A qui ces questions se posent-elles ? Découvrez cela et soyez en paix.

Q.: L'intellect et l'émotion se développent-ils, comme le corps physique, dès la naissance de l'homme ? Et se dissolvent-ils ou survivent-ils après la mort ?

M. : Avant de considérer ce qui advient après la mort, considérez ce qui se passe dans votre sommeil. Le sommeil n'est que l'intervalle entre deux états de veille. Ceux-ci survivent-ils à cet intervalle ?

Q.: Oui, ils y survivent.

M.: Il en va de même de la mort. L'intellect et l'émotion représentent la conscience du corps et rien de plus. Si vous êtes le corps, ils s'agrippent toujours à vous. Si vous n'êtes pas le corps, ils ne vous affectent pas. Celui qui existait en état de sommeil est maintenant, en état de veille, en train de parler. Vous n'étiez pas le corps durant le sommeil. Etes-vous le corps maintenant ? Trouvez cela et le problème est résolu.

De même, ce qui est né doit mourir. De qui est-ce la naissance ? Etes-vous jamais né ? Si vous dites que vous êtes né, de la naissance de qui parlez-vous ? C'est le corps qui est né et c'est lui qui mourra. En quoi la naissance ou la mort peuvent-elles affecter le Soi éternel ?

Réfléchissez et trouvez à qui cette question se pose. Alors vous saurez.

427. *Q. :* On dit que l'Univers consiste en lumière et en son. Sont-ils comparables à la lumière et au son du monde physique ? Peut-on les voir et les entendre avec les organes physiques, l'œil et l'oreille ? Ou font-ils l'objet d'une expérience purement subjective ?

M. : Dans la terminologie tantrique, la lumière et le

son correspondent au *bindu* et au *nāda,* et dans la terminologie védantique, au mental et au courant vital. Ils
sont de nature grossière, subtile et transcendantale. Les
organes physiques peuvent percevoir l'aspect grossier
mais les deux autres aspects sont difficilement perceptibles. L'aspect subtil peut être connu par inférence et le
transcendantal n'est que transcendantal.

Q. : L'hindouisme établit le principe de la réincarnation du *jīva.* Qu'advient-il du *jīva* dans l'intervalle entre
la mort d'un corps et la naissance du suivant ?

M. : Trouvez la réponse en vous référant à l'état de
sommeil. Que vous arrive-t-il dans le sommeil ?

Q. : Je ne sais pas.

M. : Cependant, vous existez. Ce qui prouve une
existence au-delà de la connaissance et de l'ignorance.
Bien que vous pensiez maintenant que l'ignorance
prédomine dans le sommeil, vous ne le disiez pas
pendant le sommeil. Vous n'en continuiez pas moins
d'exister. L'ignorance, à elle seule, ne saurait exclure le
fait de votre existence.

Q. : Dans la pratique de la méditation, y a-t-il des
signes de la nature de l'expérience subjective ou autre,
qui indiqueraient le progrès du chercheur sur la voie de
la réalisation du Soi ?

M. : Le degré d'absence de pensées indésirables et le
degré de concentration sur une seule pensée permettent
d'évaluer le progrès.

Q. : Est-il nécessaire de recourir au *samnyāsa* [vœux
de renoncement] pour obtenir la réalisation du Soi ?

M. : Le *samnyāsa* consiste à renoncer à son individualité. Cela n'a rien à voir avec la tonsure ou la
robe ocre du moine. Un homme peut être un *grihastha*
[chef de famille], cependant, s'il ne pense pas qu'il
est un *grihastha*, il est un *samnyāsī* [renonçant]. En
revanche, un homme peut porter une robe ocre et errer à

l'aventure, mais s'il pense qu'il est un *samnyāsī,* il n'en est pas un. Le fait de penser au *samnyāsa* détruit l'objet même de cette démarche.

Shrī Bhagavān, un peu plus tard :

« Les gens voient le monde. La perception de celui-ci implique l'existence de celui qui voit et du visible. Les objets vus sont étrangers à celui qui voit. Celui qui voit est intime, car il est le Soi. Cependant, les gens ne cherchent pas à découvrir celui qui voit dont l'existence est évidente, mais préfèrent courir çà et là et analyser le visible. Plus le mental s'accroît, plus il s'éloigne, rendant la réalisation du Soi difficile et compliquée. L'homme doit voir directement celui qui voit et réaliser le Soi. »

Q. : Cela revient à faire la synthèse de tous les phénomènes et à découvrir la seule Réalité sous-jacente.

M. : Pourquoi prenez-vous encore les phénomènes en considération ? Cherchez qui est celui qui les voit. Etablir une synthèse signifie engager le mental dans d'autres poursuites. Ce n'est pas la voie vers la Réalisation.

Q. : Je voudrais éliminer le non-Soi afin de réaliser le Soi. Comment dois-je m'y prendre ? Quelles sont les caractéristiques du non-Soi ?

M. : Il y a quelqu'un qui dit que le non-Soi doit être éliminé. Qui est-ce ?

Q. : Il s'agit de moi. Quand je me rends de Calcutta à Madras, je dois savoir où se trouve Madras pour ne pas descendre à une autre station par pure ignorance. Des tableaux affichant les horaires et les noms des stations me servent de guide dans mon voyage. Mais quel est le guide dans ma recherche du Soi ?

M. : Cela est valable pour le voyage. Vous savez à quelle distance vous êtes de Madras. Mais pouvez-vous me dire à quelle distance vous êtes du Soi pour que vous ayez à le chercher ?

Q. : Je ne sais pas.

M. : Seriez-vous par hasard séparé du Soi ? Est-il possible d'en être séparé ? Tout ceci ne vous est-il pas étranger ? Et le Soi ne vous est-il pas le plus intime ? Où devriez-vous aller pour atteindre le Soi ?

Q. : Maintenant je suis éloigné du Soi. Je dois revenir sur mes pas afin de le retrouver.

M. : De combien en êtes-vous éloigné ? Qui dit qu'il en est éloigné ? Peut-il y avoir deux soi ?

Q. : On dit que les individus sont des modifications du Soi, tout comme les bijoux le sont de l'or.

M. : Quand un homme parle d'un ornement précieux en oubliant la substance dont il est constitué, on attire son attention sur le fait qu'il est en or. Mais ici, l'homme est conscience et parle de lui-même comme étant une modification de celle-ci. Etes-vous séparé du Soi pour que vous puissiez parler de vous-même comme étant Sa modification ?

Q. : Ne peut-on pas imaginer l'or dire qu'il est devenu un ornement ?

M. : N'étant pas conscient, il ne peut pas le dire. Mais l'individu, lui, est conscient et ne peut pas vivre en dehors de la conscience. Le Soi est la Conscience pure. Cependant, l'homme s'identifie avec le corps, qui en lui-même est non conscient et ne peut pas dire « Je suis le corps » de sa propre volonté. Quelqu'un d'autre le dit. Ce n'est pas le Soi illimité qui le dit. Qui donc affirme qu'il est le corps ? Un faux 'je' s'élève entre la pure conscience et le corps non conscient et s'imagine être limité au corps. Cherchez qui il est et il se volatilisera comme un fantôme. Ce fantôme est l'ego, le mental ou l'individualité.

Tous les *shāstra* sont fondés sur l'apparition de ce

fantôme et leur objectif est de l'éliminer. L'état actuel est pure illusion. Le but est la suppression de cette illusion et rien de plus.

Q. : On dit du mental qu'il est un faisceau de pensées.

M. : C'est parce qu'il fonctionne à partir d'une seule racine, la pensée 'je'. *Mānasantu kim mārgane krite / naiva mānasam mārga ārjavāt* [1].

Le mental n'a aucune existence réelle en tant qu'entité séparée.

Q. : Les pensées ne sont-elles pas des projections du mental ?

M. : Oui, le mental doit être considéré comme synonyme de la pensée 'je', l'ego.

15 DÉCEMBRE 1937

428. Shrī Bhagavān lut les dix stances qu'il avait sélectionnées dans l'œuvre renommé de Shrī Shankara — *Shivānanda-lahari* — et qui traitent de la dévotion (*bhakti*).

1) Qu'est-ce que la *bhakti* ?

De même que le fruit de l'arbre *ankola* tombe et rejoint le sol d'où l'arbre est sorti ou qu'un morceau de fer est attiré par l'aimant, de même les pensées, après s'être élevées, se perdent ensuite dans leur source originelle. C'est la *bhakti*. La source originelle des pensées représente les pieds du Seigneur, Īshvara. L'amour pour Ses pieds est la *bhakti*. (*Stance 61*)

---

1. « Le mental scrutant sans cesse sa propre forme découvre qu'il n y a rien de tel. Pour tout un chacun est ouverte cette voie directe », *Upadesha-Sāram*, vers 17 (*The Collected Works of Rāmana Maharshi*, 1996, p. 119).

2) Le fruit de la *bhakti*.

L'épais nuage de la *bhakti* formé dans le ciel transcendantal où reposent les pieds du Seigneur déverse
une pluie de Félicité (*ānanda*) et remplit le lac du
mental jusqu'à le faire déborder. Ce n'est qu'alors que
le *jīva,* toujours transmigrant sans fin utile, accomplit
pleinement son but réel. (*Stance 76*)

3) Vers où diriger la *bhakti* ?

De l'adoration des dieux, qui ont eux-mêmes leur
origine et leur fin, peuvent résulter des fruits ayant
aussi origine et fin. Afin de demeurer éternellement en
état de Félicité, notre adoration doit être dirigée vers
sa source, notamment les Pieds du Seigneur, Félicité
infinie. (*Stance 83*)

4) La *bhakti* est une question d'expérience et non pas
de mots.

En quoi la logique ou les polémiques peuvent-
elles être utiles ? Les *gatha-patha* (exemples favoris
des logiciens du pot et de l'étoffe [1]) peuvent-ils vous
sauver lorsqu'un malheur survient ? Pourquoi alors
perdre votre temps à penser à ce genre de choses et à
en discuter ? Arrêtez de faire fonctionner vos organes
vocaux et de les fatiguer. Pensez aux Pieds du Seigneur
et buvez le nectar ! (*Stance 6*)

5) L'immortalité est le fruit de la dévotion.

A la vue de celui qui a fermement établi en son cœur
les Pieds du Seigneur, la Mort se rappelle sa désastreuse
rencontre d'autrefois avec Mārkandeya [2] et prend la
fuite.

Tous les autres dieux n'adorent que Shiva, plaçant

---

1. On voit le pot et on oublie l'argile dont il est fait, on voit
l'étoffe et on oublie le fil.

2. Nom d'un sage, réputé pour sa vie ascétique et son grand âge.

leurs têtes couronnées à Ses Pieds. Cette adoration spontanée n'est que naturelle aux yeux de Shiva. La Déesse Libération, Son épouse, demeure toujours une partie de Lui-même. (*Stance 65*)

6) Si la dévotion seule est présente, le *jīva* n'est pas affecté par les conditions de son existence. Aussi différents que soient les corps, si l'esprit se perd dans l'adoration des Pieds du Seigneur, la Félicité abonde ! (*Stance 10*)

7) La dévotion est inaltérable.
Où que ce soit, quoi qu'il en soit, laisse seulement l'esprit se perdre dans le Suprême. C'est le yoga ! C'est la Félicité ! C'est le yogi ou la Félicité incarnée ! (*Stance 12*)

8) Le *karma-yoga* est également *bhakti*.
Adorer Dieu avec des fleurs et d'autres objets de dévotion est astreignant. Il suffit de déposer une seule fleur, le cœur, aux pieds de Shiva et de rester en paix. Ignorer cette chose toute simple et s'agiter en tous sens est stupide. Quel malheur ! (*Stance 9*)

9) Le *karma-yoga* effectué ainsi met fin au *samsāra*.
Quel que soit le stade de la vie (*āshrama*) de l'adorateur, il suffit qu'il pense une seule fois à Shiva pour que Celui-ci le soulage du fardeau de son *samsāra* en le prenant sur Lui. (*Stance 11*)

10) La dévotion est *jñāna*.
L'esprit se perdant aux pieds de Shiva est dévotion. L'ignorance est dissipée ! Connaissance ! Libération ! (*Stance 91*)

16 DÉCEMBRE 1937

429. Quelques femmes arrivèrent de Bangalore. L'une d'elles demanda : « De notre point de vue, le monde est constitué de différences. Comment pouvons-nous dépasser ces différences et comprendre l'essence unique de toute chose ? »

M. : Les différences proviennent du sentiment d'être l'auteur de ses actes (*kartrtva*).

Les fruits d'un arbre sont détruits si la racine de celui-ci est détruite. Renoncez donc au sentiment d'être l'auteur de vos actions ; les différences disparaîtront et la réalité essentielle se révélera.

Pour se défaire du sentiment d'être l'auteur de ses actions, on doit chercher qui en est l'auteur. Cherchez en vous-même ; le sentiment d'être l'auteur disparaîtra. La méthode est le *vichāra* (l'investigation).

22 DÉCEMBRE 1937

430. Un visiteur du Maharashtra demanda : « J'ai beaucoup lu sur la réalisation du Soi. Je pratique le *japa*, je fais des *pūjā*, etc. ; rien ne semble me satisfaire. Shrī Bhagavān pourrait-il avoir la bonté de me guider ?

M. : Que cherchez-vous à obtenir ? Tout le monde cherche le bonheur. Le bonheur est la condition de chacun dans le sommeil quotidien. Amenez cet état de bonheur dans votre état de veille. C'est tout ce qu'il y a à faire.

Q. : Je ne vous suis pas. Comment dois-je faire ?

M. : L'*ātma-vichāra* est la voie.

Q. : Cette voie, si abstraite, semble trop difficile à adopter. Que dois-je faire si je me sens inapte pour cette méthode d'investigation ?

M. : La Grâce est là. C'est aux individus de se laisser guider par elle.

25 DÉCEMBRE 1937

431. Un visiteur se leva et demanda en langue *telugu* : « On dit que le mental est pur quand toutes les *vāsanā* (prédispositions) sont détruites. C'est aussi la finalité. Quand il y a quelque chose à obtenir, n'est-ce pas la dualité ? »

M. : Que tout d'abord le mental devienne pur. Si la même question se posera encore, alors la réponse peut être recherchée.

26 DÉCEMBRE 1937

432. Un visiteur de l'Andhra Pradesh demanda : « Qu'est-ce que le sommeil ? »

M. : Pourquoi cette question ? Vous en faites l'expérience tous les jours.

Q. : Je veux savoir exactement ce que c'est, de manière à pouvoir le distinguer du *samādhi*.

M. : Comment voulez-vous connaître le sommeil quand vous êtes éveillé ? Il faut d'abord s'endormir pour découvrir ce qu'il est.

Q. : De cette manière je ne peux pas le connaître.

M. : La question doit être posée dans le sommeil.

Q. : Mais je ne peux pas poser la question dans cet état.

M. : Voilà, c'est cela le sommeil.

Shrī Bhagavān sortit quelques minutes. A son retour, la même personne demanda : « On voit les *jñānī* qui ont réalisé le Soi manger et agir comme tout le monde.

Expérimentent-ils de la même manière les états de sommeil profond et de rêve ? »

M. : Pourquoi cherchez-vous à connaître les états des autres, ceux des *jñānī* notamment ? Que gagnez-vous à connaître les états des autres ? Vous devez chercher à connaître votre propre nature réelle. Qui pensez-vous être ? Le corps, de toute évidence.

Q. : Oui.

M. : De même, vous prenez le *jñānī* pour un corps visible auquel vous surimposez des activités. C'est pourquoi vous posez ces questions. Le *jñānī* ne se pose pas la question de savoir s'il rêve ou s'il dort. Il n'éprouve aucun doute à cet égard. Les doutes sont en vous. Cela doit vous convaincre que vos raisonnements sont faux. Le *jñānī* n'est pas le corps. Il est le Soi de tout. Le sommeil profond, le rêve, le *samādhi* sont tous des états qui ne concernent que l'*ajñānī*. Le Soi est libre de tout cela. C'est aussi la réponse à votre première question.

Q. : Je cherchais à connaître l'état de *sthita-prajñatā* (la connaissance inébranlable) [v.BhG II.55].

M. : Les *shāstra* ne sont pas faits pour le *jñānī*. Il n'a pas de doute à dissiper. Les énigmes ne sont que pour les *ajñānī*. Les *shāstra* n'existent que pour eux.

Q. : Le sommeil est un état d'ignorance et c'est ce qu'on dit aussi du *samādhi*.

M. : Le *jñāna* est au-delà de la connaissance et de l'ignorance. Aucune question ne saurait être posée sur cet état. Il est le Soi.

433. Mr. Thomas, professeur de sanskrit à l'Université d'Oxford, en chemin vers Calcutta, après avoir présidé un congrès d'orientalistes à Trivandrum, rendit visite à Shrī Bhagavān. C'était un monsieur d'un certain âge, au front large et aux manières calmes, parlant doucement et lentement. Témoignant d'un grand intérêt pour la littérature et les langues orientales, le sanskrit en particulier, et ayant entendu parler de la richesse de la langue tamoule, il désirait savoir laquelle des traductions de la *Shrīmad Bhagavad-gītā* était la meilleure. Le hall était remplit de visiteurs et quelques-uns exprimèrent leur propre opinion en citant des noms de traducteurs tels que Thibaut, Mahādeva Shāstri, Telang, etc. Shrī Bhagavān mentionna la traduction de F. T. Brooks. Mais Mr. Thomas désirait une traduction dans une forme métrique, car celle-ci représentait le véhicule approprié au *rasa* (la félicité), l'essence même de cet ouvrage. Il ajouta que *rasa* signifiait, entre autres, « paix ».

M. : Oui, le *brahman* n'est que *rasa*.

Q. : Rasa est aussi félicité.

M. : Rasa, *ānanda*, paix, sont tous des noms synonymes pour exprimer la Félicité.

On montra au professeur le discours prononcé par Mr. Grant Duff à la conférence philosophique qui s'était tenue à Paris. Plus tard, le livre *Dharma* du Dr. G.H. Mees lui fut remis. En le recevant, il demanda à Shrī Bhagavān son opinion sur le système des castes.

M. : Les castes concernent les corps et non pas le Soi. Le Soi est Félicité. Quand on réalise la Félicité, on réalise le Soi. Nul besoin alors de se soucier des castes.

Q. : L'*ahamkāra* est aussi appelé le Soi.

M. : L'*ahamkāra* est limité, tandis que le Soi est au-delà de lui.

Puis, le professeur fit remarquer qu'il y avait une abondante littérature en anglais concernant les philosophies et les religions orientales, mais que leurs interprétations différaient ; que le système de Rāmajuna y était représenté correctement ; que le professeur Radakrishnan, dans son exposé sur le système d'Advaita, donnait

davantage d'importance à l'expérience qu'aux preuves ;
et que la philosophie de Shankara témoignait d'un esprit
hautement développé.

Une discussion s'ensuivit sur la perception directe.
Le professeur mentionna la perception mentale comme
différente de la perception sensorielle.

M. : Pour prouver sa propre existence, aucune autre
évidence n'est nécessaire. Les *indriya* (les sens) et le
mental qui s'élèvent de l'ego ne peuvent servir d'évidence à l'existence du Soi, car le Soi est leur fondement.
Ils n'existent pas indépendamment du Soi. Notre propre
existence est évidente en elle-même. La Félicité est
le Soi. Tout nous devient cher seulement à cause de
l'amour du Soi.

Q. : L'amour postule la dualité. Comment le Soi peut-
il être l'objet de l'amour ?

M. : L'amour n'est pas différent du Soi. L'amour d'un
objet est d'un ordre inférieur et ne peut pas durer. Tandis
que le Soi est Amour, autrement dit, Dieu est Amour.

Q. : C'est également l'idée du christianisme.

Le professeur demanda aussi à Shrī Bhagavān quelle
était la meilleure méthode pour atteindre le but et si ce
n'était pas celle de Patañjali.

M. : Yogah chitta-vritti-nirodhah [Ys I.2] (le contrôle
des activités mentales par le yoga), ce qui est acceptable
pour tout homme. C'est aussi le but de chacun. La
méthode choisie pour y parvenir dépend de l'aptitude
personnelle. Le but est identique pour tous. Toutefois,
des noms différents lui sont donnés ; mais ils se réfèrent
seulement au processus préliminaire pour l'atteindre.
Bhakti, yoga et *jñāna* sont tous la même chose. *Svasvarūpānusandhānam bhaktir ity abhidhīyate* [VCM, 31]
(La contemplation du Soi est appelée *bhakti*).

Q. : Shrī Bhagavān préconise-t-il l'*advaita ?*

M. : Advaita et *dvaita* sont des termes relatifs. Ils sont établis sur la conception de la dualité. Le Soi est comme Il est. Il n'y a ni *advaita* ni *dvaita*. Je suis ce JE SUIS. Le simple fait d'*être* est le Soi.

Q. : Ce n'est pas la doctrine de la *māyā* (*māyā-vāda*).

M. : Le mental est *māyā*. La Réalité est au-delà du mental. Tant que le mental reste actif, il y a dualité, *māyā,* etc. Une fois le mental transcendé, la Réalité resplendit. Mais ce n'est qu'une façon de s'exprimer, car le Soi brille toujours.

Q. : Il est *sat-chit-ānanda* (Etre-Conscience-Félicité).

M. : Sat-chit-ānanda indique que le Suprême n'est pas *asat* (non-existence) ni *achit* (non-conscience) ni *anānanda* (non-félicité), mais qu'il est encore différent de ces trois notions. C'est parce que nous sommes dans le monde phénoménal que nous parlons du Soi comme étant *sat-chit-ānanda*.

Q. : Le terme *aham* (je) s'applique aussi bien à l'individu qu'au *brahman*. Ce n'est pas très heureux.

M. : Cela est dû aux différentes *upādhi-bheda* (adjonctions limitantes). Les limitations corporelles tiennent de l'*aham* (je) du *jīva*, tandis que les limitations universelles tiennent de l'*Aham* (Je) du *brahman*. Supprimez les *upādhi* et le 'je' devient pur et unique.

Q. : Bhagavān donne-t-il la *dīkshā* (l'initiation) ?

M. : Le *mauna* (le Silence) est la meilleure et la plus puissante *dīkshā*. C'était celle pratiquée par Dakshināmūrti. Le toucher, le regard, etc., sont tous d'un ordre inférieur. Le silence initiatique (*mauna-dīkshā*) change le cœur de tous. Là, il n'y a plus ni *guru* ni disciple. L'*ajñānī* confond son corps avec le Soi et prends alors le corps de l'autre [du *guru*] pour le *guru*. Mais le *guru* croit-il que son corps est le Soi ? Il a transcendé le corps. Pour lui, il n'existe plus aucune différence. L'*ajñānī* ne peut donc pas comprendre la position du *guru* ni celle du *shishya* (disciple).

Q. : N'y a-t-il alors aucune différence entre le *guru* et son disciple ?

M. : La différence n'existe que du point de vue du monde phénoménal et non de celui de la Réalité.

Le professeur marqua une pause pour exprimer sa reconnaissance et l'espoir de pouvoir dorénavant apprécier davantage les écrits de Shrī Bhagavān, l'ayant vu maintenant et conversé avec lui.

Shrī Bhagavān reprit le dialogue en disant que l'*upāsanā* (l'adoration) et le *dhyāna* (la méditation) sont nécessaires aussi longtemps que le mental subsiste et qu'ils doivent cesser avec la cessation de celui-ci. Ce sont simplement des pratiques préliminaires à l'éradication finale des pensées et à la tranquillité du mental.

Q. : Le Shaiva-siddhānta énonce trois postulats fondamentaux comme étant éternels. Est-ce contradictoire avec le Vedānta ?

M. : Les trois entités sont le *jīva*, Dieu et l'asservissement. Cette trinité est commune à toutes les religions. Elles sont vraies tant que le mental fonctionne. Ce ne sont que des créations mentales. Il n'est possible de postuler l'existence de Dieu qu'une fois que le mental s'est manifesté. Dieu n'est pas différent du Soi. Dieu et le *guru* sont des réalités objectives du Soi.

Le professeur revint le soir et posa une question au sujet des bonnes actions. Puis il exprima son étonnement sur le fait que le *brahman* soit considéré comme *sat-chit-ānanda,* et non pas comme Dieu.

M. : *sat* dénote le fait d'être au-delà de *sat* et d'*asat* ;

   chit : au-delà de *chit* et d'*achit* ;

   ānanda : au-delà de la félicité et de la non-félicité.

Qu'est-il alors ? Même s'il n'est ni *sat* ni *asat*, il faut bien admettre qu'il n'est que *sat*. C'est comparable au terme *jñāna*. Le *jñāna* est l'état au-delà de la connaissance et de l'ignorance. Et cependant le *jñāna* n'est pas ignorance, mais connaissance. Il en va de même de *sat-chit-ānanda.*

Q. : C'est en faveur de l'aspect unitaire.

Après quelques mots sur l'*ātma-vichāra,* le professeur prit congé en disant qu'il ne dérangerait pas davantage Shrī Maharshi, bien qu'il ait encore quelques doutes à éclaircir. Il désirait aussi se retirer pour pratiquer le *nididhyāsana* (la contemplation profonde) à la lumière de ce qu'il avait entendu jusqu'alors.

Un juge de Mysore posa quelques questions : « Il a été dit, tout à l'heure, que l'*upāsanā* et le *dhyāna* ne peuvent être pratiqués sans activité mentale. Il a été dit aussi que la cessation des activités mentales est la Réalisation. Maintenant, comment peut-on obtenir la Réalisation sans *upāsanā* ni *dhyāna* ? »

M. : L'*upāsanā* et le *dhyāna* sont des pratiques préliminaires. Une telle activité conduira à la non-activité souhaitée.

Q. : On parle d'un Cœur ressenti à droite, alors qu'anatomiquement il est à gauche.

M. : C'est de l'expérience spirituelle dont on parle.

Q. : S'agit-il du cœur psychique ?

M. : Oui.

Q. : Comment peut-on savoir qu'il est à droite ?

M. : Par expérience.

Q. : Y a-t-il quelque indication à cet égard ?

M. : Montrez-vous vous-même du doigt et voyez.

28 DÉCEMBRE 1937

434. Les vacances de Noël amenèrent à l'ashram une foule de visiteurs venant de loin et des environs. Un groupe s'assit et deux personnes commencèrent à poser des questions à tour de rôle.

Q. : Parlez-vous anglais ?

Puis, l'autre :

Q. : Avez-vous réalisé votre Soi ?

Shrī Bhagavān sourit et dit : « Allez-y, continuez. »

Q. : Avez-vous fait l'expérience du *nirvikalpa-samādhi* ?

On demanda à la personne de cesser de poser des questions.

Q. : Pouvez-vous entrer en *nirvikalpa-samādhi* quand vous le voulez ? N'est-il pas nécessaire que les sages influencent leur entourage ?

Sans attendre la réponse, l'autre personne demanda : « Shrī Bhagavān peut-il nous aider à réaliser la Vérité ? »

M. : L'aide est toujours là.

Q. : Il n'est donc pas nécessaire de poser des questions. Je ne ressens pas cette aide, soi-disant toujours présente.

M. : Abandonnez-vous et vous la trouverez.

Q. : Je suis toujours à vos pieds. Shrī Bhagavān me donnera-t-il quelque *upadesha* (instruction) à suivre ? Sinon, comment obtiendrai-je son aide en vivant à mille kilomètres d'ici ?

M. : Ce *sadguru* (le véritable *guru*) est en vous-même.

Q. : Le *sadguru* est nécessaire pour m'aider à comprendre cela.

M. : Le *sadguru* est à l'intérieur.

Q. : Je désire un *guru* visible.

M. : Ce *guru* visible dit qu'il est à l'intérieur.

Q. : Puis-je me mettre à la merci du *sadguru* ?

M. : Oui. Les instructions sont nécessaires aussi longtemps que l'on ne s'est pas abandonné.

Q. : Existe-t-il un moment particulier pour la méditation ?

M. : La méditation dépend de la force mentale. Elle doit être incessante, même lorsqu'on est engagé dans un travail. Les moments particuliers sont bons pour les novices.

Q. : Le *sadguru* veut-il bien poser sa main sur ma tête pour m'assurer de son aide ? J'aurai au moins la consolation de penser que sa promesse sera tenue.

M. : La prochaine demande sera un contrat par écrit et si vous pensez ne pas recevoir de l'aide, vous m'intenterez un procès. (Rire)

Q. : Puis-je m'approcher pour recevoir votre bénédiction ?

M. : Ces doutes ne devraient pas s'élever en vous. Ils contredisent votre aveu d'abandon. La main du *sadguru* est toujours sur votre tête.

Q. : L'abandon vient après des efforts.

M. : Oui. Il devient total en temps voulu.

Q. : Pour recevoir des instructions, un maître est-il nécessaire ?

M. : Oui, si vous tenez à apprendre quelque chose de nouveau. Mais ici, vous devez désapprendre.

Q. : Et pourtant un maître est nécessaire.

M. : Ce que vous êtes en train de chercher ailleurs, vous l'avez déjà. Aucun maître n'est donc nécessaire.

Q. : L'homme réalisé est-il de quelque utilité pour le chercheur ?

M. : Oui. Il vous aide à vous défaire de votre illusion d'être non réalisé.

Q.: Alors, racontez-moi comment.

M. : Les voies ont pour seul but de déshypnotiser l'individu.

Q. : Déshypnotisez-moi. Dites-moi quelle méthode je dois suivre.

M. : Où êtes-vous en ce moment ? Où devriez-vous aller ?

Q.: Je sais que « je suis », mais je ne sais pas ce que je suis.

M. : Y aurait-il alors deux 'je' ?

Q. : C'est éluder la question.

M. : Qui dit cela ? Est-ce celui qui est, ou bien est-ce celui qui ne sait pas ce qu'il est ?

Q.: Je suis, mais je ne sais ni quoi ni comment.

M. : Le 'Je' est toujours là.

Q. : Le 'Je' est-il soumis à une transformation, par exemple dans la mort ?

M. : Qui est le témoin de la transformation ?

Q. : Vous semblez parler du *jñāna-yoga*. N'est-ce pas, c'est bien du *jñāna-yoga* dont vous parlez ?

M. : C'est exact.

Q.: Mais l'abandon est le *bhakti-yoga*.

M. : Les deux sont la même chose.

Après un moment de silence :

Q.: Alors, je dois conclure que je suis Conscience et que rien n'arrive si ce n'est par ma présence.

M. : C'est une chose de conclure cela par le raisonnement et une autre d'en être convaincu.

L'autre personne poursuivit :

Q. : Je vais attendre trois mois et je verrai si l'aide vient. Puis-je en avoir l'assurance maintenant ?

M. : Est-ce là le langage de quelqu'un qui s'est abandonné ?

Q.: Je vous en prie, tenez votre promesse. (Rire)

Puis il ajouta :

Dieu m'a donné suffisamment de quoi vivre et j'en suis heureux. Mais je cherche en plus la paix de l'esprit. Voilà le pourquoi de ma requête.

29 DÉCEMBRE 1937

435. Deux couples, venus de Ceylan, se présentèrent au Maharshi. Une des personnes lui demanda :

Q. : Avez-vous réalisé Dieu ? Si oui, sous quelle forme ?

M. : Qui reste encore pour voir Dieu ? Cette question n'a lieu d'être que si on se connaît soi-même.

Q. : Je me connais moi-même.

M. : Ce 'je' est-il différent du Soi pour qu'il puisse prétendre connaître le Soi ?

Q. : Je sais que le Soi est identique au corps. Si le Soi est différent du corps, que Shrī Bhagavān me dise comment on peut voir le Soi séparé du corps. Il a réalisé Dieu. Il peut m'instruire.

M. : Pourquoi le Soi serait-il séparé du corps ? Laissez le corps tel qu'il est.

Q. : L'âme, une fois désincarnée, peut voir à travers tous les corps.

M. : Existe-t-il alors des corps pour elle ? Ou même votre propre corps existe-t-il ? Considérez votre sommeil. Vous n'avez pas conscience de votre corps dans cet état. Et cependant, vous n'en continuez pas moins d'être. Percevez-vous alors le monde à travers ce corps ou à travers d'autres corps ? Et pourtant, vous ne pouvez pas nier votre existence dans le sommeil. Pour percevoir le monde, il faut qu'il y ait un sujet, et ce sujet doit être limité. S'il était illimité, comment pourrait-il y en avoir d'autres, en plus du Soi illimité ?

Q. : Dieu a-t-Il des limites ?

M. : Laissez Dieu tranquille. Quelles étaient les limites de votre Soi dans votre sommeil ?

Q. : La mort doit alors être l'état suprême.

M. : Oui. Nous vivons en ce moment dans la mort. Ceux qui ont limité le Soi illimité se sont suicidés en se donnant de telles limitations.

Q. : Vous dites qu'il faut se concentrer sur le Soi. Comment le faire ?

M. : Si cela est résolu, tout le reste est résolu.

Q. : Vous dites : connais-toi toi-même. Comment connaître le Soi ?

M. : Maintenant, vous croyez que vous êtes le corps.

Q. : Le *rāja-yoga* conduit à la réalisation par le corps, les sens, etc. Shrī Bhagavān conseille la réalisation par la pensée. C'est le *jñāna-yoga*.

M. : Comment pouvez-vous penser sans le corps ?

Q. : Dieu ne pense pas.

M. : Pourquoi alors avez-vous commencé par demander : « Sous quelle forme avez-vous vu Dieu ? »

Q. : Dieu doit être ressenti par les sens.

M. : Ne ressentez-vous pas Dieu ?

Q. : Est-ce que tout le monde ressent Dieu à chaque instant ?

M. : Oui.

Q. : Alors qu'est-ce que la Réalisation ?

M. : La Réalisation consiste à se défaire de l'illusion qu'on n'est pas réalisé.

Q. : Je ne saisis pas ce raisonnement.

Puis, après avoir pris une photo, les deux couples se retirèrent.

436. *Q.* : Qu'est-ce que le *vishvarūpa* ?

M. : C'est voir le monde comme étant le Soi de Dieu. Dans la *Bhagavad-gītā* il est dit que Dieu est toute la diversité des choses et des êtres et également l'Univers entier. Comment réaliser cela ou le voir de cette manière ? Peut-on voir son propre Soi ? Bien qu'invisible, le Soi peut-il être nié ? Quelle est la vérité ?

Q. : Est-il donc faux de dire que certains l'ont vu ?

M. : C'est aussi vrai que croire que vous existez. La *Gītā* dit, au début, que nul n'est jamais né ; puis au quatrième chapitre, elle dit : « Toi et Moi, nous avons déjà eu plusieurs naissances. Je connais les miennes, mais tu ignores les tiennes. » De ces deux déclarations, laquelle est la vérité ? Cet enseignement correspond au degré de compréhension de celui qui l'entend. Si le deuxième chapitre contient déjà toute la vérité, pourquoi tant d'autres chapitres devraient encore suivre ? Dans la Bible, Dieu dit : « JE SUIS avant Abraham. » Il ne dit pas « J'étais », mais bien « JE SUIS ».

437. *M. :* Des personnes, ayant lu l'histoire où Vivekānanda demande à Rāmakrishna s'il a vu Dieu, l'imitent maintenant et me demandent : « Avez-vous réalisé Dieu ? » Je leur demande alors ce qu'est la Réalisation.

La Réalisation implique la perfection. Quand vous êtes limité, votre perception est également limitée. Votre connaissance est donc imparfaite. Quelle valeur peut bien avoir cette connaissance imparfaite ?

Dans le *vishvarūpa-darshana* [1], on dit à Arjuna de voir tout ce qu'il désire et non pas ce qui lui est présenté. Comment ce *darshana* peut-il être réel ?

---

1. Litt. « La vision de la forme universelle », c'est-à-dire la vision de Dieu en tant qu'Univers.

30 DÉCEMBRE 1937

438. Un visiteur demanda : «Pour un débutant comme moi, qu'est-ce qui convient le mieux : l'adoration de Dieu pourvu de qualités, ou bien la méditation sur "Je suis le *brahman*"?»

M. : La réponse est contenue dans la question. La question en elle-même montre que c'est l'adoration de Dieu avec qualités qui vous convient.

Q. : Je ressens le 'je' à l'état de veille et de rêve mais non en sommeil profond. Pourquoi ?

M. : Cela veut-il dire qu'il n'existe pas en sommeil profond ?

Q. : Dans ces deux états, le mental fonctionne, ce qui n'est pas le cas en sommeil profond.

Troisième partie

(janvier 1938 – 1939)

439. *Q. :* Rāma demande : « Le *brahman* étant pur, comment la *māyā* peut-elle s'élever de lui et même le voiler ? » Vasishtha répond : « Dans un mental pur, associé à un fort détachement, cette question n'apparaît pas. » Il est évident que dans la philosophie de l'Advaita (non-dualisme) il ne peut y avoir de place pour le *jīva,* Īshvara et la *māyā.* Lorsqu'on s'immerge dans le Soi, les *vāsanā* (prédispositions) disparaissent totalement, ne laissant pas de place pour une telle question.

M. : Les réponses sont adaptées à la capacité de compréhension du chercheur. Dans le deuxième chapitre de la *Bhagavad-gītā,* il est écrit que nul n'est jamais né ni ne meurt ; alors que dans le quatrième chapitre, Shrī Krishna dit que de nombreuses incarnations de Lui et d'Arjuna ont eu lieu, toutes connues de Lui mais pas d'Arjuna. Laquelle de ces deux affirmations est la vraie ? Elles le sont toutes deux, mais d'un point de vue différent.

Vous avez soulevé la question de savoir comment le *jīva* peut provenir du Soi. Je dois répondre : Connaissez votre Etre réel et vous ne poserez plus cette question.

Pourquoi un homme devrait-il se considérer comme séparé ? Comment était-il avant d'être né et comment sera-t-il après la mort ? Pourquoi perdre son temps en de telles discussions ? Quelle était votre forme en sommeil profond ? Pourquoi vous considérez-vous comme un individu ?

Q. : Ma forme demeure subtile en sommeil profond.

M. : Telle cause, tel effet. L'arbre est ce qu'est la graine. L'arbre entier est contenu dans la graine qui, plus tard, se manifestera en tant qu'arbre. Cet arbre doit avoir un substrat que nous appelons *māyā*. Mais en vérité, il n'y a ni graine ni arbre. Il n'y a que *Etre*.

Q. : Le *vāsanā-kshaya* (la fin totale de toutes prédispositions), le *manonāsha* (l'annihilation du mental) et l'*ātma-sākshātkāra* (la réalisation du Soi) semblent être interdépendants.

M. : Ces différentes expressions veulent toutes dire la même chose. Elles diffèrent selon le niveau d'évolution de l'individu. Le détachement, la Réalisation, tout cela a le même sens. On parle également de « pratique et détachement ». Pourquoi la pratique ? Parce que les mouvements du mental se calment puis s'agitent ; se calment de nouveau et s'agitent encore ...

Q. : Certaines prédispositions poussent l'homme à mal agir. Sans le *jñāna,* elles ne peuvent pas disparaître. Mais le *jñāna* paraît presque impossible à obtenir. L'expiation seule ne peut détruire tout le karma, car il faudrait une expiation sans fin ! On a beau regarder de toutes parts, tout paraît difficile, voire impossible. La fréquentation des sages semble être le seul remède à tous les maux.

M. : Que faut-il faire ? La Réalité est seule et unique. Comment peut-elle être réalisée ? La Réalisation est donc une illusion. La pratique semble être indispensable. Mais qui est celui qui pratique ? En recherchant celui qui agit, l'action et tout ce qui va avec disparaîtront.

De plus, si la Réalisation n'est pas présente ici et

maintenant, à quoi peut-elle servir si elle est nouvellement obtenue ? Ce qui est permanent doit être éternellement présent. Peut-elle être à la fois nouvelle et permanente ?

Réalisez ce qui est présent ici et maintenant. Les sages l'ont toujours fait et continuent à ne faire que cela. Voilà pourquoi ils disent que la Réalisation apparaît comme si c'était un état nouveau. D'abord voilé par l'ignorance et, plus tard, révélé, il semble effectivement être nouvellement réalisé. Mais il ne l'est pas.

Q. : Karma, bhakti, yoga, *jñāna* et leurs subdivisions ne font que rendre le mental confus. Suivre les paroles des anciens semble être la seule chose juste à faire. A quoi dois-je me tenir ? Je vous prie de me le dire. Je ne peux pas passer au crible les *shruti* et les *smriti ;* elles sont trop vastes. Je vous prie donc de me conseiller.

Pas de réponse.

440. *Q. :* Pouvez-vous me montrer la voie vers la félicité du Soi, sans utiliser la logique ni la terminologie savante ? Que ce soit la seule grâce du *guru* qui me l'indique.

M. : Ayez d'abord une claire idée de ce que vous voulez. Qui cherche à gagner quoi ? Vous pourrez alors demander qu'on vous enseigne une méthode.

Q. : La félicité se manifeste de temps en temps, mais je suis incapable de la décrire. Par moments, il y a illumination, mais est-ce la Réalité ? Si c'est le cas, comment la rendre permanente ? La méthode doit être simple. Je vous prie de la décrire clairement, sans logique, sans discussions savantes ni paroles mystifiantes.

Pas de réponse.

Un autre visiteur demanda : « Dites-moi, s'il vous plaît, quelle est la plus efficace de toutes les méthodes. Est-ce la prière à Dieu, le *guru-anugraha* (la grâce du maître), la concentration du mental... ? »

M. : L'une est toujours la conséquence de l'autre. Chacune d'elles conduit à l'étape suivante. Elles forment un tout continu. Dieu, le *guru* et le Soi ne sont pas différents. Ils sont un et le même. Par conséquent, les méthodes n'offrent aucun choix.

441. Mr. Pannalal, haut fonctionnaire du gouvernement d'Allahabad, accompagné de sa femme, une dame très cultivée, et de Mr. Brijnarayan, juge retraité, séjournaient à l'ashram depuis une semaine. Le soir avant leur départ, ils soulevèrent un doute dont ils désiraient obtenir l'éclaircissement.

« Nous avions un grand sage pour *guru*. Il nous conseilla de répéter le nom Hari, disant que c'était le tout en tout ; que cela suffirait pour que la concentration mentale s'installe d'elle-même. Nous suivîmes son instruction, mais le *guru* décéda. Nous nous sentîmes comme un bateau sans gouvernail au milieu de l'océan. Soucieux de trouver un bon guide, nous avons beaucoup lu. Puis, ayant entendu parler de vous, nous avons souhaité venir vous voir. Après deux ans, notre désir a été enfin exaucé. Une fois ici, et en écoutant le Maître, nous avons compris que celui-ci enseignait l'*ātma-vichāra* (la recherche du Soi). C'est la voie de la connaissance (*jñāna-mārga*), alors que notre Maître nous enseignait la voie de la dévotion (*bhakti-mārga*). Que devons-nous faire maintenant ? Devons nous renoncer à notre ancienne méthode et adopter la nouvelle ? Si nous changeons une fois, ne changerons-nous pas encore, selon les maîtres que nous rencontrerons ? Quels progrès peut-on accomplir avec de tels changements ?

Nous vous prions de nous délivrer de ce doute et de nous bénir. »

Le Maître les renvoya à un article paru dans le numéro de septembre du journal mensuel *The Vision*, publié par Anandashram, Kanhangad.

PHILOSOPHIE DU NOM DIVIN
SELON SAINT NAMDEV

Le *Nom* imprègne l'Univers tout entier ; qui peut dire jusqu'à quelles profondeurs des régions inférieures et jusqu'à quelles hauteurs des cieux Il s'étend ? Les sots, dans leur ignorance, subissent 8 400 000 sortes d'incarnations sans connaître l'essence des choses. Le *Nom* est immortel. Les formes sont innombrables, mais le *Nom* les contient toutes.

Le *Nom* est lui-même forme, et la forme est elle-même *Nom*. Il n'y a pas de distinction entre *Nom* et forme. Dieu Se manifesta et assuma le *Nom* et la forme ; ce *Nom* que les Véda ont proclamé. Prenez garde, il n'y a pas de mantra au-delà du *Nom*. Ceux qui disent le contraire sont des sots ignorants. Le *Nom* est Keshava [1] Lui-même. Seuls les dévots fervents, dans leur amour du Seigneur, le savent.

La nature omni-pénétrante du *Nom* ne peut être comprise que lorsqu'on reconnaît son propre 'Je'. Si l'homme ne reconnaît pas son propre nom, il lui est impossible de connaître le *Nom* omni-pénétrant. Celui qui se connaît soi-même trouve le *Nom* en tout.

Personne ne peut réaliser le *Nom* par l'étude, la méditation ou les austérités. Abandonne-toi d'abord aux pieds du *guru* et apprends à connaître qui est le 'je' en

---

1. Nom de Vishnou ou Krishna.

toi. Après avoir trouvé la source de ce 'je', immerge ton individualité dans cette Unité, laquelle est existante en soi et dépourvue de toute dualité. C'est ce *Nom* qui imprègne les trois mondes.

Le *Nom* est le *paramātman* Lui-même, là d'où nulle action ne s'élève du *dvaita* (la dualité).

8 JANVIER 1938

442. Shrī Bhagavān expliqua une des stances d'un hymne [1] composé par lui : « Le soleil illumine l'Univers, tandis que le Soleil d'Arunāchala est si éblouissant que l'Univers est obscurci et que seule demeure une éclatante lumière ininterrompue. Mais celle-ci ne peut être perçue à l'état présent, seul celui dont le lotus du Cœur s'est épanoui peut la percevoir. Le lotus ordinaire fleurit à la lumière du soleil visible, mais le lotus du cœur subtil ne fleurit qu'à la lumière du Soleil des soleils. Puisse Arunāchala épanouir le lotus de mon cœur, afin que seule Sa lumière ininterrompue rayonne ! »

Un peu plus tard, Shrī Bhagavān poursuivit : « Le miroir reflète des objets. Les reflets sont irréels puisqu'ils ne peuvent pas exister indépendamment du miroir. De même pour le monde : on dit qu'il est un reflet dans le mental et qu'il ne subsiste pas en l'absence du mental. Alors la question se pose : Si l'Univers est un reflet, celui-ci ne devrait-il pas être le reflet d'un objet réel, connu en tant qu'Univers, pour qu'il puisse se

---

1. Il s'agit de la première strophe d'*Arunāchala-Pancharatnam* (« Cinq strophes dédiées à Arunāchala ») : « Océan de nectar, plein de grâce, absorbant l'Univers dans Ta splendeur ! O Arunāchala, Toi qui es le Suprême Lui-même, sois le Soleil et ouvre le lotus de mon cœur à la Félicité » (*The Collected Works of Rāmana Maharshi*, 1996, p. 110).

refléter dans le mental ? Cela reviendrait à reconnaître l'existence d'un Univers objectif. Mais, en vérité, ce raisonnement est faux.

C'est pourquoi on donne l'exemple du rêve. Le monde du rêve n'a pas d'existence objective. Comment, alors, est-il créé ? On doit supposer l'existence d'impressions mentales, appelées *vāsanā*. Comment ces *vāsanā* se trouvent-elles dans le mental ? Parce qu'elles sont subtiles. De même que l'arbre est contenu, à l'état potentiel, dans la graine, ainsi le monde est contenu dans le mental.

On peut se dire aussi que si une graine est le produit d'un arbre, celui-ci a dû exister avant elle pour lui donner naissance et conclure que le monde a dû, lui aussi, exister à un moment ou un autre. Mais il n'en est pas ainsi. Il a fallu plusieurs incarnations pour rassembler toutes les impressions qui se manifestent sous la forme actuelle. Par conséquent, j'ai dû exister auparavant, de la même manière que j'existe maintenant ! Le chemin direct pour trouver une réponse consiste à chercher si le monde existe vraiment. En admettant l'existence du monde, je dois admettre quelqu'un qui le voit et qui n'est autre que moi-même. Laissez-moi trouver "moi-même" de manière à ce que je connaisse la relation entre le monde et celui qui le voit. Mais quand je cherche le Soi et demeure comme le Soi, il n'y a plus de monde à voir. Quelle est alors la Réalité ? Seul celui qui voit est réel, et certainement pas le monde.

Ceci étant la vérité, l'homme n'en continue pas moins de discuter en se basant sur la réalité du monde. Qui donc lui a demandé de plaider la cause du monde ?

Le *Yoga-vāsishtha* définit clairement la Libération comme étant l'abandon du faux pour demeurer en tant qu'Etre. »

443. Un visiteur demanda : « L'exemple du miroir ne concerne que le sens de la vue. Mais les autres sens perçoivent aussi le monde. Peut-on attribuer la notion d'irréalité aussi aux autres sens ? »

M. : Un personnage apparaît sur un écran de cinéma observant le monde entier. Quelle est la réalité du sujet et de l'objet dans le même film ? Un être illusoire observe un monde illusoire.

Q. : Pourtant, je suis le témoin du film.

M. : Vous l'êtes, bien entendu. Vous et le monde êtes aussi réels que le personnage du film et le monde du film.

444. Un avocat demanda : « Le mental prend conscience du monde à travers les sens. Lorsque ceux-ci sont actifs, on ne peut faire autrement que ressentir l'existence du monde. En quoi le *karma-yoga* peut-il servir à obtenir l'état de pure conscience ? »

M. : Le monde est perçu par le mental à travers les sens. Il relève donc du mental. Celui qui voit voit le mental et les sens comme étant dans le Soi et non pas séparés de lui. Celui qui agit, en restant non affecté par l'action, se purifie de plus en plus jusqu'à ce qu'il réalise le Soi.

9 JANVIER 1938

445. En expliquant une stance de l'*Akshara-mana-mālai*, Shrī Bhagavān dit que le *mauna* [le silence] est la forme la plus élevée d'*upadesha* [enseignement]. Il signifie « silence » en tant que maître, disciple et pratique.

Trois *samnyāsin* commencèrent une discussion avec Shrī Bhagavān :

Q. : Si on reste tranquille, comment l'action peut-elle continuer ? Où est alors la place pour le *karma-yoga* ?

M. : Comprenons d'abord ce qu'est le *karma*, du *karma* de qui il s'agit et qui en est l'auteur. En analysant ces trois points et en cherchant à connaître leur vérité, on reste obligatoirement en paix dans le Soi. Ce qui n'empêche pas les actions de continuer à se dérouler.

Q. : Comment les actions peuvent-elles continuer à se dérouler si je n'agis pas ?

M. : Qui pose cette question ? Est-ce le Soi ou quelqu'un d'autre ? Le Soi est-il concerné par les actions ?

Q. : Non, pas le Soi. C'est un autre, différent du Soi.

M. : Il est donc clair que le Soi n'est pas concerné par les actions et que la question ne se pose pas.

Q. : Je suis d'accord.

Un autre visiteur : Quel est l'état de l'homme réalisé ? N'agit-il pas ?

M. : La question implique que l'homme réalisé n'est pas celui qui questionne. Pourquoi vous préoccupez-vous de quelqu'un d'autre ? Votre devoir est de vous occuper de vous-même et non pas des autres.

Q. : Les Ecritures tiennent l'homme réalisé comme l'idéal.

M. : Certainement. Il est l'idéal. Vous devez réaliser le Soi. Même si l'état de l'homme réalisé vous était décrit maintenant, vous ne pourriez saisir seulement ce que vous permet votre capacité de compréhension. Vous admettez que votre capacité est limitée. Les Ecritures disent que l'état de réalisation est sans limites. Par conséquent, la seule manière de comprendre cet état est d'en faire l'expérience en réalisant le Soi. Si la question se pose encore, la réponse sera trouvée d'emblée.

Un autre visiteur : Dans la première stance d'*Upade-*

sha-sāram[1], il est fait état d'une différence entre le conscient et l'inconscient (*chit* et *jada*). »

M. : Cet *upadesha* doit être considéré du point de vue de celui qui l'écoute. Il n'y a pas de vérité dans l'inconscient (*jada*). Seule la pleine et unique conscience (*chit*) existe.

24 JANVIER 1938

446. Mr. Grant Duff était présent dans le hall. Shrī Bhagavān nomma quelques nouvelles publications, dont le *Mahā-yoga*. Puis, sachant que Mr. Duff avait lu le *Sad-darshana-bhāshya*, il s'adressa à lui en disant combien il était surpris par la différence de point de vue existant entre les deux ouvrages. Les deux prétendaient pourtant représenter la philosophie de Shrī Bhagavān ; mais leur façon de la rendre différait tant que cela revenait à dire que le *Mahā-yoga* désapprouvait le *Sad-darshana-bhāshya.*

Quelqu'un évoqua alors la curieuse thèse du *Sat-darshana-bhāshya* selon laquelle l'individualité est conservée même après la perte de l'ego. Shrī Bhagavān commenta :

« Que peut-on faire ? Les *Upanishad* déclarent : *brahmavid brahmaiva bhavati* [MuU II.2, 9] (Celui qui connaît le *brahman* devient le *brahman* Lui-même). Or, il existe plus d'un *brahmavid* à la fois. "Sont-ils tous le même ? Ne sont-ils pas distincts ?" demandent les gens qui ne prennent en considération que les corps et non la Réalisation. Car, dans la Réalisation des *brahmavid,* il

---

1. « L'action porte ses fruits, c'est ainsi que le Créateur l'ordonne. Comment l'action peut-elle être le Suprême, elle est sans conscience ? » (*The Collected Works of Rāmana Maharshi*, 1996, p. 116).

n'y a pas de différence. Telle est la vérité. Mais lorsque la question est posée selon la perspective du corps, la réponse sera nécessairement : "Oui, ils sont différents". Voilà la raison de la confusion. »

Mr. Grant Duff : Les bouddhistes nient le monde. La philosophie hindoue admet l'existence du monde, mais lui refuse toute réalité. Ai-je raison ?

M. : La différence de perception correspond à la différence de l'angle de vision.

Q. : Ils disent que la *Shakti* crée le monde. La connaissance de l'irréalité du monde est-elle due au dévoilement de la *māyā ?*

M. : Tous admettent la création effectuée par la *Shakti.* Mais quelle est la nature de la Créatrice ? Elle ne peut être que conforme à la nature de la création. La Créatrice est de même nature que Sa création.

Q. : Y a-t-il des degrés d'illusion ?

M. : L'illusion est elle-même illusoire. L'illusion doit être vue par quelqu'un qui se trouve au-delà d'elle. Ce « quelqu'un qui la voit » peut-il encore être sujet à l'illusion ? Peut-il parler encore de degrés d'illusion ?

Prenez l'exemple des scènes qui se déroulent sur un écran de cinéma. On y voit un feu qui consume des maisons. Une tempête qui détruit des navires. Et cependant, l'écran, sur lequel toutes ces images sont projetées, n'est ni brûlé ni mouillé. Pourquoi ?

Parce que les images sont irréelles et que l'écran, lui, est réel.

Prenez encore l'exemple des images réfléchies sur un miroir. Celui-ci n'est d'aucune façon affecté par la qualité ou la quantité des images réfléchies sur lui.

Il en va de même pour le monde qui n'est qu'un phénomène sur la Réalité unique, ne l'affectant en aucune manière. La Réalité est seulement une.

Les discussions sur l'illusion proviennent des différences d'angle de vision. Changez votre angle de vision pour prendre celui du *jñāna* et découvrez l'Univers comme n'étant rien d'autre que le *brahman*. Comme vous êtes actuellement dans le monde, vous considérez le monde en tant que tel. Allez au-delà de lui et il disparaîtra : la Réalité seule resplendira.

447. Shrī Bhagavān raconta que le saint Namah Shivaya qui vivait jadis à Arunāchala devait avoir subi de grandes difficultés pour qu'il s'exprime ainsi dans un de ses chants : « Dieu soumet son adorateur à un ensemble de sévères épreuves, tel un homme qui laverait son linge en le battant sur une dalle, non pas pour le déchirer, mais pour lui enlever toute saleté. »

25 JANVIER 1938

448. Un musicien vint dans le hall et se mit à chanter des *kīrtana* du saint Tyāgarāja en telugu. Un de ces chants disait : « Trouve la source du son transcendantal (*mūlādhāra-sabda*) en plongeant profondément en toi comme un pêcheur de perles qui plonge au fond de la mer. » Et un autre disait : « Pour un homme qui maîtrise son mental, quelle est l'utilité du *tapas* [ascèse] ? Renonce à l'idée, "Je suis le corps" et réalise "Je ne suis pas, Tu es tout". »

Ce chant fut traduit à l'intention de Mr. Grant Duff.

Q. : Est-il nécessaire de contrôler sa respiration ? Qu'en est-il de celui qui n'a pas pratiqué le contrôle de la respiration ?

M. : Le contrôle de la respiration n'est qu'une aide pour plonger profondément en soi. On peut tout aussi bien y plonger par le contrôle mental. Car lorsque le mental est contrôlé, la respiration devient automatiquement contrôlée. Il n'est donc pas nécessaire de tenter le contrôle de la respiration. Le contrôle mental est suffisant. Le contrôle de la respiration est recommandé à celui qui ne peut pas contrôler son mental directement.

na 'ham — je ne suis pas cela — correspond au *rechaka* [expiration] ;

ko 'ham — qui suis-je ? (la recherche du Je) correspond au *pūraka* [inspiration] ;

so 'ham — je suis Lui (le Soi seul) — correspond au *kumbhaka* [rétention].

Voilà les trois fonctions du *prānāyāma* [contrôle de la respiration].

Les trois formules sont donc :

na-aham (pas-je) ;

ka-aham (qui-je) ;

sa-aham (Lui-je).

Supprimez les préfixes (*na*, *ka* et *sa*) et accrochez-vous à leur facteur commun *aham,* je. Voilà le point essentiel.

Plus tard, Shrī Bhagavān, se référant aux chants telugu, fit remarquer : « Tyāgarāja le dit bien : le mental doit être maîtrisé. Mais la question se pose aussitôt : "Qu'est-ce que le mental ?" Tyāgarāja donne la réponse dans le couplet qui suit, en disant que c'est l'idée "Je suis le corps". La deuxième question est : "Comment effectuer la maîtrise mentale ?" Tyāgarāja répond : "Par l'abandon total." Réalise "Je ne suis pas" et "Tout est Lui". Le sens de ce chant est subtil et dense. Il mentionne également l'autre méthode, celle du contrôle de la respiration. »

31 JANVIER 1938

449. Après le départ de Mr. Grant Duff, on commenta sa visite. Shrī Bhagavān fit remarquer : « Une certaine *shakti* (force) attire des gens de tous les coins du monde jusqu'à ce centre. »

Une des personnes présentes intervint : « Cette *shakti* n'est pas différente de Shrī Bhagavān. »

Shrī Bhagavān enchaîna : « Et quelle *shakti* m'a attiré ici au départ ? Cette même *shakti* attire tous les autres aussi. »

Shrī Bhagavān, à la joie de tous, raconta les histoires suivantes :

I. « Il était une fois un roi dont l'épouse était fort pieuse. Elle était toute dévouée à Shrī Rāma et espérait ardemment que son mari partagerait un jour ses sentiments. Une nuit, elle s'aperçut que le roi, durant son sommeil, murmurait quelque chose. Elle approcha son oreille de ses lèvres et entendit alors le mot "Rāma", répété indéfiniment, comme un *japa*. Elle fut au comble de la joie et le lendemain ordonna à son ministre d'organiser une fête. Le roi, qui participait à la fête, demanda à son épouse le motif de ces réjouissances. Elle lui raconta toute l'histoire, et conclut en disant que cette fête avait été organisée pour remercier Dieu d'avoir exaucé son plus cher désir. Le roi fut gêné de savoir que sa dévotion avait été découverte. Certains racontent, qu'estimant avoir trahi Dieu et se considérant dès lors indigne de Lui, il mit fin à ses jours.

La morale de cette histoire est qu'on ne doit pas faire étalage de sa piété.

Nous pourrions également imaginer une autre fin où le roi demande simplement à sa femme de ne plus se préoccuper au sujet de sa piété, et que dès lors ils vécurent des jours heureux. »

II. « Un dévot appelé Thondaradipodi *(Bhaktānghri-renu)* Alwar (Celui qui se réjouit de la poussière des pieds des adorateurs) avait un lopin de terre où il cultivait du *tulasī*, le basilic sacré. Il en faisait des guirlandes qui étaient ensuite offertes au dieu du temple. Etant demeuré célibataire, il était respecté pour sa conduite et son genre de vie. Un jour, deux sœurs qui vivaient de la prostitution se promenaient le long de son jardin. Avisant un arbre, elles s'assirent dessous. L'une d'elles se lamenta : "Combien ma vie est honteuse, souillant tous les jours mon corps et mon âme ; la vie de cet homme solitaire est bien enviable." Sa sœur rétorqua : "Sais-tu seulement ce qu'il pense ? Peut-être n'est-il pas aussi bon qu'il y paraît. Ses pulsions physiques peuvent être complètement dominées alors que le mental est distrait pas des pensées rebelles. On ne peut pas contrôler ses *vāsanā* aussi facilement que son corps physique."

La première répondit : "Les actes sont l'indice d'un état d'esprit. La vie que mène cet homme prouve que son esprit est pur."

L'autre répliqua : "Pas nécessairement. Son esprit n'a pas encore été mis à l'épreuve. Tu vas du reste t'en rendre compte, car je vais te le prouver. Laisse-moi seule et tu verras."

Elle se dévêtit aussitôt, ne gardant sur elle que le strict minimum. Puis elle prit un air humble et plein de contrition. Le saint finit par l'apercevoir et s'approcha d'elle. Il lui demanda ce qui lui était arrivé pour être dans un tel état de déchéance. Elle exprima un vif remords sur sa vie passée et un désir de mener à l'avenir une existence pure et noble. Pour terminer, elle demanda la grâce de devenir sa servante et de s'occuper du jardin ou des travaux domestiques. Il lui conseilla de rentrer chez elle et de mener une vie normale. Elle se mit à protester et demanda à rester. Il lui permit alors de s'occuper du basilic. Elle accepta avec empressement et se mit aussitôt au travail.

Une nuit qu'il pleuvait à torrents, elle s'abrita sous l'auvent de la cabane du saint. Ses habits étaient trempés et elle tremblait de froid. Le saint sortit et lui demanda pourquoi elle était là. Elle lui répondit que c'était le seul endroit du jardin où elle pouvait trouver un abri et qu'aussitôt la pluie finie, elle retournerait à ses occupations. Il la fit entrer afin qu'elle se sèche et change ses vêtements trempés. Comme elle n'avait pas de vêtements de rechange, il lui offrit l'un des siens. Elle le revêtit et lui demanda ensuite la permission de lui masser les pieds. Ce à quoi il consentit. Finalement ils tombèrent dans les bras l'un de l'autre.

Le lendemain, elle rentra chez elle, mit ses plus beaux vêtements et fit bonne chère. Mais elle continua d'aller travailler dans le jardin. Puis elle finit par rester de plus en plus longtemps chez elle. Le saint, après lui avoir rendu de fréquentes visites, s'installa finalement chez elle. Il n'oubliait cependant pas de soigner son jardin et d'offrir à Dieu ses guirlandes quotidiennes. Tout le monde se mit à crier au scandale et à réprouver son nouveau genre de vie. C'est alors que Dieu décida de le rétablir dans son état premier et prit l'aspect du saint lui-même. Il se présenta à la *dāsī,* lui offrit en cachette un riche cadeau, le bracelet de cheville d'un dieu du temple, puis il disparut.

Elle en fut réjouie et cacha le bracelet sous son oreiller. Mais toute la scène avait été soigneusement épiée par une domestique de la maison. Par la suite, un dévot découvrit dans le temple le vol du bracelet. Il déposa une plainte auprès des autorités. Une récompense importante fut promise à qui aiderait à le retrouver. La domestique se présenta aussitôt pour réclamer la récompense. La police découvrit le bijou caché et arrêta la *dāsī* qui avoua l'avoir reçu du saint à titre de cadeau personnel. Tant et si bien que ce dernier fut chassé violemment. Mais une voix surnaturelle s'éleva : "C'est Moi qui l'ai volé. Laissez-le tranquille."

Le roi et tous les autres furent saisis et se prosternèrent aux pieds du saint qui fut relâché. Il vécut désormais une vie sans tache, noble et pure. »

III. « Kaduveli Sidhar passait pour un ermite des plus austères. Il ne vivait que de feuilles sèches tombées des arbres. Le roi, ayant entendu parler de lui, vint lui rendre visite et offrit une récompense à celui qui parviendrait à prouver le mérite de cet homme. Une riche *dāsī* releva le défi. Elle se mit aussitôt à vivre auprès de l'ascète, prétendant le servir. Elle jeta en cachette quelques morceaux de *pappadam*[1] parmi les feuilles séchées qu'il ramassait. Lorsqu'elle vit que l'ascète les mangeait, elle parsema les feuilles sèches d'autres aliments savoureux. L'ermite prit finalement l'habitude de manger de bons plats offerts par elle. Peu à peu, ils devinrent si intimes qu'un enfant leur naquit. Lorsqu'elle informa le roi de cet événement, celui-ci lui demanda de donner au peuple une preuve de ses relations avec l'ermite. Elle accepta et suggéra un plan d'action. Le peuple fut convié à un spectacle de danse donné par la *dāsī* devant une idole du temple. Avant de faire son entrée en scène celle-ci avait donné à l'enfant une potion amère pour le faire pleurer, puis l'avait laissé aux soins de l'ermite.

Alors que la danse était à son apogée, l'enfant pleurait, réclamant sa mère. Le père prit alors le bébé

---

1. Galette croustillante de farine de pois chiche.

dans ses bras et alla à la représentation où la *dāsī* exécutait une danse frénétique. Il ne put s'approcher d'elle pour lui tendre l'enfant. Ayant remarqué leur venue, elle s'approcha de l'endroit où se trouvait le saint et s'arrangea pour perdre un de ses bracelets de cheville. Puis, elle tendit le pied dans la direction du saint qui lui remit son bracelet à la cheville. Le public se mit aussitôt à crier et à rire, mais le saint demeurait impassible. Puis, il se mit à chanter une chanson en tamoul :

"Pour la victoire, que ma colère s'envole ! Je libère mon esprit lorsqu'elle s'enfuit. S'il est vrai que je dors jour et nuit tout en restant conscient de mon Soi, que cette pierre ici présente éclate et devienne le vaste espace ! "

Aussitôt la pierre éclata bruyamment et tout le monde en fut ébahi. »

Shrī Bhagavān poursuivit :

« Ainsi donna-t-il la preuve qu'il était un *jñānī* inébranlable. On ne doit pas se laisser tromper par l'apparence extérieure d'un *jñānī*. C'est ce que confirme le *Vedānta-chūdāmani* dans le verset 181 dont voici la signification :

Bien qu'un *jīvan-mukta* (Libéré-vivant), ayant un corps en raison de son *prārabdha* [1], puisse donner l'impression d'être ignorant ou de manquer de sagesse, il est cependant pur comme l'éther (*ākāsha*) qui garde toujours sa clarté, recouvert ou non de sombres nuages. Il se réjouit toujours du seul Soi, comme une épouse aimante éprouve du plaisir de son seul époux, tout en le servant avec des biens reçus d'autres personnes que lui (par héritage déterminé par son *prārabdha*). Bien que le *jīvan-mukta* demeure silencieux tel un ignorant,

---

1. Le résultat d'actions passées, responsable de la continuité du corps même au-delà de la Réalisation.

son inertie ne provient pas d'un manque de savoir, mais de la dualité implicite de la *vaikharī-vāk* (le langage parlé) des Véda ; son silence est la plus haute expression de la non-dualité réalisée qui, somme toute, est le vrai enseignement des Véda. Bien qu'il instruise des disciples, il ne se pose pas en maître, étant pleinement convaincu que le maître et le disciple ne sont que de pures conventions nées de l'illusion (*māyā*) ; et ainsi, il continue à prononcer des mots (telle l'*ākāshavānī*[1]). Si, par ailleurs, il murmure des mots incohérents tel un insensé, c'est que son expérience est inexprimable, comme l'est celle des amants durant leur étreinte. Si, au contraire, il s'exprime avec aisance, comme un orateur, il s'agit seulement du souvenir de son expérience passée puisqu'il est maintenant l'inaltérable, unique Réalité sans dualité et dépourvu de tout désir.

S'il apparaît quelquefois en proie à une profonde douleur, comme n'importe quel homme face à un deuil, il ne fait que manifester le juste amour et la pitié à l'égard des sens qu'il contrôlait autrefois, avant de réaliser qu'ils n'étaient que de simples instruments et manifestations de l'Etre suprême. Quand il semble vivement intéressé par les merveilles du monde, il ne fait que ridiculiser l'ignorance née de la surimposition (*adhyāsa*)[2]. S'il semble avoir quelque indulgence vis-à-vis des plaisirs sexuels, il faut comprendre qu'il jouit de la félicité éternelle et inhérente au Soi, lequel, divisé Lui-même en soi individuel et Soi universel, se délecte de leur union pour regagner Sa Nature originelle. S'il apparaît en colère, c'est qu'il veut du bien à ceux qui l'offensent. Tous ses actes ne doivent être pris que pour des manifestations divines qui s'effectuent sur le plan

---

1. Voix venant du ciel.
2. Voir pour ce terme : entretiens n°s 315 et 399.

humain. Pas le moindre doute ne doit s'élever sur le fait qu'il est libéré bien qu'il soit encore vivant. Il ne vit que pour le bien du monde. »

Puis, Shrī Bhagavān mit en garde ses interlocuteurs contre l'erreur consistant à blâmer un *jñānī* en se basant sur sa conduite apparente et cita l'histoire du roi Parikshit. Celui-ci avait été un enfant mort-né, ce qui avait provoqué la douleur de ses proches, qui invoquèrent le secours de Krishna. Les sages présents au moment de la naissance se demandèrent comment Krishna pourrait rendre la vie à l'enfant. Krishna leur dit : « Si cet enfant est touché par quelqu'un d'une éternelle chasteté (*nitya-brahmachārī*), il reviendra à la vie. » Comme personne parmi les sages ne se révélait assez audacieux pour toucher l'enfant, Krishna s'approcha et le toucha en disant : « Si je suis éternellement chaste (*nitya-brahmachārī*) que cet enfant revienne à la vie. » L'enfant se mit à respirer et devint plus tard le roi Parikshit.

Voyez donc comment Krishna, qui était entouré de 16 000 *gopī*[1], n'en demeurait pas moins un *brahmachārī* ! Tel est le mystère des *jīvan-mukta* ! Un *jīvan-mukta* est celui qui ne voit rien comme étant séparé du Soi.

Si, par contre, un homme s'efforce consciemment de démontrer ses pouvoirs (*siddhi*), il ne recevra que des coups.

3 FÉVRIER 1938

450. Miss Uma Devī, une Polonaise convertie à l'hindouisme, s'adressa à Shrī Bhagavān : « J'ai déjà fait part à Shrī Bhagavān de la vision de Shiva que j'avais eue à l'époque de ma conversion à l'hindouisme.

---

1. Les bergères adoratrices de Shrī Krishna.

Une expérience analogue m'est advenue à Courtallam. Ces visions sont éphémères, mais elles engendrent la félicité. Je désirerais savoir comment les rendre durables et continues. Sans Shiva, il n'y a pas de vie dans ce que je vois autour de moi. Je suis tellement heureuse de penser à Lui. Pouvez-vous me dire comment Sa vision peut devenir permanente en moi ? »

M. : Vous parlez d'une vision de Shiva. Toute vision se rapporte toujours à un objet. L'objet implique l'existence d'un sujet. La valeur de la vision est la même que celle de celui qui la voit. (En d'autres termes, la nature de la vision est au même niveau que la nature de celui qui voit.) L'apparition implique aussi la disparition. Tout ce qui apparaît doit aussi disparaître. Une vision ne peut jamais être éternelle. Mais Shiva, Lui, est éternel.

Le *pratyaksha* (la vision) de Shiva, visible à l'œil, implique l'existence des yeux pour voir ; derrière la vue se trouve la *buddhi* (l'intellect) et derrière les deux se trouve celui qui voit et qui a la Conscience pour base. Ce *pratyaksha* n'est pas aussi réel qu'on se l'imagine, car il n'est pas intime, inhérent à l'être. Il n'est pas une donnée de première main. Il est le résultat de plusieurs aspects successifs que prend la Conscience. Mais tandis que ces aspects varient, la Conscience, elle, ne varie pas. Elle est éternelle. Elle est Shiva. Elle est le Soi.

La vision implique celui qui voit. Ce dernier ne peut nier l'existence du Soi. Il n'y a aucun instant où le Soi, en tant que Conscience, n'existe pas. De même, celui qui voit ne peut être séparé de la Conscience. Cette Conscience est l'Etre éternel et le seul Etre qui soit. Celui qui voit ne peut se voir lui-même. Nie-t-il son existence parce qu'il ne peut pas se voir lui-même avec ses propres yeux comme dans une vision (*pratyaksha*) ? Non ! Donc *pratyaksha* ne signifie pas voir, mais ETRE.

ETRE, c'est réaliser : « Je suis ce JE SUIS. » « JE

SUIS » est Shiva. Rien ne peut exister sans Lui. Tout a son existence en Shiva et par Shiva.

Ainsi, cherchez : « Qui suis-je ? » Plongez profondément en vous et demeurez le Soi. C'est Shiva en tant qu'ETRE. N'espérez pas avoir de Lui des visions répétées. Quelle est la différence entre les objets que vous voyez et Shiva ? Il est les deux, le sujet et l'objet. Vous ne pouvez pas être sans Shiva. Shiva est toujours réalisé *ici et maintenant*. Si vous pensez que vous ne l'avez pas réalisé, vous avez tort. C'est là l'obstacle qui empêche de réaliser Shiva. Abandonnez cette pensée aussi et vous parviendrez à la Réalisation.

Q.: Oui. Mais comment puis-je faire cela le plus vite possible ?

M.: Voilà l'obstacle à la Réalisation. L'individu peut-il exister sans Shiva ? Même en ce moment Il est vous. Ce n'est pas une question de temps. S'il y avait un instant de non-Réalisation, la question de la Réalisation pourrait se poser. Mais la réalité est que vous ne pouvez pas être sans Lui. L'individu est déjà réalisé, toujours réalisé et jamais non réalisé.

Soumettez-vous à Lui et à Sa volonté, qu'Il apparaisse ou qu'Il disparaisse ; attendez Son bon plaisir. Lui demander d'agir selon *votre* bon plaisir, ce n'est pas se soumettre à Lui, mais Le commander. Vous ne pouvez pas attendre qu'Il vous obéisse et en même temps penser que vous Lui êtes soumise. Il sait ce qui convient le mieux et quand et comment y parvenir. Laissez donc toute chose à Ses soins. Le fardeau est pour Lui ; vous n'aurez plus de soucis. Tous vos soucis sont à Lui. C'est la soumission. C'est la *bhakti*.

Ou bien, cherchez à qui ces questions se posent. Plongez au plus profond du Cœur et demeurez le Soi. L'une ou l'autre de ces deux voies est ouverte à tout aspirant.

Il n'y a pas d'être qui ne soit pas conscient et qui, par conséquent, ne soit pas Shiva. Non seulement il est Shiva, mais encore toute chose dont il est conscient ou pas conscient. Et pourtant, dans son ignorance, il croit voir l'Univers sous des formes diverses. Mais s'il voit son Soi, il n'a plus la conscience d'être séparé de l'Univers. En fait, son individualité et les autres entités disparaissent, bien qu'elles persistent dans toutes leurs formes. Shiva est vu comme étant l'Univers. Mais l'arrière-plan même, l'homme ne le voit pas. Pensez à la personne qui ne voit que le vêtement et non pas le coton dont il est fait, ou encore celle qui voit les images bougeant sur l'écran d'un cinéma, et non pas l'écran qui leur sert de support ; ou enfin, celle qui voit les lettres qu'elle lit, mais pas le papier sur lequel elles sont écrites. Les objets sont pourtant conscience et formes. Or une personne ordinaire voit les objets dans l'Univers mais pas Shiva présent dans ces formes. Shiva est l'Etre qui assume ces formes et la conscience qui les voit. Cela pour dire que Shiva est l'arrière-plan sur lequel reposent à la fois le sujet et l'objet ou encore Shiva en repos et Shiva en action, ou Shiva et Shakti, ou le Seigneur et l'Univers. Quoi que l'on dise, ce n'est que la conscience, qu'elle soit au repos ou en action. Qui n'est pas conscient ? Alors, qui n'est pas réalisé ? Comment des doutes peuvent-ils alors s'élever quant à la réalisation ou au désir de l'obtenir ? Si 'je' ne suis pas *pratyaksha* [directement visible] à moi-même, je peux alors dire que Shiva n'est pas *pratyaksha*.

Vous posez ces questions parce que vous avez limité le Soi au corps. C'est alors seulement que les idées sur *intérieur* et *extérieur,* sur sujet et objet, émergent. Les visions objectives n'ont aucune valeur intrinsèque. Même si elles perdurent, elles ne peuvent satisfaire personne. Umā a toujours Shiva près d'elle. Les deux ensemble forment Ardhanarīshvara [1]. Cependant, elle voulait connaître Shiva dans Sa véritable nature. Elle se livra alors à des *tapas* [ascèses]. Au cours de sa méditation elle aperçut une lumière intense. Elle pensa : « Cette lumière ne peut pas être Shiva, car elle se trouve à l'intérieur de mon champ visuel ; je suis plus vaste que cette lumière. » Elle reprit alors son ascèse. Les pensées disparurent. La tranquillité s'installa. Et elle réalisa que *Etre* est Shiva dans Sa nature véritable.

Muruganar cita alors une stance du saint Appar :

« Pour que les ténèbres se dissipent et que la lumière me soit donnée, Ta Grâce doit opérer à travers MOI seul. »

Et Shrī Bhagavān se mit à citer une stance de Mānikkavāchakar :

« Nous chantons Ta Gloire (*bhajan*) et nous nous livrons à diverses pratiques. Mais nous n'avons jamais vu ni entendu parler de ceux qui T'avaient vu. »

On ne peut pas voir Dieu et conserver en même temps l'individualité. Celui qui voit et ce qui est vu s'unissent en un seul Etre. Il n'y a plus ni connaisseur, ni connaissance, ni connu. Tous s'absorbent dans le seul suprême Shiva !

4 FÉVRIER 1938

451. Mr. S.S. Suryanārāyana Shāstri, professeur de philosophie à l'Université de Madras, arriva à l'ashram pendant la nuit. Le lendemain, il fit part d'un doute qu'il

---

1. Litt. « le Seigneur moitié femme ». Le Seigneur Shiva, dont une des deux moitiés du corps est formée par Pārvatī (ou Umā), son épouse.

avait eu et qui avait été levé en lisant le commentaire de Sarma sur le poème *Atmā-vidyā* (*La Connaissance du Soi*).

Voici son doute : « Comment le monde peut-il être une imagination ou une pensée ? La pensée est une fonction du mental. Le mental est localisé dans le cerveau. Le cerveau est à l'intérieur du crâne qui n'est qu'une partie infinitésimale de l'Univers. Comment alors l'Univers peut-il être contenu dans les cellules du cerveau ? »

Shrī Bhagavān répondit : « Tant que le mental sera considéré comme une entité de ce genre, les doutes persisteront. Mais, qu'est-ce que le mental ? Réfléchissons-y. Quand l'homme sort de son sommeil, il perçoit le monde. Cette perception vient après la pensée 'je'. Puis, la tête se soulève et le mental devient actif. Qu'est-ce que le monde ? C'est l'ensemble des objets répandus dans l'espace. Qui contient cet ensemble ? Le mental. Mais le mental qui contient l'espace (*ākāsha*) ne serait-il pas lui-même espace ? L'espace est l'éther physique (*bhūtākāsha*). Le mental est l'éther subtil (*mano' kāsha*) qui est, lui, contenu dans l'éther trans-cendantal (*chidākāsha*). Le mental est donc le principe éther (*ākāsha-tattva*). L'éther étant le principe de la connaissance (*jñāna-tattva*), la métaphysique identifie le mental à l'éther. Le considérant comme tel, il ne devrait plus y avoir de difficulté à réconcilier la contra-diction apparente contenue dans la question. Le mental pur (*shuddha-manas*) est éther. Les aspects dynamiques (*rajas*) et engourdis (*tamas*) du mental se manifestent sous forme d'objets du monde grossier. Par conséquent, l'Univers entier n'est que mental.

Prenez encore l'exemple d'une personne qui rêve. Elle s'installe dans une pièce dont les portes sont fermées de façon à ne pas être dérangée durant son sommeil. Elle ferme les yeux pour ne voir aucun objet. Et pourtant, lorsqu'elle rêve, elle voit tout un monde dans lequel des gens se meuvent et elle-même parmi eux. Tout ce monde est-il entré par la porte ? Non, il lui a simplement été présenté par son cerveau. Mais s'agit-il du cerveau du dormeur ou du cerveau du personnage du rêve ? Bien entendu, de celui du dormeur. Comment se peut-il alors qu'un monde aussi vaste puisse être contenu dans des cellules aussi minuscules ? L'explication en est que l'Univers entier n'est qu'une pensée ou une série de pensées.

Un Swāmi : J'ai mal aux dents. N'est-ce qu'une pensée ?

M. : Oui.

Q. : Pourquoi ne puis-je penser qu'il n'y a pas de mal de dents et me soulager ainsi moi-même ?

M. : Quand on est complètement absorbé dans d'autres pensées, on ne ressent pas le mal de dents. Et quand on dort, le mal de dents n'est plus ressenti non plus.

Q. : Mais le mal de dents persiste quand même.

M. : C'est la ferme conviction de la réalité du monde dont il n'est pas facile de se débarrasser. Le monde ne devient pas pour autant plus réel que l'individu lui-même.

Q. : En ce moment il y a la guerre sino-japonaise. Si elle est purement imaginaire, Shrī Bhagavān ne pourrait-il pas imaginer le contraire et mettre un terme à cette guerre ?

M. : Le Bhagavān dont vous parlez est tout autant une pensée que la guerre sino-japonaise. (Rire)

7 FÉVRIER 1938

452. Mr. Dhar, un haut fonctionnaire, et sa femme, tous deux jeunes et cultivés, vinrent en visite à l'ashram. La femme demanda à Shrī Bhagavān comment sa méditation pouvait devenir stable.

M. : Qu'est-ce que la méditation ? Elle consiste en l'expulsion des pensées. Tous vos ennuis actuels proviennent des pensées et sont eux-mêmes des pensées. Abandonnez les pensées. C'est cela le bonheur et c'est aussi la méditation.

Q. : Comment abandonner les pensées ?

M. : Les pensées appartiennent au penseur. Demeurez comme le Soi du penseur et c'est la fin des pensées.

Mr. Dhar demanda alors : « Pourquoi Brahmā, qui est Perfection, nous crée-t-Il et nous met-Il à l'épreuve dans le but de le réintégrer ? »

M. : Où est l'individu qui pose cette question ? Il est dans l'Univers et inclus dans la création. Comment peut-il poser cette question alors qu'il est enchaîné dans la création ? Il faut qu'il aille au-delà d'elle pour voir si alors quelque question se pose encore.

8 FÉVRIER 1938

453. Mrs. Hearst, de la Nouvelle-Zélande, Mrs. Craig et Mrs. Allison, de Londres, étaient à l'ashram pour une courte visite.

L'une d'elles s'enquit : « Quel est la meilleure façon de travailler pour la paix du monde ? »

M. : Qu'est-ce que le monde ? Qu'est-ce que la paix, et qui est celui qui travaille à cette paix ? Le monde n'apparaît pas dans votre sommeil profond ; et il n'est qu'une projection du mental dans votre *jāgrat* [état de veille]. Il n'est donc qu'une idée et rien d'autre. Quant à la paix, c'est l'absence d'agitation. L'agitation, chez l'individu, est provoquée par l'apparition des pensées, qui n'est que l'ego surgissant de la pure conscience.

Assurer la paix signifie être libre de toute pensée et demeurer en tant que pure conscience. Si on est soi-même en paix, la paix règne partout.

Q. : S'il est question de faire quelque chose que l'on considère être mal, mais qu'en le faisant on sauve autrui d'un grand malheur, doit-on agir ou s'abstenir ?

M. : Qu'est-ce qui est bien et qu'est-ce qui est mal ? Il n'y a pas de critère qui permette de juger si une chose est bonne et une autre mauvaise. Les opinions diffèrent selon la nature de l'individu et selon son environnement. Ce sont encore des idées et rien de plus. Ne vous tracassez pas à leur sujet. Débarrassez-vous plutôt des pensées. Si vous demeurez toujours dans le bien, alors le bien régnera dans le monde.

Q. : A quoi doit-on penser quand on médite ?

M. : Qu'est-ce que la méditation ? C'est l'expulsion des pensées. Vous êtes perturbée par des pensées qui se succèdent l'une après l'autre. Accrochez-vous à une seule pensée afin que les autres soient expulsées. Une pratique assidue donne au mental la force nécessaire pour se livrer à la méditation.

La méditation varie selon le degré d'avancement spirituel du chercheur. S'il a atteint une certaine maturité, il peut s'accrocher directement au penseur, et le penseur plongera automatiquement dans sa source, la pure Conscience.

Si on ne parvient pas à s'accrocher directement au penseur, il faut méditer sur Dieu. Puis, en temps voulu, l'individu sera suffisamment purifié pour pouvoir porter toute son attention sur le penseur et ainsi plonger dans l'Etre absolu.

Une des trois personnes ne sembla pas satisfaite de cette réponse et demanda davantage de précision.

M. : Le mal que l'on voit chez l'autre, c'est son propre mal. La distinction du bien et du mal est à l'origine du péché. On projette hors de soi son propre péché et, par ignorance, on le surimpose sur l'autre. La meilleure voie, c'est celle qui permet d'atteindre l'état dans lequel il n'y a plus de distinction.

Voyez-vous le bien ou le mal dans votre sommeil ? N'existiez-vous pas dans le sommeil ? Restez comme dans le sommeil, même à l'état de veille, demeurez le pur Soi et ne vous laissez pas contaminer par ce qui se passe autour de vous.

De plus, vous aurez beau vouloir conseiller les gens, ils ne changeront probablement pas. Soyez vous-même dans le bien et restez silencieuse. Votre silence aura plus d'effet que vos paroles ou vos actes. Ainsi, le pouvoir de volonté se développera. Et le monde devient le Royaume des Cieux qui est en vous.

Q. : Si l'on doit se retirer en soi-même, pourquoi le monde existe-t-il ?

M. : Où se trouve le monde et où va-t-on en se retirant ? Prend-on un avion pour s'envoler au-delà de l'espace ? Est-ce cela se retirer ?

Le fait est que le monde n'est qu'une idée. Dites-moi : Etes-vous dans le monde ou le monde est-il en vous ?

Q. : Je suis dans le monde. J'en fais partie.

M. : Voilà l'erreur. Si le monde existe indépendamment de vous, vient-il vous dire qu'il existe ? Non, vous voyez qu'il existe, mais vous ne le voyez qu'à l'état de veille et non pas quand vous dormez profondément. S'il avait une existence indépendante de la vôtre, il devrait vous le dire et vous devriez en être consciente même dans votre sommeil profond.

Q. : Je prends conscience du monde dans le *jāgrat*.

M. : Prenez-vous d'abord conscience de vous-même, puis ensuite du monde ? Ou bien, prenez-vous conscience d'abord du monde et ensuite de vous-même ? Ou prenez-vous conscience des deux simultanément ?

Q. : Je dirais que je prends conscience des deux simultanément.

M. : Avant de prendre conscience de vous-même, étiez-vous ou n'étiez-vous pas ? Admettez-vous votre existence continue avant et au moment où vous prenez conscience du monde ?

Q. : Oui.

M. : Si vous existez depuis toujours, pourquoi n'êtes-vous pas consciente du monde en sommeil profond si celui-ci a une existence indépendante du Soi ?

Q. : Je prends conscience de moi-même et du monde également.

M. : Vous prenez donc conscience de vous-même. Qui devient conscient de qui ? Y a-t-il deux soi ?

Q. : Non.

M. : Vous voyez alors qu'il est faux de supposer que la conscience passe par différentes phases. Le Soi est toujours conscient. Quand le Soi s'identifie à celui qui voit, il voit des objets. La création du sujet et de l'objet est la création du monde. Sujets et objets sont des créations dans la pure Conscience. Vous voyez des images bouger sur un écran de cinéma. Quand vous portez votre attention sur les images, vous n'êtes pas consciente de l'écran. Pourtant les images ne peuvent pas être vues en l'absence de l'écran. Le monde équivaut aux images et la Conscience à l'écran. La Conscience est pure. Elle est identique au Soi qui est éternel et immuable. Eliminez le sujet et l'objet, et seule demeurera la pure Conscience.

Q. : Mais pourquoi le pur *brahman* est-il devenu

Īshvara et a-t-Il créé l'Univers, s'Il n'en avait pas l'intention ?

M. : Est-ce le *brahman* ou Īshvara qui vous l'a dit ? Vous dites que le *brahman* est devenu Īshvara. Vous ne dites pas cela dans votre sommeil profond. Ce n'est qu'à l'état de *jāgrat* que vous parlez de *brahman*, Īshvara et l'Univers. L'état de *jāgrat* est l'état de dualité sujet-objet, provoqué par la naissance des pensées. Aussi sont-ils des créations de vos pensées.

Q. : Mais le monde existe dans mon sommeil, même si je n'en suis pas consciente.

M. : Quelle est la preuve de son existence ?

Q. : Les autres en sont conscients.

M. : Vous le disent-ils quand vous dormez ou êtes-vous consciente des autres en train de voir le monde dans votre sommeil ?

Q. : Non. Mais Dieu est toujours conscient.

M. : Laissez Dieu tranquille. Parlez pour vous-même. Vous ne connaissez pas Dieu. Il n'est que ce que vous pensez qu'Il est. Est-Il séparé de vous ? Il est cette Conscience pure dans laquelle toutes les idées se forment. Vous êtes cette Conscience.

10 FÉVRIER 1938

454. *Mrs. Dhar :* Shrī Bhagavān recommande le *vichāra*, la pratique de l'investigation, même lorsqu'on est engagé dans des activités extérieures. Si le but d'une telle investigation est la réalisation du Soi, il s'ensuit que la respiration doit s'arrêter. Et si la respiration s'arrête, comment le travail se poursuivra-t-il, en d'autres termes, comment la respiration peut-elle s'arrêter pendant qu'on travaille ?

M. : Vous confondez le moyen et la fin (la *sādhanā*

et le *sādhya*). Qui est l'investigateur ? C'est l'aspirant et non le *siddha* [l'être accompli]. L'investigation indique que l'investigateur se considère comme séparé de l'investigation.

Tant que cette dualité persiste, l'investigation doit être poursuivie jusqu'à ce que l'individualité ait disparu et que le Soi ait été réalisé comme étant l'Etre éternel (incluant l'investigation et l'investigateur).

La vérité est que le Soi est Conscience constante et ininterrompue. Le but de l'investigation est de découvrir que la vraie nature du Soi est pure Conscience. La pratique de l'investigation doit être poursuivie tant que le sens de la séparation persiste.

Une fois la Réalisation accomplie, l'investigation n'est plus nécessaire. La question ne se posera même pas. La Conscience penserait-elle à poser la question de savoir qui est conscient ? La Conscience demeure pure et simple.

L'investigateur est conscient de sa propre individualité. L'investigation ne s'oppose pas à la conscience individuelle de l'investigateur ; le travail extérieur n'est pas un obstacle non plus à une telle conscience. Si le travail, en apparence extérieur, n'est pas un obstacle à la conscience individuelle, comment le travail dont on est conscient qu'il n'est pas séparé du Soi peut-il faire obstacle à la conscience ininterrompue du Soi, qui est Un sans second, et qui n'est pas un individu séparé du travail ?

455. *Mrs. Dhar :* Je fais partie de la création et j'en demeure dépendante. Je ne peux résoudre l'énigme tant que je ne deviens pas indépendante. Je demande alors à Shrī Bhagavān, s'Il ne pourrait pas le faire pour moi.

M. : Oui, c'est Bhagavān qui dit : « Devenez indépendante et résolvez l'énigme par vous-même. C'est à vous de le faire. » Je répète : Où êtes vous en ce moment pour poser cette question ? Etes-vous dans le monde, ou le monde est-il en vous ? Vous devez admettre que vous ne percevez pas le monde dans votre sommeil, bien que vous ne puissiez pas y nier votre existence. Le monde apparaît quand vous vous réveillez. Où est-il alors ? Il est clair que le monde n'est autre que votre pensée. Les pensées sont vos projections. Le 'je' est créé en premier et ensuite vient le monde. Le monde est créé par le 'je' qui, à son tour, s'élève du Soi. L'énigme de la création du monde est donc résolue si vous résolvez la création du 'je'. C'est pourquoi je dis : trouvez votre Soi.

Encore une fois : le monde vient-il vous demander : « Pourquoi est-ce que j'existe ? Comment ai-je été créé ? » C'est vous qui posez cette question. Celui qui pose la question doit établir la relation entre le monde et lui-même. Il doit admettre que le monde est le fruit de sa propre imagination. Qui imagine tout cela ? Qu'il trouve le 'je' et ensuite le Soi.

De plus, les explications scientifiques et théologiques ne s'harmonisent pas entre elles. La diversité des théories montre clairement l'inutilité de rechercher ce genre d'explications. Elles sont purement intellectuelles ou mentales et rien de plus. Et pourtant, selon le point de vue de l'individu, elles sont toutes vraies. Mais, dans l'état de Réalisation, il n'y a pas de création. Quand on voit le monde, on ne se voit pas soi-même. Quand on voit le Soi, le monde n'est pas vu. Voyez alors le Soi et réalisez qu'il n'y a jamais eu de création.

Mrs. Dhar, étant souffrante et dans l'incapacité de venir dans le hall, fit savoir à Shrī Bhagavān combien elle en était malheureuse.

Shrī Bhagavān : Eh bien, le fait d'y penser lui permet

de rester toujours dans la Présence. Cela vaut mieux que de rester dans le hall et de penser à autre chose.

11 FÉVRIER 1938

456. Un visiteur lut à haute voix un article, écrit par Swāmi Rāmdās et paru dans *The Vision,* ayant trait à la fréquentation des saints.

UN DANGER

Recherchez la compagnie des saints par tous les moyens, mais ne restez pas indéfiniment avec eux. Car l'adage "la familiarité entraîne le mépris" s'applique même à eux.

Il ne fait aucun doute que la croissance spirituelle dépend largement des fréquentations appropriées. La compagnie des saints est donc considérée comme essentielle pour un chercheur de vérité. Mais cela n'implique pas qu'il faille rester attaché à leur présence d'une façon permanente.

Le chercheur peut rester en leur compagnie pour une courte période et, en se laissant ainsi inspirer et guider, il s'éveillera parfaitement à la conscience de la Réalité inhérente. Il serait bien pour lui de s'en séparer avant que la lumière et l'inspiration reçues diminuent ou disparaissent.

CELA PEUT TOURNER À LA RAILLERIE

J'ai connu beaucoup de cas et j'ai entendu parler de beaucoup d'autres où la présence continue dans la compagnie d'un saint a non seulement diminué la ferveur et l'aspiration des chercheurs, mais a même fait d'eux des êtres railleurs et sceptiques. Or, le déclin de la foi, de la pureté et de l'aspiration chez un *sādhaka* (chercheur de vérité) cause à celui-ci des dommages incalculables.

Un jeune arbrisseau qui pousse à l'ombre d'un arbre géant ne peut pas déployer sa force ni sa stature. Son développement en sera entravé et il deviendra faible. Si, par contre, le même arbrisseau est mis en terrain découvert, exposé aux tempêtes, à la chaleur, au froid et à toutes les intempéries, il aura toutes les chances de grandir et de devenir un arbre majestueux, tirant sa substance à la fois d'en haut et d'en bas.

UNE CROISSANCE ÉTOUFFÉE

Cette analogie avec l'arbrisseau illustre ce qui arrive à un chercheur attaché à la seule personnalité extérieure d'un saint et qui passe toutes ses journées en étroite association avec lui. L'initiative pour exprimer librement les possibilités spirituelles qui lui sont propres est étouffée. Il ne parvient pas à cultiver les qualités fondamentales, nécessaires à son avancement : l'intrépidité, l'indépendance et l'endurance. Le seul grand Guide qui doit maîtriser son mental, sa parole et son corps doit être l'Esprit tout-puissant en lui. Son but doit être de s'abandonner à cet Esprit et d'en devenir l'incarnation. Se tenir sur ses propres jambes, combattre et grandir par ses propres forces et par sa propre expérience et finalement se livrer de son propre gré à Dieu amène la vraie libération et la paix.

De tout ce qui a été dit ci-dessus il ne faut pas conclure que la grandeur et l'efficacité de la présence des âmes qui ont réalisé Dieu sont mises en cause. Un tel contact est le moyen le plus efficace pour une rapide évolution spirituelle de l'âme. En fait, la grâce des saints est une aide inestimable pour la *sādhanā* ; en son absence, l'aspirant est comme un oiseau martelant vainement ses ailes contre les barreaux de sa cage pour trouver la liberté. Les saints sont des sauveurs et des libérateurs. La conception hindoue d'un saint, c'est qu'il est une incarnation de Dieu Lui-même. Aussi, honore-le, profite du bénéfice exceptionnel de sa compagnie, sers-le d'un cœur franc et pur, écoute attentivement ses conseils et efforce-toi de les suivre pour parvenir ainsi à la pleine connaissance de la Vérité dont tu es en quête. Mais veille à ne pas rester attaché à sa personne et à perdre ainsi les présents spirituels obtenus de lui lors des premiers contacts. »

Shrī Bhagavān écouta et demeura silencieux durant toute la lecture. On lui demanda si le contact avec des saints pouvait être un danger. Shrī Bhagavān cita alors une stance en tamoul, disant que le contact avec le *guru* devrait être maintenu jusqu'à la *videha-mukti* (Libération à la mort). Et il demanda : « Où est le *satpurusha* [l'Etre réel] ? Il est à l'intérieur. »

Ensuite il cita une autre stance :

« O Maître, qui as toujours été en moi dans toutes mes incarnations passées et qui t'es manifesté sous forme humaine à seule fin de parler le langage que je comprends, et de me guider. »

12 FÉVRIER 1938

457. Apprenant que Mrs. Rosita Forbes était en Inde, Shrī Bhagavān dit : « Les explorateurs cherchent le bonheur en trouvant des curiosités, en découvrant des nouveaux pays et en prenant des risques dans des aventures. Tout cela est passionnant. Mais où trouve-t-on le vrai plaisir ? Seulement en soi. Le plaisir ne doit pas être cherché dans le monde extérieur. »

13 FÉVRIER 1938

458. Shrī Bhagavān fit remarquer que l'idée de la non-dualité (l'*advaita*), bien qu'elle soit recommandée, ne doit pas être appliquée à l'action. Comment peut-on apprendre l'*advaita* si on ne trouve pas un maître pour recevoir des instructions ? N'est-ce pas la dualité ? C'est là la raison [1].

14 FÉVRIER 1938

459. A propos du monologue tenu par Alexander Selkirk, Shrī Bhagavān dit : « Le bonheur de la solitude ne se trouve pas que dans des lieux retirés. On peut tout aussi bien le ressentir dans des endroits animés. Mais il ne doit pas être recherché ni dans la solitude ni dans les endroits animés. Il est dans le Soi. »

17 FÉVRIER 1938

460. Observant la lune juste avant le lever du soleil, Shrī Bhagavān dit : « Voyez la lune et aussi le nuage dans le ciel. Ils sont tous les deux aussi brillants. La lune ressemble à un tout petit nuage. Le mental du *jñānī* est comparable à cette lune qui précède le lever du soleil. Il est présent mais ne brille pas de lui-même. »

---

1. Voir strophe n° 39 du Supplément aux « Quarante Strophes sur la Réalité » (*Ulladu-nārpadu-anubandha*). « Garde l'*advaita* dans le cœur. Ne l'exprime jamais dans l'action. Même si tu l'appliques aux trois mondes, ô fils, il ne doit pas être appliqué au *guru* » (*The Collected Works of Rāmana Maharshi*, 1996, p. 136).

18 FÉVRIER 1938

461. En parcourant les lettres du jour, Shrī Bhagavān en lut une à haute voix :

« Un jeune brahmane, employé de maison, alla se coucher. Dans son sommeil, il poussa un cri. En se réveillant, il raconta son rêve : il avait senti son *prāna* [souffle vital] sortir de son corps par la bouche et les narines. C'est ce qui l'avait fait crier. Peu de temps après, il s'était vu mort et son âme avait été amenée au Vaikuntha [ciel de Vishnou] où le dieu Vishnou siégeait entouré d'autres dieux et dévots, tous avec les marques éminentes vishnouites sur le front. Vishnou avait dit : "Cet homme devait être conduit ici demain à 2 heures. Pourquoi l'a-t-on amené aujourd'hui ?"

Le lendemain, à 2 heures, le garçon mourait. »

19 FÉVRIER 1938

462. Mrs. Dhar était désireuse de poser quelques questions à Shrī Bhagavān et d'obtenir son aide. Elle l'approcha avec hésitation et lui fit part de ses difficultés : « Mes tentatives de concentration sont troublées par de soudaines palpitations cardiaques, accompagnées de respirations courtes et rapides. Alors mes pensées s'accélèrent et le mental devient incontrôlable. Quand je me porte bien, je réussis davantage et ma respiration finit par s'immobiliser, suivie d'une profonde concentration. Depuis longtemps je désire la proximité de Shrī Bhagavān pour approfondir ma méditation. Maintenant, j'ai pu venir ici après un effort considérable, mais je suis tombée malade. Je n'arrivais donc pas à méditer ce qui me rendait dépressive. J'ai fait des efforts résolus pour concentrer mon mental, mais j'étais toujours dérangée par ces respirations courtes et rapides. Le moment approche où je dois quitter cet endroit et je me sens de plus en plus déprimée à cette idée. Ici, dans le hall, je vois des gens qui obtiennent la paix en méditant, tandis que moi, je ne suis pas gratifiée par une telle paix. Cela a un effet déprimant sur moi. »

M. : Cette pensée « Je ne suis pas capable de me concentrer » est en elle-même un obstacle. Pourquoi devrait-elle s'élever en vous ?

Q. : Peut-on demeurer vingt-quatre heures par jour sans penser à rien ? Devrais-je ne pas méditer du tout ?

M. : Qu'est-ce que le temps ? Ce n'est qu'un concept. Chacune de vos questions est provoquée par une pensée.

Votre nature est Paix et Bonheur. Les pensées sont des obstacles à la Réalisation. La méditation ou la concentration a pour but d'écarter les obstacles et non pas d'atteindre le Soi. Y a-t-il quelqu'un qui soit séparé du Soi ? Non ! La véritable nature du Soi, c'est la Paix. Si cette même Paix n'est pas trouvée, cela aussi n'est qu'une pensée qui est étrangère au Soi. On pratique la méditation seulement pour se débarrasser de ces pensées imaginaires et étrangères. Par conséquent, toute pensée doit être domptée dès qu'elle surgit. Dès qu'une pensée s'élève, ne vous laissez pas entraîner par elle. Vous prenez conscience du corps quand vous oubliez le Soi. Mais pouvez-vous oublier le Soi ? Puisque vous êtes le Soi, comment pouvez-vous l'oublier ? Il doit y avoir deux soi, pour que l'un puisse oublier l'autre. C'est absurde. Le Soi n'est donc pas déprimé ; il n'est pas imparfait et il est toujours heureux. Le sentiment contraire n'est qu'une simple pensée qui n'a en réalité aucune force. Débarrassez-vous des pensées. Pourquoi s'efforcer de méditer ? Etant le Soi, on demeure toujours réalisé. Soyez seulement libre de pensées.

Vous croyez que votre santé ne vous permet pas de

méditer. Il faut donc remonter à la source de cette idée de dépression. L'origine en est la fausse identification du corps avec le Soi. La maladie ne provient pas du Soi, elle relève du corps. Mais le corps ne vient pas vous dire qu'il souffre de la maladie. C'est vous qui le dites. Pourquoi ? Parce que vous vous identifiez faussement avec le corps.

Le corps, en soi, est une pensée. Soyez ce que vous êtes réellement. Il n'y a pas de raison d'être déprimée.

Mrs. Dhar devait se retirer ; la conversation fut poursuivie par d'autres personnes :

Q. : Les réponses de Shrī Bhagavān sont telles qu'elles ne nous permettent pas de poser d'autres questions, non pas parce que notre mental est en paix mais parce que nous sommes incapables de discuter sur ce sujet. Notre mécontentement subsiste toujours. Pour que les troubles physiques disparaissent, les troubles mentaux doivent d'abord disparaître. Les deux sortes de troubles s'en vont quand les pensées sont éliminées. Les pensées ne s'éliminent pas sans effort. Et l'effort n'est pas possible à cause de la faiblesse actuelle du mental. Le mental a besoin de la grâce pour gagner en force. Mais la grâce se manifeste seulement lorsque l'on s'est totalement soumis. Par conséquent, toutes les questions que nous posons ici, sciemment ou non, reviennent à demander la grâce de Shrī Bhagavān.

Celui-ci sourit et dit : « Oui ».

Q. : Il est dit que la soumission est la *bhakti*. Mais Shrī Bhagavān est connu pour privilégier la recherche du Soi. Il y a alors confusion chez l'auditeur.

M. : La soumission ne peut avoir d'effet que quand elle s'effectue en toute connaissance. Cette connaissance est le résultat de la recherche. Elle aboutit à la soumission.

Q. : La connaissance de l'Etre suprême se produit après avoir transcendé le soi individuel. C'est le *jñāna*. Quelle est alors la nécessité de soumission ?

M. : C'est exact. Il n'y a pas de différence entre le *jñāna* et la soumission. (Sourire)

Q. : Comment le questionneur peut-il alors être satisfait ? La seule alternative qui lui reste est, soit la compagnie des sages (*sat-sanga*), soit la dévotion à Dieu (*īshvara-bhakti*).

Le Maharshi sourit et dit : « Oui. »

21 FÉVRIER 1938

463. Au cours d'une conversation, Shrī Bhagavān parla en termes élogieux des services rendus par ses assistants précédents, Palaniswāmi, Ayyāswāmi et Annāmalai.

Il raconta comment ils avaient monté dans le jardin deux simples plates-formes qui furent occupées par lui-même et Palaniswāmi. Faites de nattes en paille et en bambou, elles étaient encore plus confortables que le sofa actuel. Palaniswāmi avait l'habitude de venir tous les soirs, par un sentier sinuant entre des rangées d'épineux, apporter à Shrī Bhagavān de la nourriture mendiée à Kizhnathoor. Bien que Shrī Bhagavān protestât, Palaniswāmi n'en continuait pas moins. Il était dépourvu de toute avidité ou d'attachement à quoi que ce soit. Il avait gagné un peu d'argent en travaillant dans des entreprises d'aménagement de chenaux et avait déposé ses maigres économies chez quelqu'un en ville, n'y puisant que pour ses urgences. Quand on lui avait proposé une vie confortable dans son village natal, il avait refusé pour continuer à vivre avec Shrī Bhagavān, et ce jusqu'à sa mort.

Ayyāswāmi, quant à lui, avait travaillé pour un Européen en Afrique du Sud. Il aimait la propreté et était très actif. Il aurait très bien pu diriger dix ashrams à la fois. Lui aussi était libre de tout attachement ou avidité. Bien que plus efficace que Palaniswāmi, il lui était cependant très dévoué et l'aimait beaucoup.

Annāmalai était allé voir pour la première fois le Maharshi à la grotte de Virupaksha. Plus tard, il était parti à Kovilur pour étudier certaines Ecritures tamoules. Puis il était revenu à Skandāshram. En janvier 1922, à l'âge de 29 ans, il mourut. Entre-temps, il avait composé 36 stances en tamoul, toutes pleines de sens et de ferveur.

Shrī Bhagavān les fit lire à haute voix et expliqua brièvement leur signification.

5 MARS 1938

464. Un passage d'*Arunāchala-māhātmya* (à la gloire d'Arunāchala) se rapportant à l'histoire de Pangunni (un sage boiteux), qui avait été guéri par la grâce de Shrī Arunāchala, fut lu à haute voix. Ensuite, Shrī Bhagavān raconta l'histoire d'un homme qu'il avait rencontré lorsqu'il vivait à Gurumūrtham.

« Le nom de cet homme était Kuppu Iyer. Il ne pouvait pas marcher, ses jambes ne le soutenant plus. Un jour qu'il se traînait vers Vettavalam, un vieillard apparut soudainement devant lui et lui dit : "Pourquoi te traînes-tu ainsi ? Lève-toi et marche." Kuppu Iyer se sentit rempli d'une grande excitation et, sans s'en rendre compte, il se leva et se mit à marcher. Après avoir fait quelques pas, il se retourna pour voir quel était l'étranger à qui il devait de pouvoir marcher, mais il ne vit personne. Il raconta son aventure à tous ceux qui, surpris de le voir marcher, l'interrogeaient. N'importe quel vieillard encore vivant en cette ville peut en témoigner.

Une autre fois, une jeune fille sortait de l'école lorsque quelqu'un tenta de lui voler ses bijoux. A ce moment, apparut soudain un vieillard qui protégea la jeune fille, l'escorta jusqu'à sa maison et disparut.

D'étranges événements de cette nature arrivent souvent à Tiruvannāmalai. »

6 MARS 1938

465. Shrī Bhagavān expliqua à un juge retraité de la Cour suprême quelques points de l'*Upadesha-sāram* :

« 1) La méditation doit être continue comme un cours d'eau. Si elle est ininterrompue, elle est appelée *samādhi* ou *kundalinī-shakti*.

2) Le mental peut s'immerger dans le Soi, mais rester à l'état latent ; il doit nécessairement resurgir. A sa réapparition, on se retrouve identique à ce que l'on était avant, car les dispositions mentales étaient alors à l'état latent, prêtes à se manifester quand les conditions étaient favorables.

3) Les activités mentales peuvent aussi être détruites complètement ; il y a une différence avec le mental précédent car ici l'attache est rompue et ne réapparaît plus. Bien que l'individu voie le monde après avoir été en état de *samādhi,* il le considère maintenant à sa juste valeur, c'est-à-dire comme un phénomène de la seule Réalité. L'Etre véritable ne peut être réalisé qu'en *samādhi* ; mais ce qui était alors est également maintenant. Sinon, il n'y a pas de Réalité ou d'Etre toujours présent. Ce qui était en *samādhi* est aussi ici et maintenant. Maintenez-le, c'est votre condition natu-

relle d'Etre. La pratique du *samādhi* vous y conduira. Sinon à quoi servirait le *nirvikalpa-samādhi* dans lequel l'homme reste pareil à une bûche de bois ? Il doit nécessairement sortir de cet état à un moment ou à un autre et faire face au monde. Ce n'est que dans l'état de *sahaja-samādhi* que l'homme demeure non affecté par le monde.

D'innombrables images défilent sur un écran de cinéma. Le feu brûle tout, l'eau inonde tout, et cependant l'écran reste non affecté. Les scènes ne sont que des phénomènes qui passent, laissant l'écran intact. De même, les phénomènes du monde défilent simplement devant le *jñānī,* le laissant non affecté.

Vous pourriez répliquer que les gens ressentent de la douleur ou du plaisir au contact des phénomènes du monde. Cela est dû aux surimpositions. Elles n'ont pas lieu d'être. C'est en vue de ce but qu'on se livre à une pratique.

La pratique s'effectue dans l'une de ces deux voies : la dévotion ou la connaissance. Mais elles ne sont pas encore le but. C'est le *samādhi* qui doit être atteint ; et il doit être pratiqué continuellement jusqu'à ce que le *sahaja-samādhi* en résulte. Après, il ne reste plus rien à faire. »

466. Mr. Vaidyalingam, un employé de la Banque nationale, demanda : « Durant la méditation, la manifestation disparaît et l'*ānanda* (la félicité) se révèle. Cela ne dure pas longtemps. Comment peut-on rendre l'*ānanda* permanent ? »

M. : En brûlant les prédispositions.

Q. : Le Soi n'est-il pas seulement le témoin (*sākshi-mātra*) ?

M. : On peut parler de témoin quand il y a un objet à voir. Alors c'est la dualité. La Vérité se trouve au-delà des deux. Dans le mantra *sākshi chetā kevalo nirgunash ca* [Témoin, conscience, seul et sans qualités] le terme *sākshi* (témoin) doit être compris comme la *sannidhi* (la présence) sans laquelle rien ne pourrait exister. Voyez comme le soleil est indispensable aux activités du monde. Et pourtant, il ne participe aucunement à ces activités qui, elles, ne peuvent pas se dérouler sans lui. Il est le témoin des activités. Il en va de même pour le Soi.

7 MARS 1938

467. *Yogi Rāmiah :* Toutes les actions sont engendrées par la *shakti*. Jusqu'où va son pouvoir ? Peut-elle tout faire sans aucun effort de notre part ?

M. : La réponse à cette question dépend de la manière dont on comprend ce qu'est le *purusha*. Est-il l'ego ou le Soi ?

Q. : Le *purusha* est le *svarūpa*.

M. : Mais il ne peut faire aucun *prayatna* (effort).

Q. : Le *jīva* fait le *prayatna*.

M. : Tant que dure le sens de l'ego, le *prayatna* est nécessaire. Quand le sens de l'ego cesse d'exister, les actions deviennent spontanées. L'ego agit en la présence du Soi. Il ne peut pas exister sans le Soi.

Le Soi, par sa *shakti*, fait de l'Univers ce qu'il est ; et pourtant, il n'agit pas. Shrī Krishna dans la *Bhagavad-gītā* dit : « Je ne suis pas celui qui agit, et cependant les actions se déroulent. » D'après le *Mahābhārata*, il est clair qu'Il accomplit de remarquables exploits. Pourtant, il dit qu'Il n'est pas l'auteur de ses actions. C'est comme le soleil et les activités du monde.

Q. : Krishna est dépourvu d'*abhimāna* (attachement) tandis que le *jīva* ne l'est pas.

M. : Oui. Etant attaché au monde, le *jīva* est l'auteur

de ses actes et en récolte les fruits. Si ceux-ci sont conformes à ses désirs, il est heureux, autrement il est malheureux. Donc le bonheur et le malheur sont le résultat de son attachement. Si les actions étaient accomplies sans attachement, il n'en attendrait pas les fruits.

Q. : Les actions peuvent-elles avoir lieu spontanément, sans effort de la part de l'individu ? Ne sommes-nous pas obligés de cuire notre nourriture pour la manger après ?

M. : L'*ātman* agit à travers l'ego. Toute action est le résultat d'un effort.

L'enfant endormi est nourri par sa mère pendant son sommeil. Il n'en prend pas conscience, si bien qu'à son réveil il prétend n'avoir reçu aucune nourriture. Pourtant, la mère sait ce qui s'est passé. De même, le *jñānī* agit sans s'en rendre compte. Les gens le voient agir, mais lui-même n'en a pas conscience. « C'est par crainte de Lui que le vent souffle », etc. Tel est l'ordre des choses. Il ordonne toute chose et l'Univers agit en conséquence, cependant Il n'en sait rien. C'est pourquoi Il est appelé le grand « Faiseur ». Tout être incarné (*ahamkārī*) est lié par le *niyama* (la loi) que même Brahmā ne peut transgresser.

Yogi Rāmiah expliqua plus tard le pourquoi de sa question : « J'avais entendu Shrī Bhagavān dire que le monde fonctionnait grâce à la volonté divine et que les besoins individuels étaient pris en charge par elle. Mais Shrī Bhagavān réveille bien les résidents de l'ashram à 4 heures du matin pour qu'ils coupent les légumes pour le curry.

Le but de ma question n'était pas de créer une discussion, je désirais simplement que mon doute soit clarifié. »

10 MARS 1938

468. Au moment où Shrī Bhagavān sortait du hall, un chant védique se fit entendre d'une hutte voisine :

Antarāditye manasa jvalantam — brahmana vindat.
Shrī Bahgavan attira l'attention de ceux qui l'accompagnaient et fit remarquer :

« Dans la *Taittirīya-upanishad* on dit aussi que l'*antarāditya* (le soleil intérieur) est fait d'or, etc. Qu'est-ce que tout cela signifie ? Bien qu'il soit dit que le soleil et les autres astres brillent par eux-mêmes, ils ne brillent cependant pas par eux-mêmes mais grâce à la lumière de l'Etre suprême (*na tatra suryo... vibhati* [1]). Tant qu'on les considère comme séparés du *brahman*, leur "auto-luminosité" est la luminosité du *brahman*. Tous ces mantras qui mentionnent le soleil, etc., ne parlent en fait que du *brahman*. »

469. *Yogi Rāmiah :* Un disciple s'approche d'un maître pour obtenir des éclaircissements. Le maître lui dit que le *brahman* n'a pas de qualités ni de défauts ni de mouvements, etc. Ne parle-t-il pas alors en tant qu'individu ? Comment l'ignorance du disciple peut-elle être dissipée sans que le maître lui parle ? Les paroles d'un maître relèvent-elles de la Vérité, même s'il parle en tant qu'individu ?

M. : A qui le maître parlerait-il ? Qui instruit-il ? Voit-il quelqu'un qui soit différent du Soi ?

Q. : Mais le disciple demande au maître des éclaircissements.

M. : C'est vrai. Mais le maître considère-t-il le

---

1. « Là (*i.e.* en *brahman*), le soleil ne brille pas, ni la lune et les étoiles ; ces éclairs ne brillent pas, à plus forte raison le feu. Lui qui brille, c'est à sa suite que tout brille ; c'est par sa lumière que tout ce qui existe resplendit » (MuU II.2,11, trad. Bouy, 2000, p. 291).

disciple comme différent de lui-même ? L'ignorance du disciple réside dans le fait de ne pas savoir que chacun est réalisé. Quelqu'un peut-il exister séparé du Soi ? Le maître indique simplement au disciple que là réside l'ignorance et qu'il n'est pas un individu séparé.

Qu'est-ce que la Réalisation ? Est-ce voir Dieu, avec quatre bras, portant conque, disque et massue ? Même si Dieu apparaissait sous cette forme, comment l'ignorance du disciple se dissiperait-elle ? La vérité ne peut qu'être la réalisation éternelle. La perception directe, c'est l'expérience de l'éternelle Présence. Dieu Lui-même, dit-on, n'est connu que par la perception directe. Cela ne signifie pas qu'Il apparaît au disciple comme il vient d'être décrit. Tant que la réalisation n'est pas éternelle, elle ne sert à rien. L'apparition d'un Dieu avec quatre bras peut-elle être la réalisation éternelle ? Elle est phénoménale et illusoire. Il faut qu'il y ait quelqu'un qui la voie. Seul *celui qui voit* est réel et éternel.

Même si Dieu apparaît en tant que lumière de millions de soleils, est-ce pour autant le *pratyaksha* (perception directe) ?

Pour voir, il faut des yeux, le mental, etc. C'est une connaissance indirecte, tandis que *celui qui voit* est une expérience directe. Seul *celui qui voit* est *pratyaksha*. Toute autre perception est une connaissance secondaire. La perception actuelle du corps en tant que 'je' est si profondément enracinée que *ce qui est vu* est considérée comme *pratyaksha* et non pas *celui qui voit*. Personne ne désire la Réalisation parce qu'il n'y a personne qui ne soit pas réalisé. Est-ce que quelqu'un peut dire qu'il n'est pas déjà réalisé ou qu'il est séparé du Soi ? Non. Il est évident que tout le monde est réalisé. Ce qui rend l'homme malheureux, c'est le désir d'exercer des pouvoirs extraordinaires. Il sait qu'il ne peut pas y arriver. C'est pourquoi il veut que Dieu apparaisse devant lui pour lui conférer Ses pouvoirs tout en restant à l'arrière-plan. En bref, Dieu devrait abdiquer Ses pouvoirs en faveur de l'homme.

Q. : Il est aisé pour un Mahātma comme Shrī Bhagavān de parler aussi clairement. Parce que la Vérité ne vous échappe pas, vous considérez que c'est facile pour les autres aussi. Mais les gens ordinaires éprouvent de réelles difficultés.

M.: Y a-t-il quelqu'un qui dit ne pas être le Soi ?

Q.: Je veux dire que personne d'autre que le Maharshi n'a le courage d'expliquer les choses aussi directement.

M. : Quel courage y a-t-il à dire les choses comme elles sont ?

470. Une comtesse européenne qui devait repartir le soir même demanda à Shrī Bhagavān de la bénir, elle et sa famille.

M. : Vous n'allez nulle part hors de la Présence, comme vous vous l'imaginez. La Présence est partout. Le corps se déplace d'un endroit à l'autre, mais il ne quitte jamais l'unique Présence. Ainsi, personne ne peut être hors de vue de la Présence suprême. Comme vous identifiez Shrī Bhagavān à un corps, et vous-même à un autre corps, vous voyez deux entités séparées et vous dites que vous vous en allez d'ici. Quel que soit l'endroit où vous êtes, vous ne pouvez pas ME quitter.

Illustrons cela par l'exemple des images qui se déroulent sur un écran de cinéma : mais l'écran lui-même bouge-t-il ? Non. La Présence est l'écran ; vous, moi et les autres sommes les images. Les individus peuvent bouger, mais pas le Soi.

471. *Q.:* On dit que les avatars sont plus glorieux que les *jñānī* réalisés.

M. : 1. *jñānī tv ātmaiva me matam* [Selon moi, le *jñānī* n'est nul autre que Moi-même (BhG VII.18)] ;

    2. *sarvam khalv idam brahma* [Tout ceci est véritablement le *brahman* (ChU III.14,1)].

Comment un avatar peut-il être différent d'un *jñānī ?* Ou bien, comment un avatar peut-il être distinct de l'Univers ?

Q. : L'œil (*chakshus*) est, dit-on, le siège (*āyatana*) de toutes les formes, de même que l'oreille (*shrotra*) l'est de tous les sons, etc. L'unique *chaitanya* [conscience] opère à travers tout ; aucun miracle n'est possible sans l'aide des sens (*indriya*). Comment peut-il y avoir des miracles ? S'ils dépassent l'entendement humain, les créations du rêve en font autant. Où est alors le miracle ?

La distinction entre l'avatar et le *jñānī* est absurde. Elle contredit : « Celui qui connaît le *brahman* devient le *brahman* Lui-même « [MuU III.2,9].

M. : C'est exact.

15 MARS 1938

472. Un groupe important de pèlerins du Punjab était arrivé à l'ashram vers 9 heures du matin. Ils étaient assis en silence dans le hall depuis un certain temps, quand l'un d'eux s'adressa à Shrī Bhagavān : « Votre réputation s'est répandue jusqu'au Punjab. Nous venons de loin pour avoir votre *darshan*. Ayez la bonté de nous instruire. »

Shrī Bhagavān ne répondit pas ; il sourit et garda le regard fixe. Après quelque temps, le même visiteur demanda : « Quelle est la meilleure voie : yoga, *bhakti* ou *jñāna* ? » Shrī Bhagavān garda son sourire et le regard fixe. Puis il quitta le hall et les visiteurs commencèrent à se disperser. Un petit nombre seulement resta assis.

Un des disciples présents expliqua au visiteur que Shrī Bhagavān avait répondu par son Silence, lequel avait été bien plus éloquent que des paroles. Après quelques minutes, Shrī Bhagavān revint dans le hall et le visiteur se mit à nouveau à poser des questions :

Q.: Pour ceux qui croient en Dieu, tout va bien. Mais d'autres demandent : « Y a-t-il un Dieu ? »

M.: Et vous, êtes-vous là ?

Q.: Tout à fait, c'est là la question. Je vois devant mes yeux un bataillon de cipayes [1] défiler. Par conséquent, je suis. Le monde doit avoir été créé par Dieu. Comment puis-je voir le Créateur ?

M.: Voyez d'abord vous-même, c'est-à-dire celui qui voit tout cela, et le problème sera résolu.

Q.: Cela consiste-t-il à rester assis en silence, à lire des textes sacrés ou à concentrer le mental ? La *bhakti* (dévotion) facilite la concentration. Les gens tombent aux pieds du *bhakta* (dévot). S'ils ne le font pas, celui-ci est désappointé et sa *bhakti* s'affaiblit.

M.: L'aspiration au bonheur ne faiblit jamais. C'est cela la *bhakti*.

Q.: Comment pourrais-je l'éprouver plus rapidement ? Supposons qu'un jour je me concentre deux heures ; si le jour suivant j'essaie d'augmenter la durée, je m'endors, fatigué par cet exercice.

M.: Dans le sommeil, vous ne vous fatiguez pas. Et c'est la même personne qui est ici présente. Pourquoi seriez-vous fatigué maintenant ? Ce n'est pas vous, c'est votre mental qui se fatigue, parce qu'il est agité et qu'il vagabonde.

Q.: Je suis un homme d'affaires. Comment puis-

---

1. Soldats indiens avant l'indépendance.

je continuer mes affaires et obtenir aussi la paix de l'esprit ?

M. : Cela est aussi une pensée. Abandonnez cette pensée également et demeurez votre vrai Soi.

Q. : On dit : « Faites votre devoir sans attendre quelque résultat. » Comment obtenir cet état d'esprit ?

M. : Vous n'avez nul besoin d'aspirer à un nouvel état ou de l'obtenir. Débarrassez-vous de vos pensées présentes, c'est tout.

Q. : Comment puis-je obtenir la *bhakti*, nécessaire pour cela ?

M.: C'est la *bhakti* que de se débarrasser des pensées qui ne sont qu'étrangères à vous, c'est-à-dire au Soi.

Q.: Qu'est-ce que le pouvoir de la pensée, comme le magnétisme, etc. ? Autrefois, à Paris, vivait un certain docteur Coué. Il était illettré, mais pouvait néanmoins guérir beaucoup de maladies incurables par la force de la volonté. Il avait coutume de dire : « Générez le pouvoir de vous guérir vous-même. Le pouvoir est en vous. »

M.: C'est par la même force de volonté que le corps, siège de toutes les maladies, s'est manifesté.

Q. : Ainsi dit-on que les pensées se manifestent en tant qu'objets.

M. : Cette pensée doit servir à atteindre la *mukti* (la Libération).

Q. : Dieu doit nous donner la faculté de nous débarrasser des autres pensées.

M. : C'est encore une pensée. Laissez ce qui s'est incarné soulever la question. Vous n'êtes pas cela, car vous êtes libre de pensées.

Un autre visiteur, venant de Rawalpindi, demanda : « L'*ātman* est sans forme. Comment puis-je me concentrer sur lui ? »

M. : Ne vous occupez pas de l'*ātman* que vous

dites sans forme ou intangible. Le mental, lui, vous est tangible. Accrochez-vous au mental et cela suffira.

Q. : Le mental lui-même est très subtil et il est pareil à l'*ātman*. Donc, comment pouvons-nous connaître la nature du mental ? Vous avez dit que tous les supports sont inutiles. Quelle doit être notre position alors ?

M. : Où se trouve votre mental ?

Q. : Où se trouve-t-il ?

M. : Demandez au mental lui-même.

Q. : Je le demande à vous maintenant. Devons-nous alors nous concentrer sur le mental ?

M. : Hum !

Q. : Mais quelle est la nature du mental ? Il est sans forme. C'est un problème embarrassant.

M. : Pourquoi êtes-vous embarrassé ?

Q. : Les *shāstra* (Ecritures) nous recommandent de nous concentrer et je n'y parviens pas.

M. : Quels sont les *shāstra* qui nous permettent de connaître notre existence ?

Q. : C'est une question d'expérience. Mais je désire pouvoir me concentrer.

M. : Soyez libre de pensées. Ne vous accrochez à rien et les pensées ne s'accrocheront pas à vous. Soyez vous-même.

Q. : Je ne saisis toujours pas sur quoi je dois me positionner et me concentrer. Puis-je méditer sur mon mental ?

M. : Le mental de qui ?

Q. : Mon propre mental.

M. : Qui êtes-vous ? Ainsi votre question se résoudra d'elle-même.

(Tout le monde se retira pour le déjeuner. Le visiteur revint à 14 h 30 et poursuivit sur le même sujet.)

Q. : Le Maharshi recommande au chercheur de se

débarrasser des pensées. Lorsque toutes les pensées sont expulsées, sur quoi dois-je concentrer le mental ? Je ne vois pas où je me trouve et sur quoi je dois me concentrer.

M.: Pour qui est la concentration ?

Q.: Pour le mental.

M.: Alors concentrez le mental.

Q.: Sur quoi ?

M.: Répondez vous-même à la question. Qu'est-ce que le mental ? Pourquoi devez-vous vous concentrer ?

Q.: Je ne sais pas ce qu'est le mental. Je le demande au Maharshi.

M.: Le Maharshi ne cherche pas à savoir ce qu'est le mental. Le questionneur doit questionner le mental lui-même pour savoir ce qu'il est.

Q.: Le Maharshi recommande de dépouiller le mental de toute pensée.

M.: Cela est en soi une pensée.

Q.: Quand toutes les pensées disparaissent, que reste-t-il alors ?

M.: Le mental est-il différent des pensées ?

Q.: Non. Le mental est fait de pensées. Mon idée est la suivante : Quand toutes les pensées ont disparu, comment puis-je alors concentrer le mental ?

M.: Cela n'est-il pas aussi une pensée ?

Q.: Oui, mais l'on me recommande de me concentrer.

M.: Pourquoi devriez-vous vous concentrer ? Pourquoi ne donneriez-vous pas libre cours à vos pensées ?

Q.: Les *shāstra* disent que les pensées, laissées à elles-mêmes, nous égarent, c'est-à-dire nous conduisent vers des choses irréelles et changeantes.

M.: Ainsi, vous ne voulez pas être conduit vers des choses irréelles et changeantes. Vos pensées sont irréelles et changeantes. Vous voulez saisir la Réalité.

C'est exactement ce que je dis. Les pensées sont irréelles. Débarrassez-vous d'elles.

Q. : Je comprends maintenant. Cependant, il y a encore un doute. La *Gītā* dit : « Même un instant, tu ne peux rester sans agir ». Comment serais-je alors capable de me débarrasser des pensées ?

M. : La même *Gītā* dit aussi : « Bien que toutes les actions aient lieu, je n'en suis pas l'auteur. » C'est comme le soleil face aux activités terrestres. Le Soi demeure toujours sans agir, tandis que les pensées s'élèvent et disparaissent. Le Soi est perfection ; il est immuable ; le mental est limité et changeant. Il suffit que vous rejetiez vos limitations. Alors votre perfection se révélera.

Q. : Pour cela, la grâce est nécessaire

M. : La grâce est toujours présente. Tout ce qu'il faut faire est de vous soumettre à elle.

Q. : Je me soumets et je prie pour être tiré de force vers elle si je venais à m'égarer.

M. : Est-ce cela la soumission ? Pour que la soumission soit complète elle doit être sans réserve.

Q. : Oui, je me soumets. Vous dites que je dois plonger dans l'océan du Soi comme un pêcheur de perles au fond de la mer.

M. : Parce que vous pensez maintenant que vous êtes en dehors de l'océan de la Conscience.

Q. : Je pratique le *prānāyāma* (le contrôle de la respiration). Cela produit de la chaleur dans le corps. Que dois-je faire ?

M. : La chaleur disparaîtra quand le mental s'apaisera.

Q. : C'est vrai, mais bien difficile.

M. : Cela est encore une pensée qui est un obstacle.

473. *Q. :* On dit que les gens qui vivent ou meurent

dans un rayon de cinquante kilomètres autour d'Arunā-chala obtiennent la *mukti* (la libération) sans même y aspirer. D'autre part, on prétend que la libération ne s'obtient que par le *jñāna*. Les *Purāna* font aussi remarquer que le *vedānta-vijñāna* est très difficile à obtenir. La *mukti* est donc difficile à atteindre. Mais que le simple fait de vivre ou de mourir dans les environs d'Arunāchala confère la *mukti*, comment est-ce possible ?

M. : Shiva dit : « Par Mon commandement, ceux qui vivent ici n'ont besoin d'aucune initiation (*dīkshā*), etc., mais obtiennent la *mukti*. » Tel est le commandement de Shiva.

Q. : Les *Purāna* déclarent aussi que ceux qui sont nés à Arunāchala font parti du groupe des adorateurs de Shiva, tels que les esprits, les êtres désincarnés, les génies, etc.

M. : Il est dit ainsi d'autres *kshetra* [lieux], comme par exemple Tiruvārur et Chidambaram.

Q. : Comment le simple fait de vivre ici ou d'y mourir peut-il conférer la *mukti ?* C'est difficile à comprendre.

M. : Darshanād abhrasadashi, jananāt kamalālaye, kāshyantu maranān muktih smaranād Arunāchalam.

« Voir Chidambaram, naître à Tiruvārur, mourir à Bénarès, ou simplement penser à Arunāchala, c'est être assuré de la Libération. »

Jananāt Kamalālaye signifie « naître à Kamalālaya ». Qu'est-ce que cela ? C'est le Cœur.

De même, Abhrasadashi est le siège de la Conscience, et Kāshi la Lumière de la Réalisation. « Se souvenir d'Arunāchala » complète le vers. Il faut le comprendre dans le même sens.

Q. : La *bhakti* est alors nécessaire.

M. : Tout dépend du point de vue que l'on a. Il

en est un qui considère que tous ceux qui sont nés à Tiruvārur, qui ont visité Chidambaram, qui sont morts à Bénarès ou qui ont contemplé Arunāchala sont des *mukta* [libérés].

Q. : Je pense à Arunāchala, mais je ne suis pas pour autant un *mukta*.

M. : Changez votre point de vue, cela suffira. Regardez ce qu'un tel changement a provoqué chez Arjuna. Il venait d'avoir la vision du Soi cosmique quand Shrī Krishna lui dit : « Les dieux et les saints sont désireux de voir Ma forme cosmique. Je n'ai pas exaucé leur désir. Et cependant, à toi J'ai donné la vision divine grâce à laquelle tu peux voir Ma forme véritable. » Krishna, ayant parlé ainsi, montre-t-Il ce qu'Il est ? Non. Il invite Arjuna à voir en Lui tout ce qu'il désire voir. S'il s'était agi de Sa forme véritable, elle aurait dû être sans changement et reconnue à sa juste valeur. Or, au lieu de cela, il demande à Arjuna de voir ce qu'il désire. Où se trouve alors la forme cosmique ? Elle ne peut être qu'en Arjuna.

De plus, Arjuna voit dans cette forme des dieux et des saints qui adressent des louanges au Seigneur. Or, d'après Krishna, la vision de la forme cosmique n'est pas donnée aux dieux et aux saints. Qui sont-ils alors dans la vision d'Arjuna ?

Q. : Ils doivent se trouver dans son imagination.

M. : Ils sont là parce qu'ils correspondent à la perspective d'Arjuna.

Q. : Alors la perspective doit être changée par la grâce divine.

M. : Oui. Cela arrive aux *bhakta*.

Q. : Un homme rêve d'un tigre, prend peur et se réveille. Le tigre du rêve est apparu à l'ego du rêve qui s'est, lui aussi, effrayé. Comment se fait-il qu'au réveil, l'ego du rêve disparaisse et que l'ego de veille prenne la relève ?

M. : C'est la preuve que l'ego reste toujours le même. Rêve, veille et sommeil ne sont que des phases passagères du même ego.

Q. : Il est si difficile de saisir le mental. Tout le monde partage cette difficulté.

M. : Vous ne pourrez jamais trouver le mental par le mental. Passez au-delà, afin de découvrir qu'il n'existe pas.

Q. : Il faut alors chercher l'ego directement. N'est-ce pas ?

M. : C'est cela.

Mental, ego, intellect sont des noms différents pour un seul et même organe intérieur (*antahkarana*). Le mental n'est qu'un agrégat de pensées. Les pensées ne peuvent exister que pour l'ego. Toutes les pensées sont donc imprégnées de l'ego (*aham*). Recherchez d'où s'élève le 'je' et les pensées disparaîtront.

Q. : Ce qui reste ne peut pas être le 'je' mais la pure conscience.

M. : Tout à fait. Au départ, vous recherchez le bonheur. Vous vous apercevez, à l'analyse, que la souffrance est causée par les pensées. On les appelle le mental. En vous efforçant de contrôler celui-ci, vous cherchez le 'je' pour finalement vous établir dans l'état d'Etre-Conscience-Félicité.

Une autre personne : Qu'est-ce que le mental alors ?

M. : Le mental est la conscience qui a posé des limitations. Vous êtes originellement illimité et parfait. Puis vous vous limitez et devenez le mental.

Q. : C'est alors l'*āvarana* (l'obnubilation). Comment cela arrive-t-il ?

M. : Pour qui existe l'*āvarana* ? C'est la même chose que l'*avidyā* (l'ignorance), l'ego ou le mental.

Q. : *Āvarana* signifie obscurcissement. Qui est obscurci ? Comment cela se produit-il ?

M. : La limitation est en soi un obscurcissement. Il n'y aura plus de questions quand les limitations seront transcendées.

16 MARS 1938

474. Shrī Bhagavān expliqua à propos du Cœur : « Les *Yoga-shāstra* parlent tantôt de 72 000 *nādi* (nerfs subtils), tantôt de 101 *nādi*, etc. D'autres ont trouvé un compromis en disant que les 101 *nādi* sont les principaux *nādi* lesquels se subdivisent en 72 000 autres. Certains supposent que ces *nādi* se ramifient à partir du cerveau, d'autres pensent que c'est du cœur, d'autres enfin du coccyx. On parle d'un *para-nādi*, qui s'élèverait du coccyx, remonterait par la *sushumnā* jusqu'au cerveau pour redescendre dans le cœur. Certains disent que la *sushumnā* prend fin dans le *para* [le Suprême].

Quelques-uns conseillent de chercher la Réalisation au sommet de la tête (*sahasrāra*) ; d'autres, entre les deux sourcils ; d'autres encore, dans le cœur ; d'autres enfin, dans le plexus solaire. Si la Réalisation consiste à entrer dans le *para-nādi*, on peut le faire à partir du Cœur. Mais la pratique du yogi consiste en la purification des *nādi ;* alors s'éveille la *kundalinī* dont on dit qu'elle s'élance du coccyx jusqu'à la tête. On recommande ensuite au yogi de redescendre dans le Cœur, ce qui constitue l'étape finale.

Les Véda disent : "Le Cœur est comme un lotus retourné ou comme l'épi du plantain."

"Il est un point lumineux, aussi petit qu'un atome, telle l'extrémité d'un grain de riz."

"Ce point ressemble à une flamme et en son centre réside le *brahman* transcendantal." Quel est ce Cœur ?

S'agit-il du cœur des physiologistes ? Si c'est le cas, ceux-ci doivent en savoir bien plus.

Le Cœur des *Upanishad* est appelé *hridaya* ; ce qui veut dire : Ceci est le centre, c'est-à-dire le lieu d'où le mental s'élève et où il se résorbe. Il est le siège de la Réalisation. Quand je dis qu'il est le Soi, les gens s'imaginent qu'il est à l'intérieur du corps. Quand je leur demande où demeure le Soi pendant le sommeil, ils semblent croire qu'il se trouve à l'intérieur du corps, mais qu'il n'est pas conscient du corps ni de son entourage, à l'image d'un homme enfermé dans une pièce obscure. A de telles personnes, il est nécessaire de dire que le siège de la Réalisation se trouve quelque part dans le corps. Ce centre est nommé « Cœur », mais il est souvent confondu avec le cœur physique.

Quand un homme rêve, il se crée lui-même (c'est-à-dire l'*ahamkāra*) ainsi que son entourage. Ultérieurement, tout se résorbe en lui. L'Un est devenu le spectacle multiple, en même temps que le spectateur. De même, à l'état de veille, l'Un devient multiple. Le monde objectif est en réalité subjectif. Un astronome découvre un jour une nouvelle étoile à une distance infinie et annonce que sa lumière mettra des milliers d'années-lumière pour parvenir à la Terre. Eh bien, où se trouve en fait cette étoile ? N'est-elle pas dans l'observateur ? Mais les gens s'étonnent qu'une étoile énorme, plus grande que le Soleil et à une telle distance, puisse être contenue dans le cerveau d'un homme. Ils ne réalisent pas que l'espace, l'immensité et le paradoxe ne se trouvent tous que dans le mental. Comment peuvent-ils exister dans le mental ? Dans la mesure où vous en prenez conscience, vous devez admettre une lumière qui les éclaire. Ces pensées sont absentes dans le sommeil profond mais réapparaissent au réveil. Ce qui prouve que cette lumière est transitoire, puisqu'elle a un commencement et une fin. Mais la conscience du 'Je' est permanente et continue. Elle ne peut donc pas être la lumière transitoire. Elle est différente, mais n'a pas d'existence indépendante. Elle doit donc être *ābhāsa* (lumière réfléchie). Ainsi, la lumière dans le cerveau est "Connaissance réfléchie" (*ābhāsa-samvit*) ou "Etre réfléchi" (*ābhāsa-sat*).

La Connaissance véritable (*samvit*) ou l'Etre (*sat*) réside dans le centre appelé Cœur (*hridaya*). Quand on se réveille, elle est reflétée dans le cerveau, ce qui fait que la tête ne repose plus, mais se soulève. A partir de là, la conscience se répand dans tout le corps et le 'je' surimposé se met à fonctionner en tant qu'entité en état de veille. La lumière pure dans le cerveau est le *shuddha-manas* (le mental pur). Lorsqu'elle est contaminée [par des pensées], elle se transforme en *malina-manas,* le mental ordinaire, impur.

Tout cela est toutefois contenu dans le Soi. Le corps et tout ce qui va de pair sont dans le Soi. Le Soi n'est pas limité au corps, comme on le suppose généralement. »

17 MARS 1938

475. Shrī Maharshi lut à haute voix un article du journal, dont le contenu était le suivant : « Un garde forestier, armé d'un fusil, pénétrait dans la jungle, lorsqu'il vit deux points lumineux à travers un fourré. En se rapprochant pour les identifier, il se trouva face à face avec un énorme tigre, à quelques mètres à peine de lui. Il jeta aussitôt son fusil et se mit en position de prière devant le roi de la jungle. Alors, le tigre se leva et s'éloigna lentement sans avoir fait le moindre mal au garde forestier. »

21 MARS 1938

476. Le Dr. Stanley Jones, un missionnaire chrétien, vint rendre visite au Maharshi en compagnie de trois personnes. Il dirigeait deux ashrams dans le nord de l'Inde, avait écrit plusieurs livres et donnait des conférences. Il avait un nouveau livre en cours dont le titre était *On the Indian Road* et voulait se documenter en rencontrant les grands représentants de la spiritualité indienne. Il désirait savoir comment les sages indiens procédaient et ce qu'ils avaient trouvé lors de leur expérience du divin.

Voici quelques questions parmi celles qu'il posa au Maharshi :

Q. : Quelle est votre quête ? Quel en est le but ? Jusqu'où avez-vous progressé ?

M. : Le but est le même pour tous. Mais dites-moi, pourquoi devriez-vous être en recherche d'un but ? Pourquoi n'êtes-vous pas satisfait de votre condition présente ?

Q. : N'y a-t-il donc pas de but ?

M. : Ce n'est pas ce que je veux dire. Qu'est-ce qui vous pousse à chercher un but ? C'est une contre-question qui nécessite une réponse de votre part.

Q. : J'ai mes propres idées à ce sujet. Je désire savoir ce que le Maharshi a à dire.

M. : Le Maharshi n'a pas de doutes à dissiper.

Q. : Eh bien, je considère que le but est la réalisation du mental supérieur par le mental inférieur, de sorte que le Royaume des Cieux puisse s'étendre ici sur terre. Le mental inférieur est incomplet et il doit devenir parfait grâce à la réalisation du mental supérieur.

M. : Ainsi vous admettez l'idée d'un mental inférieur qui est incomplet et qui cherche à réaliser le mental supérieur pour qu'il devienne parfait. Ce mental inférieur est-il distinct du mental supérieur ? Est-il indépendant de ce dernier ?

Q. : Le Royaume des Cieux a été amené sur terre par Jésus-Christ. Je Le considère comme le Royaume personnifié. J'aimerais que tout le monde réalise la même chose. Il a dit : « J'ai faim avec ceux qui ont faim » et ainsi de suite. La participation mutuelle aux plaisirs et aux peines est le Royaume des Cieux. Si ce Royaume est universalisé, chacun se sentira un avec le reste du monde.

M. : Vous parlez de différences entre le mental supérieur et le mental inférieur, entre le plaisir et la douleur. Qu'advient-il de ces différences dans votre sommeil ?

Q. : Mais je désire rester pleinement éveillé.

M. : Est-ce là votre état de plein éveil ? Il n'en est rien. Ce n'est qu'un rêve au cours de votre long sommeil. Tout le monde dort, rêvant du monde, des choses et de toutes sortes d'activités.

Q. : Tout cela, c'est du Vedānta dont je n'ai que faire. Les différences existantes ne sont pas imaginaires. Elles sont positives. Mais quel est cet éveil véritable dont vous parlez ? Le Maharshi peut-il nous dire ce qu'il trouve en cet état ?

M. : L'éveil véritable est au-delà des trois états de veille, rêve et sommeil profond.

Q. : Je suis réellement éveillé, je sais que je ne dors pas.

M. : Le véritable éveil est au-delà de toutes différences.

Q. : Alors quel est l'état du monde ?

M. : Le monde vient-il vers vous pour vous dire « j'existe » ?

Q. : Non, mais les gens dans le monde me disent que le monde a besoin d'une régénération spirituelle, sociale et morale.

M.: Vous voyez le monde et les gens qui s'y trouvent. Ce sont vos propres pensées. Le monde peut-il être séparé de vous ?

Q.: J'entre dans ce monde avec amour.

M.: Mais avant d'y entrer, étiez-vous loin du monde ?

Q. : Je suis identifié à lui et cependant j'en reste séparé. Maintenant je suis venu ici pour poser des questions au Maharshi et pour l'écouter. Pourquoi est-ce lui qui me pose des questions ?

M. : Le Maharshi a répondu. Sa réponse se résume ainsi : L'éveil véritable ne comporte aucune différence.

Q.: Une telle réalisation peut-elle être universelle ?

M. : Où sont les différences dans la Réalisation ? Il n'y a pas d'individus en elle.

Q. : Avez-vous atteint le but ?

M. : Le but ne peut être quelque chose de séparé du Soi, ni quelque chose de nouveau qui peut être obtenu. S'il en était ainsi, un tel but ne pourrait être durable et permanent. Ce qui apparaît nouvellement disparaîtra aussi. Le but doit être éternel et intérieur. Trouvez-le à l'intérieur de vous-même.

Q.: Je voudrais connaître votre expérience.

M. : Le Maharshi ne cherche pas l'illumination. La question n'est d'aucune utilité pour celui qui la pose. Que j'aie réalisé ou non, en quoi cela peut-il l'intéresser ?

Q.: Et pourtant, l'expérience de chacun contient une valeur humaine qui peut être partagée avec les autres.

M.: Le problème doit être résolu par le questionneur lui-même. Il vaut mieux diriger la question vers soi-même.

Q.: Je connais la réponse à la question.

M.: Voyons un peu.

Q. : Le royaume de Dieu m'a été montré il y a vingt ans, par la seule grâce de Dieu. Je n'ai fait aucun effort.

J'étais heureux. Je veux maintenant communiquer cette expérience sur le plan moral et social. Mais en même temps, j'aimerais connaître l'expérience du divin du Maharshi.

Une autre personne intervint alors à voix basse : « Nous sommes tous d'accord que le Maharshi a amené le Royaume des Cieux sur Terre. Pourquoi insistez-vous pour qu'il réponde à vos questions sur sa Réalisation ? C'est à vous de la chercher et de l'obtenir. »

Le missionnaire l'écouta, discuta un peu et puis poursuivit avec d'autres questions. Le Major Chadwick intervint alors d'un ton sévère : « Le Royaume des Cieux est en vous », dit la Bible.

Q. : Comment puis-je me rendre compte de cela ?

Major Chadwick : Pourquoi demandez-vous au Maharshi de le faire pour vous ?

Q. : Je ne le demande pas.

Major Chadwick : Le Royaume est en vous. Vous devriez en prendre conscience.

Q. : Le royaume est en nous uniquement pour ceux qui peuvent l'entendre.

Major Chadwick : La Bible dit *en vous* sans ajouter de conditions.

Le missionnaire, se rendant compte que la conversation avait assez duré, se retira après avoir remercié le Maharshi et les personnes présentes.

477. Mrs. Jinarajadasa demanda : « Comment pouvons-nous nous souvenir de la vérité si nous en faisons l'expérience dans le rêve ? »

M. : Votre état actuel de veille, vos rêves et votre désir de vous en souvenir ne sont que des pensées. Elles ne s'élèvent qu'une fois le mental apparu. Mais n'existiez-vous pas en l'absence du mental ?

Q. : Oui, j'existais.

M. : Le fait de votre existence est aussi votre réalisation.

Q. : Je le comprends intellectuellement. J'arrive à percevoir la vérité seulement par éclairs fugitifs. Cela ne dure pas.

M. : De telles pensées recouvrent l'état de votre éternelle réalisation.

Q. : L'agitation de la vie citadine ne facilite pas la réalisation. Il n'y a que les retraites dans la jungle qui offrent le calme et la solitude nécessaires.

M. : On peut autant être libre dans une ville qu'enchaîné dans une retraite dans la jungle. Tout cela n'existe que dans le mental.

Q. : Le mental est encore *māyā* (illusion), je suppose.

M. : Qu'est-ce que la *māyā* ? L'idée que le mental est séparé de la Réalité est *māyā*. Le mental existe uniquement dans la Réalité et non hors d'elle. Cette connaissance est l'élimination de la *māyā*.

Q. : Le mental est-il identique au cerveau ?

M. : Le mental n'est qu'une force qui opère sur le cerveau. Vous êtes maintenant ici et vous êtes éveillée. Les pensées concernant le monde et tout ce qui va de pair avec lui sont dans le cerveau, lui-même à l'intérieur du corps. Quand vous rêvez, vous créez un autre vous-même qui voit le monde de la création onirique, exactement comme vous le faites maintenant. Les visions du rêve sont dans le cerveau du rêve, lui-même dans le corps du rêve qui est différent de votre corps actuel.

A votre réveil, vous vous souvenez du rêve. Les deux cerveaux sont différents, et cependant les visions du rêve réapparaissent dans le mental. Le mental n'est donc pas identique au cerveau. Les états de veille, de rêve et de sommeil ne relèvent que du mental.

Q. : Ma compréhension n'est qu'intellectuelle.

M. : Intellectuelle. L'intellect de qui ? Tout le problème tourne autour de cette question.

Vous admettez que vous existez, même en l'absence de l'intellect, comme dans le sommeil, par exemple. Comment savez-vous que vous existez si vous n'avez pas réalisé votre existence ? Votre existence même est réalisation. Vous ne pouvez pas imaginer un seul instant où vous n'existez pas. Comment peut-il y avoir alors un instant où la Réalisation n'est pas ?

22 MARS 1938

478. Un visiteur de Madurai demanda : « Comment peut-on connaître le Pouvoir de Dieu ? »

M. : Vous dites « JE SUIS ». Eh bien c'est cela. Qu'est-ce qui peut dire « JE SUIS » ?

L'Etre propre de chacun est Son Pouvoir. Les ennuis commencent seulement quand on dit : « Je suis ceci ou cela, je suis un tel ou une telle. » Ne faites pas cela. Soyez vous-même. C'est tout.

Q. : Comment faire l'expérience de la Félicité ?

M. : En vous libérant de l'idée « je suis en ce moment en dehors de la Félicité ».

Q. : Cela veut-il dire en se libérant de tout mode mental ?

M. : C'est être avec un seul mode mental, à l'exclusion de tous les autres.

Q. : Mais c'est la Félicité dont on doit faire l'expérience.

M. : La Félicité consiste à ne pas oublier votre être. Comment pouvez-vous être différent de ce que vous êtes réellement ? Là où il y a Félicité, il y a Amour. L'Amour est Félicité. La Félicité n'est pas différente de l'Amour.

Q. : Comment puis-je être omniprésent ?

M. : Renoncez à la pensée « je ne suis pas omniprésent ».

Q. : Comment peut-on être présent dans les objets séparés ?

M. : Les objets existent-ils indépendamment du 'je' ? Vous disent-ils « nous sommes » ? C'est vous qui les voyez. Vous êtes, et ainsi les objets sont vus aussi. « Sans moi, tous ces objets n'existent pas. » Cette connaissance est l'omniprésence. A cause de l'idée « Je suis le corps » et « il y a quelque chose en moi », les objets vous apparaissent comme étant extérieurs à vous. Sachez qu'ils sont tous à l'intérieur de vous-même. Le tissu est-il séparé du fil ? Les objets peuvent-ils subsister sans moi ?

479. *Q. :* Quelle est la meilleure de toutes les religions ? Quelle est la méthode de Shrī Bhagavān ?

M. : Toutes les religions et toutes les méthodes sont une et la même.

Q. : Différentes méthodes sont pourtant enseignées pour obtenir la libération.

M. : Pourquoi voulez-vous être libéré ? Pourquoi ne pas rester tel que vous êtes maintenant ?

Q. : Je voudrais me débarrasser de la souffrance. En être libéré est, dit-on, la Libération.

M. : C'est ce que toutes les religions enseignent.

Q. : Mais quelle est la méthode ?

M. : Reprendre votre chemin en arrière.

Q. : Mais d'où est-ce que je viens ?

M. : C'est exactement ce que vous devriez savoir. Ces questions se sont-elles posées dans votre sommeil ? N'existiez-vous pas alors ? N'êtes-vous pas le même être maintenant ?

Q. : Oui, *j'étais* dans le sommeil ; de même que le mental était, mais les sens étaient suspendus, c'est pourquoi je ne pouvais pas parler.

M. : Etes-vous un *jīva* ? Etes-vous le mental ? Le mental s'est-il annoncé à vous dans le sommeil ?

Q. : Non. Mais les Anciens disent que le *jīva* est différent d'Īshvara.

M.: Laissez Īshvara de côté. Parlez de vous-même.

Q.: Pourquoi de moi-même ? Qui suis-je ?

M. : C'est cela, justement. Connaissez cela et vous connaîtrez tout. Dans le cas contraire, vous pouvez toujours demander.

Q. : Au réveil, je vois le monde et je ne suis pas transformé par le sommeil.

M.: Mais cela vous ne le saviez pas dans le sommeil. Que ce soit maintenant ou alors, vous restez toujours le même. Qui devrait avoir changé au réveil ? Est-ce dans votre nature de changer ou de rester inchangé ?

Q.: Quelle en est la preuve ?

M. : Votre Etre propre demande-t-il une preuve ? Il suffit que vous restiez conscient de votre propre Soi et vous connaîtrez tout le reste.

Q. : Pourquoi alors les dualistes et les non-dualistes se querellent-ils entre eux ?

M. : Si chacun s'occupait de ses propres affaires, il n'y aurait pas de querelles.

480. Mrs. Gasque, une Européenne, remit à Shrī Bhagavān un papier sur lequel était écrit :

« Nous sommes reconnaissants à la nature et à l'intelligence infinie de votre présence parmi nous. Nous apprécions que votre sagesse soit fondée sur la pure vérité et le principe fondamental de la vie et de l'éternité. Nous sommes heureux que vous rappeliez à notre mémoire : "Reste tranquille et connais CELA." »

Que pensez-vous de l'avenir de cette Terre ?

M. : La réponse à cette question se trouve dans l'autre sentence : « *Reste tranquille et sache que* JE SUIS DIEU. »

Ici, « tranquillité » signifie « être libre de toute pensée ».

Q. : Cela ne répond pas ma question. La planète a un avenir, quel sera-t-il ?

M. : Le temps et l'espace sont fonction de la pensée. Si les pensées ne s'élèvent pas, il n'y a ni Terre ni avenir.

Q. : Mais le temps et l'espace subsistent, même quand nous ne pensons pas à eux.

M. : Viennent-ils vous dire qu'ils existent ? Les ressentez-vous dans votre sommeil ?

Q. : Mais je n'étais pas consciente dans mon sommeil.

M. : Et cependant vous n'en existiez pas moins.

Q. : Je n'étais pas dans mon corps. J'étais partie quelque part et j'ai sauté dedans, juste avant de me réveiller.

M. : Croire que l'on a quitté le corps pendant le sommeil et qu'on y est rentré au réveil n'est qu'une idée. Où étiez-vous durant le sommeil ? Vous n'étiez que ce que vous êtes, avec cette différence, toutefois, que vous étiez libre de toute pensée.

Q. : Il y a des guerres en ce moment dans le monde. Si nous n'y pensons pas, les guerres cessent-elles ?

M. : Pouvez-vous arrêter les guerres ? Celui qui a créé le monde s'en chargera.

Q. : Dieu a créé le monde, mais Il n'est pas responsable de l'état actuel de celui-ci. C'est nous qui en sommes responsables.

M. : Pouvez-vous arrêter les guerres ou refaire le monde ?

Q. : Non.

M. : Alors, pourquoi vous faire du souci pour des problèmes hors de votre portée ? Prenez soin de vous-même et laissez le monde se tirer d'affaire tout seul.

Q. : Nous sommes des pacifistes. Nous voulons instaurer la paix.

M. : La paix est toujours présente. Débarrassez-vous de ce qui la dérange. Cette paix est le Soi.

Q. : Le monde doit bien avoir un avenir.

M. : Savez-vous ce qu'il est dans le présent ? Le monde et toutes choses sont toujours les mêmes, maintenant aussi bien que dans le futur.

Q. : Le monde a été créé par l'action de l'intelligence sur l'éther et les atomes.

M. : Tous se réduisent à Īshvara et Shakti. Vous n'êtes pas séparée d'Eux. Eux et vous, vous êtes la manifestation de la même et seule Intelligence.

Après quelques minutes, une autre personne demanda : « Avez-vous l'intention de vous rendre un jour en Amérique ? »

M. : L'Amérique est au même endroit que l'Inde (sur le plan de la pensée).

Puis une Espagnole demanda : « On dit qu'il y a un sanctuaire dans l'Himālaya où, dès qu'on y pénètre, on ressent d'étranges vibrations qui guérissent toutes les maladies. Est-ce possible ? »

M. : On dit effectivement qu'au Népal et en d'autres endroits de l'Himālaya, des gens perdent conscience lorsqu'ils entrent dans certains sanctuaires.

481. Muruganar demanda ce qu'est le *prajñāna*.

M. : Le *prajñāna* (connaissance absolue) est ce d'où le *vijñāna* (la connaissance relative) provient.

Q. : Dans l'état de *vijñāna*, on devient conscient de la *samvit* (l'intelligence cosmique). Mais cette intelligence pure (*shuddha-samvit*) est-elle consciente par elle-même, sans l'aide des *antahkarana* (organes internes) ?

M. : Il en est ainsi et c'est même logique.

Q. : Lorsqu'on devient conscient de la *samvit* par la connaissance relative (le *vijñāna*) à l'état de veille (*jāgrat*), on s'aperçoit que le *prajñāna* ne brille pas par lui-même. Car s'il le faisait, on devrait le trouver dans le sommeil aussi.

M. : La conscience à l'état de veille fonctionne par l'intermédiaire des *antahkarana*. Le *prajñāna* ne cesse de briller, même durant le sommeil. Si la conscience reste continuellement éveillée en *jāgrat,* elle perdurera dans le sommeil.

Cela peut être illustré ainsi :

Un roi arrive ici dans le hall, s'assied et puis s'en va. Il ne s'est pas rendu à la cuisine. Dira-t-on pour autant dans la cuisine que le roi n'est pas venu dans le hall ? Si la conscience se trouve en *jāgrat,* elle doit se trouver également dans le sommeil.

29 AVRIL 1938

482. Le Dr. Pande, venu d'Indore, demanda à Shrī Bhagavān s'il lui permettait de poser des questions afin que ses doutes puissent être dissipés. Il désirait que Shrī Bhagavān lui enseignât une méthode pratique pour réaliser le Soi.

M. : Un homme, les yeux bandés, fut abandonné dans la forêt. Il demanda alors à chaque passant qu'il rencontrait quel était le chemin de Gāndhāra et ce, jusqu'à ce qu'il atteigne la ville. De même, tous les chemins conduisent à la réalisation du Soi. Ils sont des aides pour atteindre le but commun à tous.

Q. : Le *dhyāna* (la méditation) est plus facile si on utilise un *pratīkam* (symbole). Mais la recherche du Soi ne connaît aucun *pratīkam*.

M. : Vous admettez l'existence du Soi. Désignez-vous le *pratīkam* en disant que c'est le Soi ? Peut-être pensez-vous que le corps est le Soi. Mais considérez votre sommeil profond pendant lequel vous continuez toujours à exister. Le *pratīkam* s'y trouve-t-il ? Le Soi peut donc être réalisé sans *pratīkam*.

Q. : C'est vrai. Je comprends le pouvoir des mots. Cependant, les mantras, etc., ne sont-ils pas quand même utiles ?

M. : Ils sont utiles. Qu'est-ce qu'un mantra ? Vous pensez aux simples sons du mantra. La répétition finit par exclure toute autre pensée. Seule demeure la pensée du *mantra-japa*. Celle-ci finira aussi par s'effacer en laissant la place au Soi infini qui est le mantra lui-même. Mantra, *dhyāna, bhakti,* etc. sont tous des aides qui mènent finalement au *svarūpa,* le Soi, qui les contient tous.

Après quelques minutes, le Maharshi poursuivit : « Chacun est le Soi infini. Et cependant, chacun prend le corps pour le Soi. Pour connaître quoi que ce soit, un éclairage est nécessaire. Un tel pouvoir d'éclairage ne peut provenir que d'une lumière éclairant à la fois la lumière physique et l'obscurité. Par conséquent, cette Lumière se trouve au-delà de la lumière visible et de l'obscurité. Elle n'est ni lumière ni obscurité ; mais on l'appelle Lumière parce qu'elle les éclaire toutes les deux.

Elle est également infinie et demeure en tant que Conscience. Cette Conscience est le Soi dont chacun a connaissance. Personne n'est éloigné du Soi. Chacun est réalisé, chacun est le Soi. Et pourtant, n'est-ce pas un mystère que l'être ignore ce fait fondamental et désire réaliser le Soi ? Cette ignorance provient de l'identification erronée du corps avec le Soi. La Réalisation consiste donc à se défaire de cette fausse idée que l'on n'est pas réalisé. La Réalisation n'est pas quelque chose de nouveau à acquérir. Elle doit déjà exister pour pouvoir être permanente. Sinon, aucun effort pour l'atteindre ne vaudrait la peine.

Dès que la fausse notion "Je suis le corps" ou "Je n'ai pas réalisé" est dissipée, il ne reste plus que la suprême conscience, ou le Soi, qui est toutefois appelé Réalisation au niveau actuel de compréhension. Mais la vérité est que la Réalisation est éternelle et qu'elle est déjà là, ici et maintenant.

Finalement, la Réalisation ne revient qu'à l'élimination de l'ignorance et rien de plus ou de moins. »

Q. : Ma profession exige que je reste sur place. Je ne peux donc pas vivre auprès de *sādhu*. Vu ces circonstances, puis-je obtenir la Réalisation, même en l'absence du *sat-sanga* (la présence du maître) ?

M.: *Sat* est *aham-pratyaya-sāram* [1] = le Soi des soi. Le *sādhu* est ce Soi des soi. Il est immanent en tout. Y a-t-il quelqu'un qui peut rester sans le Soi ? Non. Alors, personne n'est loin du *sat-sanga*.

30 AVRIL 1938

483. Un visiteur, Mr. Sitaramiah, demanda : « Quelle est la signification de *samyamana* dans le *Patañjali-yoga-sūtra* ? »

M. : La concentration du mental.

Q. : Il est dit que cette concentration dirigée sur le cœur amène la *chitta-samvit*. Qu'est-ce que cela veut dire ?

M. : La *chitta-samvit,* c'est l'*ātma-jñāna*, la connaissance du Soi.

484. *Q.:* Je pense que, même pour un père de famille, la chasteté et l'initiation sont indispensables pour réussir

---

1. Litt. « l'essence de l'idée du Soi ».

dans la recherche du Soi. Ai-je raison ? Ou bien, ne doit-il observer la chasteté et chercher l'initiation d'un maître que lorsque l'occasion se présente ?

M. : Déterminez d'abord qui sont le mari et la femme ; alors ces questions n'auront plus de raison d'être.

Q. : Peut-on contrôler les activités mentales et poursuivre l'interrogation « Qui suis-je ? » tout en restant engagé dans des occupations ? N'y a-t-il pas conflit entre les deux ?

M. : Ces questions s'élèvent seulement en l'absence de force du mental. Quand les activités du mental diminuent, sa force augmente.

Q. : La théorie du karma signifie-t-elle que le monde est le résultat d'action et de réaction ? Si oui, action et réaction de quoi ?

M. : Jusqu'à la Réalisation, il y aura du karma, c'est-à-dire action et réaction ; après la Réalisation, il n'y aura plus de karma, ni de monde.

485. *Q. :* Quand je pratique l'*ātma-vichāra* je m'endors. Comment puis-je y remédier ?

M. : Faites du *nāma-samkīrtana* (chanter le nom de Dieu).

Q. : C'est impossible quand je dors.

M. : C'est vrai. La pratique doit se faire quand on est éveillé. Dès que vous vous réveillez, vous devez la reprendre.

Le dormeur ne se soucie nullement de l'*ātma-vichāra*. Il n'a donc aucun besoin de pratiquer quoi que ce soit. C'est le soi éveillé qui désire la pratique et c'est pourquoi il doit la faire.

Lors d'une conversation, Shrī Bhagavān expliqua : « Le mental est quelque chose de mystérieux. Il consiste

en *sattva*, *rajas* et *tamas* [pureté, activité et inertie].
Les deux derniers donnent naissance au *vikshepa* (la
diversité). Dans son aspect sattvique, le mental reste
pur, non contaminé. Il n'y a donc pas de pensées,
il est identique au Soi. Le mental est comparable à
l'*ākāsha* (l'éther). Tout comme il y a des objets dans
l'*ākāsha*, il y a des pensées dans le mental. L'*ākāsha*
est l'équivalent du mental et les objets l'équivalent
des pensées. On ne peut espérer mesurer l'Univers et
étudier les phénomènes. C'est impossible. Car les objets
sont des créations mentales. Vouloir les mesurer est
comparable à la tentative de mettre le pied sur la tête
de sa propre ombre pour l'immobiliser. Plus on avance,
et plus l'ombre avance aussi. Il est donc impossible de
poser le pied sur la tête de sa propre ombre.

Quand un enfant cherche en vain à attraper la tête de
son ombre avec ses mains, sa mère prend pitié de ses
efforts inutiles ; elle prend la main de son enfant, la lui
pose sur la tête en lui faisant ensuite observer à terre
la tête de son ombre avec la main dessus. Il en va de
même pour l'ignorant qui cherche à étudier l'Univers.
L'Univers n'est qu'un objet créé par le mental et qui
a son existence dans le mental. Il ne peut être mesuré
comme le serait une entité extérieure. Il faut atteindre le
Soi, pour atteindre l'Univers.

Les gens demandent souvent comment contrôler le
mental. Je leur réponds : "Montrez-moi le mental et
vous saurez ce qu'il faut faire." Le fait est que le mental
n'est qu'un faisceau de pensées. Comment voulez-vous
le supprimer par la pensée ou par le désir de le faire ?
Vos pensées et vos désirs ne sont-ils pas des parties
intégrantes du mental ? Par de nouvelles pensées qui
s'élèvent, le mental ne fait que s'accroître. Par conséquent, il est stupide de vouloir tuer le mental par le
mental. La seule manière de s'y prendre, c'est de trouver

sa source et de s'y agripper. Alors, le mental s'affaiblira de lui-même.

Le yoga enseigne le *chitta-vritti-nirodha* (maîtrise des activités mentales). Mais moi, je recommande l'*ātma-vichāra* (la recherche du Soi). C'est un chemin réalisable. Le *chitta-vritti-nirodha* se produit aussi dans le sommeil, lors d'un évanouissement ou d'un jeûne. Mais dès que ces conditions sont supprimées, les pensées affluent de nouveau. A quoi sert donc le contrôle mental ? Dans l'état de torpeur, il y a la paix et pas de souffrance. Mais la souffrance revient dès que la torpeur est passée. Le *nirodha* (la maîtrise) ne sert donc à rien et ne peut produire de bénéfice durable.

Comment s'y prendre alors pour que le bénéfice soit durable ? C'est en trouvant la cause de la souffrance. La souffrance est due aux objets. S'ils n'existaient pas, il n'y aurait pas de pensées qui en dépendent et ainsi pas de souffrance. "Mais comment les objets cesseraient-ils d'exister ?" est alors la question qui se pose. La *shruti* et les sages disent que les objets ne sont que des créations mentales. Ils n'ont pas d'existence substantielle. Etudiez la question et vous vous rendrez compte de la véracité de cette affirmation. Vous en conclurez que le monde objectif se trouve dans la conscience subjective.

Ainsi, le Soi est l'unique Réalité qui imprègne et enveloppe toute la manifestation. Et puisqu'il n'y a pas de dualité dans le Soi, aucune pensée ne vient troubler votre paix. C'est la Réalisation du Soi. Le Soi est éternel et il est toujours réalisé. »

Au cours de cet exposé Shrī Bhagavān clarifia aussi quelques points :

« L'*abhyāsa* [la pratique] consiste à se retirer dans le Soi chaque fois qu'une pensée vient déranger votre tranquillité. Il ne s'agit pas de concentration ou de destruction du mental, mais d'un retrait dans le Soi.

Le *dhyāna,* la *bhakti,* le *japa,* etc., sont des aides pour maintenir au-dehors la multiplicité des pensées. Une seule pensée prévaut alors, qui finit, elle aussi, par se dissoudre dans le Soi. »

La même personne rappela que le mental privé de toute pensée équivaut à la Réalisation et demanda quelle était l'expérience dans cet état. Puis, elle cita un passage d'un ouvrage de Paul Brunton qui disait que cet état était indescriptible. La réponse se trouvait donc là. Ensuite, elle se risqua à dire que cela devait être comme regarder à travers un miroir sans tain, par opposition à l'état présent qui correspond à regarder dans un miroir avec tain.

Shrī Bhagavān répondit qu'un mental sans pensée était comparable à deux miroirs clairs, l'un face à l'autre, n'échangeant entre eux aucun reflet.

2 MAI 1938

486. *Mr. Ganapatram :* Comment puis-je trouver « qui je suis » ?

M. : Y a-t-il deux soi pour que l'un doive trouver l'autre ?

Q. : Le Soi est unique, mais il présente un double aspect, le 'je' et le *sankalpa* (c'est-à-dire le penseur et la pensée).

Pouvez-vous me dire comment puis-je réaliser le 'Je'. Dois-je faire du *japa* avec « Qui suis-je ? » ?

M. : Aucun *japa* de ce genre n'est nécessaire.

Q. : Dois-je penser « Qui suis-je ? » ?

M. : Vous avez pu constater que la pensée 'je' surgit subitement. Agrippez-vous à cette pensée 'je' et cherchez-en la source (*mūla*).

Q. : Puis-je connaître le chemin ?

M. : Faites ce qu'on vient de vous dire et voyez.

Q. : Je ne comprends pas ce que je dois faire.

M. : Si c'était quelque chose d'objectif, le chemin pourrait être montré objectivement. Mais ce dont il s'agit ici est subjectif.

Q. : Je ne comprends rien.

M. : Quoi ! Ne comprenez-vous pas que vous êtes ?

Q. : S'il vous plaît, indiquez-moi le chemin.

M. : Est-il nécessaire de vous montrer le chemin à l'intérieur de votre propre maison ? Il est en vous.

Q. : Que me conseillez-vous de faire ?

M. : Pourquoi devriez-vous faire quelque chose et que devriez-vous faire ? Restez seulement tranquille. Pourquoi ne pas rester ainsi ? Chacun doit faire ce qui correspond à son état.

Q. : Je vous prie de me dire ce qui me convient. J'aimerais l'entendre de vous.

Pas de réponse.

487. Miss J., une jeune Anglaise, habillée d'un sārī musulman, vint en visite à l'ashram.

Shrī Bhagavān prit le journal *The Vision* et lut à haute voix une stance du poème « The Black Sun » écrit par Swāmi Bharatānanda.

A la fin, Miss J. demanda :

« De cette stance on peut déduire que l'on doit méditer jusqu'à se fondre dans l'état de conscience. Est-ce exact ? »

M. : Oui.

Q. : Je vais plus loin et je demande : Est-ce exact que l'on doive entrer avec une volonté consciente dans l'état d'où il n'y a plus de retour ?

Pas de réponse. La cloche annonçant le déjeuner retentit et tout le monde se leva.

Dans l'après-midi, la conversation se poursuivit.

Q. : Quel est l'objet de la réalisation du Soi ?

M. : La réalisation du Soi est le but final et contient en elle-même sa propre fin.

Q. : Je voulais dire : quelle est l'utilité de la réalisation du Soi ?

M. : Pourquoi devriez-vous chercher la réalisation du Soi ? Pourquoi ne vous contentez-vous pas de votre état présent ?

Il est évident que vous êtes insatisfaite de votre état présent. Cette insatisfaction prendra fin si vous réalisez le Soi.

Q. : En quoi consiste cette réalisation du Soi qui met un terme à l'insatisfaction ? Je suis dans le monde où il y a des guerres. La réalisation du Soi peut-elle y mettre un terme ?

M. : Etes-vous dans le monde ? Ou bien le monde est-il en vous ?

Q. : Je ne comprends pas. Le monde est, sans aucun doute, autour de moi.

M. : Vous parlez du monde et des événements qui s'y déroulent. Ils ne sont que des idées en vous. Ces idées sont dans le mental. Et le mental est en vous. Donc le monde est en vous.

Q. : Je ne vous suis pas. Même si je ne pense pas au monde, il n'en existe pas moins.

M. : Voulez-vous dire que le monde est séparé du mental et qu'il peut exister en l'absence de celui-ci ?

Q. : Oui.

M. : Le monde existe-t-il dans votre sommeil profond ?

Q. : Il existe.

M. : Le voyez-vous dans votre sommeil ?

Q. : Non, pas moi. Mais les autres qui restent éveillés le voient.

M. : Dans votre sommeil, en étiez-vous consciente ? Ou ne serait-ce pas plutôt maintenant que vous savez que les autres voient le monde ?

Q. : Oui, dans mon état de veille.

M. : Vous parlez donc de votre perception du monde à l'état de veille et non pas de votre expérience dans le sommeil. Vous admettez l'existence du monde dans les états de veille et de rêve parce qu'ils sont le produit du mental. Le mental se retire durant le sommeil profond et le monde se trouve dans la condition d'une graine. Au réveil, le monde se manifeste à nouveau. L'ego s'élance, s'identifie avec le corps et voit le monde. Ainsi, le monde est bien une création du mental.

Q. : Comment cela se peut-il ?

M. : Ne créez-vous pas un monde dans votre rêve ? L'état de veille est également un rêve, mais prolongé. Il faut qu'il y ait quelqu'un qui voie les expériences du rêve et du sommeil. Qui est-il ? Est-ce le corps ?

Q. : Il ne peut pas l'être.

M. : Est-ce le mental ?

Q. : Ce doit être lui.

M. : Mais vous existez aussi en l'absence du mental.

Q. : Comment ça ?

M. : Oui, en sommeil profond.

Q. : Je ne sais pas si j'existe alors.

M. : Si vous n'existiez pas, comment pourriez-vous vous souvenir de vos expériences d'hier ? Est-il possible qu'il y ait eu une cassure dans la continuité du 'je' durant le sommeil ?

Q. : C'est possible.

M. : Si c'était le cas, un Johnson pourrait alors se réveiller comme un Benson. Comment l'identité

de l'individu est-elle alors maintenue dans ces
conditions ?

Q. : Je n'en sais rien.

M. : Si cet argument n'est pas clair, suivez alors un
autre raisonnement. Vous admettez « J'ai bien dormi »,
« Je me sens reposé après un bon sommeil ». Vous avez
donc fait l'expérience du sommeil. Celui qui a fait cette
expérience s'identifie maintenant avec le 'je' de celui
qui parle. Ce même 'je' doit avoir existé aussi durant le
sommeil.

Q. : Oui.

M. : Donc le 'je' a existé durant le sommeil. Si le
monde s'y trouvait aussi, vous a-t-il dit qu'il existait ?

Q. : Non. Mais le monde me prouve maintenant qu'il
existe. Même si je nie son existence, lorsque je me
heurte à une pierre et blesse mon pied, la blessure me
prouve l'existence de la pierre et donc celle du monde.

M. : C'est cela. La pierre blesse le pied. Le pied dit-il
qu'il y a une pierre ?

Q. : Non, moi 'je' le dis.

M. : Qui est ce 'je' ? Il ne peut être le corps, ni le
mental, comme nous l'avons déjà vu. Ce 'je' est celui
qui fait l'expérience des états de veille, de rêve et de
sommeil profond. Ces trois états sont des changements
qui n'affectent pas [l'identité de] l'individu. Les expériences sont comme des images qui défilent sur un écran
de cinéma. L'apparition et la disparition des images
n'affectent pas l'écran. Ainsi, les trois états alternent
successivement laissant le Soi non affecté. Les états de
veille et de rêve sont des créations du mental. Le Soi les
englobe toutes. Savoir que le Soi demeure heureux dans
sa perfection est la réalisation du Soi. C'est la réalisation
de la Perfection et ainsi du Bonheur.

Q. : Le bonheur de la réalisation du Soi peut-il être
complet si l'on ne contribue pas au bonheur du monde ?

Comment peut-on être heureux quand il y a une guerre en Espagne, une guerre en Chine, etc. ? N'est-ce pas de l'égoïsme que de rester dans l'état de Réalisation sans aider le monde ?

M. : On vient de vous démontrer que le Soi englobe tout l'Univers et le transcende aussi. Le monde ne peut rester séparé du Soi. Si la réalisation d'un tel Soi est appelée égoïsme, cet égoïsme doit aussi englober le monde. Il n'y a là rien de méprisable.

Q. : Les êtres réalisés ne continuent-ils pas à vivre comme les êtres non réalisés ?

M. : Oui. Avec cette différence que l'être réalisé ne voit pas le monde comme séparé du Soi. Il possède la véritable connaissance et le bonheur intérieur d'un Etre parfait. Tandis que l'être non réalisé voit le monde comme séparé, ressent son imperfection et en devient malheureux. Autrement, leur comportement extérieur est semblable.

Q. : L'être réalisé sait donc, comme les autres, que des guerres font rage dans le monde.

M. : Oui.

Q. : Comment peut-il alors être heureux ?

M. : L'écran de cinéma est-il affecté par des scènes d'incendie ou d'inondation ? Il en est de même avec le Soi.

L'idée « je suis le corps ou le mental » est si enracinée qu'il est difficile de s'en défaire, même quand on est convaincu du contraire. Quand on a fait un rêve, on sait au réveil qu'il était irréel ; et l'expérience de veille devient irréelle dans les autres états. Par conséquent, chaque état contredit les autres. Ils ne sont donc que des états changeants qui se déroulent dans la conscience de celui qui les perçoit. Ce sont des phénomènes apparaissant dans le Soi qui, lui, ne change pas et reste non affecté par eux.

Tout comme les états de veille, de rêve et de sommeil profond ne sont que des phénomènes, la naissance, la croissance et la mort ne sont, elles aussi, que des phénomènes dans le Soi, lequel continue à demeurer inchangé et non affecté. Naissance et mort ne sont que des idées. Elles relèvent du corps ou du mental. Le Soi existait avant la naissance de ce corps et demeurera après la mort de celui-ci. Il en est de même de tous les corps qui ont été pris successivement. Le Soi est immortel. Les phénomènes changent et sont mortels. La peur de la mort relève du corps, pas du Soi. Une telle peur est due à l'ignorance. Réalisation signifie vraie connaissance de la perfection et de l'immortalité du Soi. La mortalité n'est qu'une idée qui cause la souffrance. Vous pouvez vous en débarrasser en réalisant la nature immortelle du Soi.

3 MAI 1938

487 a. La jeune Anglaise de la veille reprit la parole : « Si le monde n'est qu'un rêve, comment peut-il être harmonisé avec l'éternelle réalité ? »

M. : L'harmonie consiste à réaliser qu'il n'est pas séparé du Soi.

Q. : Mais un rêve est volatil et irréel. Il est aussi contredit par l'état de veille.

M. : Il en va de même des expériences de l'état de veille.

Q. : Quand on vit pendant cinquante ans, on trouve une continuité dans l'expérience de veille laquelle est absente dans les rêves.

M. : Vous vous endormez et vous faites un rêve dans lequel les expériences de cinquante années sont concentrées dans une courte période, disons cinq minutes, du rêve. Il existe donc également une continuité dans le rêve. Laquelle des deux est alors réelle ? Est-ce la période couvrant cinquante années de votre état de veille ou bien la courte durée de cinq minutes de votre rêve ? Ce ne sont que les normes du temps qui diffèrent dans les deux états. Il n'y a aucune autre différence entre ces expériences.

Q. : L'esprit demeure non affecté par le déroulement des phénomènes et par les corps successifs des naissances répétées. Comment chaque corps reçoit-il la vie qui le plonge dans l'action ?

M. : L'esprit est différent de la matière et il est plein de vie. C'est par lui que le corps est animé.

Q. : L'être réalisé est donc esprit et n'a pas conscience du monde.

M. : Il voit le monde, mais pas comme séparé du Soi.

Q. : Si le monde est plein de douleur, pourquoi l'être réalisé conserve-t-il l'idée du monde ?

M. : L'être réalisé vous dit-il que le monde est plein de douleur ? C'est l'être non réalisé qui le dit ; c'est lui qui ressent la douleur et qui cherche l'aide des sages. Le sage explique alors, d'après sa propre expérience, que si on se retire dans le Soi, la douleur prend fin. Tant que l'on considère un objet comme étant différent de soi-même, on ressent la douleur. Mais quand on découvre que le Soi est un tout indivisible, qui peut encore ressentir quoi ? Le mental réalisé est le Saint-Esprit, tandis que l'autre mental est la demeure du diable. L'état de l'être réalisé est le Royaume des Cieux. « Le Royaume des Cieux est en vous. » Ce Royaume est *ici* et *maintenant*.

488. Un groupe de jeunes gens demanda : « On dit qu'un mental sain ne peut exister que dans un corps sain. Ne devons-nous pas veiller à conserver le corps toujours vigoureux et en bonne santé ? »

M. : Ainsi, vous n'en finirez plus de faire attention à la santé de votre corps.

Q. : Les expériences actuelles sont le résultat du karma passé. Si nous connaissons les erreurs commises auparavant, nous pourrons les rectifier.

M. : Même si une erreur est rectifiée, il restera encore tout le *sanchita*[1] qui vous donnera d'innombrables naissances. Cela n'est donc pas la bonne méthode. Plus vous taillez une plante, plus elle pousse avec vigueur. Plus vous vous efforcez de rectifier votre karma et plus il s'accumule. Trouvez la racine du karma et coupez-la.

4 MAI 1938

489. Un autre groupe de visiteurs s'enquit sur la méthode de la réalisation du Soi.

M. : Pour un débutant, il est recommandé de maîtriser le mental et de le sonder. Mais qu'est-ce que le mental, après tout ? C'est une projection du Soi. Regardez à qui il apparaît et d'où il s'élève. Vous trouverez alors la pensée 'je' comme étant la « cause-racine ». Allez plus profondément ; la pensée 'je' disparaît et reste une infinie expansion de la conscience du 'Je'. Celle-ci est aussi appelée Hiranyagarbha. Lorsqu'elle se limite, elle apparaît en tant qu'individus.

490. La jeune Anglaise commença par exprimer son désir d'un entretien privé avec Shrī Bhagavān. Puis elle dit : « Je rentre en Angleterre. Je quitte cet endroit ce soir. J'aimerais éprouver chez moi le bonheur de la réalisation du Soi. Bien sûr, ce n'est pas facile en Occident, mais je ferai tout mon possible. Quelle est la voie pour l'obtenir ? »

---

1. Karma à l'état latent qui fructifiera dans le futur.

M. : Si la Réalisation était quelque chose qui vous est extérieur, une voie pourrait vous être montrée, compatible avec votre individualité, vos capacités, etc. Puis, surgirait la question de savoir si elle est réalisable et dans combien de temps. Mais ici, la Réalisation concerne le Soi. Vous ne pouvez pas rester sans le Soi. Le Soi est toujours réalisé. Mais seulement, vous ne reconnaissez pas ce fait. La Réalisation est maintenant obscurcie par l'idée que vous vous faites du monde. Vous voyez le monde en dehors de vous et l'idée associée à lui obscurcit votre nature réelle. Il suffit de dépasser cette ignorance et le Soi sera révélé. Aucun effort particulier n'est nécessaire pour réaliser le Soi. Tous les efforts servent uniquement à éliminer l'obscurcissement présent de la vérité.

Une femme porte un collier autour du cou. Oubliant qu'il est à son cou, elle s'imagine qu'elle l'a perdu et se met à le chercher fébrilement. Comme elle ne le trouve pas, elle demande à ses amies de l'aider, jusqu'à ce que l'une d'entre elles lui conseille de porter la main à son cou pour y sentir la présence du collier. Elle se sent alors heureuse d'avoir retrouvé son collier. Quand elle rencontre ensuite ses amies et que celles-ci s'informent du sort de son collier, elle leur dit : « Oui, je l'ai trouvé », comme s'il avait été perdu et ensuite retrouvé. Son bonheur à le retrouver autour de son cou est le même que celui que l'on ressent lorsqu'on retrouve un objet réellement perdu. En fait, le collier n'a jamais été perdu ni retrouvé. Et cependant, la femme fut d'abord triste et puis heureuse. Il en est de même avec la réalisation du Soi. Le Soi est toujours réalisé. La Réalisation est à présent obscurcie. Quand le voile est levé, la personne se sent heureuse en redécouvrant le Soi toujours réalisé. La Réalisation, toujours présente, apparaît comme une nouvelle réalisation.

Maintenant, que doit-on faire pour dissiper cette ignorance ? Désirez ardemment obtenir la véritable connaissance. Au fur et à mesure que ce désir s'intensifie, la fausse connaissance perd de sa force et disparaît finalement.

Q. : L'autre jour, vous disiez qu'il n'y a pas de conscience dans le sommeil profond. Cependant, en de rares occasions, je suis devenue consciente du sommeil durant le sommeil même.

M. : Bon, de ces trois facteurs, la conscience, le sommeil et la connaissance de celui-ci, seul le premier ne change pas. Cette conscience qui reconnaît le sommeil comme un état voit maintenant, à l'état de veille, le monde. La négation du monde correspond à l'état de sommeil. Le monde peut apparaître ou disparaître, c'est-à-dire qu'on peut être éveillé ou endormi, la conscience n'en est pas affectée. Il n'y a qu'un tout continu à la surface duquel défilent les trois états de veille, de rêve et de sommeil profond. Soyez cette conscience, même maintenant. C'est cela le Soi ; c'est cela la Réalisation ; c'est là la Paix et le Bonheur.

7 MAI 1938

491. Mr. Kishorelal Mashruwala, président du Gandhi Sevā Sangh, demanda : « Comment le *brahmacharya* [le célibat] doit-il être pratiqué pour être vécu avec succès ? »

M. : C'est une question de volonté. La nourriture sattvique, les prières, etc., sont des aides.

Q. : Des jeunes gens de notre connaissance ont pris de mauvaises habitudes. Ils désirent rompre avec elles et nous demandent conseil.

M. : Une réforme mentale est nécessaire.

Q. : Pouvons-nous leur prescrire une nourriture particulière, des exercices physiques, etc. ?

M. : Il y a des remèdes médicaux. Certains *āsana* [postures] yoguiques et une nourriture sattvique sont aussi utiles.

Q. : Certains jeunes gens ont fait le vœu de *brahmacharya*. Au bout de dix à douze ans, ils le regrettent. Dans ces conditions, devons-nous continuer à encourager les jeunes gens à faire ce vœu ?

M. : Dans le cas de véritable *brahmacharya*, cette question ne se posera pas.

Q. : Quelques-uns de ces jeunes prononcent leur vœu de *brahmacharya* sans en connaître toutes les implications. Quand ils trouvent la mise en pratique trop difficile, ils viennent nous demander conseil.

M. : Ils n'ont pas besoin de prononcer un vœu. Ils peuvent essayer de pratiquer la continence sans se lier par un vœu.

Q. : Est-ce que le *naishthika-brahmacharya* (le célibat à vie) est essentiel comme *sādhanā* pour la réalisation du Soi ?

M. : La Réalisation en elle-même est *naishthika-brahmacharya*. Le vœu n'est pas le *brahmacharya*. Le *brahmacharya,* c'est la vie en *brahman* et on n'y parvient pas par l'effort de volonté.

Q. : On dit que *kāma* (désir) et *krodha* (colère), etc., disparaissent dans la présence d'un *sad-guru*. Est-ce vrai ?

M. : C'est exact. *Kāma* et *krodha* doivent disparaître avant la Réalisation.

Q. : Mais tous les disciples d'un *guru* ne sont pas au même degré d'avancement. Quelques-uns commettent même des fautes. Qui est responsable de telles fautes ?

M. : Il n'y a aucun rapport entre la réalisation du Soi et les prédispositions individuelles (*samskāra*). Il n'est pas toujours possible de vivre à la hauteur de l'idéal du *guru*.

Q. : Les passions n'affectent-elles pas la Réalisation ?

M. : L'effort pour se purifier viendra de lui-même.

Q. : Mais n'est-il pas nécessaire de se laver de toute impureté avant la Réalisation ?

M. : Le *jñāna* lavera toutes les impuretés.

Q. : Gandhiji est parfois perplexe quand il constate que ses disciples les plus proches tournent mal. Il se demande comment cela est possible et il pense que c'est dû à ses propres défauts. A-t-il raison ?

M. (avec un sourire et après quelques instants de silence) : Gandhiji a lutté si longtemps pour se perfectionner lui-même. Tous les autres seront sur le droit chemin en temps voulu.

Q. : La conception hindoue de la réincarnation est-elle correcte ?

M. : Il est impossible de donner une réponse précise à cette question. Il y a du pour et du contre. La *Bhagavad-gītā* va même jusqu'à nier la naissance actuelle, *na tu evāham jātu nāsam...* [BhG II. 12] Jamais nous ne naquîmes [1]...

Q. : L'individualité n'est-elle pas *anādi* (sans commencement) ?

M. : Cherchez et voyez s'il y a véritablement une individualité. Posez cette question après avoir résolu ce problème. Nammālvār dit : « Dans mon ignorance j'ai pris l'ego pour moi-même ; cependant, grâce à une juste connaissance des choses, je me suis rendu compte que l'ego n'existe nulle part et qu'il n'y a que toi qui

---

1. « En vérité, jamais ne fut le temps où je n'étais point, ni toi, ni ces chefs de peuples ; et, plus tard ne viendra pas celui où nous ne serons pas » (*La Bhagavad-gītā,* trad. Esnoul-Lacombe).

demeures tel le SOI. » Les écoles moniste et dualiste sont toutes deux d'accord sur la nécessité de la réalisation du Soi. Réalisons d'abord et ensuite nous pourrons discuter sur les détails. L'*advaita* et le *dvaita* ne peuvent pas être déterminées en se basant seulement sur des considérations théoriques. Quand le Soi est réalisé, ce genre de question n'a plus de raison d'être. Même Shuka n'avait pas confiance en son *brahmacharya* alors que Krishna était convaincu du sien. Il y a tant de différents noms pour désigner la réalisation du Soi, que ce soit *satya*, *brahmacharya*, etc. Ce qui est naturel à l'état de Réalisation devient l'objet d'un effort volontaire en état de non-Réalisation. L'idée « Je suis le corps » ne disparaîtra qu'avec la réalisation du Soi. C'est alors que les *vāsanā* prendront fin et toutes les vertus subsisteront.

Q. : On dit que les *samskāra* persistent même chez un *jñānī*.

M. : Oui. Mais ces *samskāra* sont *bhoga-hetu* (cause de joie) et non pas *bandha-hetu* (cause d'asservissement).

Q. : Souvent des imposteurs abusent de cela ; ils se font passer pour des *sādhu,* mais mènent une vie dissolue. Ils prétendent qu'il s'agit de leur *prārabdha* (les effets du karma passé). Comment faire pour distinguer les imposteurs des *sādhu* authentiques ?

M. : Celui qui a abandonné l'idée d'être l'auteur de ses actes ne peut plus dire « ceci est mon *prārabdha* ». Et lorsqu'on dit « les *jñānī* mènent des vies différentes », ce n'est qu'à l'intention des ignorants. Les *jñānī* ne peuvent faire usage de cette assertion pour expliquer leur mode de vie ou leur conduite.

Après quelques minutes, Shrī Bhagavān fit une remarque à Mr. Kishorelal à propos de son mauvais état physique.

Mr. Kishorelal : Oui. Je suis asthmatique. Je n'ai jamais été robuste. Enfant, je n'ai pas été nourri du lait de ma mère.

M. : Dans votre cas, le mental est vigoureux et le corps est faible.

Q.: J'ai voulu pratiquer le *rāja-yoga*. Mais je n'ai pu le faire à cause de mon incapacité physique. Mon mental commençait à vagabonder à cause des mouvements du corps provoqués par l'asthme.

M. : Si le mental est maintenu immobile, le corps peut bouger autant qu'il veut.

Q.: N'est-ce pas un handicap pour un débutant ?

M.: Il faut essayer en dépit des handicaps.

Q. : Oui, bien sûr. Mais les efforts ne seront que momentanés.

M.: C'est une idée parmi tant d'autres. Tant que des pensées persistent, cette idée réapparaîtra. La concentration est notre nature véritable, c'est-à-dire ETRE. Maintenant l'effort est encore nécessaire, mais il cessera après la réalisation du Soi.

Q. : On dit que la Réalisation est l'intervalle entre deux pensées.

M. : Voilà encore une conception due à l'activité mentale.

Q. : Chaque fois que j'ai pensé avoir découvert quelque chose d'original, je me suis rendu compte par la suite que j'étais déjà devancé.

M.: Toute chose existe déjà à l'état de germe, il ne peut donc rien y avoir de nouveau.

8 MAI 1938

492. A l'occasion d'un procès intenté par le temple local contre le gouvernement au sujet de la propriété de la colline d'Arunāchala, Shrī Bhagavān fut cité comme témoin. Lors de l'interrogatoire par une commission, qu'il fut obligé de subir, il déclara : « Shiva demeure toujours sous trois formes : 1) le *parabrahman* [l'absolu], 2) le *linga* (ici, en tant qu'Arunāchala) et 3) le *siddha* [l'Etre parfait] (*brahma-rūpa ; linga-rūpa ; siddha-rūpa*).

Sur la Colline se trouvent des *tīrtha* [bassins sacrés], comme le Mulaippāl-tīrtha et le Pāda-tīrtha qui ont été créés pour ou par Virūpakshi Devar et Guha Namashivāyar. Il s'y trouve aussi le Rishabha-tīrtha.

Tous ces bassins sont encore en bon état.

Originellement, Shiva apparut sous la forme d'une colonne de lumière. Lorsqu'il fut prié de se manifester concrètement, la colonne de lumière disparut dans la Colline et se manifesta alors sous la forme d'un *lingam*. Les deux, lumière et *lingam*, sont Shiva. »

Et plus tard, le Maharshi dit : « Des bâtiments ou des ashrams s'élèvent autour de moi. Je ne le souhaite pas. Je ne le demande pas, ni n'empêche leur construction. Je savais que des actions étaient entreprises, même contre mon gré. J'en conclus qu'il *faut* qu'ils se fassent et c'est la raison pour laquelle je ne m'y oppose pas. »

Q. : Le *sarvādhikārī*[1] actuel sera-t-il votre successeur ?

M. : Oui. Mais seulement pour l'administration.

Q. : Remplit-il ses fonctions en ce moment ?

M. : Il ne fait que superviser le travail. Le travail est effectué aussi par d'autres.

---

1. Litt. « le gouverneur de tout ». Titre donné à Nagasundaramier (Chinnaswāmi), frère du Maharshi et administrateur de l'ashram.

18 MAI 1938

493. Un visiteur, venu de l'Andhra Pradesh, demanda :
« Qu'est-ce qui m'aidera à fixer toujours mon attention
sur "Tes Pieds sacrés" » ?

M. : La pensée « Suis-je jamais éloigné de Tes
pieds ? ».

Q.: Comment cette pensée peut-elle être maintenue ?

M.: En chassant les autres pensées qui contrecarrent
celle-ci.

494. Shrī Bhagavān avait parcouru en entier le livre
*Turn Eastwar*ds [1] de Pascaline Maillert. Il en parla
pendant une heure environ en disant que l'écriture était
pleine de sensibilité et que l'auteur était sincère. Il dit
aussi que le livre était écrit dans un style simple et
se terminait par des souvenirs de lui. Quelques erreurs
ici et là devaient être soulignées afin d'être corrigées
dans des éditions ultérieures. Le *Nandanār-charitram*
avait été raconté deux fois, avec la fausse notion qu'un
certain incident se produisait en deux occasions différentes. *Prithvi-linga* [*linga* de terre]*, ap-linga* [*linga* de
l'eau], etc. [2], n'y étaient pas situés aux bons endroits.
Shrī Bhagavān pensait que le livre était bien écrit. Il
interprétait le titre « Turn Eastwards » comme voulant
dire « Tourne-toi vers la source de Lumière ». Ce livre
était un bon complément au livre de Paul Brunton.

---

1. « Tourne-toi du côté de l'Est ».

2. Dans l'Inde du Sud, se trouvent cinq temples importants
dédiés à Shiva. Chacun représente un élément : à Kānchīpuram :
la terre , à Trichinapolli : l'eau, à Tiruvannāmalai (Arunāchala) : le
feu , à Kalahasti : l'air, à Chidambaram : l'éther.

29 MAI 1938

495. Lors d'une conversation avec un brahmane de Cochin, professeur dans un collège d'Ernakulam, Shrī Bhagavān recommanda l'abandon à Dieu. Le professeur lui raconta alors brièvement l'histoire d'un fonctionnaire qui, lorsqu'il était encore étudiant, était agnostique et athée. Il devint très pieux par la suite et sa transformation avait surpris tous ceux qui le connaissaient auparavant.

Puis, le professeur ajouta : « Avant de renoncer complètement à tous ses désirs, il faut au préalable les satisfaire pleinement... » Shrī Bhagavān l'interrompit en souriant : « C'est vouloir éteindre un incendie en arrosant les flammes avec de l'essence ! Plus les désirs sont satisfaits, plus les *samskāra* [tendances innées] s'enracinent. Ils doivent d'abord devenir plus faibles avant de cesser de s'imposer. Cet affaiblissement ne peut survenir qu'en se refrénant, et non pas en s'abandonnant aux désirs. »

Q. : Comment peut-on les rendre plus faibles ?

M. : Par la connaissance ; vous savez que vous n'êtes pas le mental. Les désirs sont dans le mental. Une telle connaissance aide à les contrôler.

Q. : Mais dans notre vie courante ils ne sont pas contrôlés.

M. : Chaque fois que vous tentez de satisfaire un désir, cette connaissance vous rappelle qu'il vaut mieux s'abstenir. De fréquents rappels de ce genre affaibliront à la longue les désirs.

Quelle est votre nature véritable ? Comment pouvez-vous l'oublier ? Les états de veille, rêve et sommeil profond ne sont que des phases du mental ; ils ne concernent pas le Soi. Vous êtes le témoin de ces états. Votre nature véritable se révèle dans le sommeil.

Q. : On nous recommande cependant de ne pas nous endormir pendant la méditation.

M. : Parce que c'est de la torpeur, contre laquelle vous devez vous prémunir. Ce sommeil qui alterne avec l'état de veille n'est pas le véritable sommeil. De même que cet état de veille qui alterne avec le sommeil n'est pas le véritable état de veille. En ce moment même, êtes-vous éveillé ? Vous ne l'êtes pas. Vous devez vous éveiller à votre état véritable. Vous ne devez donc pas tomber dans un faux sommeil, ni rester dans un faux état de veille. D'où :

laye sambodhayec cittam vikshiptam shamayet punah [1].

Quel en est le sens ? Le sens en est que vous ne devez tomber dans aucun de ces états mais rester dans votre véritable nature immaculée.

Q. : Ces états ne sont que dans notre mental.

M. : Le mental de qui ? Saisissez-le et voyez.

Q. : Mais le mental ne peut être saisi. C'est lui qui crée tous ces états. On ne le connaît que par ses effets et non par sa nature véritable.

M. : C'est cela. Prenez les couleurs du spectre. Ensemble, elles forment la couleur blanche. Mais à travers le prisme apparaissent sept couleurs différentes. De même, le seul Soi se décompose en plusieurs aspects, le mental, le corps, le monde, etc. Il est donc perçu en tant que mental, corps ou monde. Autrement dit, il prend la forme de tout ce que vous percevez.

Q. : C'est difficile à suivre dans la pratique. Je préfère m'en tenir à Dieu et me soumettre à Lui.

M. : C'est ce qu'il y a de mieux à faire.

---

1. « L'esprit [profondément apaisé] dans la dissolution, il faut complétement le réveiller ; dispersé [dans les objets du désir et de l'expérience affective], il faut d'autre part le pacifier » — *Gaudapāda* III. 44 a-b (trad. Bouy, 2000, p. 190).

Q. : Comment puis-je remplir mes obligations sans y être attaché ? J'ai une femme et des enfants. J'ai des devoirs vis-à-vis d'eux. Cela exige de l'affection. N'est-il pas vrai ?

M. : Comment accomplissez-vous votre travail au collège ?

Q. (en riant) : J'enseigne pour gagner ma vie.

M. : Donc simplement par devoir et non pas par attachement.

Q. : Mais mes élèves attendent de moi que je les aime.

M. : « Détachement à l'intérieur et attachement en apparence », dit le *Yoga-vāsishtha*.

9 JUIN 1938

496. Un Swāmi appartenant à la mission Rāma-krishna eut une conversation très intéressante avec Shrī Bhagavān au cours de laquelle Shrī Bhagavān fit remarquer :

« L'*avidyā* (l'ignorance) est l'obstacle qui vous empêche de connaître votre vraie nature, même au moment présent. »

Q. : Comment peut-on vaincre l'*avidyā ?*

M. : « *Yā na vidyate sā avidyā* » (ce qui n'existe pas est l'*avidyā*). L'ignorance est donc un mythe. Si elle était réelle, comment pourrait-elle périr ? Son *existence* est illusoire, donc elle disparaît.

Q. : Bien que je comprenne cela intellectuellement, je n'arrive pas à réaliser le Soi.

M. : Pourquoi semblable pensée devrait-elle troubler votre état présent de Réalisation ?

Q. : Le Soi est Un, mais je ne suis pas pour autant libéré de mes difficultés.

M. : Qui affirme cela ? Est-ce le Soi qui n'est qu'un ? La question se contredit elle-même.

Q. : Pour la Réalisation la grâce est nécessaire.

M. : Le fait que vous — un être humain — compreniez qu'un Pouvoir supérieur vous dirige est dû à la grâce. La grâce est en vous. *Ishvaro gurur ātmeti* [1] ... (Īshvara, le *guru* et le Soi, sont synonymes.)

Q. : Je prie pour obtenir cette grâce.

M. : Oui, oui.

10 JUIN 1938

497. Lors d'une conversation Shrī Bhagavān dit : « *Sattva* est la lumière, *rajas* est le sujet, et *tamas* est l'objet.

Même la lumière sattvique n'est que lumière réfléchie. Si elle était pure lumière originelle, elle ne se modifierait pas. Le *manokāsha* (l'éther mental) est réfléchi sous forme de *bhūtākāsha* (élément éther) ce qui fait que les objets sont perçus comme séparés du sujet.

Le *samādhi* est toujours présent, même en *vyavahāra-dasa* (la vie active). Nos activités (*vyavahāra*) n'ont pas d'existence séparée du *samādhi*. L'écran est là quand les images y passent et il est toujours là quand elles ne sont pas projetées. Ainsi, le Soi est tout aussi présent en *vyavahāra* (activité) qu'en *shānti* (paix). »

498. Les gens disent souvent qu'un *mukta-purusha* [être libéré] devrait aller dans le monde pour délivrer son message. Ils ne comprennent pas comment quelqu'un peut être un *mukta* tant qu'il y a de la souffrance autour de lui. C'est vrai, mais qui est un

---

1. Voir entretien n° 90.

mukta? Celui-ci voit-il la souffrance dans le monde? Les gens veulent définir l'état d'un *mukta* sans réaliser eux-mêmes cet état. Du point de vue du *mukta,* leur opinion revient à ceci : un homme fait un rêve dans lequel il rencontre plusieurs personnes. A son réveil, il demande : «Les personnes de mon rêve se sont-elles également réveillées?» C'est ridicule. Ou encore, c'est comme un homme au grand cœur qui dirait : «Peu importe si je n'obtiens pas la *mukti* [la libération] ou que je sois le dernier à l'obtenir, pourvu que je puisse aider les autres hommes à être des *mukta* avant moi». Tout cela est très bien, mais imaginez une personne en train de rêver disant : «Je souhaite que toutes les personnes de mon rêve se réveillent avant moi.» Ce rêveur n'est pas plus absurde que l'homme au grand cœur qui veut libérer tout le monde avant lui-même.

499. Le Swāmi de la Mission Shrī Ramākrishna avait encore des questions à poser : «Swāmiji, je suis monté sur la colline d'Arunāchala pour visiter les ashrams dans lesquels vous aviez vécu dans votre jeunesse. J'ai aussi lu des ouvrages sur votre vie. Puis-je savoir si à cette époque vous aviez le sentiment que vous deviez prier un dieu, ou que vous deviez pratiquer quelque chose pour atteindre votre état présent?»

M.: Lisez sur ma vie et vous comprendrez. Le *jñāna* et l'*ajñāna* ont le même degré de vérité; les deux sont imaginés par l'ignorant et n'ont pas de réalité du point de vue du *jñānī.*

Q.: Un *jñānī* est-il encore capable ou susceptible de commettre des péchés?

M.: Un *ajñānī* pense d'un autre qu'il est un *jñānī* et l'identifie aussitôt à un corps. Puisqu'il ne connaît pas le Soi et confond son propre corps avec le Soi, il commet la même erreur à l'égard du *jñānī* et le considère comme étant la forme physique.

Comme l'*ajñānī* s'imagine être l'auteur de ses actes, bien qu'il ne le soit pas, et qu'il considère les actions de son corps comme étant les siennes, il pense que le *jñānī* agit de son propre gré quand le corps de celui-ci est actif. Mais le *jñānī* connaît la vérité et n'est pas dans cette confusion. L'état d'un *jñānī* ne peut être déterminé par un *ajñānī*. C'est pourquoi cette question ne trouble que l'*ajñānī* et ne se pose jamais pour un *jñānī*. Si le *jñānī* était l'auteur de ses actes, il devrait en déterminer leur nature. Le Soi ne peut pas être l'auteur. Cherchez qui est l'auteur et le Soi se révélera.

Q. : L'*advaita* ne peut exister dans l'action. Voilà pourquoi je posais cette question.

M. : Mais d'après la stance[1], elle doit y être. « L'action » ici s'applique seulement aux pratiquants et non à ceux qui sont accomplis.

Q. : Oui, je comprends tout à fait. De plus, l'*advaita* ne peut être pratiquée dans la relation avec le *guru* ; sinon comment le disciple pourrait-il recevoir d'instruction ?

M. : Oui, le *guru* est intérieur et non pas extérieur. Un saint tamoul a dit : « O *Guru* ! Toi qui demeures toujours à l'intérieur de moi, mais qui te manifestes aujourd'hui sous forme humaine, seulement pour me guider et me protéger ! » Ce qui est à l'intérieur en tant que Soi se manifeste en temps voulu en tant que *guru* sous forme humaine.

Q. : Tout cela revient à dire que voir un *jñānī* n'est pas le comprendre. On voit le corps et non son *jñāna*. Il faut donc être un *jñānī* pour reconnaître un *jñānī*.

M. : Le *jñānī* ne voit personne comme un *ajñānī*. De

---

son point de vue, tous ne sont que des *jñānī*. Dans l'état d'ignorance, on surimpose son ignorance sur un *jñānī* et le prend pour un être agissant. Le *jñānī* ne voit rien qui soit séparé du Soi. Le Soi est tout resplendissant et n'est que pur *jñāna*. Donc, de son point de vue, il n'y a pas d'*ajñāna*.

Il y a une histoire qui illustre cette façon de voir ou cette surimposition : Deux amis s'endorment côte à côte. L'un d'eux rêve qu'ils s'en vont tous deux faire un long voyage et courent d'étranges aventures. A son réveil, il raconte tout cela à son compagnon et lui demande si cela s'est effectivement passé. Celui-ci se moque de lui en lui faisant remarquer que ce n'était que son rêve à lui et que lui-même était hors de cause.

Tel est le cas de *l'ajñānī* qui surimpose ses idées illusoires sur les autres.

A une question en rapport avec sa jeunesse — où Shrī Bhagavān n'était pas encore un *jñānī* — et avec son état présent de *jñāna*, il répondit : « Il n'y a pas de *jñāna* ainsi qu'on le comprend communément. Les idées habituelles de *jñāna* et d'*ajñāna* ne sont que relatives et fausses. Elles ne sont pas réelles et, par conséquent, ne sont pas permanentes. L'état véritable est le Soi non dualiste. Il est éternel et demeure en chacun de nous, que nous en prenions conscience ou non. C'est comme la *kanthābharana-kātha* [1] et l'histoire du dixième homme [2]. »

Q. : Mais dans ces histoires quelqu'un est là pour donner l'indication.

M. : Ce quelqu'un n'est pas extérieur. Vous prenez le

---

1. Histoire de la femme et de son collier qu'elle pense avoir perdu (voir entretiens n°s 490 et 609).

2. Histoire du dixième homme qui ne compte que les neuf autres en oubliant de se compter soi-même (voir entretien n° 63).

corps pour le *guru*. Mais le *guru* ne se prend pas pour cela. Il est le Soi sans forme ; celui-ci est en vous ; il apparaît à l'extérieur seulement pour vous guider.

500. *Q. :* Quand toutes les pensées sont bannies et que le mental est tranquille ou qu'il entre dans un état de néant ou de vide, quelle est la nature de l'effort que doit fournir le chercheur pour obtenir le *pratyaksha-bhāva* [la perception directe] de ce qu'il cherche (par exemple, voir une mangue telle une mangue) ?

M. : Qui voit le néant ou le vide ? Qu'est-ce que le *pratyaksha ?* Appelez-vous la perception d'une mangue *pratyaksha ?* Cela implique le jeu du *karma*, du *kartā,* et du *kārya* (l'action, l'acteur et l'acte). C'est donc relatif et non absolu. C'est parce que vous voyez une chose maintenant, que vous dites après qu'il n'y a plus rien (lorsque vous ne la voyez plus). Voir et ne pas voir sont des fonctions du mental. Ce qui se trouve au-delà des deux est le *pratyaksha.* Il y a l'*indriya-pratyaksha* (perception directe par les sens), le *mānasa-pratyaksha* (perception directe par le mental) et le *sākshāt-pratyaksha* (réalisation de l'Etre véritable). Cette dernière est la seule vraie. Les deux autres sont relatives et fausses.

Q. : Si aucun effort n'est nécessaire, l'état perpétuel de vide mental peut-il être appelé l'état de Réalisation ?

M. : L'effort est nécessaire tant qu'il y a un mental. L'état de vide a été le sujet de discorde de toutes les philosophies.

Q. : Y a-t-il quelque chose d'analogue au *pratyaksha-bhāva* dans l'état de Réalisation ou bien la Réalisation est-elle simplement ressentie ou expérimentée comme l'Etre véritable ou *sthiti* [état] de l'âme ?

M. : Le *pratyaksha,* c'est *être* et non pas *sentir,* etc.

Q. : Jusqu'à ce que le chercheur réalise qu'il est l'objet de la recherche, les questions de ce genre s'élèvent en lui.

M. : C'est vrai. Voyez si vous êtes le chercheur. Le Soi est souvent confondu avec le connaisseur. Le Soi ne se trouve-t-il pas aussi dans le sommeil profond, c'est-à-dire dans l'état de non-connaissance ? Le Soi est donc au-delà du connaisseur et de la connaissance. Ces doutes sont du domaine du mental. Partant de ce point de vue, on recommande de conserver un mental clair, et lorsque le *rajas* et le *tamas* sont éliminés, seul le mental sattvique subsiste ; le 'je' se dissout dans le *sattva* (*ūnādhal-kan*).

Le terme *jñāna-chakshus* [l'œil de la Connaissance] ne veut pas dire qu'il est un organe de perception comme les autres organes des sens (*jñānam eva chakshus*[1]). La télépathie, etc., ne sont pas des fonctions du *jñāna-chakshus*. Aussi longtemps qu'il y a un sujet et un objet, il ne s'agit que d'une connaissance relative. Le *jñāna* se situe au-delà de la connaissance relative. Il est absolu.

Le Soi est la source du sujet et de l'objet. Quand l'ignorance prévaut, le sujet est pris pour la source. Le sujet est le connaisseur et ne constitue qu'un élément de la triade[2] dont les trois éléments ne peuvent exister indépendamment l'un de l'autre. Si bien que le sujet, ou le connaisseur, ne peut pas être l'ultime Réalité. Celle-ci réside au-delà du sujet et de l'objet. Quand elle sera réalisée, il n'y aura plus de place pour des doutes.

> *Bhidyate hridayagranthish*
> *chidyante sarvasamshayāh*

---

1. Trad. : L'Œil n'est rien d'autre que la Connaissance.

2. *Tripūti* : sujet, objet et la relation entre les deux (le connaisseur, la connaisance et le connu).

[MâU II.2, 8] « Le nœud du cœur est tranché ; les doutes sont dissipés ». C'est cela la signification de *pratyaksha* et non pas ce que vous pensez. Seul l'*avidyā-nāsha* [la suppression de l'ignorance] est la réalisation du Soi. Mais la notion de la réalisation du Soi est *aupachārika* [métaphorique]. Ce n'est qu'un euphémisme pour désigner l'élimination de l'ignorance.

12 JUILLET 1938

501. Un jeune homme de Mysore demanda : « Comment ai-je reçu ce corps ? »

M. : Vous parlez de 'je' et de « corps » ; il y a une relation entre les deux. Par conséquent, vous n'êtes pas le corps. Cette question ne se présente pas au corps, parce qu'il est inerte. Il y a un état dans lequel vous n'êtes pas conscient du corps — notamment en sommeil profond. La question ne se pose pas alors. Cependant, vous existez dans le sommeil. Alors à qui se pose cette question à présent ?

Q. : A l'ego.

M. : Oui. Le corps et l'ego apparaissent et disparaissent ensemble. Dans l'état de sommeil profond, vous rompez toute association avec l'ego. En ce moment, vous êtes associé à lui. De ces deux états, lequel est votre état réel ? Vous êtes présent dans l'état de sommeil et le même 'vous' est présent aussi maintenant. Pourquoi la question s'élève-t-elle maintenant et non pas pendant le sommeil ? Vous dites vrai en disant qu'elle concerne l'ego. Mais vous n'êtes pas l'ego ; l'ego est un intermédiaire entre le Soi et le corps. Vous êtes le Soi. Cherchez l'origine de l'ego et voyez si le doute persiste.

Après quelques minutes, Shrī Bhagavān ajouta :

« D'après les *shāstra*, la réponse serait que le corps est dû au karma. Alors une autre question se pose : "D'où provient le karma ?" On répond : "D'un corps précédent" et ainsi de suite, à l'infini. La méthode directe n'est pas basée sur des hypothèses invérifiables, mais elle consiste à s'attaquer au point central et à demander : "Le karma de qui ?" ou "le corps de qui ?" Voilà pourquoi j'ai répondu de cette manière. Cette méthode est plus utile. »

14 AOÛT 1938

502. Shrī Rājendra Prasād[1] et Shrī Jamnalal Bajaj vinrent rendre visite à Shrī Bhagavān.

Shrī Jamnalal Bajaj : Comment peut-on garder le mental stable d'une façon continue ?

M. : Tous les êtres vivants ont conscience de leur environnement. On doit donc en conclure qu'ils sont tous pourvus d'un intellect. Cependant, l'intellect de l'homme est différent de celui des animaux, car l'homme, non seulement, perçoit le monde tel qu'il est et agit en conséquence, mais, de plus, n'étant jamais satisfait de l'état actuel des choses, il cherche à l'améliorer suivant ses désirs. Ce faisant, il étend le champ de ses divers intérêts, mais reste néanmoins insatisfait. Il commence alors à penser et à raisonner.

Son désir d'une paix et d'un bonheur permanents est le signe manifeste de l'existence d'une telle permanence dans sa propre nature. C'est pourquoi il s'efforce de trouver et de regagner sa propre nature — son Soi. Une fois le Soi trouvé, tout est trouvé.

---

1. Combattant pour l'indépendance de l'Inde avec le Mahātma Gandhi et futur président de l'Inde.

Cette recherche intérieure est le chemin que doit emprunter l'intellect de l'homme. Après une pratique continue, l'intellect finit par réaliser de lui-même que sa propre activité dépend d'un pouvoir supérieur. Mais il ne peut pas par lui-même atteindre ce Pouvoir. Si bien qu'arrivé à un certain stade, il s'arrête d'agir. Quand l'intellect a suspendu ainsi toute activité, seul reste le Pouvoir suprême. C'est la Réalisation ; c'est la finalité ; c'est le but.

Il est donc clair que la finalité de l'intellect est de comprendre qu'il est dépendant d'un pouvoir supérieur et qu'il est incapable de l'atteindre. Il doit alors s'annihiler lui-même avant d'atteindre le but.

Q. : Il existe une strophe qui dit à peu près ceci : « Je ne désire aucun royaume, etc. Laisse-moi seulement Te servir pour toujours. C'est en cela que consiste ma plus grande joie. » Est-ce correct ?

M. : Oui. Car tant qu'il reste un objet séparé du sujet (c'est-à-dire la dualité), il y a place pour le *kāma* (le désir). Quand il n'y a plus d'objet, il ne peut y avoir de désir. L'état sans désir, c'est le *moksha* (la Libération). Dans le sommeil profond, il n'y a ni dualité ni désir. Alors que dans l'état de veille, il y a dualité et désir. C'est à cause de la dualité que le désir apparaît pour posséder l'objet. Le mental dirigé vers l'extérieur est le siège de la dualité et du désir. Si on sait que la félicité n'est autre que le Soi, le mental se tourne vers l'intérieur. Quand le Soi est atteint, tous les désirs se trouvent exaucés. C'est *āpta-kāma* [1], *ātma-kāmah* [2], *akāmash ca* (la satisfaction des désirs) de la *Brihadāranyaka-upanishad* [v. IV.4, 6]. C'est le *moksha*.

Ici, Shrī Jamnalal Bajaj essaya de se faire comprendre

---

1. Qui a atteint l'objet de son désir.
2. Qui ne désire que l'*ātman*.

en disant que ce qu'il voulait dire par *sadbuddhi* n'était pas la même chose que *buddhi* (l'intellect). Par *sadbuddhi*, il entendait « se tenir fermement au bon, au juste et à la voie choisie ». Il voulait savoir comment une telle fermeté pouvait être obtenue.

M. : Ce qui est nécessaire pour obtenir le but le plus élevé, c'est la perte de l'individualité. L'intellect se développe en même temps que l'individualité. La perte de l'individualité ne peut avoir lieu qu'après la disparition de la *buddhi*, qu'elle soit bonne ou mauvaise. Votre question n'a donc pas de raison d'être.

Q. : Cependant, l'homme doit connaître ce qui est bien, choisir le juste chemin, pratiquer le juste *dharma* et s'y tenir fermement. Autrement, il est perdu.

M. : La véritable force s'acquiert en se maintenant toujours dans la bonne direction sans s'en écarter.

Q. : Mais on y rencontre des difficultés. Comment obtenir la force nécessaire pour surmonter les obstacles sur le chemin ?

M. : Par les moyens de la dévotion et par la fréquentation des sages.

Q. : Tout à l'heure, vous mentionniez la perte de l'individualité comme étant une condition préalable au *moksha*. Maintenant vous recommandez la dévotion et la fréquentation des sages. L'individualité n'est-elle pas impliquée dans ces méthodes, quand on pense par exemple « Je suis un *bhakta* », « Je suis un *satsangī* » ?

M. : Les méthodes sont faites pour le chercheur. Le chercheur n'a certainement pas encore perdu son individualité. Autrement, cette question ne se poserait pas. La voie est indiquée au chercheur pour lui permettre de perdre son individualité. C'est en quoi elle se justifie.

Q. : Est-ce bon d'éprouver le désir de *svarāj* [indépendance] ?

M. : Un tel désir commence sans doute par un intérêt

pour soi-même. Cependant, par les œuvres accomplies en vue du but, la perspective de l'individu s'élargit peu à peu et l'individu finit par fusionner avec sa patrie. Une telle fusion de l'individualité est souhaitable et le *karma* (l'action) qui s'accomplit alors devient *nishkāma* (désintéressé).

Q. : Si, après de longues luttes et des sacrifices terribles, le *svarāj* est obtenu, la personne n'aura-t-elle pas toutes les raisons d'être contente du résultat et de se sentir élevée ?

M. : Au cours de son action, elle doit se remettre entre les mains du Pouvoir suprême dont la puissance doit être gardée à l'esprit sans jamais être perdue de vue. Comment alors peut-elle se sentir élevée ? Elle ne devrait même pas se soucier des résultats de ses actions. Seulement alors le *karma* devient désintéressé.

Q. : Comment assurer une justesse sans faille du travail ?

M. : Si la personne s'est soumise à Dieu ou à son *guru*, le Pouvoir auquel elle s'est soumise la conduira dans la bonne voie. Elle n'a alors plus besoin de se sentir concernée ni de savoir si son chemin est juste ou non. Les doutes ne surgiront que si elle faillit à obéir au maître dans les moindres détails.

Q.: N'existe-t-il pas un Pouvoir sur terre, susceptible d'accorder la grâce à Ses adorateurs de façon à ce qu'ils trouvent la force de travailler pour leur pays et d'acquérir le *svarāj* ?

Le Maharshi resta silencieux. Plus tard, il expliqua que son silence équivalait à un acquiescement.

Q. : Les *tapasya* (les austérités) auxquels se sont livrés jadis les Mahātmas de notre pays peuvent-ils être de quelque profit à leurs successeurs actuels ?

M. : Oui, mais il ne faut pas perdre de vue que

personne ne peut prétendre en être le seul bénéficiaire. Les acquis se partagent entre tout le monde à part égale. (Après un court silence) : Croyez-vous que le présent réveil national aurait pu se faire sans l'intervention de la grâce salvatrice ?

Et Shrī Bhagavān raconta qu'avant son arrivée à Tiruvannāmalai, en 1896, il n'existait en Inde aucune pensée politique clairement définie. A l'époque, seul Dadabhaï Nauroji avait pu entrer au Parlement.

Après une pause, Shrī Jamnalal Bajaj reprit la parole : « Shrī Rājendra Prasād est si noble et désinté-ressé dans son travail pour le pays qu'il a sacrifié une carrière très lucrative pour cela. Le pays a besoin de lui. Et pourtant, il n'est pas en bonne santé, il est fragile et souffrant. On se demande pourquoi un si noble fils du pays doit subir de telles difficultés. »

(Shrī Maharshi eut simplement un sourire bien-veillant.)

17 AOÛT 1938

503. Mr. Lorey, un Américain, qui avait passé deux mois à l'ashram, prit congé : « Je pars ce soir. Il m'est difficile de m'arracher à cet endroit, mais je dois retourner en Amérique. Je voudrais obtenir un message du Maître. Le Maître me comprend mieux que je ne le fais moi-même. C'est pourquoi je Lui demande un message auquel je me tiendrai quand je serai loin de Lui. »

M.: Le Maître n'est pas à l'extérieur de vous comme vous semblez l'imaginer. Il est à *l'intérieur* ; il est, en fait, le Soi. Reconnaissez cette vérité. Cherchez en vous et trouvez-le. Vous serez dès lors en constante communion avec lui. Le message est toujours présent ; il n'est jamais silencieux ; il ne peut jamais vous abandonner ; et vous ne pouvez jamais vous éloigner du Maître.

Votre mental est dirigé vers l'extérieur. En raison de cette tendance, vous voyez les objets à l'extérieur, et le Maître en fait partie. Mais la Vérité est différente. Le Maître est le Soi. Tournez le mental vers l'intérieur et vous découvrirez que les objets se trouvent en vous. Vous réaliserez aussi que le Maître est votre propre Soi, et qu'il n'existe rien d'autre que lui.

C'est parce que vous vous identifiez à votre corps que vous acceptez les objets comme étant en dehors de vous. Mais êtes-vous le corps ? Vous ne l'êtes pas. Vous êtes le Soi. C'est *là* que se trouvent tous les objets et l'Univers entier. Rien ne peut échapper au Soi. Comment pourriez-vous donc vous éloigner du Maître qui est votre Soi véritable ? Quand vous vous déplacez d'un lieu à un autre, pensez-vous que votre corps s'éloigne du Soi ? De la même manière, vous ne pouvez jamais être sans le Maître.

Mr. Lorey fut très touché par cette réponse, bien qu'il fût déjà familiarisé avec l'enseignement du Maître. Il fut même visiblement ému.

Il pria pour que la grâce du Maître puisse demeurer avec lui.

M. : Le Maître étant le Soi, la grâce est inséparable du Soi.

Mr. Lorey salua Shrī Maharshi avec une intense ferveur en disant qu'il serait peut-être à même de réaliser la Vérité.

M. : Existe-t-il un seul instant où vous n'ayez pas réalisé le Soi ? Pouvez-vous être séparé du Soi ? Vous êtes toujours Cela.

Q. : Vous êtes le grand Maître qui répand la joie et la

félicité sur le monde. Votre amour est illimité car vous avez choisi de demeurer dans le monde sous une forme humaine ! Mais j'aimerais savoir s'il est nécessaire de réaliser son propre Soi avant de pouvoir aider son pays et gouverner des hommes.

M. : Réalisez d'abord le Soi et le reste suivra.

Q. : L'Amérique est la nation la plus avancée dans les domaines de l'industrie, du génie civil, des sciences appliquées et bien d'autres activités. Parviendra-t-elle au même niveau dans le domaine spirituel ?

M. : Elle y parviendra sûrement.

Q. : Dieu soit loué ! Je suis associé dans une entreprise de génie civil. Mais ce n'est pas d'un intérêt vital pour moi. J'essaie d'introduire un idéal spirituel dans la vie quotidienne de ma société.

M. : C'est bien. Si vous vous soumettez à la volonté du Pouvoir supérieur, tout ira bien. Ce Pouvoir mène vos affaires à bonne fin. Seulement, tant que vous pensez être celui qui travaille vous êtes obligé de récolter les fruits de vos actions. Si, en revanche, vous vous soumettez et reconnaissez votre soi individuel comme seulement un instrument du Pouvoir supérieur, ce Pouvoir se chargera de vos affaires aussi bien que des fruits de vos actions. Vous ne serez plus concerné par eux et le travail se déroulera sans difficulté. Que vous reconnaissiez le Pouvoir ou non, rien ne changera l'ordre des choses. Seule la perspective changera. Quand vous voyagez en train, pourquoi devriez-vous porter votre bagage sur la tête ? Le train vous transportera, vous et votre bagage, que celui-ci soit sur votre tête ou à terre. Vous ne diminuez pas la charge du train en conservant votre bagage sur votre tête, mais vous ne faites que vous fatiguer inutilement. Il en va de même pour les individus qui se prennent pour les auteurs des activités dans le monde.

Q. : Je me suis intéressé à la métaphysique pendant plus de vingt ans. Mais je n'ai pas eu d'expériences nouvelles, comme beaucoup prétendent en avoir eu. Je n'ai aucun pouvoir de clairvoyance, de télépathie, etc. Je me sens enfermé dans ce corps et rien de plus.

M. : C'est bien ainsi. La Réalité n'est qu'une et c'est le Soi. Tout le reste, ce ne sont que de simples phénomènes qui se déroulent en elle, par elle et venant d'elle. Celui qui voit, ce qui est vu et la vision ne sont tous que le Soi. Quelqu'un peut-il voir ou entendre en laissant le Soi de côté ? Quelle différence peut-il y avoir entre voir et entendre quelqu'un qui se trouve à côté ou à une grande distance ? Dans les deux cas, on a besoin des organes de la vue et de l'ouïe ainsi que du mental. Dans aucun des cas, on ne peut s'en passer. D'une façon ou d'une autre, il y a dépendance. Pourquoi alors devrait-il y avoir une fascination pour la clairvoyance et la télépathie ?

De plus, ce qui est acquis sera perdu en temps voulu. Ces pouvoirs ne peuvent jamais être permanents.

La seule chose permanente est la Réalité ; et *cela* est le Soi. Vous dites : « Je suis », « Je suis en train de marcher », « Je suis en train de parler, de travailler, etc. ». Ajoutez un trait d'union à « Je suis » chaque fois, et cela devient « JE-SUIS ». *Cela* est la Réalité permanente et fondamentale. Cette vérité fut enseignée par Dieu à Moïse quand Il lui dit « Je suis ce JE-SUIS ». « Sois tranquille et sache que JE-SUIS Dieu ». Donc « JE-SUIS » est Dieu.

Vous savez que vous êtes. Vous ne pouvez nier votre existence à aucun moment. Car pour nier votre existence, il faut que vous existiez. C'est cela (la pure Existence) que l'on entend par un mental tranquille. Le mental est la faculté d'extériorisation de l'individu. S'il est tourné vers l'intérieur, il devient peu à peu tranquille.

C'est alors que seul prévaut le « JE-SUIS ». « JE-SUIS » est toute la Vérité.

Q. : J'apprécie la réponse pleinement.

M. : Qui est là pour apprécier quoi ?

A une question de Mr. Lorey sur le Cœur, Shrī Bhagavān répondit : « Laissez de côté l'idée de *droite* ou de *gauche*. Elle concerne le corps. Le Cœur, c'est le Soi. Réalisez-le et vous verrez alors ce qu'il en est pour vous. »

Mr. Lorey remercia Shrī Bhagavān et le salua avant de se retirer.

18 AOÛT 1938

504. Un visiteur interrogea Shrī Bhagavān sur le « surmental », le « supramental », le « psychique » et le « divin », des termes employés par Shrī Aurobindo.

M. : Réalisez le Soi ou le Divin. Toutes ces différences disparaîtront.

505. Babu Rājendra Prasād demanda : « Je suis venu ici avec la permission du Mahātma Gandhi, mais je dois le rejoindre bientôt. Shrī Bhagavān peut-il me donner un message pour lui ? »

M. : L'*adhyātma-shakti* [le pouvoir du Soi suprême] travaille en lui et le conduit. Cela suffit. Que faut-il de plus ?

19 AOÛT 1938

506. Expliquant la première stance de *Sad-vidyā* [1], Shrī Bhagavān dit : « Le *sat* (l'Etre) est *chit* (Connais-

---

1. « Sans qu'il y ait connaissance de la Réalité, la Réalité peut-elle exister ? [....] »

sance absolue). La *chit* est également *sat* ; ce qui est n'est qu'un. Autrement, la connaissance du monde et de son propre être serait impossible. Il y a donc à la fois "être" et "connaissance". Cependant, les deux ne sont qu'une seule et même chose. D'autre part, s'il n'y avait que le *sat*, sans la *chit*, un tel *sat* serait inconscient (*jada*). Pour le connaître, une autre *chit* serait nécessaire ; étant différente du *sat,* une telle *chit* ne peut exister. Mais elle *doit* exister. Si nous prenons maintenant la *chit* comme étant le *sat*, puisque le *sat* est *jada*, la *chit* devient aussi *jada*, ce qui est absurde. Pour connaître la *chit,* une autre *chit* est nécessaire, ce qui est également absurde. C'est pourquoi *sat* et *chit* ne sont qu'une seule et même chose. »

22 AOÛT 1938

507. Un ārya-samājiste [1] de Bangalore arriva à l'ashram en compagnie d'un ami. Il demanda au Maharshi : « Quelle est l'utilité de la pratique du yoga ? A-t-elle une utilité personnelle ou est-elle aussi d'un profit pour le monde ? »

M. : Yoga signifie union de deux entités. Quelles sont-elles ? Cherchez. L'utilité ou le profit sont en relation avec un centre. Quel est-il ? Cherchez.

Q. : La distinction des castes doit-elle exister ?

M. : Qui est celui qui voit cette distinction ? Trouvez-le.

Q. : Je m'aperçois que celle-ci est observée dans cet ashram. C'est probablement sans l'approbation de Shrī Bhagavān que certains l'observent ici.

---

1. Membre de l'Arya-Samāj, mouvement de réveil de la conscience d'identité nationale indienne au XIXe siècle.

M. : Qui êtes-vous pour parler des autres ? Avez-vous remarqué les autres dans votre *sushupti* (sommeil profond) ?

Q. : Etant l'individualité, je ne peux pas voir les autres dans mon sommeil, mais je les vois en ce moment.

M. : Il n'y a aucun doute à cela. Mais celui qui voit en ce moment et celui qui ne voit pas dans le sommeil c'est vous — toujours le même individu. Pourquoi devriez-vous remarquer des différences maintenant et en être troublé ? Restez comme vous étiez dans le sommeil.

Q. : C'est impossible. Je vois maintenant les différences tandis que je ne les vois pas dans mon sommeil. Du reste, cela ne change rien à l'état des choses tel qu'il est.

M. : Les objets existent-ils en l'absence du sujet ?

Q. : Leur existence est indépendante du sujet.

M. : Est-ce vous qui dites qu'ils existent ou est-ce eux qui viennent à vous pour annoncer leur existence ?

Q. : Je sais qu'ils existent.

M. : C'est donc seulement la connaissance que vous en avez qui détermine leur existence. Leur existence n'est pas absolue.

Q. : Même sans ma connaissance, ils continueront d'exister.

M. : Prétendez-vous qu'ils existent sans que vous ayez connaissance d'eux ?

(Rires)

Q. : Le *brahman* est égal envers tous. Il ne peut y avoir là aucune distinction. La distinction des castes va à l'encontre du plus haut principe.

M. : Pourquoi faire entrer le *brahman* dans cette discussion ? Le *brahman* n'a aucun grief à l'égard de quiconque. Laissez celui qui a des griefs poursuivre cette affaire.

Q. : Vous êtes un Mahātma. Vous ne pouvez admettre les castes. Comment se fait-il que les gens ici mettent en vigueur de telles distinctions ?

M. : Vous ai-je dit que j'étais un *jñānī*, un Mahātma ? C'est vous qui le dites. Je n'ai pas non plus exprimé de grief au sujet de cette histoire de caste.

Q. : Le *paramātman* est le même en tous.

M. : Pourquoi faites-vous appel à tous ces noms ? Ils peuvent très bien s'occuper d'eux-mêmes. Ils n'ont pas besoin de votre aide.

Q. : Le Mahātma Gandhi admet aussi l'égalité...

M. : Gandhi n'est pas ici.

Q. : Aurobindo n'approuve pas les castes. Est-ce que vous les approuvez ?

M. : En ce qui concerne Aurobindo, adressez-vous à lui. Quant à mon opinion, en quoi vous concerne-t-elle ? En quoi vous sera-t-elle utile ? Vous, avez-vous une opinion sur ce sujet ? Celle-ci seulement doit vous intéresser et non pas l'opinion des autres.

Q. : Je désapprouve le système des castes. L'opinion du Mahātma m'est précieuse, elle me guide. J'ai besoin de votre bénédiction pour réussir dans mes efforts.

M. : Le Mahātma vous a dit de chercher et de trouver votre Soi. Vous ne voulez pas le faire, mais vous lui demandez sa bénédiction.

Q. : J'essaie de suivre les instructions. Mais la distinction des castes cause de la souffrance. Elle doit disparaître.

M. : A qui cause-t-elle de la souffrance ?

Q. : Aux membres de la société...

M. : C'est vous qui le dites. Il existe des pays qui ne pratiquent pas le régime des castes. Sont-ils pour autant épargnés par des difficultés ? Ils ont des guerres, des carnages, des luttes, etc. Pourquoi n'allez-vous pas dans ces pays pour remédier à leurs maux ?

Q. : Il y a des problèmes ici aussi.

M. : Les différences existent toujours, non seulement entre les êtres humains, mais également entre les animaux, les plantes, etc. On ne peut rien changer à l'état des choses.

Q. : Nous ne nous occupons pas des animaux et du reste pour l'instant.

M. : Pourquoi pas ? S'ils pouvaient parler, ils réclameraient l'égalité avec vous et ils soutiendraient leurs revendications avec la même énergie que les humains.

Q. : Mais nous n'y pouvons rien. C'est l'œuvre de Dieu.

M. : Si cela est l'œuvre de Dieu, alors, en ce qui concerne les hommes, c'est votre œuvre, n'est-ce pas ?

Q. : Cette distinction est fabriquée par les hommes.

M. : Vous n'avez pas besoin de remarquer ces distinctions. La diversité est la loi du monde. Mais une Unité parcourt la diversité. Le Soi est le même en tout. Dans l'esprit, il n'y a pas de différence. Toutes les différences sont externes et superficielles. Découvrez l'Unité et soyez heureux.

La douleur de la diversité est surmontée par la joie de la perception de l'Unité. D'ailleurs, un roi peut très bien se déguiser en serviteur sans que cela ne crée une différence dans la personne.

Q. : Je ne m'oppose pas aux différences, mais les revendications de supériorité sont mauvaises.

M. : Il y a bien des différences entre les divers membres du corps. Mais quand la main touche le pied, elle n'est pas souillée. Chaque membre remplit sa fonction. Pourquoi les différences vous dérangent-elles ?

Q. : Les gens ressentent l'injustice due à la distinction des castes. Il faut la supprimer.

M. : Vous pouvez arriver individuellement à l'état où de telles distinctions ne sont pas perçues, et être heureux. Comment pouvez-vous espérer réformer le monde ? Même si vous essayiez, vous n'y parviendriez pas. Kāvyakantha Ganapati Shāstri s'est offert à transformer des *harijan* [hors-castes] en brahmanes, en les initiant à des mantras. Mais les *harijan* n'ont pas accepté cette offre. Ce qui montre qu'ils sont affligés d'un complexe d'infériorité. Faites disparaître d'abord ce complexe avant d'essayer de réformer les autres.

De plus, pourquoi allez-vous dans des lieux où de telles distinctions sont observées et vous causent de la souffrance ? Pourquoi ne recherchez-vous pas plutôt des lieux où ces règles ne sont pas observées et où vous pourrez être heureux ?

Gāndhiji essaie d'instaurer l'égalité. Lui aussi doit affronter l'obstacle du complexe d'infériorité qui afflige les basses castes. Il n'arrive pas à imposer ses vues aux autres. Il observe la non-violence. Ainsi les choses restent-elles comme elles sont.

Q. : Il nous faut travailler pour détruire toute distinction de castes.

M. : Eh bien, faites-le. Quand vous aurez réussi dans le monde, voyez alors si la distinction persiste en ce lieu.

Q. : C'est ici le premier endroit où je désire établir la réforme.

M. : Pourquoi vous donnez-vous tant de mal pour effectuer des réformes ? Allez dormir et voyez s'il y a des différences dans le sommeil. Là, vous allez effacer les différences sans aucun effort.

(Rires)

24 AOÛT 1938

508. *Q. :* Est-ce que l'*ahimsā* [la non-violence] peut mettre un terme aux guerres dans le monde ?

Shrī Bhagavān ne répondit pas. C'était aussi le moment de sortir pour la promenade du soir.

Le jour suivant, lorsqu'une autre personne répéta la même question, Shrī Bhagavān dit : « La question contient en elle-même sa réponse. Il est évident que dans l'état de parfaite *ahimsā*, il ne peut y avoir de guerre. »

26 AOÛT 1938

509. Mr. Mac Iver eut un entretien avec Shrī Bhagavān au cours duquel on parla de *dīkshā* [initiation].

M. : Qu'est-ce que cette *dīkshā* ? »

Après une pause : Il y a plusieurs sortes de *dīkshā* : par la parole, par le regard, par le toucher, et par d'autres moyens encore.

Q. : Celle de Bhagavān est bien la *mauna-dīkshā* [initiation par le silence], n'est-ce pas ?

M. : Oui, c'est la forme la plus haute de *dīkshā*.

Q. : Est-elle applicable seulement au *vichāra-mārga* [la voie de l'investigation] ?

M. : Toutes les *mārga* (voies) sont incluses dans le *vichāra-mārga*.

Q. : Oui, mais si on souhaitait les prendre séparément, la *mauna-dīkshā* ne serait pas applicable à tous, n'est-ce pas ?

M. : Non.

Q. : A supposer qu'on éprouve le besoin d'aides pour la Réalisation, celles-ci sont considérées comme faisant partie de voies accessoires, n'est-ce pas ?

M. : Oui.

Q. : Et pour ces voies accessoires, est-ce que d'autres *dīkshā* sont nécessaires ?

M. : Oui

Q.: Par conséquent, aussi longtemps que je me tiens aux pieds de Bhagavān, je ne peux pas être considéré comme un chrétien fidèle.

Shrī Bhagavān l'interrompit en disant que c'était pourtant l'essence du christianisme.

Q.: Oui, mais pas aux yeux des représentants actuels de l'Eglise. Dans ces conditions, je ne peux plus demander à l'Eglise son secours. Bhagavān m'autorise-t-il à chercher ailleurs ?

M.: C'est à vous de voir.

Après une pause, Shrī Bhagavān souligna que les gens qui venaient ici étaient amenés par quelque Pouvoir mystérieux et que ce même Pouvoir prendra soin d'eux.

La conversation se termina sur cette remarque.

7 SEPTEMBRE 1938

510. Mr. T.K.S. Iyer lut à haute voix le passage d'un livre, dans lequel étaient énumérées cinq différentes divisions de l'*antahkarana* [organe intérieur].

1) *ullam* [1] (conscience) ; 2) *manas* (mental) ; 3) *buddhi* (intellect) ; 4) *chitta* (mémoire) ; 5) *ahamkāra* (ego).

Shrī Bhagavān expliqua : « La division classique est de quatre. L'*ullam* a été ajoutée pour que l'ensemble corresponde aux cinq *tattva* [2].

1) L'*ullam* (la conscience) correspond à l'éther (*ākāsha-tattva*) depuis le sommet du crâne jusqu'au niveau des sourcils.

2) Le *manas* (la faculté de penser) correspond à l'air (*vāyu-tattva*), du niveau des yeux jusqu'à la gorge.

---

1. Terme tamoul.
2. Ici : élément.

3) La *buddhi* (l'intellect) correspond au feu et à la lumière (*agni-tattva*), de la gorge au cœur.

4) Le *chitta* (la mémoire) correspond à l'eau (*jala-tattva*), du cœur à l'ombilic.

5) L'*ahamkāra* (l'ego) correspond à la terre (*prithivi-tattva*), de l'ombilic au coccyx.

L'*ullam* est donc le mental pur ou le mental dans son être le plus pur, c'est-à-dire vidé de toutes les pensées. C'est l'éther du mental qui correspond à l'expansion de celui-ci sans qu'il soit envahi par des pensées. Quand une personne sort du sommeil, sa tête se relève et la lumière de la conscience s'éveille. Cette lumière, toujours présente dans le Cœur, se réfléchit dans le cerveau et apparaît sous forme de conscience. Mais celle-ci n'est pas particularisée tant que l'*ahamkāra* ne s'est pas présenté. Dans son état indifférencié, cette lumière est cosmique (mental cosmique ou conscience cosmique). Cet état ne dure normalement qu'un instant et passe inaperçu. Il se particularise ou se différencie avec l'intrusion de l'ego. C'est alors que la personne commence à dire 'je' ; et cela toujours en association avec une entité (ici, le corps). Le corps est donc identifié comme étant 'je' et tout le reste suit.

Comme l'*ullam* n'est qu'une lumière réfléchie, on dit que c'est la lune. De la lumière originelle, qui a son siège dans le Cœur, on dit que c'est le Soleil. »

9 SEPTEMBRE 1938

511. Le Major Chadwick avait traduit en anglais *na karmanā na prajayā* [1]... Shrī Bhagavān en expliqua le

---

1. Mantras tirés du *Yajurveda* (*Taittirīya-Aranyaka*, X.10, 21-24 ; *Mahānārāyana-Upanishad*, 227-234), récités habituellement

sens : « *Brahmaloka* peut être interprété subjectivement ou objectivement. Dans le second cas, l'interprétation exige la foi dans les *shāstra*, qui font état de tels *loka* (mondes). Quant à l'interprétation subjective, elle est fondée uniquement sur l'expérience et n'exige aucune autorité extérieure. *Brahmaloka* signifierait donc *brahmajñāna* (Connaissance du *brahman*) ou réalisation du Soi (*ātma-sākshatkāra*). *Parāntakāla* [l'instant de la mort] : par opposition à *aparāntakāla*. Lors de ce dernier, les *jīva* passent par l'oubli et prennent des incarnations successives. Leur oubli est enveloppé dans l'ignorance (*avidyā*). *Para*, c'est "au-delà" du corps. *Parāntakāla,* c'est la "transcendance du corps", etc., c'est-à-dire le *jñāna*. *Parāmritāt prakriteh* : au-delà de la *prakriti*. *Sarve* donne à entendre que tout homme est qualifié pour obtenir la Connaissance et la Libération (*moksha*). *Yatayah : yama- niyama-sametāh satpurushāh*, ce qui veut dire "hommes de qualité, bien disciplinés". Tout le texte suggère le passage dans le réel, au-delà de l'irréel. »

na karmanā na prajayā dhanena tyāgenaike amritatvam ānashuh /

parena nākam nihitam guhāyām vibhrājate yad yatayo vishanti /

vedānta-vijñāna-sunishcitārthāh samnyāsayogād yatayah shuddha-sattvāh /

te brahmaloke tu parāntakāle parāmritāt parimucyanti sarve /

dahram vipāpam varaveshmabhūtam yat pundarīkam puramadhya-samstham /

tatrāpi dahram gaganam vishokam tasmin yad antas tad upāsitavyam /

à la fin de toute récitation des Véda. Ces mantras sont récités tous les jours à l'ashram de Shrī Rāmana Maharshi.

yo vedādau svarah prokto vedānte ca pratishthitah /
tasya parkritilīnasya yah parah sa maheshvarah /

« Ce n'est pas par l'action ou en engendrant de la progéniture ou de la fortune que l'on obtient l'immortalité. Quelques-uns atteignent cet état par le renoncement. Les Sages [ceux qui ont vaincu les sens] atteignent le *sat* qui est supérieur au paradis et qui brille seul dans le Cœur.

Les chercheurs ayant, par le renoncement et un mental concentré, obtenu un cœur pur et ayant reconnu la certitude de la Vérité par la connaissance intuitive, comme c'est proclamé dans le Vedānta, seront complètement délivrés de la *māyā* causale dans le *brahmaloka* au moment de la dissolution du corps.

Seul ce qui brille en tant que minuscule *ākāsha*, dépourvu de souffrance et résidant dans le cœur de lotus, le siège minuscule du Suprême immaculé dans le centre le plus profond du corps, mérite d'être adoré.

Seul Lui est le Seigneur suprême qui est au-delà du Verbe originel, début et fin des Véda, et en qui se fond la cause créative. »

Plus tard, Mr. T. S. K. Iyer posa une question sur le *muktaloka* (la région des âmes libérées) et Shrī Bhagavān répondit qu'il avait la même signification que *brahmaloka*.

Q. : Est-ce qu'un *sūkshma-tanū* (corps subtil) tel qu'un *pranava-tanū* ou un *shuddha-tanū* (*tanū* = corps ; *shuddha* = pur) est nécessaire pour gagner un tel *loka* ?

M. : Pranava signifie *réel japa*. On l'interprète cependant comme étant les A, U, M, le *nāda* et le *bindu*. Les trois premiers, A, U, M, sont interprétés comme étant, d'une part *vishva, taijasa, prājña* et d'autre part Virāt, Hiranyagarbha et Īshvara. Quant au *nāda* et au *bindu*, ils correspondent respectivement au *prāna* (l'énergie vitale) et au *manas* (le mental).

La *Māndūkya-upanishad* parle de trois *mātra* et d'un quatrième, *turya-mātra*, qui représente l'état réel.

A une autre question, Shrī Bhagavān répondit : « Il y a les *panchapada-mahāvākyāni* (les *mahāvākya* à cinq mots) comme *tat tvam asi atinijam* (*Tu es Cela* est la grande vérité). Les trois premiers mots ont leurs *lakshyārtha* (significations secondaires) qui indiquent tous l'unique vérité. Tant d'efforts et tant de discipline sont nécessaires, dit-on, pour faire disparaître l'*avidyā* [l'ignorance] qui n'existe pas ! »

11 SEPTEMBRE 1938

512. Shrī Bhagavan dit : « Tout le monde confond la conscience mentale avec la conscience du Soi. En sommeil profond, il n'y a pas de mental ; mais personne ne nie sa propre existence dans le sommeil. Même un enfant dit au réveil "j'ai bien dormi" et ne nie pas son existence durant son sommeil. Lorsque le 'je' surgit, le mental se tourne vers l'extérieur par les cinq sens et perçoit des objets. On appelle cela la perception directe. Quand on demande aux gens s'ils perçoivent directement le 'je', ils sont troublés parce que le 'je' ne se présente pas à leurs yeux comme un objet ; seule la perception par les sens est reconnue par eux comme un facteur de connaissance. Cette habitude est très forte en eux. Une strophe dans le *Thevāram* dit "O dévots qui êtes tant désireux de vous libérer de la souffrance, ne vous préoccupez pas des raisonnements et des exemples ! Notre lumière brille toujours au plus profond de nous-mêmes ! Avec un mental limpide, vivez en Dieu."

C'est la perception directe (*pratyaksha*). Les gens

vont-ils l'admettre ? Ils veulent que Dieu apparaisse devant eux, tel un être resplendissant monté sur un taureau. Une telle vision, une fois née, doit aussi prendre fin. Elle est donc passagère. Le *Thevāram* parle de l'Etre éternel dont on fait l'expérience continûment. Ces hymnes nous mènent directement à la Réalité. »

16 SEPTEMBRE 1938

513. Le Major Chadwick remit encore une fois le mantra qu'il avait traduit et versifié à Shrī Bhagavān afin qu'il le lise. Shrī Bahgavān s'exprima avec délicatesse sur l'interprétation qu'en avait faite le *bhāshyakāra* [le commentateur] et l'expliqua ainsi : «On peut aussi considérer le *brahmaloka* comme une région. C'est ce que disent les *Purāna,* et beaucoup d'autres écoles soutiennent implicitement le même point de vue lorsqu'elles décrivent la *kramamukti* (libération par degrés). Mais les *Upanishad* parlent de *sādhyamukti* (libération immédiate) quand elles disent *Na tasya prānā utkrāmanti* [BAU IV.4,6] *; ihaiva praliyante* ; (les *prāna* ne s'élèvent pas ; elles se dissolvent ici). Alors, le *brahmaloka* serait la réalisation du *brahman* (*brahma-sākshātkāra*). Il s'agit donc d'un état et non d'une région. Dans le cas où il s'agirait d'une région, *parāmritāt* [qui est au-delà de la mort] doit être compris correctement. Il est d'abord *para* [au-delà], dans la mesure où il est l'*avyākrita* [le non-manifesté], l'Energie causale qui transcende l'Univers, et ensuite *amrita* [immortel], parce qu'il dure jusqu'à ce que le Soi soit réalisé. De sorte que *parāmritāt* veut dire *avyākrita*. L'école de la *kramamukti* (Libération par degrés) affirme que l'*upāsaka* [l'aspirant] rejoint la région où se tient son *ishta-devatā* [la déité choisie], qui, pour lui, est le *brahmaloka*. Les âmes qui passent par tous les autres *loka* doivent revenir pour renaître. Mais ceux qui ont atteint le *brahmaloka* ne reviennent plus. De plus, ceux qui désirent un *loka* particulier peuvent atteindre celui-ci par des méthodes appropriées. Tandis que le *brahmaloka* ne peut être atteint tant que demeure le moindre désir dans la personne. L'absence de désir suffit à elle seule à accéder au *brahmaloka*, car cela signifie qu'il n'y a plus rien qui incite à renaître.

L'âge de Brahmā est pratiquement incalculable. On dit que la divinité qui préside à un *loka* a une durée de vie limitée. Quand cette divinité meurt, son *loka* se dissout. Ceux y ayant séjourné obtiennent l'émancipation au moment de cette dissolution, indépendamment de leur état de conscience individuel précédant leur réalisation du Soi.

L'école de *kramamukti* s'oppose à l'idée de *sadyomukti* (libération immédiate) en se basant sur le fait que le *jñānī* est supposé perdre la conscience du corps au moment où son ignorance est dissipée, mais qu'il continue néanmoins à vivre dans son corps. Ils se demandent : Comment le corps peut-il fonctionner sans le mental ? La réponse est quelque peu complexe :

La connaissance (*jñāna*) n'est pas incompatible avec l'ignorance (*ajñāna*), étant donné que le Soi, à l'état pur, demeure avec les germes de l'ignorance (*ajñāna-bīja*) en sommeil profond. L'incompatibilité du *jñāna* et du *ajñāna* ne se produit que durant les états de veille et de rêve. L'*ajñāna* présente deux aspects : l'*āvarana* (l'obscurcissement) et le *vikshepa* (la multiplicité). L'*āvarana* constitue le voile recouvrant la Vérité. C'est l'aspect qui prévaut durant le sommeil. Le *vikshepa* est l'activité à différents moments. Il donne naissance à la diversité et est l'aspect qui prévaut en rêve (*svapna*) et durant l'état de veille (*jāgrat*) ; si le voile (*āvarana*) est levé, la Vérité est perçue. C'est ce qui se passe pour un *jñānī* dont le corps causal (*kārana-sharīra*) cesse alors d'exister. Seul le *vikshepa* continue pour lui, mais d'une manière qui est tout de même différente de celle de *l'ajñānī*.

L'*ajñānī* a toutes sortes de *vāsanā* (tendances), notamment celles de penser qu'il est l'auteur de ses actes (*kartritva*) et qu'il est celui qui jouit de leurs fruits (*bhoktritva*), tandis que le *jñānī* a cessé de penser qu'il est l'auteur (*kartā*). Il ne lui reste plus qu'une seule sorte de *vāsanā*. Celle-ci est très faible et ne le subjugue pas, étant donné que sa conscience est toujours tournée vers *sat-chit-ānanda* [Etre-Conscience-Félicité], la nature du Soi. La faible *bhoktritva-vāsanā* est le seul vestige du mental qui reste encore au *jñānī* et c'est la raison pour laquelle il semble continuer à vivre dans un corps.

Cette explication, quand on l'applique au mantra, revient à dire ceci : un *jñānī* a son *kārana-sharīra* [corps causal] détruit ; le *sthūla-sharīra* (corps physique) n'a pas d'effet sur lui et, dans la pratique, c'est comme s'il était détruit lui aussi. Seul le *sūkshma-sharīra* (corps subtil) demeure. On l'appelle également *ātivāhika-sharīra*. C'est celui qui est conservé par tous les individus quand le corps physique a été abandonné. Et c'est avec lui que ceux-ci traversent d'autres *loka* jusqu'à ce qu'un autre corps physique approprié soit pris. Le *jñānī* est supposé se rendre au *brahmaloka* avec ce *sūkshma-sharīra*. Puis, celui-ci est dissous aussi et le *jñānī* passe à la libération finale.

Toute cette explication n'a de signification que pour celui qui est dans la dualité. Le *jñānī* ne posera jamais de telles questions. Il sait, par expérience, qu'il n'est lié par aucune limitation. »

Q. : Qu'est-ce que « l'émancipation finale » selon cette explication ?

M. : L'*ātivāhika*- ou *sūkshma-sharīra* [corps subtil]

correspondent à la pure lumière dont on fait l'expérience juste après le sommeil et avant la montée de l'ego. C'est la conscience cosmique. Mais cette lumière n'est encore qu'un reflet de la lumière du Cœur. Lorsque ce reflet disparaît et que seule la lumière originelle demeure dans le Cœur, c'est l'émancipation finale.

Q. : Cependant, dans le *Yoga-vāsishtha* il est dit que le *chitta* (mental) d'un *jīvan-mukta* est *achala* (sans mouvement).

M. : C'est juste. L'*achala-chitta* (le mental sans mouvement) est la même chose que le *shuddha-manas* (le mental pur). On dit donc que le *manas* du *jñānī* est le *shuddha-manas*. Le *Yoga-vāsishtha* déclare aussi que le *brahman* n'est autre que le mental du *jñānī*. Par conséquent, le *brahman* n'est rien d'autre que le *shuddha-manas*.

Q. : La description du *brahman* en tant que *sat-chit-ānanda* convient-elle au *shuddha-manas* ? Car celui-ci sera aussi détruit lors de l'émancipation finale.

M. : Si l'on admet le *shuddha-manas*, on doit aussi admettre que la Félicité (*ānanda*) du *jñānī* n'est qu'un reflet. Ce reflet doit à la fin se fondre dans son origine. C'est pourquoi l'état du *jīvanmukta* est comparé au reflet d'un miroir sans tache dans un autre miroir semblable. Que peut-on trouver dans un tel reflet ? Le pur *ākāsha* (éther). De même, la félicité reflétée du *jñānī* représente la véritable Félicité (*ānanda*).

Ce ne sont là que des mots. Il suffit que la personne devienne *antarmukhi* (tournée vers l'intérieur). Les *shāstra* ne présentent pas d'intérêt pour ceux dont le mental est tourné vers l'intérieur. Ils sont destinés aux autres.

514. Mr. Mac Iver, résidant à l'ashram, demanda à Shrī Bhagavān s'il pouvait se rendre en Suisse où un *guru* l'avait invité.

M. : Une certaine force vous a amené ici et la même force vous conduit en Europe. Rappelez-vous toujours que le monde n'est qu'une projection du mental, et que le mental est dans le Soi. Où que le corps aille, le mental doit être gardé sous contrôle. Le corps se déplace, mais non le Soi. Le monde est dans le Soi, c'est tout.

17 SEPTEMBRE 1938

515. *Q. :* Vous avez dit hier que le retrait de l'*āvarana* [l'obscurcissement] entraîne l'annihilation du *kārana-sharīra* [corps causal]. Cela est clair. Mais pourquoi le corps physique doit-il lui aussi disparaître ?

M. : Les *vāsanā* sont de deux sortes : *bandha-hetu* (causant la servitude) et *bhoga-hetu* (causant la joie). Le *jñānī* a transcendé l'ego et, en conséquence, toutes les causes de servitude sont inopérantes. Le *bandha-hetu* est donc parvenu à son terme et le *prārabdha* (le karma accumulé dans le passé) ne subsiste qu'en tant que *bogha-vāsanā* (qui mène à la joie). C'est pourquoi il est dit que seul le *sūkshma-sharīra* [le corps subtil] survit en état de *jñāna*. La *Kaivalya* déclare que le *sanchita*-karma (le karma en réserve) est détruit simultanément à la montée du *jñāna* ; que l'*āgāmi* (le karma qui se forme dans le présent) n'est plus opérant étant donné l'absence des attachements, et que le *prārabdha* s'épuisera uniquement par la joie (*bhoga*). Ainsi, déclare-t-elle, ce dernier prendra fin en temps voulu et le corps physique disparaîtra avec lui.

Sharīra-traya (les trois corps) et *karma-traya* (les trois karmas) ne sont que des mots censés faire plaisir aux polémistes. Un *jñānī* n'est concerné par aucun d'entre eux.

Ce que l'on enseigne au chercheur, c'est de trouver qui il est. S'il se livre à cette recherche, il n'éprouvera aucun intérêt à des discussions sur des sujets comme ceux que nous venons d'évoquer. Trouvez le Soi et restez en paix.

22 SEPTEMBRE 1938

516. *Q. :* Le monde est-il réel ou irréel ? Les Advaitins proclament qu'il est les deux.

M. : Il est irréel s'il est vu comme séparé du Soi et réel s'il est vu comme étant le Soi.

25 SEPTEMBRE 1938

517. On fit référence à deux vers du *Yoga-vāsishtha* où il était question du spiritisme dans un *mleccha-desha*. Mr. Mac Iver fit observer qu'en Occident la magie noire était plus répandue qu'on pouvait le supposer. Quelqu'un se rappela alors qu'une fois Mr. Paul Brunton avait dit qu'il craignait une femme à cause de la relation qu'elle avait avec la magie noire.

Shrī Bhagavān renvoya alors Mr. Mac Iver au *Devīkālottaram*, où la magie noire (*abhichāra-prayoga*) est condamnée. Il ajouta que, par de telles pratiques, on court à sa propre ruine. L'*avidyā* (l'ignorance) est déjà en elle-même suffisamment pernicieuse et conduit l'homme à une forme de suicide. Pourquoi vouloir y ajouter en plus la magie noire ?

Q. : Quel est le *pratikriyā* (le remède) préconisé pour la victime de magie noire ?

M. : La *bhakti* (la dévotion à Dieu).

Q. : La non-résistance semble être le seul remède à toutes sortes de maux tels que la calomnie.

M. : C'est exact. Si un homme insulte son prochain ou l'injurie, le remède ne réside pas dans la riposte ou la résistance. Restez tout simplement tranquille. Cette tranquillité amènera la paix et mettra l'offenseur mal à l'aise jusqu'au moment où il devra bien admettre que dans cette confrontation il a eu tort.

La magie noire a été pratiquée en Inde depuis les temps les plus reculés, même contre les plus grands saints. Les *tapasvī* [ascètes] de la forêt de Dāruka l'exerçaient même contre Shiva.

La conversation se porta ensuite sur le *brahmaloka*.

Shrī Bhagavān expliqua que le *brahmaloka* est identique à l'*ātmaloka* ou encore « *brahmaivalokah* est le *brahmalokah* » (la région est le *brahman* lui-même) et que le *brahman* est l'*ātman*. Ainsi, le *brahmaloka* n'est autre que le Soi. Les termes *loka* et *āloka* sont synonymes. Ils ont le même sens que *andamillākan* [l'œil infini] dans l'*Ulladu-nārpadu* [1]. « *Lokyate iti lokah* » (ce qui est vu est le *loka*).

27 SEPTEMBRE 1938

518. Shrī Bhagavān s'adressa à Mr. V. Gupta, un pandit de l'Andhra Pradesh, en visite à l'ashram : « *Ahamkriti* (l'ego) n'a pas le même sens qu'*aham*. Ce dernier désigne la Réalité suprême tandis que le premier est l'ego. L'*ahamkriti* doit être vaincu avant que la Vérité se réalise. L'Etre suprême est non manifesté et le premier signe de la manifestation est l'*aham-*

---

1. 4ᵉ strophe : « [...] Le Soi, l'Œil véritable, est infini. »

sphurana (la lumière du 'Je'). La *Brihadāranyaka-upanishad* [I.4,1] dit : *aham-nāmābhavat*. (Il devint nommé 'Je'). C'est le nom originel de la Réalité. »

Le pandit demanda de quelle façon la grâce opère. Est-ce le mental du *guru* qui agit sur celui du disciple ou est-ce autre chose ?

M. : La forme la plus élevée de la grâce est le Silence (*mauna*). C'est aussi l'instruction spirituelle (*upadesha*) la plus élevée.

Q. : Vivekānanda a également dit que le silence était la forme de prière la plus sonore.

M. : Il en est ainsi pour le silence du chercheur. Le silence du *guru* est l'*upadesha* [enseignement] le plus sonore. Il est aussi la forme la plus élevée de la grâce. Toutes les autres *dīkshā* [initiations], comme la *sparsa*- ou la *chakshur-dīkshā* [initiation par le toucher ou par le regard], proviennent du *mauna*. Ils sont donc secondaires. Le *mauna* est la forme première. Quand le *guru* est dans le silence, le mental du chercheur se purifie de lui-même.

Q. : Est-il recommandé de prier Dieu ou le *guru* lorsque l'on est affligé par les maux de la vie ?

M. : Sans aucun doute.

519. *M.* : Les *mahāvākya* et leurs interprétations mènent à d'interminables polémiques et maintiennent le mental du chercheur engagé à l'extérieur. Pour orienter le mental vers l'intérieur, le disciple doit directement prendre son assise dans le 'Je'. Alors, les activités extérieures cessent et la paix parfaite règne.

Plus tard, un passage du *Yoga-vāsishtha* se référant à l'initiation par le regard et l'initiation par le toucher fut lu à haute voix à Shrī Bhagavān.

M. : Dakshināmūrti observait le silence quand ses disciples l'approchaient. C'est la forme la plus haute d'initiation. Elle inclut toutes les autres formes qui, elles, exigent la relation sujet-objet. Il faut d'abord que le sujet se manifeste, puis apparaît l'objet. S'il n'y avait pas les deux comment l'un pourrait-il regarder l'autre ou le toucher? La *mauna-dīkshā* est la plus parfaite; elle comprend le regard, le toucher et l'enseignement. Elle purifie l'individu complètement et l'établit dans la Réalité.

520. Mr. Lowman, un visiteur australien qui semblait s'intéresser aux différents systèmes de philosophie hindouistes, avança qu'il croyait en l'unité, que le *jīva* [l'individu] vivait encore dans l'illusion, etc.

M. : Quelle est cette unité en laquelle vous croyez? Comment le *jīva* y trouve-t-il une place?

Q. : L'unité, c'est l'absolu.

M. : Le *jīva* ne peut trouver place en l'unité.

Q. : Mais le *jīva* n'a pas réalisé l'absolu et s'imagine en être séparé.

M. : Il faut bien que le *jīva* existe à l'état séparé pour pouvoir imaginer quelque chose.

Q. : Mais il est irréel.

M. : Une chose irréelle ne peut produire d'effet. C'est comme si vous disiez que vous avez tué un animal avec une corne de lièvre. Un lièvre n'a pas de cornes.

Q. : Je vois bien l'absurdité. Mais je parlais du point de vue physique.

M. : Vous dites 'je'. Qui est ce 'je'? Si vous parvenez à le découvrir vous pourrez dire après pour qui c'est l'illusion.

Un peu plus tard, Shrī Bhagavān demanda : « Vous dites que vous vous trouvez sur le plan physique en ce moment. Sur quel plan vous trouvez-vous en sommeil profond? »

Q. : Je crois me trouver encore sur le plan physique.

M. : Vous dites « Je crois ». Vous dites cela maintenant, en étant éveillé. Ainsi, vous admettez que vous existiez en sommeil profond. Est-ce juste ?

Q. : Oui, mais je ne fonctionnais pas alors.

M. : Donc, vous existiez en sommeil profond. Et vous êtes le même qui continuez à exister. Est-ce vrai ?

Q. : Oui

M. : Avec cette différence, toutefois, que vous ne fonctionniez pas dans votre sommeil. Plus exactement, vous êtes associée à la faculté de penser en état de veille et vous en êtes dissociée dans l'état de sommeil. N'est-ce pas ?

Q. : Oui.

M. : Quelle est alors votre nature réelle ? Est-elle d'être associée à la faculté de penser ou bien d'en être dissociée ?

Q. : Je saisis maintenant. Mais je n'étais pas conscient de mon existence dans le sommeil.

M. : Vous dites cela maintenant. Vous ne le dites pas dans votre sommeil. Ou bien niez-vous votre existence pendant le sommeil ?

Q. : Non.

M. : Cela revient à dire que vous existez dans les deux états. L'existence absolue est le Soi. Vous êtes également conscient de l'Existence. Ainsi, cette Existence (*sat*) est aussi Conscience (*chit*). Telle est votre nature réelle.

Q. : Mais penser est nécessaire, même pour la Réalisation.

M. : Ce « penser »-là a pour but d'éliminer toute autre pensée.

Q. : En raison de mon ignorance, je ne réalise pas l'existence-conscience absolue.

M. : Qui est le 'je' ? De qui est-ce l'ignorance ? Les

réponses à ces questions suffiront à vous prouver que vous êtes déjà réalisé. Y a-t-il quelqu'un qui nie sa propre existence ? Ou bien qui affirme qu'il n'existait pas dans son sommeil ? Ainsi, la pure existence est admise. Cette admission implique aussi la conscience. Tous les hommes sont donc réalisés. Il n'y a aucun homme qui soit ignorant.

Q. : Oui, je comprends. Mais j'ai encore une question à poser. L'état de Réalisation est un état de non-désir. Si un être humain n'éprouve plus de désir, il cesse d'être humain.

M. : Vous admettez votre existence dans le sommeil. Vous ne fonctionniez pas alors. Vous n'étiez conscient d'aucun corps. Vous ne vous limitiez pas à ce corps-là. Vous ne pouviez donc rien trouver qui fût séparé du Soi.

Actuellement, à l'état de veille, vous poursuivez la même existence mais en la limitant au corps. Cette limitation vous fait voir d'autres objets. De là naît le désir. Mais l'état sans désir du sommeil ne vous a pas rendu moins heureux que maintenant. Vous n'éprouviez alors aucun besoin. Vous ne vous sentiez pas malheureux parce que vous n'éprouviez aucun désir. Maintenant, vous éprouvez des désirs parce que vous vous êtes limité à cette forme humaine. Pourquoi tenez-vous à conserver ces limitations et à continuer d'éprouver des désirs ?

Et Shrī Bhagavān poursuivit : « Votre corps vous dit-il qu'il est là ? C'est certainement quelque chose d'autre, distinct de votre corps, qui est conscient. Qu'est-ce que c'est ?

Dites-vous que c'est le 'je', en pensant à l'ego qui s'élève en même temps que l'individu se réveille ? Qu'il en soit ainsi. Le corps n'est pas conscient. L'absolu ne parle pas. L'ego le fait. On n'aspire pas à la Libération dans le sommeil. L'aspiration s'élève seulement à l'état de veille. Les fonctions de l'état de veille sont celles de l'ego, lui-même synonyme du 'je'. Découvrez qui est ce 'je'. Si vous faites cela et que vous demeurez en tant que 'Je', tous ces doutes s'éclairciront. »

28 SEPTEMBRE 1938

521. Quelques membres du Congrès remirent les questions suivantes au Maharshi : 1. Combien de temps encore l'Inde est-elle destinée à souffrir de la domination étrangère ? 2. Les fils de l'Inde n'ont ils pas fait assez de sacrifices pour sa libération ? 3. L'Inde retrouvera-t-elle la liberté du vivant du Mahātma Gandhi ?

Ces questions ne reçurent pas de réponses explicites. Shrī Bhagavān fit simplement remarquer :

« Gandhiji s'est remis au Divin et, en conséquence, poursuit son action sans intérêt personnel. Il ne se sent pas concerné par les résultats mais les accepte comme ils se présentent. Cela devrait être l'attitude de ceux qui œuvrent pour la nation. »

Q. : Son travail sera-t-il couronné de succès ?

M. : Cette question se pose parce que celui qui la soulève ne s'est pas encore soumis.

Q. : Ne devons-nous pas penser au bien-être de notre pays et travailler pour cela ?

M. : Prenez d'abord soin de vous-même et le reste suivra tout naturellement.

Q. : Je ne parle pas pour moi personnellement ; je pense à notre pays.

M. : Soumettez-vous d'abord et voyez. Les doutes proviennent d'un manque de soumission. Acquérez la force par la soumission. Vous constaterez alors que les conditions de votre environnement s'améliorent à mesure que vous vous fortifiez.

Q. : Ne devrions-nous pas savoir d'avance si nos actions en valent la peine ?

M. : Suivez l'exemple de Gandhiji dans son œuvre pour la cause nationale. Le mot-clé est *soumission*.

La note suivante fut remise à Shrī Bhagavān :

« Nous sommes quatre personnes venant de Coorg. Nous étions à Delhi en mission auprès du Comité de travail du Congrès national indien et nous sommes maintenant sur le chemin du retour. C'est le Comité du Congrès de Coorg qui nous a envoyés ici. Ayez l'amabilité de nous donner un message pour le Comité et pour les gens de Coorg en général. »

Shrī Bhagavān déclara que la réponse précédente était valable aussi dans ce cas. Le message demandé était contenu dans le mot *soumission*.

29 SEPTEMBRE 1938

522. *Q. :* Je désire la connaissance.

M. : Qui désire la connaissance ?

Q. : Je la désire.

M. : Qui est ce 'je' ? Trouvez le 'je' et voyez plus tard quelle autre connaissance est nécessaire.

2 OCTOBRE 1938

523. Un train spécial pour pèlerins amena à l'ashram quelques visiteurs en provenance du Bengale. L'un d'eux raconta qu'il avait lu le livre de Paul Brunton et que depuis il désirait voir Shrī Bhagavān. Il demanda : « Comment puis-je maîtriser mes passions ? »

M. : Trouvez leur racine et cela vous sera facile.

(Après un moment de silence) : Quelles sont les passions ? Le *kāma* (le désir), le *krodha* (la colère), etc. Pourquoi se manifestent-elles ? A cause des attirances et des répulsions à l'égard des objets perçus. Comment ces objets se projettent-ils dans votre champ de vision ? En raison de votre ignorance (*avidyā*). L'ignorance de quoi ? Du Soi. Ainsi, si vous découvrez le Soi et que vous y demeurez, vos passions ne vous dérangeront plus.

(Après un nouveau silence) : Quelle est la cause des passions ? Le désir d'être heureux ou d'éprouver du plaisir. Pourquoi le désir de bonheur s'élève-t-il ? Parce que votre nature est bonheur, et il est naturel que vous reveniez à ce qui vous appartient. Ce bonheur ne se trouve nulle part hors du Soi. Ne le cherchez pas ailleurs. Recherchez le Soi et demeurez-y.

Au fond, ce bonheur qui est naturel est tout simplement redécouvert ; si bien qu'il ne peut être perdu. Tandis que le bonheur provenant des objets extérieurs est tenu à disparaître. Il ne peut donc pas être permanent et ne vaut pas la peine d'être recherché.

De plus, l'appétit pour les plaisirs ne devrait pas être encouragé. Un feu ne s'éteint pas en versant dessus de l'essence. Vouloir satisfaire vos désirs temporairement en espérant que leur assouvissement entraînera leur disparition est tout simplement stupide.

Il existe sans doute d'autres méthodes permettant la suppression des passions telles que 1) une alimentation contrôlée ; 2) le jeûne ; 3) la pratique du yoga ; 4) les médicaments. Mais leurs effets sont passagers, les passions réapparaissent avec plus de force dès que le contrôle est levé. Le seul moyen de les surmonter est de les déraciner. On y parvient en trouvant leur source, ainsi que je l'ai déjà dit.

524. Un autre pèlerin demanda : « Je suis chef de famille. Est-il possible, en ayant une famille, de se réaliser et si oui, comment ? »

M. : Qu'est-ce qu'une famille ? A qui est la famille ? Si vous trouvez les réponses à ces questions, toutes les autres questions se résoudront d'elles-mêmes.

Dites-moi : Etes-vous dans la famille ou bien la famille est-elle en vous ?

Le visiteur ne répondit pas.

Alors Shrī Bhagavān continua : « Qui êtes-vous ? Vous réunissez en vous trois aspects de la vie, les états de veille, de rêve et de sommeil profond. Vous n'étiez pas conscient de votre famille et de vos liens avec elle dans votre sommeil, si bien que ces questions ne se sont pas posées. Maintenant, vous êtes conscient de la famille et des liens et c'est pourquoi vous cherchez à en être délivré. Mais vous restez la même personne tout au long des trois états. »

Q. : Parce que je me sens maintenant impliqué dans la famille, il est normal que je cherche à m'en libérer.

M. : Vous avez raison. Mais réfléchissez et dites-moi : Etes-vous dans la famille ou la famille est-elle en vous ?

Un autre visiteur intervint : « Qu'est-ce que la famille ? »

M. : Nous y voilà. Il faut le trouver.

Q. : Il y a ma femme et il y a mes enfants. Ils dépendent de moi. C'est cela la famille.

M. : Les membres de la famille vous lient-ils à eux ou bien est-ce vous qui vous liez à eux ? Viennent-ils vous dire : « Nous sommes votre famille ; restez avec nous », ou bien est-ce vous qui les considérez comme votre famille et qui êtes lié à eux ?

Q. : Je les considère comme ma famille et je me sens lié à eux.

M. : Fort bien. C'est parce que vous pensez qu'une telle personne est votre femme et telles autres sont vos enfants que vous pensez aussi être lié à elles.

Ces pensées sont les vôtres. C'est à vous qu'elles doivent leur existence. Vous pouvez entretenir ces pensées ou les laisser de côté. Dans le premier cas, c'est être lié, dans le second, c'est être libéré.

Q. : Ce n'est pas tout à fait clair pour moi.

M. : Il vous faut exister pour pouvoir penser. Vous pouvez avoir telles ou telles pensées. Les pensées changent, mais pas vous, vous ne changez pas. Laissez passer les pensées et accrochez-vous au Soi immuable. Ce sont les pensées qui vous lient. Si vous les abandonnez, vous vous libérez. Le fait d'être lié n'est pas extérieur. Par conséquent, il n'est pas utile de chercher un remède extérieur pour être libéré. Vous avez le choix : soit de penser et être lié, soit de cesser de penser et être libre.

Q. : Mais ce n'est pas facile de rester sans penser.

M. : Vous n'avez pas besoin de cesser de penser. Pensez seulement à la racine des pensées. Cherchez-la et trouvez-la. Le Soi resplendit de lui-même. Quand vous l'aurez trouvé, les pensées cesseront d'elles-mêmes. C'est la libération de la servitude.

Q. : Oui. Je comprends maintenant. Je l'ai appris tout au moins. Un *guru* est-il nécessaire ?

M. : Tant que vous vous prenez pour un individu, un *guru* est nécessaire pour vous montrer que vous n'êtes pas lié par des limitations mais que votre nature est d'en être libre.

525. *Q. :* Les actions nous enchaînent. On ne peut cependant pas rester sans quelque activité, si bien que la servitude ne cesse de s'accroître. Dans ces conditions que faut-il faire ?

M. : Il faut agir de telle manière que ce qui enchaîne s'affaiblisse au lieu de se renforcer. Cela s'obtient par l'action désintéressée.

3 OCTOBRE 1938

526. *Q. :* Les hommes donnent des noms à Dieu et disent qu'ils sont sacrés et que leur répétition confère des mérites à l'individu. Est-ce vrai ?

M. : Pourquoi pas ? Vous portez bien un nom auquel vous répondez. Mais votre corps n'est pas né avec ce nom inscrit sur lui, pas plus qu'il n'a prétendu porter tel ou tel nom. Et cependant, on vous a donné un nom auquel vous répondez parce que vous vous êtes identifié à ce nom. Le nom signifie donc quelque chose et n'est pas une simple fiction. De même, le nom de Dieu est effectif. La répétition du nom évoque le souvenir de ce qu'il signifie. C'est là son mérite.

L'homme ne sembla pas satisfait de cette réponse. Finalement, il voulut se retirer et pria Shrī Bhagavān de lui accorder sa grâce.

Shrī Bhagavān lui demanda comment de simples mots l'assurant de la grâce pouvaient le satisfaire, sans qu'il ait foi en eux.

Tous deux se mirent à rire et le visiteur se retira.

4 OCTOBRE 1938

527. Un groupe de femmes respectables venant de Coorg se trouvait dans le hall. L'une d'elles demanda : « J'ai reçu un mantra. Les gens m'effraient en me disant que des résultats imprévus peuvent survenir si je me mets à le répéter. Il s'agit du *pranava* [OM]. Je

recherche donc votre conseil. Puis-je le répéter ? J'ai une
foi considérable en lui. »

M. : Certainement, mais il doit être répété avec foi.

Q. : Est-ce suffisant ? Ou bien pouvez-vous me
donner des instructions supplémentaires ?

M. : L'objet du *mantra-japa* [la récitation d'une
formule sacrée] est de réaliser que ce *japa* se poursuit
en soi sans aucun effort. Le *japa* oral devient mental, et
le *japa* mental se révèle finalement comme étant éternel.
Ce mantra est la vraie nature de l'individu. Il est aussi
l'état de Réalisation.

Q. : La félicité du *samādhi* peut-elle être obtenue
ainsi ?

M. : Le *japa* devient mental et se révèle finalement
comme étant le Soi. C'est le *samādhi*.

Q. : Je vous prie de m'accorder votre grâce et de
soutenir mes efforts !

13 OCTOBRE 1938

528. *Q. :* La pensée de Dieu est-elle nécessaire pour
fixer son regard ou pour se concentrer mentalement ?

M. : Quelle est la pratique ?

Q. : Fixer le regard.

M. : Pour quoi faire ?

Q. : Pour acquérir la concentration.

M. : Cette pratique donne du travail à l'œil, mais quel
est le travail du mental dans ce procédé ?

Q. : Que dois-je faire alors ?

M. : Penser à Dieu, bien sûr.

Q. : La pratique peut-elle rendre malade ?

M. : Peut-être. Mais tout finira par s'arranger.

Q. : J'ai pratiqué le *dhyāna* [la méditation] quatre
heures par jour et la fixation du regard pendant deux

heures. Je suis tombé malade. Les gens ont dit que
c'était à cause de ma pratique. Aussi ai-je renoncé au
dhyāna.

M. : Les choses s'arrangeront d'elles-mêmes.

Q. : N'est-il pas mieux que le regard se fixe naturellement ?

M. : Que voulez-vous dire ?

Q. : La pratique est-elle nécessaire pour la fixation du
regard ou bien est-il préférable de la laisser se produire
d'elle-même ?

M. : Qu'est-ce que la pratique si ce n'est un effort
pour rendre quelque chose naturel ? Cela le devient
après une longue pratique.

Q. : La pratique du *prānāyāma* [contrôle de la respi-
ration] est-elle nécessaire ?

M. : Oui. Elle est utile.

Q. : Je ne l'ai pas pratiqué jusqu'ici. Devrais-je m'y
mettre ?

M. : Tout s'arrangera lorsque la force mentale sera
suffisante.

Q. : Comment puis-je obtenir cette force mentale ?

M. : Par le *prānāyāma*.

Q. : Doit-on aussi contrôler son alimentation ?

M. : C'est certainement utile.

Q. : Ma contemplation doit-elle porter sur l'Infini ou
sur l'être limité ?

M. : Que voulez-vous dire ?

Q. : Puis-je contempler alternativement Shrī Krishna
et Shrī Rāma ?

M. : La *bhāvanā* implique le *khanda*, la division.

15 OCTOBRE 1938

529. Au cours d'une conversation, Shrī Bhagavān raconta que Tirujñānasambandar avait chanté la gloire de Shrī Arunāchala et relata ensuite brièvement l'histoire du saint :

« Jñānasambandar naquit dans une famille de brahmanes orthodoxes, il y a environ quinze cents ans. Alors qu'il était âgé de 3 ans, son père l'emmena au temple de Shiyali ; il laissa l'enfant au bord du bassin sacré et alla prendre son bain. Lorqu'il plongea sous l'eau, l'enfant, voyant son père disparaître, se mit à hurler. Immédiatement, Shiva et Pārvatī apparurent dans un *vimāna* [car aérien]. Shiva demanda à Pārvatī de nourrir l'enfant de son lait. Elle tira aussitôt son lait dans un gobelet et le tendit à l'enfant. Celui-ci but et fut heureux.

Lorsque le père sortit de l'eau, il vit son fils souriant, les lèvres portant encore des traces de lait. Il lui demanda ce qui lui était arrivé. Le garçon ne répondit pas. Le père harcelant l'enfant, celui-ci se mit à chanter des hymnes à la gloire de Shiva. Il chantait : "O Toi l'Unique, aux boucles d'oreilles, Toi le Voleur, qui m'as volé mon mental..."

L'enfant devint un *bhakta* de grand renom, fort recherché. Il mena une vie active et pleine d'ardeur. Il fit des pèlerinages à plusieurs endroits dans le sud de l'Inde. A l'âge de 16 ans, il se maria. Une fois les cérémonies de mariage accomplies, les époux se rendirent au temple local pour recevoir le *darshan* de Dieu. Une foule d'amis les accompagnaient. Lorsqu'ils arrivèrent à l'emplacement du temple, ils constatèrent que le temple était invisible, caché par une lumière éclatante. Au sein de cette lumière se dessinait toutefois un passage. Jñānasambandar invita ses amis à y entrer pendant que Lui-même et sa jeune femme iraient faire le tour de la lumière. Quand ils arrivèrent au passage, ils y entrèrent eux aussi. La lumière s'évanouit alors, ne laissant plus aucune trace de ceux qui y étaient entrés et le temple réapparut là où il se trouvait auparavant.

Ce fut la vie du Sage, brève mais riche en événements.

Au cours de l'un de ses déplacements, Jñānasambandar s'était rendu à Ariyanainallur, ou Tirukkoilur, situé à dix-huit miles de Tiruvannāmalai. L'endroit était renommé pour son temple dédié à Shiva (ce fut là que Shrī Bhagavān, dans sa dix-septième année et sur son trajet vers Tiruvannāmalai, eut une vision de lumière. Il ignorait alors que le temple avait été jadis sanctifié par les pieds de Tirujñānasambandar, quinze siècles auparavant).

Un jour, alors que Jñānasambandar séjournait à Tirukkoilur, un vieillard portant un panier rempli de fleurs vint à lui. Le jeune sage lui demanda qui il était. La réponse fut : "Je suis le serviteur de Shrī Arunāchala, le Dieu qui réside là-bas sous la forme d'une colline."

Le Sage : Est-ce loin d'ici ?

Le vieil homme : Je viens tous les jours de là-bas jusqu'ici cueillir des fleurs pour l'offrande journalière. Ce n'est donc pas si loin.

Le Sage : Alors je vais vous y accompagner.

Le vieil homme : Ce sera vraiment un grand plaisir pour moi.

Ils se mirent en route, suivis d'une grande foule. Après avoir parcouru une certaine distance, Jñānasambandar voulut demander si la Colline était encore loin. Il se retourna, mais à sa surprise, le vieillard avait disparu. Soudain, les pèlerins se trouvèrent cernés par une bande de pillards qui les dépouillèrent de tous leurs biens. Ils poursuivirent péniblement leur chemin et arrivèrent enfin à destination. Jñānasambandar tomba aussitôt en contemplation. Dieu lui apparut et lui dit que les brigands n'étaient en fait que Ses disciples et que tous ses besoins seraient satisfaits ; ce qui fut fait et les pèlerins rentrèrent en possession de leurs biens.

Jñānasambandar se mit à chanter des hymnes à la gloire de Shrī Arunāchala dont l'un des vers disaient : "Tu es une masse dense de *jñāna,* capable d'extirper l'idée 'Je suis le corps' chez Tes adorateurs ! Des troupeaux de gazelles, de sangliers et d'ours dévalent Tes pentes la nuit pour aller chercher leur nourriture dans les plaines. Des troupeaux d'éléphants quittent les plaines et gravissent Tes pentes pour trouver le repos. Si bien que cette grande diversité d'animaux se rencontre sur Tes flancs." »

Et Shrī Bhagavān poursuivit : « Nous pouvons donc supposer qu'il y a environ quinze cents ans, la Colline était recouverte d'une épaisse forêt. Au cours des siècles, elle a été peu à peu déboisée. »

L'histoire de Shrī Arunāchala racontée par le vieillard mystérieux à Jñānasambandar est dépeinte dans les trois cents versets de l'œuvre *Upamanyu-Bhakta-villāsa.* Un des *archaka* (prêtres) du Temple en avait un exemplaire et l'avait montré à Shrī Bhagavān à l'occasion du procès du Temple, qui s'était déroulé quelques mois auparavant. Shrī Bhagavān en avait copié des *shloka* (versets).

530. Les passages suivants ont été recueillis dans le journal tenu par Annāmalai Swāmi [1], un disciple fervent de Shrī Bhagavān résidant à l'ashram.

Un jour, Annāmalai fit part à Shrī Bhagavān de son

---

1. Nous présumons qu'il s'agit des entrées 530 à 561, traitant des entretiens ou expériences que Annāmalai Swāmi lui-même a eus avec le Maharshi ou que d'autres personnes ont eus avec ce dernier en présence d'Annāmalai, et que celui-ci a noté dans son journal.

désir de se retirer dans une grotte pour se livrer à la pratique de la méditation.

M. : L'homme qui est actif dans le monde, mais qui reste sans désir et ne perd pas la vision de sa propre nature essentielle, cet homme est un homme juste.

Annāmalai : L'homme ne devrait-il pas renoncer à tout, afin d'obtenir la Libération ?

M. : Il est mieux de remplir son devoir dans le monde sans penser « Je fais ceci » ou « Je suis celui qui agit » que de se retirer du monde en disant : « J'ai renoncé à tout. »

Un *samnyāsin* qui pense « Je suis un *samnyāsin* » ne peut pas être un véritable *samnyāsin*, tandis que le chef de famille qui ne pense pas « Je suis un chef de famille » est, lui, un véritable *samnyāsin*.

531. *Q. :* Une personne dit une chose d'une certaine manière, une autre dit la même chose mais différemment. Comment s'assurer de la vérité ?

M. : Chacun ne voit que son propre Soi, toujours et partout. Il perçoit donc le monde et Dieu selon ce qu'il est.

Un Nāyanār [1] se rendit à Kalahasti pour obtenir le *darshan* de Dieu. Dans le temple, il vit tous les gens comme étant Shiva et Shakti parce que lui-même était de cette nature. De même, Dharmapūtra [2] considérait que le monde entier était composé de gens ayant un mérite ou un autre, et que chacun d'eux lui était supérieur pour une raison ou pour une autre. Tandis que Duryodhana [3]

---

1. Nom donné aux soixante-trois saints shivaïtes tamouls ; leur histoire est racontée dans le *Perya-puranam*.

2. L'aîné des frères Pāndava (vertueux) dans le *Mahābhārata*.

3. L'aîné des frères Kaurava (corrompus) dans le *Mahābhārata* et le principal adversaire d'Arjuna.

ne pouvait trouver dans le monde une seule bonne personne. Chacun reflète sa propre nature.

532. *Q. :* N'existe-t-il pas un moyen d'échapper aux malheurs du monde ?

M. : Il n'y a qu'un seul moyen. Il consiste à ne jamais perdre de vue son propre Soi, quelles que soient les circonstances.

L'investigation « Qui suis-je ? » est l'unique remède à tous les malheurs du monde. Elle est aussi parfaite félicité.

533. Quelque temps après que la nouvelle eut paru dans les journaux que Gandhiji allait observer un jeûne de vingt et un jours dans la prison de Yerwada, deux jeunes gens vinrent chez Shrī Bhagavān et, tout excités, lui dirent : « Le Mahātmā commence un jeûne de vingt et un jours. Nous demandons à Shrī Bhagavān l'autorisation de nous rendre à Yerwada pour participer à son jeûne aussi longtemps que lui. Accordez-nous votre permission. Nous voulons partir au plus vite. » Tout en parlant, ils se tenaient prêts à partir en hâte. Shrī Bhagavān sourit et dit : « C'est bon signe que vous ayez de tels sentiments. Mais que pouvez-vous faire à présent ? Tâchez d'obtenir la même force que Gandhiji a obtenue par son *tapasya*. Ensuite, vous réussirez. »

534. Shrī Bhagavān avait l'habitude de répéter : « Le *mauna* (le silence) est la plus grande éloquence. La paix est la plus grande activité. Pourquoi ? Parce que la personne, dans ces états, demeure dans sa nature essentielle, si bien qu'elle pénètre tous les recoins du Soi. Elle peut dès lors faire appel à n'importe quel pouvoir, en tout lieu et chaque fois que cela est nécessaire. C'est la *siddhi* (pouvoir) la plus élevée. »

Annāmalai avait demandé à Shrī Bhagavān : « On dit que Nāmdev, Tukārām, Tulsīdās et d'autres ont eu la vision de Mahā-Vishnou. Comment ont-ils pu Le voir ? »

M.: Comment ? Mais de la même manière dont vous me voyez maintenant et dont je vous vois. Ils n'ont pas dû voir Vishnou autrement.

(Annāmalai avait noté que, en entendant cela, ses cheveux s'étaient dressés sur sa tête et une immense joie l'avait envahi.)

535. Un jour, Swāmi Annāmalai demanda au Maharshi comment on peut rester en état d'adoration tout en étant engagé dans son travail quotidien.

Shrī Bhagavān ne répondit pas. Dix minutes passèrent. Un groupe de jeunes filles arriva pour le *darshan*. Elles se mirent à danser et à chanter la chanson : « Nous baratterons le lait sans cesser de penser à Krishna ».

Le Maharshi se tourna vers le Swāmi en disant que c'était la réponse à sa question. Cela est *bhakti*, *yoga* et *karma*.

536. Celui qui est imprégné de l'idée « Je suis le corps » est le plus grand des pécheurs car il commet un suicide. L'expérience « Je suis le Soi » est la plus haute vertu. Même un instant de *dhyāna* sur cela suffit à détruire tout le *sanchita-karma*. Son efficacité est comparable à celle du soleil devant lequel les ténèbres se dissipent. Si on reste toujours en *dhyāna*, comment un péché, aussi horrible soit-il, peut-il survivre à ce *dhyāna* ?

537. Shrī Bhagavān dit une fois : « Le désir est *māyā* et le non-désir est Dieu. »

538. Swāmi Annāmalai demanda : « Quelle est la différence exacte entre l'activité dans le monde et le *dhyāna* ? »

M. : Il n'y en a pas. Cela revient à nommer une seule et même chose de deux mots, chacun dans une langue différente. La corneille a deux yeux, mais un seul iris qui va de l'un à l'autre œil, selon son bon plaisir. Une trompe d'éléphant sert à respirer mais aussi à boire. Le serpent voit et entend avec le même organe.

539. Une fois, alors que Shrī Bhagavān montait sur la Colline, le Swāmi lui demanda : « L'ouverture ou la fermeture des yeux crée-t-elle une différence quand on est en *dhyāna* ? »

M. : Si vous lancez contre un mur une balle de caoutchouc et que vous vous tenez à distance, la balle rebondit et revient vers vous. Mais si vous vous tenez près du mur, la balle rebondit et s'éloigne de vous. Même si les yeux sont fermés, le mental ne peut s'empêcher de suivre les pensées.

540. Une autre fois, Annāmalai Swāmi demanda : « Le *dhyāna* procure un plaisir plus grand que les joies sensuelles. Cependant le mental court après ces dernières et ne cherche pas le *dhyāna*. Pourquoi ? »

M. : Le plaisir comme la souffrance ne sont que des aspects du mental. Notre nature essentielle est le bonheur. Mais nous avons oublié le Soi et nous nous imaginons que le corps ou le mental est le Soi. C'est cette fausse identification qui est la cause du malheur. Que faire ? Cette *vāsanā* (tendance) est très ancienne et persiste depuis d'innombrables naissances. Voilà pourquoi elle est devenue si forte. Elle doit disparaître pour que la nature essentielle, le bonheur, puisse s'affirmer.

541. Un jour, un visiteur demanda à Shrī Bhagavān :
« Il y a tant de malheurs dans le monde à cause
des hommes mauvais qui y abondent. Comment est-il
possible d'y trouver le bonheur ? »

M. : Ils sont tous des *guru* pour nous. Les êtres
mauvais nous disent par leurs mauvaises actions : « Ne
vous approchez pas de moi », et les êtres bons font
toujours le bien. Donc tous les gens sont comme des
guru pour nous.

542. *Swāmi Annāmalai :* J'éprouve souvent le désir
de vivre dans la solitude où je pourrais sans grand effort
trouver tout ce dont j'ai besoin, de manière à pouvoir
consacrer tout mon temps à la méditation. Un tel désir
est-il bon ou mauvais ?

M. : De telles pensées entraînent un *janman* (naissance) qui leur permettra de s'accomplir. Qu'importe
dans quel lieu et dans quelle situation vous vous trouvez.
Le point essentiel est que votre mental soit toujours
fixé à sa source. Il n'y a rien d'extérieur qui ne soit
également intérieur. Le mental est tout. Si le mental
est actif, même un lieu de solitude devient comme une
place de marché. Cela ne sert à rien de fermer les yeux.
Fermez l'œil mental et tout ira bien. Le monde n'est
pas extérieur à vous. Les gens avertis ne font pas de
plans avant d'agir. Pourquoi ? Parce que Dieu qui nous
a envoyés dans le monde a Son propre plan et celui-ci
s'accomplira sûrement.

543. Un groupe de visiteurs arriva devant Shrī
Bhagavān et tous le saluèrent avec la seule prière :
« Faites de moi un *bhakta*. Donnez-moi le *moksha*
[la Libération]. » Après leur départ, Shrī Bhagavān dit
comme s'il pensait à haute voix : « Ils veulent tous la
bhakti et le *moksha*. Si je leur dis : "Abandonnez-vous

à moi", ils ne le feront pas. Comment peuvent-ils alors obtenir ce qu'ils souhaitent ? »

544. Quelques fidèles discutaient entre eux des mérites plus ou moins grands de célèbres *bhakta.* Comme ils n'arrivaient pas à se mettre d'accord, ils s'en référèrent à Shrī Bhagavān qui resta silencieux. La discussion s'échauffa.

Finalement, Shrī Bhagavān intervint : « On ne peut connaître l'autre, donc on ne peut parler de son attachement ni de sa libération. Chacun désire devenir célèbre dans le monde. C'est tout naturel. Mais ce désir, à lui seul, ne conduit pas vers le but recherché. Celui qui n'est pas accepté par Dieu se sent certainement humilié. Celui qui s'est abandonné à Dieu, corps et esprit, devient célèbre dans le monde entier. »

545. Swāmi Annāmalai fut un jour troublé par des pensées d'ordre sexuel. Il se débattait contre elles. Il jeûna pendant trois jours et priait Dieu de le libérer de telles pensées. Finalement, il décida d'en parler à Shrī Bhagavān.

Shrī Bhagavān l'écouta et resta silencieux pendant environ deux minutes. Puis il dit : « Bon, ces pensées vous ont troublé et vous les avez combattues. C'est bien. Mais pourquoi continuez-vous d'y penser encore ? Quand de telles pensées apparaissent, demandez-vous à qui elles apparaissent et vous les verrez prendre la fuite. »

546. *Le Swāmi :* Une personne fait le bien mais il arrive qu'elle doive souffrir quand même. Une autre fait le mal et est heureuse. Comment est-ce possible ?

M. : La souffrance comme le plaisir sont le résultat du karma accumulé dans le passé et non du karma qui se forme dans le présent. La souffrance et le plaisir alternent. Il faut donc accepter la souffrance et le plaisir avec patience, sans se laisser emporter par eux. Il faut toujours essayer de s'accrocher au Soi. Quand on agit, on ne doit pas se soucier des résultats ni se laisser influencer par la souffrance ou le plaisir que l'on rencontre de temps en temps. Seul celui qui est indifférent à la souffrance et au plaisir peut être heureux.

547. *Q. :* Quelle est la signification de la grâce du *guru* dans la réalisation de la Libération ?

M. : La Libération ne se trouve pas quelque part en dehors de vous. Elle est en vous. Si un individu désire la Libération, le *guru* intérieur le tirera vers lui et le *guru* extérieur le poussera dans le Soi. C'est là la grâce du *guru*.

548. Un visiteur posa par écrit à Shrī Bhagavān les questions suivantes : « 1) Les différences dans le monde furent-elles simultanées à la Création ou sont-elles apparues plus tard ? 2) Le Créateur est-il impartial ? Si oui, alors pourquoi certains sont-ils nés estropiés, d'autres aveugles, etc. ? 3) Les huit *dikpāla* [1], les trente-trois *crores* [2] de dieux et les sept *rishi* existent-ils encore de nos jours ? »

M. : Posez ces questions à vous-même et vous trou-verez la réponse.

Après une pause, Shrī Bhagavān continua : « Si nous connaissons notre Soi, tous les problèmes seront résolus. Connaissons d'abord notre Soi et nous pourrons nous enquérir du Créateur et de la création. Chercher à connaître Dieu sans connaître le Soi auparavant est une preuve d'ignorance. Un homme souffrant de jaunisse

---

1. Divinités des points cardinaux.
2. Un crore = 10 millions d'unités.

voit tout en jaune. S'il raconte aux autres que tout est jaune, qui le croira ?

On dit que la création a une origine. Comment cela ? C'est comme la graine dont l'arbre est sorti. Mais comment la graine a-t-elle été produite ? Par un arbre similaire. Y a-t-il une fin à une telle série de questions ? Il faut donc d'abord connaître son Soi avant de connaître le monde. »

549. Shrī Bhagavān parlait souvent du *namaskāra* (prosternation) dans le sens suivant : « A l'origine, le *namaskāra* était considéré par les anciens sages comme une expression de soumission à Dieu. L'acte demeure encore, mais pas l'esprit qui l'anime. Celui qui effectue le *namaskāra* le fait souvent dans l'intention de tromper l'objet de son adoration. La plupart du temps, c'est un geste sans sincérité et trompeur. Il a pour but de camoufler d'innombrables péchés. Dieu peut-Il être trompé ? L'individu pense que Dieu accepte son *namaskāra* et qu'il est libre de continuer le même genre de vie. Ces gens n'ont pas besoin de venir à moi. Je ne prends pas plaisir à ces *namaskāra*. Ils devraient garder leur mental propre au lieu de se courber ou de s'allonger en prosternation devant moi. Je ne suis pas dupe de tels gestes. »

550. Le célèbre écrivain anglais Somerset Maugham vint en visite chez Shrī Bhagavān. Il alla voir le Major Chadwick dans sa chambre et là, soudainement, il perdit connaissance. Le Major Chadwick pria Shrī Bhagavān de venir le voir. Shrī Bhagavān se rendit dans sa chambre, prit un siège et se mit à fixer Mr. Maugham du regard. Celui-ci reprit aussitôt ses sens et salua Shrī Bhagavān. Ils restèrent assis en silence, l'un face à l'autre, durant environ une heure. L'écrivain voulut poser une question, mais ne put parler. Alors que le Major Chadwick l'encourageait, Shrī Bhagavān dit : « C'est déjà fait. Le langage du cœur vaut tous les langages. Tout langage doit aboutir au silence. » Tous deux sourirent et Shrī Bhagavān quitta la chambre.

551. *Q. :* Comment se fait-il que l'*ātma-vidyā* (la connaissance du Soi) soit considérée comme ce qu'il y a de plus facile ?

M. : Toute autre *vidyā* [connaissance] requiert un connaisseur, une connaissance et l'objet à connaître. Tandis que l'*ātma-vidyā* ne requiert aucun d'eux. C'est le Soi. Y a-t-il quoi que ce soit d'aussi évident ? C'est donc ce qu'il y a de plus facile. Tout ce que vous avez à faire, c'est chercher « Qui suis-je ? ».

Le véritable nom de l'homme est *mukti* (libération).

552. Lors de la construction de certains bâtiments de l'ashram, les plans n'étaient pas toujours suivis correctement. Aussi, Annāmalai Swāmi [1] et le *sarvādhikārī* [2] n'étaient-ils pas d'accord sur maints détails et de nombreuses discordes surgissaient entre eux. Un jour qu'Annāmalai était fortement contrarié de cet état des choses, il demanda à Shrī Bhagavān quelle était la meilleure attitude à prendre en de telles circonstances.

Shrī Bhagavān répondit : « Y a-t-il un seul bâtiment ici qui ait été construit d'après le plan de ces gens ? Dieu a Ses propres plans et toutes ces constructions s'effectuent d'après ces plans. Il n'est nul besoin de se soucier de ce qui arrive. »

---

1. Annāmalai Swāmi était responsable de diverses constructions de l'ashram.

2. Titre donné au frère du Maharshi, appelé Chinnaswāmi, qui remplissait la fonction de l'administrateur de l'ashram.

553. Des résidents de l'ashram demandèrent à Shrī Bhagavān : « Comment étions-nous dans nos précédentes incarnations ? Pourquoi ne connaissons-nous pas notre propre passé ? »

M. : Dieu, dans Sa compassion, a privé les hommes de cette connaissance. S'ils apprenaient qu'ils avaient été vertueux, ils deviendraient orgueilleux ; dans le cas contraire, ils seraient découragés. L'un et l'autre sont mauvais. Il suffit de connaître le Soi.

554. *M. :* Tout comme une rivière ne suit plus son cours une fois qu'elle s'est perdue dans l'Océan, de même une personne perd toute activité une fois qu'elle s'est fondue dans le Soi.

555. Un jour, Kāvyakantha Ganapati Muni avait demandé à Shrī Bhagavān : « A mon avis, l'homme peut vivre avec 3 roupies par mois [1]. Qu'elle est l'opinion de Shrī Bhagavān en la matière ? »

M. : Un homme ne peut vivre heureux qu'en sachant que pour vivre il n'a besoin de rien.

556. Un soir, le Major Chadwick demanda à Shrī Bhagavān : « Le monde, dit-on, se manifeste une fois que le mental s'est manifesté. Quand je dors, il n'y a pas de mental. Le monde n'existe-t-il pas pour les autres pendant ce temps-là ? Est-ce que cela ne prouve pas que le monde est le produit d'un mental universel ? Comment pouvons-nous dire alors que le monde n'est pas matériel, mais semblable à un rêve ? »

M. : Le monde ne vous dit pas qu'il provient d'un mental individuel ou d'un mental universel. Il n'y a que

---

1. A l'époque, un salaire moyen était d'environ 15 roupies par mois, 1 kg de riz coûtait environ 25 paisa, c'est-à-dire un quart de roupie.

le mental individuel qui voit le monde. Quand ce mental disparaît, le monde disparaît aussi.

Un homme, un jour, vit en rêve son père, décédé depuis trente ans. Dans ce rêve, il avait quatre frères et son père avait partagé son héritage entre eux tous. Une dispute s'ensuivit lors de laquelle ses frères se jetèrent sur lui pour le tuer. Il se réveilla en sursaut, terrorisé. Il se souvint alors qu'il était fils unique, qu'il n'avait aucun frère et que son père était mort depuis longtemps. Sa terreur se transforma en contentement.

Vous voyez bien que, quand nous prenons conscience de notre Soi, le monde disparaît, mais lorsque nous perdons de vue notre Soi, nous nous trouvons enchaînés dans le monde.

557. *Q. :* On nous recommande de nous concentrer sur un point entre les sourcils. Est-ce valable ?

M. : Chacun est conscient de « Je suis ». Laissant de côté cette conscience, on part à la recherche de Dieu. A quoi sert de fixer l'attention entre les deux sourcils ? C'est une pure sottise de dire que Dieu réside entre les deux sourcils. Le seul but d'une telle recommandation est d'aider le mental à se concentrer. C'est une des méthodes qui forcent le mental à se contrôler et qui l'empêchent de se disperser. Il est dirigé de force dans un seul canal. Ce n'est qu'une aide pour la concentration.

Mais le meilleur moyen pour atteindre la Réalisation est l'enquête « Qui suis-je ? ». Vos ennuis actuels relèvent du mental et ils ne peuvent être supprimés que par le mental.

Q. : Faut-il observer des restrictions alimentaires ?

M. : La nourriture sattvique prise en quantité modérée.

Q. : Plusieurs *āsana* [postures] sont prescrits. Quel est le meilleur ?

M. : Le *nididhyāsana* (le mental concentré) est le meilleur.

558. *Q. :* Shrī Bhagavān, lorsque j'ai entendu parler de vous, un fort désir de vous voir a surgi en moi. A quoi l'attribuer ?

M. : Ce désir a surgi de la même façon que le corps surgit dans le Soi.

Q. : Quel est le but de la vie ?

M. : Chercher à connaître le sens de la vie est en soi le résultat d'un bon karma des naissances précédentes. Les gens qui ne recherchent pas une telle connaissance gâchent simplement leur vie.

559. *Q. :* Shrī Bhagavān peut savoir quand je deviendrai un *jñānī*. Je vous prie de me dire quand cela arrivera.

M. : Si je suis Bhagavān, alors il n'y a personne qui soit séparé de moi, qui doive obtenir le *jñāna* et à qui je doive parler. Si je suis un homme ordinaire comme les autres, je suis alors aussi ignorant qu'eux. Si bien que d'une manière ou d'une autre, votre question ne peut recevoir de réponse.

560. Pendant que Shrī Bhagavān prenait son bain, quelques disciples autour de lui conversaient entre eux. Puis, ils posèrent une question sur l'usage du *ganja* (haschisch).

Shrī Bhagavān, ayant alors fini de prendre son bain, répondit : « Oh *ganja* ! Ceux qui l'utilisent éprouvent sous son influence un immense bonheur. Comment puis-je décrire leur bonheur ? Ils crient simplement "*ānanda !* *ānanda....* !" » Disant cela, il se mit à marcher comme s'il était ivre. Les disciples rirent. Il fit semblant de trébucher et puis enlaça Swāmi Annāmalai de ses mains en criant « *ānanda* ! *ānanda* ! ».

Annāmalai raconta qu'à partir de cet instant, son être entier fut transformé. Il résidait depuis huit ans à l'ashram, mais c'était depuis cet incident que son esprit était en paix.

561. *Q.* : Qu'est-ce que le *svarūpa* (la forme) et l'*arūpa* (le sans-forme) du mental ?

M. : Quand vous sortez du sommeil, une lumière apparaît. C'est la lumière du Soi passant par le *mahat-tattva*. Elle est appelée conscience cosmique. C'est l'*arūpa*. La lumière tombe sur l'ego et est reflétée de là. Le corps et le monde sont alors perçus. Ce mental est le *svarūpa*. Les objets apparaissent dans la lumière de cette conscience reflétée. Cette lumière est appelée *jyotis*.

21 OCTOBRE 1938

562. *Q.* : Dans le traité *Vichāra-sangraha*, il est dit qu'une personne qui a réalisé le Soi une fois ne peut, par cette seule expérience, devenir un *mukta*. Elle continue à être victime de ses *vāsanā* (tendances). Shrī Bhagavān peut-il nous dire si la réalisation en question est la même que celle du *jñānī*, et si oui, pourquoi auraient-elles chacune des effets différents ?

M. : L'expérience est la même. Tout le monde fait l'expérience du Soi, consciemment ou inconsciemment. Mais l'expérience de l'*ajñānī* est voilée par ses tendances, ce qui n'est pas le cas pour le *jñānī*. L'expérience du Soi chez le *jñānī* est donc pure et permanente.

Un chercheur peut, après une longue pratique, obtenir un aperçu fugitif de la Réalité. Son expérience peut être intense sur le moment même. Et pourtant, il en sera détourné par ses anciennes *vāsanā*, si bien que son expérience ne lui servira pas. Cette personne devra continuer son *manana* [réflexion] et son *nididhyāsana* [contemplation] jusqu'à ce que tous les obstacles soient détruits. Elle sera alors capable de rester en permanence dans l'état réel.

Q. : Quelle est la différence entre un homme qui ne fait aucun effort et reste un *ajñānī* et un autre qui obtient un aperçu de la Réalité et qui retombe ensuite dans l'*ajñāna* ?

M. : Dans le dernier cas, le souvenir de cet aperçu reste toujours présent en lui et l'incite à faire davantage d'efforts jusqu'à ce que la réalisation soit parfaite.

Q. : La *shruti* dit : « *Sakrit vibhātoyam brahma-loka* » [v. ChU VIII.42] (Cette connaissance du *brahman* resplendit une fois et pour toujours).

M. : Cette déclaration se réfère à la réalisation permanente et non aux aperçus fugitifs.

Q. : Comment est-il possible qu'un homme oublie son expérience et retombe dans l'ignorance ?

Shrī Bhagavān prit l'exemple suivant : « Il était une fois un roi qui gouvernait bien son royaume. Un de ses ministres sut gagner sa confiance mais il en fit un mauvais usage. Les autres ministres et les dignitaires, furieux de cet abus de confiance, décidèrent alors de se débarrasser de lui. Ils donnèrent l'ordre aux gardes de ne pas le laisser entrer au palais. Le roi remarqua son absence et demanda où il se trouvait. On lui répondit qu'il était malade et obligé de rester chez lui. Le roi envoya son médecin à son chevet. De faux rapports médicaux, élaborés par les ministres, furent montrés au roi d'après lesquels le malade tantôt se portait mieux, tantôt allait plus mal. Le roi voulut alors se rendre chez lui. Mais les pandits s'y opposèrent en disant qu'une telle action était contraire au *dharma*. Plus tard, on fit courir la fausse nouvelle que le ministre était mort et le roi en fut très affecté.

De son côté, le ministre déloyal avait placé dans le palais des espions qui l'informaient du cours des événements. Il résolut de déjouer les intrigues de ses pairs en se présentant lui-même au roi. Un jour, il grimpa dans un arbre, se cacha dans le feuillage et attendit la venue de celui-ci. Quand le roi vint à passer dans son palanquin, il se laissa choir devant lui et lui cria à haute voix son identité.

Le ministre qui accompagnait le roi était lui aussi plein d'ingéniosité. Il prit aussitôt dans sa poche une poignée de cendres sacrées (*vibhūti*) qu'il jeta en l'air devant le roi, si bien que celui-ci fut obligé de fermer les yeux. Puis il cria : "Gloire (*jai*) au roi !" et ordonna aux musiciens de l'escorte de jouer le plus fort possible pour couvrir la voix du ministre. Il ordonna également aux porteurs du palanquin de presser le pas et lui-même se mit à prononcer les incantations rituelles pour chasser les mauvais esprits. Le roi eut l'impression d'avoir été victime d'un mauvais tour de la part du fantôme du défunt.

Le ministre rejeté fut désespéré et se retira dans la forêt pour pratiquer les *tapasya* (les austérités). Plusieurs années plus tard, le roi vint chasser dans cette forêt. En chemin, il croisa son ancien ministre, absorbé dans une profonde contemplation. Mais il s'enfuit rapidement de peur que le fantôme ne le poursuive. La morale de cette histoire est que, bien que le ministre ait été vu en chair et en os, la fausse idée qu'il était un fantôme empêcha la juste évaluation des faits.

Il en est de même quand il s'agit d'une réalisation forcée du Soi. »

22 OCTOBRE 1938

563. Un groupe de gens vint visiter Shrī Bhagavān. L'un d'eux demanda : « Comment puis-je garder mon mental dans un état juste ? »

M. : On maintient un taureau indocile à l'étable en lui offrant de la bonne herbe. Pareillement, le mental doit être séduit par de bonnes pensées.

Q. : Mais il ne reste pas tranquille.

M. : Le taureau habitué à vagabonder n'a qu'une envie, c'est de continuer à le faire. Il faut donc l'attirer vers l'étable avec une herbe savoureuse. Malgré cela, il cherchera à repartir dans les prés voisins. Il faut lui faire comprendre peu à peu qu'il peut avoir aussi chez lui la même bonne herbe. Au bout d'un certain temps, il restera dans son étable, sans chercher à sortir. Puis viendra le moment où, même s'il doit quitter l'étable, il y reviendra sans avoir été dans le pré du voisin. Ainsi le mental doit être entraîné pour prendre le juste chemin. Il s'habituera peu à peu à prendre de bonnes voies et à abandonner les mauvaises.

Q. : Et quelles sont ces bonnes voies qui doivent être montrées au mental ?

M. : Penser à Dieu.

23 AU 26 OCTOBRE 1938

564. Le pandit Bala Kak Dhar du Kashmir vint, depuis Srinagar, pour avoir le *darshan* de Shrī Bhagavān le jour de *Dīpāvalī*. Il remit à Shrī Bhagavān une liasse de papiers, qui racontaient l'histoire de sa vie passée et présente. Ses entretiens avec Shrī Bhagavān furent tous d'ordre personnel.

Une de ses questions fut : « Maintenant que j'ai

obtenu le *darshan* de Shrī Bhagavān, ce qui est pour moi suffisant, puis-je jeter aux oubliettes toutes les amulettes, *tantra* [Ecritures] et *pūjā* [rituels] ? »

M. : La *pūjā* journalière, telle qu'elle est prescrite dans les *dharma-shāstra*, est toujours une bonne chose. Elle sert à la purification du mental. Même si l'on se sent trop avancé pour avoir encore recours à elle, elle doit être accomplie néanmoins dans l'intérêt des autres et pour donner un exemple à ses enfants et à d'autres membres de la famille.

565. Un visiteur de Mysore demanda : « Comment le mental peut-il être maintenu dans la bonne voie ? »

M. : Par la pratique. Donnez-lui de bonnes pensées. Le mental doit être exercé à prendre de bonnes voies.

Q. : Mais il n'est pas stable.

M. : La *Bhagavad-gītā* dit : *sanaih sanair uparamet* (Le mental doit être amené graduellement à l'immobilité) *ātmasamstham manah krtvā* (fixer le mental sur le Soi) [BhG VI.25] ; *abhyāsa vairāgyābhyām* (par la pratique et le détachement) [Ys I.12].

La pratique est nécessaire. Le progrès sera lent.

Q. : A quel Soi fait-on référence dans *ātma-samstham* (établi dans le Soi) ?

M. : Ne connaissez-vous pas votre Soi ? Il est certain que vous existez. Ou niez-vous votre existence ? La question « Qui est ce Soi ? » peut se poser seulement si vous n'existez pas ; mais vous ne pouvez rien demander sans exister en même temps. Votre question est la preuve que vous existez. Trouvez qui vous êtes. C'est tout.

Q. : J'ai lu beaucoup de livres, mais mon mental ne se tourne pas vers le Soi.

M. : Parce que le Soi n'est pas dans les livres ; il est en vous. Lire des ouvrages rend instruit. Tel est leur but et ce but est déjà accompli.

Q. : Qu'est-ce que l'*ātma-sākshatkāra* (la réalisation du Soi) ?

M. : Vous êtes l'*ātmā* (le Soi) et ce *sākshat* (ici et maintenant) vous l'êtes également. Où est la place pour le *kāra* (la réalisation) en cela ? Cette question démontre que vous pensez que vous êtes le non-Soi, ou que vous pensez qu'il y a deux soi, l'un devant réaliser l'autre. C'est absurde.

Votre question repose sur le fait que vous vous identifiez au corps physique. Eh bien, cette question apparaît maintenant. Se pose-t-elle aussi dans votre sommeil ? N'existiez-vous pas alors ? Bien sûr que vous existiez durant le sommeil. Quelle différence peut-il y avoir entre ces deux états pour que votre question se pose maintenant et non pas dans le sommeil ? Maintenant, vous pensez être le corps. Vous voyez des objets autour de vous et vous voulez voir le Soi de la même manière. Telle est la force de l'habitude. Les sens ne sont que de simples instruments de perception. *Vous* êtes celui qui voit. Restez seulement en tant que celui-ci. Qu'y a-t-il d'autre à voir ? Tel est l'état en sommeil profond. C'est pourquoi cette question ne se pose pas alors.

L'*ātma-sākshātkāra* (la réalisation du Soi) n'est donc pas autre chose que l'*anātma-nirāsana* (le renoncement au non-Soi).

Q. : Y a-t-il un seul Soi, ou y a-t-il plusieurs soi ?

M. : Cette question est encore due à la confusion ; vous identifiez le corps avec le Soi. Vous pensez « Je suis ici ; il est là ; là-bas est un autre » et ainsi de suite. Vous trouvez ainsi plusieurs corps, et vous pensez qu'ils sont autant de 'soi'. Mais lorsque vous dormiez vous êtes-vous posé la question : « Je suis en train de dormir ici, combien d'autres sont encore éveillés ailleurs ? » Semblable question peut-elle se poser ? Pourquoi ne se pose-t-elle pas ? Parce que vous n'êtes alors qu'un seul et qu'il n'y pas d'autres.

Q. : Quelle est mon *tattva* (réalité) ?

M. : Vous êtes vous-même le *tattva*. Y a-t-il quelqu'un de différent pour connaître le *tattva* de l'autre ? Comment pouvez-vous exister en dehors du *tattva ?* Le simple fait de votre existence vous fait poser cette question. Votre existence même est le *tattva*. Laissez tomber les interprétations du *tattva* et demeurez dans votre nature essentielle. Toutes les Ecritures vous recommandent de ne pas gaspiller vos efforts dans la non-réalité — le non-*tattva*. Abandonnez le non-*tattva*, et le *tattva* demeurera toujours resplendissant et pur.

Q. : Je veux connaître mon *tattva* et mes devoirs.

M. : Connaissez d'abord votre *tattva* et vous pourrez ensuite vous soucier de vos devoirs. Pour pouvoir les connaître et les accomplir, vous devez exister. Réalisez d'abord votre existence et cherchez à connaître vos devoirs ensuite.

26 OCTOBRE 1938

566. En réponse à une question, Shrī Bhagavān lut à haute voix un article sur le *vairāgya,* paru dans la revue tamoule *Arya-dharmam* :

vairāgya = vi + raga = vigataraga (non-attachement)

« Le *vairāgya* [détachement] n'est possible que pour le sage. Ce terme est en général mal interprété. Par exemple, un homme dit : "Aujourd'hui j'ai décidé de ne pas aller au spectacle" et il appelle cela *vairāgya*.

Des mauvaises compréhensions de termes ou de dictons sont assez fréquentes. Souvent, on entend dire : "Chien vu, pierre non vue ; pierre vue, chien non vu." D'habitude les gens pensent que ce dicton signifie que l'on ne trouve jamais une pierre quand on en a besoin pour la jeter à un chien errant. Mais ce dicton populaire a un sens beaucoup plus profond. Il est basé sur l'histoire suivante :

La maison d'un riche marchand était très bien gardée. Il y avait aussi un chien féroce, enchaîné à la porte d'entrée. Seulement, le chien et la chaîne n'étaient que d'habiles œuvres d'art. Ils étaient sculptés dans la pierre mais l'ensemble paraissait très naturel. Un passant, un jour, prit tellement peur à la vue du féroce animal qu'il trébucha en voulant l'éviter et se fit mal. Un voisin prit pitié de lui et lui montra que le chien n'était pas vivant. Les fois suivantes, lorsque l'homme passait par là, il admirait le talent du sculpteur, oubliant son expérience malheureuse. Lorsqu'il regardait le chien, il ne voyait plus la pierre dont il était fait et lorsqu'il admirait la pierre sculptée, il ne voyait plus le chien. D'où le dicton.

Un autre proverbe, comparable à celui-ci, est le suivant : "L'éléphant cache le bois et le bois cache l'éléphant." (Il s'agit ici d'un éléphant en bois.)

L'*ātman* est toujours *sat-chit-ānanda* [Etre-Conscience-Félicité]. L'expérience du *sat* et de la *chit* se fait dans tous les états, tandis que celle de l'*ānanda* n'est possible que dans le sommeil profond. Comment se fait-il que la véritable nature du Soi soit perdue dans les états de veille et de rêve ? En réalité, elle n'est pas perdue. Durant le sommeil, il n'y a pas de mental et le Soi resplendit en tant que Lui-même, alors que dans l'état de rêve et de veille, ce qui resplendit n'est que la lumière réfléchie du Soi. L'*ānanda* est ressenti dans le sommeil, après cessation des pensées. Il se manifeste également dans d'autres occasions telles que dans l'amour, la joie, etc., *priya*, *moda* et *pramoda*. Mais ce ne sont que des *chitta-vritti* (modes du mental).

Un homme marche dans la rue ; son mental fourmille de pensées évanescentes. En passant devant l'étal d'un marchand de fruits, il aperçoit des mangues. Puisqu'il aime les mangues, il en achète. Puis il est pressé de les goûter. Alors il se dépêche de rentrer chez lui, les mange et se sent satisfait. Quand ses pensées vagabondes ont cédé la place au plaisir de voir des mangues, ce plaisir s'appelle *priya ;* le plaisir procuré quand il se les approprie est appelé *moda* et enfin, le plaisir qu'il éprouve en les mangeant est appelé *pramoda*. Ces trois sortes de plaisir apparaissent à la disparition des autres pensées. »

3 au 6 novembre 1938

567. Shrī Bhagavān expliqua à l'intention de Mr. Mac Iver quelques-unes des premières strophes de *Sadvidyā* :

1. La première strophe est de bon augure. Pourquoi le sujet de ce poème est-il déjà introduit ici ? La connaissance peut-elle être différente de l'Etre ? L'Etre est le Cœur, le point central de tout. Comment l'Etre suprême peut-il alors être contemplé et glorifié ? Il suffit de rester dans le pur Soi. Tel est l'heureux commencement de la démarche. Cette première strophe parle du *brahman* dépourvu d'attributs selon la voie de la connaissance (*jñāna-mārga*).

2. La deuxième strophe est à la gloire de Dieu avec attributs. Dans la précédente, il est recommandé de demeurer son propre Soi ; dans celle-ci, de s'abandonner au Seigneur suprême.

De plus, la deuxième strophe indique 1) le lecteur compétent ; 2) le sujet traité ; 3) le rapport entre les deux ; 4) le résultat.

La compétence du lecteur consiste dans le non-attachement au monde et le désir d'être libéré.

Chacun sait qu'il doit mourir un jour ou l'autre ; mais personne n'y pense sérieusement. Tout le monde a peur de mourir ; mais cette peur n'est que momentanée. Pourquoi avoir peur de la mort ? A cause de l'idée « Je suis le corps ». Tout le monde est pleinement conscient que le corps doit mourir et qu'une crémation suivra. Chacun sait aussi que le corps disparaît à la mort. En raison de l'idée « Je suis le corps », la mort est redoutée comme si elle était la perte de soi-même. La naissance et la mort ne relèvent que du corps ; mais elles sont superposées au Soi, créant l'illusion que la naissance et la mort sont en rapport avec le Soi.

Dans son effort à vaincre la naissance et la mort, l'homme s'adresse à l'Etre suprême afin d'être sauvé. C'est ainsi que naissent la foi et la dévotion envers le Seigneur. Comment L'adorer ? La créature est si démunie et son Créateur si puissant. Comment L'approcher ? S'en remettre à Lui, à Ses bons soins, est la seule chose qu'elle puisse faire ; l'abandon total est le seul chemin. C'est pourquoi, l'homme s'abandonne à Dieu. L'abandon consiste à s'abandonner soi-même, et à renoncer à toutes ses possessions pour le Seigneur de Miséricorde. Alors que reste-t-il à l'homme ? Rien — ni lui-même ni ses possessions. Le corps, susceptible de naître et de mourir, ayant été offert au Seigneur, l'homme n'a plus besoin de s'inquiéter à son sujet. Naissance et mort ne peuvent plus dès lors engendrer la terreur. La cause de la peur était le corps qui désormais ne lui appartient plus. Pourquoi aurait-il encore peur ? Et où se trouve l'identité de l'individu pour qu'il soit encore effrayé ?

Ainsi le Soi est réalisé et la Félicité en découle. C'est le deuxième point de la stance qui a pour sujet la délivrance de toute souffrance et l'obtention du Bonheur. C'est le bien le plus haut qu'on puisse obtenir.

L'abandon de soi est synonyme de Félicité. Tel est le troisième point, la relation entre le premier et le deuxième.

Le quatrième point, c'est le résultat de la réflexion sur le sujet traité et consiste en l'obtention de la Connaissance qui est toujours présente, ici et maintenant.

La strophe se termine par « les immortels ».

3. [1] Les cinq sens désignent les fonctions subtiles (*tanmātra*) de l'ouïe, du toucher, de la vue, du goût et de l'odorat. Les variations de celles-ci forment l'ensemble de l'Univers ; et ces variations se font selon les trois *guna* comme suit :

> — par le *tamas* (l'obscurité) se forment les éléments grossiers,
> — par le *rajas* (l'activité) se forment les instruments pour connaître les objets ;
> — par le *sattva* (la clarté) se forment les différentes connaissances sensorielles.

Ou bien encore :

> — par le *tamas* sont formés les objets, c'est-à-dire le monde ;
> — par le *rajas* sont formées les énergies vitales et les *karmendriya* ;
> — par le *sattva* sont formées les fonctions sensorielles.

Les *karmendriya* sont les organes de l'action qui assurent la préhension, la marche, la parole, l'évacuation et la reproduction.

---

1. Voir sixième strophe.

Prenons, par exemple, le son d'une cloche ; le son est en rapport avec l'audition ; la cloche est l'objet, c'est-à-dire la modification du *tamoguna*. Le son est le résultat des modifications des *tanmātra* rajasiques qui, sous forme de vibrations irradiant autour de la cloche, se déploient dans l'éther et entrent en contact avec l'oreille où ils sont perçus sous forme sonore.

Le *tanmātra* sattvique est la fonction cognitive qui permet de reconnaître le son.

Il en va de même pour les autres sens : Le *tanmātra* du toucher — l'air (*vāyu*) ; le *tanmātra* de la forme (*rūpa*) — le feu (*tejas*) ; le *tanmātra* du goût — l'eau (*ap*) ; le *tanmātra* de l'odorat — la terre (*prithivī*).

Il ne faut pas interpréter les *tanmātra* comme étant les particules les plus subtiles de la matière, car ce serait une notion incomplète. Les *tanmātra* ne sont que les formes subtiles du son, du toucher, de la vue, du goût et de l'odorat qui forment tous les composants de l'Univers. Telle est la création du monde.

Faute d'une terminologie adéquate, ces idées ne peuvent pas être correctement exprimées dans des langues étrangères.

4. Dans cette strophe [1] il est dit que tous sont d'accord sur un point, à savoir sur l'état au-delà de la dualité et de la non-dualité, au-delà du sujet et de l'objet, au-delà du *jīva* et de Dieu, en bref, au-delà de toutes les différences. C'est donc l'état libre de l'ego. La question est « Comment l'atteindre ? ». En renonçant au monde, dit la strophe. Par « monde », il faut entendre ici les pensées qui s'y rapportent. Si ces pensées ne s'élèvent pas, l'ego ne se manifeste pas. Il n'y aura ni sujet ni objet. Tel est cet état.

---

1. Voir deuxième partie de la troisième strophe.

568. Mr. V. G. Shāstri montra à Shrī Bhagavān une coupure de journal dont le contenu était une prophétie de Shrī Rāma Tīrtha annonçant que l'Inde atteindrait le sommet de son ancienne gloire avant 1950.

Shrī Bhagavān dit : « Qu'est-ce qui nous empêche de croire que l'Inde n'est pas déjà au sommet de sa gloire ? La gloire est dans votre pensée. »

7 NOVEMBRE 1938

569. En réponse à une question posée par K. L. Sarma, Shrī Bhagavān, se référant au *Dakshināmūrti-stotra*, raconta :

« Au départ, mon intention était d'en écrire un commentaire. Mais Mr. Ranganathan Iyer prit ma version du *stotra* en tamoul et l'imprima en même temps que l'*Appalapattu* [1]. Plus tard, il me demanda de la développer davantage. Dès que j'eus terminé l'introduction, il la vit et la fit imprimer aussitôt. Je n'ai donc pas pu poursuivre le travail. »

Quant au *stotra,* voici la légende :

« Brahmā, le dieu créateur, créa quatre garçons par la force de son esprit : Sanaka, Sanāndana, Sanatkumāra et Sanatsujāta. Ceux-ci demandèrent à leur créateur pourquoi il les avait fait naître. Brahmā leur répondit : "Je suis obligé de créer l'Univers. Mais je désire me livrer à des ascèses (*tapas*) afin de réaliser le Soi. Je vous ai donné la vie pour que vous me relayiez dans la création de l'Univers. Vous y parviendrez en vous multipliant." Les quatre fils n'apprécièrent pas l'idée

---

1. « Le Chant du Poppadam ». Un jour, lorsque sa mère lui demanda de l'aider à faire la cuisine, le Maharshi composa ce poème, un précieux enseignement spirituel à travers une préparation de *poppadam,* galette croustillante faite de farine de pois chiche.

de leur père. Ils se demandaient pourquoi ils devaient prendre sur eux cette charge et trouvaient qu'il était plus naturel de se mettre à la recherche de la source originelle. Ils préféraient revenir à leur origine et être heureux. Ils n'obéirent donc pas au souhait de Brahmā et le quittèrent en quête d'un guide pour réaliser le Soi. Comme ils étaient naturellement doués pour obtenir la réalisation du Soi, leur direction spirituelle ne pouvait venir que du meilleur des Maîtres. Et celui-ci ne pouvait être autre que Shiva, le *yogirāja* [roi des yogis]. Shiva leur apparut, assis au pied d'un banyan, l'arbre sacré. Etant un *yogirāja,* avait-Il besoin de pratiquer le yoga ? Il entra en *samādhi* aussitôt et se tint en repos parfait. Le silence régnait. Les quatre frères Le virent et l'effet fut immédiat. Ils tombèrent en *samādhi* et tout doute fut dissipé.

Le silence est le véritable *upadesha* (enseignement). Il est l'*upadesha* le plus parfait. Il ne convient qu'aux chercheurs les plus avancés. Les autres sont incapables d'en tirer une pleine inspiration. C'est pourquoi ils ont besoin de mots qui expliquent la Vérité. Mais la Vérité est au-delà des mots. Elle n'admet aucune explication. Elle ne peut qu'être indiquée. Et comment cela peut-il se faire ?

Les gens sont sous l'emprise de l'illusion. Si celle-ci est dissipée, ils réaliseront la Vérité. Il faut donc leur dire de réaliser l'irréalité de l'illusion. C'est alors qu'ils essayeront d'échapper à ses pièges. Le résultat sera le *vairāgya* (le détachement). Ils se mettront en quête de la Vérité, à la recherche du Soi, et finiront par se maintenir dans le Soi. Shrī Shankara, qui était un avatar de Shiva, était plein de compassion pour les êtres déchus. Il voulait que tous réalisent leur Soi, l'état de Félicité. Ne pouvant pas tous les atteindre par son Silence, il composa le *Dakshināmūrti-stotra* sous la forme d'un hymne afin que les gens puissent le lire et comprendre la Vérité.

Quelle est la nature de l'illusion ? Tous les hommes sont dans les griffes du plaisir, c'est-à-dire *bhoktā, bhogyam, bhoga*. Et cela à cause de la fausse notion que les *bhogya-vāstu* (les objets de plaisir) sont réels. L'ego, le monde et le Créateur sont les trois principes fondamentaux, sous-jacents à l'illusion. Une fois que ces trois principes sont reconnus comme n'étant pas séparés du Soi, l'illusion est dissipée.

Les quatre premières stances traitent du monde. Elles montrent que le monde est identique au Maître dont le Soi est aussi celui du chercheur, ou bien au Maître auquel le disciple s'abandonne. Les quatre stances suivantes ont trait à l'individu à qui on montre que son Soi est le Soi du Maître.

La neuvième stance traite d'Īshvara et la dixième de la *siddhi*, la Réalisation.

Tel est le thème du *stotra*.

Que veut dire *darpana* (miroir) ici ? Un miroir, comme nous le savons, est un objet qui reflète la lumière. Qu'est-ce qui correspond au miroir dans l'individu ? La lumière du Soi, lumineux par lui-même, se réfléchit sur le *mahat-tattva*. Cette lumière réfléchie est le mental-éther ou mental pur. Celui-ci éclaire les *vāsanā* (tendances latentes) de l'individu et voilà que s'élève le sens du 'je' et du 'ceci'.

Une lecture superficielle de ces *shloka* (strophes) pourrait faire croire que l'attachement, la libération, etc., sont en relation avec le Maître, Shrī Dakshināmūrti. C'est absurde. Ce qui est signifié, c'est l'abandon à Lui. »

570. Un visiteur demanda à Shrī Bhagavān : « On dit que la *nirguna-upāsanā* [1] est difficile et risquée. »

Et il cita un vers de la *Bhagavad-gītā* : « *avyaktā hi...* [2] ». (« Le non-manifesté... »)

M. : Ce qui est manifesté est considéré comme étant non manifesté et c'est cela qui crée le doute. Y a-t-il quelque chose de plus intime et de plus immédiat que le Soi ? Y a-t-il quelque chose de plus évident ?

D. : La *saguna-upāsanā* [3] semble plus facile.

M. : Pratiquez ce qui est facile pour vous.

571. *M. :* La multiplicité des individus est sujette à controverse pour la plupart des gens. Or, un *jīva* n'est que la lumière réfléchie sur l'ego. L'individu s'identifie avec l'ego et en tire l'argument qu'il doit y avoir d'autres individus comme lui. Il est très difficile de le convaincre de l'absurdité de sa position. Un homme, voyant en rêve plusieurs personnes, persiste-il à croire, à son réveil, qu'elles sont réelles et demande-t-il de leurs nouvelles ?

(Cet argument ne semble pas convaincre l'interlocuteur.)

Considérez la lune. Vue sous n'importe quel angle et à n'importe quelle heure, elle n'en demeurera pas moins la même lune. Chacun sait cela. Maintenant, supposez qu'il y ait plusieurs récipients d'eau reflétant la lune. Les images seront toutes différentes de l'un à l'autre, et aussi différentes de la lune elle-même. Si l'un de ces récipients se brise, le reflet disparaît. Sa disparition n'affecte pas la lune véritable ni les reflets des autres

---

1. La méditation sur [le *brahman*] sans attributs.

2. ... *gatir duhkham dehavadbhir avāpyate* [BhG XII.5] « [...] car la voie du non-manifesté est d'un accès douloureux et difficile pour les êtres liés à un corps » (*La Bhagavad-gītā*, trad. Esnoul-Lacombe).

3. La méditation sur [le *brahman*] avec attributs.

récipients. Cet exemple est comparable à l'individu qui atteint la Libération. Lui seul est libéré.

Les défenseurs de la multiplicité utilisent cet argument contre la non-dualité en disant : « Si le Soi est unique et si un seul homme est libéré, cela signifierait que toutes les âmes sont libérées. Or, dans la pratique ce n'est pas le cas. Donc l'*advaita* n'est pas correct. » La faiblesse de cet argument réside dans la confusion entre la lumière réfléchie du Soi et la lumière originelle du Soi. L'ego, le monde et les individus sont tous dus aux *vāsanā* de la personne. Quand celles-ci s'épuisent, l'hallucination de la personne disparaît, de la même manière que le reflet de la lune disparaît quand un des récipients est brisé.

Le fait est que le Soi n'est jamais dépendant de quoi que ce soit. Il ne peut donc pas y avoir de Libération pour lui. Tous les ennuis n'existent que pour l'ego.

10 NOVEMBRE 1938

571a. Une personne demanda pourquoi il était erroné de parler d'une multiplicité de *jīva,* étant donné que le *jīva* n'est que l'ego, c'est-à-dire la lumière réfléchie du Soi. Une multiplicité de « soi » pourrait être contestée, mais pas celle des *jīva*.

M. : La caractéristique du *jīva* est qu'il perçoit le monde. Dans le rêve, une multitude de *jīva* peut apparaître, mais ils sont tous irréels. Seul le rêveur existe, c'est lui qui voit tout. Il en est de même avec l'individu et le monde : La croyance en l'existence d'un seul Soi peut aussi être appelée croyance en l'existence d'un seul *jīva*. Cela veut dire qu'il y a un seul *jīva* qui perçoit le monde entier avec tous les *jīva* qui s'y trouvent.

Q. : Cela signifie alors que le *jīva* est le Soi.

M. : C'est cela. Mais le Soi ne « voit » pas. Ici, par contre, on dit qu'il voit le monde. C'est pourquoi on le différencie en l'appelant *jīva*.

572. *Q. :* A quoi sert la peur de la mort, notre lot commun ?

M. : C'est vrai, cette peur est commune à tous. Elle ne sert à aucun but utile. Au moment de la mort, l'homme est totalement dominé par les tendances latentes du mental, si bien qu'il meurt d'une mort ordinaire. La peur de la mort l'empêche d'arriver au détachement et de se livrer à une investigation appropriée.

Q. : Comment pouvez-vous alors donner à tous vos visiteurs, sans distinction, le même enseignement ?

M. : Qu'est-ce que je leur dis ? L'ego en tout homme doit périr. Qu'ils réfléchissent à cela. L'ego existe-t-il ou n'existe-t-il pas ? Par des réflexions répétées de ce genre, on devient de plus en plus apte à comprendre.

11 NOVEMBRE 1938

573. Mr. Ranganatha Ayyar, un fidèle depuis quatorze ans, vint en visite à l'ashram et demanda : « Combien dure l'intervalle entre la mort et la réincarnation ? »

M. : Il peut être long ou court. Mais un *jñānī* ne subit pas de telles variations ; il s'est absorbé dans l'être universel, ainsi que l'affirme la *Brihadāranyaka-upanishad*. Certains disent que ceux qui, après la mort, entrent dans la voie de la lumière, ne renaissent plus, tandis que ceux qui, après la mort, prennent la voie de l'obscurité, renaissent après avoir goûté les fruits de leur karma dans leur corps subtil.

Si la balance des mérites et des démérites est égale,

l'homme renaît directement ici. Si les mérites l'emportent sur les démérites, les corps subtils vont vers les régions célestes et renaissent ici plus tard ; si ce sont les démérites qui l'emportent, ils vont aux enfers et renaissent ici après.

On dit que pour un *yoga-brashta* [1] cela se passe de la même manière. Tout cela est décrit dans les *shāstra*. Mais en fait, il n'y a ni naissance ni mort. On ne reste que ce que l'on est réellement. C'est la seule Vérité.

574. *Q. :* Que représentent les *āsana* (postures de yoga) ? Sont-ils nécessaires ?

M. : Un grand nombre d'*āsana* ainsi que leurs effets sont mentionnés dans les *Yoga-shāstra*. Les supports sont la peau de tigre, l'herbe, etc. ; les postures, la « position du lotus », la « position aisée » et ainsi de suite. Pourquoi toutes ces postures ? Uniquement pour se connaître ? L'individu pense « Je suis le corps et le corps requiert un siège » et il cherche un siège. Mais dans le sommeil, l'individu pense-t-il au siège ou au lit, au matelas sur le lit et au lit sur le sol ? N'en existe-t-il pas moins sans tout cela ? Comment était-il dans le sommeil ?

La vérité est la suivante : On est le Soi ; l'ego se manifeste, se confond avec le corps, se méprend sur la réalité du monde et différencie les objets ; trompé par le voile de l'ignorance du 'je', l'individu se met à penser frénétiquement et part à la recherche de sièges pour la méditation. Il ne comprend pas qu'il est lui-même le centre et la base de tout cela.

Si on le questionne, il parle des effets de ces sièges et de certains accessoires en termes de gravitation et de

---

1. Celui qui a quitté l'union [avec l'Etre suprême].

magnétisme. Il s'imagine que sans tout cela le pouvoir de ses ascèses diminuera.

D'où proviennent tous ces pouvoirs ? L'homme voit les effets, cherche leurs causes et s'imagine que ce sont les pouvoirs des sièges et des accessoires. Une pierre jetée en l'air retombe sur le sol. Pourquoi ? A cause de la gravitation, dit-il. Et alors, tout cela, est-ce différent des pensées de l'homme ? Réfléchissez et dites si la pierre, la terre et la gravité sont différentes de ses pensées. Elles ne sont que dans son mental. C'est lui le pouvoir et c'est lui qui l'exerce. Il est le centre et le support de tout. Il est aussi le siège.

Un bon siège a pour fonction d'assurer une assise stable. Où et comment l'homme peut-il rester stable si ce n'est en son propre état réel ? C'est lui le siège véritable.

575. *Q. :* Comment peut-on vaincre le désir, la colère, etc. ?

M. : Le désir, la colère, etc., provoquent la souffrance. Pourquoi ? A cause du 'je' qui provient de l'ignorance ; l'ignorance provient de la différenciation ; la différenciation de la notion de la réalité du monde, et celle-ci de l'idée « Je suis le corps ». Cette dernière ne naît qu'une fois que l'ego s'est manifesté. Si l'ego ne se manifeste pas, cette chaîne de péripéties ne peut se produire. Empêchez donc l'apparition de l'ego. Ce n'est possible qu'en restant en votre propre état naturel ; ainsi le désir, la colère, etc., seront vaincus.

Q. : Toutes ces passions ont donc leur origine dans l'ignorance.

M. : Exactement. L'ignorance donne naissance à l'erreur, l'erreur à l'illusion, etc. Mais qu'est-ce que l'ignorance ? Peut-elle provenir du pur *brahman*, qui n'est autre que le Soi ou la connaissance pure ? Que le chercheur connaisse son propre Soi, c'est-à-dire qu'il soit la Connaissance et cette question ne se posera plus. C'est à cause de l'ignorance qu'il pose la question. Cette ignorance provient du questionneur et non du Soi. A la vue du soleil, l'obscurité est dissipée.

Imaginez une fortune amassée dans un coffre. Le propriétaire dit qu'elle lui appartient ; ce n'est pas le coffre qui le dit. C'est donc l'idée de propriété qui est responsable de cette revendication.

Rien n'est indépendant du Soi, pas même l'ignorance ; car l'ignorance n'est que le pouvoir du Soi ; elle est là sans l'affecter. Cependant, elle affecte le 'je' ou le *jīva*. C'est pourquoi l'ignorance relève du *jīva*.

Comment cela ? L'homme dit : « Je ne me connais pas. » Existe-t-il alors deux soi, l'un étant le sujet et l'autre l'objet ? L'homme ne peut l'admettre. Est-ce pour autant la fin de son ignorance ? Non. C'est donc l'apparition de l'ego qui est l'ignorance et rien de plus.

576. Au sujet des *Sūtra-bhāshya* :

Les *sūtra* ont pour but d'élucider et d'établir le sens des textes révélés. Les commentateurs essayent de faire de même en introduisant les points de vue des antagonistes, pour les réfuter ensuite et pour arriver à des conclusions après de longues discussions ; il peut également y avoir des opinions différentes au sein d'une même école de pensée ; il s'agit là encore de protagonistes et d'antagonistes. Il arrive aussi que différentes écoles de pensée interprètent le même texte par des approches différentes, arrivant ainsi à des conclusions différentes qui se contredisent les unes les autres.

Dans ces conditions, comment les *sūtra* peuvent-ils être utiles ?

15 NOVEMBRE 1938

577.

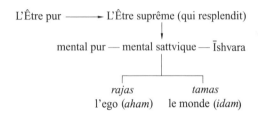

Tous ces mots appartiennent à la terminologie védantique.

578. *M.:* Certains visiteurs, en venant ici, ne s'interrogent pas sur eux-mêmes. Ils demandent : « Le sage, libéré de son vivant (*jīvan-mukta*), voit-il le monde ? Est-il affecté par le karma ? En quoi consiste la libération après la mort du corps ? Est-on libéré seulement après avoir quitté le corps ou bien même de son vivant ? Le corps du sage doit-il se désintégrer dans la lumière ou disparaître d'une autre manière ? Peut-il vraiment être libéré en laissant derrière lui le corps comme une dépouille mortelle ? »

Leurs questions sont sans fin. Pourquoi se tracasser ainsi ? La libération consiste-t-elle à connaître la réponse à tout cela ?

Je leur réponds donc : « Ne vous occupez pas de la libération. Y a-t-il asservissement ? Comprenez cela. Connaissez-vous d'abord et avant toute autre chose. »

579. *M.:* L'*āvarana* (l'obscurcissement) ne recouvre pas complètement le *jīva* ; il sait qu'il *est* ; seulement, il ignore *qui* il est. Il voit le monde ; mais il ignore que celui-ci n'est pas distinct du *brahman*. C'est la lumière dans l'obscurité (ou la connaissance dans l'ignorance).

Une salle de cinéma est d'abord dans l'obscurité, ensuite la lumière artificielle est introduite et ce n'est que dans cette lumière que les images peuvent être projetées. Pour différencier les choses, une lumière réfléchie est donc nécessaire.

Un dormeur ne peut rêver que tant qu'il n'est pas sorti du sommeil. Ce n'est que dans l'obscurité ou dans l'ignorance du sommeil qu'il peut voir les objets irréels du rêve. De la même façon, l'obscurité de l'ignorance donne naissance à la connaissance des perceptions du monde.

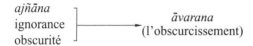

L'obscurcissement est une caractéristique de l'ignorance et non pas du Soi ; il ne peut affecter le Soi d'aucune manière ; il ne peut recouvrir que le *jīva*. L'ego est dépourvu de conscience. Uni à la lumière du Soi, il est appelé *jīva*. Mais on ne peut voir l'ego et la lumière séparément ; ils sont toujours unis l'un à l'autre. Le résultat de cette union est le *jīva,* la racine de toute différenciation.

Tout cela n'est dit que pour satisfaire la curiosité des questionneurs.

sahasrāra
(sommet du crâne) } éther = *jñāna*

kantha
(gorge) } air = intellect

$$\left.\begin{array}{l} \textit{hridaya} \\ \text{(Cœur)} \end{array}\right\} \quad \text{feu} = \text{mental}$$

$$\left.\begin{array}{l} \textit{nābhi} \\ \text{(nombril)} \end{array}\right\} \quad \text{eau} = \text{mémoire}$$

$$\left.\begin{array}{l} \textit{mūla} \\ \text{(coccyx)} \end{array}\right\} \quad \text{terre} = \text{ego}$$

Ainsi représente-t-on le corps subtil. Les sens et les autres organes agissent séparément, tandis que les organes intérieurs et les souffles vitaux ne peuvent travailler qu'à l'unisson. C'est pourquoi les premiers sont *vyashti* (individuels) et les autres *samashti* (collectifs).

L'*āvarana* est de deux sortes :

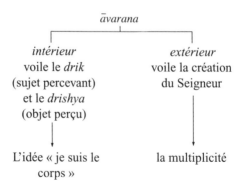

āvarana	
intérieur voile le *drik* (sujet percevant) et le *drishya* (objet perçu)	*extérieur* voile la création du Seigneur
L'idée « je suis le corps »	la multiplicité

Le *jīva* n'est pas indépendant d'Īshvara ; de même que l'ignorance n'est pas indépendante de la *māyā*. Dans le sommeil profond, le *jīva* ne voit pas son corps ni le monde. Ce n'est qu'en sortant du sommeil qu'il le perçoit. C'est en vertu de sa connaissance en état de veille qu'il comprend que celui-ci existait également en sommeil profond. On peut donc en conclure que, dans le sommeil, le *jīva* se trouve dans un état pur, dans lequel le corps et le monde ne sont pas perçus.

Q. : Le *jīva* n'est-il pas la lumière réfléchie, la pensée 'je' ?

M. : Il est aussi un *jīva* ; même avant cela il est le *jīva* ; les deux se déterminent mutuellement dans une relation de cause à effet. Le *jīva* en sommeil ne peut être indépendant d'Īshvara. Au réveil, il dit : « Je suis le corps. » Si tous les mondes ensemble forment Virāt, le corps est un point minuscule en celui-ci. Le corps est donc en Virāt et de Virāt. Alors, qu'est-ce qui appartient au *jīva* ? Seul sa présomption le pousse à croire que le corps n'est que lui-même et non pas les autres. Et pourtant, il ne peut être indépendant de Virāt.

(1)   Īshvara
     l'être cosmique $\longrightarrow$ *prājña* (l'être individuel dans le sommeil profond)

(2)   Hiranyagarbha
     l'être causal subtil $\longrightarrow$ *taijasa* (l'être individuel subtil)

(3)   Virāt
     l'être causal grossier $\longrightarrow$ *vishva* (l'être individuel grossier)

(4)   *māyā*
     l'ignorance causale, $\longrightarrow$ ignorance,
     adjonction d'Īshvara   adjonction du *jīva*

(5)   *brahman*
     (cause) $\longrightarrow$ *jīva*

Certains disent que ces cinq catégories doivent être unifiées. Ils l'appellent unité des Cinq. Mais tout cela n'est que polémique.

17 NOVEMBRE 1938

580. Un groupe de Rajkot, composé de quatre personnalités, leurs épouses, leur suite et leurs gardes du corps, arriva à l'ashram en autocar à 11 heures du matin. Après un déjeuner pris dans leur chambre, ils eurent une courte conversation avec Shrī Bhagavān.

L'un d'eux dit en désignant une femme d'un certain âge : « Voici la mère de notre Thakore Saheb (chef). Nous avons parcouru une longue distance pour avoir le *darshan* de Shrī Maharshi. Aurait-il la bonté de nous donner quelques instructions ? »

Shrī Bhagavān dit en souriant : « C'est bien qu'ils soient venus de si loin pour recevoir le *darshan*. Il suffit qu'ils l'aient exprimé. Que puis-je ajouter ? »

Puis la cloche sonna pour le déjeuner.

A 12 h 45 :

Q. : Un *jñānī* est-il différent d'un yogi ? Et quelle est la différence ?

M. : Selon la *Shrīmad Bhagavad-gītā*, un *jñānī* est à la fois un vrai yogi et un vrai *bhakta*. Le yoga n'est qu'une *sādhanā* [méthode] tandis que le *jñāna* est la *siddhi* [Réalisation].

Q. : Le yoga est-il nécessaire ?

M. : C'est une *sādhanā*. Une fois que le *jñāna* est atteint, elle n'est plus nécessaire. Toutes les *sādhanā* sont appelées yoga : karma-yoga, *bhakti*-yoga, *jñāna*-yoga, *ashtânga*-yoga. Mais qu'est-ce que le yoga ? *Yoga* signifie « union ». Le yoga n'est possible que quand il y a *viyoga* (séparation). La personne qui est dans l'illusion du *viyoga* doit éliminer cette illusion. La méthode visant à l'éliminer est appelée yoga.

Q. : Quelle est la meilleure méthode ?

M. : Cela dépend du tempérament de l'individu.

Chacun naît avec les *samskāra* de ses vies antérieures. La même méthode sera aisée pour l'un et difficile pour l'autre. Il n'y a rien de défini à ce sujet.

Q. : Comment doit-on méditer ?

M. : Qu'est-ce que la méditation ? La plupart des gens la conçoivent comme une concentration sur une seule pensée, si bien que les autres pensées sont tenues à l'écart pendant ce temps. Cette pensée unique devra à son tour disparaître le moment venu. Le but est la conscience libre de toute pensée.

Q. : Comment peut-on se défaire de l'ego ?

M. : Pour s'en défaire, il faut le tenir fermement. Tenez-le d'abord et le reste sera facile.

Q. : Comment le tenir ?

M. : Voulez-vous dire qu'il y a un ego qui tient un autre ego ou qui doit l'éliminer ? Y aurait-il deux ego ?

Q. : Comment dois-je prier Dieu ?

M. : Il faut qu'il y ait un 'je' pour prier Dieu. Ce 'je' est immédiat et intime pour chacun, tandis que Dieu n'est pas considéré comme tel. Cherchez lequel est le plus intime ; vous pourrez ensuite déterminer l'autre et le prier si nécessaire.

19 NOVEMBRE 1938

581. Un enfant se présenta devant Shrī Bhagavān tenant un objet entre les mains. Lorsque ses parents l'encouragèrent à le lui remettre, l'enfant le fit avec joie. Shrī Bhagavān observa alors : « Regardez ceci ! Quand un enfant peut donner quelque chose à Jeja (Dieu), c'est un sacrifice (*tyāga*). Voyez quelle influence Jeja a sur les enfants ! Tout don implique l'absence d'intérêt personnel. C'est l'essentiel du *nishkāma*-karma (action désintéressée) et c'est le vrai renoncement. Si la générosité est cultivée, elle devient *tyāga*. Si quelque chose est donné de plein gré, c'est une joie pour celui qui donne et pour celui qui reçoit. Si la même chose a été volée, c'est une cause de souffrance pour les deux. Le *dāna* (don), le *dharma* (devoir) et le *nishkāma-karma* sont tous une preuve de *tyāga*. Quand la notion du "mien" est abandonnée, le mental pur (*chitta-shuddhi*) se dévoile. Quand le 'je' est abandonné, c'est le *jñāna*. Ainsi, quand l'homme cultive la générosité, il aboutit tôt ou tard au *jñāna*. »

Un peu plus tard, un jeune garçon s'approcha de Shrī Bhagavān. Il était venu tout seul, sans ses parents, en autocar depuis Chengam. Shrī Bhagavān fit remarquer : « Ce jeune garçon a quitté ses parents pour venir ici. C'est également une preuve de *tyāga*. »

21 ET 22 NOVEMBRE 1938

582. A un homme venant de l'Andhra Pradesh, Shrī Bhagavān dit : « Si on éprouve sans arrêt des désirs, tous ne peuvent pas être satisfaits. Tandis que si l'on demeure sans désirs, tout peut arriver. Notre femme, nos enfants, notre profession, nos richesses ne sont pas à nous, mais ils sont en nous ; ils apparaissent et disparaissent selon notre *prārabdha*.

Lorsque le mental demeure tranquille, c'est l'état de *samādhi*, qu'importe que le monde soit ou non perçu.

L'environnement, le temps et les objets sont tous en moi. Comment peuvent-ils être indépendants de moi ? Ils peuvent changer, mais moi, je reste inchangé, toujours le même. Les objets peuvent être différenciés par leurs noms et par leurs formes mais nous n'avons qu'un seul nom et c'est 'je'. Adressez-vous à n'importe qui, il vous répondra par 'je' et parlera de lui-même en tant que 'je', même s'Il est Īshvara. Son nom est également 'je'.

Il en est de même d'un lieu. Tant que je suis identifié au corps, je peux distinguer des lieux, autrement non. Mais suis-je le corps ? Le corps se désigne-t-il lui-même en tant que 'je' ?

Il est donc clair que tout cela est en moi. Si tout est totalement éliminé, ce qui reste est la paix en tant que 'Je'. C'est le *samādhi*, c'est le 'Je'. »

583. Mr. V. Ganapati Shāstri montra à Shrī Bhagavān la lettre d'une Espagnole, Mercedes De Acorta, annonçant son arrivée à l'ashram pour le lendemain. Shrī Bhagavān remarqua : « Voyez les dérangements causés à tant de personnes parce que je suis ici ! »

23 NOVEMBRE 1938

584. Un visiteur se mit à tirer le *pankah* [1] à l'intention de *Shrī Bhagavān,* qui s'étonna : « A cause du froid, un chauffage a été placé près de moi. Pourquoi doit-on alors tirer le *pankah ?* »

Puis il continua à raconter : « Lorsque j'habitais la grotte de Virūpaksha, sur la colline d'Arunāchala, je m'assis dehors par une froide matinée. J'avais très froid. Les gens avaient l'habitude de venir, de me regarder et puis de s'en aller. Un groupe de visiteurs d'Andhra Pradesh venait d'arriver. Ils se tenaient derrière moi et

---

1. En Inde, avant les ventilateurs électriques, on utilisait des éventails volumineux fixés au plafond pour rafraîchir les pièces. Grâce à un système de cordes et de poulies, le *pankah* pouvait être poussé vers l'avant et vers l'arrière afin de créer une brise rafraîchissante.

je ne pouvais voir ce qu'ils faisaient. Soudain il y eut un bruit, *toc*, et je reçus de l'eau sur la tête. Je me mis à trembler de froid. Je me retournai et m'aperçus qu'ils avaient cassé une noix de coco et versé le lait sur moi. Ces gens pensaient que c'était un acte d'adoration. Ils me prenaient pour une statue de pierre. »

585. Shrī Bhagavān dit que la particularité de Tiruvannāmalai était que neuf routes menaient vers elle, sans compter le chemin de fer ; *navadvāre pure dehī* [BhG V.13] (dans le corps – la ville aux neuf portes).

586. Un visiteur de l'Andhra Pradesh demanda : « Comment peut-on rester tranquille ? C'est si difficile ! Devrions-nous pratiquer le yoga pour cela ? Ou bien y a-t-il d'autres moyens ? »

M. : Ce qui n'est pas difficile semble si difficile. Si on dit à quelqu'un, enclin à bouger sans cesse, de rester tranquille chez lui, il trouvera cela difficile à cause de son envie de bouger.

Q. : Existe-t-il une *upāsanā* [méditation] particulière qui soit plus efficace que d'autres ?

M. : Toutes les *upāsanā* sont également efficaces. Mais chacun adopte plus facilement le genre *d'upāsanā* qui correspond à ses *vāsanā* [tendances].

24 NOVEMBRE 1938

587. L'Espagnole, arrivée avec une amie, demanda : « Vous dites que le cœur est à droite. Pouvez-vous expliquer ce qu'il en est exactement ? »

Shrī Bhagavān lui remit à lire un extrait de la revue *Psychological review of Philadelphia* et ajouta : « Le Cœur est le lieu d'où s'élance la pensée 'je'. »

Q.: Voulez-vous dire le Cœur spirituel à la différence du cœur physique ?

M. : Oui. Cela est expliqué dans le chapitre V de la *Shrī Rāmana-gītā*.

Q. : Y a-t-il un stade dans lequel on peut sentir le Cœur ?

M. : Chacun en fait l'expérience lorsqu'il dirige sa main vers le côté droit de sa poitrine et dit 'je'.

Les deux dames s'agenouillèrent l'une après l'autre devant Shrī Bhagavān et demandèrent Sa bénédiction. Puis elles quittèrent l'ashram pour Pondichéry, leur prochaine étape avant Colombo.

25 NOVEMBRE 1938

588. A un chercheur venant de l'Andhra Pradesh, Shrī Bhagavān dit : « Le *samnyāsa* [renoncement au monde] n'est indiqué que pour celui qui a la maturité nécessaire. Il consiste à renoncer non pas aux objets matériels mais à l'attachement que l'on peut avoir pour eux. Le *samnyāsa* peut être pratiqué par quiconque, même chez soi. Seulement, il faut avoir la maturité nécessaire. On distingue quatre sortes de *samnyāsī* :

Un *kutīchaka* est un *samnyāsin* qui vit dans un ermitage.

Un *bahūdaka* est un *samnyāsin* qui fréquente les lieux de pèlerinage.

Un *hamsa* est un *upāsaka-samnyāsin*.

Un *paramahamsa* est un *samnyāsin* réalisé. »

27 NOVEMBRE 1938

589. Somasundara Swāmi, un fidèle de longue date, demanda : « Dans un miroir, il y a l'*ākāsha* [l'éther] reflétant des images. Comment sont-elles contenues dans le miroir ? »

M. : Les objets se trouvent dans l'espace. Les objets, aussi bien que l'espace, sont reflétés dans le miroir. Comme les objets se trouvent dans l'espace, ils se trouvent également dans le reflet. Mais le miroir lui-même étant si mince, comment tous ces objets peuvent-ils y être contenus ?

Q. : Est-ce que l'*ākāsha* dans un pot peut illustrer cela ?

M. : Dans l'*ākāsha* d'un pot, il n'y a pas de reflet. La réflexion se fait seulement dans l'eau qu'il contient. Quand on place plusieurs pots remplis d'eau dans un bassin, l'*ākāsha* est reflété de manière égale dans l'eau de chacun des pots et dans celle du bassin. De même, tout l'Univers est reflété en chaque individu.

Q. : Mais les bords des pots doivent dépasser la surface de l'eau du bassin.

M. : Oui, c'est exact. Sinon comment pourrait-on discerner les pots s'ils sont immergés dans le bassin ?

Q. : Comment la réflexion s'effectue-t-elle ?

M. : Le pur éther ne peut recevoir de réflexions ; seul l'éther de l'eau peut en recevoir. Le verre ne peut réfléchir des objets ; seule une plaque de verre avec une couche de tain peut le faire. De même, la pure Connaissance ne contient aucun objet ni le reflet des objets. C'est seulement en lui associant le mental limitant qu'elle réfléchit le monde.

Le monde n'existe ni en *samādhi* ni en sommeil profond. L'illusion ne peut naître ni dans la lumière éclatante ni dans l'obscurité totale. Ce n'est que dans la pénombre qu'une corde ressemble à un serpent. De même, la pure Conscience n'est que lumière ; elle est pure Connaissance. Le mental qui s'élève d'elle se trompe lorsqu'il considère que les objets sont séparés de lui.

Q. : Par conséquent, le mental est le miroir.

M. : Le mental..., le mental... ; qu'est-ce que c'est ? C'est un mélange de *chit* (conscience) et de *sankalpa* (pensées). Ainsi crée-t-il tout cela : le miroir, la lumière, l'obscurité et les reflets.

Q. : Mais je ne le vois pas.

M. : Le *chit-ākāsha* (l'éther de la conscience) est Connaissance pure. Il est la source du mental. Au moment même où il s'élève, le mental n'est que lumière ; ce n'est qu'ensuite que la pensée « je suis cela » surgit ; cette pensée 'je' crée le *jīva* et le monde.

La première lumière est le mental pur, l'éther mental ou Īshvara. Ses modes se manifestent sous forme d'objets. Parce qu'il contient tous ces objets en lui, on l'appelle l' « éther mental ». Pourquoi éther ? De même que l'éther contient les objets, le mental contient les pensées, c'est pour cela qu'il est appelé « éther mental ».

Ou encore : tout comme l'éther physique qui contient tous les objets grossiers (l'Univers entier) est lui-même contenu dans l'éther mental, de même ce dernier est contenu dans l'éther de la Conscience. L'éther-*chit* est *chit* même. Aucune forme ne s'y trouve. Il n'est que pure Connaissance.

Q. : Pourquoi l'appeler éther ? L'éther physique n'est pas conscient.

M. : L'éther désigne non seulement l'éther physique non conscient mais aussi la Connaissance pure. La Connaissance pure ne consiste pas à connaître des objets ; ce serait la connaissance relative. Mais la connaissance à l'état pur demeure seule et unique lumière transcendante.

Q. : Eh bien, devons-nous l'imaginer dans notre méditation ?

M. : Pourquoi imaginer ? Nous ne pouvons penser à quelque chose que dans la mesure où nous en sommes séparés, alors que nous ne pouvons rester séparés de la Connaissance pure. Ou plus exactement, la Connaissance pure EST, sans plus ! Comment peut-on alors l'imaginer comme étant ceci ou cela ?

Q. : Comment devons-nous procéder ?

M. : Débarrassez-vous du non-Soi.

Q. : Maintenant cela paraît simple. Mais plus tard, tout sera oublié.

M. : Votre oubli implique la connaissance, puisque vous savez que vous oubliez. Autrement, comment pourriez-vous parler d'oubli ? En conséquence, l'oubli n'est lui aussi que *chit-ākāsha* (éther de la Conscience).

Q. : Comment se fait-il que ce ne soit pas clair pour moi ?

M. : La c*hit* est Connaissance pure et simple. Le mental procède d'elle ; il est fait de pensées. Lorsque l'obscurité ou l'ignorance s'interposent, la pure Connaissance semble différente de ce qu'elle est en réalité. Elle est perçue comme le 'je' et le 'monde' qui sont pleins de désir, d'attachement, de haine, etc. Voilà pourquoi on dit que les désirs, etc., voilent la Réalité.

Q. : Comment être libre de pensées ? Est-ce comme il est écrit dans l'*Ātma-vidyā* : « L'Œil de l'œil du mental [1]... » ?

M. : Ici, le mental représente l'éther, l'Etre (*sat*) ; et l'Œil, la Connaissance (*chit*). Tous deux, *sat* et *chit*, forment ensemble l'Univers.

---

1. Strophe n° 5, voir note de l'entretien 381.

Q. : Comment réaliser cela ?

M. : Comme indiqué dans l'*Ātma-vidyā* : « ... en étant l'Œil de l'œil mental, l'éther de l'éther mental... », ce qui signifie que la Connaissance se trouve derrière la connaissance relative, que le *chit*-éther contient l'éther mental et demeure seul et unique, toujours resplendissant.

Q. : Je ne comprends toujours pas. Comment dois-je réaliser cela ?

M. : Il est dit également : « Demeure libre de pensées » et puis « Cela n'est réalisé que dans un mental tourné vers l'intérieur ». Ainsi, le mental, rendu libre de pensées et immergé dans le Cœur, est pure Conscience (*chit*).

Q. : L'éther mental en question est-il Īshvara ou Hiranyagarbha ?

M. : Est-ce que ce dernier peut exister indépendamment du premier ? L'éther mental est à la fois Īshvara et Hiranyagarbha.

Q. : En quoi diffèrent-ils l'un de l'autre ?

M. : L'Etre immanent est appelé Īshvara.

Q. : Mais l'Etre immanent n'est-il pas *chit-ākāsha* ?

M. : L'immanence va forcément de pair avec la *māyā*. C'est la Connaissance de l'Etre associée à la *māyā*. De cette Connaissance provient le concept subtil de Hiranyagarbha et de la *māyā*, le concept grossier de Virāt. Le *chit-ātmā* n'est que pur Etre.

13 DÉCEMBRE 1938

590. Deux femmes, l'une suisse et l'autre française, rendirent visite au Maharshi. L'une d'elles posa quelques questions, dont la suivante : « Le *brahman* est le même que le *jīva*. Si ce dernier est soumis à l'illusion, cela revient à dire que le *brahman* l'est aussi. Comment est-ce possible ? »

M. : Si le *brahman* est soumis à l'illusion et désire s'en libérer, c'est à Lui qu'il appartient de poser la question.

14 DÉCEMBRE 1938

591. *Q. :* Les chercheurs qui se trouvent dans la présence immédiate du Maître peuvent recevoir sa grâce par le *darshana,* le *sparshana,* etc. (le regard et le toucher). Mais comment une personne éloignée du Maître peut-elle recevoir la même grâce ?

M. : Par la *yoga-drishti* (le regard yoguique).

Mr. Chopra, originaire du Punjab mais travaillant à Singapour, était en visite à l'ashram. Il posa quelques questions :

Q. : Quel est le pouvoir du Nom ?

Shrī Bhagavān lut alors à son intention un passage de « La philosophie du Nom » selon saint Nāmdev, paru dans le journal *The Vision* [1].

Q. : Comment le Nom favorise-t-il la Réalisation ?

M. : Le nom originel persiste toujours, et cela spontanément et sans effort de la part de l'individu. Ce nom est AHAM, 'Je'. Quand il se manifeste, c'est en tant qu'*ahamkāra*, l'ego. La répétition vocale du *nāma* (nom) mène à la répétition mentale qui s'absorbe à la fin dans l'éternelle vibration.

Q. : Mais tout cela est mental ou physique.

M. : Le mental ou la bouche ne peuvent agir sans le Soi. Tukārām, le grand saint du Mahārashtra, avait

---

1. Voir entretien n° 441.

coutume de rester en *samādhi* durant le jour et de danser et chanter pendant la nuit, entouré d'une grande foule de gens. Il prononçait inlassablement le nom de Shrī Rāma. Un jour qu'il s'était retiré à l'écart pour satisfaire certains besoins, un prêtre orthodoxe, venant à passer, l'entendit répéter à haute voix « Rām, Rām ». Il fut choqué par la profanation du nom sacré, le réprimanda et lui ordonna de rester silencieux lorsqu'il satisfaisait ses besoins. Tukārām acquiesça et resta muet. Mais aussitôt jaillirent de tous les pores de son corps des voix répétant le nom de Rāma. Le prêtre fut horrifié par le vacarme. Il dit alors à Tukārām : « Les restrictions sont pour les gens ordinaires seulement, elles ne sont pas pour des saints tels que vous. »

Q. : On raconte que Shrī Rāmakrishna, lorsqu'il vénérait la statue de Kālī, la voyait vivante. Est-ce possible ?

M. : La voir vivante était possible pour Shrī Rāmakrishna mais pas pour les autres. L'animation de la statue était due à une projection de sa propre force vitale qui se manifestait comme si elle était à l'extérieur de lui et le tirait vers l'intérieur. Si la statue avait été réellement vivante, tout le monde aurait dû s'en rendre compte. Toute chose est vivante. C'est un fait. Beaucoup d'adorateurs ont eu des expériences semblables à celle de Shrī Rāmakrishna.

Q. : Comment une pierre peut-elle être vivante ? Elle est inconsciente.

M. : L'Univers entier est plein de vie. Vous dites que la pierre est inconsciente. C'est votre propre conscience qui parle d'inconscience. Lorsqu'une personne cherche un objet dans une pièce sombre, elle allume une lampe pour le trouver. La lumière est utile pour détecter la présence ou l'absence de l'objet recherché. De même, la conscience est nécessaire pour déterminer si un objet est conscient ou non. En revanche, si un homme se tient dans une pièce sombre, il n'est pas nécessaire de prendre une lampe pour le trouver. On l'appelle et il répond. Il n'a pas besoin d'allumer une lampe pour prouver sa présence. La conscience brille donc d'elle-même.

Vous dites maintenant que vous étiez inconscient dans le sommeil et que vous êtes conscient de vous-même à l'état de veille. Quelle est la Réalité ? La Réalité doit être continue et éternelle. Ni l'inconscience dans le sommeil ni la conscience de soi-même dans le présent n'est la Réalité. Mais vous admettez votre existence dans les deux états. L'Etre pur est la Réalité. Les autres états ne sont que des adjonctions. L'état pur ne peut être que conscience. Autrement, vous ne pourriez pas dire que vous existez. Donc, la conscience est la Réalité. Quand cette conscience est associée à des *upādhi* (adjonctions limitantes), vous parlez de conscience de soi, d'inconscience, de subconscience, de supra-conscience, de conscience humaine, de conscience de chien, de conscience d'arbre et ainsi de suite. Le facteur inaltérable et commun à tous ces aspects est la conscience.

En conséquence, la pierre est aussi inconsciente que vous l'êtes en sommeil profond. Cela veut-il dire qu'elle est totalement dépourvue de conscience ?

Q. : Mais une conscience de chien est différente de ma conscience. Je ne peux tout de même pas lire la Bible à un chien. De même, l'arbre ne se déplace pas, tandis que je me déplace et agis.

M. : Appelez un arbre un homme immobile, et appelez un homme un arbre qui se déplace.

Un visiteur américain qui avait participé à cette conversation ne voulut pas laisser Shrī Bhagavān en donner des explications. La conversation s'arrêta donc là.

592. Mr. Chopra fit référence à la croyance populaire selon laquelle un ver se transforme en guêpe (*bhramarakita-nyāya*).

Shrī Bhagavān se remémora quelques souvenirs à ce sujet :

1. J'avais déjà entendu parler de ce *brahmarakita-nyāya* avant mon arrivée à Tiruvannāmalai. Alors que je me trouvais à Gurumūrtham, j'aperçus une guêpe rouge en train de construire une sorte de nid dans lequel elle disposa cinq ou six larves. Puis elle s'envola. Ma curiosité s'éveilla et je voulus tester la vérité de ce *nyâya,* si fréquemment cité. J'attendis une dizaine de jours. Puis je donnai un petit coup au nid. Il se rompit et je découvris que les cinq ou six larves s'étaient fondues en prenant la forme d'une guêpe, mais de couleur blanche.

2. Plus tard, alors que j'étais dans la grotte de Virūpaksha, j'observais aussi une guêpe construire cinq nids dans chacun desquels elle déposa cinq larves avant de s'envoler. Dix jours plus tard, un coléoptère noir, plus petit que la guêpe, vola autour des nids et ferma l'entrée de chacun d'eux avec une sorte de boue noirâtre. Puis il s'envola. Je me demandais quel pouvait être la raison de l'intervention du coléoptère sur le nid. J'attendis quelques jours, puis j'ouvris doucement l'un des nids. Je découvris alors la présence de cinq ou six corps et chacun d'eux était un coléoptère noir. Je trouvai cela étrange.

3. Une autre fois, je me trouvais alors dans le temple de Pachayamman, je vis une guêpe rouge construire cinq à six nids sur un pilier du temple. Elle déposa en chacun d'eux cinq larves et s'envola. Je l'observai durant

plusieurs jours. La guêpe ne revint pas et il n'y eut pas de coléoptère noir non plus. Au bout d'une quinzaine de jours, j'ouvris l'un des nids. Toutes les larves s'étaient fondues ensemble pour ne former qu'une seule masse blanchâtre épousant la forme d'une guêpe. Soudain, celle-ci tomba au sol et sembla assommée par sa chute. Au bout de quelques instants, elle se mit pourtant à bouger et sa couleur changea graduellement. Puis, je remarquai deux petits points noirs de chaque côté de son corps qui se développèrent et prirent la forme d'ailes. La guêpe, ayant alors atteint sa taille définitive, prit son envol.

4. Un autre jour, j'étais dans la grotte du manguier, j'aperçus une sorte de chenille en train de grimper sur le mur. Elle s'arrêta à un endroit, où elle accrocha en deux points différents un filament issu de son corps. Elle tenait le filament dans sa bouche et reposait l'extrémité de sa queue contre le mur. Elle resta ainsi plusieurs jours. Je l'observai avec soin. Elle se recroquevillait au fil du temps. Me demandant si elle était toujours en vie, je la chatouillai doucement avec un brin d'herbe. Il n'y avait pas trace de vie en elle, aussi je la laissai tranquille. Quelques jours plus tard, je découvris qu'il ne restait plus qu'une pellicule sèche sur le mur et que l'insecte qui l'habitait s'était envolé.

5. J'ai pu observer également des mouches transportant des larves minuscules sur leurs pattes et les déposant sur des détritus. Plus tard, les larves se transformaient en mouches et s'envolaient.

Q. : Cela pouvait être des œufs pondus par les mouches.

M. : Mais elles bougeaient et luttaient pour se transformer en mouches.

593. Shrī Bhagavān raconta encore : « Quand j'étais

enfant, j'observais les pêcheurs qui avaient coutume de dévier le cours de la rivière en créant une voie latérale dans laquelle ils plaçaient une jarre en guise de nasse. Cette voie latérale était parsemée de feuilles de tabac. Ce qui était étrange, c'est que les plus gros poissons empruntaient cette voie latérale et tombaient infailliblement dans la jarre. Les pêcheurs restaient paisiblement assis sur la berge et se contentaient de puiser le poisson dans la jarre et de le jeter dans leurs paniers. Je trouvai cette manœuvre bien curieuse à l'époque. Plus tard, à Tiruvannāmalai, j'entendis un jour quelqu'un réciter un passage de Thāyumānavar qui faisait état de la même ruse pratiquée par les pêcheurs de son temps. »

15 DÉCEMBRE 1938

594. Mr. Hague, ingénieur américain résidant à l'ashram depuis deux mois, prit la parole : « J'ai reçu une lettre de Mercedes Acorta dans laquelle elle demande : "Si le Soi individuel se fond dans le Soi universel, comment peut-on prier Dieu pour le progrès de l'humanité ? " Cette question revient souvent chez les penseurs occidentaux. »

Shrī Bhagavān répondit : « Les gens prient Dieu et ils finissent leur prière en disant : "Que Ta Volonté soit faite !" Si Sa volonté doit être faite, pourquoi Le prient-ils encore ? La vérité est que la volonté divine prévaut en tout temps et en toutes circonstances. L'individu ne peut pas agir de son plein gré. Reconnaissez donc la force de la volonté divine et restez tranquille. Chacun est pris en charge par Dieu, car c'est Lui qui a tout créé. Vous êtes un parmi des milliards. Puisqu'Il veille sur tant d'êtres, pourquoi vous oublierait-Il ? Même le simple bon sens nous dicte que l'on doit se soumettre à Sa Volonté. Il n'y a, par conséquent, aucune nécessité à Lui faire part de vos besoins. Il les connaît et Il s'en occupera.

De plus, pourquoi priez-vous ? Parce que vous vous sentez impuissant et que vous voulez que le Pouvoir supérieur vous aide. Eh bien, votre Créateur et Protecteur ne connaît-Il pas votre faiblesse ? Pensez-vous qu'il faille étaler votre faiblesse devant Lui pour qu'Il en prenne connaissance ? »

Q. : Mais Dieu aide ceux qui s'aident eux-mêmes.

M. : Certainement. Aidez-vous vous-même ; mais cela aussi se fait selon la volonté de Dieu. Chaque action s'effectue par Lui seul. Quant à la prière pour le bien des autres, elle ne paraît désintéressée qu'en apparence. Si vous analysez le sentiment qui la motive vous y découvrirez, là aussi, de l'égoïsme. Vous désirez le bonheur d'autrui afin d'être vous-même heureux. Ou bien encore, vous voulez bénéficier du mérite d'avoir intercédé en faveur des autres. Dieu n'a pas besoin d'un intermédiaire. Occupez-vous de vos affaires et tout ira bien.

Q. : Dieu n'exerce-t-Il pas Sa volonté à travers certaines personnes élues ?

M. : Dieu est en tous et œuvre à travers tous. Mais Sa présence se reconnaît mieux dans un mental purifié. Le mental pur reflète les actions de Dieu plus clairement que le mental impur. Voilà pourquoi les gens disent qu'ils sont les élus de Dieu. Mais le véritable « élu » ne parle pas ainsi de lui-même. S'il pense être un intermédiaire, alors il est évident qu'il conserve encore son individualité et qu'il n'est pas totalement soumis à la volonté divine.

Q. : Les brahmanes sont-ils considérés comme des prêtres ou des intermédiaires entre Dieu et les hommes ?

M. : Oui, mais qui est brahmane ? Un brahmane est celui qui a réalisé le *brahman*. Un tel être n'a pas le sens de l'individualité en lui. Il ne peut pas penser qu'il agit comme un intermédiaire.

Quant à la prière, un homme réalisé ne voit pas les autres comme étant différents de lui. Comment peut-il alors encore prier, et pour qui et pour quoi ? Sa simple présence est le summum du bonheur pour tous. Aussi longtemps que vous croyez qu'il y a les autres, différents de vous, vous priez pour eux. Mais le sens de la séparation est de l'ignorance. Et cette ignorance est encore la cause du sentiment d'impuissance. Vous savez que vous êtes faible et impuissant. Comment voulez-vous alors aider les autres ? Vous dites « par la prière à Dieu » ; mais Dieu connaît son affaire et n'a pas besoin de votre intercession en faveur des autres.

Aidez-vous vous-même afin de pouvoir devenir fort. On y parvient par une soumission totale à Dieu. Cela signifie que vous vous offrez à Lui. Après une telle soumission, vous ne pouvez plus conserver votre individualité. Vous obéissez à Sa volonté. Ainsi, le Silence est le plus élevé de tous les accomplissements.

« Le Silence est l'océan dans lequel toutes les rivières de toutes les religions se déversent », dit Thāyumānavar. Il ajoute aussi que la religion védique est la seule qui associe religion et philosophie.

16 DÉCEMBRE 1938

595. Le matin, les deux Européennes revinrent à l'ashram et la plus jeune demanda : « L'expérience de l'état suprême est-elle la même pour chacun ? Ou y a-t-il une différence ? »

M. : L'état suprême est le même et l'expérience aussi.

Q. : Mais je trouve des différences dans les interprétations de la vérité suprême.

M.: Les interprétations sont le produit du mental. Le mental est différent selon les individus. Les interprétations sont donc elles aussi différentes.

Q.: Mais les sages s'expriment-ils différemment?

M.: Les expressions peuvent varier selon la nature des chercheurs. Elles ont pour but de guider les chercheurs.

Q.: Un sage s'exprime dans les termes du christianisme, un autre dans ceux de l'islam, un troisième dans ceux du bouddhisme, etc. Est-ce dû à leur éducation?

M.: Quelle que soit leur éducation, leur expérience est la même. Les modes d'expression diffèrent selon les circonstances.

596. *Q.:* Shrī Bhagavān a dit hier que Dieu nous guide. Pourquoi devrions-nous alors nous efforcer à faire quoi que ce soit?

M.: Qui vous demande cela? Si vous aviez pleinement la foi que Dieu vous guide, cette question ne se poserait pas.

Q.: Que Dieu nous guide est un fait. Alors quelle est l'utilité de donner toutes ces instructions aux gens?

M.: Les instructions sont données à ceux qui les recherchent. Si votre croyance que Dieu vous guide est ferme, tenez-vous-en à elle et ne vous préoccupez pas de ce qui arrive autour de vous. Qu'il y ait bonheur ou malheur, soyez indifférent envers les deux et demeurez dans la foi en Dieu. On y arrive seulement si la foi que Dieu veille sur chacun de nous est suffisamment forte.

Mr. Chopra: Comment puis-je obtenir une telle foi?

M.: Nous y voilà. Elle est nécessaire pour ceux qui désirent des instructions. Il y a des personnes qui cherchent à se libérer de leur misère. On leur enseigne que Dieu guide tout le monde et qu'il n'y a pas de souci à se faire. S'ils sont de la meilleure trempe, ils y croient immédiatement et demeurent fermement établis dans leur foi en Dieu.

Mais il y en a d'autres qui ne sont pas aussi facilement convaincus de la véracité de cette simple affirmation. Ils demandent : « Qui est Dieu ? Quelle est Sa nature ? Où est-Il ? Comment peut-Il être réalisé ? » et ainsi de suite. Afin de les satisfaire, des discussions intellectuelles s'avèrent inévitables. Des théories sont avancées, le pour et le contre sont discutés et la vérité est ainsi rendue claire à l'intellect.

Quand tout cela est compris intellectuellement, le chercheur sérieux commence à le mettre en pratique. Il se demande à chaque moment : « A qui sont ces pensées ? Qui suis-je ? », etc., jusqu'à ce qu'il soit bien établi dans la conviction qu'un Pouvoir supérieur le guide. C'est alors que sa foi est devenue ferme. Tous ses doutes sont éclaircis et il n'a pas besoin d'instructions supplémentaires.

Q. : Mais nous avons la foi en Dieu.

M. : Si la foi était ferme, aucune question n'aurait été posée. Dans sa foi en le Tout-puissant, l'homme demeure parfaitement heureux.

Q. : La recherche du Soi est-elle l'équivalent de cette foi dont on parle ?

M. : La recherche du Soi inclut tout : foi, dévotion, *jñāna*, yoga et tout le reste.

Q. : S'il arrive à une personne que son corps physique ne lui permette pas une méditation soutenue, doit-elle pratiquer le yoga pour exercer son corps ?

M. : Cela dépend des *samskāra* (prédispositions) de chacun. Une personne pratiquera le hatha-yoga pour guérir ses maux physiques, une autre fera confiance en Dieu pour les guérir ; une troisième utilisera pour cela la force de sa volonté et une quatrième restera complètement indifférente à ces maux. Néanmoins, chacune d'elles persistera dans la méditation. La quête du Soi est le facteur essentiel et tout le reste n'est qu'accessoire.

Un homme peut avoir assimilé la philosophie du Vedānta et cependant rester incapable de contrôler ses pensées. Il peut être conduit, en vertu de ses prédispositions (*pūrva-samskāra*), à pratiquer le hatha-yoga. Ainsi, il croira que le mental ne peut être contrôlé que par le yoga et il s'adonnera à cette pratique.

Q. : Quelle est la meilleure méthode pour faciliter la stabilité de la méditation ?

M. : Cela dépend des *samskāra* de chacun. L'un trouvera que le hatha-yoga lui convient, l'autre préférera plutôt le *nāma-japa,* et ainsi de suite. Le point essentiel c'est l'*ātma-vichāra* ou la recherche du Soi.

Q. : Est-ce suffisant si je consacre du temps le matin et le soir pour cet *ātma-vichāra* ? Ou bien dois-je le pratiquer sans arrêt, même quand j'écris ou quand je marche ?

M. : Quelle est votre nature réelle ? Est-elle d'écrire, de marcher ou bien est-elle *être* ? La réalité unique et inaltérable est *être*. Jusqu'à ce que vous réalisiez cet état de pur *être*, vous devez poursuivre l'investigation. Quand vous serez établi en lui, vous n'aurez plus de soucis.

Personne ne chercherait la source de ses pensées si ces dernières ne s'élevaient pas sans cesse. Aussi longtemps que vous pensez « je marche » ou « j'écris », cherchez qui le fait.

Quand on est fermement établi dans le Soi, les activités continuent à se dérouler automatiquement. Un homme passe-t-il son temps à répéter à chaque instant de sa vie « Je suis un homme, je suis un homme... » ? Il ne dit rien de tel et néanmoins toutes ses activités se poursuivent.

Q. : La compréhension intellectuelle de la Vérité est-elle nécessaire ?

M. : Oui. Sinon, pourquoi l'homme ne réalise-t-il pas Dieu ou le Soi immédiatement, dès qu'il lui est enseigné que Dieu est tout ou que le Soi est tout ? Cela prouve une certaine hésitation de sa part. Il doit discuter avec lui-même et se convaincre graduellement de la Vérité, avant que sa foi devienne ferme.

20 DÉCEMBRE 1938

597. Mme Hick-Riddingh, d'origine suisse, demanda : « La réalisation du Soi implique-t-elle aussi des pouvoirs occultes ? »

M. : Le Soi est ce qui vous est le plus intime, tandis que les *siddhi* vous sont étrangers. Leur acquisition exige des efforts, ce qui n'est pas le cas pour le Soi.

Les pouvoirs sont recherchés par le mental qui, pour cela, doit rester actif, tandis que le Soi ne peut être réalisé que quand le mental est détruit. Les pouvoirs se manifestent seulement lorsque l'ego est vivant. L'ego vous fait prendre conscience des autres. Quand il disparaît, il n'y a plus d'autres à voir. Le Soi est au-delà de l'ego et il est réalisé lorsque l'ego est éliminé. L'élimination de l'ego fait que l'on n'a plus la conscience des autres. Comment la question des autres peut-elle encore être soulevée par un être qui a réalisé le Soi ? Et où est l'utilité de pouvoirs occultes pour un être réalisé ?

La réalisation du Soi peut être accompagnée de pouvoirs occultes ou ne pas l'être. Si la personne a recherché de tels pouvoirs avant la Réalisation, elle peut les obtenir après la Réalisation. D'autres, qui ne les ont pas recherchés, mais s'efforçaient seulement d'obtenir la réalisation du Soi, ne manifestent pas de tels pouvoirs.

Ces pouvoirs peuvent même être recherchés et obtenus après la réalisation du Soi. Mais ils sont alors utilisés dans un but défini, notamment pour le bien des autres, comme dans le cas de Chudālā.

Sikhidhvaja [1] était un roi pieux. Il avait pour épouse Chudālā. Ils reçurent tous deux des instructions spirituelles données par un sage. Le roi, très occupé par le gouvernement de son royaume, n'avait pas le temps de mettre en pratique les enseignements, alors que la reine Chudālā les pratiquait avec assiduité et obtint ainsi la réalisation du Soi. Dès lors, elle parut encore plus charmante qu'auparavant. Le roi s'étonna de ce charme grandissant et lui en demanda la cause. Elle lui répondit que tout le charme était dû au Soi et que le roi ne faisait que prendre conscience en elle du charme de la réalisation du Soi. Le roi rétorqua qu'elle était sotte. De grands *tapasvī* ne pouvant pas réaliser le Soi, même après de longues périodes de *tapas,* comment pouvait-elle, femme sotte qu'elle était, toujours occupée par la famille et la vie mondaine, prétendre à la Réalisation ? Cependant, Chudālā ne s'offusqua pas de ces mots, tant elle était fermement établie dans le Soi. Son seul souhait était que son mari pût à son tour réaliser le Soi et être heureux. Elle pensa que le meilleur moyen de le convaincre était de manifester des pouvoirs occultes et elle se mit à les rechercher. Elle les obtint, mais elle ne les manifesta pas sur-le-champ. La compagnie constante de sa femme avait rendu le roi indifférent à toutes choses. Il commença à se désintéresser de la vie du monde et exprima son désir de se retirer dans une forêt afin de se livrer à des austérités. Il annonça donc à son épouse qu'il abandonnait le monde pour vivre dans la forêt. Elle se réjouit de cette évolution, mais prétendit

---

1. Histoire tirée du *Yoga-vāsishtha.*

être affectée par cette décision cruelle. Le roi hésita, par considération pour elle, mais le dégoût du monde gagnant en force, il décida de s'éloigner, sans même obtenir le consentement de sa femme. Une nuit, pendant que la reine dormait, il sortit furtivement du palais et rejoignit la forêt. Il se mit à la recherche d'un endroit solitaire où il pût pratiquer ses ascèses. A son réveil, la reine, ne voyant pas son époux, découvrit, grâce à ses pouvoirs occultes, l'endroit où il s'était retiré. Elle se réjouit de la détermination de celui-ci. Elle appela les ministres et leur dit que le roi s'était absenté pour quelque temps et que le royaume devait continuer à être administré comme auparavant. C'est elle-même qui dorénavant remplacerait le roi durant son absence.

Dix-huit ans passèrent. Un jour, elle sut que le roi était prêt pour la Réalisation. Aussi lui apparut-elle sous le déguisement de Kumbhā. Sikhidvaja réalisa alors le Soi et retourna à son palais pour gouverner le royaume, secondé par la reine.

Le propos de cette histoire est que même des personnes ayant réalisé le Soi peuvent chercher et obtenir des pouvoirs occultes pour le bien des autres. Mais les sages ne sont pas leurrés par la possession de tels pouvoirs.

Q. : Le sage utilise-t-il des pouvoirs occultes pour aider les autres à réaliser le Soi ou bien le simple fait de sa propre Réalisation est-il suffisant ?

M. : La force de sa Réalisation est bien plus puissante que l'usage de tous les autres pouvoirs.

Quand il n'y a plus d'ego, il n'y a plus d' « autres ». Quel est le plus grand bien que l'on puisse apporter aux autres ? C'est le bonheur. Le bonheur naît de la paix. La paix ne peut régner que lorsqu'il n'y a pas de perturbation. La perturbation est provoquée par les pensées qui s'élèvent dans le mental. Lorsque le mental lui-même est absent, la paix parfaite s'instaure. Tant que l'individu n'aura pas annihilé son mental, il ne pourra obtenir la paix et être heureux. Et tant qu'il ne sera pas lui-même heureux, il ne pourra procurer le bonheur aux autres. En l'absence du mental, il ne peut avoir conscience des autres. Si bien que le simple fait de sa Réalisation est suffisant en soi pour rendre tout le monde heureux.

Q. : Le *samādhi* est-il passager ?

M. : Qu'est-ce que le *samādhi* ? Le *samādhi* est votre propre nature essentielle. Comment alors peut-il venir et repartir ?

Si vous ne réalisez pas votre nature essentielle, votre vision reste voilée. Qu'est-ce qui voile votre vision ? Trouvez-le et supprimez-le. Les efforts n'ont donc pour seul but que la suppression de ce qui cache la vraie vision. La nature réelle demeure toujours la même. Une fois réalisée, elle est permanente.

Q. : Mais Mr. Brunton dit avoir été en *samādhi* pendant une heure. Voilà pourquoi je posais la question.

M. : Un chercheur, par la pratique, obtient la paix du mental et est heureux. Cette paix est le résultat de ses efforts. Mais l'état réel doit être sans effort. Le *samādhi* sans effort est l'état véritable et parfait. II est permanent. Les efforts sont spasmodiques et leurs résultats le sont aussi.

Lorsque la nature réelle, sans effort, permanente et heureuse est réalisée, on découvre qu'elle n'est pas incompatible avec les activités ordinaires de la vie. Le *samādhi* obtenu après des efforts donne l'apparence d'un retrait de toute activité extérieure. Une personne ayant atteint le *samādhi* peut ainsi vivre retirée du monde ou bien librement parmi les hommes sans que ce soit au détriment de sa paix et de son bonheur, car telle est sa nature véritable, celle du Soi.

21 DÉCEMBRE 1938

598. Shrī Bhagavān, en lisant l'*Upamanya-Bhakta-villāsa*, parvint au passage où Arunāchalesvara avait fait déposséder Tirujñānasambandar et son groupe de tous leurs biens par Ses *bhutagana*[1], déguisés en bandits. Shrī Bhagavān remarqua avec humour : « Le jour de *Tiruvudal-utsava*[2], Shiva fut attaqué et, plus tard, il joua le même tour à Ses dévots. Comment est-ce possible ? »

599. Quelqu'un cita une phrase tirée du *Tao-te-king* : « Le sage, par sa non-activité, gouverne tout. »

Shrī Bhagavān commenta : « La non-action est activité incessante. Le sage se caractérise par une éternelle et intense activité. Sa tranquillité est comparable à l'apparente tranquillité d'un gyroscope dont la vitesse de rotation est si grande qu'elle ne peut être suivie par l'œil ; il paraît immobile et pourtant il tourne à toute allure. Il en est ainsi de l'apparente inactivité du sage. Ce point doit être expliqué aux gens car ils prennent généralement la tranquillité pour de l'inertie. »

24 DÉCEMBRE 1938

600. *Q.:* Combien de temps devrai-je encore attendre la réalisation du Soi ?

---

1. Assistants de Shiva.

2. Fête qui a lieu à Tiruvannāmalai tous les ans au mois de janvier. Ce jour-là, la déité du grand Temple, Shīva sous forme d'Arunāchalesvara, fait le tour de la montagne. Sur le chemin, la déesse Pārvatī ordonne à ses gardiens de voler Shīva, son époux, de toutes ses possessions. La raison en est Son irritation contre Shīva parce qu'Il avait accordé la Libération au sage Brungi qui l'avait toujours ignorée, elle.

M. : Apprenez d'abord ce que signifient le Soi et la Réalisation ; alors vous saurez tout.

Q. : Le mental doit se réaliser dans le Cœur.

M. : Si vous voulez. Mais qu'est-ce que le mental ?

Q. : Le mental, le Cœur sont des avatars de Perumal (terme vishnouïte désignant l'Incarnation de Dieu).

M. : S'il en est ainsi, nous n'avons pas besoin de nous faire de souci.

Q. : Mais comment pouvons-nous le réaliser ?

M. : Soumettez le mental à Perumal. Son avatar ne peut être indépendant de Lui. Rendez-Lui ce qui Lui appartient et soyez heureux.

Q. : Mais comment faire ?

M. : Comment pouvons-nous connaître le mental ? Par ses activités, notamment les pensées. Chaque fois que les pensées s'élèvent, rappelez-vous qu'elles sont des modes d'expression de Perumal, et qu'il ne peut en être autrement ; cela suffit. C'est la soumission du mental. Est-ce que quoi que ce soit peut exister indépendamment de Perumal ? Tout est uniquement Perumal. Il agit à travers tout. Pourquoi encore nous en préoccuper ?

27 DÉCEMBRE 1938

601. G.V. Subbaramiah, un fidèle venant de l'Andhra Pradesh, fit une remarque sur le temps.

M. : Qu'est-ce que le temps ? Le temps postule un état, la connaissance qu'on en a et les changements qui l'affectent. L'intervalle entre deux états est appelé « temps ». Un état ne peut naître que si le mental crée son existence ; le mental, à son tour, repose dans le Soi. Quand on ne se sert pas du mental, il n'y a pas de concept de « temps ». Le temps et l'espace sont dans le mental, mais l'état véritable de chacun se trouve au-delà du mental. La question de temps ne se pose pas pour celui qui est établi dans sa vraie nature.

Mr. Nārāyana Iyer : Les paroles de Shrī Bhagavān sont agréables à entendre, mais leur signification est au-delà de notre entendement. Cela semble beaucoup trop éloigné de nous pour que nous puissions même espérer le réaliser.

G.V. Subbaramiah : Notre compréhension n'est qu'intellectuelle. Shrī Bhagavān veut-il bien nous aider en nous donnant quelques instructions ? Ce serait d'un grand bénéfice pour nous.

M. : Celui qui conseille à un chercheur ardent de faire ceci ou cela n'est pas un vrai maître. Le chercheur est déjà assez éprouvé par ses activités et il aspire à la paix et au repos. Ce qu'il lui faut c'est la cessation des activités. Or, on lui demande de faire quelque chose en plus ou à la place de ses activités. Cela peut-il aider le chercheur ?

L'activité est création ; l'activité est la destruction du bonheur inhérent à chacun. Si une activité est recommandée, celui qui la recommande n'est pas un maître mais un tueur. C'est comme si le Créateur (Brahmā) ou la Mort (Yama) se manifestaient sous l'apparence d'un tel maître. Celui-ci, au lieu de libérer l'aspirant, renforce ses chaînes.

Q. : Mais le fait de vouloir cesser toute activité est en soi une activité. L'activité semble donc inévitable.

M. : Exact. Thāyumānavar a fait allusion à cela : Un docteur recommande à un malade de prendre un remède, mais à la condition de ne jamais penser à un singe pendant qu'il l'avale. Le malade pourra-t-il prendre son médicament ? Ne pensera-t-il pas au singe chaque fois qu'il essayera de ne pas y penser ?

De la même manière, quand les gens essayent

d'abandonner les pensées, leur objectif est voué à l'échec de par leur tentative même.

Q. : Alors, comment peut-on atteindre cet état ?

M. : Qu'y a-t-il à atteindre ? On ne peut atteindre que quelque chose qui n'est pas encore atteint. Mais ici, l'être propre à chacun est *Cela*.

Q. : Pourquoi ne le connaissons-nous pas ?

Annāmalai Swāmi : Je devrais toujours essayer de penser « *Je suis Cela* ».

M. : Pourquoi devriez-vous penser « Je suis Cela » ? Vous n'êtes que Cela. Un homme passe-t-il son temps à penser qu'il est un homme ?

Mr. Anantachari : La croyance « je suis un homme » est si ancrée en nous que nous ne pouvons pas nous empêcher de penser de la sorte.

M. : Pourquoi devriez-vous penser « je suis un homme » ? Si cela est contesté, vous pouvez affirmer « je suis un homme ». Aussi la pensée « je suis un homme » ne se justifie-t-elle que lorsqu'une autre pensée telle que « je suis un animal » se présente. De même, la pensée « je suis Cela » n'est nécessaire qu'aussi longtemps que l'autre pensée, « je suis un homme », persiste.

Q. : La pensée « je suis un homme » est si ancrée en nous que nous ne pouvons plus nous en défaire.

M. : Soyez votre vrai Soi. Pourquoi devriez-vous penser « je suis un homme » ?

Q. : Parce que cette pensée est si naturelle...

M. : Pas du tout. Seule la pensée « Je suis » est naturelle. Pourquoi la qualifiez-vous en y ajoutant « un homme » ?

Q. : « Je suis un homme » est une notion si évidente, tandis que « je suis Cela » est incompréhensible pour nous.

M. : Vous n'êtes ni *ceci* ni *cela*. La vérité est « Je suis ». « Je suis ce JE SUIS », déclare aussi la Bible.

Simplement *être* est naturel. Le limiter à « être un homme » ne se justifie pas.

Q. : Si on décidait de voter, la majorité serait de mon côté. (Rire)

M. : Je voterai également en votre faveur (Rire).

Je dis, moi aussi, « je suis un homme » ; mais je ne me limite pas au corps. Le corps est en MOI. Voilà la différence.

Un visiteur : Cette limitation (*upādhi*) d'être un homme est impossible à déraciner.

M. : Comment étiez-vous dans le sommeil profond ? La pensée d'être un homme n'y était pas.

Un autre visiteur : On doit donc rester en état de sommeil même quand on ne dort pas.

M. : Oui. C'est la *jāgrat-sushupti*. Certaines personnes vont même jusqu'à dire que lorsqu'elles dorment, elles sont enfermées quelque part dans leur corps. Elles oublient que cette idée n'a pas cours dans le sommeil mais qu'elle ne se présente qu'au réveil. Elles transposent leur état de veille dans leur état de sommeil.

Les lumières s'éteignirent et tout le monde se retira.

1ER JANVIER 1939

602. Le Dr. Emile Gatheir, professeur de philosophie au Sacred Heart College de Shembaganur, à Kodaikanal, demanda : « Pourriez-vous me donner un résumé de vos enseignements ? »

M. : On peut les trouver dans des petites brochures, particulièrement dans *Qui suis-je ?*.

Q. : Je les lirai. Mais puis-je entendre de votre propre bouche le point central de vos enseignements ?

M. : C'est le point central qui est *la* chose.

Q. : Ce n'est pas clair.

M. : Trouvez le Centre.

Q. : Je suis issu de Dieu. Dieu n'est-il pas distinct de moi ?

M. : Qui pose cette question ? Dieu ne la pose pas. C'est vous qui la posez. Trouvez d'abord qui vous êtes et vous pourrez ensuite savoir si Dieu est distinct de vous.

Q. : Mais Dieu est parfait et je suis imparfait. Comment puis-je Le connaître pleinement ?

M. : Ce n'est pas Dieu qui le dit. La question vient de vous. Après avoir trouvé qui vous êtes, vous pourrez voir ce qu'est Dieu.

Q. : Mais vous avez trouvé votre Soi. S'il vous plaît, dites-nous si Dieu est distinct de vous.

M. : C'est une question d'expérience. Chacun doit la faire lui-même.

Q. : Je vois. Mais Dieu est infini et je suis fini. J'ai une personnalité qui ne peut en aucun cas se fondre en Dieu. N'est-ce pas vrai ?

M. : L'Infini et la Perfection n'admettent pas de partage. Si un être fini provient de l'infini, la perfection de l'infini est gâtée. Votre déclaration contient donc des termes qui se contredisent.

Q. : Non. Regardez Dieu et la création.

M. : Comment êtes-vous conscient de votre personnalité ?

Q. : J'ai une âme. Je le sais par ses activités.

M. : Le saviez-vous en sommeil profond ?

Q. : Les activités sont suspendues en sommeil profond.

M. : Mais vous existez dans le sommeil. De même qu'en ce moment. Lequel de ces deux états est votre état réel ?

Q. : Le sommeil et la veille ne sont que de simples accidents. Je suis la substance derrière les accidents.

Le professeur leva les yeux vers la pendule et dit qu'il était l'heure pour lui de prendre son train. Il remercia Shrī Bhagavān et partit aussitôt. Aussi la conversation se termina-t-elle abruptement.

8 JANVIER 1939

603. Lady Bateman arriva à l'ashram avec sa fille. Elle était en possession d'une lettre écrite par Pascaline Maillert, de Versailles, qu'elle lut à Shrī Bhagavān :

« Deux années se sont écoulées depuis que j'ai passé le seuil de Ton ashram et pourtant, dans mon esprit, j'y suis toujours.

Bien que l'illusion voile encore souvent la vision de la Réalité, révélée dans le saint Silence de Ta présence,

Bien que le Fil d'Argent de la conscience du Soi soit souvent perdu au milieu de la lumière et des ombres changeantes, le désir intérieur de réaliser le Soi demeure, et même croît et s'intensifie, la Grâce et la quête allant de pair.

A certains moments, bien qu'encore rares et sans cause apparente, la conscience spontanée du 'Je' s'élance, et la félicité emplit le cœur d'une chaleur ardente. Dans cet état, la concentration est sans effort et tous les désirs reposent, satisfaits, dans la paix la plus parfaite, jusqu'à ce que le voile se tende de nouveau et que l'illusion cherche à brouiller la vision du Réel.

Cependant, ce que l'âme a ressenti et reconnu à plusieurs reprises comme étant la Vérité ne peut être nié ni oublié, car *Ce qui est* donne la force constante de persévérer.

Je prie vers Toi, comme vers mon Soi pour recevoir la lumière et l'aide sur le chemin, que je sais toujours présentes, et je dépose à Tes pieds l'offrande de mon amour immuable. »

Pascaline, 11, rue des Réservoirs
Versailles, 21 novembre 1938

10 JANVIER 1939

604. Dans le hall, une femme chanta un hymne qui disait entre autres :

« Tu es mon père
Tu es ma mère,
Tu es ma famille,
Mes possessions et tout le reste... »

Shrī Bhagavān fit remarquer avec un sourire sur les lèvres : « Oui, oui, Tu es ceci, Tu es cela et toute chose, excepté 'Je'. Pourquoi ne pas dire "Je suis Toi " et en finir ? »

605. Un visiteur de l'Andhra Pradesh remit à Shrī Bhagavān un papier sur lequel il avait formulé plusieurs questions. Shrī Bhagavān prit le papier dans ses mains, lut les questions et dit : « Toutes ces questions s'élèvent tant qu'il y a quelqu'un pour poser des questions. Si le questionneur est cherché et trouvé, les questions cesseront d'elles-mêmes. »

Le visiteur répondit : « Plusieurs personnes m'ont posé ces questions et je ne sais pas comment les rencontrer. C'est pourquoi je désire connaître la réalité sur ce fait (*vishaya* fut le terme utilisé). »

M. : Si le *vishayī* (celui qui est sous-jacent aux faits) est compris, les *vishaya* (les faits) deviennent clairs.

606. Mr. Venkatakrishnaya, jeune avocat, avait rendu visite à Shrī Bhagavān dix ans plus tôt et lui avait demandé ce qu'il devait faire pour se perfectionner. Shrī Bhagavān lui avait recommandé de réciter la *gāyatrī*. Le jeune homme était parti satisfait.

Après toutes ces années, il revint et demanda : «Quand je médite sur la signification du *gāyatrī-mantra,* mon mental continue à vagabonder. Que dois-je faire ?»

M. : Vous a t-on dit de méditer sur le mantra et sa signification ? Vous devez penser à celui qui répète le mantra.

Q. : J'ai rencontré un Mahātma réputé qui m'a conseillé de répéter *om namah* plutôt que OM seul, car, paraît-il, le OM seul est réservé aux *samnyāsin* alors que *om namah* peut être répété par les autres gens. Qu'en pense Shrī Bhagavān ?

M. : Ces autres gens ne doivent-ils pas, tout comme les *samnyāsī,* rechercher le Soi et le réaliser ?

17 JANVIER 1939

607. Shrī Bhagavān dit en s'adressant à Lady Bateman : «Il y a un état constant ; les états de sommeil profond, de rêve et de veille ne sont que des mouvements dans celui-ci. Ils sont comme des images qui défilent sur un écran de cinéma. Les gens voient l'écran ainsi que les images, mais ils oublient l'existence de l'écran et ne portent leur attention que sur les images. Le *jñānī*, lui, ne considère que l'écran et pas les images. Les images, certes, bougent sur l'écran, mais elles ne l'affectent pas. L'écran lui-même ne bouge pas, il reste immobile.

De même, la personne qui voyage en train croit

qu'elle se déplace. A vrai dire, elle est assise et repose sur son siège et c'est le train qui se déplace à toute allure. La personne superpose le mouvement du train au sien parce qu'elle s'identifie au corps. Aussi pense-t-elle : "Je viens de passer une gare, puis une autre et encore une autre " et ainsi de suite. Si elle faisait un peu attention, elle se rendrait compte qu'elle est assise sans bouger et que ce sont les gares qui défilent devant elle. Cela ne l'empêche pas de dire qu'elle a fait un long voyage comme si elle s'était efforcée d'effectuer elle-même chaque pas sur le trajet.

Le *jñānī,* en revanche, est pleinement conscient que le véritable état d'être demeure fixe et immobile et que toutes les actions se déroulent autour de lui. Sa nature ne change pas et son état n'est nullement affecté. Il regarde toutes choses avec indifférence et demeure dans la pleine félicité.

L'état du *jñānī* est l'état véritable ; il est également l'état d'être originel et naturel. Une fois que l'homme l'a atteint, il y reste établi. Une fois établi, il le sera pour toujours. Par conséquent, l'état qui prévalait durant les jours que j'ai passés au Pathala-lingam [1] continue depuis d'une façon ininterrompue avec cette seule différence que le corps restait alors immobile, tandis que maintenant il est actif.

Il n'y a aucune différence entre la conduite d'un *jñānī* et celle d'un *ajñānī*. La seule différence réside dans leurs angles de vision. L'ignorant s'identifie à son ego et prend, par erreur, ses activités pour celles du Soi, tandis que l'ego du *jñānī* s'est dissous. Le *jñānī*

---

1. Nom d'un *shiva-lingam* situé dans un endroit souterrain du temple d'Arunāchala. Le Maharshi, après son arrivée à Arunāchala, y demeura quelques semaines, absorbé dans l'Infini.

ne se limite plus à tel ou tel corps ou à tel ou tel événement.

Il existe une action dans l'apparente inaction, de même qu'une inaction dans l'apparente action, comme on peut le voir dans les exemples suivants :

1. Un enfant est nourri durant son sommeil. A son réveil, il prétend ne pas l'avoir été. C'est un cas d'inaction dans une apparente action. Car, bien que la mère ait vu son enfant prendre de la nourriture, celui-ci n'en a pas eu conscience.

2. Le cocher dort sur son siège pendant que le cheval tire la charrette dans la nuit. Quand il arrive à destination, le cocher prétend avoir conduit la charrette. C'est un cas d'action dans l'apparente inaction.

3. Un homme semble écouter quelqu'un qui raconte une histoire, approuve d'un hochement de tête, mais pense à autre chose et ne suit pas vraiment l'histoire.

4. Deux amis dorment côte à côte. L'un d'eux rêve qu'ils voyagent ensemble autour du monde et qu'ils connaissent diverses aventures. A son réveil, le rêveur raconte à son ami qu'ils ont fait tous deux le tour du monde, mais celui-ci écoute l'histoire avec indifférence. »

Lady Bateman assura que le rêve et le sommeil profond n'avaient rien d'attrayant pour elle. On lui demanda alors pourquoi elle mettait tant de soin à arranger son lit avant de se coucher. Elle répondit que c'était pour la relaxation de ses membres fatigués, une sorte d'état de relâchement. « L'état de sommeil est vraiment ennuyeux, alors que l'état de veille est plein de choses belles et intéressantes. »

M. : Ce que vous considérez comme être « plein de choses belles et intéressantes » est en fait pour le *jñānī* un état de sommeil ennuyeux et ignorant.

Yā nishā sarvabhūtānām tasyām jāgrati samyamī [BhG II.69] (Le sage est pleinement éveillé là où l'obscurité règne pour les autres).

Vous devez vous éveiller du sommeil qui, actuellement, vous retient encore !

18 JANVIER 1939

608. Mrs. Hick Riddingh écrivit deux questions sur un morceau de papier et demanda à Shrī Bhagavān si ses interprétations étaient correctes.

M. : Le Soi est au-delà de l'ignorance et de la connaissance. Il est absolu. Ces doutes ne viennent pas du Soi, car il est pure conscience et ne peut admettre l'obscure ignorance.

Q. : Mais, de notre point de vue, ces doutes existent.

M. : Voyez pour qui ils existent. Allez à leur racine. Voyez s'ils existent encore quand vous aurez atteint leur source et que vous y serez établie.

Q. : Mais en ce moment même...

M. : De telles discussions ne sont que théoriques et sont sans fin. Il faut être pratique et essayer de résoudre les problèmes par soi-même et par la méthode qu'on vous a suggérée. Vous connaissez la méthode. Trouvez à qui les questions se posent. Les problèmes se résoudront aussitôt d'eux-mêmes.

609. Lady Bateman, suivie d'autres personnes, vint dans le hall à 15 h 30. Quelques minutes plus tard, elle demanda par écrit si on est plus proche de la pure conscience en sommeil profond qu'en état de veille.

M. : Les états de sommeil profond, rêve et veille sont de simples phénomènes qui apparaissent à la surface du Soi, qui lui-même est immobile et un état de pure conscience. Peut-on, même un instant, demeurer hors du Soi ? Cette question ne pourrait se poser que si c'était possible.

Q. : Ne dit-on pas souvent que l'on est plus proche de la pure conscience en sommeil profond qu'en état de veille ?

M. : La question pourrait aussi bien être : Suis-je plus proche de moi-même dans mon sommeil que dans mon état de veille ? Car le Soi est pure conscience. Personne ne peut être éloigné du Soi. La question ne peut se poser que s'il y a dualité. Mais il n'y a pas de dualité dans l'état de pure conscience.

C'est la même personne qui dort, rêve et se réveille. L'état de veille est considéré comme étant plein de choses belles et intéressantes. En l'absence de ces dernières, on dit que l'état de sommeil est ennuyeux. Avant d'aller plus loin, éclaircissons le point suivant : Admettez-vous que vous existez durant votre sommeil ?

Q. : Oui, je l'admets.

M. : Et vous êtes la même personne qui est maintenant éveillée. N'est-ce pas ?

M. : Oui.

M. : Il y a donc une continuité dans les états de veille et de sommeil. Quelle est cette continuité ? C'est l'existence à l'état pur.

Pourtant, il y a une différence entre les deux états. Quelle est cette différence ? Les manifestations telles que le corps, le monde et les objets apparaissent en état de veille, mais elles disparaissent en sommeil profond.

Q. : Mais je ne suis pas consciente dans mon sommeil.

M. : C'est vrai, dans le sommeil il n'y a pas la conscience du corps ou du monde. Mais vous devez bien exister dans votre sommeil pour pouvoir dire quand vous en sortez : « Je n'étais pas consciente dans mon sommeil. » Qui tient ces propos maintenant ? C'est la personne éveillée. Celle qui dort ne peut pas le dire. Autrement dit, l'individu qui, maintenant, identifie le Soi au corps affirme qu'une telle conscience n'existe pas dans le sommeil.

C'est parce que vous vous identifiez à votre corps que vous voyez le monde autour de vous et que vous dites que l'état de veille est plein de choses belles et intéressantes. L'état de sommeil vous paraît ennuyeux parce que vous n'y étiez pas en tant qu'individu, et en conséquence, toutes ces belles choses n'existaient pas. Mais quel est le fait indéniable ? C'est qu'il y a la continuité d'*être* dans chacun des trois états, mais qu'il n'y a pas de continuité pour l'individu et les objets.

Q. : Oui.

M. : Ce qui est continu est aussi durable, c'est permanent. Ce qui est discontinu est transitoire.

Q. : Oui.

M. : Par conséquent, l'état d'*être* est permanent et le corps et le monde ne le sont pas. Ils sont des phénomènes fugitifs qui passent sur l'écran de la conscience d'*être*, laquelle est éternelle et immobile.

Q. : Mais d'un point de vue relatif, l'état de sommeil n'est-il pas plus proche de la pure conscience que l'état de veille ?

M. : Oui, mais en ce sens que lorsqu'on passe du sommeil à la veille, la pensée 'je' doit se manifester ; le mental entre en jeu ; les pensées s'élèvent ; puis les fonctions du corps entrent en activité ; tout cela réuni nous fait dire que nous sommes éveillés. L'absence de tout ce processus est la caractéristique du sommeil et, en conséquence, le sommeil est plus proche de la pure conscience que la veille.

Mais on ne doit pas pour autant désirer rester toujours en état de sommeil. D'abord, parce que c'est impossible, le sommeil devant nécessairement alterner avec les autres états ; ensuite, parce que le sommeil ne peut pas être l'état de félicité, qui est celui du *jñānī*, car cet état est permanent et sans alternance. De plus, l'état de sommeil n'est pas considéré comme un état de conscience, alors que le sage demeure toujours conscient. Voilà pourquoi l'état de sommeil diffère de l'état dans lequel le sage est établi.

A cela s'ajoute que l'état de sommeil est dépourvu de pensées et de l'effet qu'elles exercent sur l'individu. Il ne peut être modifié par la volonté de ce dernier, car l'effort est impossible dans cette condition. Bien que plus proche de la pure conscience, il n'est pas propice aux efforts nécessaires pour réaliser le Soi.

Le désir de Réalisation ne peut naître qu'à l'état de veille ; de même qu'on ne peut faire des efforts que lorsqu'on est éveillé. Nous savons que les pensées à l'état de veille font obstacle à la tranquillité du sommeil. « Sois tranquille et sache que JE SUIS DIEU. » Ainsi, la tranquillité est le but du chercheur. Même un seul effort pour apaiser une seule pensée, ne serait-ce qu'un seul instant, pénètre profondément jusqu'à atteindre l'état de tranquillité. L'effort est nécessaire et il n'est possible qu'à l'état de veille. S'il y a effort, il y a aussi conscience ; les pensées sont calmées ; la paix du sommeil est obtenue. C'est l'état du *jñānī*. Ce n'est ni le sommeil ni la veille mais un état intermédiaire entre les deux. Il y a la conscience de l'état de veille et la tranquillité du sommeil. C'est l'état de *jāgrat-sushupti*. On peut l'appeler sommeil éveillé ou veille endormie ou veille sans sommeil ou sommeil sans veille. Il diffère du sommeil ou de la veille pris séparément. Il est l'*atijāgrat* (au-delà de la veille) et l'*atisushupti* (au-delà du sommeil) [1]. Il est l'état combiné de conscience parfaite et de tranquillité parfaite. Il est l'intervalle entre le sommeil et la veille et également l'intervalle entre deux pensées successives. Il est la source d'où s'élancent les pensées ; nous pouvons l'observer lorsque nous sortons du sommeil. En d'autres termes, les pensées ont leur origine dans la tranquillité du sommeil. Ce sont elles qui font toute la différence entre la paix du sommeil et l'agitation de l'état de veille. Allez à la racine des pensées et vous atteindrez la tranquillité du sommeil. Mais vous ne pouvez l'atteindre qu'avec toute la vigueur de la recherche, c'est-à-dire avec une conscience parfaite.

C'est encore l'état de *jāgrat-sushupti* dont nous avons parlé auparavant. Il n'est pas ennui, mais il est Félicité ; il n'est pas transitoire, mais il est éternel. C'est de lui que procèdent les pensées. Que sont toutes nos expériences sinon des pensées ? Plaisir et souffrance ne sont que de simples pensées. Elles sont en nous. Si vous êtes libre de pensées tout en demeurant éveillée, vous êtes cet Etre parfait.

Lady Bateman déclara qu'elle avait apprécié cet entretien ; elle remercia Shrī Bhagavān et l'informa aussi de son départ, prévu pour le lendemain

Shrī Bhagavān sourit.

M. : Vous ne quittez pas un endroit pour un autre. Vous êtes toujours immobile. Les scènes passent devant vous. Même d'un point de vue ordinaire, vous êtes assise dans votre cabine et le navire se déplace, mais vous ne bougez pas. Nous voyons sur l'écran un homme qui court pendant des kilomètres et qui se précipite

---

1. *Note du compilateur : Atijāgrat* : le *jāgrat* du *jāgrat ati sushupti*, le sommeil du sommeil. Il est au-delà de la veille et du sommeil et en même temps il est en eux.

vers nous, mais l'écran ne bouge pas. C'est l'image qui bouge en tous sens.

Q. : Je vois, mais je ne pourrai le comprendre qu'après avoir réalisé le Soi.

M. : Le Soi est toujours réalisé. Si la Réalisation était quelque chose qu'il fallait obtenir, il y aurait autant de chances de le perdre. Il ne serait alors que transitoire. La félicité transitoire entraîne avec elle la souffrance. Elle ne peut être la Libération, qui est éternelle.

S'il était vrai que vous la réaliseriez plus tard, cela voudrait dire que vous n'êtes pas réalisée maintenant. L'absence de Réalisation en ce moment-ci peut se répéter à n'importe quel autre moment dans le futur, car le Temps est infini. On pourrait donc en conclure qu'une telle réalisation n'est pas permanente. Mais ce n'est pas vrai. Il est faux de considérer la Réalisation comme impermanente. Elle est le véritable et éternel état qui ne peut changer.

Q. : Oui, je comprendrai cela le moment venu.

M. : Vous êtes déjà Cela. Le temps et l'espace ne peuvent affecter le Soi. Ils sont en vous ; et tout ce que vous voyez autour de vous est également en vous. Il y a une histoire pour illustrer cela : une femme portait un collier précieux autour de son cou. Un jour, dans son agitation, elle l'oublia et elle crut l'avoir égaré. Inquiète, elle le chercha partout dans sa maison, mais ne le trouva pas. Elle s'enquit auprès de ses amis et de ses voisins s'ils savaient où se trouvait le collier. Sans résultat. Enfin, un ami lui suggéra de mettre sa main à son cou pour sentir le collier. Elle se rendit compte qu'il avait toujours été là et fut heureuse. Quand ses amis lui demandèrent plus tard si elle avait trouvé son collier, elle répondit : « Oui, je l'ai retrouvé. » Elle gardait toujours le sentiment d'avoir retrouvé un bijou égaré.

Avait-elle réellement perdu son collier ? Elle l'avait

toujours porté à son cou. Il en est de même pour nous. Nous nous imaginons qu'un jour nous réaliserons le Soi, alors que nous n'avons jamais cessé d'être le Soi.

Q. : J'ai l'impression d'être transportée dans un autre monde.

Shrī Bhagavān, pendant qu'il parcourait le courrier, entendit cela, sourit et dit : « C'est le Royaume des Cieux. Mais le Royaume des Cieux mentionné dans la Bible et ce monde ne sont pas deux régions différentes. "Le Royaume est en vous", dit la Bible. Telle est la vérité. L'être réalisé voit le monde comme étant le Royaume des Cieux, tandis que les autres le voient comme "ce monde-ci ". La différence provient de l'angle de vision. »

Q. : Comment pouvons-nous nier le monde et les hommes qui y vivent ? J'entends, par exemple, de la musique. Elle est belle et grandiose. Je reconnais qu'elle est de Wagner. Je ne peux tout de même pas prétendre qu'elle est de moi.

M. : Wagner et sa musique existent-ils séparés de vous ? Si vous n'êtes pas là pour dire que c'est la musique de Wagner, comment pouvez-vous en être consciente ? Sans en être conscient, peut-on dire que cette musique existe ? Pour être plus clair : reconnaissez-vous la musique de Wagner dans votre sommeil profond ? Et cependant, vous admettez bien que vous existez pendant le sommeil. Ce qui prouve que Wagner et sa musique ne sont que vos pensées. Elles sont en vous et non pas hors de vous.

Q. : C'est merveilleux.

[*Note du compilateur :* Tout le monde a tendance à être confus de temps en temps. On a beau entendre et comprendre la vérité, parfois on l'oublie et face à certaines situations on commet des erreurs. La connaissance laisse place à l'ignorance et le résultat en est la confusion. Seul le sage peut donner une bonne direction à nos pensées. D'où la nécessité du *sat-sanga*, la compagnie des sages.]

610. Une personne arriva avec les questions suivantes :

1. Puisque les âmes individuelles et le *brahman* ne font qu'un, quelle est la cause de la création ?

2. Le *brahma-jñānī* est-il sujet à la douleur physique et à la renaissance ? Peut-il prolonger ou écourter la durée de sa vie ?

M. : Le but de la création est de détruire l'illusion de votre individualité. Votre question montre que vous êtes identifié au corps et que, par conséquent, vous vous voyez vous-même et le monde autour. Vous pensez que vous êtes le corps. Votre mental et votre intellect sont les facteurs responsables de votre fausse identité.

Existez-vous dans votre sommeil ?

Q. : Oui. J'existe

M. : Le même être est maintenant éveillé et pose ces questions. N'est-ce pas ?

Q. : Oui.

M. : Ces questions ne se posaient pas dans votre sommeil. N'est-il pas vrai ?

Q. : C'est exact.

M. : Pourquoi ne se posaient-elles pas ? Parce que vous ne voyiez pas votre corps et que vous ne pensiez plus. Vous ne vous identifiiez pas à votre corps ; aussi, ces questions ne se posaient-elles pas. Elles reviennent maintenant à cause de votre identification au corps. N'est-ce pas ainsi ?

Q. : Oui.

M. : Voyez maintenant quelle est votre nature véritable. Est-ce celle qui est libre de pensées ou celle qui est pleine de pensées ?

L'existence est continue. Les pensées sont disconti-
nues. Lequel des deux est donc permanent ?

Q. : L'existence.

M. : C'est cela. Réalisez-la. C'est votre nature véritable. Votre nature est simplement *être*, libre de pensées.

C'est parce que vous vous identifiez au corps que
vous désirez connaître la création. Le monde et les
objets, y compris votre corps, apparaissent à l'état de
veille et disparaissent pendant le sommeil. Mais vous
existez tout au long de ces états. Qu'est-ce qui persiste
alors tout au long de ces états ? Trouvez-le. C'est votre
Soi.

Q. : Supposons que je l'aie trouvé. Et alors ?

M. : Trouvez-le d'abord, et vous verrez. Il n'y a
aucun intérêt à poser des questions hypothétiques.

Q. : Suis-je alors un avec le *brahman* ?

M. : Laissez le *brahman* tranquille. Trouvez qui vous
êtes. Le *brahman* peut prendre soin de Lui-même.

Si vous cessez de vous identifier au corps, plus
aucune question ne se posera à propos de la création,
la naissance, la mort, etc. Ces questions ne se posaient
pas pendant votre sommeil. De même, elles ne se posent
pas dans le véritable état du Soi.

L'objet de la création est donc clair : vous devez
commencer votre recherche là où vous vous trouvez et
réaliser votre Etre véritable.

Vous ne pouviez soulever la question dans votre
sommeil, car en cet état il n'y a pas de création. Vous la
soulevez maintenant parce que vos pensées apparaissent
et, avec elles, la création. La création n'est donc rien
d'autre que vos pensées.

Quant à votre deuxième question, prenez soin de
vous-même et le *brahma-jñānī* prendra soin de Lui. Si
vous connaissez votre véritable nature, vous comprendrez l'état de *brahma-jñāna*. Il est inutile de vous

l'expliquer maintenant. C'est parce que vous croyez voir devant vous un *jñānī* et que vous l'identifiez à un corps, de la même manière que vous vous identifiez au vôtre, que vous concluez que le *jñānī* ressent comme vous la souffrance et le plaisir.

Q. : Mais je dois savoir s'il est un *jñānī*, car je dois être inspiré par lui.

M. : Oui, vous dit-il ; il vous inspire. Faites ce qu'il vous dit. Vous désirez apprendre de lui et non pas le tester.

Les *jñāna-lakshana* (signes de la sagesse) sont mentionnés dans les *shāstra* pour inciter le chercheur à se débarrasser de la souffrance et à rechercher le bonheur. Les méthodes pour ce faire y sont également exposées. Si elles sont suivies, le résultat sera le *jñāna* avec tous ses *lakshana*. Leur rôle n'est pas de tester les autres.

611. *Q. :* Je pense que l'âme est la lumière intérieure. Si après la mort, l'âme devient un avec le *brahman*, comment peut-il y avoir une transmigration de l'âme ?

M. : A l'intérieur de qui ? Qui meurt ?

Q. : Je vais formuler ma question d'une autre manière.

M. : La dialectique n'est pas souhaitable. Réfléchissez à la réponse et voyez.

Q. : Comment ?

M. : Maintenant que vous vous identifiez avec le corps, vous dites que l'âme est la lumière intérieure. Vous pensez qu'à l'intérieur du corps se trouve une lumière.

Réfléchissez un peu et dites-moi si le corps peut poser des questions. Il est dépourvu de conscience et ne peut pas dire 'je'. C'est autre chose qui dit 'je'. Qu'est-ce que c'est ? Est-ce le Soi ? Le Soi est pur et n'est pas conscient d'un autre pour pouvoir dire 'je'. Alors qui dit 'je' ? C'est le lien entre la pure Conscience (*chit*), le Soi, et le corps (*jada*). Ce lien est l'ego. Qui êtes-vous en ce moment ? Qu'est-ce qui est né ? Le Soi est éternel et ne peut être né. Le corps apparaît et disparaît et votre identification à lui vous fait parler de naissance et de mort. Cherchez si la véritable signification du 'Je' peut naître. Pour qui existe la transmigration ?

Q. : Nous sommes ici pour éclaircir nos doutes.

M. : Evidemment.

Q. : Nos doutes ne peuvent être éclaircis que si nous posons des questions.

M. : Oui. Personne ne fait objection à ce que l'on pose des questions.

Q. : Il est dit : *pariprashnena sevayā* [BhG IV.34] (par le questionnement incessant et par le service). Nous devrions donc poser des questions et le Maître aurait la bonté de dissiper nos doutes.

M. : Continuez votre citation : *upadekshyanti tatt-vam* [BhG IV.34] (Ils donnent des instructions en toute Vérité).

Q. : Oui. Mais nos doutes doivent être éclaircis.

M. : Il en était ainsi avec Arjuna, car il disait à la fin *nashto mohah smritir labdhā* [BhG XVIII.73] (Détruite est mon ignorance, rétablie est ma mémoire).

Q. : C'était à la fin. Auparavant, il avait posé de nombreuses questions.

M. : La Vérité fut révélée dès le début. Car déjà les premiers *shloka* (strophes) de l'*upadesha* (enseignement) de Shrī Krishna commencent avec : « ... Pas de naissance et pas de mort ; pas de changement », etc.

Q. : Krishna dit également : « Nous avons eu de nombreuses renaissances. Je les connais toutes mais toi tu ne les connais pas ».

M. : Cela était la réponse à la question d'Arjuna qui se demandait comment Krishna avait pu enseigner la vérité éternelle à Āditya. La Vérité avait été exposée dès le début, mais Arjuna ne pouvait pas la comprendre. L'état du *jñānī* est décrit plus tard, de même que les méthodes pour l'atteindre. Ce n'est qu'incidemment que Shrī Krishna déclara que la Vérité est éternelle et qu'Il avait à l'origine enseigné cela à Āditya. Arjuna s'identifiait avec le corps et croyait dès lors que Shrī Krishna était également ce corps en face de lui. Voilà pourquoi il demanda : « Comment est-ce possible ? Vous (Shrī Krishna) êtes né de Devaki il n'y a que quelques années, tandis qu'Āditya était parmi ceux qui sont à l'origine de la Création. Comment avez-vous pu enseigner cette Vérité à Āditya ? » Shrī Krishna, imperturbable, répondit à Arjuna : « Nous avons eu de nombreuses renaissances. Je les connais toutes ; mais pas toi... »

Q. : Nous aussi, nous devons connaître la Vérité.

M. : La Vérité vous a été enseignée. Les instructions vous ont été données. Cherchez qui vous êtes. Telle est toute l'instruction.

19 JANVIER 1939

612. Mme Hick Riddingh demanda par écrit à Shrī Bahgavān : « Quand Shrī Bhagavān déclare que le regard plein de grâce du maître ou simplement la vue de celui-ci est une aide à la réalisation du Soi, comment faut-il comprendre cela exactement ? »

M. : Qui est le maître ? Qui est le chercheur ?

Q. : Le Soi.

M. : Si le Soi est à la fois le maître et le chercheur, comment une telle question peut-elle s'élever ?

Q. : C'est là justement ma difficulté. Je dois chercher le Soi en moi-même. Quelle est alors la signification de l'aide que je viens de mentionner ? Cela semble contradictoire.

M. : Cela ne l'est pas. Cette déclaration n'a simplement pas été bien comprise. Si le chercheur sait que le maître est le Soi, il ne voit plus aucune dualité. Il est heureux et n'éprouve plus le besoin de poser des questions.

Mais le chercheur ne met pas la vérité de cette déclaration en pratique, en raison de son ignorance. Celle-ci est toutefois irréelle. Le rôle du maître consiste à réveiller le chercheur du sommeil de l'ignorance et il utilise ces mots afin de lui rendre la Réalité plus claire.

La seule chose qui importe, c'est que vous connaissiez le Soi. Cela peut se faire où que vous soyez. Le Soi doit être cherché en vous-même et cette recherche doit être poursuivie sans arrêt. Une fois qu'il est atteint, il n'est plus nécessaire de rester dans la proximité physique du maître.

La déclaration que vous avez mentionnée est destinée à ceux qui ne peuvent pas trouver le Soi là où ils se trouvent.

Mr. Ward Jackson : La difficulté de cette dame est réelle et je m'associe à elle. Elle demande : « Si nous pouvons voir le Soi en nous-mêmes, pourquoi avons-nous éprouvé le besoin de faire tout ce chemin pour voir le Maître ? Nous pensions au Maître depuis si longtemps qu'il nous semblait normal de venir ici. Etait-ce alors inutile ? »

M. : Vous avez bien fait de venir. *Īshvaro gurur ātmeti* [1]... (Dieu et le *guru* sont le Soi). Quelqu'un cherche le bonheur et apprend que Dieu seul peut rendre heureux. Il se met à prier Dieu et à L'adorer. Dieu entend

---

1. Voir entretien n° 90.

ses prières et lui répond en lui apparaissant sous forme humaine en tant que Maître pour parler son langage et lui faire ainsi comprendre la Réalité.

Le Maître est donc Dieu manifesté sous forme humaine. Il révèle sa propre expérience afin que le chercheur puisse également la faire. Son expérience consiste à demeurer le pur Soi. Le Soi est intérieur. Dieu, le Maître et le Soi ne sont donc que des stades apparents dans la réalisation de la Vérité. Vous avez des doutes sur ce que vous lisez dans les livres et vous êtes venue ici pour que ces doutes soient éclaircis. Cela ne peut être que bien.

Mrs. Hick Riddingh : Je comprends. Le Soi est le Maître et Il doit être cherché en soi-même. Je peux donc faire cela là où je vis.

M. : Votre compréhension n'est que théorique. Quand elle est mise en pratique, des difficultés et des doutes s'élèvent. Si vous parvenez à sentir la présence du Maître là où vous êtes, vos doutes seront surmontés facilement, car le rôle du Maître consiste à dissiper les doutes du chercheur.

Le but de votre visite est atteint si désormais les doutes ne s'élèvent plus et si vous vous consacrez assidûment à la recherche du Soi.

Q. : Jusque-là, je comprends.

M. : Bien. L'objection soulevée ne concerne pas votre conclusion, mais vos doutes.

Mr. Ward Jackson : Quand nous lisons cela dans des livres, notre compréhension n'est qu'intellectuelle. Car tout cela est trop loin de nous. C'est seulement lorsque nous voyons le Maître en face de nous que nous nous rapprochons de la Réalité et cela nous donne le courage d'appliquer notre connaissance à la vie quotidienne.

Si, en Occident, quelqu'un réalisait le Soi et agissait

en conséquence, il serait aussitôt enfermé dans un asile d'aliénés. (Rires)

M. : C'est vous-même qui vous enfermeriez. Parce que le monde est fou il vous croit fou. Mais où se trouve l'asile d'aliénés si ce n'est en vous ? Vous ne seriez pas dans l'asile, mais l'asile serait en vous.

Tant que le Soi n'est pas réalisé, les incertitudes, les doutes et les peurs sont naturels à chacun. Ils sont inséparables de l'ego ou, plutôt, ils sont l'ego.

Q. : Comment peuvent-ils disparaître ?

M. : Ils sont l'ego. Si l'ego s'en va, ils s'en vont avec lui. L'ego lui-même est irréel. Qu'est-ce que l'ego ? Cherchez. Le corps est dépourvu de conscience et ne peut pas dire 'je'. Le Soi est pure conscience et non duel. Il ne peut donc pas dire 'je' non plus. Et personne ne dit 'je' dans le sommeil. Qu'est-ce que l'ego alors ? C'est quelque chose d'intermédiaire entre le corps non conscient et le Soi. Il ne se trouve pas en un endroit précis. Si on part à sa recherche, il disparaît, tel un fantôme. Prenez le cas d'une personne qui s'imagine apercevoir quelque chose dans la pénombre ; cela peut être un objet de couleur foncée. Si elle regarde de près, elle ne voit aucun fantôme, mais quelque objet sombre, tel qu'un arbre ou un pilier. Si elle ne regarde pas de près, elle apercevra un fantôme qui déclenchera en elle la terreur. Il est donc nécessaire de regarder de près pour que le fantôme disparaisse. En fait, le fantôme n'a jamais été là. C'est la même chose pour l'ego. C'est un lien intangible entre le corps et la pure conscience. Il n'est pas réel. Tant qu'on n'y regarde pas de près, il ne cesse de causer des ennuis. Mais dès qu'on le recherche, on se rend compte qu'il n'existe pas.

Voici une autre illustration. Dans un mariage hindou, les festivités durent habituellement cinq ou six jours. Un étranger fut pris pour le garçon d'honneur par des amis de la mariée qui le traitèrent donc avec des égards tout particuliers. Les amis du marié, voyant cela, en firent autant. L'étranger vivait d'heureux moments. Il était parfaitement conscient de la situation. Un jour, les amis du marié voulurent lui demander des précisions sur quelque chose. Ils lui firent savoir qu'ils désiraient lui parler. Sentant le danger, l'étranger préféra s'éclipser. Il en est de même pour l'ego. Si on le recherche, il disparaît. Sinon, il ne cesse de causer des ennuis.

La méthode pour se mettre à sa recherche est enseignée par ceux qui l'ont déjà fait. Voilà la raison pour laquelle on s'approche d'un Maître.

Q. : Si la recherche doit se faire intérieurement, est-il nécessaire de se trouver dans la proximité physique du Maître ?

M. : C'est nécessaire jusqu'à ce que tous les doutes soient dissipés.

Q. : Si l'ego est irréel et cause des ennuis, pourquoi avons-nous pris tant de peine à le développer ?

M. : Sa croissance et les ennuis qui en résultent vous font chercher la cause de tout cela. Son développement sert à sa propre destruction.

Q. : Ne dit-on pas qu'il faut être comme un enfant pour pouvoir progresser spirituellement ?

M. : Oui, parce que l'ego n'est pas développé chez l'enfant.

Q. : C'est exactement ce que je veux dire. Nous aurions pu rester comme des enfants au lieu de développer notre ego.

M. : C'est *l'état* de l'enfant dont il est question. Personne ne peut recevoir d'un enfant un enseignement qui permet de réaliser le Soi. L'état du Maître est comme celui d'un enfant. Mais il y a toutefois une différence entre les deux. Chez l'enfant, l'ego existe à l'état potentiel, tandis que chez le saint il est complètement détruit.

Q. : Oui, je vois, je comprends maintenant.

M. : Il n'y a qu'une seule Réalité et elle est éternelle. Comprendre cela est bien suffisant. Mais la vieille ignorance ne doit pas revenir. Il faut rester vigilant afin que la compréhension de la Vérité, présente maintenant, ne soit pas troublée par la suite.

Un disciple, après avoir servi un maître pendant longtemps, avait fini par réaliser le Soi. Il était en état de félicité et il voulut exprimer sa gratitude au maître. Avec des larmes de joie et la voix tremblante il dit : « Quelle chose étrange que je n'aie pu connaître mon propre Soi durant toutes ces années ? J'ai souffert longtemps et vous m'avez aidé par votre grâce à réaliser le Soi. Comment pourrais-je jamais m'acquitter de ma dette envers vous ? Il n'est pas en mon pouvoir de le faire. » Le maître répondit : « Bien, bien — la meilleure manière de me payer de retour, c'est de ne plus retomber dans l'ignorance et de rester dans l'état de votre véritable Soi. »

[*Remarque du compilateur :* Le Soi est le Maître et tout le reste. La réalisation du Soi signifie s'abandonner au Soi ou se fondre dans le Maître. Que peut-on faire de plus ? C'est la plus haute forme de gratitude à l'égard du Maître.]

21 JANVIER 1939

613. Un jeune homme demanda : « Les pensées ne sont-elles pas que matière ? »

M. : Que voulez-vous dire ? Quand vous dites « matière », pensez-vous aux choses que vous voyez autour de vous ?

Q. : Oui, comme les objets.

M. : Qui pose cette question ? Qui est le penseur ?

Q. : Le penseur est esprit.

M. : Voulez-vous donc dire que l'esprit engendre la matière ?

Q. : C'est ce que je voudrais savoir.

M. : Comment différenciez-vous l'esprit de la matière ?

Q. : L'esprit est conscience, la matière ne l'est pas.

M. : La conscience peut-elle engendrer la non-conscience, ou la lumière les ténèbres ?

24 JANVIER 1939

614. Plusieurs hommes arrivèrent dans le hall. Peu de temps après, Shrī Bhagavān leur adressa la parole. Lors de la conversation il fit la remarque suivante : « A quoi sert-il de remonter dans le passé ou de prévoir l'avenir ? Ce qui importe, c'est uniquement le présent. Occupez-vous de lui et les autres choses s'occuperont d'elles-mêmes. »

Q. : Est-il mauvais de désirer quelque chose ?

M. : On ne devrait pas se réjouir quand un désir est satisfait, ou être déçu quand on en est frustré. Se réjouir de la satisfaction d'un désir est si trompeur. Un gain sera certainement perdu tôt ou tard. Par conséquent, la joie de la satisfaction finira un jour par la souffrance. Quoi qu'il puisse arriver, on ne doit pas laisser place à des sentiments de plaisir ou de douleur. Comment les événements peuvent-ils vous affecter ? Vous ne grandissez pas en acquérant quelque chose, pas plus que vous ne diminuez en le perdant. Vous restez ce que vous êtes depuis toujours.

Q. : Nous, hommes de ce monde, ne pouvons pas résister au désir.

M. : Vous pouvez désirer mais soyez préparé à toute éventualité. Faites des efforts, mais ne vous perdez pas dans les résultats. Acceptez avec équanimité quoi qu'il arrive. Le plaisir et la douleur ne sont que de simples modifications du mental. Ils n'ont aucun rapport avec la réalité objective.

Q. : Comment cela ?

M. : Dans un village du sud de l'Inde vivaient deux jeunes amis. Ils avaient fait des études et désiraient gagner de l'argent pour aider leurs familles respectives. Ils prirent congé de leurs parents et partirent en pèlerinage à Bénarès. L'un d'eux mourut en route. L'autre se retrouva seul. Il poursuivit son chemin et, au fil des mois, il se fit un nom et gagna de l'argent. Mais il voulut gagner davantage avant de rentrer chez lui. Entre-temps, il rencontra un pèlerin qui se dirigeait vers le Sud, en passant par son village natal. Il lui demanda d'informer ses parents qu'il serait de retour dans quelques mois, et que son ami était mort en cours de voyage. Le pèlerin gagna le village natal des deux amis et se rendit chez leurs parents. Il donna les nouvelles, mais en intervertissant par erreur les noms. Si bien que les parents du bien-portant se lamentèrent sur sa supposée disparition et que les parents du défunt se réjouirent de son succès et de son prochain retour.

Vous voyez bien que le plaisir et la douleur n'ont aucun rapport avec les événements mais ne sont que des modifications mentales.

615. Un autre membre du groupe demanda : « Comment l'ego peut-il être détruit ? »

M. : Saisissez d'abord l'ego et demandez ensuite comment il peut être détruit. Qui pose cette question ? C'est l'ego. L'ego serait-il d'accord pour se détruire lui-même ? Cette question est la meilleure façon d'entretenir l'ego et non pas de le détruire. Si vous cherchez l'ego, vous constaterez qu'il n'existe pas. Voilà la façon de le détruire.

A ce propos, je me souviens d'un incident amusant qui se déroula lorsque j'habitais à West Chitrai street, à Madurai. Un voisin avait anticipé la visite d'un voleur dans sa maison. Il avait pris des précautions pour l'attraper en plaçant des policiers en civil pour surveiller les deux bouts de la rue, l'entrée et la sortie de sa maison. Lorsque le voleur s'était présenté comme prévu, les hommes de guet s'était précipités sur lui pour l'attraper. Le voleur, jugeant d'un coup d'œil la situation, s'était mis à crier : « Au voleur ! Attrapez-le, attrapez-le ! Il court par là ! là ! » Et ce faisant, il était parvenu à s'enfuir.

Il en est ainsi avec l'ego. Partez à sa recherche et vous ne le trouverez pas. C'est la meilleure façon de s'en débarrasser.

23 AU 28 JANVIER 1939

616. *Q. :* Le *jīva-nādi* est-il une entité réelle ou une création de l'imagination ?

M. : Les yogis disent qu'il existe un *nādi,* appelé *jīva-nādi, ātmā-nādi* ou *para-nādi.* Les *Upanishad* parlent d'un centre d'où se ramifient des milliers de *nādi.* Certains localisent ce centre dans le cerveau, d'autres à divers endroits. La *Garbha-upanishad* décrit la formation du fœtus et sa croissance dans le sein de sa mère. Le *jīva* est supposé entrer dans l'enfant au septième mois de sa conception, en passant par la fontanelle. Pour prouver cela, il est décrit que la fontanelle du bébé est très tendre, qu'on la voit battre et qu'elle met quelques mois à s'ossifier. Le *jīva* vient donc d'en haut, entre par la fontanelle et agit à travers les milliers de *nāḍi* qui sont disséminés dans tout le corps. C'est pourquoi le chercheur de Vérité doit se concentrer sur le *sahasrāra*, c'est-à-dire le sommet de la tête, pour rejoindre sa source. On dit que le *prāṇāyāma* aide le yogi à faire monter la *kuṇḍalinī-shakti* qui repose, lovée telle un serpent, dans le *mūlādhāra*. La *shakti* remonte en empruntant un nerf appelé *sushumnā*, implanté au centre de la moelle épinière et se prolongeant jusqu'au cerveau.

Si on se concentre sur le *sahasrāra*, l'extase du *samādhi* s'ensuivra sans aucun doute. Mais les *vāsanā,* les tendances latentes, ne sont pas pour autant détruites. Le yogi est donc contraint de sortir du *samādhi* parce que la délivrance des attachements n'a pas encore été accomplie. Il doit s'efforcer d'extirper les *vāsanā* encore présentes en lui, afin que celles-ci ne perturbent pas la paix de son *samādhi*. Ainsi, il descend du *sahasrāra* jusqu'au Cœur à travers ce qui est appelé le *jīva-nāḍi* qui n'est que la prolongation de la *sushumnā*. La *sushumnā* dessine donc une courbe. Elle part du *mūlādhāra*, s'élève à travers la colonne vertébrale jusqu'au cerveau et, de là, se recourbe pour descendre et finir dans le Cœur. Quand le yogi a atteint le Cœur, le *samādhi* devient permanent. Nous voyons donc que le Cœur est le centre final.

D'autres *Upanishad* parlent de cent un *nāḍi* qui se ramifient à partir du cœur et dont l'un serait le *nāḍi* vital [1]. Si le *jīva* descend d'en haut et se reflète dans le cerveau, ainsi que l'affirment les yogis, il doit y avoir là une surface réfléchissante. Cette surface doit aussi être capable de contenir la Conscience infinie dans les limites du corps. En bref, l'Etre universel se limite en

---

1. Voir *Chāndogya-up.*, VIII. 6,6.

tant que *jīva*. Ce moyen réfléchissant est constitué par l'agrégat des *vāsanā* de l'individu. Il agit comme l'eau dans un pot qui réfléchit l'image d'un objet. Si le pot est vidé de son eau, la réflexion disparaît. L'objet demeurera sans être réfléchi. L'objet ici, c'est la Conscience d'Etre universelle, qui est omni-pénétrante et par conséquent immanente en tout. Elle peut aussi être connue autrement qu'à travers sa réflexion, étant donné qu'elle resplendit par elle-même. En conséquence, le but du chercheur doit consister à purger le Cœur des *vāsanā* et à ne pas laisser le support réfléchissant obstruer la lumière de la Conscience éternelle. Cela s'effectue en recherchant l'origine de l'ego et en plongeant dans le Cœur. Telle est la méthode directe pour obtenir la réalisation du Soi. Celui qui l'adopte n'a pas besoin de se soucier des *nādi*, du cerveau, de la *sushumnā*, du *para-nādi*, de la *kundalinī*, du *prānāyāma* et des six centres.

Le Soi ne vient pas d'ailleurs et n'entre pas dans le corps par le sommet de la tête. Le Soi est tel qu'il est, toujours étincelant, stable, sans mouvement, sans changement. Les changements que l'on observe ne sont pas inhérents au Soi qui demeure dans le Cœur et resplendit par lui-même, tel le soleil. Les changements sont vus dans sa lumière. La relation entre le Soi et le corps ou le mental est comparable à celle d'un pur cristal et son arrière-plan. Si le cristal est placé contre une fleur rouge, sa couleur devient rouge ; s'il est placé contre une feuille verte, il devient vert, etc. L'individu se confine dans les limites de son corps changeant ou de son mental qui tire son existence du Soi non changeant. Tout ce qu'il est nécessaire de faire, c'est d'abandonner cette fausse identité. C'est alors que le Soi, éternellement resplendissant, sera reconnu comme la seule et non duelle Réalité.

La réflexion de la Conscience s'effectue, dit-on, dans le corps subtil (*sūkshma-sharīra*) qui, composé du cerveau et des nerfs, irradie dans toutes les parties du torse, principalement à partir de la colonne vertébrale et du plexus solaire.

Lorsque je demeurais sur la Colline, Nāyana (Kāvyakantha Ganapati Muni) soutint un jour que le cerveau était le siège des *vāsanā*, car il était constitué d'innombrables cellules à l'intérieur desquelles se trouvaient les *vāsanā*, illuminées par la lumière du Soi qui irradie du Cœur. C'était ce qui permettait à une personne d'agir ou de penser.

Je lui rétorquai alors ceci : « Comment est-ce possible ? Les *vāsanā* se trouvent là où est le Soi de chacun et ne peuvent jamais rester séparées du Soi. Si, comme vous le prétendez, les *vāsanā* sont contenues dans le cerveau et que le Cœur est le siège du Soi, une personne que l'on décapite devrait être débarrassé de ses *vāsanā* et ne jamais renaître. Vous conviendrez que cela est absurde. Maintenant, pouvez-vous dire que le Soi se trouve dans le cerveau avec les *vāsanā* ? Si c'était ainsi, pourquoi, alors, la tête s'incline-t-elle en avant quand on s'endort assis ? De plus, une personne ne touche pas sa tête quand elle dit 'je'. Il découle de tout cela que le Soi est dans le Cœur et que les *vāsanā* s'y trouvent également sous une forme extrêmement subtile.

Quand les *vāsanā* sont projetées hors du Cœur, elles s'associent à la lumière du Soi et l'on dit que la personne se met à penser. Les *vāsanā,* qui se tiennent implantées dans le Cœur à l'état atomique, grossissent lors de leur passage du Cœur vers le cerveau. Le cerveau est l'écran sur lequel les images des *vāsanā* sont projetées ainsi que le lieu de leur répartition fonctionnelle. Le cerveau est donc à la fois le siège du mental et son instrument. »

Voici ce qui se passe. Quand une *vāsanā* se libère et

se manifeste, elle est associée à la lumière du Soi. Elle passe du Cœur au cerveau et, en chemin, grandit de plus en plus, jusqu'à remplir, à elle seule, tout le champ de la conscience. Les autres *vāsanā* sont gardées momentanément en réserve. Quand la pensée est réfléchie dans le cerveau, elle apparaît comme une image sur un écran. On dit alors que la personne a une claire perception des choses. Elle peut être un grand penseur ou un inventeur. Mais ni la pensée que l'on déclare originale, ni l'objet de la découverte, ni le pays nouvellement découvert ne sont vraiment originaux ou nouveaux. Cette pensée ne pouvait se manifester que parce qu'elle se trouvait déjà dans le mental. Bien entendu, elle était très subtile et demeurait imperceptible parce qu'elle était réprimée par d'autres pensées ou *vāsanā*, plus urgentes ou plus insistantes. Une fois que celles-ci se sont épuisées, cette pensée surgit et, par la concentration, la lumière du Soi la rend de plus en plus claire au point qu'elle apparaît magnifique, originale et révolutionnaire. En fait, elle existait depuis toujours.

Dans les *Yoga-shāstra*, cette concentration est appelée *samyamana*. Tout désir peut s'accomplir grâce à elle et on l'appelle *siddhi*. C'est ainsi que les soi-disant découvertes sont effectuées. Même des mondes peuvent être ainsi créés. Le *samyamana* conduit vers toutes les *siddhi*. Mais celles-ci ne se manifestent pas tant que l'ego subsiste. Selon l'école du Yoga, la concentration aboutit à la destruction de l'expérimentateur (l'ego), de l'expérience et du monde, si bien qu'en temps voulu les désirs s'accomplissent. Cette concentration confère même aux individus le pouvoir de créer de nouveaux mondes. Cela est démontré dans l'*Aindava-upākhyāna* du *Yoga-vāsishtha* et dans le *Ganda-shaila-loka* du *Tripurā-rahasya*.

Les pouvoirs semblent merveilleux à ceux qui ne les

possèdent pas, mais ils ne sont que transitoires. Il est inutile d'aspirer à quelque chose de transitoire. Toutes ces merveilles sont contenues dans le Soi unique et immuable. Le monde est donc à l'intérieur, et non pas à l'extérieur. Cette notion se trouve dans les vers 11 et 12 du chapitre V de la *Shrī Rāmana-gītā* : « L'Univers entier est condensé dans le corps et le corps entier dans le Cœur. Le Cœur est donc le noyau de l'Univers entier. » Aussi le *samyamana* est-il une concentration sur différents endroits du corps, selon les différentes *siddhi* à obtenir. On dit également que le *vishva* [1] et Virāt [2] contiennent tout le cosmos dans les limites du corps. Ou bien encore : « Le monde n'est rien d'autre que le mental, le mental rien d'autre que le Cœur ; cela est toute la vérité. » Donc, le Cœur englobe tout. C'est aussi ce qui a été enseigné jadis à Shvetaketu à travers l'image de la graine d'un figuier [3] [ChU VI. 12]. La source est un point sans dimension. Son expansion est double : en tant que Cosmos d'une part et en tant qu'infinie félicité d'autre part. Ce point est le pivot. De lui s'élance une seule *vāsanā* qui se démultiplie en 'je' expérimentateur, en expérience et en monde.

Il est fait allusion au « je-expérimentateur » et à sa source dans le *mantra* : « Deux oiseaux, exactement pareils, s'envolent simultanément. »

Lorsque je résidais à Skandāshramam, j'avais l'habitude de m'asseoir sur un rocher. Un jour que j'étais en compagnie de deux ou trois autres personnes, dont Rangaswāmi Iyengār, nous aperçûmes soudain, sortant d'une fissure du rocher, un petit insecte qui ressemblait à un papillon de nuit et qui s'élança dans l'air telle une

---

1. Forme individuelle du Soi.
2. Forme cosmique du Soi.
3. Le figuier entier est contenu dans la graine.

fusée. En un clin d'œil, il se multiplia en millions de papillons qui formèrent un nuage si dense qu'il cachait la vue du ciel. Nous étions étonnés et nous examinâmes l'endroit d'où il s'était élancé. Nous découvrîmes que ce n'était qu'une faille minuscule, pas plus grosse qu'un trou d'épingle et nous savions très bien qu'autant d'insectes n'avaient pas pu sortir d'un trou aussi exigu en un temps aussi bref.

De la même manière, l'*ahamkāra* (l'ego) s'élance telle une fusée et s'étend instantanément en tant qu'Univers.

Le Cœur est donc le point central. Aucun individu ne peut en être séparé. S'il l'est, c'est qu'il est mort. Bien que les *Upanishad* affirment que le *jīva* fonctionne avec d'autres centres en diverses circonstances, il n'abandonne cependant jamais le Cœur. Les autres centres sont pour ainsi dire des lieux d'échange (voir *Vedānta-chūdāmani*). Le Soi est attaché au Cœur comme la vache à son piquet. Les mouvements sont déterminés par la longueur de la corde. Tous ses déplacements sont centrés autour du piquet.

Une chenille rampe sur un brin d'herbe et quand elle arrive à son extrémité, elle cherche un autre support. Ce faisant, elle reste accrochée au brin d'herbe avec ses pattes arrière, soulève son corps et se balance en tous sens jusqu'à ce qu'elle arrive à s'accrocher à un autre brin. Il en va de même du Soi. Tout en demeurant dans le Cœur, il investit aussi d'autres centres, selon les circonstances. Mais Ses activités restent toujours centrées autour du Cœur.

617. Cinq états sont différenciés chez l'individu : 1) le *jāgrat*, 2) le *svapna*, 3) la *sushupti*, 4) le *turya*, 5) le *turyātīta*.

Le *jāgrat* est l'état de veille. En cet état, le *jīva,* sous son aspect grossier individuel (*vishva*), et le Seigneur, sous son aspect grossier universel (Virāt), demeurant ensemble dans les huit pétales du Lotus du Cœur, fonctionnent par l'intermédiaire des yeux, puis au moyen de tous les sens et organes et jouissent des plaisirs procurés par les divers objets. Les cinq éléments grossiers déployés, les dix sens, les cinq énergies vitales, les quatre facultés internes, en tout vingt-quatre éléments fondamentaux, constituent ensemble le corps grossier. L'état de *jāgrat* est caractérisé par le *sattva-guna* [qualité de pureté], défini par la lettre A et régenté par la divinité Vishnou.

Le *svapna* est l'état de rêve durant lequel le *jīva,* sous son aspect subtil individuel (*taijasa*), et le Seigneur, sous son aspect subtil universel (Hiranyagarbha), demeurant ensemble dans la corolle du Lotus du Cœur, fonctionnent dans la nuque, en faisant l'expérience des conséquences des impressions recueillies à l'état de veille par l'intermédiaire du mental. Tous les principes, les cinq éléments grossiers, la volonté et l'intellect, en tout dix-sept, forment ensemble le corps subtil du rêve qui est caractérisé par le *rajo-guna* [qualité d'activité], défini par la lettre U et régenté par la divinité Brahmā, ainsi que l'affirment les sages.

La *sushupti* est l'état de sommeil profond durant lequel le *jīva,* sous son aspect causal individuel (*prâjña*), et le Seigneur sous son aspect causal universel (Īshvara), demeurant ensemble dans l'étamine du Lotus du Cœur, font l'expérience de la félicité du Suprême par l'intermédiaire de l'ignorance subtile (*avidyā*). De même qu'une mère poule, le soir venu, réunit sous ses ailes toute sa couvée pour lui assurer le repos de la nuit, ainsi l'être individuel subtil, après avoir fait l'expérience du *jāgrat* et du *svapna*, se réfugie dans son corps causal avec toutes les impressions recueillies durant ces deux états. Le corps causal, formé par l'ignorance, est caractérisé par le *tamo-guna* [qualité d'obscurité], défini par la lettre M et régenté par la divinité Rudra.

Le sommeil profond n'est rien d'autre que l'expérience du pur état d'*être*. Les trois états reçoivent différentes appellations, notamment celles des trois régions, des trois citadelles, des trois divinités, etc. L'*Etre* demeure toujours dans le Cœur, comme il a été dit précédemment. Si, dans l'état de *jāgrat,* le Cœur n'est pas abandonné, les activités mentales sont apaisées et seul le *brahman* est contemplé, c'est l'état de *turīya.*

Le *turyātīta* est l'état dans lequel l'être individuel se fond dans le Suprême.

Le royaume végétal est toujours plongé en *sushupti ;* les animaux ont les deux, les états de *sushupti* et de *svapna ;* les dieux (êtres célestes) sont toujours en *jāgrat ;* l'homme connaît les trois états ; le yogi à la claire vision ne demeure que dans l'état de *turīya,* et le yogi au stade le plus élevé demeure uniquement en *turyātīta.*

Les trois premiers états alternent involontairement chez l'homme ordinaire. Le quatrième et le cinquième état (*turīya* et *turyātīta*) sont le résultat d'une pratique spirituelle et constituent une aide efficace à la Libération. Chacun des premiers trois états (*jāgrat, svapna* et *sushupti*) est exclusif des deux autres et limité dans le temps et l'espace. Ils sont donc irréels.

Notre expérience des états de *jāgrat* et de *svapna* prouve que la Conscience, le Soi, est sous-jacente aux cinq états, qu'elle reste parfaite en chacun d'eux et qu'elle est le témoin de tous. En ce qui concerne la conscience similaire dans le sommeil profond, il est bien connu que tout le monde dit : « Je n'étais conscient de rien ; j'ai dormi profondément, comme un bienheureux. » Deux faits émergent de cette déclaration : la non-conscience de toutes choses d'une part, et le bonheur du sommeil profond d'autre part. Il faut que ces deux facteurs aient existé et aient été expérimentés dans le sommeil pour que la même personne puisse les exprimer à l'état de veille. Le raisonnement par déduction conduit aussi à cette conclusion. De même que les yeux voient l'obscurité qui recouvre tous les objets, ainsi le Soi voit l'obscurité de l'ignorance qui recouvre le monde phénoménal.

Cette obscurité est expérimentée quand le Soi émerge en points lumineux de félicité suprême, resplendissant un instant, puis disparaissant de manière imperceptible tels les rayons de la lune qui glissent à travers un feuillage mouvant. Cette expérience n'a cependant pas besoin d'intermédiaire (tel que les sens ou le mental), ce qui prouve que la conscience existe bien dans le sommeil profond. La non-conscience dans cet état est fondée sur l'absence de connaissance relative, et le bonheur sur l'absence de pensées.

Si l'expérience de la félicité dans le sommeil profond est un fait, comment se fait-il qu'aucun être humain ne s'en souvienne ? Un plongeur qui a trouvé sous l'eau l'objet de sa recherche ne peut faire connaître sa découverte aux personnes qui l'attendent sur le rivage qu'une fois sorti de l'eau. De même le dormeur, privé de moyens d'expression, ne peut faire part de son expérience tant qu'il n'est pas réveillé par ses *vāsanā*. De toutes ces considérations, il résulte que le Soi est la lumière de *sat, chit, ānanda.*

Vishva, taijasa et *prâjña* sont des termes désignant l'individu qui se trouve respectivement dans les états de veille, de rêve et de sommeil profond. Et le même individu est sous-jacent à chacun de ces états. Ceux-ci ne représentent donc pas le vrai Soi qui est le pur état de *sat-chit-ānanda*. Nous avons dit que l'expérience du sommeil profond est la félicité du *brahman*. Mais en fait, il s'agit seulement de l'aspect négatif de cette félicité, puisqu'elle est fondée sur l'absence de pensées. De plus, elle est transitoire. Une telle félicité n'est que l'*ābhāsa* (le reflet), une « contrefaçon » de la félicité suprême. Elle n'est pas différente du sentiment de félicité provoqué par les plaisirs sensuels. Nous disions qu'en sommeil profond le *prâjña* est uni au Soi. L'individualité demeure donc à l'état potentiel dans cet état.

Le Soi est sous-jacent à toutes les expériences. Il est leur témoin ainsi que leur support. La Réalité est donc différente des trois états, veille, rêve et sommeil profond.

1ᵉʳ FÉVRIER 1939

618. *Un visiteur originaire de Hardwar :* Quand je m'analyse moi-même, j'arrive à passer au-delà de l'intellect mais je n'y trouve pas le bonheur.

M. : L'intellect n'est qu'un instrument du Soi. Il ne peut pas vous aider à connaître ce qui est au-delà.

Q. : Je comprends bien. Mais même au-delà, le bonheur est absent.

M. : L'intellect est l'instrument qui permet de connaître les choses inconnues. Mais vous êtes déjà connu, puisque vous êtes le Soi, qui est lui-même connaissance ; vous ne pouvez donc pas devenir l'objet de la connaissance. L'intellect vous permet de voir les choses à l'extérieur, et non pas ce qui est sa propre source.

Q. : Oui, mais je n'y trouve aucun bonheur.

M. : L'intellect est utile dans la mesure où il vous permet de vous analyser, c'est tout. Il doit finalement se résorber dans l'ego, et la source de l'ego doit être recherchée. Ce faisant, l'ego disparaît. Demeurez en tant que cette source et l'ego ne se manifestera plus.

Q. : Il n'y a aucun bonheur dans cet état.

M. : « Il n'y a aucun bonheur » n'est qu'une pensée. Le Soi est félicité, pure et simple. Vous êtes le Soi. En conséquence, vous ne pouvez être que félicité ; et puisque c'est ainsi, vous ne pouvez pas dire qu'il n'y a pas de bonheur. Ce qui dit cela ne peut être le Soi ; c'est le non-Soi, dont il faut se défaire pour réaliser la félicité du Soi.

Q. : Comment s'y prendre ?

M. : Cherchez d'où s'élèvent les pensées. Elles s'élèvent du mental. Cherchez ensuite pour qui fonctionne le mental ou l'intellect. C'est pour l'ego. Immergez l'intellect dans l'ego et cherchez la source de l'ego. L'ego disparaît. Les pensées « Je sais » et « Je ne sais pas » sous-entendent un sujet et un objet. Le Soi est pur et absolu, seul et unique. Il n'y a pas deux Soi, dont l'un peut connaître l'autre. Qu'est-ce que la dualité alors ? Elle ne peut être le Soi, qui est seul et unique. Elle doit être le non-Soi. La dualité est la caractéristique de l'ego. Quand les pensées s'élèvent, il y a dualité. Sachez qu'elle est l'ego et recherchez sa source.

Le degré d'absence de pensées est la mesure de votre progrès vers la réalisation du Soi. Mais la réalisation elle-même n'admet pas de progrès ; elle est toujours la même. Le Soi reste toujours en état de réalisation. Les obstacles sont les pensées. Le progrès se mesure d'après le degré de déblaiement des obstacles qui empêchent de comprendre que le Soi est toujours réalisé. Les pensées doivent donc être contrôlées en cherchant à qui elles apparaissent. De cette manière, vous allez à leur source, d'où elles ne s'élèvent plus.

Q.: Les doutes s'élèvent toujours. D'où ma question.

M. : Un doute s'élève et il est éclairci. Un autre suit, il est éclairci et laisse la place à un autre, et ainsi de suite. On ne réussit jamais à éclaircir tous les doutes. Voyez en *qui* les doutes s'élèvent. Allez à leur source et demeurez en elle. Alors, les doutes cesseront. Voilà comment il faut s'y prendre pour éclaircir les doutes. *Ātmasamstham manah krtvā na kiñcid api cintayet* [Fixant l'esprit sur le Soi, qu'on ne pense à rien (BhG VI.25)].

Q.: Seule la grâce m'aidera à y arriver.

M. : La grâce n'est pas extérieure. En fait, votre simple désir de grâce vient de la grâce qui est déjà en vous.

619. Un visiteur de l'Andhra Pradesh lut à haute voix un verset du *Viveka-chūdāmani* démontrant le sens de *Maitreyi Brahmana* de la *Brihadāranyaka-upanishad* et il demanda la signification de l'*ātman* dont il était fait mention.

M.: C'est le Soi.

Q. : Le *prema* (l'amour) n'implique-t-il pas encore autre chose ?

M. : Le désir de bonheur (*sukha-prema*) est une preuve du bonheur éternel du Soi. Autrement, comment ce désir pourrait-il s'éveiller en vous ? Si le mal de tête était naturel à l'homme, celui-ci n'essaierait pas de s'en défaire. Mais c'est parce qu'il a connu un temps où il n'avait pas mal à la tête qu'il essaye de s'en libérer. Il ne désire que ce qui lui est naturel. C'est ainsi qu'il désire le bonheur, parce que le bonheur lui est naturel. Etant naturel, il n'a pas lieu d'être acquis. Les efforts de l'homme ne peuvent viser qu'à se débarrasser de la souffrance. S'il y arrive, il ressentira la félicité éternelle. La félicité primordiale est obscurcie par le non-Soi, synonyme de non-félicité ou de souffrance. *Duhkha-nāsam = sukha-prāpti* (la cessation du malheur équivaut à l'obtention du bonheur). Le bonheur mélangé à la souffrance n'est encore que souffrance. Ce n'est que lorsque la souffrance est éliminée que l'on peut dire que la félicité éternelle est obtenue. Le plaisir qui se termine en douleur est encore souffrance. L'homme préfère éviter ce genre de plaisir. Les plaisirs se déclinent en *priya*, *moda* et *pramoda*. Quand un objet désiré est à portée de main, c'est *priya* ; quand on en prend possession, c'est *moda* ; quand on en jouit, c'est *pramoda*. Le plaisir ressenti dans ces trois états provient du fait *qu'une seule pensée exclut toutes les autres* ; et *cette unique pensée finit par s'immerger dans le Soi*. Ces états sont ressentis uniquement dans l'*ānandamaya-kosha* (l'enveloppe de félicité). En règle générale, à l'état de veille, c'est le *vijñānamaya-kosha* (l'enveloppe d'intellect) qui prédomine. En sommeil profond, toutes les pensées disparaissent et cet état d'obscurcissement est un état de félicité. Là, l'enveloppe prédominante est celle de l'*ānandamaya*. Mais ce ne sont que des enveloppes et non le noyau central qui, lui, se trouve à l'intérieur de chacune d'elles. Il se tient au-delà des états de veille, de rêve et de sommeil profond. C'est la Réalité, la véritable Félicité (*nijānanda*).

Q. : Le hatha-yoga n'est-il pas indispensable pour la recherche du Soi ?

M. : Chacun trouve la méthode qui lui convient selon ses tendances latentes (*pūrva-samskāra*).

Q. : Puis-je encore pratiquer le hatha-yoga à mon âge ?

M. : Pourquoi pensez-vous à tout cela ? Parce que

vous pensez que le yoga est extérieur à vous, vous le désirez et vous faites des efforts pour l'obtenir. Mais n'existez-vous pas toujours ? Pourquoi vous éloignez-vous de vous-même et courez-vous après quelque chose d'extérieur ?

Q. : Dans l'*Aparoksha-anubhūti* il est dit que le hatha-yoga est une aide nécessaire pour la recherche du Soi.

M. : Les hatha-yogis veulent garder leur corps en bonne santé afin que la recherche puisse s'effectuer sans obstacles. Ils disent également que la vie doit être prolongée pour que la recherche puisse être menée à bien. Dans ce but, certains yogis font en plus usage d'herbes médicinales (*kāyakalpa*). Leur argument favori est que la toile d'un tableau doit être parfaite avant de commencer à peindre. Oui ! Mais *quelle est la toile et quelle est la peinture* ? Selon eux, le corps est la toile et la recherche du Soi est la peinture. Mais n'est-ce pas plutôt le corps qui est une peinture sur la toile, le Soi ?

Q. : Mais on parle beaucoup du hatha-yoga comme d'une aide.

M. : C'est exact. Même de grands pandits, très érudits en Vedānta, continuent à le pratiquer. Autrement, leur mental ne parviendrait pas à se calmer. Vous pouvez donc en conclure que le hatha-yoga est utile à ceux qui ne peuvent calmer leur mental autrement.

Q.: La *saguna-upāsanā* (l'adoration du Dieu personnel) est, dit-on, imparfaite. On dit aussi que la *nirguna-upāsanā* (l'adoration de l'impersonnel) est difficile et risquée. Je me sens seulement capable de la première. Que dois-je faire ?

M. : Le *saguna* (le qualifié) se fond dans le *nirguna* (le non-qualifié) tôt ou tard. Le *saguna* purifie le mental et emporte l'individu vers le but final. Celui qui souffre, le chercheur de connaissance et le chercheur de biens matériels, tous sont chers à Dieu. *Mais le jñānī est le Soi de Dieu.*

620. *Q. :* « Ni ceci ni cela. » C'est ce qui est enseigné au chercheur. Il apprend que le Soi est suprême. Mais comment le trouver ?

M. : On dit que le Soi est celui qui écoute, qui pense, qui connaît, etc. Mais cela n'est pas tout. Il est également décrit comme étant l'oreille de l'oreille, le mental du mental, etc. Et par quel moyen peut-on connaître celui qui connaît ?

Q. : Cela ne dit toujours pas ce qu'est le Soi.

M. : « Ni ceci ni cela. »

Q. : Ce n'est qu'une négation.

Silence

Le visiteur se plaignit alors que le Soi n'était pas démontré.

M. : Un homme désire savoir ce qu'il est. Il voit autour de lui des animaux et des objets. On lui dit : « Vous n'êtes pas une vache, ni un cheval, ni un arbre, ni ceci, ni cela... » Si cet homme réplique : « Vous ne m'avez toujours pas dit ce que je suis », la réponse sera : « Je ne vous ai pas dit que vous n'étiez pas un homme. » C'est à lui de trouver qu'il est un homme. Il vous faut donc trouver par vous-même ce que vous êtes.

On vous dit : « Vous n'êtes pas ce corps, ni le mental, ni l'intellect, ni l'ego ni quoi que ce soit d'autre auquel vous puissiez penser. Découvrez ce que vous êtes véritablement. » Le silence indique que le questionneur est lui-même le Soi qu'il cherche. Dans une *svayamvara* [1], la jeune fille passe devant les prétendants et dit « non » à chacun d'eux, jusqu'à ce qu'elle se trouve en face de l'élu ; elle baisse alors les yeux et reste silencieuse.

---

1. Fête pendant laquelle la fiancée choisit son futur époux.

621. Mr. Raj Krishna rencontra Shrī Bhagavān se promenant seul sur la Colline vers 5 heures de l'aprèsmidi. Il le sollicita : « Dès l'âge de dix ans j'ai désiré avoir une perception, même fugitive, de la Réalité. Je crois fermement que je peux être aidé en cela seulement par un Sage comme Shrī Bhagavān. Voilà pourquoi je le prie de m'aider... »

Shrī Bhagavān le regarda pendant quelques minutes.

Mr. Raj Krishna rompit le silence en disant : « Même si je ne puis réaliser ce dessein durant ma vie, aidez-moi au moins à ne pas l'oublier sur mon lit de mort ; laissez-moi entrevoir la Réalité au moins au moment de la mort afin qu'elle me serve dans mes vies futures. »

M. : Il est dit dans la *Bhagavad-gītā* que quelle que soit la dernière pensée au moment de la mort, c'est elle qui détermine la future naissance de la personne [BhG VIII. 5,6]. Il est nécessaire de faire l'expérience de la Réalité maintenant, durant la vie, pour pouvoir en faire l'expérience au moment de la mort. Voyez si ce moment présent est différent de celui-là et essayez de rester dès maintenant dans cet état désiré.

Q. : J'ai des limites. Je ne serais pas à la hauteur. Seule la grâce peut accomplir ce que je ne peux accomplir par moi-même.

M. : C'est vrai, mais sans la grâce ce désir ne se serait pas éveillé.

Ils marchèrent lentement tout en conversant. Puis, Mr. Raj Krishna raconta : « A Lahore, il y a une petite fille de 11 ans qui est remarquable. Elle prétend que, lorsqu'elle invoque Krishna, à la troisième invocation elle perd conscience et reste en transe continue pendant dix heures. »

M. : Tant que vous croyez que Krishna est différent de vous, vous L'invoquez. Le fait d'entrer en transe indique le caractère transitoire du *samādhi*. Vous êtes toujours en *samādhi ;* c'est cela qui doit être réalisé.

Q. : La vision de Dieu est glorieuse.

M. : La vision de Dieu n'est que la vision du Soi, objectivé sous la forme du dieu de votre propre foi. Connaissez le Soi.

622. Shrī Bhagavān portait un bandage autour d'un doigt. Quelqu'un lui demanda : « Qu'avez-vous là ? » Bhagavān répondit : « Le doigt s'est dirigé sur un couteau. » (Voulant dire par là que le couteau est inerte par rapport au doigt qui, lui, est un agent conscient.)

623. Shrī Bhagavān expliqua qu'il y avait cinq états : 1) Le sommeil ; 2) L'avant-réveil, un état libre de pensées ; 3) Le sentiment de bonheur dû à cette absence de pensées (*rasāsvāda*) ; 4) Le mouvement intérieur des *vāsanā* (*kashāya*) ; 5) L'état de veille complet avec *vikshepa* (distraction).

C'est le deuxième état qui doit être rendu permanent.

4 FÉVRIER 1939

624. *Q. :* A chaque pensée, sujet et objet apparaissent, puis disparaissent. Le 'je' ne disparaît-il pas aussi quand le sujet disparaît ? S'il en est ainsi, comment la recherche du 'je' peut-elle être poursuivie ?

M. : Le sujet (le connaisseur) n'est qu'une modification du mental (*vritti*). Cette modification disparaît mais la réalité sous-jacente demeure. Cette réalité sous-jacente est le 'Je', où apparaissent et disparaissent toutes les modifications mentales (*vritti*).

Q. : D'un côté, on décrit le Soi comme étant *shrotā*

(celui qui écoute), *manthā*, (celui qui pense) et *vijñātā* (celui qui connaît), etc., et de l'autre, comme étant *ashrotā*, *amanthā* et *avijñātā*, c'est-à-dire celui qui n'écoute pas, ne pense pas, ne connaît pas. Est-ce juste ?

M. : C'est juste. L'homme ordinaire n'a conscience de lui-même que lorsque des modifications se produisent dans l'intellect (*vijñānamaya-kosha*) ; ces modifications sont passagères ; elles se produisent, puis disparaissent. Voilà pourquoi *vijñānamaya* (ce qui est constitué de l'intellect) est appelée *kosha* ou enveloppe. Quand il ne reste plus que la conscience pure, c'est *chit*, le Soi ou le Suprême. Demeurer dans son état naturel après l'apaisement des pensées est la félicité. Si cette félicité est passagère, c'est-à-dire qu'elle s'élève et s'évanouit, il ne s'agit que de l'*enveloppe* de félicité (*ānandamaya-kosha*) et non du pur Soi. Après la disparition des pensées, il est nécessaire de fixer son attention sur le pur 'Je' et de ne plus le lâcher. Il faut le décrire comme étant une pensée extrêmement subtile, autrement on ne pourra pas en parler, puisqu'il n'est rien d'autre que le Soi réel. Qui pourrait en parler, à qui et comment ?

Cela est bien expliqué dans la *Kaivalya* et le *Viveka-chūdāmani*. Bien que dans le sommeil la conscience du Soi ne soit pas perdue, l'ignorance du *jīva* n'est pas pour autant dissipée. Car pour que cette ignorance soit détruite, l'état subtil du mental (*vritti-jñāna*), qui vient d'être décrit, est nécessaire ; simplement exposé au soleil, le coton ne brûle pas ; mais placé sous une loupe, il s'enflamme et se consume par les rayons du soleil qui passent à travers cette loupe. Il en est de même de l'ignorance. En dépit du fait que la conscience du Soi est toujours présente, l'ignorance n'est pas détruite. Si par la méditation cet état subtil est obtenu, alors l'ignorance se dissipe. C'est ce que dit aussi le *Viveka-chūdāmani* :

atīva sūkshmam paramātmatattvam na sthūladrishtyā [pratipattum arhati] [str.360] (Le Soi suprême extrêmement subtil ne peut être vu par l'œil physique) ; et *esha svayamjyotir asheshasākshī* [str. 380] (Il brille de lui-même et Il est le témoin de tout).

Cet état subtil n'est pas la modification mentale, appelée *vritti*. Car il y a deux sortes d'états mentaux. L'un est l'état naturel et l'autre se constitue par la transformation en objets. Le premier est la Vérité et le second correspond à « celui qui agit » (*kartritantra*). Quand ce dernier disparaît [comme la noix qui purifie l'eau [1] (*jale kataka-renuvat*)], seul le premier subsiste.

Le moyen d'y parvenir est la méditation. Bien qu'au départ cela implique la triade distinctive (*tripūti*), elle se terminera finalement en pure conscience (*jñāna*). La méditation exige de l'effort ; en état de *jñāna* il n'y a plus d'effort. La méditation peut être pratiquée ou non, ou mal pratiquée, mais avec le *jñāna* il n'en est pas ainsi. La méditation relève du *kartr-tantra* (celui qui agit), le *jñāna* du *vāstu-tantra* (le Suprême).

7 FÉVRIER 1939

625. *Miss Merston, une Anglaise :* J'ai lu le *Qui suis-je ?* Quand je cherche à savoir qui est ce 'je', je ne peux retenir ce 'je', même un instant. De plus, je n'éprouve aucun intérêt pour ce qui m'entoure et pourtant je garde l'espoir de trouver de l'intérêt à la vie.

M. : S'il n'y a pas d'intérêt, c'est bien. Mais si vous espérez encore trouver un intérêt à la vie, cela signifie qu'il y a des *vāsanā*. Un homme rêve et il voit

---

1. Une sorte de noix qui, placée dans une eau sale, absorbe toute la saleté et l'eau est ainsi purifiée.

le monde du rêve avec ses joies et ses peines. Quand il se réveille, il perd tout intérêt pour ce monde du rêve. Il en est de même à l'égard du monde de l'état de veille. Tout comme le monde du rêve, qui n'est qu'une partie de vous-même et pas différent de vous, cesse de vous intéresser à votre réveil, ainsi le monde actuel cessera de vous intéresser le jour où vous vous réveillerez de ce rêve éveillé (c'est-à-dire du *samsāra*) et que vous réaliserez qu'il est une partie de vous-même et non une réalité objective. C'est parce que vous vous croyez séparée des objets qui vous entourent que vous les désirez. Mais si vous comprenez que les objets ne sont que des formes de pensée, vous ne les désirerez plus.

Toutes les choses sont comme des bulles à la surface de l'eau. Vous êtes l'eau, et les objets sont les bulles. Elles ne peuvent exister sans l'eau, mais elles ne sont pas tout à fait la même chose que l'eau.

Q. : Je me sens plutôt comme l'écume.

M. : Cessez cette identification avec l'irréel, et tâchez de connaître votre réelle identité. Vous serez alors solide et vous n'éprouverez plus aucun doute.

Q. : Mais je *suis* l'écume.

M. : C'est parce que vous pensez de la sorte que vous avez des craintes. Tout cela n'est que fausse imagination. Acceptez votre véritable identité avec la Réalité. Soyez l'eau et non pas l'écume. Vous y parviendrez en y plongeant.

Q. : Si je plonge, je trouverai...

M. : Mais même sans plonger, *vous êtes Cela*. Les idées d'intérieur et d'extérieur n'existent que tant que vous n'acceptez pas votre réelle identité.

Q. : Mais l'idée que je dois plonger vient de vous !

M. : Oui, vous avez raison. Je le disais parce que vous vous identifiez à l'écume et non pas à l'eau. La réponse devait diriger votre attention sur cette confusion et vous en faire prendre conscience. Tout se résume à dire que le Soi est infini et qu'il inclut tout ce que vous voyez. Rien n'existe au-delà ni en dehors de lui. Si vous savez cela vous n'aurez plus de désir. Et sans désir, vous serez heureuse.

Le Soi est toujours réalisé. Il n'y a pas lieu de chercher à réaliser ce qui est déjà, et depuis toujours, réalisé. Vous ne pouvez pas nier votre propre existence. Cette existence est conscience, elle est le Soi.

Vous ne pourriez pas poser de question si vous n'existiez pas. Vous devez donc admettre votre propre existence. Cette existence est le Soi. Il est déjà réalisé. Par conséquent, l'effort de réalisation se résume seulement à réaliser votre erreur actuelle de croire que vous n'avez pas réalisé votre Soi. Il n'y a rien de nouveau à réaliser. Le Soi se révèle de lui-même.

Q. : Cela prendra quelques années.

M. : Pourquoi des années ? L'idée de temps n'est que dans votre mental. Elle n'est pas dans le Soi. Pour le Soi il n'y a pas de temps. Le temps est une idée qui s'élève dès que l'ego s'élève. Mais vous êtes le Soi, au-delà du temps et de l'espace ; vous existez, même en l'absence du temps et de l'espace.

9 FÉVRIER 1939

626. *Q.* : Le 'je' n'existe-t-il pas uniquement par rapport à un « ceci » (*aham-idam*) ?

M. : Le 'je' et le « ceci » apparaissent ensemble actuellement. Mais le « ceci » est contenu (*vyâptam*) dans le 'je'. Ils ne sont pas séparés. Le « ceci » doit se fondre dans le 'je' et faire un avec lui. Le 'Je' qui reste est le vrai 'Je'.

627. *Q. :* Que signifie « demeurer auprès du *guru* » ?

M. : Etudier les révélations sacrées.

Q. : Mais il y a cette vertu particulière de la présence du *guru*.

M. : Oui. Elle purifie le mental.

Q. : Cela est l'effet ou la récompense. J'aimerais savoir comment le disciple doit se comporter.

M. : Cela dépend du genre de disciple, s'il est étudiant, père de famille, quelles sont ses tendances mentales et ainsi de suite.

Q. : S'il en est ainsi, la purification mentale se produit-elle naturellement ?

M. : Oui. Jadis les *rishi* envoyaient leurs fils à d'autres *rishi* pour faire leur éducation.

Q. : Et pourquoi cela ?

M. : Pour éviter que les liens d'affection ne soient un obstacle.

Q. : Cela ne peut s'appliquer aux *jñānī*. Etait-ce par rapport aux disciples ?

M. : Oui.

Q. : Si c'est ainsi, cet obstacle ne pourrait-il pas être écarté en même temps que tous les autres ?

M. : C'est une question de temps. Un manque de respect peut retarder l'efficacité de la grâce.

On dit que s'éveiller de l'ignorance est comme s'éveiller d'un rêve effrayant. C'est vraiment ainsi. Le mental peut être terni de deux façons : il peut être obscurci ou agité (*āvarana* et *vikshepa*). Le premier état est nuisible, le second ne l'est pas. Tant que l'effet obscurcissant du sommeil persiste, le rêve effrayant se poursuit. Au réveil, l'obscurcissement cesse et la peur s'envole. L'agitation incessante n'est pas un obstacle au bonheur. Pour se débarrasser de l'agitation causée par le monde, on recherche une autre forme d'agitation ou d'activité qui consiste à demeurer auprès d'un *guru*, d'étudier les textes sacrés ou d'adorer Dieu sous différentes formes. C'est grâce à ces activités que l'éveil est obtenu.

Qu'arrive-t-il en fin de compte ? Karna est toujours le fils de Kuntī. Le dixième homme est présent dès le début [1]. Rāma est Vishnou de toute éternité. C'est le *jñāna*. C'est être conscient de *Cela* qui est toujours.

13 FÉVRIER 1939

628. Après son retour d'Europe, Mr. D. eut une conversation privée avec Shrī Bhagavān durant quelques minutes. Il lui révéla que sa dernière visite avait eu quelque effet mais pas autant qu'il l'aurait désiré. Maintenant il pouvait se concentrer sur son travail. La concentration n'était-elle pas finalement indispensable au progrès spirituel ? Il avait une inclination pour le *karma* (l'action) parce qu'il favorise la concentration.

M. : Il n'y a pas de *karma* sans un *kartā* (l'auteur). En recherchant l'auteur, celui-ci disparaît. Où est alors le *karma* ?

Q. : Je cherche une instruction que l'on puisse mettre en pratique.

M. : Cherchez le *kartā*. Cela est la pratique.

Q. : Comment puis-je garder la conscience éveillée d'une manière continue ? Il y a souvent des interruptions.

M. : Les interruptions sont dues aux pensées ; vous ne pouvez être conscient de telles interruptions que si vous y pensez. Ce n'est donc aussi qu'une pensée. Répétez toujours la vieille pratique « chez qui s'élèvent

---

1. Voir entretien n° 63.

ces pensées ? ». Continuez-la jusqu'à ce qu'il n'y ait plus d'interruptions. Seule la pratique vous permettra de garder la conscience continuellement éveillée.

17 FÉVRIER 1939

629. C'était la fête de *Shivarātri*. Shrī Bhagavān rayonnait de grâce.

Un *sādhaka* posa la question suivante : « La recherche du Soi semble emmener le chercheur dans le corps subtil (*ātivāhika-sharīram*, *puryashtakam* ou *jīvātman*). Est-ce exact ? »

M. : Ce sont différents noms désignant un même état. Ils sont utilisés selon les différents points de vue. Au bout d'un certain temps, le *puryashtakam* (le corps subtil aux huit enveloppes) disparaîtra pour céder la place à « *eka* » (un).

Seul le *vritti-jñāna* peut détruire l'*ajñāna* (l'ignorance). Le *jñāna* absolu n'est pas opposé à l'*ajñāna*.

Il existe deux types de *vritti* (modes du mental) :

1) *vishaya-vritti* (objective)

2) *ātma-vritti* (subjective).

La première doit laisser la place à la seconde. Tel est le but de l'*abhyāsa* (la pratique) qui mène d'abord au *puryashtakam*, puis au Soi unique.

630. Au cours d'une conversation, un fidèle intervint :

« Sivaprakāsam Pillai, un de vos plus anciens disciples, dévot fervent et homme de cœur, a écrit un poème où il dit qu'il n'a jamais pu mettre efficacement en pratique l'enseignement de Shrī Bhagavān. Si lui n'a pas réussi, quel peut être alors le sort des autres ? »

M. : Shrī Acharya[1] disait des choses similaires quand il composait des hymnes à la gloire des divinités. Autrement, comment pourraient-ils glorifier Dieu ?

Shrī Bhagavān sourit en disant cela.

631. Le *sādhaka* revint à sa première question en la formulant différemment : « La recherche du Soi semble conduire à l'*ātivāhikam*, au *puryashtaka* ou au *jīvātmā*. Est-ce exact ? »

M. : Oui. On l'appelle *sharīra* (corps ou demeure, ville ou individu, *purī* ou *jīva*, selon le point de vue).

Le *vritti-jñāna* est généralement associé à des phénomènes objectifs. Quand ceux-ci disparaissent, il ne reste plus que l'*ātma-vritti* ou la *vritti* subjective, qui est identique au *jñāna*. L'*ajñāna* ne cessera que grâce à l'*ātma-vritti*. Alors le *puryashtaka* ne sera pas non plus associé avec quoi que ce soit d'extérieur, et le Soi resplendira, uniforme et harmonieux.

18 FÉVRIER 1939

632. Mr. Satyanārāyana Rao, professeur à la Mahant School, à Vellore, était un des plus anciens fidèles du Maharshi. Il souffrait d'un cancer de la gorge et les médecins n'avaient plus d'espoir à son sujet. On lui avait donné une chambre à l'ashram, et le *sarvādhikārī* se montrait très bon envers lui. Il était là depuis bientôt deux mois et il s'affaiblissait de jour en jour.

Un matin, à 9 heures, Shrī Bhagavān lisait les *tapals* [le courrier], lorsque le frère du professeur apparut dans le hall, l'air anxieux, pour parler avec Shrī Bhagavān de l'état du patient qui était sur le point de suffoquer.

----

1. Shankaracharya (Ādishankara).

Le *sarvādhikārī* vint lui aussi de la part du souffrant. Shrī Bhagavān continuait calmement à lire le courrier. Quelques minutes plus tard, un autre fidèle vint également pour la même raison. Shrī Bhagavān s'interrompit et demanda : « Avez-vous appelé le docteur ? »

Q. : Oui, mais il est trop occupé à l'hôpital.

M. : Que puis-je faire ? (Après un court instant :) Enfin, tout le monde sera content si j'y vais.

Shrī Bhagavān quitta le hall et se rendit au chevet du malade. Il le massa doucement, puis plaça une main sur son cœur et l'autre sur sa tête. Le malade, dont la langue sortait de la bouche, les yeux fixes, donna peu à peu des signes de soulagement et au bout de vingt minutes il murmura faiblement : « Oh, Secours miséricordieux des abandonnés, comme je Vous ai dérangé ! Que pourrais-je donner en retour pour cette bonté ? »

Les gens autour se sentirent soulagés. Shrī Bhagavān retourna dans le hall. Quelqu'un lui offrit du savon et de l'eau pour se laver les mains. Mais Shrī Bhagavān déclina l'offre et se frotta les mains sur son corps. Quelques jours plus tard, le malade mourut.

Un des proches fidèles fit observer : « Shrī Bhagavān semble indifférent en toute circonstance. Néanmoins, il ne cesse de faire preuve de compassion et de bienveillance. »

23 FÉVRIER 1939

633. *Un visiteur de Dindigul :* Je souffre à la fois dans le corps et dans l'esprit. Depuis le jour de ma naissance, je n'ai jamais connu le bonheur. J'ai appris que ma mère souffrit, elle aussi, dès qu'elle m'eut conçu. Pourquoi dois-je souffrir ainsi ? Je n'ai pas commis de péché en cette vie. Est-ce dû aux péchés des vies antérieures ?

M. : S'il n'y avait toujours que la souffrance, rechercherait-on le bonheur ? Autrement dit, si la souffrance était l'état naturel, comment le désir d'être heureux pourrait-il naître ? Pourtant, ce désir naît bien. Ainsi, être heureux est naturel ; tout le reste n'est pas naturel. La souffrance n'est pas désirée tout simplement parce qu'elle va et vient.

Le visiteur renouvela sa plainte.

M. : Vous dites que le corps et l'esprit souffrent. Mais est-ce eux qui se plaignent ? *Qui est celui qui pose ces questions* ? N'est-ce pas celui qui est au-delà du corps et de l'esprit ?

Vous dites que le corps souffre en *cette* vie, que la cause réside dans la vie précédente et que la cause de celle-ci réside encore dans celle d'avant et ainsi de suite. Comme dans le cas de l'arbre et de la graine, il n'y a pas de fin aux successions causales. Il faut comprendre que toutes les vies ont leur cause première dans l'ignorance. Cette même ignorance est présente aussi maintenant, c'est elle qui formule cette question. Elle doit être éliminée par le *jñāna*.

Si vous vous posez la question : « Pourquoi et à qui cette souffrance est-elle survenue ? », vous découvrirez que le 'Je' est distinct du mental et du corps, que le Soi est le seul être éternel et qu'il est félicité éternelle. C'est le *jñāna*.

Q. : Mais pourquoi devrait-il y avoir souffrance ?

M. : S'il n'y avait pas la souffrance, comment le désir d'être heureux pourrait-il s'éveiller ? Et si ce désir ne s'éveillait pas, comment la quête du Soi pourrait-elle être menée à bonne fin ?

Q. : Alors toute souffrance est bonne ?

M. : Exactement. Qu'est-ce que le bonheur ? Est-ce avoir un corps beau et sain, une nourriture assurée ou quelque chose du même genre ? Même un empereur en excellente santé n'est pas exempt de soucis. Ainsi, toute souffrance est due à la fausse notion « je suis le corps ». S'en défaire, c'est le *jñāna*.

634. Un visiteur de l'Andhra Pradesh, ancien fonctionnaire d'Etat, demanda : « Je pratique l'*omkāra-upāsanā* [la méditation sur le OM] depuis longtemps. J'entends toujours un son dans l'oreille gauche qui ressemble au son d'un *nādasvaram* [1]. Même en ce moment, je l'entends. J'ai également des visions lumineuses. Je ne sais pas ce que je dois faire. »

M. : Il doit y avoir quelqu'un pour entendre ces sons et voir ces visions. C'est le 'je'. Si vous le cherchiez en posant la question « Qui suis-je ? », le sujet et l'objet se fondraient l'un dans l'autre. A ce stade, la quête s'achève. Jusque-là, les pensées s'élèvent, les choses apparaissent et disparaissent et vous vous demandez ce qui s'est passé et ce qui va se passer. Quand le sujet est connu, les objets se fondent en lui. A défaut de cette connaissance, l'homme oriente le mental vers des objets ; ces objets apparaissent et disparaissent et il ignore que sa propre nature véritable est ce qui reste inchangé, c'est-à-dire le Soi. Quand les objets disparaissent, l'homme prend peur. Autrement dit, le mental étant lié aux objets, l'homme souffre quand ceux-ci sont absents. Mais tout objet est transitoire, seul le Soi est éternel. Si le Soi éternel est connu, sujet et objet fusionnent et l'Un sans second resplendit.

Q. : Est-ce aussi la fusion de l'*omkāra* ?

M. : OM est la vérité éternelle. Ce qui reste après

---

1. Flûte indienne en bois.

la disparition des objets est OM. Il ne s'absorbe en rien. C'est l'état dont on dit : « Ce en quoi on ne voit rien d'autre, on n'entend rien d'autre, on ne connaît rien d'autre... c'est la Perfection (*yatra nānyat pasyati nānyat srunoti, nānyat vijānāti... sa bhūmā*)[1]. » Toutes les *upāsanā* sont des moyens pour l'atteindre. Cependant, il ne faut pas rester bloqué dans les *upāsanā*, il faut pratiquer la recherche du « Qui suis-je ? » et trouver le Soi.

Q.: Je n'éprouve nul plaisir à rester chez moi. Je n'ai plus rien à faire dans ma famille. J'ai fait tout ce que j'avais à faire. Maintenant, j'ai des petits-enfants. Dois-je rester à la maison ou dois-je partir ?

M. : Vous devez rester exactement là où vous êtes maintenant. Mais où êtes-vous maintenant ? Etes-vous dans votre maison, ou bien la maison est-elle en vous ? Y a-t-il une maison séparée de vous ? Si vous vous fixez en votre *propre* demeure, vous verrez que toute chose s'est fondue en vous, et il n'y aura plus aucune raison de poser de telles questions.

Q.: Oui. Il semble alors que je doive rester chez moi.

M.: Restez dans votre état réel.

635. Un visiteur originaire de Hospet, en Andhra Pradesh, revenait d'un pèlerinage au mont Kailāsa et à Amarnath. Il expliqua combien merveilleux étaient ces lieux et combien difficile avait été le voyage. Finalement, il demanda au Maharshi un souvenir de lui sous forme d'un enseignement.

M. : Vous avez été au mont Kailāsa. Etes-vous allé à Muktinath ?

Q.: Non. Cela aurait été un voyage trop difficile pour

---

1. Cf. *Chāndogya-up.*, VII.24,1. Voir aussi entretien n° 68.

moi. J'ai cependant été au Népal. Etes-vous allé en ces lieux ?

M. : Non, non. J'ai mentionné Muktinath par hasard.

Puis, Shrī Bhagavān fit remarquer : « Aller au mont Kailāsa et en revenir, c'est comme une nouvelle naissance, car on y perd la notion du corps. »

636. Mrs. Kelly Hack demanda si les états de veille et de rêve pouvaient être considérés comme des excursions hors de l'état naturel du Soi.

M. : Il faut qu'il y ait un endroit pour des excursions ; et cet endroit ne peut que se trouver en dehors de soi-même. Ce qui n'est pas possible dans la véritable nature du Soi.

Q. : Mais j'ai pensé qu'on pouvait l'imaginer ainsi.

M. : On pourrait aussi bien s'imaginer la véritable nature du Soi.

Q. : L'exemple de l'écran de cinéma est très beau.

M. : L'écran de cinéma n'est pas conscient et a donc besoin d'un spectateur, alors que l'écran du Soi inclut le spectateur et le spectacle, ou plus exactement, il est tout lumière.

Les images projetées sur l'écran de cinéma ne peuvent être vues que grâce à l'obscurité, car on ne peut voir un film dans la pleine lumière du jour. De même, le mental ne peut projeter des pensées et voir des objets que grâce à une ignorance (*avidyā*) sous-jacente. Le Soi est pure connaissance, pure lumière dépourvue de toute dualité. La dualité implique l'ignorance. La connaissance du Soi se tient au-delà de la connaissance relative et de l'ignorance. De même, la lumière du Soi est au-delà de la lumière ordinaire et de l'obscurité. Le Soi est absolument seul.

637. A une question sur le progrès, Shrī Bhagavān répondit que le progrès concerne le mental et non le Soi. Le Soi est toujours parfait.

2 MARS 1939

638. Depuis quelques jours une règle était appliquée à l'ashram, interdisant aux visiteurs d'entrer dans le hall entre midi et 14 h 30. Quelques visiteurs musulmans arrivèrent à l'ashram juste à ces heures-là. L'assistant leur enjoignit de ne pas déranger Shrī Bhagavān pendant son heure de repos. En entendant ces propos, Shrī Bhagavān descendit tranquillement de son sofa et sortit du hall. Il s'assit sur le sol pavé le long du mur et invita les visiteurs à s'asseoir près de lui. Il déplia son journal, se mit à lire, puis s'étendit à même le sol. Finalement, on le pria de rentrer.

639. Lors d'une conversation avec Mr. K.L. Sarma de Pudukotah, Shrī Bhagavān dit : « Pourquoi laisse-t-on de côté tout ce qui est intime et immédiat et cherche-t-on le reste ? Les Ecritures disent : "Tu es Cela" [*tat tvam asi* (ChU VI, s. 8 et 9)]. Dans cette déclaration, "Tu" est une expérience directe, mais les gens le laissent de côté et partent à la recherche de "Cela" ! »

Q. : C'est pour trouver l'unité de « Cela » et de « Tu ».

M. : « Tu » est le Soi intérieur, immanent en tout. Pour le trouver, l'homme s'oublie soi-même et se met à objectiver le monde. Qu'est-ce que le monde ? Qu'y a-t-il d'immanent en lui ? C'est « Cela ». Toutes ces idées ne surviennent que lorsque l'on oublie son propre Soi. Je ne me suis jamais occupé de telles questions. Ce n'est que plus tard que je me suis rendu compte que les gens s'y intéressaient.

3 MARS 1939

640. Il était environ 4 heures de l'après-midi, Shrī Bhagavān écrivait quelque chose avec attention, lorsqu'il tourna ses yeux lentement vers la fenêtre du hall située au nord. Il ferma son stylo à encre avec le capuchon et le remit dans sa trousse. Il ferma le carnet et le rangea. Il enleva ses lunettes, les plia et les rangea dans leur étui. Se penchant un peu en arrière, il regarda vers le haut, tourna son visage dans une direction et puis dans une autre, et regarda çà et là. Puis, d'un regard songeur, il passa sa main sur son visage. Ensuite, se tournant vers quelqu'un qui se trouvait dans la pièce, il dit d'une voix douce : « Le couple de moineaux vient de se présenter ici et ils se sont plaints à moi que leur nid avait été enlevé. J'ai regardé en l'air, et j'ai vu que le nid avait effectivement disparu. »

Puis, il appela l'assistant, Mādhavaswāmi, et lui demanda : « Mādhava, quelqu'un a-t-il enlevé le nid des moineaux ? » L'assistant répondit d'un air indifférent : « J'enlève les nids dès qu'ils sont construits. J'ai enlevé le dernier cet après-midi même. »

M. : C'est cela. Je comprends maintenant pourquoi les moineaux se sont plaints. Les pauvres petits ! Quand on pense à toute la peine qu'ils se donnent pour apporter dans leurs petits becs des brindilles et des débris !

L'assistant : Mais pourquoi construisent-ils leur nid ici, juste au-dessus de nos têtes ?

M. : Bon, bon. Voyons qui gagnera à la fin.

Après un court moment, Shrī Bhagavān sortit.

641. En expliquant la première stance [1] de *Sad-Vidyā,* Shrī Bhagavān observa : « Le monde est toujours apparent à chacun de nous. Tout homme sait : "Je et ce monde existent." Lorsqu'on pousse la recherche plus loin en s'interrogeant : "Existent-ils en tout temps ?" et "s'ils sont vraiment réels, ne doivent-ils pas être dissociés du temps, de l'espace et de la différenciation ? Mais en est-il vraiment ainsi ?", il devient alors évident que le 'je' et le monde ne sont perçus qu'à l'état de veille et de rêve, mais pas en sommeil profond. Par conséquent, le 'je' et le monde apparaissent à certains moments et disparaissent à d'autres. Ils sont créés, ont leur existence, puis disparaissent. Mais d'où viennent-ils ? Où se maintiennent-ils ? Où vont-ils quand ils disparaissent ? De tels phénomènes peuvent-ils être considérés comme réels ?

En outre, 'je' et le monde, créés, préservés puis détruits, sont perçus dans les états de veille et de rêve, mais pas en sommeil profond. En quoi ce dernier état diffère-t-il des deux autres ? En sommeil profond, les pensées sont absentes, tandis que dans les deux autres états elles existent. Nous pouvons donc en conclure que les pensées sont à l'origine du 'je' et du monde.

Quant aux pensées, que sont-elles ? Elles ne peuvent être naturelles, sinon elles n'apparaîtraient pas à un moment pour disparaître à un autre. D'où viennent-elles ? Leur source, toujours présente et non soumise à des changements, doit forcément exister. Elle doit être l'état éternel ainsi que le déclare l'*Upadesha-mantra* :

---

1. « De notre perception du monde s'ensuit l'acceptation d'un Principe primordial, unique mais possédant le pouvoir d'apparaître comme multiple ; les images de noms et de formes, le spectateur, l'écran et la lumière qui l'illumine : tout cela est en vérité Lui-même » (*The Collected Works of Rāmana Maharshi*, 1996, p. 123).

« Cela d'où tous les êtres proviennent, Cela en quoi ils subsistent et Cela en quoi ils se résorbent. »

Cette stance n'est pas une louange ni une adoration, elle est uniquement une expression de la Réalité.

642. Mr. K. L. Sarma demanda : « Quelle est la différence entre, d'une part : *svasvarūpānusandhānam bhaktir ity abhidhīyate* [L'investigation sur sa propre essence est appelée *bhakti* (VCM 31)] et d'autre part : *svātmatattvānusandhānam bhaktir ity apare jaguh* [L'investigation sur la réalité de son propre Soi, d'autres la déclarent comme étant la *bhakti* (VCM 32)] *?* »

M. : Le premier énoncé est le *vichāra*, c'est-à-dire « qui suis-je ? » (*ko 'ham*) ? Il représente le *jñāna*.

Le second correspond au *dhyāna,* c'est-à-dire « d'où suis-je » (*kuto 'ham*) ? Cela suppose un *jīvātman* qui recherche le *paramātman*.

643. Une personne âgée venant de l'Andhra Pradesh, visiblement instruite, demanda : « Les deux méthodes, le *karma-mārga* (la voie de l'action) et le *jñāna-mārga* (la voie de la connaissance) sont-elles distinctes et indépendantes l'une de l'autre ? Ou bien le *karma-mārga* n'est-il qu'un stade préliminaire qui, après une pratique menée à bien, devrait déboucher dans le *jñāna-mārga* pour atteindre le but ? La voie du *karma* préconise l'action sans attachement, mais une vie active, tandis que le *jñāna* implique le renoncement. Quel est le véritable sens du renoncement ? Le contrôle des passions, telles que la luxure, l'envie, etc., se retrouve dans toutes les voies et constitue la démarche préliminaire et essentielle de chacune d'elles. La libération des passions n'est-elle pas l'indication d'un renoncement ? Ou bien le renoncement serait-il différent et signifierait-il la cessation d'une vie active ? Ces questions me préoccupent et je vous prie d'éclaircir mes doutes. »

Bhagavān sourit et dit : « Vous avez tout dit. Votre question contient en elle-même la réponse. La libération des passions est la condition essentielle. Si elle est accomplie, tout le reste est accompli. »

Q.: Shrī Shankara met l'accent sur le *jñāna-mārga* et souligne que le renoncement en est l'étape préliminaire. Mais dans la *Bhagavad-gītā*, deux méthodes (*dvividha*) sont clairement exposées : le *karma* et le *jñāna* (*loke 'smin dvividhā nishthā...* [BhG III.3]).

M. : Shrī Acharya a commenté la *Gītā* et également ce passage.

Q. : La *Gītā* semble privilégier le *karma* (l'action). Car Arjuna est pressé par Shrī Krishna de combattre ; Shrī Krishna lui-même donne l'exemple d'une vie active remplie d'exploits remarquables.

M. : La *Gītā* débute en déclarant que vous n'êtes pas le corps et que vous n'êtes donc pas le *kartā* (l'auteur).

Q.: Qu'est-ce que cela signifie ?

M.: Qu'on devrait agir sans penser qu'on est l'auteur de ses actions. Les actions continueront à se dérouler même sans ego. L'individu est venu dans la manifestation pour remplir un dessein particulier. Ce dessein sera accompli, que l'individu se considère comme l'auteur de ses actions ou non.

Q.: Qu'est ce qu'est le *karma-yoga* ? Est-ce le non-attachement au *karma* (l'action) ou à ses fruits ?

M.: Le *karma-yoga* est la voie dans laquelle l'homme ne s'arroge pas la fonction d'être l'auteur de ses actions. Les actions se déroulent automatiquement.

Q.: Est-ce le non-attachement aux fruits des actions ?

M. : Cette question ne se pose que s'il existe un auteur. Or, il vous a déjà été dit que vous ne deviez pas vous considérer comme l'auteur.

Q. : Donc le *karma-yoga* est *kartritva buddhi rahita*

karma, c'est-à-dire l'action sans l'idée d'en être l'auteur ?

M. : Oui. C'est cela.

Q. : La *Gītā* enseigne du début à la fin la vie active.

M. : Oui, l'action sans auteur.

Q. : Est-il alors nécessaire de quitter sa maison et de mener une vie de renoncement ?

M. : La maison est-elle en vous, ou êtes-vous dans la maison ?

Q. : Elle est dans mon mental.

M. : Alors qu'advient-il de vous quand vous quittez votre environnement physique ?

Q. : Maintenant, je vois ! Le renoncement, c'est l'action dépourvue du sentiment d'en être l'auteur (*kartā*).

Le *jīvan-mukta* (le libéré de son vivant) n'accomplit-il pas des actions ?

M. : Qui pose la question ? Est-ce un *jīvan-mukta* ou quelqu'un d'autre ?

Q. : Ce n'est pas un *jīvan-mukta*.

M. : Que la question se pose après que l'état de *jīvanmukti* a été atteint, si cela s'avère encore nécessaire. *Mukti* signifie aussi l'état libre de toute activité mentale. Comment le *mukta* peut-il alors penser à l'action ?

Q. : Même si le *jīvan-mukta* abandonne l'action, l'action, elle, ne l'abandonne pas. N'est-ce pas ainsi ?

M. : A quoi le *jīvan-mukta* est-il encore identifié pour que cette question puisse s'appliquer à lui ?

Q. : Oui, je comprends maintenant. Mes doutes sont dissipés.

644. *Un fonctionnaire musulman :* Quelle est la nécessité de la réincarnation ?

M. : Voyons d'abord s'il y a une incarnation avant de parler de réincarnation.

Q. : Comment cela ?

M. : Etes-vous à présent incarné pour parler de réincarnation ?

Q. : Oui, certainement. L'amibe s'est transformée en des organismes de plus en plus évolués jusqu'à l'être humain. Celui-ci est maintenant l'aboutissement parfait. Pourquoi devrait-il y avoir encore réincarnation ?

M. : Qui peut poser des limites à cette théorie de l'évolution ?

Q. : Sur le plan physique, elle est parfaite. Mais quant à l'âme, elle aura peut-être besoin d'évoluer davantage et cela s'effectuera après la mort de l'homme.

M. : Qui est l'homme ? Est-il le corps ou l'âme ?

Q. : Les deux ensemble.

M. : N'existez-vous pas en l'absence du corps ?

Q. : Que voulez-vous dire ? C'est impossible.

M. : Quel était votre état en sommeil profond ?

Q. : Le sommeil est une mort temporaire. J'étais inconscient et par conséquent je ne peux pas dire ce qu'était cet état.

M. : Mais vous existiez dans le sommeil, n'est-ce pas ?

Q. : Durant le sommeil, l'âme quitte le corps et s'en va quelque part. Avant le réveil, elle retourne dans le corps. C'est pourquoi le sommeil est une mort temporaire.

M. : Un homme qui est mort ne revient jamais pour dire qu'il est mort, tandis qu'un homme qui a dormi dit qu'il a dormi.

Q. : C'est parce que le sommeil est une mort temporaire.

M. : Si la mort est temporaire et la vie aussi, qu'est-ce qui est réel ?

Q. : Que voulez-vous dire par là ?

M. : Si la mort et la vie sont temporaires, il doit y

avoir quelque chose qui ne l'est pas. La Réalité est ce qui n'est pas temporaire.

Q. : Il n'y a rien de réel. Tout est temporaire. Tout est *māyā*.

M. : Sur quoi la *māyā* apparaît-elle ?

Q. : Maintenant je vois où vous voulez en venir ; tout est *māyā*.

M. : Si tout est *māyā,* comment se fait-il qu'il y ait encore des questions ?

Q. : Pourquoi la réincarnation existe-t-elle ?

M. : Pour qui ?

Q. : Pour l'être humain parfait.

M. : Si vous êtes parfait, pourquoi avez-vous peur de renaître ? C'est un signe d'imperfection.

Q. : Je n'ai pas peur. Mais vous dites que je dois renaître.

M. : Qui dit cela ? C'est vous qui posez la question.

Q. : Je voulais dire la chose suivante : Vous êtes un être parfait et je suis un pécheur. Vous me dites que, du fait que je suis un pécheur, je dois renaître afin de me perfectionner.

M. : Non, je ne dis pas cela. Au contraire, je dis que vous n'avez pas de naissance et en conséquence pas de mort non plus.

Q. : Voulez-vous dire que je ne suis pas né ?

M. : Oui. Vous pensez maintenant être le corps et c'est pourquoi vous vous identifiez à la naissance et à la mort de celui-ci. Mais vous n'êtes pas le corps et, par conséquent, vous n'êtes pas soumis à la naissance ni à la mort.

Q. : Ne soutenez-vous pas la théorie de la renaissance ?

M. : Non. Au contraire, je veux effacer votre erreur de croire que vous allez renaître. C'est vous qui pensez que vous devez renaître.

Cherchez à qui se pose cette question. Tant que celui qui pose la question n'est pas trouvé, les questions ne peuvent cesser.

Q.: Ce n'est pas une réponse à ma question.

M.: Au contraire, c'est la réponse qui non seulement éclaire *ce* point mais tous les autres doutes aussi.

Q.: Cette réponse ne satisfera pas les autres.

M.: Laissez les autres tranquilles. Si vous prenez soin de vous, les autres sauront prendre soin d'eux.

Un silence s'installa. La personne, apparemment insatisfaite de cette entrevue, quitta le lieu peu après.

Puis, Shrī Bhagavān dit : « Cela travaillera en lui. La conversation produira son effet.

Il n'admet aucune Réalité. Qui est-ce qui a décrété que toute chose était irréelle ? Dans ce cas, cette affirmation devient elle aussi irréelle.

Ce genre de personnes donnent une grande importance à la théorie de l'évolution. Où se trouve-t-elle, si ce n'est dans leur mental ?

Dire que l'âme doit être perfectionnée après la mort revient à admettre l'existence de l'âme. Par conséquent, l'individu ne serait pas le corps, il serait l'âme.

Quelqu'un voit en rêve un édifice qui s'élève. Alors, il commence à penser que cet édifice a été édifié pierre après pierre, par beaucoup d'ouvriers et pendant très longtemps. Cependant, il ne voit aucun ouvrier au travail. Il en va de même de la théorie de l'évolution. C'est parce qu'il se prend pour un homme qu'il pense avoir évolué du stade primaire de l'amibe jusqu'à son stade actuel.

Une autre personne : C'est une illustration de l'adage selon lequel l'homme voit l'Univers plein de causes et d'effets : *Visram pasyati karyakaranataya* [1].

---

1. Tiré du *Dakshināmūrthi-stotra*.

M. : Oui. L'homme rattache toujours un effet à une cause ; et puisque la cause elle-même doit avoir une cause, cette argumentation devient interminable. En rattachant un effet à une cause, l'homme est obligé de penser. Finalement, il est conduit à découvrir qui il *est* lui-même. Quand il connaît le Soi, il atteint la paix parfaite. Ce n'est que pour aboutir à cette perfection que l'homme doit évoluer.

Plus tard dans la soirée, quelqu'un raconta à Shrī Bhagavān que le fonctionnaire musulman avait repris le même sujet lors d'une conversation avec une autre personne.

M. : Il dit que le corps et l'âme forment l'homme. Alors je demande : quel est l'état de l'homme en sommeil profond ? La conscience du corps n'y est pas, tandis que l'homme est toujours là.

Q. : Mais il dit que le sommeil est une mort temporaire.

M. : Oui. C'est ce qu'il dit. Mais il qualifie le mot « mort » par le mot « temporaire », si bien que pour lui, à la fin de son sommeil, l'homme retourne à son corps. Comment sait-il trouver son corps pour y rentrer à nouveau ? De plus, il a la certitude d'y retourner. Cela veut bien dire qu'il existe, sinon comment pourrait-il retourner dans le corps ou prétendre qu'il s'agit de son corps à lui ?

Les Ecritures, toutefois, déclarent que le *prāna* [l'énergie vitale] protège le corps durant le sommeil. Car lorsque le corps repose sur le sol, un tigre ou un loup pourrait venir le dévorer. Mais l'animal flaire le corps et sent que la vie y est présente. C'est pourquoi il ne s'en nourrit pas comme il le ferait d'un cadavre. Cela prouve qu'il y a quelque chose dans le corps qui, en sommeil profond, le protège.

Plus tard dans la journée :

M. : Toute connaissance a pour seul but de conduire l'homme à la réalisation du Soi. On sait que les Ecritures et les religions existent dans cet objectif. Qu'est-ce qu'elles veulent dire ? Laissez de côté tout ce qu'elles énoncent concernant le passé ou le futur. Tout cela n'est que spéculation. Mais l'existence présente est à la portée de chacun. Réalisez l'Etre pur et toutes les discussions et polémiques prendront fin.

Mais l'intellect de l'homme ne prend pas facilement ce chemin. Il est rare qu'un individu se tourne vers l'intérieur. L'intellect se délecte à examiner le passé et à spéculer sur le futur plutôt que de considérer le présent.

Q. : Cela provient du fait que l'intellect sent qu'il se perd en plongeant à l'intérieur lors de sa recherche du Soi. Tandis que l'autre investigation, non seulement offre à l'intellect un regain de vie, mais alimente son besoin de croissance.

M. : Oui, c'est bien cela. Pourquoi l'intellect se développe-t-il ? Il a un dessein à accomplir et c'est celui de montrer la voie vers la réalisation du Soi. L'intellect doit donc être utilisé dans ce but.

12 MARS 1939

645. Un homme d'environ 30 ans arriva dans le hall avec quelques compagnons. L'homme, abruptement, questionna : « La répétition de « je, je » ne peut aider personne à atteindre le but. Comment le 'Je' peut-il être désigné ? »

M. : Il doit être trouvé à l'intérieur de soi. Ce n'est pas un objet qui puisse être montré par une personne à une autre.

Q. : Lorsqu'on donne l'instruction de trouver le 'Je',

cette instruction doit être complète en montrant ce que c'est.

M. : L'instruction ici consiste seulement à indiquer la direction. C'est au chercheur de suivre ou non cette direction.

Q. : Le chercheur est ignorant et il cherche l'instruction.

M. : Voilà pourquoi il est guidé afin de trouver la Vérité.

Q. : Mais c'est insuffisant. Le 'Je' doit être désigné d'une manière précise.

Le visiteur avait adopté une attitude agressive et n'écoutait plus vraiment. Shrī Bhagavān essaya encore de donner des explications mais le visiteur ne le laissa pas faire. Finalement, Shrī Bhagavān dit : « Cette attitude n'est pas celle d'un chercheur. C'est seulement quand le chercheur apprend l'humilité que celui-ci peut accéder à la voie, et pas avant. »

La récitation des Véda commença.

Un peu plus tard, un des fidèles revint à la conversation précédente à laquelle il avait assisté. Shrī Bhagavān ajouta : « Le chercheur doit écouter et s'efforcer de comprendre. Si, en revanche, il veut me mettre à l'épreuve, qu'il le fasse. Je ne discuterai pas. »

Quelque temps après, le visiteur reprit la parole : « Mon attitude n'a pas été comprise correctement. Je veux connaître le 'Je'. Il doit m'être désigné. »

Il était visiblement de mauvaise foi. Les personnes présentes en furent irritées et essayèrent de le raisonner, mais cela aggrava la situation. Finalement, Shrī Bhagavān lui dit : « Retournez par où vous êtes venu. Faites-le extérieurement ou intérieurement, comme cela vous convient. »

L'homme s'excita de plus en plus, ce qui contraria

les autres personnes présentes. Il fut finalement conduit dehors et renvoyé.

Plus tard, on apprit que cet homme était un adepte du yoga et qu'il avait l'habitude de dénigrer les autres méthodes, particulièrement le *jnāna* et les *jñānī*.

Le soir, après le dîner, Shrī Bhagavān raconta l'histoire d'un certain Govinda Yogi, brahmane du Kerala et pandit réputé, qui avait l'habitude de vanter les vertus du yoga et de diffamer les autres méthodes. Afin de soutenir ses déclarations, il citait toujours la *Gītā*, les *Upanishad*, etc. D'autres personnes, comme Shrī Nārāyana Guru par exemple, le réfutaient souvent en se référant aux mêmes textes.

Plus tard, Shrī Bhagavān exprima son estime pour Amrithanata et son amabilité. Il raconta que celui-ci était un grand *tapasvī* (ascète), qu'il avait pratiqué considérablement le *japa*, qu'il avait nourri les pauvres à maintes occasions et dans beaucoup d'endroits, et qu'il gagnait facilement la bonne grâce des autres, y compris celle de grands hommes comme Sir P. Rāmanathan et le Pandit Malavya.

13 MARS 1939

646. Shrī Bhagavān lut à haute voix le passage suivant, écrit par Gandhi et publié dans son journal *Harijan* du 11 mars.

« Combien mystérieuses sont les voies de Dieu ! Ce voyage à Rajkot est une merveille, même pour moi. Pourquoi vais-je, où vais-je ? Dans quel but ? Je ne pense rien à ce sujet. Si Dieu me guide, que devrais-je penser et pourquoi devrais-je penser ? Même la pensée peut être un obstacle sur la voie sur laquelle Il nous guide.

En fait, s'arrêter de penser ne nécessite aucun effort. Les pensées, simplement, ne viennent *pas*. A vrai dire, il n'y a pas de vide, mais ce que je veux dire, c'est qu'il n'y a pas de pensées à l'égard de la mission. »

Shrī Bhagavān fit remarquer combien ces paroles étaient vraies et insista sur chaque déclaration de cet extrait. Il cita ensuite Thāyumānavar pour souligner cet état libre de pensées :

« Bien que j'eusse souvent entendu dire que toutes les *shruti* déclaraient que l'état de tranquillité est celui de Félicité — de pleine Félicité — je n'en continuais pas moins à rester ignorant. En raison de ma stupidité, je ne suivais pas le conseil de mon Seigneur, le Maître silencieux. J'errais dans la forêt de l'illusion. Hélas, c'était mon destin.

La Félicité se révèle d'elle-même si on est tranquille. Pourquoi alors cette pratique illusoire du yoga ? Peut-elle (la Félicité) être révélée en dirigeant son intellect dans une voie particulière ? Ne parlez pas ainsi, vous à qui il a été donné de suivre la pratique et qui êtes donc un enfant innocent.

L'Existence éternelle est l'état dans lequel vous avez disparu. N'êtes-vous pas aussi en lui ? Vous qui ne pouvez pas en parler, ne soyez pas perplexe. Bien que vous ne puissiez en témoigner encore, vous n'êtes pas perdu pour autant. Car vous êtes éternel et tranquille. Ne restez pas dans la souffrance. Voici la Félicité. Venez ! »

15 MARS 1939

647. *Q. :* Ce que Gandhi décrit dans son article n'est-ce pas l'état dans lequel même les pensées deviennent étrangères ?

M. : Oui. Ce n'est qu'après l'éveil de la pensée 'je' que toutes les autres pensées s'élèvent. On ne perçoit le monde qu'après avoir ressenti « Je suis ». Pour Gandhi, la pensée 'je', ainsi que toutes les autres pensées, avaient disparu.

Q. : Alors dans cet état, la sensation du corps doit elle aussi être absente.

M. : La sensation du corps est aussi une pensée, tandis que Gandhi décrit l'état dans lequel « les pensées ne viennent pas ».

Q.: Il dit également « s'arrêter de penser ne nécessite aucun effort ».

M.: Bien sûr, dans cet état aucun effort n'est nécessaire pour arrêter les pensées, tandis qu'il faut en faire un pour se mettre à penser.

Q. : Nous nous efforçons d'arrêter les pensées. Gandhiji dit aussi que la pensée est un obstacle sur la voie sur laquelle Dieu nous guide. C'est donc l'état naturel. Bien que naturel, cependant combien difficile à réaliser. On dit, d'une part, que des *sādhanā* (pratiques spirituelles) sont nécessaires et d'autre part, qu'elles sont des obstacles. Tout cela nous met dans la confusion.

M. : Les *sādhanā* sont nécessaires tant qu'on n'est pas réalisé. Elles existent pour mettre fin aux obstacles. Finalement, arrive un stade où l'individu se sent impuissant en dépit de sa *sādhanā*. Il est même incapable de poursuivre sa *sādhanā* qui lui est si chère. C'est alors que le Pouvoir de Dieu est réalisé et que le Soi se révèle.

Q. : Si cet état est naturel, pourquoi l'homme ne parvient-il pas à surmonter les états qui ne sont pas naturels et à s'affirmer par rapport au reste ?

M. : Existe-t-il quelque chose hors de cet état naturel ? Peut-on voir quelque chose hors du Soi ? On est toujours conscient du Soi ; Il est donc toujours Lui-même.

Q. : On dit que parce que le Soi resplendit de lui-même il est perçu directement. J'en déduis qu'il est directement perceptible (*pratyaksha*) parce qu'il est lumineux (*pradīpta*). Mais comme nous ne l'avons pas réalisé, nous pensons qu'il ne resplendit pas. Il n'est que *pradīpta* (lumineux) et comporte ainsi des obstacles qui l'étouffent. Si l'*ātman* devient *prakarshena-dīpta* (très lumineux), il resplendira sur le reste. Il semble donc nécessaire de le rendre encore plus lumineux.

M. : Comment voulez-vous qu'il en soit ainsi? L'*ātman* ne peut pas être sombre à un moment et resplendissant à un autre. Il est inaltérable et constant.

Q. : Mais Chudālā dit à Sikhidhvaja [1] qu'elle l'a simplement aidé à raccourcir la mèche.

M. : Cela se réfère au *nididhyāsana* (contemplation profonde).

Par le *shravana* (l'écoute de la parole du maître), la Connaissance commence à poindre. C'est la flamme.

Par le *manana* (la réflexion), la Connaissance est empêchée de se dissiper. Tout comme la flamme est protégée du vent par un écran, ainsi la juste connaissance est protégée de l'envahissement des autres pensées.

Par le *nididhyāsana*, la mèche est raccourcie pour que la flamme continue à brûler d'un vif éclat. Chaque fois que des pensées surgissent, le mental est tourné vers l'intérieur, vers la lumière de la Connaissance. Quand cela devient naturel, c'est le *samādhi*.

L'investigation « Qui suis-je ? », c'est le *shravana*.

La détermination du véritable sens du 'Je', c'est le *manana*.

L'application pratique en chaque circonstance, c'est le *nididhyāsana*.

---

1. Histoire du *Yoga-vāsishtha*, voir entretiens n°s 404 et 597.

Demeurer en tant que 'Je', c'est le *samādhi*.

Q. : Bien que nous l'ayons entendu maintes fois, nous sommes cependant incapables de mettre l'enseignement en pratique avec succès. Cela doit être dû à la faiblesse du mental. L'âge peut-il être un obstacle ?

M. : Le mental est généralement considéré comme fort s'il peut penser avec ardeur. Mais ici le mental est fort quand il est libre de pensées. Les yogis disent que la Réalisation ne peut être atteinte après l'âge de trente ans. Mais ce n'est pas ce que disent les *jñānī*, car le *jñāna* ne cesse d'exister quel que soit l'âge.

Il est vrai que le sage Vāsishtha dit à Rāma dans un chapitre du *Yoga-vāsishtha,* le *Vairāgya-prakarana* : « Tu es parvenu au détachement complet dans ta jeunesse. C'est admirable. » Mais il ne dit pas que le *jñāna* ne peut pas être obtenu dans la vieillesse. Il n'y a rien qui puisse y faire obstacle dans la vieillesse.

Le *sādhak* [le chercheur] doit demeurer en tant que le pur Soi. S'il n'y parvient pas, il doit s'assurer du sens véritable du 'Je' et y revenir dès que d'autres pensées surgissent. Cela est la pratique.

Certains disent que l'on doit connaître le *tat* (Cela), car l'idée du monde s'éveille constamment et vient troubler le mental. Si on connaît la Réalité qui lui est sous-jacente, on découvre qu'elle est le *brahman*. Le *tvam* est compris plus tard. C'est le *jīva.* A la fin, se produit le *jīvabrahmaikya* (l'union des deux).

Mais pourquoi tout cela ? Le monde peut-il exister en dehors du Soi ? Le 'Je' est toujours le *brahman*. Son identité n'a pas besoin d'être établie par la logique ou par la pratique. Il est suffisant qu'on réalise le Soi. Il est toujours le *brahman*.

Selon une autre école, le *nididhyāsana* doit se faire sur la pensée « *aham brahmāsmi* » (Je suis le *brahman*). C'est une diversion sur le *brahman*. Aucune diversion ne doit être permise. Connaissez le Soi, et c'est la fin de tout cela.

Nul besoin d'un long processus pour connaître le Soi. Doit-il être désigné par quelqu'un d'autre ? Toute personne ne sait-elle pas qu'elle existe ? Même dans l'obscurité complète où elle ne voit pas sa propre main, elle répond « je suis là » quand on l'appelle.

Q. : Mais ce 'je', c'est l'ego ou la pensée 'je' et ce n'est pas le Soi absolu qui répond à l'appel ou qui est autrement conscient de lui-même.

M. : Si même l'ego peut devenir conscient de lui-même en l'absence de lumière, sans la vue, etc., à plus forte raison, la pure lumière du Soi.

Le Soi est évident en soi. Nul besoin d'étudier tous les *tattva* (principes fondamentaux) pour trouver le Soi. Certains disent qu'il existe vingt-quatre *tattva*, d'autres en comptent davantage. Faut-il connaître les *tattva* avant d'admettre l'existence du Soi ? Les *shāstra* [Ecritures] s'étendent sur eux pour démontrer que le Soi n'est pas affecté par eux. Quant au chercheur, il peut admettre directement le Soi et s'efforcer d'être *Cela* sans devoir recourir à l'étude des *tattva*.

Q. : Gandhiji a adhéré au *satya* (la Vérité) si longtemps qu'il est parvenu à réaliser le Soi.

M.: Qu'est-ce que le *satya* si ce n'est le Soi. Le *satya* est ce qui est constitué de *sat*. Et le *sat* n'est pas autre chose que le Soi. Par conséquent, le *satya* de Gandhi n'est rien d'autre que le Soi.

Chacun connaît le Soi mais reste cependant ignorant. L'homme ne devient capable de le réaliser qu'après avoir entendu les *mahāvākya* [formules upanishadiques]. C'est pourquoi les textes upanishadiques constituent la Vérité éternelle à laquelle tous ceux qui ont réalisé le Soi doivent leur expérience. Après avoir appris que le Soi est le *brahman*, le chercheur trouve le véritable sens

du Soi et y revient chaque fois qu'il en est détourné.
Voilà en quoi consiste le processus de la Réalisation.

17 MARS 1939

648. Shrī Bhagavān raconta que Tattvarāyar avait été
le premier à répandre la philosophie de l'Advaita en
tamoul.

Il disait que la Terre était son lit, ses mains les
assiettes pour recevoir la nourriture, son pagne son seul
vêtement et qu'il était ainsi dépourvu de tout besoin.

Dans le *Mahārāja-turavu* (Le renoncement du roi),
il raconte qu'il s'asseyait sur le sol nu ; que la terre
était son siège, le mental le *chāmara* ; le ciel était son
baldaquin et le renoncement son épouse.

Et puis Shrī Bhagavān poursuivit :

« Au début de mon séjour ici, je m'asseyais et je me
couchais à même le sol sans étaler aucun drap. Cela est
la liberté. Le sofa est une servitude. C'est une prison
pour moi. Je ne suis pas autorisé à m'asseoir où je
veux, comme il me plaît. N'est-ce pas une servitude ?
On devrait être libre de faire ce qui nous plaît et ne pas
être servi par autrui.

Etre dépourvu de désir est la plus grande félicité. On
ne peut le comprendre que par l'expérience. Même un
empereur n'est pas à la hauteur d'un homme sans désir.
L'empereur dépend des vassaux qui sont sous ses ordres.
Tandis que l'homme sans désir n'est conscient de rien
d'autre que du Soi. Qui a le meilleur sort ? »

18 MARS 1939

649. Mr. Thompson, un jeune homme très calme, séjournant en Inde pour quelques années pour étudier la philosophie hindoue, demanda : « La *Shrīmad Bhagavad-gitâ* dit : "Je suis le support du *brahman*." A un autre endroit, on trouve : "Je suis dans le cœur de tous les êtres." Ainsi les différents aspects du Principe fondamental sont révélés. Je présume qu'il y a trois aspects, notamment : 1) le transcendantal, 2) l'immanent et 3) le cosmique. La Réalisation a-t-elle lieu sous l'un de ces trois aspects, ou sous les trois ensemble ? En arrivant au transcendantal par le cosmique, le Vedānta écarte tous les noms et toutes les formes comme étant la *māyā*. C'est un point qui m'est difficile à accepter, car un arbre comprend un tronc, des branches, des feuilles, etc. et je ne peux pas ne pas en tenir compte en disant simplement qu'ils sont *māyā*. Le Vedānta affirme aussi que tout est le *brahman* et prend comme exemple l'or et l'ornement en or [1]. Comment devons-nous comprendre la Vérité ? »

M. : La *Gītā* dit : « *brahmano hi pratishthāham* [2]. Si cet *aham* (Je) est connu, tout est connu. »

Q. : Ce n'est que l'aspect immanent.

M. : Vous pensez maintenant que vous êtes un individu, qu'il y a l'Univers et que Dieu est au-delà du cosmos. A la base de tout cela, il y a l'idée de séparation. Cette idée doit disparaître. Car Dieu n'est pas séparé de vous, ni du cosmos. La *Gītā* dit aussi :

> « O, Seigneur du Sommeil, Je suis le Soi,
> résidant au cœur de toutes les êtres.

---

1. Quelle que soient les formes des ornements, ils ont une seule réalité commune et c'est l'or (voir entretiens n°s 396 et 427).

2. « Car Je suis le fondement du *brahman*...... » (BhG XIV.27)

> Je suis le commencement et le milieu de toute forme,
> je suis également leur destin final (X, 20). »

Ainsi, Dieu n'est pas seulement au cœur de tout, Il est le support de tout, Il est la source, le refuge et la fin de tout. Tout procède de Lui, demeure en Lui et finalement se résorbe en Lui. Il ne peut donc être séparé.

Q. : Comment comprendre alors ce passage de la *Gītā* : « Le Cosmos entier est une parcelle de Moi » [BhG X, 42] ?

M. : Cela ne signifie pas qu'une petite parcelle de Dieu se soit séparée de Lui pour former l'Univers. C'est sa *shakti* (Pouvoir) qui agit. Comme résultat d'une phase de cette activité, le cosmos s'est manifesté. De même, la déclaration du *Purusha-sūkta* [Rig-Veda, X.90, 3] : « Tous les êtres forment Son seul pied « (*pādo 'sya vishvā bhūtanī*), ne veut pas dire que le *brahman* est constitué de quatre parties.

Q. : Je comprends. Le *brahman* n'est sûrement pas divisible.

M. : Par conséquent, le *brahman* est le tout et demeure indivisible. Il est toujours réalisé. Pourtant, l'homme ne le sait pas. Il faut qu'il le sache. La Connaissance est la disparition des obstacles qui empêchent la révélation de la vérité éternelle, c'est-à-dire que le Soi est identique au *brahman*. Tous ces obstacles réunis constituent votre idée d'un individu séparé. Par conséquent, votre effort présent aura pour résultat la révélation de la vérité que le Soi n'est pas distinct du *brahman*.

22 MARS 1939

650. Un homme d'âge moyen venant de l'Andhra Pradesh demanda à Shrī Bhagavān comment il devait pratiquer le *japa* [la répétition d'un nom divin].

M. : Japa comprend le mot *namah*. Cela désigne l'état où le mental ne se manifeste plus comme séparé du Soi. Quand cet état est atteint c'est la fin du *japa*. Car à ce stade, l'auteur et son activité disparaissent. Il ne reste plus que l'Etre éternel. Le *japa* doit donc être pratiqué jusqu'à ce que cet état soit atteint. On ne peut pas échapper au Soi. Celui qui pratique le *japa* sera automatiquement tiré dans le Soi. Arrivé à ce stade, il ne pourra rien faire d'autre que de rester immergé dans le Soi.

Q.: La *bhakti* (la dévotion) conduit-elle à la *mukti* (la libération) ?

M. : La *bhakti* n'est pas différente de la *mukti*. La *bhakti* consiste à être le Soi (*svarūpa*). On est toujours Cela. Et chacun le réalise grâce à la méthode qu'il choisit. Qu'est-ce que la *bhakti* ? C'est penser à Dieu. Cela signifie qu'une seule pensée prédomine à l'exclusion de toutes les autres. C'est la pensée de Dieu et c'est le Soi, ou c'est l'abandon de soi à Dieu. Une fois que Dieu vous a pris en charge, plus rien ne vous affectera. L'absence de pensées, c'est la *bhakti*. C'est également la *mukti*.

La méthode du *jñāna* est le *vichāra* (l'investigation). Ce n'est rien d'autre que la « dévotion suprême » (*parabhakti*). La différence n'est que dans les mots.

Vous pensez que *bhakti,* c'est la méditation sur l'Etre suprême. Tant qu'il y a la *vibhakti* (le sens de séparation), on recherche la *bhakti* (l'union) ; cela conduira finalement au but, ainsi que l'exprime la *Shrīmad Bhagavad-gītā* :

ārto jijñāsur arthārthī jñānī cha bharatarshabha
teshām jñānī nityayukta ekabhaktir visishyate

VII. 16 c — 17 b [1]

Toute méditation est bonne. Mais si le sentiment
de séparation est abandonné, que seul l'objet de la
méditation ou le sujet qui médite subsiste et qu'il n'y
a rien d'autre à connaître, c'est le *jñāna*. On dit que le
jñāna est *ekabhakti* (dévotion exclusive). Le *jñānī* est
la finalité parce qu'il est devenu le Soi et qu'il n'y a
plus rien d'autre à faire. Il est également parfait et sans
peur, *dvitīyād vai bhayam bhavati* [BĀU I.4,2] (seule
l'existence d'un autre suscite la peur). Cela est la *mukti*.
C'est aussi la *bhakti*.

23 MARS 1939

651. A.W. Chadwick, en copiant la traduction
anglaise de la *Kaivalya-navanīta*, rencontrait des difficultés de compréhension concernant quelques termes
techniques et demanda à Shrī Bhagavān des explications. Celui-ci répondit : « Ces passages concernent
les diverses théories sur la création. Elles n'ont pas
grande importance, car le but des *shruti* [Ecritures
révélées] n'est pas d'exposer de telles théories. Elles
les mentionnent de façon à ce que le chercheur puisse

---

1. 16. — [O Arjuna, de quatre espèces sont les gens de bien qui
m'adorent :] l'affligé, celui qui aspire à la connaissance, l'amateur
de richesses et le sage, le Taureau des Bhârata.

17. — Parmi eux, le Sage toujours unifié et m'adorant pour moi
seul l'emporte sur tous les autres. [Car je suis excessivement cher
au Sage et le Sage m'est cher.] (*La Bhagavad-Gītā* / trad. Esnoul-
Lacombe.)

satisfaire sa curiosité s'il le désire. La vérité est que le monde apparaît comme une ombre dansante sur un fleuve de lumière. La lumière est nécessaire pour voir également cette ombre. Mais l'ombre ne mérite aucune attention particulière, ni analyse ou discussion. La *Kaivalya-navanīta* traite du Soi, et c'est là son objectif. Pour le moment, les discussions sur la création peuvent être laissées de côté. »

Plus tard, Shrī Bhagavān poursuivit : « Le Vedānta dit que l'Univers naît simultanément avec "celui qui le voit". Il n'existe donc pas de processus détaillé de la création. On appelle cela *yugapad-shrīshti* (création instantanée). C'est exactement comme les créations du rêve, où le rêveur se manifeste en même temps que les objets de son rêve. Mais bien des gens ne sont pas satisfaits de cette explication, car ils sont profondément ancrés dans la connaissance objective. Ils discutent pour savoir comment une création instantanée est possible, car d'après eux, tout effet doit être précédé d'une cause. En bref, ils désirent obtenir une explication de l'existence du monde dans lequel ils vivent. Les *shruti* s'efforcent de satisfaire leur curiosité en développant des théories sur la création. Cette façon de traiter le sujet de la création s'appelle *krama-srishti* (création graduelle). Mais le vrai chercheur peut se contenter de la *yugapad-shrīshti* (création instantanée). »

24 MARS 1939

652. Une des personnes présentes avait composé des vers à la louange de Shrī Bhagavān dans lesquels se trouvait aussi le mot Avartapuri. Shrī Bhagavān expliqua que ce mot désignait Tiruchuzhi, le lieu de sa naissance. Cette localité possédait des noms différents. *Āvarta* veut

dire tourbillon. La région avait subi plusieurs déluges
au cours des siècles et, selon la tradition, Shiva sauva
cette localité de trois d'entre eux. Une fois, alors que
toute la surface de la terre était immergée sous les
eaux, Shiva planta Sa lance en cet endroit, si bien
que les eaux qui auraient dû normalement envahir la
contrée furent attirées dans le trou formé par celle-ci. Un
tourbillon se forma. Voilà l'origine du nom Āvartapuri.
Une autre fois, Shiva, pour sauver la localité, la maintint
suspendue au bout de sa lance. De là vient l'autre nom
Shūlapuri.

Et lors d'un autre déluge, la Mère Terre fut emportée
dans les flots par le démon Hiranyāksha. Après avoir été
sauvée par Vishnou, elle se sentit souillée par le contact
impur (*pāpa-sparsa*) avec le démon (*rakshasa*). Pour se
purifier de ce toucher impur, elle se mit à adorer Shiva à
cet endroit. D'où le nom de Bhūminatheshvara-kshetra.

Le sage Gautama est aussi célèbre à Tiruchuzhi qu'à
Arunāchala. A Tiruchuzhi, Shiva lui apparut sous la
forme de danseur cosmique et reproduisit devant ses
yeux le mariage de Gaurī-Shankar.

Kaundinya était un autre *rishi* par la grâce duquel la
rivière sacrée se mit à couler en cet endroit. Cette rivière
fut baptisée Kaundinya, puis devint Kundāru en tamoul.
On l'appela aussi Papahari, le destructeur des péchés, à
cause de l'histoire suivante :

La fille d'un roi était possédée par des forces incon-
trôlables. On l'emmena en pèlerinage en divers lieux
sacrés et *tīrtha* (bassins sacrés). Un jour, les gens
qui l'accompagnaient effectuèrent des rituels durant
lesquels, dans un *sankalpa* [pensée], ils eurent la révélation d'un *tīrtha* nommé Papahari. IIs s'enquirent de son
emplacement et se rendirent à Tiruchuzhi. La fille du
roi se baigna dans l'eau sacrée et fut libérée du mauvais
esprit.

Le roi Pandya fut libéré d'un *brahmahatyā* (meurtre
d'un brahmane) en cet endroit.

Tiruchuzhi est le centre de l'ancien royaume des
Pandyas, qui comprenait les districts de Madurai, de
Rāmnad et de Tirunelveli.

Le village de Tiruchuzhi est bordé d'un côté par la
rivière et de l'autre par un grand lac qui, chose étrange,
se trouve à six mètres au-dessus du niveau du village.
Cependant, même quand il déborde, les eaux se dirigent
dans d'autres directions, si bien que Tiruchuzhi n'est
jamais inondé.

Le village possède un bassin sacré situé juste en face
du temple. C'est le lieu du tourbillon d'eau, créé par la
pointe de la lance de Shiva. Aujourd'hui encore, durant
maghashuddha-pūrnami (les dix jours qui précédent
la pleine lune du mois tamoul, *masi*), les eaux du
bassin s'élèvent d'environ trente centimètres par jour
et descendent graduellement pendant les dix jours qui
suivent. Ce phénomène se renouvelle chaque année. Les
jeunes du village l'observent toujours avec émerveille-
ment. Les pèlerins se rassemblent à cette occasion pour
se baigner dans ce bassin. L'eau étant sulfureuse, les
bijoux d'argent des baigneurs s'oxydent à son contact.
Shrī Bhagavān l'avait bien observé quand il était enfant.

1ER AVRIL 1939

653. Quelques professeurs, participant en ville à la
réunion de la guilde des professeurs, arrivèrent en visite
à l'ashram. L'un d'eux dit à Shrī Bhagavān : « J'ai
l'impression d'errer dans une forêt, sans pouvoir trouver
le bon chemin. »

M. : Cette idée d'être perdu dans une forêt doit
s'effacer. De telles idées sont la cause de vos ennuis.

Q. : Mais je ne trouve pas le bon chemin.

M. : Où est la forêt et où est le chemin si ce n'est en vous ? Vous êtes ce que vous êtes et cependant vous parlez de forêt et de chemins.

Q. : Mais je suis obligé de me mouvoir dans la société.

M. : La société n'est également qu'une idée, comme celle de la forêt.

Q. : Je dois chaque jour quitter ma maison et me mêler aux hommes.

M. : Qui le fait ?

Q. : Le corps se déplace et fait tout.

M. : D'accord. Maintenant, que vous vous identifiez au corps, vous ressentez un malaise, mais ce malaise ne réside que dans votre mental. Vous pensez que vous êtes le corps ou le mental. Mais il y a des situations où vous êtes libre des deux, comme par exemple en sommeil profond. Dans votre rêve, vous créez un corps et un monde ; ils représentent vos activités mentales. A l'état de veille, vous pensez être le corps et c'est alors que l'idée de forêt et tout le reste apparaît.

Maintenant, considérez la situation. Vous êtes un être immuable et permanent qui demeure le même dans tous ces états ; les états ne cessent de changer et sont donc transitoires. Mais vous, vous êtes toujours là. Il s'ensuit que les objets fugitifs de la manifestation ne sont que de simples phénomènes qui apparaissent à la surface de votre être, telles des images sur un écran de cinéma. L'écran ne bouge pas lorsque les images bougent. Pareillement, vous ne bougez pas de là où vous êtes, même quand le corps quitte la maison et se mêle aux autres.

Votre corps, les autres, la forêt et les chemins sont tous en vous ; vous n'êtes pas en eux. Vous êtes aussi le corps, mais pas uniquement ce corps. Si vous demeurez toujours comme le pur Soi, le corps et ses mouvements ne vous affecteront plus.

Q. : Cela peut seulement être réalisé par la grâce du maître. J'ai lu le *Shrī Bhāgavatam* ; là, il est dit que la Félicité ne peut être obtenue que par la poussière des pieds du maître. Je prie pour obtenir la grâce.

M. : Qu'est-ce que la Félicité si ce n'est votre propre Etre ? Vous n'en êtes pas séparé, il est identique à la Félicité. Vous pensez maintenant que vous êtes le mental ou le corps, qui sont tous deux changeants et transitoires. Mais vous êtes immuable et éternel. C'est ce que vous devez savoir.

Q. : C'est obscur pour moi, car je suis ignorant.

M. : Cette ignorance doit disparaître. Qui dit « Je suis ignorant » ? Ce doit être le témoin de l'ignorance. Vous êtes ce témoin. Socrate disait : « Je sais que je ne sais rien. » Est-ce de l'ignorance ? C'est de la sagesse.

Q. : Alors pourquoi je me sens malheureux chez moi à Vellore, alors que je ressens la paix ici, en votre présence ?

M. : Ce sentiment que vous éprouvez ici est-il vraiment la Félicité ? Vous dites que vous êtes malheureux quand vous quittez ce lieu. Cette paix n'est donc pas permanente. En plus, elle est mélangée à ce sentiment de tristesse que vous ressentez ailleurs. Mais la Félicité ne se trouve ni en certains endroits ni à certains moments. Elle doit être permanente pour avoir de l'intérêt. Un tel être permanent, c'est vous-même. Soyez le Soi, c'est la Félicité. Vous êtes toujours Cela.

Vous dites qu'après avoir quitté Vellore, avoir voyagé en train, être arrivé à Tiruvannāmalai et être entré dans cette pièce, vous avez trouvé le bonheur. Et quand vous repartez à Vellore, vous n'y êtes pas heureux. Mais vous déplacez-vous vraiment d'un endroit à un autre ? Même en considérant que vous êtes le corps, ce corps s'est simplement assis sur une charrette et celui-ci l'a emmené de chez vous à la gare. Il est monté ensuite dans un train qui l'a transporté de Vellore à Tiruvannāmalai. Là, il a pris une autre charrette qui l'a amené ici. Cependant, quand on vous pose la question, vous dites que c'est vous qui avez voyagé de Vellore jusqu'ici. En fait, dans tous ces déplacements, votre corps est resté là où il était et c'est le paysage qui s'est déroulé devant lui.

De telles idées proviennent de la fausse identité qui est si profondément enracinée.

Quelqu'un d'autre demanda : Devons-nous considérer le monde comme transitoire (*anitya*) ?

M. : Pourquoi ? C'est parce que vous considérez le monde comme étant permanent (*nitya*) que les Ecritures vous disent qu'il ne l'est pas afin de vous détourner des idées erronées. Cela ne peut se faire qu'en réalisant que vous, vous êtes éternel (*nitya*) et non pas en classant le monde comme transitoire (*anitya*).

Q. : On nous recommande de pratiquer l'indifférence (*udāsīna*), mais ce n'est possible que si le monde est considéré comme irréel.

M. : Oui. *Audāsīnyam abhīpsitam* (l'indifférence est recommandée). Mais qu'est-ce que l'indifférence ? C'est l'absence d'amour et de haine. Quand vous réalisez le Soi à la surface duquel défilent les phénomènes, pouvez-vous aimer ou haïr ceux-ci ? Voilà le sens véritable de l'indifférence.

Q. : Cela risque de conduire à un manque d'intérêt dans notre travail. Or, devons-nous accomplir notre devoir ou non ?

M. : Oui, certainement. Même si vous essayez de ne pas accomplir votre devoir, vous serez toujours obligé de le faire. Laissez le corps accomplir la tâche pour laquelle il a été créé.

Dans la *Bhagavad-gītā*, Shrī Krishna dit qu'Arjuna, qu'il le veuille ou non, sera forcé de se battre. Quand vous devez accomplir un certain travail, vous ne pouvez pas vous y soustraire ; vous ne pourrez pas non plus continuer une activité si vous n'êtes pas tenu de le faire, c'est-à-dire, si le travail qui vous a été attribué a été accompli. En bref, le travail doit s'effectuer et vous devez y participer, participer pour la part qui vous est attribuée.

Q. : Comment s'y prendre ?

M. : Comme un acteur qui joue son rôle dans une pièce — sans amour et sans haine.

OM TAT SAT

I.

INDEX DES TERMES SANSKRITS

Les numéros ne renvoient pas aux pages, mais aux entretiens.

āgāmi-karman : résultat des actions de la vie présente qui portera ses fruits dans des vies futures, 349, 383, 515

aham : je, 54, 177, 256, 266, 277, 284, 307, 309, 314, 349, 363, 433, 448, 473, 518, 577, 591, 649

aham brahmāsmi : « je suis le *brahman* » (*mahāvākya* qui se trouve dans la *Brihadāranyaka-upanishad*), 54, 106, 146, 202, 266, 309, 349, 647

ahamkāra : sens de l'ego, le soi « égotique » (*aham* = je), 41, 69, 177, 290, 292, 392, 433, 474, 510, 591, 616

ahimsā : non-violence, 22, 508

ajapa : son inarticulé, 312

ajāta-vāda : doctrine de l'Advaita niant la création ; théorie de la non-naissance, 383, 399

ajñāna : ignorance ; absence de conscience du Soi, 46, 249, 289, 314, 513, 579

ajñānin : l'ignorant ; celui qui n'a pas réalisé le Soi, 499 *et passim*

akarman : non-agir ; action involontaire, 375

ākāsha : éther ; espace, 292, 451 (aussi *bhūtākāsha*, *manokāsha*, *chidākāsha*, °*-tattva*), 485, 497, 510, 513, 589

ākāshavānī : voix venant du ciel, 449

akhanda : non divisé, indivisible, 336

akhandākāra-vritti : expérience ininterrompue, 307

akritopāsaka : celui qui n'a pas pratiqué l'*upāsanā* : ou la méditation (texte : le chercheur débutant), 95, 249, 289

amrita : immortel, 57, 513

anādi : sans commencement, éternel, 491

anāhata : centre yoguique (*chakra*) situé au niveau du cœur, 398, 424

ānanda : félicité, 100, 244, 290, 318, 344, 433, 466, 513, 560, 566, 617

ānandamaya-kosha : enveloppe faite de félicité, 25, 619, 624

ānandātman : le Soi qui est félicité, 318

ananta : infini, 332

anātman : le non-Soi, 58, 122

ānava : relatif à la limitation, 319

aniccha : involontaire, 385

anitya : transitoire, 653

annamaya-kosha : enveloppe de matière (le corps physique), 25, 277

antah-karana : organe interne (mental), 100, 292, 318, 323, 392, 398, 473, 481, 510

antah-prānāyāma : contrôle interne de la respiration, 54

antardhāna : disparition de vue, 32

antarmukhi-manas : mental intériorisé, 274

anu : atome ; petit, fin, 388

238, 290, 298, 337, 430, 441, 485, 596

ātma-vidyā : connaissance du Soi, 379, 406, 551

atyanta-vairāgyam : l'état totalement dépourvu de passion, 302

atyāshrama : au-delà des quatre étapes de la vie, 281, 291

aupachārika : métaphorique, indirecte, 500

āvarana : voile qui cache la Réalité ; obscurcissement, 132, 323, 349, 473, 513, 515, 579, 627

āvarta : tourbillon, 652

avasthā-traya : les trois états [de la conscience] : veille, rêve et sommeil profond, 286

avatāra : incarnation divine, 308, 471

avidyā : ignorance ; non-connaissance, 263, 289, 363, 381, 496, 517

avidyā-nāsha : suppression de l'ignorance, 500

āvritta-chakshus : regard introverti, 336

āyatana : siège, 471

B

bahir-mukhi-manas : mental tourné vers l'extérieur, 274

bahir-prānāyāma : contrôle de la respiration extérieure, 54

bahūdaka : moine errant, 588

bāla : enfant, 414, 415

bandha : asservissement, servitude (attachement), 266, 383

bandha-hetu : cause de servitude (attachement), 116, 317, 515

Bhagavān : « Fortuné, glorieux, vénérable, divin ». Appellation donnée souvent aux divinités et aux saints ; le Maharshi est ainsi appelé par ses disciples et ses fidèles.

bhajana : chant dévotionnel, traditionnellement chanté en groupe, 450, 254

bhakta : dévot, 91, 159, 274, 307, 392, 502, 543, 580

bhakti : dévotion, 28, 31, 52, 129, 149, 154, 251, 385, 428, 450, 462, 472, 543, 650 *et passim*

bhakti-mārga : voie de la dévotion, 31, 251, 372, 441

bharani : poème composé pour chanter la gloire d'un roi qui a tué mille éléphants au cours d'une bataille, 262

bhāshyakāra : commentateur, 513

bhāvanā : création mentale, conception, idée ; méthode de contemplation, 137, 385, 392, 528

bheda : différence ; différentiation, 54, 433

bhikshā : offrande, don de nourriture, 361

bhoga : jouissance, plaisir ;

C

chaitanya : conscience, 471

chakra : centre d'énergie subtil dans le corps humain, 57b, 282, 299, 424

chakshus : œil, 336, 471, 500

chakshur-dīkshā : initiation par le regard, 398, 518

chāmara : chasse-mouches (objet rituel), 648

chanchala : changeant, instable, 382

chidvyoman : espace [infini] de la conscience, 16

chinmaya : constitué de conscience, 148

chintā : pensée, idée, 54

chintā-mani : joyau qui exauce tous les désirs, 404

chintana : v. *ātma-chintana*

chit : conscience ; pure conscience, 25, 100, 136, 177, 288, 433, 445, 506, 520, 566, 589, 617

chitta : mémoire ; mental ; conscience, 19, 292, 323, 510, 513

chittaikāgratā : mental concentré, 275

chitta-nirodha : contrôle du mental, 31

chitta-shuddhi : pureté du mental, 113, 581

chitta-vilāsa : jeu du mental, 142

chitta-vritti-nirodha : contrôle des activités mentales, 433 485

chittavyoman : l'espace du mental, 16

cipayes : nom des soldats indiens avant l'indépendance, 472

D

daharākāsha : l'éther du cœur, 269

dāna : don, 581

darshana : voir ou être vu du *guru* ou d'une divinité, 295, 359, 437, 591 *et passim*

dāsī : courtisane, 449

deha : corps, 34

dehātma-buddhi : l'idée « je suis le corps », 286, 338, 383, 391

deha-vāsanā : attachement au corps, 34

deva : être céleste ; dieu, 30

dhāman : demeure, 181

dhāranā : concentration du mental ; une des huit étapes dans le yoga de Patañjali, 34, 371

dharma : loi ; règle religieuse ou morale ; devoir, 58, 251, 502, 581

dharma-shāstrin : celui qui est versé dans l'étude des Ecritures relatives au *dharma*, 282

dhīra : courageux, fort, maîtrisé ; le Sage, 352

dhriti : décision ; fermeté, constance, 389

dhyāna : méditation, contemplation, 52, 61, 80, 191, 254, 294, 328, 371, 390, 401, 433, 536, 538, 539, 540, 642

dikpāla : divinité qui protège un point cardinal, 548

dīkshā : initiation spirituelle, 398, 433, 509, 518, 519

divya-chakshus : œil divin, 336, 364

drashtri (nom. *drashtā*) : celui qui voit, 295, 376

dridha : ferme, stable, fort, 289

drish (nom. *drik*) : sujet percevant, 25, 579

drishti : perception ; vision, 268, 336

drishti-srishti : perception suivie de création ; création simultanée, 133, 383

drishya : objet perçu, visible, 25, 376, 579

drishyānuviddha : ce qui dépend de la vue, 391

drishya-vilaya : disparition du visible (monde objectif), 25

duhkha : souffrance, malheur, peine, 290

duhkha-nivritti : cessation de la souffrance, 57a

dvaita : dualité, 35, 282, 433, 441, 448, 491

dvandvāni : les paires d'opposés (chaud et froid, etc.), 319

dvesha : aversion, haine, 266

dvividha : double, de deux sortes, 643

E

eka : un, 25, 58, 319, 629

ekāgratā : concentration sur un seul point ; poursuite d'un seul but, 27

G

ganja : haschisch, 560

gati : mouvement, 181

gāyatrī : mantra qui invoque le soleil comme étant celui qui donne la vie et l'inspiration à tous les êtres. Le vers le plus sacré du *Rig-Veda*, 8, 606

gopī : bergères adoratrices de Shrī Krishna, 449

gopuram : nom des tours des temples en Inde du Sud, 63, 71

granthi : nœud, 95, 290, 336, 349

grihastha : « celui qui se trouve dans la maison », chef de famille, 54, 251, 395, 426, 427

grihinī : maîtresse de maison, 251

guna : trois qualités fondamentales, modalités sous-jacentes à toutes les manifestations (*sattva-guna, rajo-guna, tamo-guna*), 73, 214, 292, 392, 567, 617

gunātīta : celui qui a transcendé les *guna*, 73

l'épine dorsale, 184, 299, 398, 616

mumukshu : celui qui aspire à la Libération, 362

mumukshutva : aspiration à la Libération, 256

muni : sage, 290

muppāzh (terme tamoul) : trois vides, 332

N

nābhi : nombril, 579

nāda : son subtil accompagné par une lumière, terme tantrique, 70, 148, 215, 259, 303, 427, 511

nādasvara : pipe fumée en Inde du Sud, 634

nādi : nerf yogique, 57b, 82, 138, 252, 392, 398, 403, 408, 474, 616

nāham : je ne suis pas, 54 (*nāham chintā*), 57a (*deho nāham*), 154, 448

naishthika-brahmacharya : célibat à vie, 491

na karmanā... : mantra *du Yar-juveda*, 511

nāma-japa : répétition du nom de Dieu, 413, 596

nāma : nom ; nom de Dieu, 591

namas (*namah*) : hommage, soumission, prosternation, 650

nāma-samkīrtana : le fait de chanter le nom de Dieu, 485

namaskāra : prosternation devant une divinité ou devant le *guru* en s'allongeant à terre ou en s'agenouillant, mains jointes devant la poitrine, 363, 549

nāma-smarana : souvenir et répétition du nom de Dieu, 325

nānā : divers, multiple, 175 (*nānā-jīvātva*)

naraka : enfer, 41

nava : nouveau, 270

neti neti : ni ceci ni cela ; méthode d'élimination exhaustive de l'illusoire (injonction dans la *Brihadāranyaka-upanishad*), 366

nididhyāsana : contemplation profonde, 52, 57a, 249, 289, 294, 349, 433, 557, 562, 647

nijānanda : félicité naturelle : félicité véritable, 619

nirākāra-upāsanā : méditation sur le sans-forme, 104

nirguna : sans attributs, 218, 619

nirguna-upāsanā : méditation sur le [*brahman*] sans attributs, 570, 619

nirodha : maîtrise, contrôle, 485

nirvāna : état de Libération, 176, 273, 406

nirvikalpa-samādhi : stade le plus élevé de *samādhi* dans lequel l'âme perd toute sensation de séparation d'avec le Soi universel, mais état temporaire, car il y a encore retour à

R

sāmrājya : empire universel, 29

samsāra : cycle des naissances et des morts ; le monde phénoménal des noms et des formes, 28, 31, 251, 283, 290, 428, 625

samskāra : tendance innée ; impression, 31, 108, 136, 247, 275, 289, 290, 383, 384, 389, 399, 414, 418, 491, 495, 580, 596

samvid (nom. *samvit*) : conscience ; connaissance, 424, 481

samyamana : concentration [du mental], 483, 616

sanchita-karma : résultat des actions des vies passées et de la vie présente dont la fructification reste à l'état latent, 37, 349, 383, 488, 515, 536

sandeha : doute, 289

sandhyā : rites d'adoration du matin et du soir au moment du crépuscule, 241

sanga : association, compagnie, 283 (voir *sat-sanga*)

sankalpa (samkalpa) : intention, pensée ; intention d'effectuer, 116, 314, 382, 486, 589, 652

sankhyā : connaissance discriminative, 385

sannidhi : présence, proximité, 466 (voir *guru-sannidhi*)

sarva : tout, 57a, 58, 147, 164, 219, 383, 471, 500, 607

sarvādhikārin : « Le gouverneur de tout », titre donné à l'administrateur de l'ashram, 492, 552, 632

sarvajña : omniscient, 57a

sarvajñatva : omniscience, 147

sat : réel, juste, bon ; réalité, existence absolue, 100, 105, 108, 113, 186, 283, 314, 433, 506, 589 *et passim*

sat-chit-ānanda : Etre-Conscience-Félicité, 25, 295, 433, 513, 566, 617

sat-purusha : homme réel, 456

sat-sampanna : absorbé dans l'Etre, 108

sat-sanga : compagnie, fréquentation des maîtres ou des sages, 10, 125, 283, 377, 462, 482, 609

satsangī : celui qui est dans la présence d'un sage, 502

sattva : existence ; être ; une des trois qualités originelles (*guna*), représentée par le blanc, principe de pureté, clarté et bonté, 52, 73, 100, 292, 323, 392, 485, 497, 567

sattvaguna : voir *sattva*

sattvāpatti : Réalisation ; un des sept stades d'illumination, 256

sattvique : pur ; relatif à *sattva*, 22, 68, 91, 323, 392, 485, 491, 557, 577

satya : réel, vrai ; la réalité, la vérité, 33, 376, 491

savikalpa-samādhi : état de concentration dans lequel la distinction entre le connaisseur, la connaissance et le

connu n'est pas encore effa-
cée, 336, 391

shadādhāra : nom pour les six
centres yoguiques, 299

shaiva-siddhāntīn : adepte du
Shaiva-siddhānta, 339

shakti : pouvoir ; énergie ; Mère
divine personnifiant le pouvoir
latent de Shiva, 32, 54, 57b,
89, 91, 268, 288, 298, 392,
398, 399, 446, 449, 450, 467,
480, 531, 649 (texte : Shakti
[Conscience, Esprit], 89, 268)

shaktipāta : descente de l'énergie divine, 275, 393

shānti : paix, 290, 497

sharīra : corps, 57a, 392,
631 (voir : *sūkshma-, linga-,
kārana-, sthūla-sharīra*)

sharīra-traya : les trois corps :
physique, subtil et causal, 515

sharīrin : celui qui a un corps,
327

shāstra : Ecritures sacrées ;
science (traditionnelle), 57a,
63, 230, 248, 362, 398, 432,
472 *et passim*

Shatka-sampatti : litt. « Les
six joyaux ». Shrī Shankara
énumère dans son commen-
taire aux *Vedānta-sūtra* les six
conditions pour un disciple du
Vedānta : 1. *shama* (maîtrise
du mental), 2. *dama* (maîtrise
des sens), 3. *uparati* (retrait
des sens, cessation des activités), 4. *titikshā* : (patience,
impassibilité), 5. *shraddhā* :

(foi, confiance), 6. *samādhāna*
(aptitude à la concentration,
contemplation)

shishya : disciple, 349, 398, 433

shiva-linga : symbole de Shiva :
cylindre vertical, le bout arrondi, sortant d'une base, installé dans les temples dédiés à
Shiva et considéré par les adorateurs comme une manifestation de Shiva lui-même. Cette
« absence de forme » symbolise l'Absolu.

shivo 'ham : je suis Shiva, 51,
339

shloka : stance, strophe

so 'ham : je suis Lui (le *brahman*), 54, 154, 448

shraddhā : foi, 226, 381

shravana : audition (de l'enseignement du maître), 57a, 249,
289, 349, 336, 647

srishti-drishti : création graduelle, 133, 388

shrotra : oreille, 471

shrotri (nom. *shrotā*) : celui qui
écoute, 624

shruti : audition, ce qui est entendu ; Ecriture révélée (le Véda), 122, 314, 439, 485, 651 *et
passim*

shubhecchā : désir pur ; désir de
réalisation, un des sept stades
de l'illumination, 256, 265

shuddha : pur (°-*manas*,
°-*sattva*), 73, 104, 303, 314,
385, 392, 474, 481, 511, 513

shuddha-chaitanya : pure conscience, 382

shūnya : vide, 68, 333

siddha : 1.) être parfait ; état d'accomplissement ; 2.) celui qui a acquis des pouvoirs surnaturels, 20, 46, 57a, 122, 143, 201, 334, 398, 454, 492

siddhi : 1.) perfection, réalisation, 569, 580 ; 2.) pouvoir surnaturel, 20, 30, 57a, 122, 154, 449, 534, 597, 616

smriti : mémoire ; tradition ; Ecritures fondées sur le Véda (à savoir les *Dharmashāstra*, le *Mahābhārata*, les *Purāna*, etc.), 161, 439

sparsha : le toucher, 398, 591

sphurana : manifestation (de lumière), 62, 160, 307, 363, 518

sthita-prajñatā : état de celui qui est établi dans la sagesse, 432

sthiti : état, 500

sthūla : grossier ; matériel (°*-drishti*), 364

sthūla-sharīra : corps physique, 513

stotra : hymne, 569

sukha : bonheur, 295

sukha-āsana : posture facile et confortable, 17

sūkshma : subtil, 388

sūkshma-sharīra : corps subtil, 25, 392, 513, 515, 615

sushumnā : canal subtil dans le corps de l'homme par lequel monte la *kundalinī*, 57, 82, 252, 299, 474, 616

sushupti : sommeil profond, 2, 286, 297, 307, 389, 399, 507, 617

sūtra : aphorisme, texte philosophique constitué d'aphorismes (par ex. *Yoga-sūtra*), 130, 191, 192, 332, 399, 576

sūtra : corde, fil, 290

suvāsanā : bonne tendance, 384

svagata-bheda : distinction intérieure (p. ex. différence entre feuilles et fleurs d'un même arbre), 54

svakanthābharana : voir *kanthābharana*, 201

svapna : rêve, 2, 290, 297, 307, 389, 399, 617

svarāj : indépendance, 502

svarga : Ciel, paradis, 31, 41

svarūpa : forme propre [à chacun] ; nature réelle, 34, 68, 82, 268, 467, 482, 561, 650

svatantra : indépendance ; libre, indépendant, 288

svayamvara : fête lors de laquelle la fiancée choisit son futur époux, 620

svecchā : volonté propre, libre arbitre, 385

T

taijasa : l'être individuel dans l'état de rêve, 511, 579, 617

tamas : obscurité ; ignorance ; une des trois qualités originelles (*guna*), représentée par le noir ; principe d'inertie, 52, 73, 100, 323, 349, 392, 451, 497, 500, 577

tamoguna : voir *tamas*

tanhā : soif (de vivre), attachement à la vie, 396

tanmātra : formes subtiles des cinq éléments, 292, 567

tantra : traité scientifique ou religieux, 564, 624 (*kartri-tantra*, *vastu-tantra*)

tanumānashī : mental atténué ; un des sept stades de l'illumination, 256

tapas : austérité, ascèse, discipline ; énergie spirituelle concentrée, 57a, 103, 257, 334, 362, 398, 401, 404, 448, 450, 502, 533, 562, 569, 597

tapo-bhrashta : celui qui a abandonné les austérités, 334

tapo-mārga : voie de l'ascèse, 82

tapasvin : celui qui accomplit des austérités, 571, 597, 646

tapta-ayas-pindavat : comme une boule de fer incandescente, 100

tat : « Cela », désignant la réalité suprême, 105, 321, 332, 349, 511, 647

tat tvam asi : « Tu es Cela », *mahāvākya* dans la *Chāndogya-upanishad*, 105, 332, 639, 647

tattva : vérité ; essence, 68, 350, 395, 510, 565, 611, 624, 647

tejas : lumière, rayonnement, éclat, 70, 105, 108, 292, 567

tejomaya : plein de lumière, 70, 357

tejorūpa : qui a la forme de la lumière, 398

tīrtha : bassin ou fleuve sacré pour des ablutions purificatrices, 334, 492, 569, 652

tripūti : triade (telle que le connaisseur, le connu, la connaissance), 303, 376, 624

turīya : quatrième état situé au-delà des états de veille, de rêve et de sommeil profond, 332, 353, 617

turyagā : ce qui se trouve dans le quatrième état (texte : au-delà des mots), un des sept stades de l'illumination, 256

turyātīta : au-delà de *turīya*, 617

tyāga : renoncement, abandon, 129, 581

U

udāsīna : indifférence, 653

upadesha : instruction, enseignement, 59, 171, 281, 336, 376, 434, 445, 518, 569

upādhi : adjonction limitante, 68, 153, 261, 376, 433, 591, 601

upāsaka : celui qui médite, 513, 588

upāsanā : méditation, dévotion intérieure constante, 31, 63, 95, 362, 374, 433, 586

II.

INDEX DES NOMS PROPRES

Les numéros ne renvoient pas aux pages, mais aux entretiens.

est formée par Pārvatī, son épouse, 450

Ārdrā-darshana : fête de Shiva, célébrée en décembre ou janvier ; à cette occasion Shiva est adoré sous l'aspect de Natarāja, le danseur cosmique. Le Maharshi était né ce même jour, v. présentation et 84

Arjuna : troisième des cinq frères Pāndava dont les exploits de guerrier sont décrits dans l'épopée du *Mahābhārata.* Ami et disciple de Shrī Krishna, celui-ci, en conduisant son char, le guide à travers les batailles et le protège. Avant le premier combat, Shrī Krishna lui donne un enseignement qui est exposé dans la *Bhagavad-gītā*, 40, 41, 46, 51, 58, 145, 189, 201, 208, 264, 270, 364,437, 439, 473, 611, 643, 653

Arunāchala : montagne sacrée dans le sud de l'Inde, vénérée en tant que manifestation de Shiva. L'ashram de Shrī Rāmana Maharshi est situé au pied de cette montagne, 18, 143, 212, 216, 218, 219, 273, 275, 442, 449, 464, 473, 492, 529

Arunāchala-akshara-mana-mālai (*La Guirlande nuptiale de lettres*) : le premier des cinq hymnes à Arunāchala composés par le Maharshi.

Dans ce poème, la première lettre de chaque strophe suit l'alphabet tamoul, ce qui explique son nom, 14, 445

Arunāchala-ashtaka (*Huit Stances à Arunāchala*) : chant qui fait partie des cinq hymnes à Arunāchala, et qui représente un des rares poèmes que le Maharshi ait composés spontanément, sans aucune demande, 14, 323

Arunāchala-māhātmya : légendes sur la montagne Arunāchala qui se trouvent dans le *Skanda-purāna*, 464

Arunāchala-pancharatna : poème de cinq strophes à la gloire d'Arunāchala composé par le Maharshi, 219, 442

Ātma-vidyā (*La Connaissance du Soi*) : poème de cinq strophes écrit par le Maharshi à la demande de son disciple Muruganar, 16, 379, 381, 589

Ātma-vilāsa : œuvre advaitique dont l'auteur est Sadāshiva Brahmendra Sarasvatī, grand saint tamoul du XVIIIe siècle, 372

Aurobindo, Shrī : philosophe, poète (1872-1950), 159, 183, 201

Ayyāswāmi : un des assistants du Maharshi, 463

L

M

Nāyanār : nom donné aux 63 Saints shivaïtes tamouls ; leur histoire est racontée dans le *Perya-puranam*, 531

P

Palakothu, 368

Palaniswāmi : disciple qui rejoignit le Maharshi en 1897 et resta auprès de lui le reste de sa vie (pendant dix-sept ans), 357, 463, v. présentation p. 14

Pañchadāshi : ouvrage non dualiste du XIVe siècle, 276

Parashurāma : *avatar* de Vishnou qui avait comme mission de délivrer les brahmanes de la domination des *kshatriya* (caste des rois et des guerriers), 262

Parikshit : nom d'un roi dans le *Mahābharata* – petit-fils d'Arjuna, 449

Pārvatī : un des noms de l'épouse de Shiva, 182, 200, 218, 334, 529

Patañjali : auteur des *Yoga-sūtra* ; fondateur du Yoga comme un des six systèmes philosophiques classiques de l'Inde, 130, 191, 433, 483

Pathala-linga : nom d'un *shiva-linga* situé dans un endroit souterrain du Temple d'Arunāchala. Le Maharshi, après son arrivée à Arunāchala, y demeura quelques semaines totalement absorbé dans l'Infini, 71, 607

Paul, saint, 88

Pavalakunru : petit temple sur un éperon de la colline d'Arunāchala où Shrī Bhagavān séjourna en septembre 1898, 71, 357

Perumālswāmi : assistant du Maharshi à l'époque où celui-ci séjournait à la grotte de Virupaksha, 291

Prahlāda : fils de Hiranyaka-shipu, roi des démons, 326

Prasthāna-traya : les trois Sources (*Upanishad, Bhagavad-gītā, Brahma-sūtra*), 349

Purāna : « ancien » ; nom d'une catégorie de textes de la littérature indienne classique, partie intégrante des Ecritures sacrées. Ces ouvrages ont été écrits pour rendre la philosophie profonde des Véda accessible aux hommes ordinaires, 143, 218, 291, 385, 473, 513

Purusha-sūkta : hymne au Purusha (l'être primordial) dans le *Rig-veda*, 650

Q

Qui suis-je ? : traité sous forme de questions et de réponses. Les questions ont été posées au Maharshi par Sivaprakāsam Pillai (1902).

U

Umā : autre nom de Pārvatī, l'épouse de Shiva, 450

Upadesha-mañjarī : traité écrit par Shrī Natanānanda (disciple du Maharshi), d'après les notes qu'il a prises lors d'un entretien entre le Maharshi et plusieurs de ses disciples. Il classa ensuite ces notes en quatre chapitres (Enseignement ; Pratique ; Expérience ; Stabilité) et les publia dans une brochure sous forme de dialogues, 112, 302

Upadesha-sāra (*Essence de l'instruction*) : trente strophes composées par le Maharshi en tamoul (*Upadesha-undiyār*) à la demande de son disciple et poète Muruganar. Plus tard, le Maharshi les traduisit en sanskrit sous le titre *Upadesha-sāra*, 46, 189, 222, 310, 376, 382, 427, 445, 465

Upamanyu-bhakta-vilāsa : œuvre en sanskrit écrite par le sage Upamanyu qui vivait au mont Kailāsa et racontait à d'autres sages des histoires sur les saints-adorateurs de Shiva, 529, 598

Upanishad : texte révélé anonyme, faisant partie de la littérature védique ou se rattachant à l'un des quatre Véda.

V

Vaidharba : disciple de Shrī Kāvyakantha Ganapati Muni, 57a

Vaikuntha : ciel de Vishnou, 30, 385, 461

Vālmīki : sage et auteur de l'épopée du *Rāmāyana*, 30, 416

Vasishtha : grand sage (*rishi*) dont le nom apparaît dans des ouvrages importants (*Yoga-vāsishtha*, etc.), 30, 32, 317, 362, 439, 647

Vāsudeva : nom de Krishna, 290

Veda : connaissance révélée ; l'ensemble des textes sacrés de l'hindouisme comprenant le *Rigveda*, le *Sāmaveda*, les deux *Yajurveda* et l'*Atharvaveda*, 16, 29, 30, 130, 146, 161, 178, 327, 441, 449, 474, 511, 645

Vedānta : « Fin des Véda », partie terminale des Véda, appelée aussi *Upanishad*, 288, 392

Vedānta-chūdāmani : texte advaitique en langue kannada, traduction du *Viveka-cintāmani* en tamoul dont l'auteur est Nijaguna Yogiswara, 449, 616

Vidyāranya : advaitin postérieur à Shankara, auteur de la *Pañcadashī*, 60

Vichāra-sāgara : classique du Vedānta en hindi écrit par le sage Sādhu Niscaldas, 332, 344

Vichāra-sangraha : premier exposé du Maharshi rapportant quarante questions posées par Gambhiram Seshayya et les réponses du Maharshi, alors âgé de 22 ans et vivant dans la grotte de Virupaksha. Le Maharshi, ne parlant que rarement à cette époque, écrivait les réponses sur des bouts de papier et Gambhiram Seshayya les recopia dans son journal, 178, 562

Virāj (nominatif **Virāt**) : la totalité des êtres dans leur état grossier ; le Seigneur sous son aspect grossier universel, 392, 511, 579, 589, 616, 617

Virupaksha : grotte sur Arunāchala nommée d'après un saint ; le Maharshi y séjourna, avec quelques interruptions, de 1899 à 1916, 71, 361, 463

Vishishtādvaita : le non-dualisme qualifié, une des trois écoles de philosophie du Vedānta. Voir Advaita et Dvaita, 129, 164

Vishnou : l'une des trois principales divinités de l'hindouisme incarnant la fonction de la conservation, 225, 308, 326, 385, 461, 534, 627, 652

vishnouite : adorateur de Vishnou, 461

Vishvāmitra : sage renommé qui, par ses austérités, à réussi à s'élever à la caste des brahmanes ; il est reconnu comme un des sept grands *rishi* (sages) et occupe une place importante dans le *Rig-Veda*, le *Mahābhārata* et le *Rāmāyana*, 32, 59, 421

Vithoba : Vishnou adoré sous ce nom à Pandhapur, 389

Viveka-chūdāmani : traité classique de la littérature de l'Advaita-vedānta, attribué à Ādi Shankara (habituellement traduit par « Le plus beau fleuron de la discrimination »), 54, 314, 406, 433, 619, 624, 642

Vivekānanda : voir Rāmakrishna

Y

Yogānanda : nom d'un saint originaire de Gorakhpur (1893-1952), Yukteshvar, son maître, lui donna le titre de *Paramahamsa*, 106-7

Yoga-sūtra : ensemble d'aphorismes dont l'auteur est Patañjali, 130, 191, 192, 483

Yoga-vāsishtha : œuvre magistrale attribuée à Vālmīki,

III.

INDEX GÉNÉRAL

Les numéros ne renvoient pas aux pages, mais aux entretiens.

Q

R

BIBLIOGRAPHIE

Sources des citations dans le texte

Bhaja-govindam, trad. par C. RAJAGOPALACHARI, Bhavan's Book University, Bombay, Bharatiya Vidya Bhavan, 1971.

Brihad-aranyaka-upanishad, trad. et annotée par Emile SENART, Paris, Les Belles Lettres, 1934.

La Bhagavad-gītā, trad. du sanskrit par Emile SENART, Paris, Les Belles Lettres, 1944.

La Bhagavad-gītā, traduit du sanskrit par Anne-Marie ESNOUL, Olivier LACOMBE, Paris, Librairie Arthème Fayard, 1977.

Chāndogya-upanishad, trad. et annotée par Emile SENART, Paris, Les Belles Lettres, 1930.

Isa-Upanishad, publ. et trad. par Louis RENOU, Paris, Adrien-Maisonneuve, 1943.

Katha-upanishad, publ. et trad. par Louis RENOU, Paris, Adrien-Maisonneuve, 1943.

Kena-upanishad, publ. et trad. par Louis RENOU, Paris, Adrien-Maisonneuve, 1943.

The Mahābhārata, Shantiparvan, Poona, éd. Belvalkar, Bhandarkar Oriental Research Institute, 1951.

The Mahābhārata, trad. en prose anglaise, vol. II, Calcutta, publ. par Prātapa Chandra Rāy, C.I.E., Bhārata Press, 1891.

Mahānārāyana-upanishad, trad. et notes par Jean Varenne, Paris, Collège de France, 1986.

Mundaka-upanishad, publ. et trad. par Jacqueline MAURY, Paris, Adrien-Maisonneuve, 1943.

Rig-Veda-Sanhita, the sacred Hymns of the Brahmans ; et *Commentary of Sayanacharya*, éd. par F. Max Müller, M.A., vol. VI. Londres, H. Allen and Co., 13 Waterloo-place, S.W., 1874.

The Sāmānya Vedānta Upanishads, trad. anglaise par A. G. KRISHNA WARRIER, Madras, The Adyar Library and Research Centre, 1991.

The Sāmānya Vedānta Upanishads, avec les commentaires de SHRI UPANISHAD-BRAHMA-YOGIN, éd. par Pandit A. Mahadeva Shastri, B.A., Adyar, publ. pour l'Adyar Library, 1921.

Taittīrya-Upanishad, publ. et trad. par Em. LESIMPLE, Paris, Librairie d'Amérique et d'Orient, Adrien-Maisonneuve, 1948.

Taittirīyāranyakam..., vol. II, éd. par BABA SHASTRI PHADAKE, Poona, 1898 (Anandasrama Sanskrit Series, 36).

Viveka-chūdāmani de SHRI SHANKARACHARYA, texte et traduction anglaise, notes et index par Svāmi Madhavānanda, Mayavati, Dt. Almora, Himalayas, 1944.

The Yoga Upanishads, avec les commentaires de Sri Upanishad-Brahma-Yogin, *Yogakundalyupanishad*, *Yogasikhopanishad*, *Tejo-bindūpanishad*, éd. par Pandit A. Mahadeva Sastri, B.A., Madras, 1920.

The Yoga Upanishads, trad. par T.R. SRINIVASAN (d'après les commentaires de Sri Upanishadbrahmayogin), *Tejo-bindūpanishad*, *Yogasikhopanishad*, *Yogakundalyupanishad*, Adyar, éd. G. Srinivasa Murti, 1952.

Autres ouvrages utilisés

BOUY Christian, *Gaudāpada l'Āgamashāstra*, texte, traduction et notes, Paris, publ. de l'Institut de civilisation indienne, Collège de France, 2000.

DOWSON John, *A Classical Dictionary of Hindu Mythology and Religion, Geography, History and Literature*, New Delhi, Munshiram Manoharlal, 2000.

GRIMES John, M.A., PH.D., *A Concise Dictionary of Indian Philosophy*, Radhakrishnan Institute for Advanced Study in Philosophy, University of Madras, 1988.

HERBERT Jean, VARENNE Jean, *Vocabulaire de l'hindouisme*, Paris, Dervy-livres, 1985.

KAMATH, M.S., *Sri Maharshi, a Short Life Sketch*, publ. par Shri Ramanasramam, Tiruvannāmalai, 2001.

MAHADEVAN, T. M. P., M.A., PH.D., *Bhagavan Rāmana*, publ. par Shri Ramanasramam, Tiruvannāmalai, 4ᵉ édition, 2002.

MITTWEDE Martin, *Spirituelles Wörterbuch, Sanskrit-Deutsch*, Heidelberg, Sathya Sai Vereinigung e.V., 1999.

NARASIMHA SWAMI, B.V., *Self-Realization, the Life and Teachings of Shrī Rāmana Maharshi*, publ. par Shri Ramanasramam, Tiruvannāmalai, 1931.

NATARAJAN, A.R, *Timeless in Time, Shrī Rāmana Maharshi, a Biography*, publ. par Ramana Maharshi Centre for Learning, Bangalore, 2000.

OSBORNE Arthur, *Ramana Maharshi and the Path of Selfknowledge*, publ. par Shri Ramanashramam, Tiruvannālmalai, 2002.

The Collected Works of Ramana Maharshi, éd. par Arthur OSBORNE, publ. par Shri Ramanasramam, Tiruvannāmalai, 1996 (4ᵉ édition, 2004). Contient, entre autres : *Ātma-vidyā, Devikālōttara, Five hymns to Arunāchala, Song of the Poppadam, Ulladu-Nārpadu, Ulladu-Nārpadu-anubandham, Upadesha-Mañjarī, Upadesha-Sāram, Vichāra-Sangraham, Who am I ?*.

RAMANA MAHARSHI, *Œuvres réunies* (par Arthur Osborne), trad. de l'anglais par Christian COUVREUR et Françoise DUQUESNE, Paris, Editions Traditionnelles, 1988. Contient, entre autres : *La Recherche de Soi-même, Qui suis-je ?, Cinq Hymnes en l'honneur d'Arunachala, L'Essence de l'Instruction, La Connaissance de l'Etre, Le Chant du Poppadum, La Connaissance de Soi, Instruction spirituelle, Réponse de Shivā à la Déesse, Le Plus Beau Fleuron de la Discrimination.*

Spiritual Stories as Told by Ramana Maharshi, compilées par Joan GREENBLATT, publ. by Shri Ramanashramam, Tiruvannāmalai, 2001.

Srī Rāmana-gītā, par KAVYAKANTHA GANAPATI MUNI, trad. du sanskrit par Visvanatha Swami et le prof. K. Swaminathan, publ. par Shri Ramanasramam, Tiruvannāmalai, 1992.

TABLE

Achevé d'imprimer en juillet 2010
par Normandie Roto Impression s.a.s., 61250 Lonrai
Éditions Albin Michel
22, rue Huygens
75014 paris
www.albin-michel.fr

ISBN : 978-2-226-15904-5
ISSN : 0755-1835
N° d'édition : 2505/07
N° d'impression : 102469
Dépôt légal avril 2005
Imprimé en France